科学发展时代领导者能力与素质提升 系列

党中央明确提出做好新形势下群众工作这个重大课题，具有十分重要的理论意义和实践意义。领导干部要深刻认识新形势下群众工作的重要性和紧迫性，坚持马克思主义群众观点和党的群众路线，以高度的政治责任感扎实做好联系群众、宣传群众、组织群众、服务群众、团结群众的工作，不断提高群众工作水平。

——习近平同中央党校第48期省部级干部进修班学员座谈时的讲话

群众工作手册

祝灵君 齐大辉⊙著

中共中央党校出版社
The Central Party School Publishing House

图书在版编目（CIP）数据

群众工作手册/祝灵君，齐大辉著．—北京：中共中央党校出版社，2012.7（2014.3 重印）

ISBN 978-7-5035-4762-1

Ⅰ．群… Ⅱ．①祝… ②齐… Ⅲ．中国共产党-群众工作-手册 Ⅳ．D252-62

中国版本图书馆 CIP 数据核字（2012）第 136694 号

群众工作手册

责任编辑 井 琪
版式设计 李 灵
责任校对 马 晶
责任印制 王洪霞

出版发行 中共中央党校出版社
（北京市海淀区大有庄 100 号）
邮　　编 100091
网　　址 www.dxcbs.net
电　　话 （010）62805800（办公室）（010）62805818（发行部）
经　　销 新华书店
印　　刷 北京四季青印刷厂
字　　数 175 千字
版　　次 2012 年 7 月第 1 版　　2014 年 3 月第 4 次印刷
开　　本 700 毫米×1000 毫米　1/16
印　　张 11
定　　价 22.00 元

前　言

做群众工作是一项社会系统工程。做群众工作就是做人的工作，只要掌握了人的需求、把握了人的心理、搭建了人活动的平台，拥有了一支专门服务队伍，群众工作就能全覆盖，这是一个基本常识。毛泽东在七大闭幕词上讲了愚公移山的故事，这个故事影响了一代又一代中国共产党人，它告诉了我们一个做群众工作的深刻道理："知识"不是力量，"重复"才是力量（培根说"知识就是力量"，这是从哲学高度讲的，是从科学技术的角度讲的，但在做人的工作上，常识的威力更大），"重复"经常是在常识上重复，这是产生更大影响力的根源。

从常理上讲，如果说常识是人们在生产、生活等实践活动中获取的规律性认识，知识是来自于书本或通过口口相传讲授前人积淀的认识，那么知识和常识并无明显界限。知识从常识中来，常识的积累变成知识；常识也离不开知识的指导，知识在运用中需要转变成常识。然而，在一个社会分工愈来愈细的时代，随着知识传播途径的专业化与专业知识分子群体的出现，知识逐渐被看成高于常识、为少数人所掌握，最极端的甚至变成了知识霸权、知识话语权。这意味着，在做群众工作方面，如果用知识去指导常识，知识就会脱离常识，不但要出洋相、出丑，甚至会犯错，造成不良历史后果。这就是群众喜欢听"小道理"，不喜欢听"大道理"的原因。如果我们一些党员干部不明白这个道理，在群众面前只会讲少数人听得懂的"大道理"，不会讲大多数人听得懂的"小道理"，那就得不到群众的欢迎，甚至要栽跟斗。

实际上，做群众工作需要把"大道理"与"小道理"结合起来、把知识和常识结合起来，二者缺一不可。掌握了"大道理"，工作才有方向；会讲"小道理"，工作才有方法。中国共产党人历来强调理论从实践中来，把实践看成是检验真理的唯一标准，因而，既需要强调增长知识、尊重知识，更需要强调从群众生产、生活的实践中积累常识，把知识与常识结合起来，把真理与实践结合起来，把实践当成最好的课堂，把群众当作最好的老师。当前，我们的干部队伍整体学历越来越高，拥有的信息与知识量越来越多，坐在办公室的时间越来越长，在一定的时空范围内开展研究、体察的工作有可能越来越少，这就增加了脱离群众、脱离实际、脱离常识的危险。如果领导干部不主动在实践中去锻炼自己，不了解基层群众的生产、生活实际，我们制定的政策就可能犯常识性错误、低级错误，这些错误，群众恰恰是不可能犯的。正因为如此，我们必须始终牢记胡锦涛同志"七一讲话"中的一句话：领导干部要把政治智慧的增长、执政本领的增强深深扎根于人民的创造性实践中。

"以实则治，以文则不治。"正是立足于知识与常识关系这个"辩证法"，我在《新形势下做好群众工作的艺术与方法创新》一书的基础上继续开展研究，从知识的角度看问题，用常识的眼光解难题，写出了这本《群众工作手册》。在本书中，我部分使用了前书的研究成果，如关于群众工作工具等内容，这属于齐大辉教授的"产品"，所以，从知识产权的角度讲，本书依然是集体劳动和集体智慧的结晶。

之所以选择"手册"这个书名，是想对群众工作方法与艺术作进一步探究，把这些方法上升到理论的高度，把理论"降低"到常识的程度，以达到更佳的指导效果。在出版《新形势下做好群众工作的艺术与方法创新》后，许多读者来信反映看后感觉意犹未尽，希望我们再接再厉，拿出更高质量的研究成果来。这既是广大读者朋友对我们的鞭策，也是对我们的鼓励。在刚刚完成第一本书的印刷之后，我们就开始紧锣密鼓地构思、策划，更新文献，收集群众工作最新案例，剖析案例精髓，深入干部群众中进行调研，同时，我也把自己在教学中的最新体会融于书稿之中。

为了体现知识与常识相结合的基本原则，我们在本书中设计了群众工作的基本观点、历史经验、现实挑战、基本原理、工具方法和经典案例等章节。在第一章中，我们谈古论今、从西方到中国，分析了形形色色的群众观，并大胆地提出了一个基本假设：中国共产党人的"群众观"如果能与本土的中国古代的"天道观"发生联系，同时又能实现超越，就能产生真正的生命力，受到广大干部群众的欢迎，党员干部就能从心里真正敬畏群众。这个观点首次在我们的研究中提出来，权且作为一个假设，而不是一个结论，因为这个问题太大、太深，不可能几句话说清楚。第二章归纳总结了党的历史上我们做好群众工作的十条成功经验，我们认为这些经验并不因时代变迁而过时，相反，其精髓必将适用于新时期党的群众工作。第三章分析了新形势下群众工作所面临的各项挑战，针对这些挑战，本章提出了一个“从办公室走向群众”的理念，并按照这个理念设计了群众工作科学化的八大原则。第四章提出了群众工作的十大原理，即人性原动力原理、发报原理、群众工作微积分原理、民主协商原理、滞后分割原理、社区管理机制创新的“系统工程”原理、弹道原理、凸凹原理、金刚石原理、居民公约原理，初步展示了每一原理的适用范围以及使用方法。第五章是针对群众工作十大原理开发的20个工具，这些工具在《新形势下做好群众工作的艺术与方法创新》一书中已有所展示，本章在原书的基础上稍有改进。第六章按照不同的工具分类归纳了全国各地做群众工作的经典案例，其中一些案例属于我们的调研成果，一些是从报刊杂志或官方网站上收集来的。

大凡写书的人都知道，把书写“厚”很容易，要把书写“薄”却很难。因为，写“厚”一本书需要大量的知识、文献的叠加，而写“薄”一本书却必须有大量来自生活、工作中常识的积淀。这本“手册”不算一本“厚”书，我们希望从生活与实践中的常识出发，用通俗的语言来讲深刻的道理。同时，这是一本研究类的图书，不全是为了追求观点正确，而是希望在原有研究成果和当下实践的基础上有理、有据地说点新话，如果书中的观点能引起读者的思考，那么我们的目标就达到了，如果还能被广大党员干部直接运用于实践，那就是对我们的一种奖励。

在书稿写作的过程中，许多朋友参与了文献收集和整理工作，他们是张宁、张博、张明明、胡万聪、贝为任、蒲毅、陈杰等，在本书即将出版之际，我代表作者向他们表示感谢。同时也要感谢中央党校出版社胡建华社长、崔宪涛副总编和井琪主任，在他们的直接关心下，本书得以迅速与读者见面。

由于写作时间匆忙及研究水平有限，书中定有不妥之处，还请读者批评指正。

祝　灵　君

2012年5月于中共中央党校宿舍

目　录

第五章　群众工作的主要工具与方法

第六章　群众工作工具运用的典型案例

第一章

“群众”的涵义及各种群众观点

稍微了解中外历史的人就会发现，我们经常提到的“群众”无论在西方主流的政治学文献，还是在中国古代的官方文献中都很少出现甚至根本没有出现过。中国古代强调“以民为本”，在古代官吏的眼中，教育、关心、爱护、驱使的对象是“民”“百姓”。从“民”走向“人民”、从“百姓”走向“公民”是辛亥革命以后发生的转向，这已经意味着我国历史的巨大进步。而在西方主流政治学文献中，“大众”“群众”（mass，crowd）一直是一个边缘化的词汇，大多数的西方政治哲学家都对“mass”一词持有鄙夷的态度，认为“mass”等同于“crowd”，是一群无组织的个体组成的“乌合之众”。直到 20 世纪 60 年代，随着新社会运动在美国等西方世界的兴起，欧美政治哲学才开始给“群众”一词应有的“政治待遇”，从正面的视角予以阐释。然而，在马克思主义政治学中，“群众”一词突破了它的本源意义，“群”既不是“mass”，“众”也不是“crowd”，它是资本主义文明时代无产者的代名词，是全球化时代人类全新历史的创造者，是社会主义政治文明的奠基人，从此占有了道德地位的制高点，一个在社会主义社会广受欢迎的新词汇诞生了。

一、古代中国人眼中的“民”

“群众”在古代中国执政者眼里是以“民”的概念出现的，“重民”一直是中国古代政治思想的核心。但是，在近代以前，“重民”的目的是维护统治者的利益，“民”在执政者眼中无非是维护自身利益的工具，他们充其量只是一个个受利益驱动的利益主体或行为主体，而非权利主体。而从“家天下”观念演化出来的“爱民”思想本身也具有“父权主义”“父爱主义”的诉求，对于执政者来说，“爱民”仅仅是一种道义要求，一种高高在上的“恩赐”，这与近代西方“民本主义”以及当今中国共产党执政理念中的“以人为本”思想有很大的差异。尽管如此，古代中国“重民”思想仍有一些精华，比如如何向“民”学习、如何与“民”相处等对中国共产党扩大群众基础、坚持走群众路线仍有若干借鉴意义。

1. 夏、商、周时期的“重民”“爱民”思想

商朝的第一任君王汤对夏朝的弊政看得十分清楚，他从夏桀不务德[①]而招致人心向背之中受到启发，提出“人视水见形，视民知治不”，要求诸侯国“毋不有功于民”。[②] 盘庚也阐述了自己的爱民思想，他指出，要“重我民”“视民利用迁”，表示要继承先王的传统，“罔不惟民之承保”[③]（事事要顺从人民的意愿）。到西周时期，周公更加强调“爱民”，认为保民是立政和实施领导的基本前提。周公在总结夏商二朝的历史经验时指出，夏、商二朝由于末代统治者不修德行、蹂躏人民而“早坠阙命”，呼吁“我不可不监（鉴）于有夏，亦不可不监（鉴）于有殷”，训诫统治者保民——“欲至于万年，惟王子子孙孙永保民”。[④] 如何保民呢？周公认为，一是善体恤，二是慎刑罚，三是戒荒宁。善体恤，就是要关心人民的疾苦，察民心匡政失。周公多次要求众王臣要“知稼穑之艰难，知小人之依（依：隐痛、疾苦）”“能保惠于庶民，不敢侮鳏寡”。[⑤] 他主张要时刻注意观察、了解人民的心理，听听他们的怨气，立刻检查自己的为政，找出失误，加以纠正。慎刑罚，就是不妄惩处，使人臣服。周公主张“勿用非谋非彝”（谋、彝：法典），就是说要根据“常典”“正刑”用刑，避免像商纣王一样滥用刑罚。戒荒宁，要求统治者不贪图享乐、恣意为非。周公谆谆告诫说，“无康好逸豫”（不要过分追求安逸快乐的生活），更不要沉湎于酒色，应当效法商王中宗和周文王，勤俭爱民、感悦民心。

2. 春秋战国时期的“养民”“惠民”“教民”“使民”思想

春秋时期，管仲提出了“仓廪实而知礼节，衣食足而知荣辱”的思

① 《史记·夏本纪》。
② 《史记·殷本纪》。
③ 《尚书·盘庚》。
④ 《尚书·梓才》。
⑤ 《尚书·无逸》。

想，首先提出了“养民”的思想。老子提出了“爱民治理，能无为乎”的“无为之治”理念。什么是“无为”？老子说：“不尚贤，使民不争；不贵难得之货，使民不为盗；不见可欲，使民心不乱。”① “我无为，而民自化；我好静，而民自正；我无事，而民自富；我无欲，而民自朴。”② 那么如何才能做到“无为”呢？老子认为应该舍弃一切过度措施、取消一切不当政举、去除一切奢费行径。而“有为”之举则会导致“民之饥，以其上食税之多，是以饥。民之难治，以其上之有为，是以难治。民之轻死，以其上求生之厚，是以轻死。”③ 老子把人民的饥饿、苦难、桀骜都归于统治者的贪婪和有为。

孔子在“养民”的基础上提出了“富民”“教民”的思想。《论语·子路》记载，孔子到卫国，看到人口众多，忍不住赞叹说：“庶矣哉!”弟子冉有问：“既庶矣，又何加焉?”孔子回答说：“富之。”冉有再问：“既富矣，又何加焉?”孔子说：“教之。”这段话的意思是，人口已经很多了，重要的是使人民过上好生活，人民生活富裕还不行，还应当及时对人民进行教育，使之具有一定的文化知识，懂得依礼而行，这样才能保证社会秩序。所以，孔子说：“道之以政，齐之以刑，民免而无耻；道之以德，齐之以礼，有耻且格。”④

孔子的“富民”思想还包括“惠而后使”的理念。孔子认为，普通百姓具有“怀惠”“喻于利”的特点。执政者应该“因民之所利而利之”“惠则足以使人”，但在“使民”的过程中也要注意方法，就是自己要先带头做出榜样，再让群众去干，也就是“先之，劳之”“使民以时”。⑤

孔子还认为在“惠民”“使民”的过程中要遵行中庸之道，反对过与不及。孔子说：“君子惠而不费，劳而不怨，欲而不贪，泰而不骄，威而不猛。”⑥ 大意是，给人民好处而又使国家不太耗费，役使人民而又不至于使他们产生怨恨情绪，执政者有欲望但又不至于贪婪，矜持而又不至于骄

① 《老子》第 3 章。
② 《老子》第 57 章。
③ 《老子》第 75 章。
④ 《论语·为政》。
⑤ 《论语·学而》。
⑥ 《论语·尧曰》。

傲，威风但又不至于给人猛烈的感觉，孔子认为如能达到这种举措适度的境界，则百姓没有不治的道理。

孟子则强调了“保民”“爱民”的思想，“以民为本”的思想初见端倪。孟子认为“民为贵、社稷次之、君为轻”[①]。对于这句话，历来见仁见智，朱熹解释为：“盖国以民为本。社稷亦为民而立，而君之尊，又系于二者之存亡，故其轻重如此。”[②] 既然人民最重要，君主只有在得到人民的支持和拥护时才会有实际的领导权，所以孟子认为，“天时不如地利，地利不如人和”“桀、纣之失天下也，失其民也”“得天下有道；得其民，斯得天下矣”“得乎丘民（田野之民，劳动者）而为天子”。[③]

3. 两汉至明末的“以民为本”思想

汉代的贾谊提出了“以民为本”的思想，他从秦亡的教训中看到了人民的力量，从三个方面论证了“民无不为本的思想”。贾谊说：“民无不为命也，国以为命，君以为命，吏以为命。故国以民为存亡，君以民为盲明，吏以民为贤不肖。”大意是说，人民决定国家命运、决定国家的存或亡、决定君主是明智还是昏庸、决定官吏是贤还是不肖。“民无不为功也，国以为功，君以为功，吏以为功。国以民为兴坏，君以民为强弱，吏以民为能不能。”大意是说，民众的多少是考察官吏政绩的标准、是国家兴盛和衰亡的标准、是君主强与弱的象征、是官吏能与不能的标志。“民无不为力也，国以为力，君以为力，吏以为力。夫战之胜也，民欲胜也；功之得也，民欲得也；守之存也，民欲存也。”大意是说，民众决定国力的强弱，战争之胜负、攻守之得失，皆由民力所决定。从以上三个证据看，贾谊提出，“闻之于政也，民无不为本也。国以为本，君以为本，吏以为本。故国以民为安危，君以民为威侮，吏以民为贵贱。此之谓民无不为本也。”[④] 贾谊又说，“民者，万世之本”“轻本不祥，实为身殃。戒之哉！戒之哉!”（轻视百姓是不吉祥的，最终要遭殃的）贾谊“以民为本”的思想把儒家重民的思想向前大大推进了一步，并成为后世人们看待君民关系、臣民关系的基本标准。

---

① 《孟子·尽心下》。

② 《四书集注·孟子》。

③ 《孟子·离娄上》。

④ 《新书·大政》。

王充在“民本”思想的基础上提出了“足衣食，稳民心，安国基”的思想。王充认为，衣食决定国家的治与乱，要搞好同老百姓的关系，不可能离开衣食问题，“使治国无食，民饿，弃礼义，礼义弃，信安所立？……去食，信安所成？”① 一旦离开衣食问题，不但礼义没有了，就连人与人之间的基本诚信也不复存在；相反，经济搞上去了，信义就自然产生了。而王符则提出了要搞好君民关系，必须重点强调“德治”，并且把儒家关于道德之治的思想放到了极高的位置。王符认为：“人君之治，莫大于道，莫盛于德，莫美于教，莫神于化。”真正高明的执政者是“不务治民事而务治民心”，征服人心是第一重要的，他说，“性情者，心也，本也。化俗者，行也，末也”“末生于本，行起于心”。② 这就是说，心为本、行为末，抓住了民心，就抓住了民行。而抓住民心的唯一办法就是道德礼仪的教化。

李世民在君民关系上，提出了“有道则人推而为主，无道则人弃而不用”的观点。李世民认为君王只有修炼其身，才能获得百姓的支持。为此，李世民提出了君之修身的要求，即“去偏私，修公正”“去诈伪，修诚信”“去尊心，修法识”“去奢欲，修俭约”“去骄矜，修谦恭”，处处将老百姓放在第一位，为老百姓考虑。

宋朝的李觏在贾谊“民本”思想的基础上提出了“立君为民”的思想。李觏认为，从根本上讲，君是服务于民的，“古之天下，君养民也；后之天下，民自养也。”③ 意思是说，古时候是君养民，而现在则变成了民养君。李觏认为，现在的君王应该发自内心地认识到，“嗟夫天生斯民矣，能为民立君，而不能为君养民。”百姓是上天的宠儿，上天是为他们才设立君主的，而不是为了君主才去生养百姓。在君民关系上，李觏再一次强调了以民为本的思想；不仅如此，在臣民问题上，李觏也提出“吏之于民必相知心，然后治也。吏知民心则明，明则政平矣；民知吏心则信，信则令行矣。欲相知心，岂一朝一夕而哉”④。即要求执政者必须熟知百姓之心，了解各方面的情况，天下才能大治。官员只有了解情况以后，才能办

---

① 《论衡·问孔》。

② 《潜夫论·德化》。

③ 《安民策》。

④ 《官人》。

事明达，只有官员办事明达，才能做到政治公平。

宋朝的陈亮在君民关系上提出了“君主既要为人君，也要为人师”的思想。陈亮认为尧舜禹三代之所以治，是因为他们师道、君道，无一或阙也。何谓师道？陈亮说：“仁义孝悌以尽人君之所谓师道可也。”何谓君道？陈亮说：“礼乐刑政以尽人君之所谓君道可也。”① 只要君主能做到一手软，以便服天下之心；一手硬，即用礼乐刑政来规范天下人之言行，则天下百姓无不俯首听命。

4. 明末清初民权思想的萌芽

明末东林党人已经开始批判君权的神圣性，提出了“以道匡君”的思想。明末清初，民权思想的萌芽开始出现，黄宗羲、顾炎武等学者倡导并阐述了中国早期的民权思想。

黄宗羲提出，君主应为天下人“兴公利、除公害”“不以一己之利为利，而使天下受其利；不以一己之害为害，而使天下释其害”。因此，古代君王的辛劳“必千万于天下之人”“古者以天下为主，君为客，凡君之所毕世而经营者，为天下也”；臣并非“为君而设者也”，而是“为天下，非为君也；为万民，非为一姓也”。② 君主和天下人的关系是“客”与“主”的关系，即君主是客、天下人为主，君主所做的一切是为了天下人。而大臣与君主的关系也不是主仆关系，大臣并不为君而设立，大臣的职责是为老百姓的，真正的臣，应当以天下万民为己任，应当认识到“天下之智乱，不在一姓之兴亡，而在万民之忧乐”。黄宗羲的思想已经开始具有民权的初步意识，认识到人民作为主人和主权者的地位的影响力。不仅如此，其后来的“公其是非于学校”，让学校监督君主和大臣行使权力、议论时政、弹劾官吏的思想已经带有西方议会制度的痕迹，更是初步民权思想的体现。

顾炎武提出了分权思想，“以天下之权，寄天下之人”“自公卿大夫至于百里之宰、一命之官，莫不分天子之权，以各治其事”。把权力分给下级，但实际权力仍在天子手中，“而权乃归天子”“天子之权乃益尊”；在地方分权方面，提出“寓封建之意于郡县之中”的管理体制，就是要把周

---

① 《廷对》。

② 《明夷待访录·原君》。

朝的分封制与秦朝的郡县制结合起来，可以达到“用天下之私以成一人之公，而天下治”。[①] 顾炎武在探讨君民关系上走得更远，已经开始从体制上保证地方或百姓具有更多的发言权。黄宗羲、顾炎武的初步民权思想在清末“西学东渐”的背景下逐渐发展成了近代以来的中国公民的民权思想，并开始了一波初步的启蒙与革命运动。

二、西方学者眼中的“大众”

在现代西方政治学中，“群众”在不同背景下分别被“公民”（citizen）“人民”（people）“大众”（mass，crowd）“利益团体”（interest group）“公民社会”（civil society）“选民”（voter）、“媒体与舆论”（media and public opinion）“第三部门”（the third sector）等概念代替。其中，“公民”“人民”“大众”是意义最接近的概念。

以“人民”的概念为例，意大利学者乔·萨托利从词源学的角度阐释了“人民”的六种含义及其与民主体制的关系。（1）人民字面上的含义是每一个人。这种定义在现实生活中完全不可行，古希腊的民主制度排除了妇女和奴隶，今天我们仍然把儿童、精神病患者、服刑犯人、非公民和暂住人口排除在外。（2）人民意味着一个不确定的大部分人，一个庞大的许多人。在民主体制下，人民是一个庞大的许多人的提法提出了一个无法满足的程序要求，必须确定多少人才构成或足以构成人民。（3）人民意味着较低的阶层。这个概念纠正了概念的不确定性，但是随着社会的前进，人类由农业社会进入工业社会和后工业社会，大多数的社会底层人口将由大多数变成少数，不把这些少数纳入人民的范畴也是不能让人接受的。（4）人民是一个不可分割的整体，一个有机体。这个概念可以为任何政体辩护，如果我们持的是一种浪漫主义的、整体论的民主观，则这个概念更适合为专制而不是民主体制辩护。（5）和（6）是指绝对多数和有限多数所指的大多数人。如果确定绝对多数原则所指的大多数人拥有将其意志强加于少数人的权力，那么多数人暴政的前景将会出现；而有限多数原则所指的多数人并不能保证永远是大多数，大多数可以变成少数，少数也可以变

---

① 《郡县论》。

成大多数。因而“有限多数”便成为民主体制下“人民”最可行的概念。①

在西方政治学文献中，“大众”（mass 或 crowd）往往与“社会”（society）联系在一起，并构成一个复合名词——“大众社会”。“大众社会”（Mass Society）是指“一种既有大量人口，但在其社会结构和经济形态上又相当松散和不定型的社会。在大众社会的理想形式中，个人主义在道德上是不容易控制的，享乐主义渗透了消费者行为，一般性的散漫、松弛遍及家庭、邻里、教会和学校”。“大众被理解为培育专制主义的土壤；大众社会由于其松散、分化和无组织的性质，从而被认为不仅有助于中央权力的产生，而且也被认为是符合集权主义领导者目的与要求的一种理想的社会形式，这些领导自然也纵容这种形式的发展。”② 大众社会的概念最初是欧洲学者在反思法国革命时提出来的，如伯克在《法国革命论》一书中，将法国古老传统的崩溃归结于一种新的、革命的民众权利的冲击，伯克称之为“非社会的、粗野的、不连贯的自然原则的混乱”。自伯克以来，欧洲保守主义学者以及某些自由主义学者大都对“大众”的概念持消极态度。

在整个 19 世纪，几乎所有论及“大众社会”的哲学家都认为，最终压倒一切的结果将是一种新型的、前所未有的绝对权力的出现；权力既是大众社会的结果，又是其统治的唯一工具。在整个 20 世纪，大众社会的概念广为流传，第一次世界大战前，施宾格勒在其著作中，把大众政治和专制政治看成是西方社会的未来；西班牙哲学家奥尔特加·加塞特在 1929 年《大众的反抗》一书中，不仅描述了大众社会，而且也描述了“大众性的人”。而美国作家奥威尔也在 1948 年出版了其想象小说《1984》，用大众社会的眼光分析了“大众性的人”在集权体制下的生活现状。汉娜·阿伦特对俄国和德国的集权主义体制进行研究以后再一次论证了“大众社会”与集权社会之间的联系。“对于汉娜·阿伦特来说，正是群众给了集权主义以可乘之机，不过她没有像奥尔特加一样把群众等于下层或工人阶

---

① 〔美〕乔·萨托利著，冯克利、阎克文译：《民主新论》，东方出版社 1998 年版，第 23—28 页。

② “大众社会”（Mass Society）词条，《布莱克维尔政治学百科全书》，中国政法大学出版社 1992 年版，第 461 页。

级……‘群众’是所有阶级的集合体。”① 科恩豪泽在20世纪50年代对大众社会的大众人进行了心理分析，“他认为一盘散沙的社会很容易进行动员和操纵。群众孤独无靠，正可受人利用。”② 亨廷顿在70年代使用了“大众社会”的视角来审视发展中国家政治发展的现状，并把那些“政治体系的制度化水平较低，而大众参与水平无序，并且以自己的手段达到政治目的”的政治体系称为“普力夺政体”（Praetorian Polities）③。

20世纪60年代早期，德国学者卡内提在其《群众与权力》一书中首次从人的生物性和社会性的结合上比较详尽地阐述了“群众”的各种特征：（1）群众要永远增长，即群众组织并不希望群众自身的解体；（2）平等在群众内部占统治地位，即群众天生具有抹杀个性和追求平等的特点；（3）群众喜好紧密地聚在一起，即群众中的个体具有“群”的特性；（4）群众需要导向，即群众的要求并不总是正确的，需要对他们进行引导。④ 现代文明出现以后，等价交换原则贯穿一切领域，个性就有了充分的发展，群众内部的平等就越容易成为形式，而不平等成分越来越大。所以，群众越发展，群众在宗教仪式上表现出来的信仰、平等就越容易成为一种形式，宗教激起教徒的狂热就越困难；群众越不发展，就越有可能出现宗教狂热，就越有可能出现凌驾于群众之上的权力。⑤

20世纪80年代以来，西方学者开始反对将当下时代冠以“大众”和“大众社会”的标签，如丹尼尔·贝尔反对将“大众”的概念滥用于当代倾向于民主、从事工业生产的民众之上，他指出了以往的大众社会的组织结构是言过其实了，它引人误入歧途，给现代民主、工业化时代的更广泛的自由、更大的流动性、进一步的开放性赋予了“大众社会”“大众文化”

---

① 〔美〕乔·萨托利著，冯克利、阎克文译：《民主新论》，东方出版社1998年版，第30页。

② 〔美〕乔·萨托利著，冯克利、阎克文译：《民主新论》，东方出版社1998年版，第30页。

③ Samuel P. Huntington, *Political Order in Changing Society*, Yale University Press, 1968, P80.

④ 〔德〕埃利亚斯·卡内提著，冯文光、刘敏、张毅译：《群众与权力》，中央编译出版社2003年版，第12—13页。

⑤ 〔德〕埃利亚斯·卡内提著，冯文光、刘敏、张毅译：《群众与权力》，中央编译出版社2003年版，第12—13页。

“大众时代”这些具有消极含义的名称。[①] 尽管20世纪晚期西方社会初步出现了对“大众”概念的反思，但仍然没有完全摆脱批判的态度。

三、古斯塔夫·勒庞的“大众心理学”

在众多批判“大众”（crowd）的学术文献中，法国著名社会心理学家古斯塔夫·勒庞的《乌合之众》堪称最经典、最有特色的一本，以至于上世纪50年代美国当代著名的社会心理学大师奥尔波特（Gordon W. Allport）评价为“在社会心理学领域已经写出的著作中，最有影响者，也许非勒庞的《乌合之众》莫属”。[②] 无组织的个体的聚合是最危险的，这是古斯塔夫·勒庞在此书中反复给予的告诫。1894年出版的《乌合之众》，以法国大革命为背景分析了民众在革命中的无序参与所导致的革命悲剧，也分析了无组织的个体在聚合中出现的种种群体心理现象。该书对“乌合之众”持一种鄙夷态度，但其中对“大众心理”的分析有不少精彩观点，它既影响了西方政治哲学家对“大众”的集体认识，也给后来的欧美社会运动人士不少有益的告诫。

勒庞在其分析中指出，无组织的个体的聚合变成“大众”。大众既有个体的心理特征，然而更多的特征完全只有在群体中才会发现，这使大众心理与个体心理出现差异。勒庞对大众心理现象的分析对于我们今天正确认识并处理“群体性突发事件”具有很高的参考价值。此书以下观点尤其值得我们重视：

个体当中有许多聪明绝顶的人，但一旦融于大众之中其才智就会被削弱，个性就会消失，异质性就会被同质性所吞没，他就会变得更加平庸。大众一般只有很普通的品质，完成不了高智力的工作。涉及普遍利益的决定，是由所谓精英人士组成的议会决定的，但“各行各业的专家并不会比一群蠢人所采纳的决定更高明”“大众中累加在一起的只有愚蠢而不是天生的智慧”“如果整个世界指的是群体，那么根本不像人们所说的那样，

---

① 《布莱克维尔政治学百科全书》，中国政法大学出版社1992年版，第462页。

② 〔美〕罗伯特·墨顿：《勒庞〈乌合之众〉的得与失》，1960年1月。转引自古斯塔夫·勒庞：《乌合之众》序言，广西师范大学出版社2009年版，第1页。

整个世界比伏尔泰更聪明，倒不妨说伏尔泰比整个世界更聪明”。

孤立的个体可能是理智的、胆小的、有教养的，但一旦融于一个无序的大众之中就会变得无知、大胆、野蛮。这是因为，第一，孤立的个体一般比较胆小，必须对自己的欲望加以克制；一旦进入一个无序的群体中，他就会感受到一种势不可挡的力量。大众是个无名氏，不必承担责任，这就会使约束个人的责任感完全消失。第二，传染的力量。在大众之中，每种感情和行为都具有传染性，其程度足以使每个人随时准备为集体利益牺牲他的个人利益。第三，暗示的力量。大众永远漫游在无意识的领地，会随时听命一切暗示，失去了一切批判的能力，除了极端轻信外没有别的可能。在众目睽睽之下发生的最简单的事情，不久就会变得面目全非。大众中某一个人对真相的第一次歪曲，是传染性暗示过程的起点。由于受传染的影响，群体比个体更敏感，稍有各种刺激，群体会立刻做出过激的反应。因而，感性往往是群体的同义词，而理性则成为群体的反语。

大众的信念是容易变化的。没有牢固不变的大众信念，大众的信念总是会根据周围的环境而发生变化。信念只能是在暗示和传染作用下形成的一种暂时现象，“它们匆匆成熟，又匆匆消失，就像海边沙滩上被风吹成的沙丘”。大众信念变化的原因有三个：一是信仰由于环境的变化而日甚一日地失去影响力，而普遍信仰的衰落，“为一大堆既无历史也无未来的偶然意见提供了场所”。二是大众的力量在不断增长，越来越缺乏对其制衡的力量。这使大众观念多变的特点无拘无束地表现出来。三是媒体的发展，尤其是报业的发展不断地把完全对立的意见带到了大众面前，每一个意见都具有暗示作用，而反对意见又会立刻破坏这种暗示作用。结果任何意见都难以普及，一切意见都变成过眼烟云。所以，群体最大的特点就是善变无形。

大众的规模越小，越安全；大众越是组织有序，越安全。大众的规模越小，理智越容易战胜感情；大众越是组织有序，越容易表达自己的诉求、实现成员利益。因而无序参与的大规模的群体是现代社会稳定的大敌。大规模的群众一旦成为开闸释放的洪水、变成脱缰的野马，谁也不知道将会发生什么。

驾驭无序的大众需要很高的艺术与方法。群体的心理表明，大众在智力上总是低于个体，但是从动员的角度看，大众可以比个体变得更好，也可以变得更差，这完全取决于引导的环境如何。在历史上，往往会出现一些群体不顾一切地赴死犯难，怀着赢得荣誉的热情而赴汤蹈火，这种英雄主义创造了历史。引导大众沿着更为积极的方向发展，必须掌握大众的想象力：只会形象思维的群体，也只能被形象所打动。只有形象的东西才能吸引或威慑群体，成为他们的行为动机。因而，在面对一个庞大的大众的时候，要想引导他们，万万不可求助于智力和推理，绝对不可以采用论证的方式去“说服”一个大规模的群体。聪明的领袖往往会使用感性的语言，采用断言、重复、成像、传染等方法不断地影响群体，让他们记忆深刻。只有掌握了影响大众想象力的艺术，才能掌握驾驭他们的艺术。

四、马克思主义经典作家的群众观

在马克思、恩格斯的政治理论中，“群众”一词的出现是与思考“两种生产要素打架”相联系的。大约公元 1700 年以来，人类社会进入了资本主义时期，全球化进程提速，从此也进入了劳动力与资本“两种生产要素打架”新的历史时期。在资本掌握人的命运之前，人的命运是与大自然紧密联系的，劳动关系是与人的其他关系（如邻里关系、朋友关系、亲属关系、人与环境的关系等）融合在一起的。然而，资本家却需要把劳动关系从其他关系中分离出来，采取各种办法（如饥饿政策、贩卖劳动力政策、低工资政策、圈地运动等）把劳动关系从人的一切关系中剥离出来，使劳动者转变为劳动力，资本剥削并占有劳动力的资本主义社会历史开始了。

“两种生产要素打架”主要是指代表这两种生产要素的人群之间的斗争，资本背后站着资本家，劳动力背后站着劳动者——无产阶级，他们的斗争构成了资本主义社会的主要矛盾。在马克思、恩格斯的思想中，资本控制了劳动力，才使劳动力异化，消解人的异化需要从节制资本开始，人类如果能节制资本，这将在人类文明史上出现全新的历史。能完成这个使命的只有无产阶级（列宁所说的“工人阶级”），他们是“群众”，他们将创造人类全新的历史——共产主义社会，“群众是历史的创造者”。马克思、恩格斯还认为，无产阶级要创造这个全新的历史需要两个前提：一是在资本主义生产力水平发展到顶峰的时期，也就是产品极大丰富的时期；

二是由于资本流动性的存在，必须“全世界的无产者联合起来”共同节制资本，共同走向新的历史时期——共产主义社会。因而，共产主义没有“单干户”，需要大家一起来干。对于马克思、恩格斯的这两个重要前提，列宁根据俄国十月革命的情况作了新的发展：一是俄国这样的国家可以在生产力水平不高的情况下进入社会主义社会（即“跨越‘卡夫丁峡谷’”的理论）；二是俄国这样的国家可以率先进入社会主义社会（即“帝国主义薄弱环节”突破的理论）。

于是，“群众”一词充满丰富内涵。首先，从历史唯物主义的角度看，“群众”是一个哲学概念。马克思认为，人民群众是历史的创造者，人类社会赖以生存的物质资料生产是劳动群众通过自己的劳动创造的，以不同形式从事和促进生产实践活动的人民群众对社会发展起着决定作用。同时，人民群众的社会实践也创造了使精神文化生活得以进行的前提条件，人民群众又是精神财富的创造者。所以，历史是人民群众创造的，人民群众是历史的主人，“历史活动是群众的活动”①。其次，从科学社会主义的角度看，“群众”具有特殊的指向，指与无产阶级政党相对应的工人群众。马克思、恩格斯在创立世界上第一个无产阶级政党时，就提出了党与人民群众的“基本关系论”，即党是无产阶级事业的推动力量和领导者，党必须以工人群众为依托——无产阶级是无产阶级政党实现领导功能的阶级基础。

之所以把“群众”等同于工人群众，是因为在19世纪三四十年代不断壮大的工人阶级最初在反抗资产阶级的斗争中并没有找到自己的出路，因而无产阶级政党的目的就是要把无产阶级组织起来，为无产阶级革命确定方向。马克思、恩格斯明确指出：“在实践方面，共产党人是各国工人政党中最坚决的、始终起推动作用的部分；在理论方面，他们胜过其余无产阶级群众的地方在于他们了解无产阶级运动的条件、进程和一般结果。”② 无产阶级政党的阶级属性决定了它必须依托于无产阶级才能实现自己的领导作用。马克思、恩格斯在《共产党宣言》中写道：“在当前同资产阶级对立的一切阶级中，只有无产阶级是真正革命的阶级。其余的阶级

---

① 《马克思恩格斯全集》第2卷，人民出版社2005年版，第104页。

② 《马克思恩格斯选集》第1卷，人民出版社1995年版，第285页。

都随着大工业的发展而日趋没落和灭亡，无产阶级却是大工业本身的产物。”① 无产阶级是“现代一切民主运动的核心”②，正因为如此，无产阶级政党是无产阶级利益的代表者，其领导地位取决于工人群众的认可。

列宁丰富并发展了“群众”概念的内涵，“群众”概念与无产阶级政党革命、执政活动紧密联系起来，并由哲学概念变成了一个现实生活中的社会概念或政治概念，“群众”不仅仅是工人阶级的代名词，也变成了那个时代“千百万人”的集合体。列宁 1918 年指出，“数以千百万计的群众，——哪里有千百万人，哪里才是政治的起点；哪里有千百万人，而不是几千人，哪里才是真正的政治的起点”③，但对待“群众”也不是无原则地追求数量和民意。列宁指出，群众是以阶级为基础的，只有把不按照生产的社会结构中的地位区分的大多数同在生产的社会结构中占有特殊地位的集团对立时，才可以把群众和阶级对立起来；在通常情况下，在多数场合，至少在现代的文明国家内，阶级是由政党来领导的；政党通常是由最有威信、最有影响、最有经验、被选出担任最重要职务而称为领袖的人们所组成的比较稳定的集团来主持的。④ 由此可见，列宁已经扩大了“群众”概念的内涵，由“工人群众”变成了“全体被剥削者”，包括工人群众和农民以及一部分流浪无产者、小资产阶级等，并在党的领袖、无产阶级政党、无产阶级、群众这四个元素之间形成了一个以党的领导为核心而不断向外延伸的领导与被领导关系链。

斯大林时期，由于无产阶级政党已经执政，“群众”概念的内涵被进一步扩大，变成了所有的社会主义劳动者，即全社会的绝大多数。斯大林经常使用希腊神话中安泰与盖娅的故事来描述党与人民群众的关系。在希腊神话中，有一位英雄叫安泰，是大地母亲盖娅的儿子，是一位大力士。他的秘密在于每当他与敌人决斗时总会靠近大地，然后获得源源不断的力量，每与敌人决斗总是战无不胜。后来敌人获知这一秘密以后，在空中与安泰决斗并杀死了安泰。斯大林把苏联人民比作母亲、把党比作儿子，要求共产党员扎根于人民群众，并与人民群众保持血肉联系，离开了人民群

---

① 《马克思恩格斯选集》第 1 卷，人民出版社 1995 年版，第 282 页。

② 《马克思恩格斯选集》第 1 卷，人民出版社 1995 年版，第 200 页。

③ 《列宁选集》第 3 卷，人民出版社 1995 年版，第 446 页。

④ 《列宁选集》第 4 卷，人民出版社 1995 年版，第 151 页。

众，则政党的事业将会失败。

可以说，在马克思主义经典作家那里，“群众”是一个动态的、发展的概念。其狭义的含义是指无产阶级，列宁所称的“本阶级”；其一般的含义是指特定时期的“全体被剥削者”或全体劳动者，包括工人、农民、小资产阶级，他们靠劳动谋生；其广义的含义是指哲学概念的“人民群众”，指不同历史阶段与社会形态中的劳动者，他们是历史活动的主体，也是推动人类历史发展和社会进步的决定性力量。

由此，在马克思主义的经典理论中，“群众”具有四个属性或假设：一是阶级性。群众的概念的出现来源于“两种生产要素打架”，一切被资本控制的无产阶级都属于“群众”的范畴。二是道德性。资本控制劳动力并不道德，无产阶级从资本的控制中“走”出来并实现自我解放，是一项十分崇高的事业。三是国际性。共产主义不欢迎“单干户”，只有全世界无产者联合起来，才能真正控制资本，实现共产主义，因而共产主义者也是国际主义者。当前，“两种生产要素打架”的问题并没有因为资本主义社会实行了福利制度和民主体制而消解，相反在当今虚拟经济脱离实体经济的时代进一步恶化，所以马克思主义并没有过时，马克思主义的群体观依然有它的生命力。如果马克思能活到今天，他也许会认为那些“占领华尔街”的人群依然是我们的群众。四是组织性。马克思主义经典作家认为，无产阶级在反对有产阶级联合权力的斗争中，只有组织起来并建立独立的政党（尽管这个政党最终也会消亡），才能作为一个自为的阶级来行动。

五、古代中国的“天道观”与当代中国共产党人的“群众观”

在中国古代哲学体系中，统治者的各种世界观中最重要的是“天道观”。“群众观”是在共产党成立以来才出现的，这需要中国共产党把马克思主义经典作家的群众观与中国传统文化中的有关世界观结合起来，如果不能完成这个结合，仅有从西方传来的马克思主义的群众观却无本土文化的潜在支持，“群众观”的生命力、解释力将十分有限，当然，党员干部也不会对群众有真正的敬畏感。

实践证明，中国共产党完成并超越了这个“结合”，这是我们的“群众观”能受到广大干部群众普遍接受的根源。

一些学者的研究发现，在中国古代，“道”至少有两个不同的来源：其一是现实取向的来源，道的本意指日常经验中的道路，这是儒家思想中道的来源；其二是神话取向的道的来源，道指的是由太阳及其运动所体现的一般法则或原理的循环往复，这是道家哲学中道范畴的由来。

在百度词条“天道”中的“道”有四层含义：一是指过程。道不仅是对万事万物的系统性、整体性的概括，而且是对万事万物发展过程的高度抽象和概括。二是指本原。道是万物的本体和来源。天地万物都是由道演化而来。三是指规律。老子指出，“道者万物之奥”，强调道是万事万物运动的规律。四是指法则。老子说，“执古之道，以御今之有，以知古始，是谓道纪”，意思是要遵循古代的法则，驾驭现实的实有，以认识历史的规律。“天下有道，却走马亦粪，天下无道，戎马生于郊”“同于道者，道亦乐得之”。意思是坚持道的原则，天下和平安定；放弃道的原则，则会陷于兵荒马乱之中。按道的法则去做，道会成全你。最后，道的原则是最高原则，道的价值是最高的价值，“天之道，利而不害”。

中国远古时期兴起的祭祀仪式逐步转变为西周以来的祭天仪式，对天的尊崇转化为道的哲学，并与儒家、佛教、道家的思想结合起来，形成了独具中国特色的天道观。把对道的尊崇与对天的敬仰结合起来，形成了自商代以来中国人的价值体系和信仰体系。在天道观中，人是渺小的，是容易犯错误的，人的知识和认识是有限的，所以，人只有对大自然的规律常怀敬畏之心，才能实现人的最高境界——天人合一；在儒教的天道观中，还强调人的内省，只有不断内省和自我约束，人才能不断提高自己，其最高境界是“敬天养民”；佛教强调因果报应和转世说，更加强调人对神（天）的敬畏之心，不断修行，修成正果。

在我国，敬天仪式起源于周朝，自汉代以来，历朝历代的帝王都极为重视祭天。明、清时期，祭天更为频繁。在祭天时，皇帝带上文武百官一起朝拜祷告，祈求上苍垂怜施恩，祈福国泰民安、风调雨顺，也要求文武百官内省、敬畏上天，不要做坏事。古代中国皇帝年复一年的重复，自然有其道理，其中之一就是：封建皇帝难以用制度来有效约束官员，而独特的祭天仪式以及天道观的思想不断教育官员内省，以最终实现自我约束，这是古代中国修官德的重要手段，也是教化民众的重要手段。

天道观的瓦解始于辛亥革命，皇帝退出历史舞台宣告了立足于王权的天道仪式的瓦解（袁世凯复辟想重新恢复祭天仪式和天道观，但很快失败）。国民革命运动以及国民政府的成立瓦解了祭天仪式却没有立刻瓦解天道观，相反，在蒋介石“四维八德”的论述中，天道观还有强化趋势。然而，国民党政府没有也不可能把古代中国人的信仰体系与所谓的“民权政府”的价值体系有机结合起来，出现了天道观与民权论“两张皮”的现象，其意识形态符号长期处于现代价值观与传统价值观的紧张之中。

中国共产党自成立之日起，就强调了群众路线，强调党与群众的集合，强调对群众的敬畏。其独特的群众论述在意识形态上实现了天道观的创造性转化，要求党的干部每时每刻都必须与群众相结合。毛泽东在讲“愚公移山”的故事时曾经用“上帝”来比喻群众，强调要敬畏群众这个“上帝”，使敬畏的对象由“天”或“道”转向了“群众”。这个转向意味着共产党人必须敬畏群众的力量、群众的眼光、群众的创造性等，始终坚持一切为了群众、一切依靠群众，从群众中来、到群众中去的群众路线。

同时，中国共产党在完成敬畏体系的转向的同时又超越了传统的天道观。党的哲学基础是唯物主义，强调物质决定意识，实践是检验真理的唯一标准，人们的生存环节决定了思想状况。因此，党的群众观也打破了对群众的盲崇，强调党的干部既要善于当群众的学生，也要善于当群众的老师。其最高境界是当学生不犯尾巴主义错误，当老师不犯命令主义错误。

六、中国共产党对“群众”的四个假设

在中国共产党人眼中，“群众”的涵义有四个基本特点或假设：一是无差异性。即认为群众是由那些具有共同信仰、共同价值观念和共同利益需求的人组成的，因而群众的利益容易被统合与代表。这个假设在计划时代体现得十分充分，因为群众的阶级基础一致。因而利益一致，也会导致他们的价值观一致。二是无距离感。群众以工人阶级为领导，工农联盟为基础，同属于无产阶级，彼此具有同质性，因而干群没有距离，群群没有距离。在中国共产党的官方文献中经常引用列宁说过的一句话“群众是天生的平等派”。三是组织性。群众只有在组织中才有合力，离开了组织，群众就会变成“一盘散沙”。1938 年，毛泽东发表《论持久战》，文中提

到："战争的伟力之最深厚的根源，存在于民众之中。"1937年5月8日，在延安召开的党的全国代表会议上，毛泽东强调："无产阶级、农民、城市小资产阶级的广大群众，有待于我们宣传、鼓动和组织的工作。"1943年，在中共中央招待陕甘宁边区劳动英雄大会上，毛泽东明确指出："把群众力量组织起来，这是一种方针。还有什么与此相反的方针呢?"四是运动性。群众必须被组织起来参与到群众运动中去，离开了运动，群众就变成了单纯的利益个体，难以形成一股合力；离开了群众的合力，党领导的一切事业都有失败的可能。

当前，群众的"四个假设"基本都被打破：一是无差异性假设被打破。改革开放以来，由于社会主义市场经济的推进，允许一部分人先富起来，出现了财富差异和利益差异，并最终形成了价值观差异，出现了多元价值观。群众内部出现了社会分层，出现了各种不同阶层，差异性凸显。二是无距离感的假设被打破。在领导革命时，党天然与群众打成一片，党员大量来自普通群众，熟悉群众的语言、了解群众的心理、知道群众的诉求，因而不可能脱离群众。成为执政党以后，扁平化的组织结构被科层化的组织结构所代替，科层化必然带来官僚化、必然带来精英化、必然带来官僚主义，脱离群众的可能性不是降低，而是大大增加。密切联系群众是我们党最大的优势，执政以后最大的危险是脱离群众，所以，无距离感的假设很容易被官僚化和精英化的现实所打破。三是组织性的假设面临挑战。在计划经济时代，人民公社把农民组织起来，城镇单位把城镇人口组织起来，几乎所有的群众都属于某一个组织。改革开放以来，人民公社体制瓦解被乡镇政府和群众自治组织所取代，城市单位体制瓦解，单位人变成了社会人，而且在城乡之间还出现了流动人口，在社会中还诞生了形形色色的新社会组织、新经济组织，于是，原有的组织群众的办法不再管用了。在新的时代背景下，如何把从人民公社体制中解放出来的农民以及从单位体制中"释放"出来的社会人以及新生的各种组织形态组织起来，是一个新的课题。此外，随着各种新社会阶层、新社会组织的不断出现，党组织如何把这些力量纳入到自组织系统中来也是一个必须面临的新课题。四是运动性假设也被打破。改革开放以来，我们党宣布在社会上不再搞大规模的群众运动，要建设社会主义民主政治和社会主义法治国家；党的十三大以来，我们党宣布不再在党内搞运动式建党，要依靠制度和改革来建党。因而，无论在党内和党外，我们都不赞成搞群众运动。以上四个假设的打破，是我们党的群众工作面临各种挑战的根源。

七、毛泽东对“群众”的五个比喻

第一个是把群众比喻为“铜墙铁壁”。1934 年 1 月毛泽东在江西瑞金召开的第二次全国工农兵代表大会的讲话中指出：“几千年来，那些封建皇帝的城池宫殿还不坚固吗？群众一起来，一个个都倒了。”“真正的铜墙铁壁是什么？是群众，是千百万真心实意地拥护革命的群众。这是真正的铜墙铁壁，什么力量也打不破的，完全打不破的。反革命打不破我们，我们却要打破反革命。”

第二个是把群众比喻为“眼睛”。1943 年 7 月 2 日，毛泽东在《中共中央为抗战六周年纪念宣言》中说：“共产党员应该紧紧地和民众在一起，保卫人民，犹如保卫你们自己的眼睛一样，依靠人民，犹如依靠自己的父母兄弟姊妹一样。”

第三个是把群众比喻为“上帝”。1945 年 6 月 11 日，毛泽东在中国共产党第七次全国代表大会上的闭幕词《愚公移山》中说：“现在也有两座压在中国人民头上的大山，一座叫做帝国主义，一座叫做封建主义。中国共产党早就下了决心，要挖掉这两座山。我们一定要坚持下去，一定要不断地工作，我们也会感动上帝的。这个上帝不是别人，就是全中国的人民大众。全国人民大众一齐起来和我们一道挖这两座山，有什么挖不平呢？”

第四个是把群众比喻为“土地”。1945 年 10 月 17 日，毛泽东从重庆回到延安以后，在延安干部会上的报告《关于重庆谈判》中说：“所有到前方去的同志，都应当做好精神准备，准备到了那里，就要生根、开花、结果。我们共产党人好比种子，人民好比土地。我们到了一个地方，就要同那里的人民结合起来，在人民中间生根、开花。我们的同志不论到什么地方，都要把和群众的关系搞好，要关心群众，帮助他们解决困难。”

第五个是把党和群众的关系比喻为“鱼”与“水”的关系。在谈到和人民群众的关系时，毛泽东常用这样的比喻：“水里可以没有鱼，但鱼儿却永远离不开水。”

八、邓小平著名的“工具论”

在我们党历史上，邓小平早就提出了这个观点。1956 年 9 月 19 日，在党的八大上，邓小平提出了一个著名论断：“同资产阶级的政党相反，工人阶级的政党不是把人民群众当作自己的工具，而是自觉地认定自己是人民群众在特定的历史时期为完成特定的历史任务的一种工具。”这个“论断”在党的群众路线理论及群众工作中被称为“工具论”。

“工具论”有三方面的含义：第一，它是无产阶级政党区别于资产阶级政党的根本标志；第二，人民群众在不同历史时期的历史任务是不同的；第三，自觉树立“工具观”，要求党员和党员干部树立全心全意为人民服务、始终密切联系群众的意识。

第一，“工具论”是无产阶级政党区别于资产阶级政党的根本标志。马克思主义认为，政党是阶级的工具，无产阶级政党是广大无产阶级的工具。马克思、恩格斯对共产党的性质作了深刻论述，指出共产党人“没有任何同整个无产阶级的利益不同的利益”。一方面，共产党人强调整个无产阶级的不分民族的共同利益；另一方面，在斗争的各个发展阶段上，共产党人始终代表整个运动的利益。

第二，共产党人作为人民群众的工具，有其时代内涵。以中国共产党为例，中国共产党人强调“立党为公、执政为民”，除了代表最广大人民群众的根本利益，没有任何特殊利益。党在不同时期作为人民群众的工具，其内涵是不同的。比如，在革命战争时期，党是领导人民推翻“三座大山”、实现国家独立和民族解放的工具；在社会主义建设时期，党是带领人民建立无产阶级专政、进行社会主义革命、推动社会主义建设的工具；在改革开放时期，党是建设中国特色社会主义事业的领导核心，是带领人民坚持走中国特色社会主义道路、构建并完善中国特色社会主义制度、建设社会主义和谐社会的工具。

第三，“工具论”要求党员和党员干部树立全心全意为人民服务的群众观。正如邓小平在八大上所说的，确立了“工具论”，“就是确认党没有超乎人民群众之上的权力，就是确认党没有向人民群众实行恩赐、包办、强迫命令的权力，就是确认党没有在人民群众头上称王称霸的权力。”所以，确立“工具论”要求党员干部树立正确的世界观、人生观、价值观、权力观、地位观、利益观以及政绩观，始终坚持全心全意为人民服务。

九、以党的先进性建设为主线塑造当代共产党人的群众观

最早对共产党人的先进性展开论述的是马克思。马克思在《共产党宣言》中用比较的视角从理论与实践两个层面来看共产党人的先进性，他指出，与其他无产阶级政党相比较，共产党人的先进性总体上表现为“一方面，在无产者不同的民族的斗争中，共产党人强调和坚持整个无产阶级共同的不分民族的利益；另一方面，在无产阶级和资产阶级的斗争所经历的各个发展阶段上，共产党人始终代表整个运动的利益”。具体来讲，共产党的先进性表现在两个方面：一是在实践中与其他工人阶级政党相比，共产党人是各国工人政党中最先进和最坚决的部分，推动所有其他部分前进的部分；二是在理论上与无产阶级群众相比，他们胜过其余无产阶级群众的地方在于他们了解无产阶级运动的条件、进程和一般结果。因而，从源头上讲，共产党人的先进性有两个重要特征：一是比较的属性，先进性要通过比较得出来；二是双维性，即理论和实践两个维度。两个属性中最根本的还是比较。也就是说，在当时无产阶级专政还没有实现的情况下，共产党人的先进性是以承认共产党之外还有其他无产阶级政党存在为前提的，同时也是以承认共产党人比普通群众更优秀为前提的。

列宁继承了马克思关于先进性的认识，同时对先进性的理论也有所发展，最大的成果就在于把马克思的“先锋队”思想发展为“先锋队的党”的思想。同时，马克思主义被确立为科学社会主义，于是只能由一个工人阶级政党——共产党代表这个理论；共产党的先进性要体现在强有力的组织领导上，否则革命不可能成功，即党的先进性应该体现在党的团结、纯洁、纪律等方面，全党要实行民主集中制原则；其他无产阶级的组织如工会等，不能与党相提并论，在重要性上只能从属于党，因为“工人阶级单靠自己本身的力量，只能形成工联主义意识”；工人阶级必须经常对党注入新的活力，否则党就会停滞不前和变得官僚化，并“落在群众后面”，因而如果党不深入和卷入群众的经验中去，党就不能完成自己的任务；苏维埃是被压迫工农阶级中最觉悟、最有力、最先进的部分（即党，作者注）

的组织形式，所以它是被压迫阶级的先锋队能够用来发动、教育、训练和领导这些阶级的全体广大群众的机构。

十月革命成功以后，列宁上述关于“先锋队的党”的思想体现在党的领导活动与执政活动之中，由于苏共自认为全社会只有一种利益，斯大林宣布没有必要建立别的政党，包括其他无产阶级政党。马克思确立的共产党人先进性的比较属性和实践维度（和人民群众相比较）在苏联并不需要求证，也难以求证。于是，自斯大林时期以来，党的先进性只需要在理论维度上不断完善并最终走向了绝对化的极端。而党在理论上的绝对先进，导致了在政治生活中强调党的绝对正确、绝对统一、绝对权力，导致了苏共先进性的理论与实践的巨大落差，最终陷入了托洛茨基 1904 年所预测的怪圈：党的组织先由它自己取代整个党，然后中央委员会由它自己取代党组织，最后单个“独裁者”由它自己取代中央委员会。

苏联共产党先进性建设最大的缺陷是在实践中回避了与其他工人阶级政党（也包括资产阶级政党）作横向比较，回避了对先进性的求证，以至于脱离群众并丧失了先进性，丧失了执政权。苏共先进性建设中的教训令人扼腕叹息，也给其他国家执政的共产党敲响了警钟。

中国共产党人在革命战争年代和社会主义建设时期始终坚持马克思主义和中国革命与建设实践相结合，以实事求是的态度，对党的先进性的理论和实践维度都有所发展。一方面，发展了对中国革命与建设运动的“条件、进程和一般结果”的认识，形成了党的指导思想——毛泽东思想；另一方面，通过各种整党、整风运动推动党员干部的先进性。这个时期，党的先进性建设的最大经验就是理论与实践维度的结合，即在党员干部保持先进的实践中寻找理论的灵感，用从实践中总结出来的先进理论武装党员干部，把整个党组织变成一个战斗团队，把每一个党的基层组织变成战斗堡垒；在比较的属性上，中国共产党对外向国外共产党学习，对内经常向不同民主党派请教，不断提高自己的认识水平与学习能力。然而，任何事情总是辩证的，在党的先进性建设探索中形成特色与取得成绩的同时，也有一些教训和挫折，最大的教训就是过分强调实践性，采用运动建党的办法实行人人过关，试图以纯洁党员的行为规范来纯洁党员的思想，却忽视了我国还处于社会主义初级阶段的基本现实，忽视了人民群众的现实期盼，忽视了理论的先进性前进一步（或可以称为“退一步，进两步”）的可能。

国际共产主义运动以及我们党在革命和建设的不同历史时期对党的先进性建设的探索留下两大难题，需要当代中国共产党人来解决：一是怎样才能实现党的先进性的理论维度与实践维度有机结合；二是党的先进性比较的对象是否需要扩展。

改革开放以来，中国共产党不断发展党的先进性。在理论维度上，全党坚持解放思想、实事求是、与时俱进，不断推进马克思主义中国化、时代化、大众化，形成了马克思主义中国化的最新成果——邓小平理论、“三个代表”重要思想、科学发展观，并用最新成果武装全党；在实践维度上，全党强调经常性学习实践与集中性主题教育相结合，不搞运动，依靠制度和改革来推进先进性建设。从上世纪 90 年代以来，开展了“三讲”学习活动、农村“三个代表”重要思想学习教育活动、以学习实践“三个代表”重要思想为主要内容的保持共产党员先进性教育活动、深入学习实践科学发展观活动、党的基层组织和全体党员中开展的创先争优活动，这些活动本身就是党的先进性建设制度化的体现。在实现理论维度与实践维度的有机结合上，中国共产党至少取得了以下成果：理论的先进性要从实践的先进性中去求证；党员的先进性要从提高群众的满意度以及全社会形成学习先进、崇尚先进、争当先进的良好风气中去求证；党的理论与实践的先进性要从中国特色社会主义伟大事业与党的建设伟大工程的有机结合、共同推进与共同发展中去求证；党的先进性最终要从党的学习能力与执政能力的迅速提高中去求证，“归根到底要看党在推动历史前进中的作用”。

从比较的属性上看，中国共产党看待先进性并不拘泥于自身的“过去时”，而是时刻警醒于“现在时”，牢牢把握“将来时”。这使党的先进性“比较”的对象大大扩展，不但与普通人民群众相比、与世界各国共产党相比，还与资产阶级政党相比。进入新世纪新阶段，我们党认真总结了世界各国政党兴衰成败的经验教训，更加重视从比较中保持党的先进性。江泽民同志指出：“如何使我们党保持旺盛的生命力，是我们必须认真思考的一个重大课题。”胡锦涛同志也指出：“世界上一些曾经执政多年的大党、老党先后丧失执政地位，原因很多，从根本上说是因为这些政党在广大人民群众的心目中丧失了先进性。”如此看来，先进性不仅是中国共产党的“特殊性”，还是世界上一切长期执政的大党、老党的“共同性”。

因此，当代中国共产党的先进性建设并没有超越马克思关于共产党人先进性两大基本属性的要求，而是在坚持马克思列宁主义、毛泽东思想的基础上，在继承中谋发展，在发展中谋创新，基本实现了党的先进性理论维度与实践维度的有机结合，大大拓展了党的先进性的比较对象。实践无止境，创新无止境，党的先进性目标也没有止境，先进和优秀应该成为中国共产党的基本特征和内在追求。只要比较的对象还存在，党的先进性建设就将永远坚持下去；只要实践对理论提出了新的更高要求，理论就要不断创新。只要理论在不断创新中得以完善，实践就要迅速跟上。在党的先进性建设的各项主题教育和实践活动中，通过实践和党的理论的教育塑造当代中国共产党人的群众观点、群众立场，始终坚持走群众路线。

十、坚持群众路线的四大原理

中国共产党是在马克思列宁主义指导下建立的无产阶级政党，自然受马克思主义群众观的影响，并结合中国革命的具体条件形成了自己的群众路线理论。群众路线理论的形成有一个过程。党的一大决定以开展群众的革命斗争为党的中心工作。党的二大通过的党章指出，“党的一切活动都必须深入到广大群众中去”。党的三大指出，“拥护工人农民之宣传与组织，是我们特殊的责任。引导工人农民参加国民革命更是我们的中心工作”。党的四大提出，“要使中国不陷于奴隶地位，完全靠着中国劳苦群众的努力”。共产党人要为“各种具体的群众的利益而奋斗，以取得群众对我们的信仰”，在“指导群众的行动的时候，必注意提出的口号，使能适合当地群众的组织力量、需要及情绪，而促使群众做切实的更进一步的努力”。1928 年党的六大决定“争取群众是现时的总路线”。同年 11 月，李立三指出，“在总的群众路线下，需竭最大的努力到下层群众中去”。1929 年 9 月，周恩来主持起草的《中央给红四军前委的指示信》（中央九月来信），阐述了红军与群众的关系，在筹款工作上他提出，“不要由红军单独去干”，而要“经过群众路线”；没收地主豪绅财产，也“一定要经过群众路线”这一工作方式。同年 12 月，毛泽东据此在《红军第四军第九次党代表大会决议》中指出：“一切工作在党的讨论和决议之后，再经过群众路线去执行。”自此，“争取群众的总路线”变成了“群众路线”的概念，并从此在中国共产党党内通行。

1942 年毛泽东为党中央写了一个名为《关于领导方法的若干问题》的决定。在这个决定中，毛泽东科学地阐述了群众路线包含的内容和实施步骤，提出“在我党的一切实际工作中，凡属正确的领导，必须是从群众中来，到群众中去”“从群众中集中起来又到群众中坚持下去，以形成正确的领导意见，这是基本的领导方法”。1945 年党的七大会议时，毛泽东明确地把密切联系群众作为我们党的三大优良作风之一。刘少奇在七大修改党章的报告中，系统地论述了党的群众观、党的群众路线，从而建立起了我党的群众观和群众路线的理论体系，并成为毛泽东思想的重要组成部分。1990 年 3 月党的十三届六中全会通过了《中共中央关于加强党同人民群众联系的决定》，它明确指出：“党在长期斗争中创造和发展起来的一切为了群众、一切依靠群众，从群众中来、到群众中去的群众路线，是实现党的思想路线、政治路线、组织路线的根本工作路线，是中国共产党的优良传统和政治优势。历史经验反复证明，什么时候党的群众路线执行得好、党群关系密切，我们的事业就顺利发展；什么时候党的群众路线执行得不好、党群关系受到损害，我们的事业就遭受挫折。”实践证明，党的群众观点和群众路线，不仅是指引中国革命伟大胜利的法宝，而且是社会主义建设、改革、发展的重要法宝之一。

贯彻党的群众路线，需要把握好以下四个原理：

一是“循环原理”。即联系群众的过程不是“蜻蜓点水”“一气呵成”或“毕其功于一役”，是一个不断重复、不断循环、不断提高的过程。做群众工作只有起点，没有终点，联系群众没有止境，接触群众也是“没完没了”，做好群众工作是一个“尽善尽美”的过程。如果简化群众路线中的循环原理，可以理解为“发现问题（从群众中来）——分析问题（依靠群众参与共同来释惑、解难）——解决问题（到群众中去）——发现新的问题——寻找新的解决问题的办法”等不断循环的过程。

群众工作中的“石头、剪刀、布”游戏

“石头、剪刀、布”游戏每一个人都会玩，但是很少有人从中去思考游戏背后的道理。在现实生活中，发现问题要运用“剪刀”，“剪刀”的含义既可以表现为方法、手段，也可以表现为方向，只有把剪刀用得好、用得准，才能裁开布，在现实生活中才能找到“真问题”；分析问题要用“布”，即打开手掌、展示全面，分析问题要考虑到方方面面的要素，从系统的眼光看问题，避免“头痛医头，脚痛医脚”；解决问题要用“石头”，即拳头。解决问题要使用一切力量、一切资源，集中力量，切忌随随便便，不用心或不用力。否则，即使解决了问题的表面，问题的根子依旧存在。

通俗地讲，坚持群众路线实际上是用正确的方法在群众中发现问题，全面系统地分析问题，调集资源和力量解决问题。在此基础上，发现新的问题，分析新的问题，解决新的问题，如此循环往复。

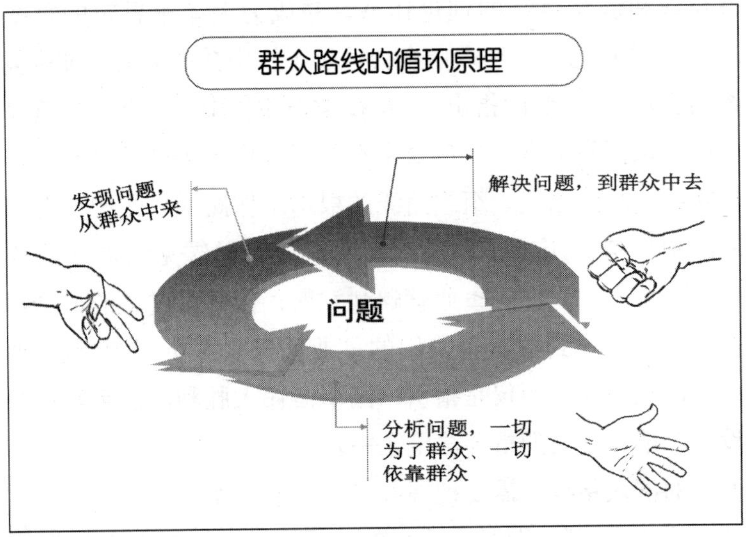

二是“沙漏原理”。即干部和群众彼此必须融为一体，不可能也没办法分离。一旦干群之间彼此隔离，沙漏的通道就会堵塞，沙漏游戏中循环和颠倒就会失去意义。同时，从认识论的角度讲，干部所形成的各种认识都必须回到群众的实践中去检验，经过检验后再上升到新的认识，如此循环往复，不断提高干部的认识，使党和政府的决策更加科学。

三是大树原理。决定大树支持力的不是树冠的大小，而是根系的长短。因为，树冠只能引来“风力”，属于干扰力量，只有根系带来的是“定力”。根系越发达，扎得越深，底部的支持力越大；相反，如果根系不发达，在土壤中扎得不深，树冠越大越容易倒下，因为任何一股“妖风”一吹，就可能把大树吹倒。大树原理告诉我们，联系群众，如鱼得水；脱离群众，如树断根。

四是杠杆原理。阿基米德曾经说过，“给我一个支点，我可以撬起地球”。其实，中国共产党人很早就掌握并实践了这个杠杆原理，党的干部凭借着与人民群众打成一片的这个力矩，成功地把各族群众“撬”起来“跟党走”，建立了现代化的中国。相反，如果党的干部找到的支点离群众太远，最后“力矩”所显示的结果不是党把人民群众“撬”起来“跟党走”，而可能是人民群众把党“撬”起来“党跟走”。一旦出现“党跟走”的结局，就有可能是人民群众把党“撬”翻。

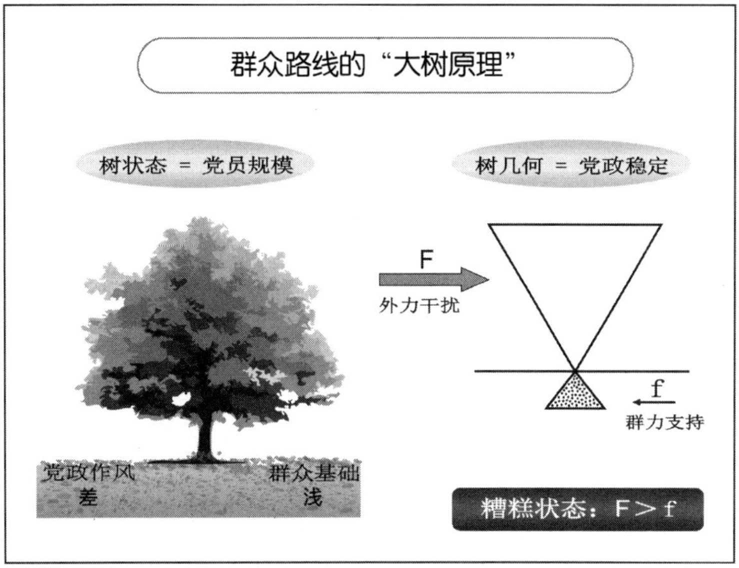

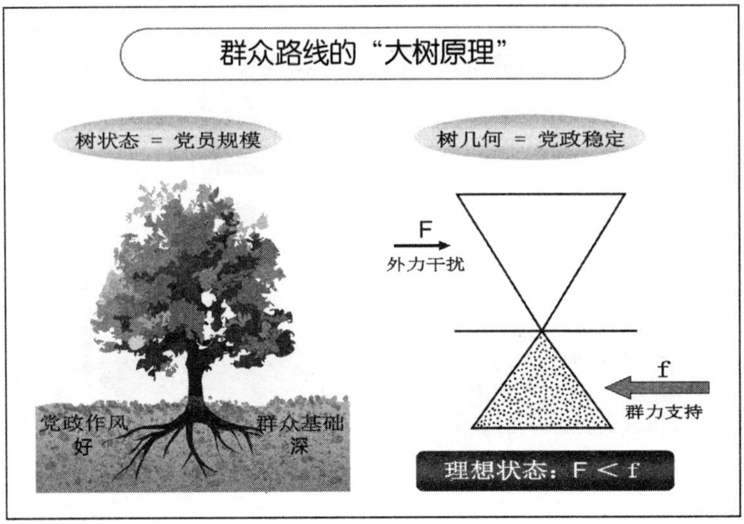
群众路线的“大树原理”
树状态 = 党员规模
树几何 = 党政稳定
F
外力干扰
f
群力支持
党政作风
好
群众基础
深
理想状态：F < f

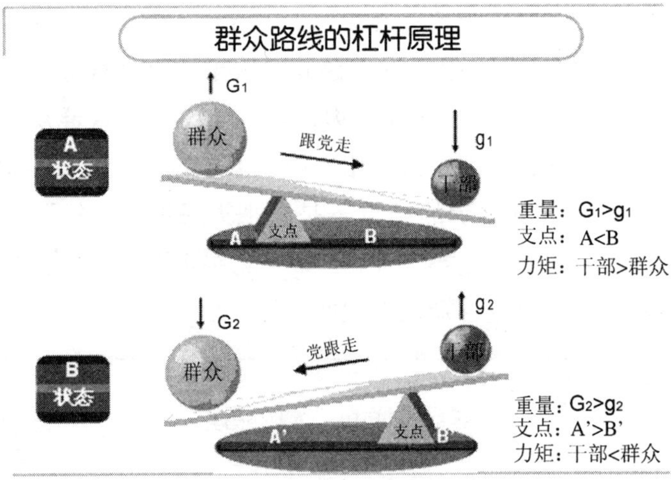
群众路线的杠杆原理
A
状态
G1
群众
跟党走
g1
干部
A
支点
B
重量：G1>g1
支点：A<B
力矩：干部>群众
B
状态
G2
群众
党跟走
g2
干部
A'
支点
B'
重量：G2>g2
支点：A'>B'
力矩：干部<群众

第二章

党史上做群众工作的好经验与启示

列宁曾经讲，无产阶级政党要通过千百条线索和群众联系起来，刘少奇在党的七大报告中也强调党要通过千百条线索同群众联系起来。因此，从理论上讲，党联系群众的一切活动都是群众工作，党的一切工作都是群众工作；群众工作是一切工作的基础，群众工作做不好，一切别的工作都难以达到实效。在党的历史上，中国共产党始终保持与人民群众同呼吸、共命运，始终坚持一切为了群众、一切依靠群众的群众路线，并把它作为取得革命胜利的“独门绝技”。在党的历史上形成了大量的群众工作经验，其中，以下经验对当前我们做好群众工作依然具有指导意义。

一、与最广大人民群众联系并抓住关键性群体

在无产阶级政党发展史上，始终与最广大人民群众联系是由党的性质决定的。然而，群众的含义是动态的、发展的，在革命、建设和改革的不同时期、不同阶段，群众的内涵都在不断扩展，党都要同那个时期最广大人民群众联系起来。列宁指出：“群众的人数有千百万，——政策应当是从千百万人着眼，而不是从几千人着眼。只有从千百万人着眼，才会有实事求是的政策。”① 但是，从工作策略出发，在不同时期，总会有一些群众是实现党的事业目标的关键性群体，有必要牢牢抓住并与他们保持最紧密的联系。

早期的中国共产党党员基本都是青年知识分子，所以从常识上讲，中国共产党是一个青年人的党，这是其能够与时俱进、不断自我更新的基因

---

① 《列宁全集》第 27 卷，人民出版社 1958 年版，第 87 页。

学原理。因此，党组织抓住的第一个关键性群体是青少年。1920 年 8 月，中国共产党首先在上海组织了社会主义青年团。1921 年 7 月，中国共产党成立，紧随其后的 1922 年 5 月，在党的直接领导下中国社会主义青年团在广州成立，成为全国青年的统一组织。

在革命时期，妇女是另一个关键性群体。她们是家庭的重心，可以影响家庭一切成员，她们支持革命就可能意味着全家支持革命。早在 1931、1934 年，党就分别颁布了《中华苏维埃共和国婚姻条例》《中华苏维埃共和国婚姻法》，使妇女活动范围从锅台扩大到了田间和战场。“妇女活动分子并不那么害怕国民党军队和还乡团，她们收集情报，为游击队运送粮食和其他必需品，护理伤员，并且参加战斗。”① 一份统计资料也显示，在土地革命时期，中共在各个群体中受拥护的程度由高到低排列大致是：妇女、少年、青年、中年、老年，这与苏维埃革命前后不同人群权利、地位发生变化的程度是一致的。② 大量材料还显示，在革命战争年代，妇女平时为党的军队做好后勤供应工作，参与到当地政府工作去，战时则送丈夫、儿子上战场，一些妇女还在战场上冲锋陷阵。美国学者杰克·贝尔登指出，中国共产党几乎现成地拥有世界上最广大的一部分被剥夺者群众，这就是中国妇女。由于它掌握着这些妇女的心，因此也就掌握着战胜蒋介石的一把钥匙。③

对于国民党辖区内的流动人口，共产党也给予了热情的支持。美国学者拉尔夫·撒克斯顿在分析 1931—1945 年的冀鲁豫边区共产党政权时指出，盐农与共产党建立了密切联系，共产党保护他们的利益，而国民党和日本军队破坏他们的利益。共产党和盐农的关系，对于根据地建设以及中共获得更多群众支持起到了至关重要的作用。不仅如此，建立统一战线的工作也使党把眼光瞄向了国统区的青年学生、民族资产阶级、小资产阶级、乡村富农等，让他们支持党的事业、支持人民的解放事业。

---

① 转引自《剑桥中华民国史》(1912—1949) 下卷，中国社会科学出版社 1993 年版，第 202 页。

② 黄道炫：《一九二〇——一九四〇年代中国东南地区的土地占有：兼谈地主、农民与土地革命》，《历史研究》2005 年第 1 期，第 53 页。

③ 转引自〔美〕韩丁：《翻身：中国一个村庄的革命纪实》，北京出版社 1980 年版，第 464 页。

1947年10月27日，国民党宣布民主同盟为“非法团体”，并对其成员进行迫害。中国共产党立即通过新华社揭露了蒋介石解散民盟的阴谋。1948年4月30日，中国共产党发布了纪念“五一”劳动节口号，提出由各民主党派、各人民团体及社会贤达，迅速召开政治协商会议，成立民主联合政府的主张，得到了各民主党派的热烈响应。1949年1月22日，李济深等55位民主党派领导人及民主人士联名发表《我们对时局的意见》，表示“愿在中共领导下，献其绵薄，共策进行”。

牢牢抓住关键性群体成为中共开展群众工作的一条重要经验，为了抓住这个群体，中共还成立各级统战部门，他们的任务之一就是结交党外朋友，维护同盟者利益，扩大同盟者群体。当前，党已经从领导革命的党逐步走向了执掌政权的党，它需要联系最广大人民群众并始终代表他们的利益。但是，如何紧紧抓住包括家庭妇女、广大流动人口（如2.5亿农民工）、在校青年学生等在内的关键性人群，依然是新时期做好群众工作的重点。

启示：善于联系最广大人民群众是群众工作的“面”，而抓关键性群体则是群众工作的“点”，群众工作既要关注面，更要关注点。抓关键性群体是党的群众工作始终有效的秘密，因为关键性的“点”最终带动了“面”。相反，不抓关键性群体、重点人群，“眉毛胡子一把抓”，看似工作覆盖面很大，但往往没有效果。譬如，在任何时候几乎一切家庭中都有两个关键性群体：一是青少年，二是妇女。青少年是家庭的未来、爱心的焦点；妇女是家庭的重心（不一定是中心），上可以影响公公婆婆，下可以影响儿女，中间可以影响丈夫。党的工作如果能抓住青少年和妇女，就可以形成“以小孩治大人，以女人治男人”的家庭动员格局，使群众工作真正“做”进家庭。

二、给人民群众看得见的物质福利与荣誉

早在1939年，陈云就指出：“改善群众生活才能发动群众。”1942年，毛泽东在谈到经济问题和财政问题时指出：“一切空话都是无用的，必须给人民以看得见的物质福利。”土地是农民最大的物质福利，许多贫农一

代人或几代人没有拥有过土地，一旦获得土地，为了保护胜利果实，可以不惜牺牲生命跟着共产党走。斯诺在西北地区对边区政府的观察中发现："要真正了解农民对共产主义运动的拥护，必须记住它的经济基础……现在，红军不论到哪里，他们都毫无疑问地根本改变了佃农、贫农、中农以及所有'贫苦'成分的处境。"① 1947 年，美国学者韩丁在山西张庄的观察发现，使妇女在自己名分下拥有土地和财产的权利，是她们获得解放的关键。在民族地区，翻身农民得到土地后十分感谢共产党。1959 年，西藏实行民主改革后，翻身农奴获得了土地，他们用一首歌谣来表达对党的感激之情："达赖的太阳照在贵族身上，毛主席的太阳照在我们穷人身上；现在贵族的太阳下山了，我们的太阳升起来了。"②

除了物质福利，党还重视带给群众荣誉感、自豪感。在陕甘宁边区，中共往往通过赠送小礼物或给予荣誉来表示对军人家属的尊重，从而维持了人民和战斗部队密切的联系。斯诺发现，"边区最显著的一种成就，便是人民与战斗部队密切的联系。人民常常表示他们对保卫者的感激，有儿子或女儿在前线的家庭往往收到许多小小的礼物，这在乡村生活中是十分珍重的。除了突击队帮助耕种之外，兵士的家庭还可以免除一切谷物的捐税，并且向合作社买物只要出最低价格。在戏院和会场里，他们坐在最优越的位置，在别的地方，这种位置总是替绅士们保留的。残废的军人由执行委员会给他一笔小额的抚恤金和一块田地"。③

新中国建立后，党领导全体中国人民从此在世界上"站了起来"，让他们获得了国家独立与祖国强大的自豪感，增强了对党和国家的认同。改革开放以来，党始终坚持以经济建设为中心，坚持发展依靠人民、发展为了人民、发展的成果由全体人民共享，给全体人民带来了巨大的物质财富和繁荣的文化生活。然而，在快速的经济发展中也出现了贫富悬殊、地区差异、干部腐败、一些弱势群体权利得不到保障等问题，让人民群众心存不满。针对这些现象，党的群众工作着力点迅速由经济建设扩展到社会建

---

① 〔美〕埃德加·斯诺：《斯诺文集》第 2 辑，新华出版社 1984 年版，第 205 页。

② 《当代中国》丛书编辑委员会：《当代中国西藏》（上），当代中国出版社 1991 年版，第 277 页。

③ 〔美〕埃德加·斯诺：《斯诺文集》第 3 辑，新华出版社 1984 年版，第 258—259 页。

设，抓民生、抓社会管理，不断增强人民群众对党的认同、对国家的自豪感。

启示：给人民群众看得见的物质福利是动员群众的根本，但这还不够。物质的问题需要用物质来解决，精神的问题需要用精神来解决。在许多时候，给人民群众荣誉比给物质福利所带来的动员效果更大、更好。因为物质利益只能带来交易型的追随，只有精神动员才会带来信念的认同并实现感情上的追随。做群众工作的最高境界是既要给人民群众物质福利，也要给人民群众尊重和荣誉。在一些经济发展水平比较差的地方，当物质福利并不能充分满足群众的需求时，党的干部需要把更多的荣誉带给群众，这不失为一种更为妥当的工作方法。

三、从思想上教育群众、引领群众

思想是人行动的指南，谁掌握了思想，谁就掌握了影响他人行为的制高点；宗教之所以能使人虔诚、狂热，就是掌握了人的思想。所以，思想领导是一切领导的最高水平。在革命、建设和改革各个历史时期，中国共产党历来强调思想领导的作用，如提出“掌握思想领导是掌握一切领导的第一位”“报纸工作做不好，就是严重的脱离群众”“精神文明建设与物质文明建设两手抓、两手都要硬”等观点。

在抗日战争时期，毛泽东提出：“我们在群众中的党员是否成为群众的领袖（不是他自己认定自己是群众的领袖，而是群众认定他是他们的领袖），那完全不是由于法律的规定，不是由于党的任命，而是由于我们的党员能够了解群众……能够说服群众。”毛泽东号召，在革命运动中不但注意满足人民群众的利益问题，还要注意人民群众的“情绪”问题。如果共产党员“不了解群众的情绪，不能够帮助群众组织生产，改善生活……这就是沾染了国民党的作风，沾染了官僚主义的灰尘”。

建国以来尤其是改革开放以来，邓小平始终强调思想政治工作的重要性。他指出：“在工作重心转到经济建设以后，全党要研究如何适应新的条件，加强党的思想工作，防止埋头经济工作、忽视思想工作的倾向。”[①] 对于思想领导的重要性，邓小平提出了“两个文明建设”的思路：一个是物质文明，一个是精神文明。“实行开放政策必然带来一些坏的东西，影响我们的人民。要说有风险，这是最大的风险。我们用法律和教育这两个手段来解决这个问题。”

思想政治工作是党的生命。江泽民同志不但强调思想政治工作的意义，也强调思想政治工作的方法，他指出：“‘身教重于言教’。党的思想政治工作能否做好，很大程度上还取决于我们党的自身建设和各级领导干部的言行表现。群众的眼睛是雪亮的，要求群众做到的，党员、干部首先要做到。如果说一套、做一套，说的大道理都是要求别人的，自己不起模范作用，那说得再好也没有用。”[②] 对于方法问题，胡锦涛同志也指出：“思想政治工作说到底是做人的工作，必须坚持以人为本。既要坚持教育人、引导人、鼓舞人、鞭策人，又要做到尊重人、理解人、关心人、帮助人。”

当前，我们党的思想政治工作面临社会转型时期人们利益多样化、价值多元化的挑战；面临西方敌对势力西化、分化的挑战；面临工作手段与工作方式落伍的挑战；面临新时期群众阶层分化的挑战；面临各种社会矛盾中群众情绪波动所带来的情绪疏导和情绪管理难题的挑战；面临在全球化背景下文化交流、文化融合的挑战，等等。正如党的十三大报告所指出：“我们不可能回到过去那种封闭状态，禁止人们接触形形色色的思潮，更不能回避人们在建设和改革中产生的种种思想认识问题。这就要求抛弃空洞乏味的党八股，用群众切身的经验和喜闻乐见的形式进行宣传和教育，使坚持四项基本原则和坚持改革开放，真正深入人脑。”因此，在上述背景下，如何用群众喜闻乐见的方式去教育群众、引导群众依然是当前群众工作的重点。

启示：毛泽东曾经指出，要善于当群众的学生，也要善于当群众的老师，因为群众也是需要帮助和教育的。从思想上教育群众、引领群众自然

---

① 《邓小平文选》第3卷，人民出版社1993年版，第48页。

② 《江泽民文选》第3卷，人民出版社2006年版，第98页。

要注意方法。当前，党的思想政治工作主要面临两个挑战：一是一些干部丧失了“教育”群众的资格，因为他们在“教育”别人时，自己都做不到；二是一些干部不懂得新形势下群众心理的变化，不善于采用新办法，沿用传统的老套路去“教育”群众，调动不了群众的兴趣。这意味着，“教育”群众，首先自己要有资格，至少要德才兼备，以德为先、以德服人。其次要注意方法，如少讲少数人听得懂的大道理，多讲大多数人听得懂的小道理；注意多使用“重复”的技巧，须知“重复就是力量”；注意多使用“成像”的原理，把握住群众对“形象”更感兴趣的心理特征；注意多使用“感染”的原理，用典型和案例现身说法，达到干部以“真情、真相、真信”真正教育群众的效果；注意“有趣”的原理，首先能够把群众吸引过来，寓教于乐，达到“润物细无声”的教育效果，等等。

四、通过各种形式把群众组织起来

自明代以来，由于税收制度的调整，摊丁税入田亩，人丁便不受到重视了。清代前期以后，有地丁摊粮、永不增赋之令，于是连丁册也不要了。由此，只有土地与政府之间发生关系，人口与政府之间的关系越来越弱，这是我国明清以来底层社会逐步脱离国家权威并走向“一盘散沙”的税制根源。清末改革并废除科举制以后，农村有识之士纷纷进入城市改学西学，农村精英大量流向城市，以后精英在城乡之间平衡配置的格局打破了，乡村社会士绅治理结构瓦解，出现了恶人把持和无序化的面貌。这是清末以来我国基层民众“一盘散沙”格局形成的文化与政治根源。所以，孙中山先生对近代以来的中国直截了当地描述为“一盘散沙”，他指出，中华民族，世界之至大者也，亦世界之至优者也。中华土地，世界之至广者也，亦世界之至富者也。然而以此至大至优之民族，据至广至富之土地，会此世运进化之时、人文发达之际，犹未能先我东邻而改造一富强之国家者，其故何也？人心涣散，民力不凝结也。中国四万万之众，等于一盘散沙，此岂天生而然耶？实异族之专制有以致之也。在满清之世，集会有禁，文字成狱，偶语弃市，是人民之集会自由、出版自由、思想自由，皆已削夺净尽，至二百六十余年之久。种族不至灭绝亦云幸矣，岂复能期其人心固结、群力发扬耶。

毛泽东也意识到了近代以来我国民众的“无组织状态”是屡受外国欺凌的根源。1938年，毛泽东在《论持久战》一文中提到：“日本敢于欺负我们，主要的原因在于中国民众的无组织状态。克服了这一缺点，就把日本侵略者置于我们数万万站起来了的人民之前，使它像一匹野牛冲入火阵，我们一声唤也要把它吓一大跳，这匹野牛就非烧死不可。”①

与毛泽东的认识相仿，一位名叫板垣征四郎的日本军人在1931年九一八事变前夕以侵略者的眼光分析了中国人“一盘散沙”的特性，这段话至今应该为中国人所牢牢记住。他的分析是：

> 从中国民众的心理上来说，安居乐业是其理想，至于政治和军事，只不过是统治阶级的一种职业。在政治上和军事上与民众有联系的，只是租税和维持治安。……因此，他是一个同近代国家大不相同的国家，归根到底，他不过是在这样一个拥有自治部落的地区加上了国家这一名称而已。所以，从一般民众的真正的民族发展历史来说，国家意识无疑是很淡薄的。无论谁掌握政权、谁掌握军权，这都无碍大局。②

1937年5月8日，在延安召开的党的全国代表会议上，毛泽东强调：“无产阶级、农民、城市小资产阶级的广大群众，有待于我们宣传、鼓动和组织的工作。”1943年，在中共中央招待陕甘宁边区劳动英雄大会上，毛泽东明确指出：“把群众力量组织起来，这是一种方针。还有什么与此相反的方针没有呢?”

在江西瑞金，中国共产党领导农民建立了形形色色的合作经济组织，如“耕田队”与“犁牛合作社”；在陕甘宁边区建立了“变工组”等各种劳动互助组织。在中共号召下，据统计，仅在1943年，边区春耕期间有10%～15%的劳动力、夏耕期间有40%的劳动力、秋收期间有30%的劳动力参加了各种劳动互助组。互助组数量比过去至少增加了4～5倍。③

---

① 《毛泽东选集》第2卷，人民出版社1991年版，第511—512页。

② 转引自金一南：《苦难辉煌》，华艺出版社2009年版，第155页。

③ 史敬堂等：《中国农业合作化运动史料》上册，生活·读书·新知三联书店1959年版，第216页。

在陕甘宁边区，民众的绝大多数都参加了民众团体。例如，各业工人已95%加入工会，农民全体加入农会，妇女70%以上加入了救国会，青年绝大多数加入了青年救国会，商人也组织了商会，儿童组织了儿童团，此外还有各种抗日救亡团体及文化技术性质的组织。边区的人民至少每个人加入了一种组织，有的还加入两个以上的团体。① 这些民众组织起着连接政党与群众的作用，民众组织广泛动员边区群众积极参加抗战。

对于组织群众的意义，谢觉哉认为："各民众组织都有他自己的组织，讨论并解决他自己的利与害问题，两口子吵嘴、家婆虐待媳妇……属于妇女的，去找妇救会；唱歌、游戏、读书……属于青年儿童的，有青救会儿童团；工人的事有工会；农民的事有农会。那些应兴应革的事，群众团体已讨论烂熟，而各群众团体的领导者又直接参加各级政府委员会，把他们的意见随时反映到实际政治中来。"②

新中国成立以来，把农民组织起来的思想在实践中由合作经济组织发展到建国初期的低级生产合作社、高级合作社并最终发展到人民公社。在城市，则建立形形色色的单位组织，每一位城市市民都属于某个组织（如单位、党、工会、团组织、妇联等）。改革开放以来，把民众组织起来的思想主要体现在党对"两新"组织（新社会组织、新经济组织）的领导上。随着"两新"组织的蓬勃发展，党的政策是一方面支持、鼓励，使其为全面建设小康社会和社会主义现代化建设服务，另一方面加强引导，引领"两新"组织健康发展。

启示：把群众组织起来是马克思主义政党群众工作的首要任务。群众只有在组织中才有力量，离开了组织，群众就会变成一盘散沙。当前，如果党不能有效地组织群众，别的力量就会填补这个空白。中国共产党不应该担心也不应该惧怕群众组织，须知在现代社会中，群众越是有组织，这样的社会越是稳定；群众越是一盘散沙，这样的社会发展前途越不可测，社会瓦解的可能性越高。纵观世界各国民众自发组织的方式，无非两种：

① 林伯渠：《陕甘宁边区抗日民主制度的实施》，转引自《延安民主模式研究资料选编》，西北大学出版社2004年版，第88页。

② 谢觉哉：《民主政治的实际》，《延安民主模式研究资料选编》，西北大学出版社2004年版，第45页。

一是按利益诉求组织起来；二是按兴趣、偏好组织起来。党应该积极鼓励群众在党的领导下按照各自的利益诉求或兴趣偏好依法、有序地组织起来，帮助他们或让他们自己解决自己的问题。吸纳广大社会组织开展群众工作，这也是今后群众工作发展的新趋势。

五、在群众中发现并培养“群众领袖”

在党的群众工作中，有一部分人对党的工作十分热心，他们最初并不是党员，不是党的干部，却是党的朋友，同时也是群众的贴心人，这部分人被称为“群众领袖”。大量群众领袖的存在一方面可以使党的工作接受监督；另一方面也可以使党的各项工作有“缓冲”余地，不至于“硬着陆”。当党组织与群众发生矛盾时，发挥“第三方”协调作用，避免党群直接冲突。在党的历史中，培养群众领袖、依靠群众领袖、发动群众领袖是我们各项工作得以顺利开展的秘密。1939 年，陈云在中共中央主办的党内刊物《共产党人》创刊号上发文指出：“可以使现在某些群众团体改变‘官办’的性质，涌出许多群众领袖，变成群众自己的团体，不仅群众工作可以做得更好，而且也会帮助我们巩固党，鉴别谁是好的共产党员，谁是混进党来的坏人。”①

1942 年 12 月 9 日，刘少奇在晋西北干部会议上向广大党员干部介绍了群众运动的经验，其中重要的一条是“真正巩固的群众运动，一定要有群众的领袖”。他指出，党和军队的领袖可以委派，而群众领袖是不能委派的。因此，要注意培养群众中的积极分子，使他们成为有威信的群众领袖。群众领袖应该是成千上万的，包括各方面大大小小的群众领袖。党应培养、教育干部成为群众领袖，这是重要的事情，刘少奇专门介绍了一种值得推广的办法：在华中，派干部去做县长，先不派到县府，而派去做群众工作，工作做好了，在群众中有了威信，由群众选他当县长，那就成为和群众有密切联系的领袖。至于外来的做群众工作的知识分子，只要与群众密切联系，熟知群众，替群众解决问题，也可以成为群众领袖。

---

① 《陈云文选》第 1 卷，人民出版社 1995 年版，第 160—161 页。

习仲勋就是这样一位密切联系群众的“群众领袖”。在兵运中，他与士兵建立密切的个人关系，进行革命宣传，启发士兵觉悟，培养兵运骨干。在创建瑞金苏维埃政权过程中，习仲勋“一村一村地做调查研究，一家一户做群众工作，相继组织起农会、贫农团、赤卫队和游击队，同时发动群众进行分粮斗争”“实行分土地、分粮食、分牛羊、戒烟、戒赌、放足等政策”。在南梁，仍是如此，“挨家挨户地做宣传工作，发动群众配合游击队去分牛羊。这样提高了群众的觉悟，发展了二将川、白马庙川、南梁堡、豹子川、平定川、义正川、吴堡川等地的群众组织。”也正因为如此，毛泽东赞誉习仲勋为“从群众中走出来的群众领袖”。①

党在革命、建设和改革开放的不同时期，始终善于发现并培养群众领袖。今天，尽管时代发生了变化，我们依然要发现和培养群众领袖：一方面，把党内的优秀人才派到群众中去，让他们首先成为群众领袖，然后经人民群众认可后再当选为党的干部；另一方面，培养群众中的积极分子，让他们成为群众领袖，成为党的朋友，他们可以不是党员、不是党的干部，甚至终生不是党员干部，他们虽然在党外，但一样也可以替党说话、替党办事。

启示：在革命战争年代，大量的群众工作是由群众当中那些有威信的“群众领袖”去完成的。他们不一定是党员，也无须加入党组织，但他们一定是党的朋友。让他们从事群众工作实现了党的工作的转换和过渡，避免了群众工作的“硬着陆”。当前，在我们党成为执政党以后，依旧需要发挥群众中那些有影响力的人的作用，把他们吸纳到群众工作体系中来。同时，培养党的干部也要率先把他们培养成“群众领袖”，只有当好群众领袖，才有可能由人民选举他们当好党的干部。今后，随着社会主义民主政治的进一步推进和完善，我们需要从党的事业的前途与命运着眼，选择一些“根底比较干净”的干部到群众中去当“群众领袖”，最后经由人民的选票选择为干部，使他们经得住人民的选择、经得起历史的考验。

① 转引自李东朗：《〈习仲勋传〉的五大看点》，《北京日报》2009年4月13日。

六、严格执行党的纪律

中国共产党是在马克思列宁主义指导下建立起来的无产阶级政党，由于受苏共的影响，一开始就十分强调党组织的统一性和权威性，强调党的民主集中制的组织原则，这是马克思主义建党思想的灵魂。1920 年 8 月，蔡和森在致毛泽东的一封信中谈到党组织的纪律问题，他提出：“党的组织为极集权的组织，党的纪律为铁的纪律，必如此才能养成少数极觉悟极有组织的分子，适应战争时代及担负偌大的改造事业。”① 毛泽东在回信中谈到，蔡和森的看法见地极当，没有一个字不正确。党的一大召开前夕，陈独秀就建党原则提出自己的意见，主张党决定、命令党员，党员应当信仰共产主义，党应该实现无产阶级专政，党员要服从纪律，确定共产党的组织原则应该是民主集权制。在党的六大党章中，第一次规定了党的组织原则——民主集中制。

党的纪律是如此，党领导下的人民军队（1927 年 8 月 1 日以后）纪律也很严格，党一直关注军队纪律整顿的工作，1929 年即开展了此项工作。这一时期，红军中的共产党员与各种错误思想、错误倾向作斗争，学到了许多东西，积累了相当丰富的经验。针对农民和小资产阶级是红军中的主要组成部分的客观状况，毛泽东专门为红四军党的第九次代表大会（即古田会议）主持起草决议案，强烈批评党内存在的各种自由散漫思想、无组织无纪律思想、流寇思想、盲动主义思想、极端民主化思想以及平均主义思想。古田会议决议使红军肃清了旧式军队的影响，初步树立了马克思列宁主义指导思想。决议不但在红四军实行，也在红军的其他部队贯彻落实，这就使整个中国红军成为真正的人民军队。从此以后，整风成为军队建设的一项经常性工作，并扩展运用到党的建设中来，成为中国共产党党的建设和军队建设的重要途径。

项英说：“军队的纪律是民众组织工作的基础。民众运动的迅速开展，与战斗的胜利有密切的关联。没有纪律，便得不到民众真正的友谊，军队

① 蔡和森：《蔡和森文集》，人民出版社 1980 年版，第 70 页。

便不能提拔当地的民众领袖，没有当地的领导，民众运动便得不到成功。”① 严格的纪律是中共及其领导的人民军队在革命战争年代获得群众支持的重要原因，无论是苏维埃时期，还是抗日战争时期、解放战争时期，都是如此。

严格的纪律使党员、军队和人民之间形成一种天然的命运共同体关系，党员以信念为动力、以纪律为保证，冲锋在前、享受在后，时刻发挥先锋模范作用。军队官兵坚决贯彻“三大纪律、八项注意”，捍卫人民的利益。

越是纪律严密，人民群众天然对党和军队越有亲近感。例如，谢觉哉在陕甘宁边区第三届参议会上，借群众之口谈到了这种军民关系的差距，比如黄河两岸的军民关系就存在着明显的差距。“一方面例如爷台山的人民说：不知八路军如何把士兵教育这么好，不只是不扰民，有礼貌，而且似乎人都长得整齐、漂亮；而另一方面黄河畔的人民则说驻军还有与民争利的事。不少区乡干部有的看不懂文件。”② 严格党的纪律使党的军队获得了人民的支持，美国记者斯诺观察八路军与边区人民的关系时发现，纪律严密的军队获得了边区不同年龄的人的支持。“‘小脚’和年轻的姑娘，都组成编制队，编制织物去慰劳前线的士兵；例如一九三九年，他们赠送了十万副手套和袜子给八路军。少年先锋队想方设法捐钱给将士。有一个少妇每年爬到高山上去拾柴，以换几个铜子。在另一个地方，村中一个最穷的人把他积蓄几百个铜子也拿出来。一个煤炭夫自愿每天多工作一二个小时，换取几个钱去慰劳前线的孩子。诸如此类，说也说不完。在六个最贫困的县里，一年中曾捐了八百五十多元钱来慰劳兵士和他们的家庭。自然，这种兵士和人民合作的一切情形，在进步国家中也许不算稀奇，但在中国传统上却是新的。人民尊重武装战士，特别是从前线回来的缺一只手或足的‘无用的人’的观念，到了最近才养成，但红军却早已认识尊重革命战士的重要性了。”③

中国共产党执政以来，在严密纪律问题上立场鲜明。党始终坚持理想

① 转引自〔美〕斯诺：《斯诺文集》第3辑，新华出版社1984年版，第104页。

② 谢觉哉：《民主政治是救人民的，反民主政治是断送人民的》，《延安民主模式研究资料选编》，西北大学出版社2004年版，第35页。

③ 〔美〕斯诺：《斯诺文集》第3辑，新华出版社1984年版，第259页。

信念，明确党员要为建设中国特色社会主义事业和实现共产主义理想而努力奋斗；始终坚持民主集中制原则，用党的集中统一形成党的权威；始终发挥党员的先进性，明确党员必须遵守各项纪律；坚决同各种形式的腐败作斗争，清除党的肌体中的毒瘤，等等。党的纪律严密，这在各国执政党中是少见的，这是党始终获得人民群众支持的根本原因。

启示：严格的纪律意味着组织的战斗力、影响力，严格的纪律是无产阶级政党的生命，也是中国共产党纯洁性的典型特征。因此，党为全体党员干部制定的“红线”一旦为党的各级代表大会所通过，就具有最高的权威性，必须在各级组织中坚决执行，绝不允许任何人随意突破，党的各级领导人要带头执行，形成“纪律面前人人平等，纪律里面人人自由，纪律外面没有例外，纪律上面没有特权”的基本格局。只有党员干部“讲规矩”，人民群众才会“守规矩”；只有党风发生根本好转，才能实现民风的根本好转。

七、整顿党的基层组织，巩固基层民众对党的信任

党的基层组织是党的全部工作和战斗力的基础，也是党的群众工作的“前沿阵地”。基层组织软弱涣散，党就会失去前沿，导致“基层不牢、地动山摇”。在党的历史上，整顿党的基层组织并使其充满旺盛的生命力，是人民群众对党信任、支持党领导的事业的重要前提。

土地改革时期，面对战火和翻天覆地的社会变革，由农民组成的基层组织对突然而来的重大利益调整，往往眼花缭乱，难以抵挡各种物质诱惑。早在1940年，张闻天在主持对农村基层组织调查时就发现：“违反‘公平’理想的倾向，在一部分村干部中间存在。依靠全体农民对公平的共同要求，克服一部分村干部的这种倾向，是当前严重的政治任务。”① 面对突然而来的大批财产分配，不少基层干部在监督缺失情况下栽倒在财产诱惑面前，从而形成了所谓“大动后村村有问题，主要也是果实问题”的

① 张闻天：《神府县兴县农村调查》，人民出版社1986年版，第64页。

局面。邓子恢在山东渤海激烈批评该区村干部“几乎全部贪污浪费”。[①] 1947年初，中共决定在基层组织中开展“洗脸”运动，对干部进行思想政治教育，以整顿党的基层组织。整党确实达到了使农民对党更加信任和支持的效果。首先是群众在整党中出了气，有当家作主的感觉。比如，整党后群众反映：“‘当干部真不容易，一点脏也要洗脸啦！’群众对干部的火气全消了”，也有农民反映：“我活了五十来岁，不用说看见过，连听说都没有过，老百姓还能管干部，这才叫真民主呢！”[②] 1948年，中共中央在老区与半老区推行土改工作，同时针对基层干部在土改中出现的各种问题实行“开门整党”，邀请党外群众参加党的会议，共同审查党员及干部。这种做法在当时的河北省平山县推行得最广、最好，得到了周恩来的表扬。

开门整党的做法一直延续到了社会主义建设时期，使党的基层干部不敢稍有腐败、基层组织活力无穷。1956年三大改造完成以后，针对农村基层组织建设在生产关系变化过程中出现的问题，中共中央开始把组织工作的重心转向农村地区，在农村扩大党员数量。改革开放以来，一方面，中共积极发展农村优秀分子入党，另一方面决不放松整顿党组织的工作。但是，受城乡差距、教育程度、经济发展水平、人口流动、农民增收缓慢等诸多因素影响，20世纪90年代初农村基层党支部软弱涣散现象有进一步发展的趋势。截止到1993年，仅湖北省某县513名村干部中就有120人离职，有些还是支部书记和村长。究其原因，不外乎是待遇低、来自上级和农民两方面的工作压力以及农民对村干部的暴力报复行为。[③] 据调查，约有90%的人表示愿意离职去挣钱。市场和民营经济的发展使党的意识形态和组织工作出现新情况。农村地区愿意入党的青年人不多。有的党支部缺乏带领群众奔小康的决心和业绩，思想政治工作松懈使一部分青年农民价值观念发生倾斜，有的老党员对经商办企业、勇于致富的青年农民看不顺

① 黄道炫：《洗脸：1946—1948年农村土改中的干部整顿》，《历史研究》2007年第4期，第90—91页。

② 黄道炫：《洗脸：1946—1948年农村土改中的干部整顿》，《历史研究》2007年第4期，第103页。

③ 刘学国：《为什么大量村组干部要求辞职——荆门市沙洋区农村一瞥》，《人民日报》1993年5月11日第5版。

眼、求全责备，都是削弱党在农村青年中的吸引力的原因。①

1994年11月，中共中央发出《关于加强农村基层组织建设的通知》，专门就农村基层组织建设提出了5项目标：一是建设一个好领导班子；二是培养一支好队伍；三是选准一条发展经济的好路子；四是完善一个好经营体制；五是健全一套好的管理制度。同年12月，中央组织部下发《关于进一步整顿软弱涣散和瘫痪状态党支部的意见》，总结近几年农村基层组织建设经验，提出整顿工作的基本方法。党的十三届四中全会以来，党的基层组织建设重点放在农村和国有企业。在农村，1995年开始为期六年的整顿"软弱涣散"基层党支部。进入新世纪，开展以"三讲"教育为主要内容的"三级联创活动"，提出乡镇党委"五个好"标准、村支部"五个好"标准。2004年以来，全党开展以学习实践"三个代表"重要思想为主要内容的保持共产党员先进性教育活动。党的十七大以来，党中央部署学习实践科学发展观活动以及创建先进基层党组织、争当优秀共产党员的"创先争优"活动。这些活动的开展，要求整顿党的基层组织建设的工作，必须常抓不懈、务求实效。

改革开放以来，基层整党工作得到了延续，如整顿"三种人"、党务公开、"三级联创"等做法。然而，当前仍有一些基层党组织丧失战斗力，"点"上的成绩并不能掩盖"面"上的问题，一些基层干部不愿接触民众，许多基层党员不知道如何发挥或不能发挥先锋模范作用，基层组织的权威资源正在流失，等等。针对这些现象，整顿软弱涣散基层党组织、充分发挥党员模范带头作用是新时期党的群众工作的又一着力点。

启示：基层不牢，地动山摇。基层党组织是党做群众工作的第一线，基层组织软弱涣散，群众工作基本白干。在基层群众心目中，党的形象是具体的，群众身边党员干部的形象基本决定了党的形象。"十个孔繁森抵不上一个王宝森"，如果人民群众身边的党员干部"立"不起来，党的感召力就会下降，上级组织再如何努力，也将"远水解不了近渴"。党在历史上曾发明了一个"开门整党"的办法，上面派驻工作组，下边搞群众运

---

① 楚国良、唐建良、熊启红：《加强农村党支部建设刻不容缓》，《人民日报》1994年11月22日第5版。

动，“双面夹击”，几乎没有基层干部敢于懈怠，必须廉洁、勤勉地为人民群众服务，这是在革命战争年代和计划经济时代一个有效的整党办法。改革开放以来，中央提出了在党外不搞群众运动，要依靠民主与法制；在党内不搞运动式建党，要依靠改革和制度的方式建党。这意味着，在新的历史时期，整顿党的基层组织主要依靠法治与民主的方式，依靠人民群众的有序参与来监督广大党员干部，让他们不得不勤勉、廉洁地服务于基层群众。

八、反对官僚主义，干部要与群众打成一片

现代组织的标志是官僚制，它具有等级化、程序化、专业化等特点，有利于提高组织运行的效率。同时，官僚组织中程序化、等级化也表现出对社会事务回应慢、灵活性差、官僚理性等问题，统称为官僚主义。一部中共的党建史就是反对官僚主义的历史，只有遏止官僚主义，才能拉近党与群众的距离。

1939 年 9 月 18 日，陈云在《共产党人》创刊号上发表《巩固党和加强群众工作》一文，对党内组织层级过多导致脱离群众的官僚主义现象给予了批评，他指出：“现在有些区委管的支部太多了，所以设立中心支部，区委只去领导中心支部，中心支部成为一级。而且各级管的地区太广，直到县委，都有中心一级，区委则有类似副区委的组织。这样层级愈多，上下联系愈弱，工作推动愈慢，收效也就愈小。”①

1958 年 2 月 14 日，中共中央发出通知，要求全国各地区、各方面推广湖北省委关于各级干部种试验田的经验。1958 年 2 月 28 日，中共中央发出《关于下放干部进行劳动锻炼的指示》指出，中共目前有 1000 多万人的宏大的干部队伍，年轻干部占大多数，一般没有经过革命战争、群众斗争和劳动生产的锻炼，缺乏实际经验，不懂得缔造革命事业的艰难；许多人轻视体力劳动，不信任群众的集体智慧，没有劳动人民的思想感情。因此，应该有计划地组织大批知识分子干部到工厂、农村参加体力劳动，到基层去做实际工作。1963 年 3 月 23 日，中共中央转发了《关于昔阳县

① 《陈云文选》第 1 卷，人民出版社 1995 年版，第 158 页。

干部参加劳动已形成社会风尚的考察报告》，号召全党干部学习昔阳经验。

1960年6月24日，《人民日报》发表了中共成都量具刃具厂委员会写的《新型的社会主义企业管理制度》一文和刘少奇为此所写的编者按。文章主要介绍了成都量具刃具厂是如何实行“两参一改三结合”的企业管理制度的。编者按则强调：“凡是条件已经具备的厂矿企业，应当推广成都量具刃具厂的经验，条件尚未具备的厂矿企业，则应积极创造条件，以便在不久以后也能推广。”6月27日，中共中央工业部发出了《关于组织企业干部学习“新型的社会主义企业管理制度”的通知》，《通知》指出：“成都量具刃具厂执行和发展‘两参一改三结合’管理制度的经验，是近两年来我国在企业中贯彻执行党所确定的企业领导制度和管理制度所取得的伟大成就的典型总结……成都量具刃具厂的经验总结，也就是‘鞍钢宪法’的具体内容，也就是在毛泽东思想指导下所形成的领导和管理社会主义的宪法。”

从改变垂直的人际关系看，“鞍钢宪法”是在企业内部反对官僚制的一项具体表现，力图通过遏制官僚制来控制官僚主义，形成平等的人际关系，这项探索对当时中国的企事业单位管理有深远的影响。

改革开放以来，党始终坚持反对官僚主义，并从“文化大革命”时期的“打破”官僚制（如“踢开党委闹革命”“鞍钢宪法”等）方法走向了“超越”官僚制，坚持党的干部在网络空间中、到现实生活中去与群众面对面分析问题、解决问题，破除官僚主义“文风”，掀起了新一轮反官僚主义实践的高潮。

启示：由官僚制所产生的官僚主义是任何组织脱离群众的“罪魁祸首”。革命战争年代和建国以来很长一段时间，中国共产党之所以很好地联系群众，主要在于其“领导革命的党”的身份和思维的长期存在，即其扁平化的组织思维的长期存在。这有利于拉近党员干部与群众的距离，“鞍钢宪法”在全国各大企业、学校等组织中的推行即可为典型。改革开放以来，党的领导思维开始由领导革命的党转向执政党，扁平化的组织结构逐步被科层化的组织结构所取代，尽管组织的规范性和组织效率大大提高，但官僚主义却再次抬头，官僚化倾向日渐加剧，脱离群众的危险日渐增高，最终形成了“来自执政的考验”。在面对科层化与官僚主义的“两难选择”时，做好群众工作不能以“破除”科层化的方式回归过去，只能选择超越科层化体制的办法，以“超越”拉近与群众的距离。近年来，全国各地都兴起了“万名组织部长下基层”“机关干部下基层”等党员干部深入群众、深入基层的做法，并以制度化的形式促进各级党员干部密切联系群众。

九、建立民主政治，把群众的意见聚合起来

列宁曾经说过，无产阶级革命如果没有以民主为目标，革命不可能成功；革命成功以后如果不以民主为手段，建成的社会主义也会失败。早在江西瑞金苏维埃时期，毛泽东就认识到了政权建设中缺乏民主带来的严重社会后果，他指出：“封建时代的独裁专断的恶习惯深入群众乃至一般党员的头脑中，一时扫除不净，遇事贪图便利，不喜欢麻烦的民主制度，民主集中主义的制度……现在民众普遍知道的‘工农兵政府’，是指委员会，因为他们尚不认识代表会的权力，以为委员会才是真正的权力机关。没有代表大会作依靠的权力委员会，其处理事情，往往脱离群众的意见，对没收及分配土地的犹豫妥协，对经费的滥用和贪污，对白色势力的畏惧或斗争不坚决，到处发现。”

1939 年，毛泽东在同美国记者斯诺的一次私人谈话中指出：“我们需要民主，不仅是作为外交上的辞藻，更为重要的是，必须有民主，才能赢得抗日的胜利。”同年，毛泽东还指出：“有些人说：老百姓没有知识，不能实行民主政治。这是不对的。在抗战中间，老百姓进步甚快，加上有领导，有方针，一定可以实行民主政治。”① 1945 年 7 月，在同黄炎培谈话时，毛泽东提出了“让人民来监督政府，政府才不敢懈怠。只有人人起来负责，才不会人亡政息”的设想。

1941 年，邓小平在论述党与民主政权的关系时就指出：“民主政治斗争可以使党的主张更加接近群众，可以使群众从自己的政治经验中更加信仰我党。”“民主政治的好处，正在于它能够及时反映各阶级各方面的意见，使我们能够正确细心地去考虑问题解决问题；它能够使我们从群众的

① 《毛泽东选集》第 2 卷，人民出版社 1991 年版，第 588—589 页。

表现中去测验我们党的政策是否正确，是否为群众所了解和拥护；它能够使我们对事物感觉敏感，随时具有高度的警惕性；它能够使我们党得到群众的监督，克服党员堕落腐化的危险，及时发现投机分子以及破坏分子而清洗出党；它能够在民主政治斗争中提高党员的斗争能力，使党更接近群众，锻炼党使党成为群众的党。”

新中国成立以后，建设社会主义民主政治成为这一时期坚持党的群众路线的具体体现。然而，在“左”的思想影响下，由于对民主的理解出现了误区以及滥用民主技术，社会主义民主政治走过弯路，付出了学费。改革开放以来，邓小平响亮地提出，“没有民主就没有社会主义，就没有社会主义现代化”，我们党确立了坚持党的领导、人民当家作主、依法治国有机统一的社会主义民主政治发展蓝图。围绕这个蓝图，我们党采取了四个步骤：一是上世纪八九十年代兴起的村民自治和城市社区民主；二是上世纪 90 年代兴起的乡镇公推公选、公推直选；三是城市社区参与和协商民主（如各种恳谈会、听证会）的出现；四是十六大以来大力推进党内民主、以不断扩大党内民主、带动人民民主，进一步推进社会主义民主政治。当前，我国正在不断探索并完善坚持党的领导、人民当家作主和依法治国有机统一的社会主义民主政治。

启示：没有民主就没有社会主义，就没有社会主义现代化，建设社会主义民主政治是社会主义现代化的重要目标。民主可以使党的主张更加接近群众，只有积极稳妥地进行社会主义民主政治的步伐，才能真正保障人民群众当家作主。因而，让党员干部在阳光下接受人民群众监督，是新时期做群众工作的根本前提。“绝对权力导致绝对腐败”，不能寄希望于不受监督的权力也能为人民群众服好务，即使有可能服务好一时，也不可能服务好一世。今后，应加大普通群众对党内事务的有序参与，增大普通群众对党员干部的选择力度，让那些“根底不干净”的干部为一时的错误付出终生政治生命的代价；让那些一身清廉、勤勉有为的干部能有位，更有大作为，真正实现“不让老实人吃亏，不让投机专营者谋利”的干部选拔任用目标。

十、发现并总结群众工作的规律与得失

经常剖析群众工作中的得与失，是党掌握群众工作规律、创新群众工作方法的重要途径。因此，在党的工作会议上，讨论群众工作的案例是一项重要议程。1934 年，毛泽东在江西瑞金第二次工农兵大会上比较了两个群众工作案例：长岗乡有一个贫困农民被火烧掉了一间半房子，乡政府就发动群众捐钱帮助他；有三个人没饭吃，乡政府和互济会马上捐米救济他们。而汀州市群众没有柴烧，没有盐买，有些群众没房子住，那里米价又贵，但汀州市政府一点也不讨论。所以，在扩军问题上两地差异极大，汀州市完不成扩大红军的任务，而长岗乡青壮年男女中 100 个人就有 80 个人当红军去。

陈云十分注意总结群众工作的经验教训。1939 年 12 月 10 日，陈云在陕甘宁边区第二次代表大会上的讲话中对比了两个地方的群众工作："一个接到上面一个命令，要动员五个人参军，于是向土豪劣绅要了一些粮食，召开了群众大会，说谁来参军，就给谁家多少粮食。这里的任务虽然完成了，但工作基础是不扎实的，方法也不好。另外一个县，支部工作做得好，动员参战先做宣传解释工作，而且做得很深入，很细致，动员去的战士没有一个开小差的。同样是完成任务，但是他们的工作有很大的不同。"①

1961 年 10 月 23 日，邓小平在接见中国共产主义青年团中央工作会议全体同志时，阐述了群众工作形式与实质的关系。他指出："我们党的历史，我们党的传统，有热闹的形式，但是归根到底，我们是实事求是地做深入的工作。……我们甚至做一件事情可以不登报也能搞好。禁鸦片烟，不登报，完成了；土地改革和镇压反革命，不登报，完成了。这就是靠家喻户晓。所谓家喻户晓，就是一种又是热闹的事情，又是极端细致的事情。……我们要把大量的工作放到群众中去，同他们一块生活，一块活动，一块说笑话，一块下棋，然后去做工作。一不要党气，二不要

① 《陈云文选》第 1 卷，人民出版社 1995 年版，第 175 页。

团气。”①

时刻针对党的群众工作的经验、教训进行归纳总结，是我们党的领袖、党的干部必备的工作素养，也是党的群众工作的重要方法。今天，面临着新形势下群众工作的复杂性、艰巨性等特点，更要在全体党员干部中形成一股研究群众工作规律、总结群众工作得失的氛围，把群众工作看作日常性工作、看作需要认真做“科研”的工作。

启示：党组织的主要领导人每隔一段时间带领广大党员干部一起来分析、总结某些群众工作案例的得失是我们做好群众工作一条十分有价值的经验。从实践中总结出来的经验和教训最靠谱，最具有参考和推广价值。近年来，各地群体性事件频发，一些地方党委建立了经常就这些事件进行研讨、分析、总结的会议机制，从事件中总结经验、剖析教训，对构建科学有效的应急反应机制、对建立日常性的群众工作机制、对提高社会管理科学化水平都具有重大意义。

---

① 《邓小平文选》第1卷，人民出版社1994年版，第288—289页。

第三章

新形势下群众工作面临的挑战与基本原则

2011年7月1日，胡锦涛同志在纪念中国共产党成立90周年大会上的讲话中系统地总结了当前中国共产党所面临的四大考验和四大危险：执政考验、改革开放考验、外部环境考验、市场经济考验以及精神懈怠的危险、能力不足的危险、脱离群众的危险、消极腐败的危险。改革开放以来，尤其是进入新世纪新阶段以来，党情、国情、世情发生了深刻的变化，而这些深刻变化给党的群众工作带来了新的挑战。

一、党情的变化对群众工作的挑战

我们说党情的巨大变化，主要是指党从“领导革命的党”变成了执政党。建国以来，由于长期以来延续了政治革命和社会革命的思想，所以直到十一届三中全会前，我们党并没有整体、自觉地意识到已经从“领导革命的党”转变为执政党。十一届三中全会确立了“以经济建设为中心”的政治路线，这标志着党自觉转型的开始，这是真正意义上的党情变化。关于执政以后党情的变化，1956年9月16日邓小平在党的八大上指出：“由于我们党现在已经是在全国执政的党，脱离群众的危险，比以前大大地增加了，而脱离群众对于人民可能产生的危害，也比以前大大地增加了。”①在八大及改革开放初期的讲话中，邓小平多次强调，执政党的地位，还很容易在共产党员身上滋长着一种骄傲自满的情绪；脱离实际和脱离群众的结果，必然发展主观主义，即教条主义和经验主义的错误，这种错误在我们党内不是比前几年减少而是比前几年增加了；我们脱离群众，干部特殊

---

① 《邓小平文选》第1卷，人民出版社1994年版，第214页。

化是一个重要的原因，等等。邓小平这些观点在党的十六大报告中被发展为：我们党的最大政治优势是密切联系群众，党执政后的最大危险是脱离群众。

从党情的角度看，群众工作是一个广义、泛化的概念，因为党联系群众的一切活动都是群众工作。比如，发展经济是群众工作，思想政治工作是群众工作，党内工作、军队内部工作、团内工作等都是群众工作。当泛化的群众工作定义面对群众“无差异性”“平等性”“运动性”的特点时，群众工作依然能找到抓手。在新时期，群众面对市场经济、网络社会背景下的“差异性”凸显、“平等性”打破、“运动性”收缩等情况，泛化的群众工作就难以聚焦，容易缺乏针对性。

事实上，为做好这种“泛化”的群众工作，中国共产党始终坚持马克思主义群众观点和群众立场，构建了“通过千百条线索和群众联系起来”的渠道。例如，通过人民代表大会制度联系各族人民群众，通过多党合作与政治协商制度联系各民主党派及其党员，通过人民团体（工、青、妇）联系相应群众，通过各种协会联系各行业组织，通过党的基层组织联系基层民众，等等。在干部联系群众方面，专门设计了领导接待日制度、领导调查研究制度、领导与群众直接对话制度、咨询会制度、听证会制度、信访制度、“两公开、一监督”制度、群众评议制度、民主选举制度、民主监督制度；在“党内工作”方面，建立了各种上下级联系制度，如通讯咨询制度、报告请示制度、检查评估制度以及新近出台的党政干部问责制度。在领导班子成员之间，也有诸如办公会制度、全委会制度、集体学习制度、民主生活会制度，等等。可以说，党联系群众的渠道很多，但是，为什么一些渠道经常发生阻塞呢？

原因在于一些渠道存在“官僚化”现象。本来是联系群众、沟通群众的渠道，但是一经行政化、科层化以后，在官僚理性规律的作用下，被科层化的干部自身容易脱离群众，群众的许多信息一旦被“过滤”“截流”、掺入“杂音”，群众的呼声自然难以反映到相关的决策层，极端者如一些地方连农村村支书都不接触农民，农民含蓄地批评说“农村基层党组织应该落地”。

二、世情、国情的变化对群众工作的挑战

如果说执政以来党情的变化给党的群众工作带来了党自身的挑战，那么改革开放以来世情、国情的变化却给党的群众工作带来了来自群众变化新的外部挑战。

当前，我国社会正处于“两个转型”互动的大背景中：一是政党转型，即从领导革命的党向执政党转变；二是社会转型，即从计划经济向市场经济转变。改革开放以来，政党转型推动了社会转型，而社会转型“新的阶段”的到来对政党转型又提出了新的更高要求。在“两个转型”互动的大背景下，我国社会发生了翻天覆地的变化，如社会主义市场经济体制的建立使民众的主体意识、权利意识、“消费者意识”迅速成长，网络世界的勃兴使人们的表达意识、参与意识空前增长，全球化的出现使民众的责任意识、公民意识日渐增强，这些都是过去党的群众工作不曾面临的新环境。在这样一个迅速变化的时代，群众的差异、诉求、兴趣、心理、参与等变化越来越快，党员干部只有早研究、早预测、早发现群众的变化方向与趋势，才能走在群众的前面，充当解决人民内部矛盾的“防火墙”；党员干部如果对群众的变化研究“慢半拍”，那么只能跟在群众后面，成为解决人民内部矛盾的“救火员”，体现在群众工作中就会出现“老办法不管用、新办法不会用、硬办法不敢用、软办法不能用”的尴尬局面。

以党的思想政治工作为例，长期以来，我们采取了合理的“三层战略分工”布局：上层精英负责党的意识形态或党的理论的规划、创新；中层是一个负责“翻译”的群体，包括知识分子和专家，用统一的声音把抽象的“主义”与理论转变成准确、通俗的语言，传达到党的政工群体中去；基层有一大批经过中层培训的政工人员（包括“群众领袖”），负责把党的指导思想、路线方针政策通过灵活、易懂的方式传播到民众中去。换句话讲，在党的宣传队伍中，应当有一部分人从事“科研”工作，即针对社会变化提出指导性的理论、观点，并在党内取得广泛共识；有一部分人从事“科教”工作，即把那些经得起实践检验并取得广泛共识的理论、观点传播给广大党员干部（政工人员）；有一部分人从事“科普”工作，即党内政工人员把从“科教”人员那里获得的理论、观点以通俗易懂的方式传播

给党外群众，并使之内化于群众的头脑之中。然而，在新的时代背景下，原来的“三层战略分工”格局容易被打破：一是“科研”层次的理论创新、规划与“科教”层次的阐释脱节，搞创新的人员不阐释，阐释的人员不参与设计，导致在“翻译”环节出现多种杂音，阐释的准确性、统一性打折扣；二是在市场经济条件下，原来服务于单位、街道、村庄的大批政工人员下岗、转岗，导致“科普”队伍力量缩小；三是在科普层次原与科教分工明确，现在都来思考“战略”问题，从上到下都“与中央保持一致”，讲一样的话、唱一样的调。由于科教与科普功能缺位，科学的理论到了基层，缺少“方言”转化，群众如果弄不懂含义，就难以产生巨大的力量。

在具体的群众工作方式上，由于我们的观念、方式、机制没有及时跟上时代的变化，导致一些地方的群众工作方法保守、方式呆板，缺乏想象力、缺乏创造性。一些地方只善于利用组织或行政资源联系群众，离开了这些资源，党员干部就难以独自与群众打交道；一些地方只会机械地通过物质满足的方式联系群众，缺乏对群众真实需求的洞察，缺乏与群众的感情交流；一些地方对社会组织蓬勃兴起熟视无睹，不善于利用社会组织的资源做群众工作；一些地方面对人口流动的新情况，没有转变思路，死守地域观念，在外地群众与本地群众之间划分“界限”；在社会分层背景下，一些党员干部“嫌贫爱富”，密切联系“大款”，忽略普通民众尤其是弱势群体的权益；一些地方只关心经济增长，却不关心民生与社会事业发展，在经济增长过程中不知不觉伤害了群众的利益；在信息化背景下，一些地方不善于利用网络媒体与群众打交道，相反在各种信息“洪流”中保持沉默、无所作为，丧失引导信息传播的制高点与主动权；在当前社会不和谐因素客观存在背景下，一些地方不善于建立社会协商对话制度以消解社会紧张与断裂；在一些宗教氛围浓厚的民族地区，由于宗教与风俗的高度关联性，党的基层组织融于基层社会的难度逐渐增加，等等。

如果以上只是一些问题表象的话，那么，在国情、世情变化的新形势下，以下则是群众工作面临挑战的深层动因。

第一，社会分配问题导致不同社会群体之间、党群干群之间对立，干群关系受到伤害。关于社会分配问题，早在上世纪 90 年代初期，邓小平就提出了“我们讲要防止两极分化，实际上两极分化自然出现”“发展起来以后的问题不比发展时少”的判断。实际上，自加入世贸组织以来，尽管我国政府主动调节分配的意愿与能力都不断增强，但我国的贫富差距还是急剧拉大。对此，学者们指出了很多缘由，但忽略了全球化这个因素。全球化的本质特征是市场经济的全球化（非文化或文明的全球化），而市场的全球化又以生产要素的全球化为特征，而诸多生产要素的全球化中又以资本的全球化为主要特点，因为技术与劳动力的全球化总会面临若干壁垒。所以，全球化的本质是资本的全球化，而资本的全球化会加速一些发展中国家内部的分配不公。因为，在各种生产要素中，资本获取收益的能力远远超过技术与劳动力获取收益的能力，所以有钱的人可以赚更多的钱，有技术的人可以赚一些钱，而劳动者则难以赚钱，这是全球化自然导致的差异。在我国由于政治体制不够完善，这种差异还会随着资本与权力相结合而拉大，这种现象已经出现。尽管改革开放30多年来，人民群众的生活水平大大提高，但仍有不少群众认为，“纵向的改善追不上横向的差距”，这是当前党群干群关系中产生干群对立的一个根源。

第二，群众工作泛化，难以抓住关键性群体。在革命战争年代，群众的主要需求基本是物质福利的，如土地等，只要满足了这些物质福利，部分群众就会跟我们走。在计划经济时代，尽管群众工作泛化，但人民群众的利益诉求具有同质性，因而也容易被代表，群众工作的方式虽然简单，但很管用。然而，在市场经济条件下，党不仅要代表最广大人民的根本利益，还要照顾到群众方方面面的利益，往往容易重视“面”上的工作，而忽略了“点”上的工作。党在历史上做群众工作的经验告诉我们，群众工作的难度往往不在面上，而在点上，即有没有抓住“关键性群体”。以非公企业中的劳动关系为例，一方面党要保护投资者的利益，一方面要保护工人的利益，因为他们一个是社会主义劳动者，一个是社会主义建设者。一旦经营者或业主与工人发生矛盾，党的群众工作就会变得十分被动，这时候，他们中谁是“关键性群体”呢？

第三，“官本位”文化有强化的趋势，科层化、官僚化趋势日趋明显，官僚主义容易使联系群众的渠道堵塞。在列宁关于社会主义政治体制的设想中，希望所有的民众都成为官僚，而使所有的官僚都暂时不敢成为官僚。所以，在社会主义社会中，“官本位”文化是不应该有市场的，因为一旦官本位文化盛行，官僚主义将会蔓延，党与群众的联系就会被堵塞。所以要通过干部人事制度改革，强化党的各级领导干部的“服务意识”“责任意识”，淡化“官本位意识”“特权意识”。在我国，由于官本位文化有着悠久的历史渊源，随着我国法治社会的建立，程序化、科层化结构在各级组织中容易被强化，官本位文化出现了新面孔——现代官僚主义。同时，由于一些公权力参与了市场分配，产生了“寻租”空间，使许多人对公共权力“趋之若鹜”，客观上强化了官本位文化。

第四，价值多元化导致形形色色的意识攻击与网络威胁同时出现，使传统的党的思想政治工作方式与方法面临全面挑战。价值观的多元化是市场经济条件下社会的基本特点，不同的价值观总是与不同“消费者”的需求与偏好相吻合。在今天全球化的背景下，经常有一些看不见的“意识攻击”，它由一些国家或民间团体发起，通过迎合其他国家“消费者”的偏好去改变他们的兴趣与观念，使受影响的民众成为该国“潜在”的文化或当下制度的“反对者”。当前，在国与国之间，军事攻击和金融攻击是人们防范的可见目标，但是意识攻击却无声无息，往往易被人们忽略。当前，我国的思想政治工作正面临着西方社会以及一些国际性民间组织的意识攻击，如何防范，如何在全体国民中建立“意识国防”是一个新课题。

第五，我国行政体制改革中面临着政府工作重心下沉基层难的挑战。党领导下的基层政府是服务群众的第一线，如果基层服务不到位，容易出现党的群众工作中的空白点。由于意识到了这个问题，近年来各级政府都要求“眼睛向下、重心下移”，然而条块分割体制难以做到权责同时下沉，“条条专政”“以条为主”“以块为辅”依然是目前基层政府在改革中备感苦恼的问题。于是，基层政府改革中往往下沉了责任（被群众称为“责任下访”），却难以下沉相应的权力（被群众戏称为“权力上访”）。权责不对称、权责不平衡是基层政府的一个普遍现象。“权责不平衡，干部心态要失衡”，权责不平衡的最直接后果是基层干部的行为失范，公共服务不到位、公共服务不均等，一些基层干部不能做事最后发展到不想做事，许多基层群众的问题没人管，群众的“主人翁”地位难以体现。

第六，人们利益需求的多样化、多层化使党的利益代表和利益满足的难度增加。市场经济解放生产力的主要手段是造就了“有个性”的消费者。这个“个性”就表现在人们利益需求的多样化、多层化，这使党代表群众利益与满足群众利益的难度增加，同时也面临着如何避免“消费者政治”中的各种弊端，而肩负建设具有公民美德的现代“公民政治”的历史使命。

第七，人民群众日益增强的权利意识与人民民主在一定程度上的滞后容易导致一定程度的参与爆炸，形成社会不稳定。我国社会主义民主政治正在蓬勃发展，但民主制度设计一定程度上仍滞后于民众的权利意识与参与意识的增强，这就存在“潜在”的“参与爆炸”现象，容易导致社会不稳定。

第八，新社会组织发展的水平低，导致了许多本属群众内部的矛盾也变成了党群、干群矛盾，由这种矛盾演化的冲突被称为“依附型冲突”。当前，尽管我国社会组织的发展速度很快，但是一些学术研究成果表明，我国的社会资本并没有因此呈快速增长的态势。相反，在一些地方，以社会网络、信任、合作为特征的社会资本还有下降趋势。这说明，尽管当前我国社会组织数量增多，但其活动的水平以及服务社会的质量还很低，还不足以担当实现社会自我管理的责任。因此，积极培育并引导新社会组织的发展，是今后群众工作的一项重要任务。

此外，在当前全体党员干部树立和落实科学发展观的背景下，党群关系在沿着新思路继续发展与改善，但也出现了一些新问题：

第一，出了问题就“捂盖子”。在当前的干部管理体制中存在压力传导问题，越到基层压力越大、责任越大、权力越小。于是许多在基层发生的问题自然容易被“捂盖子”。有些被捂住了，而捂不住的，就像点燃的火越燃越大，最终酿成干群矛盾激化的苦果。

第二，一切以老百姓说了算，放弃工作原则。一些地方错误地理解了科学发展观，以为“以人为本”就是以每一位老百姓的要求为准，把党的纪律与制度、国家法律放在一边，结果老百姓的要求倒是满足了，却破坏了党的制度与国家法律，造成了工作的被动以及民众需求的膨胀。放弃工作原则还体现在一些地方提出“摆平就是水平，妥协就是和谐”的观点，忽视人民调解、行政调解、法律调解等多种解决问题的机制。

第三，把人民内部矛盾理解为“用人民币可以解决的矛盾”。个别地区在和谐社会建设中提倡用人民币解决人民内部矛盾，用这种观点指导工作极为有害。一是尽管用金钱可以解决部分问题，但是人民群众并不因此而领情；二是助长了群众中的投机主义，认为“会闹的人才有好处”“大闹大解决、小闹小解决、不闹不解决”，许多人都跟着效仿，群众工作的难度反而加大；三是丢弃了我们最擅长的思想政治工作和情绪疏导的工作，这恰恰是我们党多年行之有效的群众工作的法宝。

第四，把党群关系理解为“给”与“取”的关系。许多干部把党群、干群关系理解为“给”与“取”的关系，节日带点礼品去关心一下，感受一下群众的“感恩戴德”，平常不闻也不问。

第五，把党的群众工作理解为仅仅是单维的互动。尤其是理解为党的干部与群众的互动，忽略了普通党员与群众的互动、群众与群众之间的互动。即使在计划经济体制时期，党在群众工作中也非常善于发动群众力量去解决群众之间的问题，当前有一种趋势，把党群关系看成是党的干部或党员与群众的关系，却忽略了发动群众帮群众、群众教育群众；忽略了发挥普通党员在和谐社会建设中的作用，尤其是回报社会的志愿服务、“义工”行动等。

第六，在经济发展中侵害了人民群众利益。一些地方存在急躁心态、攀比心态，不甘落后，认为既然科学发展观的核心是发展，那么只要发展起来一切问题就解决了。其实，国外的发展经历表明，很多社会矛盾都是由于发展不平衡造成的，经济增长的速度越快，往往社会矛盾越尖锐。由于片面追求发展、不科学地发展，许多地方忽视了市场规律、忽视了人民群众的真实需求、忽视了环境的承载力，在发展中不自觉地损害人民群众的利益。

三、干群冲突的五个主要原因

人民大学的一项社会调查显示，在“穷人与富人”“政府官员与老百姓”“城里人与乡下人”“有财产者与无产者”“管理者与被管理者”“高学历与低学历”“工人与白领”等差异人群之间，最容易爆发冲突的人群是“政府官员与老百姓”。50%的受访者表示“政府官员与老百姓之间容易发生冲突”，其次是“管理者与被管理者”“穷人与富人”。当前，我国社会处于矛盾凸显期，在这一时期中，最脆弱和最容易受到伤害的还是干群关系。① 形成干群冲突的原因很多，但最主要的原因有以下五个：

原因之一：群众的需求没人理

许多长期做群众工作的干部都反映，当前我国“绝大多数社会矛盾是人民内部矛盾”“绝大多数社会矛盾是利益矛盾”“绝大多数群众的诉求是有道理的”。

从群众需求表达的角度看，导致干群冲突的原因主要有两种：一是群众表达自己的需求却没人理，群众产生了挫折感导致干群关系紧张；二是群众不愿意表达自己的需求，也不接受干部的具体做法，这种表达方式容易产生深层次的冲突。在日常生活中，大量出现的情况是群众的需求表达以后没有得到适当、有效的回应，因而产生了干群矛盾。

原因之二：沟通不畅

受沟通的方式、语言的差异、情绪等因素影响，沟通的效果也不一样。如果沟通的渠道堵塞，干群矛盾极容易产生。沟通方法不当时，也容易产生干群冲突。

例如，2010 年 3 月 22 日，河南睢县农民魏克兴找乡长蒋友军说事时，拿起办公桌上一水杯欲喝水，被乡长喝止，因这是乡长的茶杯。两人发生口角后出现肢体冲突，随后乡长喊来警察，农民被拘留 7 日。2011 年 4 月 9 日，河南汝州市一农妇在和汝州市钟楼街道办纪检委书记郭某理论时，被纪检委书记恼羞成怒掌掴两个耳光，后被人拉开，纪检委书记找来警察将该农妇送回。“茶杯门”“掌掴门”等案例反映出干群关系中沟通不畅的问题。

原因之三：琐碎事件的积累

很多冲突都是由琐碎的小矛盾演化而来，而小冲突一旦缺乏风险管理，就会变成大冲突。在冲突的演化中，存在着一条安全线，当冲突的规模小于安全线时，冲突处于可控的状态；当冲突的规模和程度超出安全线时，冲突就会演变为大的矛盾，处于不可控状态。而安全线是动态的，在不同的时空范围内，即使性质或规模相同的冲突也可能带来不同类别的矛盾。

---

① 郑杭生主编：《中国人民大学中国社会发展研究报告 2004：走向更加安全的社会》，中国人民大学出版社 2004 年版，第 70 页。

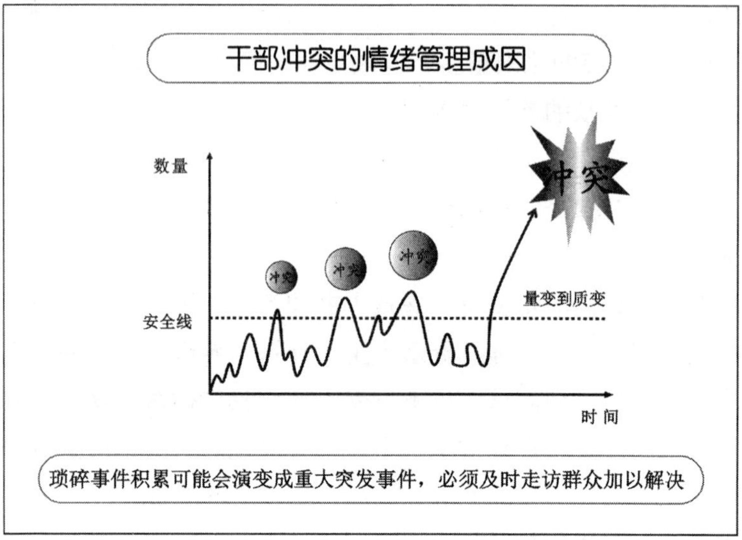

2008 年 6 月 28 日，因一名女学生跳水自杀，部分不明真相的群众聚集到贵州瓮安县政府和县公安局办公楼前，引发了大规模人群聚集围堵政府部门和少数不法分子打、砸、抢、烧的突发事件。事件共持续了 7 个小时，造成瓮安相关部门办公大楼和办公设备等被损毁。时任贵州省委书记石宗源表示："该事件系一些社会矛盾长期积累，多种纠纷相互交织，没有得到重视，没有及时解决，干群关系紧张所致。"贵州"瓮安事件"发生的根本原因在于各种长期存在的小矛盾没有得到妥善处理，以至于爆发了大规模冲突。

原因之四：利益冲突

中国共产党的党章规定，党除了工人阶级和最广大人民群众的利益，没有自己特殊的利益。这是从理念上讲的，也符合党的基本宗旨。但是，在现实生活中，制度设计与理念还存在一定差距，甚至出现个别干部、个别地区与个别群众之间出现利益差异的现象，如当前干群之间在征地、拆迁、确权（林权、土地使用权等方面的确认）、环保、选举等领域爆发出的冲突就属于利益差异或利益冲突所致。

原因之五：干部约束机制上的问题

干部约束上容易出现两个方面的问题：一是"个别干部没管好"，主要是指个别地方、部门、单位出现的"一把手"现象，因其错误决策或某种程度上的消极腐败现象给群众工作带来了负面影响；二是在一些基层干部群体中存在的错误的权利与义务意识，这主要是在“压力型体制”下形成的。

我国政府及党的组织中长期存在着“条、块分割”的现象，形成了“条条专政”“条条为主、块块为辅”的政府治理结构。这种结构最大的优势是可以收权，实行宏观调控，在控制地方经济过热、集中力量办大事等方面发挥过积极作用。其最大的弊端是收权容易、放权难。在官僚理性规律作用下，一旦权力（如事权、财权）上收就难以下放，于是，下放的几乎都是责任，形成了基层干部所说的“权力上访、责任下访”的现象。到了基层干部那里，容易出现权、责极端不平衡现象，即责任无限、权力有限，“上面千根针，下面一条线”。“权责不平衡，干部心态要失衡”，有责而无权不能保证干部放心做事并干成事，于是在一些基层干部中出现了一些不正确的权利与义务意识（见下图）：

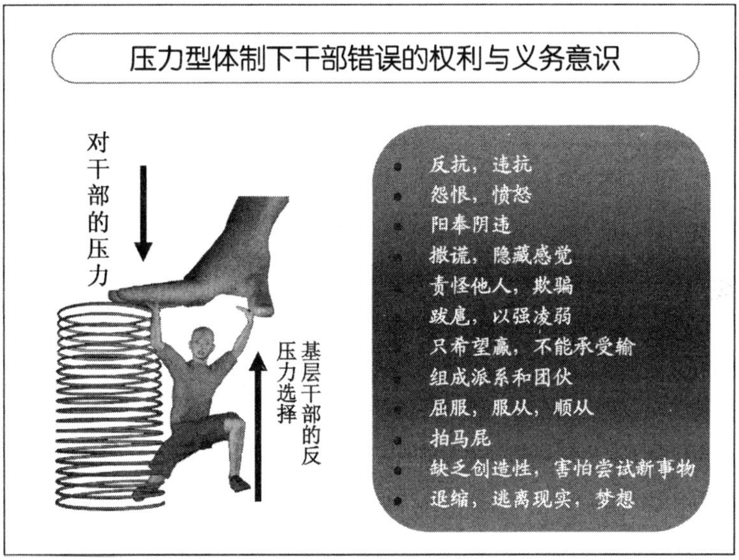

反抗，违抗：对上级出台的有关文件或政策采取不执行、不合作的态度等。

怨恨，愤怒：抱怨上级政策与措施脱离实际或不符合基层情况等。

阳奉阴违：说一套、做一套，对上级的文件或政策表面执行、背后搁置，出工不出力。

责怪他人：推脱责任，没有担当精神。

跋扈，以强凌弱：工作中带有霸气，有“二杆子”风格。

只希望赢，不能承受输：没有退路，没有别的出路。

组成派系和团伙：上面千条线，下面一根针。达标升级等各种考核使基层干部工作战战兢兢，对个人前途没有信心、没有安全感，只有在团队中才能找到安全感。

屈服，服从，顺从：凡事不思考、不拿主意，上面要求怎么干就怎么干。工作四平八稳，没有主动性、积极性。“摆平就是水平，和谐就是妥协”等观点流行。

缺乏创造性：基层的事务千难万难、千变万化，需要不断解放思想、不受框框限制、不拘一格寻找解决问题的办法。然而，这些年对基层的观察发现，越往基层走，干部越保守，工作缺乏创造性、积极性的现象在一定程度上还存在。

退缩，逃离现实：在一些基层干部中流行宿命论，流行算命、看风水、拜菩萨，一定程度上存在逃避现实的心态。

……

这些错误的意识出现，容易在基层形成“庸、懒、散”的工作作风，影响党的群众工作，使基层矛盾大量“上交”。著名“三农”问题专家温铁军等人在《管理世界》杂志 2011 年第 3 期发表的一份研究报告中指出，农村地区四成上访针对村干部，半数告状指向县政府。

四、新时期做好群众工作应树立新理念

新时期党的群众工作内涵可以调整为：在改革开放、依法治国和建设社会主义民主政治的大背景下，党要主动迎接新的时代变迁的挑战，支持、引导并满足人民群众日益增长的物质和精神文化需求，正确处理人民内部矛盾，积极稳妥地扩大公民对公共事务的有序参与，引导各种社会力量参与社会建设，不断提高社会自我管理能力，最终建立民主、法治、合作、和谐的党群关系。

为达到这个目标，新时期群众工作应该树立一个理念，即党的组织及党员干部从办公室走向群众。这个理念与我们党长期坚持的“从群众中来，到群众中去”的群众路线观是一致的，之所以选择用这样的语言来表

述，是为了在新形势下更加坚决地防范官本位文化以及官僚主义抬头。

“从办公室走向群众”的理念应该落实到党领导的各项具体工作中去。例如，通过干部人事制度改革应该逐步达到“去官僚化”的目标，淡化“官本位”思想、淡化特权思想，强化服务意识、强化责任意识；通过行政体制改革，压缩政府层次（如省、县、乡体制以及城市街道办管理体制改革），推动政府层级结构或组织结构扁平化、将政府工作重心下沉到基层，使基层权、责一致；通过社会管理体制改革，大力培育社会组织，培育健康的公民文化，增强社会自我管理能力；通过政治体制改革，逐步推行党政分工、扩大人民民主，扩大人民群众对公共事务的有序参与；通过推进党的建设伟大工程，更加重视党员素质，科学把握党员规模，扩大党内民主，积极听取基层党员的声音，鼓励党员参与义工与精神家园服务。

“从办公室走向群众”也是世界上许多有影响的政党面对新形势提出的口号。20 世纪 90 年代以来，法国社会党提出“党要回归民众”，要求自己的党员干部不要总坐在办公室里，而要经常到社区里，到人群集中的场所体察民情，同时宣传自己的政策主张。2000—2001 年间，德国社会民主党采取了重大步骤以增强党同群众的联系，如重视基层组织的作用，加强与“对政治感兴趣、却不受党的政策约束的”人们接触，要求党的各个层次都要提出“面向消极被动的党员并且吸收非党员参加讨论和工作的建议”。为了提高党的交往能力，社民党前总书记弗郎茨·明特费林明确提出“政治就是交往”，提出在因特网时代要建立一个“数字化的党”，党要利用因特网与各种问题的利益相关者包括党外的人进行对话，与不打算在固定组织结构内工作的人们谈论政治；为了扩大政党的群众基础，社会民主党可以实行“项目党员制”，个人可以在参加由社会民主党支持且他自己感兴趣的项目期间入党，并只从事与项目有关的工作，项目完成后可以随时退党。①

“从办公室走向群众”也符合未来权力的发展方向。最近，美国哈佛大学教授约瑟夫·奈出版了一本名为《未来权力》的新书，该书强调，当今世界，权力正在发生两种类型的改变：一是权力的转移，即权力在大国

---

① 殷叙彝：《德国社会民主党组织问题》，荣敬本、高新军主编：《政党比较研究资料》，中央编译出版社 2002 年版，第 105 页。

之间发生的改变；二是权力的扩散，在这个方向上，权力正在从所有的国家向非国家的行动者扩散。这些非国家的行动者包括宗教性团体、市民性团体、网络力量、公民个人等。该书揭示的权力第二种发展趋势（类似于马克思“国家回归社会”的观点）表达了未来社会的发展趋势，即在全球化与数字化的背景下，政党或国家的权力越来越受到社会力量的挑战，行政官员或党的干部只有走出办公室，走向社会，才能更加有效地治理一个国家或地区。

五、争当“教练型干部”，不当“自然型干部”

1943 年 7 月 2 日，毛泽东在《中共中央为抗战六周年纪念宣言》一文中指出：“共产党员是一种特别的人，他们完全不谋私利，而只为民族与人民求福利。他们生根于人民之中，他们是人民的儿子，又是人民的教师，他们每时每刻地总是警戒着不要脱离群众，他们不论遇着何事，总是以群众的利益为考虑问题的出发点，因此他们就能获得广大人民群众的衷心拥护，这就是他们的事业必然获得胜利的根据。”

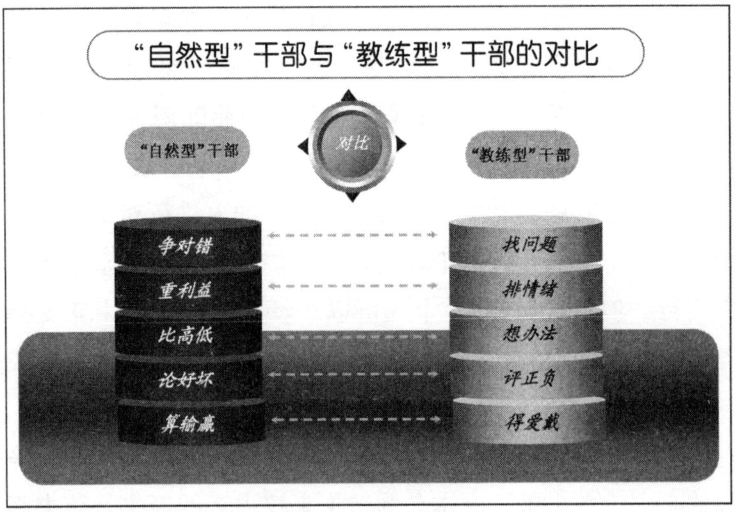

所谓“自然型”干部是指那些跟在群众“尾巴”后面、政治觉悟低、主要依靠组织权力而非个人魅力来领导群众的干部，这种干部更看重个人利益与个人前程，较少关注群众利益。“教练型”干部则恰恰相反，他们

虽跟在群众的尾巴后面向群众学习，但主要是站在群众前面，引导和带领群众去完成共同的愿景目标。“教练型”干部主要依靠个人能力与魅力而非组织权力，他们更看重群众的利益，较少关注个人得失。两种不同的干部类型的区别还体现为，“自然型”干部在与群众发生纠纷或在群众彼此发生纠纷过程中，喜欢争对错、比高低、给纠纷定性、靠物质利益解决问题、看重个人得失进退等；而“教练型”干部在此过程中更愿意分析纠纷产生的原因、排除群众的负面情绪、寻找解决问题的办法、对纠纷只做“正、负”的定量判断、不计较个人得失进退等。

六、群众工作科学化的八大原则

第一，科学化原则。

新时期群众工作必须使用科学的方法和工具，不断提高群众工作队伍的专业化水平。要着眼于掌握群众心理、政策的科学性与延续性、群众需求层次变化等规律，踏踏实实开展“科研”工作。

做好群众工作中的“科研”工作，首先需要有一支专门研究群众心理、群众反馈、干部行为、干部心理等方面的科研队伍，他们根据时代背景的变迁，根据群众的时代需求、群众的心理特征、行为规律，经过研究而提出合乎时代与群众要求的意识形态口号和动员群众的合理方式，及时发现并解决群众中存在的各种问题。“科研”就是发挥各类专家的作用，科学设计新时期党群工作的模式、方法和流程，长期跟踪基层群众，不断总结和改进工作经验，为党做好科学、有效的群众工作当好政策参谋。所以，“科研”工作是群众工作的方向、是群众工作的基础。

做好新时期的群众工作，也需要“科教”的支持，就是要有一支专门的政工队伍，他们尽管不从事研究工作，但是能在“科研”成果的指导下，将党的路线方针政策以“同一个声音”准确地传达给全体党员干部。所以，“科教”就是利用专家的科研成果与跟踪指导，开发出群众工作的应用性教材，培养实操性政工、社工师资队伍等。

做好新时期的群众工作，还需要“科普”工作。“科普”工作更需要一支庞大的社工或义工队伍，他们把党的理论、党的政策用群众听得懂的“方言”传达给广大群众。

领导干部要学会利用科研、科教、科普的工具，对一些问题进行科学的调查、研究，归类分析、找问题、想对策，运用科教手段，达到科普的目的。其中，科研是一种态度，领导干部要对问题多采取科学审慎的态度，认真调查研究，科学决策。不能凭空设想，更不能闭门造车；科教是一种方法，采用科教方法才能把党的路线方针政策准确地传达到全体党员干部队伍中去；科普是一种艺术，全体党员干部要把所获取的党的路线方针政策准确传达给广大群众，要让群众听得懂、听得进，不下一番工夫，不讲究一定的艺术是难以达到好效果的。

第二，“约定”化原则。

“约定”是由党的群众工作的“契约性”特点决定的。在新时期，随着人们利益不断分化和价值观多元化的出现，群众的权利意识不断上升，这决定了党的群众工作要有“约定”意识。通俗地讲，群众工作应该积极探索建立党群关系“公约”。

所谓“公约”，一般说来，包括口头承诺和书面承诺。在社会学上，口头承诺是最简便、最直接的约定，其基础是信任。领导干部在运用这个工具时，要尽力做到言必信、行必果，不能出尔反尔、言而无信。

需要说明的是，口头承诺失约后的社会影响相当恶劣，应该对此有足够重视。作为领导干部，一方面要加强自身履职能力，另一方面要加强对干部的信用管理，督促他们对群众的承诺全面及时兑现，不开空头支票。这是运用约定工具的前提，也是维系干群关系的根本。

书面承诺也是一种常见的方式，包括单方书面承诺和双方书面协议，如双方签订协议、合同、承诺书等。一般情况下，当双方缺少相互信任时会采取这种方式，当双方完全不信任时还可请第三方进行监督。当前，干群之间的书面承诺主要表现在一些基层党组织与群众的互动上，如基层党组织负责人在竞争性选举中的竞选承诺、机关企事业单位中的中层干部竞争上岗的承诺等。

当前，在全国一些地方兴起了一种党群干群关系“公约”的实现形式：各种形式的公民论坛、民主恳谈会、民主听证会、民主评议会、居民坝坝会等。党的基层干部与群众面对面协商，通过协商达成彼此的权利与义务，并彼此承诺、互相监督，共同为完成社区治理的目标而努力。一些地方将这种“公约”形式冠以“协商民主”。

定“公约”是新时期做好群众工作的基本趋势，通过《干群公约》《同事公约》《家庭公约》《师生公约》《同学公约》《邻里公约》等推进干群行为规范明确与角色交换训练。一旦党员干部和群众都有彼此定“公约”的意识，并形成一种行为习惯，那么党的群众工作就有了真正的“抓手”。公约帮助人们理性地开展“认为”的讨论和行为的“交换”，通过公约行为的重复统计提示、监督人们去兑现承诺。在党的群众工作中有两条真理：一条是“知识不是力量，重复和习惯才是力量”；另一条是“心律大于法律”，只有人的内心有规范，行为上才会有规矩。

第三，数字化原则。

电子技术的迅猛发展使互联网在较短的时间内成为人们生活、交流、工作、学习等方面的重要平台，影响了当今世界政治、经济、文化、社会的各个领域。互联网的出现改变了人类的生活与活动方式，大大缩短了当今世界人与人之间的时空距离。利用互联网技术，人们把各种信息传感设备如射频识别装置（RFID）、红外感应器、全球定位系统、激光扫描器等装置，按约定的协议与互联网连接起来，进行信息交换与共享，以实现智能化识别和管理而形成一个被称为“物联网”的巨大网络。物联网用途广泛，遍及职能交通、环境保护、政府工作、公共安全、平安家居、职能消防、工业监测、老人护理、个人健康等许多领域，最终实现人类社会与物理系统的整合。2009年，美国IBM首席执行官彭明盛把互联网与物联网的结合称为“智慧地球”，即人类通过更加精细和动态的方式管理生产和生活，达到“智慧”状态，提高资源利用率和生产力水平，最终改善人与自然的关系。

以互联网、物联网为代表的网络技术的大发展使当前党的群众工作真正面临着一场前所未有的挑战。一些国家的执政党率先从这场信息化的大潮中“醒悟”过来，纷纷利用网络技术或网络工具及时了解民情、表达民意、维护民利，大大缩小了现代政党与群众之间的距离。同时，利用网络工具也打破了政党组织中的“寡头统治铁律”，使政党组织结构更为扁平化，党的主要干部更容易与普通党员面对面。与此同时，随着“电子民主”的兴起，执政党的党内民主水平大大提高，许多重要议题都是直接由基层党组织提出并交全党的代表大会讨论。利用网络工具，党员之间可以在网络上大范围沟通交流，党的各级组织之间也缩短了距离，把党的中央组织与地方、基层组织更好地连接起来。利用网络工具，党员干部与群众也可以大范围地交流与沟通，党员干部发挥综合民意、体察民情、管理情绪、建立友谊等作用，大大拉近了与群众的距离。

然而，利用网络工具并不代表网络工具可以取代其他群众工作的工具。比如，在虚拟空间中进行的交流虽然具有直接、快速、明了的优点，但毕竟不是真实的“面对面”，群众所表达的想法也不一定是最真实的想法；在网络交流中，往往“大嗓门”“高调”容易引起人们的注意，而这些“大嗓门”和“高调”所表达的观点未必准确，未必代表了最广大人民的意见；尽管我国的网民数目每年都呈快速上升态势，但毕竟还有大量的群众没有“触网”，所以，仅仅通过网络难以了解他们的真实想法和真实的利益需求。因此，在利用网络工具时要避免“剑走偏锋”，以为有了网络工具，其他工具就可以放弃，要知道，再发达的信息技术、网络手段、现代传媒也代替不了与群众的面对面沟通、交流，深入群众之中，直接听取群众诉求，解决群众最关心最直接最现实的利益问题，依然是新时期不可放弃的群众工作方法。

第四，法治化原则。

法治化原则并不仅仅指通过制定法律来确定党群关系的边界那么简单，而是指在法治精神的指导下，运用法律来调解党和人民群众之间、群众与群众之间、干部与群众之间的利益纠纷，充分体现公正、公平、公开的精神。坚持法治化原则，主要以维护《宪法》的基本原则和精神为出发点，以保护人民的根本利益为核心，以制定和落实相关法律或法律条款为具体步骤，以保障公民权利为基本内容。

坚持法治化原则首先是依法行政。法治和民主互为表里、相互依存，没有民主体制的建立，法治的建立就是一句空话。如果政府机关不能依法行政，甚至滥用职权、借势欺民、为所欲为，公民的权利和自由受到侵害，势必侵犯民权、损害民利、滋生民怨，破坏构建社会主义和谐社会的大好局面。

坚持法治化原则还要求党的各级组织和党员干部要带头依法办事，严格遵守法律法规，不徇私舞弊、不贪赃枉法，普通公民、一般社会组织和企事业单位遵守法律，从而使所有人正当要求的表达程序化、制度化，增强了社会成员的安全感等。

坚持法治化原则的一个目的就是防止人民民主的自流性。早在 1943 年，邓小平就注意群众运动自流性问题，他说：“党不是要发展群众运动的自流性，而是要使党的方针在群众运动中获得实现。”1980 年 12 月，邓小平在中共中央工作会议上的讲话中指出：“要继续发扬社会主义民主，健全社会主义法制。这是三中全会以来中央坚定不移的基本方针，今后也绝不允许有任何动摇。我们的民主制度还有不完善的地方，要制定一系列的法律、法令和条例，使民主制度化、法律化。社会主义民主和社会主义法制是不可分的。不要社会主义法制的民主，不要党的领导的民主，不要纪律的民主，决不是社会主义的民主。相反，这只能使我们国家再一次陷入无政府状态，使国家更难民主化，使国民经济更难发展，使人民生活更难改善。”

法治已在世界范围内被普遍接受，成为现代文明社会的先进思想和治国方略。因此，一方面，党员干部要加强自身法治观念，自觉遵守法律法规，坚决维护法律法规，与长官意志、官本位等传统观念做彻底决裂；另一方面，也要学会善于运用法律法规来解决干群纠纷、群群纠纷。

总之，群众工作要以法治为前提，缺乏法治精神、契约精神，群众工作最终只会缺乏规则，甚至“好心办坏事”，造成“一团糟”局面。

第五，社会化原则。

做好群众工作应该积极吸纳包括普通党员参与的一切社会力量如社会组织、“社会人”等参与到群众工作中去，当前更要大力培育社工与义工力量，使他们成为政工的有力助手。

所谓政工，是指党和政府有关部门专门从事群众工作的工作人员，他们承担着上传下达，为党传递民声、为民通达政情的职责，是做好群众工作的“生力军”。所谓社工，是指扎根基层专门为群众服务的社区专业人士，他们与群众生活在一起，熟悉群众的情况，没有官架子，靠自己的专业水平长期为群众提供服务，深得群众的信任和爱戴。其中一部分社工是群众的朋友、老师和“领袖”，是党在新时期的培养对象，是做好群众工作的“主力军”。所谓义工，是有志于从事志愿者服务的社会团体或个人，他们生活在群众中，是群众的积极分子和优秀代表，是我们党培养和发展的对象，是做好群众工作的“后备队”。

目前，这三支队伍的建设尚不能完全适应新形势新任务的要求，尚不能真正发挥润滑剂的功能，需要不断加以完善。同时，要创新工作思路，建立角色转换机制，政工、社工、义工三种身份在具体岗位、具体事件中可以相互转化、灵活运用，以制度来保证组织和个人作用的最大发挥，从总体上提高服务群众的水平。

在党的群众工作中，要坚持政工、社工、义工的科学布局和合理分工，尽管党员干部的力量（和群众相比）远远小于群众的力量，但是借助于“三工”传动机制，仍然可以有效地将群众动员起来。因此，在“三工队伍”中，合理的力量分配应该是义工数量“大”、社工数量“中”、政工数量“小”。只有合理的科学配比，才能达到党群工作“变速箱”合理的齿数配比、高效的传动效率、强大的输出功率和最少的社会成本。相反，如果“三工”力量布局不合理、不科学，比如政工数量庞大、社工或义工数量微小，就会导致齿数比不配，政工队伍与社工队伍不能有效对接；能耗消耗大，政工与社工、义工之间发生“内耗”；传动效率低，由于彼此工作不匹配，导致党与群众的桥梁发生阻隔；输出功率小，党的路线方针政策难以准确传达到群众中去；群众意见大，由于党与群众难以有效互动，导致彼此间的误解，使群众怨言多、意见大。

群众工作的最佳效果是深入群众、深入家庭。如果党的工作能够影响到群众的家庭，则表明群众工作做得深、做得扎实。因此，要合理分配政工、社工、义工队伍的人力资源配比，使“三工队伍”一头连接党组织、一头连接家庭，建立党、政工、社工、义工、家庭的“五级三工”的有效动员机制。我们党的历史经验已充分表明，什么时候群众工作“做”进了家庭，什么时候就能高效地动员群众。

第六，通畅化原则。

党除了要给人民群众看得见的物质福利外，还要善于疏导人民群众的情绪，也就是让人民群众的情绪“通畅”，这个工作被称为“情绪管理”或“情绪疏导”。在任何社会，好情绪是“资本”，坏情绪则是“成本”。做好情绪管理工作必须了解情绪的压力来源，把握人的行为轨迹“四个规律”和“四个区域”。“四个规律”：人的行为特点是“轨迹固定、时间变换、空间分割、情绪连续”；“四个区域”：人的行为空间区域为“家庭、单位、学校、社会”，因此情绪管理的空间也有“四个”，分别是：家庭、单位、学校、社会。

家庭情绪管理需要合格的家长及家庭社工来实施，利用“小孩治大人，女人治男人”的人性情感链条作用，普及家庭公约、提示标牌等非语言交流工具是家庭情绪管理的重要技巧；单位的情绪管理需要合格的单位政工和专业社工以及员工福利待遇制度保障，单位的人力资源部门和工会组织应建立员工情绪管理系统，建立员工俱乐部、聊天室等场所，充实员工活动内容和实效，通过生动活泼的思想政治工作排泄职工不良情绪；学校情绪管理需要专业的校外辅导员“社工”和优秀家长“义工”的有效配合和政府机制保障，通过正向意识引导、不良心理疏导的工具和技巧应用，提倡运用微笑墙、文化墙、师生公约等工具，使学生进行减压增智排泄情绪；社会的情绪管理需要在社区中通过专业社工与合格义工配合，利用各种公民性论坛、协商民主、宗教活动、社会组织等来有效引导和排泄社会情绪。

当前，党的情绪管理工作应该坚持“四有原则”：一是“有人”。要有一支扎根群众的基层思想政治工作队伍；这支队伍需要由“政工”“社工”“义工”组成，简称“三工”；群众思想情绪有波动时，可以找“三工”问一问专业意见。二是“有地”。争取群众的工作一定要有一个类似“民间教堂”的网络。这个网络应该分布在社区/学校/单位“三区”范围内，群众情绪有波动时，能到“民间教堂”去“定定神”。三是“有趣”。思想工作要“有趣”，群众才爱听，也听得进。这要求思想政治工作的内容、形式和表达方法上都要创新；思想政治工作要达到在人的头脑中“成像”的境界；思想政治工作要注意切入点，彼此都关心的话题最容易成为沟通的切入点；思想政治工作的最佳效果是彼此的共鸣，“做”工作的人会从中得到启示，被“做”工作的人会从中得到经验教训。四是“有用”。通过做思想政治工作，帮助群众解决实际问题；群众的认可便是“有用”，“有效果远比有道理更重要”；群众在实践中发现“有用”，就会感谢党、回馈社会。

第七，口诀化原则。

做好新时期的群众工作一方面应发扬党的老一辈革命家善用口诀工具的优良传统，使党的路线方针政策、法律法规深入人心，让群众听得懂、记得住、用得好，提高工作的针对性和有效性。另一方面应收集、分析和创作流传于大众中的各种口诀和段子，这是了解群众的情绪状态、做好群众工作的情报分析、改进方法和创新工具的一个重要渠道。

口诀来源于生活，又高于生活，具有高度总结和精练概括的特点，可以将一些相对庞杂、抽象的道理以简洁明白的语言表达出来，指导人们的工作和生活。比如，小学生背诵的乘法口诀，有利于快捷和准确地进行四则运算。又如，革命时期归纳的“三大纪律、八项注意”等一大批口诀和歌曲，成功地树立了共产党和人民军队的良好形象。

口诀在不同的时代、不同的地域、不同的文化、不同的民族中有不同表现形式。一般说来，口诀大都采用讲笑话、贴标语、喊口号、说段子、样板戏、地方剧、歇后语、方言等表现形式。口诀在使用时要注意以下基本原则：针对性原则。口诀应该具有针对性，否则难以理解想表达的真实意图。通俗化原则。口诀应该通俗、明白，易记、易懂，口诀越是通俗，越容易被人民群众所接受。精练化原则。口诀不在长，而在精；不在词语的华丽，而在令人有所思，给人以启发。一个好的口诀，既能传达出所要表达的基本信息的“量”，又能传达基本信息的“质”。数字表达原则。数字表达起着归纳总结的作用。利用数字进行归纳，能将复杂的问题简单化、冗长的内容短小化，便于人们记忆。大众化原则。口诀应该符合大众口味，一般说来，口诀越被更多的人接受，传播的面越广。

第八，差异化原则。

做群众工作，就是做人的工作，做人的工作，就要研究人的需求。人的需求会随着环境的变化而变化或者随着需求的满足而产生新的需求。作为党员干部，就要深刻地认识到这个客观规律，不断改进自己的工作，不断满足人民群众日益增长的合理的物质和文化需求。

在马斯洛的需求层次中，人的需求有五个层次，从低级向高级分别是：生理与物质需要、安全需要、归属与爱的需要、尊重的需要、自我实现的需要。不同的人除了需求层次具有差异外，每一层次中的具体内容与需求对象也有差异性。这就意味着做人的工作是世界上最复杂的工作，也只有坚持“差异性对待”的原则才能将人的工作做好。

因此，群众利益的满足既是有限的，也是无限的。所以，利益工具的使用应该注意“度”的把握，当对一种需求层次满足过快而又没有作好满足更高需求层次的准备时，过多、过快的利益满足容易制造出新的利益矛盾。针对不同的人群（考虑时代、区域、宗教、民族、性别、阶层、地位、兴趣等因素）或不同的需求层次应该使用不同的利益满足工具。反之，违背差异化原则，则可能导致利益满足中“牛头不对马嘴”，群众工作花了大力气，群众心里却并不领情。在资源分配和利益满足的过程中要坚持公开、公平、公正原则，不能厚此薄彼，体现在党的政策上应具有连贯性、透明性；在同一需求层次上，因人而异设定标准，会导致群众因为攀比而出现需求差异，新的矛盾就产生了。

差异性原则并不排除“共性化”的内容，群众工作形式和内容创新是吸引群众参与的前提。共性和个性相结合的生活化话题是群众最愿意接受的，比如如何做好爷爷奶奶、爸爸妈妈、丈夫妻子、男人女人、男孩女孩，如何培养孩子，如何保护我们生存的环境，如何提高人的健康水平等方面的内容，就是人人关心的话题。

第四章

群众工作的十大原理

本章在总结各地群众工作的优秀经验的基础上得出了十大原理，这些原理并不是来自逻辑或书本知识的推理，而是从实践中分析出来、从常识中归纳出来的。做群众工作，就是做人的工作，只有从常识出发，才不会违背常理。只有不违背常理，群众工作才能做到位，做到群众心坎上。

一、群众工作的“人性原动力”原理

东西方的哲学家对人性的论述是有差异的，所以，无论讲“人性善”还是“人性恶”都不能取得所有人对人性假设的认同。因而，对人性的假设只能取其中，即人性的根本特点在于“变”，没有人不希望变，在承认“变”的前提下，找到改变人的链条，就能做好群众工作。在古代，改变人的链条依靠三个方面：血缘、地缘、亲缘，这是“熟人社会”或农业社会的改变链条。在现代社会，随着城镇化水平的不断提高，随着“熟人社会”不断向“陌生人社会”转变，蕴含“契约”精神的法治与制度逐渐成为改变人的链条。然而，在当今中国，我们正在由农业社会向工业社会甚至后工业社会转变，正在由农业人口占大多数向城镇人口占大多数转变，于是，改变当今中国人的链条既有传统社会的特征，也有现代社会的特征，即法治、制度、血缘、地缘、亲缘都可以成为改变中国人的链条，而在现实生活中，在相当长一段时间内，恐怕血缘、地缘、亲缘成为连接人们的主要链条。当然，在中国城镇化水平达到相当程度以后，当以农民为主体的“熟人社会”基本转变为以城镇居民为主体的“陌生人社会”后，改变的链条就会真正向以“契约”精神为主要特征的法治和制度转变。

在革命、建设的很长一段时间内，我们做群众工作极善于使用血缘、地缘、亲缘的链条。1943 年 2 月 20 日，邓小平在中共中央太行分局高级干部会议上发表讲话，其中谈到了根据地建设与群众运动的问题。他指出，“群众运动有其自身的规律，党在指导群众运动中，必须掌握住这种规律”。什么是根据地群众运动应该掌握的规律呢？邓小平提出了四条：

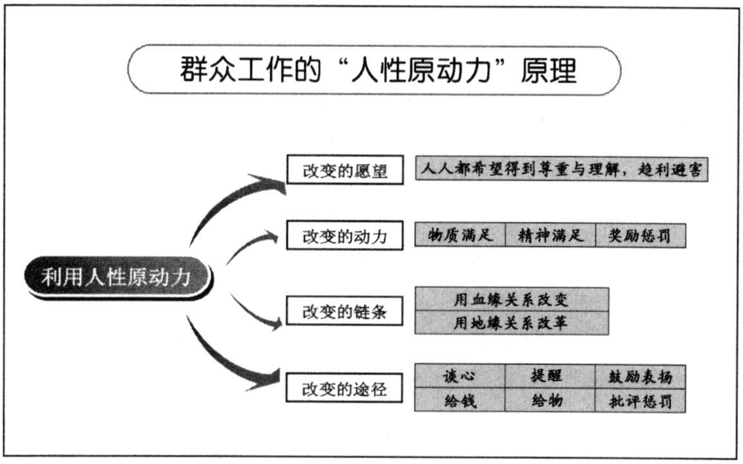

第一是发动群众，在发动群众中组织群众；第二是在发动群众之后，立即注意整理和健全群众组织生活；第三是在发动与组织群众中注意群众的政治教育，把群众运动提高到民主政治和武装斗争的阶段，使群众形成一个自为的阶级力量，去参加统一战线，去参加群众性的游击战争，以巩固既得的政治经济权利；第四是把群众的经济斗争政治斗争约束于统一战线范围之内。不了解这些发展的规律，不懂得诱导群众运动逐渐从低级向高级发展，就会使群众运动脱节，就不能逐步地提高群众到自为阶级的阶段，也就不能保卫其既得的利益。正因为我们知晓并掌握了革命战争年代群众运动的规律，党的基层组织影响并领导群众运动的工作十分有效。比如，新解放区建立党组织的步骤大致是：“本乡、本土的党员返乡——争取本地工人或农民的支持——组织工会或农会——培养入党积极分子——发展党员——成立党支部”。“党组织建立以后，就要深入地开展大规模的群众运动”，一旦建立党组织，宣传和教育群众、物质调集、土地革命、向军队输送后备力量、合作社运动等，都由党支部来执行。所以，直至今天我们还讲，党的基层组织是战斗堡垒，党员是一面旗帜，这是对革命战争年代的真实写照。由本乡、本土出生的干部来领导本地的群众是我们长期做群众工作中一个很保险的办法，因为与本地群众有天然的联系，党员干部更容易与本地群众打成一片，群众工作的成本大大降低。

例如，在大革命时期，中共要与各种会党力量打交道，首先得“融于其中”。为了达到这个目的，中共非常善于利用会党中存在的各种礼仪、规范以及“义气”等社会资本形式，通过建立良好的个人关系，进而影响和改变会党。① 比如，中国劳动组合书记部刚成立不久就派李启汉赴上海开展组织工会的活动。由于青红帮的势力遍布上海各工厂企业，李启汉的工作受到了青帮的监视。他每到一个工厂，很快引起了那里的青帮注意，无法与工人取得联系。后来，他在工人补习学校认识了一个纺织女工，她一个一个地推荐帮会成员，李启汉拜了她的师父，加入了青帮。李启汉加入青帮以后，就通过青帮系统的关系，到工人中去交朋友、搞串联。他由小沙纺织工厂辗转发展到杨树浦的各纺织厂，以至浦东的烟草工厂，都发生了联系，于是党在上海的工运工作，才在群众中扎下了根。② 张维侦同志在回忆“五卅”运动前后他在上海从事工运工作时，特别提到了与工人打交道必须利用“讲义气”的规则。他举例说，当时“上海流氓势力大，新闸路新闸桥附近，有一澡堂老板是大流氓，他非要李立三给他当徒弟，最后党同意李立三拜他为老头子，好进行活动”。另外，他还谈到，当时上海有不少“小流氓”，混进工会与党的积极分子捣乱，“我们几乎没法工作，后来组织上批准我和王克全等十人和马良惠（流氓）磕头拜了兄弟，这样工作才好做了，流氓不再捣乱。”③

存在就是合理的，当我们不能改变现实时首先必须适应现实。在中国

① 不仅在城市是这样，中共在大革命初期进入农村开展工作时，基本上都需要利用“熟人”关系和江湖义气。一位学者在湖南恒山县白果镇的调查中发现，大革命时期两位共产党员刘东轩和谢怀德回到家乡开展工作，“他们首先利用的就是传统乡村的那种亲朋网络关系，通过到白果赶集和平时的拜访，向他们认识的亲友讲述安源和水口山的情况，很快他们就自然而然地成为了当时还处于相对封闭状况的岳北地区社会议论的中心。这种社会议论在乡村社会往往意味着权威资源。于是他们就按照当时岳北的习惯，大搞结拜，与许多当地有影响但并非主流人士结拜成兄弟，并靠这些兄弟去影响其他乡民，宣传他们的主张。”转引自于建嵘：《岳村政治：转型时期中国乡村政治结构的变迁》，商务印书馆2001年版，第159页。

② 《包惠僧回忆录》，人民出版社1983年版，第67页。

③ 《张维侦同志谈上海“五卅”运动》，《党史研究资料》第1集。转引自蔡少卿：《中国近代会党史研究》，中国人民大学出版社2009年版，第339页。

城镇化水平没有达到一定程度之时，熟人社会的规则就会占据主流，不管我们在感情上是否赞同。因此，也许在相当长一段时间，适当利用传统的改变链条（如血缘、地缘、亲缘）不失为一个明智的办法。例如，西部某省某市曾经开展过“干部回家”的活动，干部每个季度都有几天时间回到自己出生地去开展两项工作：一是协助当地干部解决问题；二是收集本地群众中间存在的问题并向本级党委提交调研报告。本级党委把收集到的问题向上级党委汇报，由上级党委汇集这些问题并制定出“当前的形势与任务”的课题报告手册，发放给全体领导干部，提醒他们在群众工作中需注意的重点与难点问题，以及解决这些问题所需要的方法与手段。

干部回到出生地了解情况大大降低了干部做群众工作的时间与精力、经济成本，实践证明效果十分好。很多回到出生地的干部敢于大胆“教育”群众，也容易收集到最真实的社情民意、了解真问题，便于党委科学决策。

二、群众沟通的“发报”原理

在当今时代的各种信息沟通工具中，发报机虽然已经被电话、网络、手机等新型工具所取代，但是发报机仍以其“有时差、非语言、异空间”的特点被誉为沟通最具准确性的工具。发报的过程，就是寻找以最少的语言、最佳的成本达到最佳沟通效果的过程。

沟通是通过双方意见的表达，了解对方的观点、兴趣和需求，进而交流意见以达成共识，交换条件以满足需求的交流过程。在沟通中，如采用“冲锋枪式”沟通方式（即时间 $t=0$），双方往往因“同时发射”意见而产生沟通情绪化的误解与冲突，出现“说东道西，南辕北辙”的沟通效果，双方完全不顾对方感受大吵大闹或互不理睬，恰是沟通大忌。而采用“发报机时差原理”则大不相同，效果明显。其特点有二：时差概念和非语言方式。沟通中你先讲一句，我再讲一句，双方意见表达因时差（即时间 $t>0$）得到倾听充分，因倾听得到充分尊重，在彼此尊重气氛中表达意见，避免了情绪化。情绪不稳定时，采用空间分割的非语言文字交流方式凭借文字交流的准确表达来重复看、反复想，摆脱面对面时表情、语调、用语等情绪因素的干预，往往能实现有效沟通。

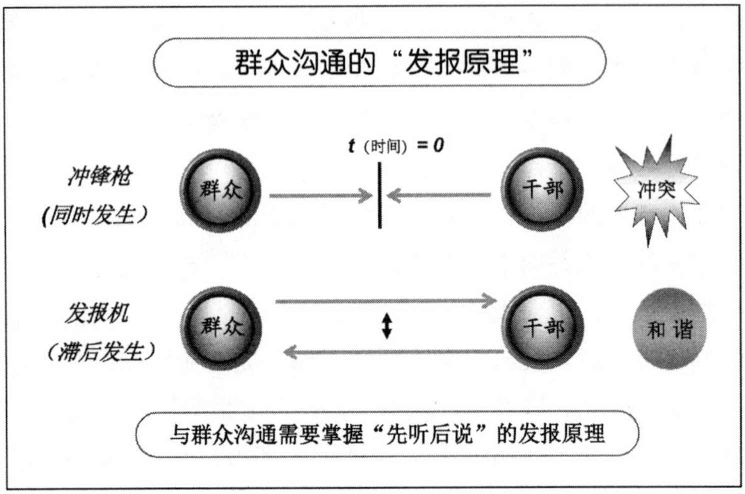

两种沟通模式的对比：

在沟通中，采用“冲锋枪式”沟通，“你也一句，我也一句”，缺少“滞后时差”的延时倾听和充分思考过程，就会因情绪激化导致矛盾激化。如果党员干部运用“发报机式”沟通，通过滞后时差倾听群众意见，采用非语言交流方式对群众进行有效“情绪管理”，遵从“时间滞后、空间分割，不争对错、只找问题”的原则，就很容易实现相互理解，并达成冲突解决的方案与共识。

“发报原理”是信号学的传递收发原理，人类理性交流的信号收发是存在“先后程序”和“反应时间差”的。群众工作需要遵守“先倾听后沟通”原则，中国古训的“事缓则圆”便是说明这个道理。如果说冲锋枪之间的“交流”带来的是冲突，那么发报机之间的“交流”则带来的是理解。发报原理具有以下两个特征：

(1) 先后时差。

群众工作的科学性与艺术性非常重要，发报原理遵守的是“先倾听”收报，有了情报分析后再发报“后沟通”的交流原则，收发是有反应时间差的。如一些地方领导干部经常请基层党员干部、基层群众到办公室聊天，通过耐心倾听收集信息。

(2) 非语言交流。

群众工作有时用非语言交流方式可能会更有成效，《道德经》中“处无为之事，行不言之教”的智慧正是运用发报原理的最高境界。非语言交流方式（比如留纸条的文字交流）可以避免面对面“冲锋枪”式语言沟通的情绪化影响，文字交流可以反复观看和确认，由于时间差，在经过思考后处理的问题便可达“事缓则圆”的功效。

沟通要达到最佳效果，不但要认识沟通工具，更要学会运用。其中一条基本沟通原理就是“时间滞后原理”，它揭示了沟通中使用的简便易行的方法。从发报原理可以看出，干部与群众或下级交流沟通时要注意“少发火、多发报”。对下级和群众每发一次火，就会降低一份威信；多发一次报，就会增加一份理解。

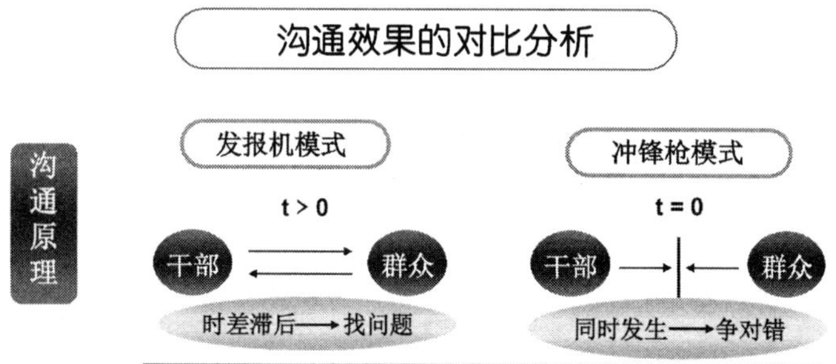

原理 / 要素	发报机原理	冲锋枪原理
沟通时空	时间滞后、空间分割	同时发生、同一空间
交流介质	文字	语言+表情
感官刺激	无（×）	有（√）
情绪管理	理性 ↑	感性 ↓
沟通效果	理解 ↑	冲突 ↑
行为倾向	找问题（共同对他）	争对错（相互你我）
工作要求	多“发报”	少“发火”

三、群众工作的“微积分”原理

正向的事情、积极的事情要多做“积分”，负向的事情、消极的事情要多做“微分”，这是群众工作“微积分”原理的本质。微积分原理告诉我们，群众工作重在坚持，“不能三天打鱼、两天晒网”，凡是正确的就要不断重复、不断坚持、不断积淀。

1998 年 1 月 24 日，江泽民同志在中共中央召开的党外人士迎春座谈会上讲了一个故事：一个外商来我国办合资企业，原来那家企业需要裁减人员，这位外商为了了解情况，决定与每位工人访谈以了解情况，结果他花了三个多月时间，与 300 多名工人一个一个地谈，问他们有什么想法、有什么困难。江泽民同志发出感叹："他为什么要坚持一个一个地谈，而且谈了那么长时间？我们有些企业的负责人恐怕也做不到这样。"其实，这位外商无非是按照科学决策的方法在做，要作出一个关乎全体企业员工利益的决策，一定要了解每位员工的真实需求，只有了解了真实需求，决策才是客观的、公正的，也才会为全体企业员工所接受。道理并不复杂，关键在于落实。

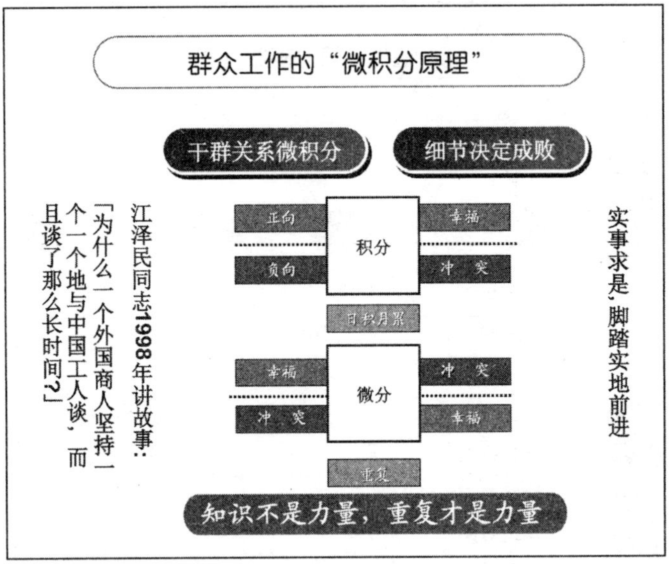

传化集团党组织建立做群众工作的"三必解、四必谈、五必访"制度。

浙江传化集团党委将"三必解"（有困惑必解释、有困难必解决、有要求必解答）"四必访"（生病住院必访、红白喜事必访、天灾人祸必访、职工生日及党员政治生日必访）"五必谈"（新人入职必谈、工作调动必谈、表彰处罚必谈、年度总结必谈、个人有想法必谈）作为构建和谐企业文化建设的重要举措，使党的思想政治工作做到每个员工身上，进一步增强党组织的凝聚力和号召力，推动和谐劳动关系建设不断发展。

一是"三必解"帮助员工解决实际困难。通过各种形式的交流活动如座谈、员工论坛、青年员工沙龙及时了解员工的思想动态，引导员工树立正确的人生观与价值观，达到有困惑必解释。工会通过建立在车间班组的工会小组，及时了解员工发生的实际困难并给予帮助，达到有困难必解决。对于员工提出的要求，公司能解决的立即给予解决，暂时不能解决的要向员工说明原因，做到了有要求必解答。二是“四必访”。当员工遇到生病住院、红白喜事、天灾人祸、职工生日及党员政治生日时，公司领导及工会负责人必访。三是“五必谈”。新人入职时30天、60天、90天的时候分别由指导人和部门负责人、集团人力资源部来组织新员工访谈或面谈。工作调动必谈：在员工提出工作调动申请或组织提出工作调动计划时，事先充分听取员工的意见，并从有利于企业和员工发展的角度进行岗位调整，实现企业与员工的双赢。表彰处罚必谈：表彰必谈即在员工受到表彰时要与员工进行面谈，充分肯定员工所做出的优异成绩（或在突发事件中果断处置、维护国家和传化企业的利益），同时勉励其要再接再厉，争取在今后工作中取得更大成绩；处罚必谈即员工因触犯国家法律和公司制度危害到国家与传化利益而受到处罚时，由企业领导（或支部书记）与其进行面谈，让其充分认识到自己所犯的错误并坚决改正，实现教育本人、警示他人的目的。年度总结必谈：在每年年终的时候，集团与企业各部门负责人都要与下属员工进行面谈，共同回顾一年来所取得的成绩，指出工作中存在的差距，明确下一年工作努力的方向，帮助员工成长和提高。个人有想法必谈：即员工在工作中出现情绪或有想法时，其直接主管与部门负责人都要主动找其谈话，及时化解员工心中的疙瘩，将矛盾与不和谐因素消除在萌芽状态。①

四、民主协商的“问题拥有权”原理

协商是为了增进了解、达成共识，最终让双方合理合法需求在一定程度上得到实现。因此，掌握协商中“不争对错，只找问题”的程序和技巧，就显得尤为必要了。

干群沟通中，应避免争论“你我”之间谁对谁错，而要着眼于共同面

① 摘编自《创先争优中看传化集团工会作用的发挥》，浙江在线新闻网站2011年3月4日。

对的问题——“他”。分清“你我他”，是良好沟通的开始。毛泽东曾经指出：“谁是我们的敌人？谁是我们的朋友？这是革命的首要问题。”这个提问法实际上体现了这个沟通原理，即寻找“敌人”与“朋友”是革命同志面临的共同问题。

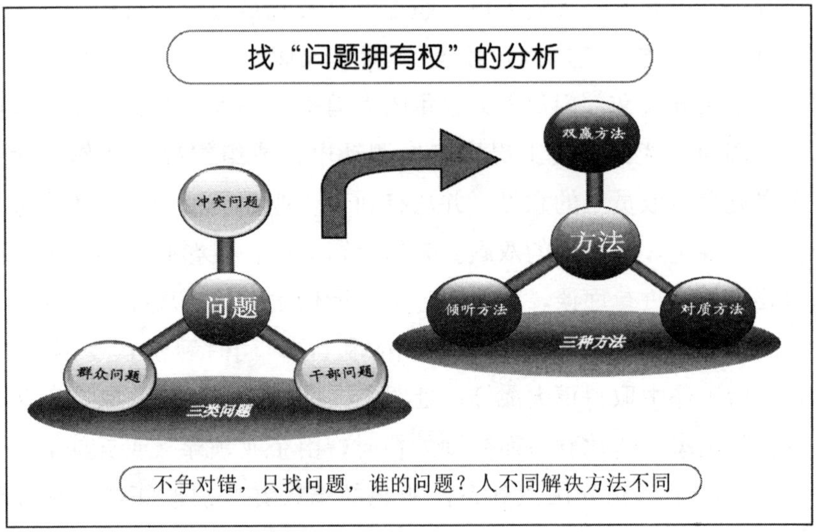

面对共同问题，一起讨论解决问题的方法、条件，找到双方都能接受的可行方案，需要一套理性的程序和技巧：

第一步，识别并为冲突定义。

这是初始步骤，必须认识客观问题和主观需求。主动倾听并努力理解对方的需求；用“我”的理解表达各自需求。陈述冲突性质，双方同意一道寻找解决方案。

第二步，寻找可行方案。

采用语言、文字两种方法，通过陈述和书写找出一系列不同的可行性方案，不要盲目排除任何方案。

第三步，评价所有可行方案。

从双方均不看好的方案筛选起，逐步收缩可行方案范围，挑选出其中相对较好的少数几个方案。

第四步，选定解决方案。

双方可以探讨不同方案的优点，尝试执行一项方案，必要时可以改变方案并在执行中记录每一项内容的改变。最终，让彼此懂得双方都是自愿承担执行方案的义务的。

第五步，执行方案。

制定方案执行细则，综合考虑应对预案，如执行主体、执行时间、执行地点、操作规程等。

第六步，跟踪与评估工作。

善于在实践中发现不足。认真排查、反复推敲、及时整改，以总结经验、举一反三。

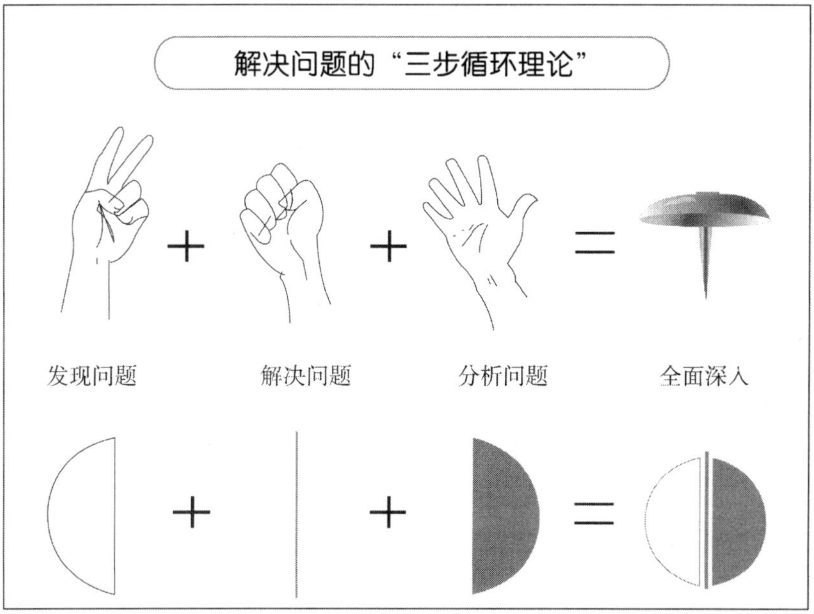

解决问题的“三步循环理论”

五、处理棘手问题的“滞后”原理

“行成于思、毁于随”“凡事缓则圆”，这些都是古代中国人处理各种棘手问题或纠纷的智慧。除了各种需要当下紧急处理的事件外，许多棘手的问题不可能“毕其功于一役”，需要谨慎处理，避免“牵一发而动全身”。而且，在制定各种涉及到群众切身利益的政策的过程中，作为政策发起者的领导干部自身认识水平也不可能毫无瑕疵，一旦政策上出现因认识不到位而带来的重大偏差，将会对人民群众生产、生活产生极大的负面影响。因而，在制定影响人民群众生产、生活的政策过程中，必须经常坚持并运用滞后处理原理。邓小平在处理中日之间关于钓鱼岛主权之争的棘手议题时就运用了该原理。

坚持滞后处理原理绝不是做事拖沓，以一个“拖”字了断，不敢担当、不敢作为。恰恰相反，坚持滞后处理原理是为了把矛盾认识得更充分、对问题分析得更透彻，这需要大量的调查研究的准备，需要审慎思考和周密部署的准备。同时，也需要发挥党内民主与人民民主的作用，群策群力，抛弃个人英雄主义。

坚持滞后处理原理，要求主要领导干部在决策过程中不迷信个人感觉。人的认识水平是有限的，人容易情绪化、不冷静，个人的“认为”有时候是靠不住的，这些都是犯错误的根源。中国古人造字造出的一个“伪”（“凡是人为的，都是假的”）字，就显示了深奥的古代哲学思想，即对“道”的敬畏。因而，在决策的时候，领导干部一定要敬畏产生于群众生产、生活实践中的“常识”，如果违背常理，无论决策的程序多么科学、决策的内容多么周严，一样可能导致在执行过程中“打水漂”。同时，也要尊重群众的主体性。如果政策在执行过程中得不到群众理解，一定要多作解释与说服的工作，宁可等到群众理解以后执行，也不可“霸王硬上弓”。

坚持滞后处理原理，反映出了领导干部做群众工作的较高艺术水平。滞后“滞”到什么程度需要有一定的拿捏，滞后“滞”得太长，尽管一直在主动寻找解决问题的办法，但一旦错过了解决问题的最佳时间点，滞后就变成了拖沓甚至摔包袱；滞后“滞”得太短，没有全盘了解情况并找到解决问题的窍门，匆忙上阵，就会变成“一只大象冲进了瓷器店”，瓷器被毁坏，大象也受伤。

六、社区管理机制创新的“系统工程”原理

从党的历史及国情看，我们党最熟悉的工作还是农村工作。60多年前，毛泽东提出了“进京赶考”，实际上向全党提出了一个新课题，即如何把城市治理好，“不当李自成”。建国以来，我们党的工作重心逐步由农村转向了城镇，并在城镇治理中积累了丰富经验。但是，近20年来，随着城镇化节奏迅速加快，大量的社会人、流动人口等聚集于城镇社区，给城市管理带来许多新难题。与此同时，我们党也把大量的执政资源投向农村，以获取农民的普遍欢迎。当前，在对党的认同中产生了一个奇怪现

象：对党意见最大的人群如新生代农民工、“白骨精”（白领、骨干和社会精英）、大中专毕业生和其他流动人口等集聚在城镇社区没人关心或关心不够，而广大农村地区居住人口越来越少、影响力越来越小，我们党却由于思维惯性、天然情感、政策倾向等原因，向农村地区投入了大量的精力与资源，形成了强烈反差。从某种程度上讲，城镇化已是当今中国不可逆转的趋势，社区已成为影响我国改革发展稳定的关键，但我们党在城镇社区居民中获取认同的能力远落后于乡村，这个问题需要全党今后从战略高度上引起重视。

据一些研究人员的分析，我国已进入工业化的中后期，这个时期城镇化进程会迅速加快。2012 年 1 月 17 日，国家统计局宣布我国城镇人口比重达到 51.27%，首次超过农村人口，城镇化趋势已不可逆转。城镇化最重要的特征是农村人口向城镇流动，人“流”到哪里，矛盾和问题就“留”在哪里，城镇社区管理已经成为我国社会管理中的焦点。与农村人口相比较，城镇人口具有流动性大、竞争性强、利益与价值多元化特征明显、自我实现要求强、政治参与热情高等特征，然而，目前我们党的动员体制并不能有效容纳这些因素，这也是城镇管理中各种问题频频发生的根源之一。如果说古代中国是“郡县治，则天下安”，当今中国则是“社区稳，则天下稳”。这意味着，构建以党的基层组织、基层政府、“两新”组织参与为主体的适应时代特征与群众个性化需求的科学、高效、有序的社区管理机制，是维护社区稳定、提高城市管理科学水平的前提，也是我国走新型城镇化道路的一个鲜明特色。

当前，我国现有的城镇社区管理体制存在一些弊端，难以短时间内克服，如一些居民委员会准行政化，有脱离群众的危险；物业管理委员会按照目前的有关物业管理相关办法，如物管费用难以真正有效使用到管理中去；国家法律中还有一些空白点，使开发商在居民小区中难以有效地履行社会责任，没有为居民有效提供公益设施的义务（居民的室内活动空间），最终难以形成社区中的家庭俱乐部，群众工作缺乏平台；社区群众工作缺乏相关的经费，等等。针对这些问题，深圳市桃源社区大胆创新社区管理机制，形成了“党委掌舵、政府修渠、企业放水、百姓行舟”的基层社区管理大格局，探索出了一套新形势下城镇社区群众工作的新办法。其具体做法如下：

第一，建立公益基金会带动公益中心，公益中心引领公益组织，公益组织带动群众家庭的“三方、三级、三工”网格化动员以及“五轮驱动、三工传递”的群众动员过渡机制。

在社区动员中，党组织和党员是重要力量，但不是唯一力量。桃源社区党组织除依靠党员联系群众的传统动员思路之外，还通过企业家履行社会责任拥有了组织群众的场所与资金。在场所方面，桃源社区建立之初，开发商主动将建成的5.6万平方米公共建设配套设施交付政府所有，再由政府通过购买服务的方式，将设施委托社区公益中心代管，成为社区管理中政府与企业合作的典范。在资金方面，2008年11月8日，我国首个社区公益基金会——桃源居公益事业发展基金会（桃基会）成立。桃基会定向捐助桃源社区公益中心8000万元，成为社区公益组织的“孵化器”，带动了社区公益组织的有效运行。目前，桃基会已培育和孵化了八大公益组织（公益中心、邻里中心、教育中心、老年协会、邮政代办中心、体育俱乐部、桃源人家志愿者服务中心、图书馆）。八大公益组织又包含若干群众性志愿组织或兴趣组织，这些组织的成立与八大公益组织一样都需要先提出申请，由社区党委和工作站为其进行报批，经由相关职能部门批准，最后经社区党委和工作站为其挂牌，正式宣示成立。这样的流程设计，促进了社区党组织与社会组织的紧密联系，也建立了一个根据群众兴趣而组织起来的动员网络。

为了发挥党组织的动员功能，桃源社区还成立“六方会议”（即社区党委、居委会、工作站、社区公益基金会、社区公益中心、社区物管中心），组成社区自治的多元主体。这些组织的负责人全部由共产党员（公益基金董事会也大量由共产党员组成）担任，保障了党的领导一以贯之。而八大公益组织的负责人，也由党员或社区居委会委员担任或兼任，保障党员密切联系群众。这些组织涵盖了居民生活的方方面面，满足了居民不同层次和内容的个性化需求。于是，形成了以党组织（居委会）、企业家、群众家庭为“三方”，以公益基金会、公益中心、公益组织为“三级”，以政工、社工、义工为“三工”的网格化动员模式。

在党员（政工）培养方面，桃源社区党委秉持“只有对社会有爱心，才会对党有忠心”的理念，采取逆向培养的方式梯队式培养党员。即从普通群众中发现并培养义工，从义工中发现并培养社工，从社工中发现并培养党员。在社工培养方面，党组织坚持从五个渠道选择人才：第一，在中高级社区管理人员中寻找社区管理精英型人才；第二，从保安公司、物业公司招聘熟悉业务、实践性强的服务型人才；第三，招聘具有社工师资格的专业复合型人才；第四，招收酒店管理、旅游、家政等专业的大学毕业生，提升社区服务质量和水平；第五，把本社区义工中有能力、有精力的老年人培养成社区建设的常青树。在义工培养方面，号召社区中有爱心、有闲暇的退休老干部、老党员、老劳模，带头参与家园行动。为了吸引广大群众参与义工行动，社区党组织还将社区垃圾处理场成功开发为菜园，积分达到一定标准的义工可以分得一块菜地，形成了一套精神鼓励与物质诱导相结合的义工召集机制。“三工”人才的有效培养，形成了党委号召党员（政工）、政工（党员）带动社工、社工带动义工、义工转动群众家庭的“五轮驱动、三工传递”的群众动员过渡机制。

第二，建立“党组织掌舵、百姓上船、社会组织和企业家划桨”的群众动员转换机制。

民生问题是老百姓最关心的话题，如何让老百姓的民生诉求得到满足，是新形势下群众动员最根本的转换机制。为此，桃源社区党组织坚持“民生为本、规划先行、建管统一、建设服务型社区”的目标，在社区开发、社区成型与发展的不同时期，推动政府、市场、社会组织的协调发展。

在社区党组织领导下，桃源社区整合社会资源，推动社区福利普惠化，极大地调动了居民参与社区事务的积极性。社区福利主要包括：维护社区居民的基本权利和身体健康；保障老人、孩子、居家妇女等特定群体的特殊福利；针对义工、社工的福利。社区党组织以居民福利为自身行动指南，向全体居民提供优质服务，真正将党的工作落到了实现、维护、发展群众的利益上。当然，各种福利的得来离不开政府大胆向社区居委会放权，离不开企业家履行社会责任的规范化机制的形成，离不开社会组织自发提供公益服务，离不开党员的志愿服务。由此，形成了“党组织掌舵、百姓上船、企业家和社会组织划桨”的群众动员转换机制。

这种转换机制最终还形成了“党委掌舵、政府修渠、企业放水、百姓行舟”的基层社区管理大格局，社区群众有情况向党组织和党员汇报，有烦恼向党组织和党员倾诉，有困难向社区党组织和党员求助，基本消除了影响社区和谐、稳定的一切隐患。其中，“党委掌舵”是指社区党组织发挥指引方向的作用，掌舵而不划桨。社区党组织要求，党员在社区无须亮出身份，但必须体现“处处都有党的声音，处处都有党的关怀，处处都有党的温暖”，润物细无声地做工作，使群众真切感受到党就在身边。“政府修渠”是指政府制定科学合理的政策框架和提供基本的公共服务设施，并酌情科学地向社区放权。所谓“企业放水”（而不是“放血”），不能简单地等同于企业提供资金，而是指企业履行社区建设和参与社区管理负的责任。具体表现为企业家要做好的“三件事”：依法做自己企业的事，争取为社区做些好事，千万不能对社区做坏事。所谓“百姓行舟”，是指老百姓的平常生活和日常活动，主要体现为民生诉求。于是，在党的领导下，企业家依法经营，配合政府依法行政，实现社区依法自治，形成社区建设合力，最终造福千万家长和孩子。

深圳市桃源社区的经验表明，新形势下的社区管理机制创新应该达到这样的效果：如果把党在计划经济时代的群众动员比喻为“拉车”或“推车”，新形势下群众动员应该是“织网”，即把各种社会力量吸纳到党领导的动员网络中来，以党员为“网格”、以党组织为“网心”、以有效的过渡与转换机制为“网线”，巧妙“撬”动各种资源与人力，不断增强群众对党的向心力。网格化动员关键不在布网，而在建立网线，深圳桃源社区最大的亮点即在于此，构建了“三级、三方、三工”的网格化动员过渡机制以及大力开发公益服务并作为公共服务补充的转换机制，满足了群众的个性化需求。

七、群众情绪管理的“弹道”原理

“弹道原理”是科学的轨迹学原理，炮弹从炮体发射出来以后飞行的轨迹与方向既取决于炮弹的重量、取决于风力的大小及方向，更取决于炮手的发射水平。能否打得准，关键在炮手。炮手的心理素质、基本功、选择发射的时间、炮手的视野等，都决定了炮弹的落点。电视剧《亮剑》中独立团团长李云龙与炮兵配合取得了用两发炮弹干掉日本坂田指挥官的战绩，其过人的心理素质以及高超的技术素养给观众留下了深刻的印象。

在弹道原理中，如果把社会环境比喻为炮体、把群众情绪比喻为炮弹、把干部比喻为炮手，党领导干部（炮手）不能改变或选择社会环境（炮体）的时候，一个优秀的炮手依旧可以将炮弹发射到预定目标，即实现群众的成就感。这取决于领导干部的发射方向、发射力、发射角度。党的群众工作也符合这个原理，如果我们的领导干部素质高，有设计并展示“愿景”的能力，能在关键的时刻影响并带领群众前进，善于找到解决问题的角度以及切入点，那么就能最终造福人民群众的同时也能实现个人的价值。

相反，如果炮手的素质不高、作风不好、掌握不了方向、看不到当前形势的历史方位，发现不了与奋斗目标的距离、找不到克服困难与挑战的切入点，就不能造福群众，也难以实现最广大人民群众的幸福感、成就感。

在革命战争年代，我们党扎根群众，干部接近群众作风好，有一大批修养高、掌握好方向、距离、角度的干部，以优良的党风政风带动群众情绪好、心气高，革命工作节节胜利。今天，干部在群众工作中的“方向定位、距离测评、发射角度”决定群众的“弹道轨迹”。

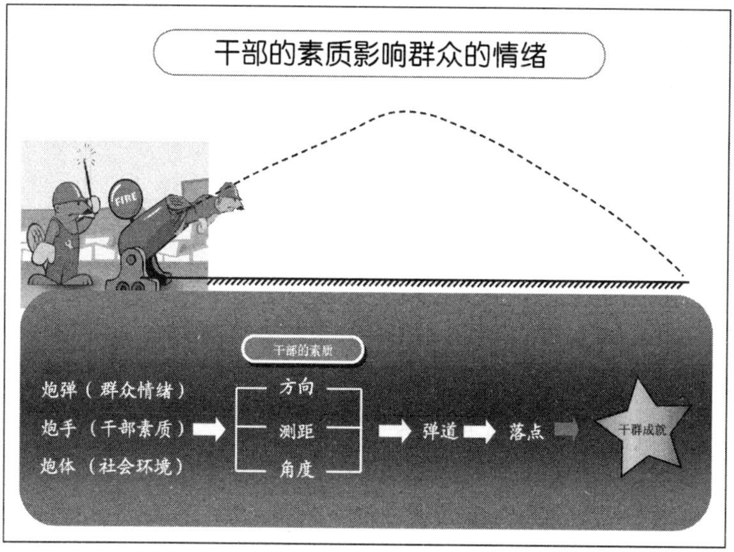

八、群众工作的“凸凹”原理

“凸凹原理”深刻地反映了群众工作的智慧，体现了唯物辩证论中的矛盾理论。干部的“凸凹”工作态度反映了党和政府的形象。假设以凸表示高傲、有个性，凹表示谦虚、不敢做事，在单位和社会的不同区域中，干部的“凸凹”态度影响结果完全不一样。以下图为例：

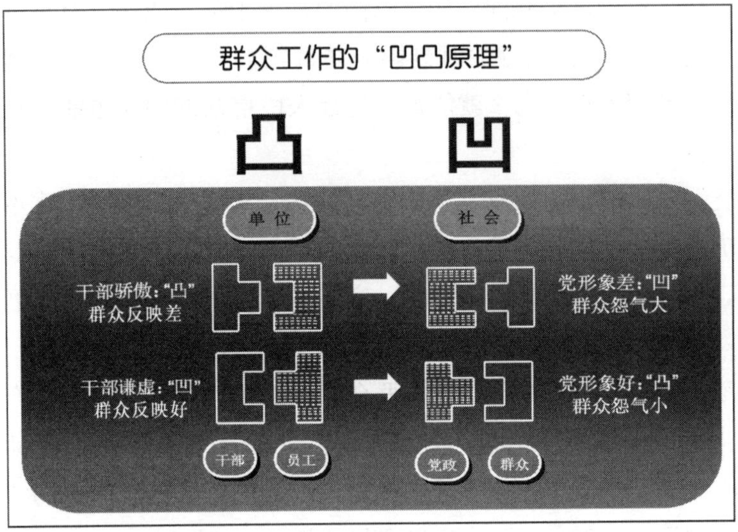

在单位中，干部应更多体现为“凹”的一面，即谦和的一面，以利于下级或普通员工表现其个性、发挥主动性和创造性，这种凸凹结合会形成单位和谐的局面；在社会中，党员干部的形象应更多体现为“凸”的一面，即敢于坚持原则，敢于担当，群众情绪好、怨气小，则整个社会处于“凹”的和谐状态；相反，如果党员干部不坚持原则，没有担当，群众情绪差、怨气大，则整个社会就会处于“凸”的冲突状态。凸凹原理的精髓即在于此。

凸凹原理还表现为另外一个特点，即干部凸与凹和党的凹与凸的相互转化。比如，干部“凹谦虚”并接近群众会使党的形象“凸高大”；相反，干部的“凸骄傲”则会使党的形象变成“凹低下”。胡锦涛总书记指出的“只有我们把群众放在心上，群众才会把我们放在心上；只有我们把群众当亲人，群众才会把我们当亲人”这句话背后就蕴藏了“凸凹原理”的基本道理。

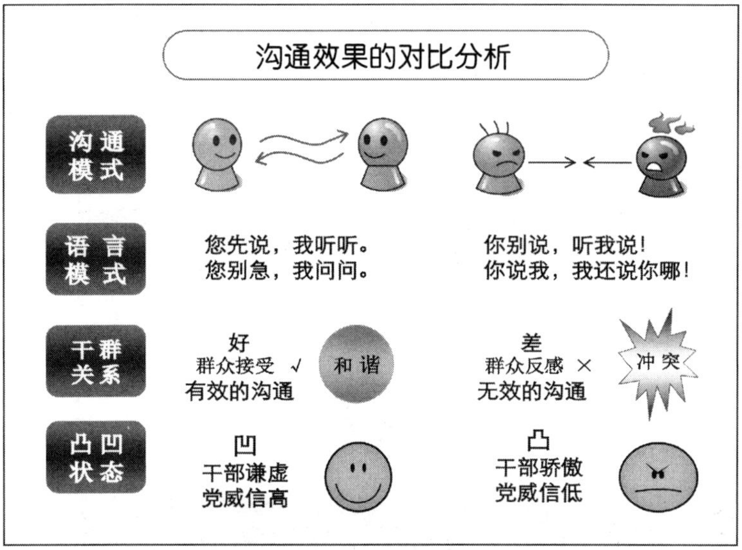

九、党群工作的“金刚石”原理

好的结构是稳固的前提。正如费孝通先生所说，两点连成一线，三点构成一面，在家庭中夫妻两点如果离开了第三点——小孩，家庭是不稳固的。这是从结构学角度讲的。又如金字塔形的结构是稳固的，而倒金字塔形则是不稳固的。当前，在我国基层治理中，大量的人、财、物资源集中在行政体制中上层，极容易形成倒金字塔结构，因而党和政府需要以更大力度强调把各种执政资源向基层倾斜和投入，否则容易导致社会结构脆弱，各种治理功能失序。这也是从结构学角度讲的。

金刚石由于拥有稳固的分子结构，才成为最坚硬的物质。长期以来，由于我们党坚持群众路线，在群众中的组织结构符合金刚石原理，所以我们党领导的各项事业坚不可摧，从胜利走向胜利。

以色列国旗上的“大卫星”是一个象征“智慧与稳固”的六角星图案，中间的“内切图”便是金刚石的“六角”分子结构，外部的“六角”是由正反两个三角形组成，“内六角”与“外三角”都是稳定的分子结构与物理结构。正反两个三角上下拉开则形成“沙漏”形状，代表“循环重复”的智慧与力量。外六角形的六个要素正是人类手掌的“五指”与“一掌”的六个要素，可以形成发现问题、分析问题和解决问题的“剪刀、布、锤子”的“工作程序”、“工作抓手”与“工作成效”，这就是犹太民族的智慧与生存能力。我们党的群众工作正是立足于这样的智慧与结构，才取得了伟大的成就。新形势下，我们必须牢牢坚持和运用这个原理。

以色列国旗

以色列国旗上的六角形反映出了犹太民族独特的民族智慧

群众工作是一项社会系统工程，必须抓住人的活动平台，并在各个平台上有一支做群众工作的专业队伍，群众工作就能实现全覆盖。新时期的群众工作创新必须有“三工队伍”和“三区平台”。所谓“三工队伍”是指由“政工、社工、义工”三部分人员构成的队伍，政工需要专业化、社工需要正规化、义工需要制度化。三工队伍的数量与质量应进行科学配套与标准认证。所谓“三区平台”是指在“社区、单位、学校”设立三个全方位的群众工作平台，保证老百姓在遇到“后院起火、孩子不出息、邻里有矛盾”三难问题时“三有保证”——有地方去、有专人问、有兴趣学。比如，在群众活动的家庭平台上应该建立“家庭俱乐部”，有一支主要由义工（如退休的老党员、老干部、老专家、老军人等）组成的家庭顾问，群众生活有困难、有烦恼可以去“问一问”；在群众活动的学校平台上应该建立家长学校，类似于美国的“教师—家长联合会”（PTA）和一支校外辅导员队伍，教师教学生知识，校外辅导员教学生常识，这支队伍既可以由家长组成，也可以由聘请的校外人员组成；在群众活动的单位平台上，应该成立类似于职工之家的组织，在职工之中，党员干部（政工）可以积极发挥作用，对普通职工产生积极的影响并帮助解决问题。

当前，在群众活动的平台建设方面，各地探索了不少好经验，如：厦门市探索并推行类似于家庭俱乐部的社区服务中心建设，把社会服务中心纳入全市城市建设发展总体规划，明确要求新建住宅区必须按照规划设计的人口规模，预留社区服务中心建设用地或配套建设社区服务中心用房。目前，全市社区用房平均面积达到660平方米以上。这个举措摆脱了当前我国许多居民小区没有家庭俱乐部的困境，把开发商履行社会责任纳入到群众工作体系中来。在这个平台上，厦门市还持续从下岗党员、复退军人和离退休党员中聘任有党务工作经验的人员担任兼职组织员，发挥其辅助作用，鼓励他们积极参与社区志愿服务，担任家庭顾问。

长沙市则积极构建家庭学校的平台，在学校的老师给学生讲授知识的同时，聘请一批老干部、老模范、老教师、老战士和老专家（五老人员），面向全市广大中小学生，进行形势政策、党的历史、思想道德、公民意识等方面的教育，教授给学生爱国、爱党、做人、做事的基本常识。

在“三区平台”与“三工队伍”所形成的群众工作“六角形结构”的理论基础上，形成“三一标准”（一心、一部、一问）、达到“三有目的”（有趣、有地、有人）的另一个六角星结构，即：在联系群众家庭方面，主要解决群众“有地方去”的问题，有家庭俱乐部或家庭服务中心，建立社工和义工工作部门（有部）；在工作方式上，主要解决“有趣”的问题，群众有困难和烦恼愿意去“问一问”；在工作队伍与组织上，主要解决“有心”即家庭服务中心的问题，群众有烦恼可以到服务中心找家庭顾问（“有人”）咨询。

群众工作创新的“三工队伍”与“三区平台”

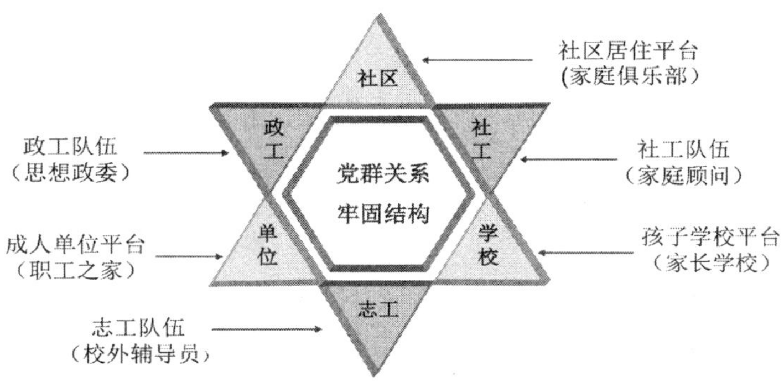

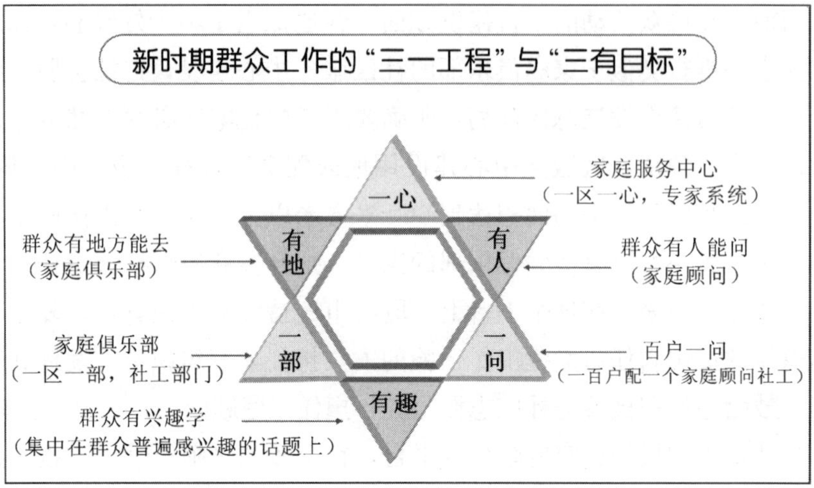

十、群众工作的“居民公约”原理

居民公约是现代民主国家普遍采用过的一套群众工作办法，即依靠群众的开放式参与达到实现群众意愿的效果。

实施居民公约，需要领导干部尊重利益相关者（stakeholder）普遍的、同等的权利，尊重人民主体地位，发挥人民群众的主体作用。不能有任何歧视，在拟定居民公约的过程中体现同票同权，不能有任何人成为居民公约中的“特殊户”。

实施居民公约，需要形成对利益相关者开放、透明、公正的居民参与环境。为了保证在拟定居民公约的过程中，人人都能履行表达权，需要强调参与人群的针对性。利益无关者尽可能不参与。由于在实施居民公约过程中，利益相关者才是真正的主人，因此，被选定为公约执行者的公共权力机构应尽可能在居民参与过程中处于“沉默”状态。

一旦政府或某些中介机构被选定为居民公约的执行者，必须严格按照公约的授权，不越界，同时也敢于“碰钉子”，敢于执行。

实施居民公约，是领导干部做群众工作各种原理的综合运用（见下图）。比如，在强调群众的共同愿景时，可能会运用利用人性原动力原理；讨论公约的过程本身就是一个民主协商的过程；实施公约的过程可能会运用凸凹原理；选定执行者的过程，可能会运用群众工作微积分原理；等等。

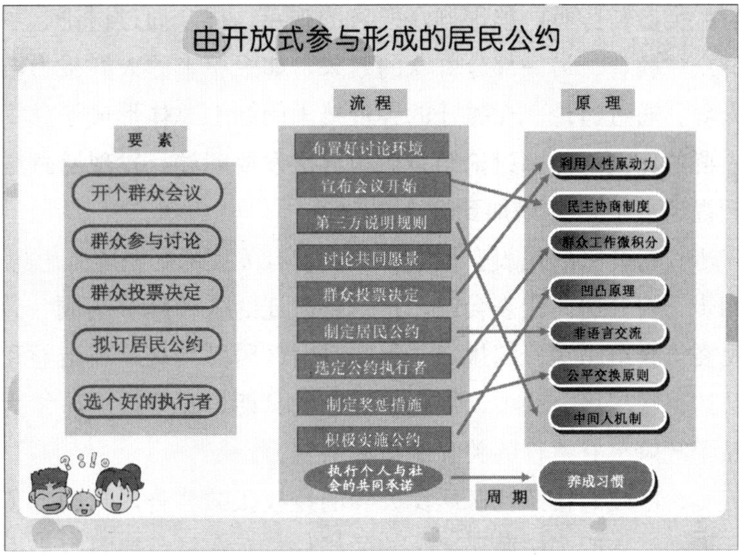

某市在征地拆迁过程中使用了居民公约原理

某市为了打造“文化之都”，需要把已大片老旧的危房区域进行改造，还原文化之都应有的魅力与风貌。为此，有关部门拟定了拆迁此片区域的政策动议，然而，在实施这项政策的过程中，由于居民的抵触，这项拆迁工作一拖就是十几年，谁也没有办法解决。尽管广大居民有搬迁的意向，但是政府没有找到适当的办法，致使少部分钉子户“绑架”了大多数居民户，搬迁工作依旧停留在图纸上。

一位新到任的副区长解决了这个问题。到任不久，这位副区长通过摸底调研发现大部分居民不愿意在这样的流民人口密集、治安环境差、公共卫生条件恶劣、房屋老旧安全感差的环境里面生活下去，搬走的愿望强烈。无奈少数“钉子户”不搬，导致大家也搬不走。

针对调研的结果，副区长咨询了几位长期从事社会工作的专家，并邀请他们拟定了一个拆迁办法，这个办法的主要精髓就是居民公约的执行思路，大致程序如下：

第一步，发放问卷，了解利益相关者的基本期望。通过问卷了解到75％的社区居民希望搬出社区。

第二步，在相关社区召开利益相关者的群众大会。与拆迁有关系的群众都可以参加这次头脑风暴会，会议集中讨论搬迁的有关事项，包括补偿标准，安置房建设的标准，是否搬迁等问题。在整个讨论过程中，人大代表或政府派员参与旁听，整理群众发言的观点。群众通过讨论、争辩达到一部分群众“教育”另一部分群众的效果，如想搬走的人群极力游说不想搬走的人群。通过讨论，在搬迁的各种技术问题上总体形成了共识，使想搬走的人群的比例增加。讨论结束后，再次发放问卷，发现愿意搬走的人群的比例提高了10%，增加到85%。

第三步，召开家庭代表会议，再一次就有关技术问题统一思想。

第四步，召开居民代表会议，正式就搬迁的各种细节达成一致，并按照《居民委员会组织法》的规定，制定对辖区居民具有最高指导和约束力的居民公约。在居民公约中，规定了搬迁的日期，并授权政府作为拆迁的主体，赋予政府享有执行有关强制措施的权力。

第五步，区政府按照社区居民公约的授权张贴公告，并确定了居民搬迁的最后期限，表明了按照居民公约的授权，对在最后期限内仍未按要求搬走的居民户有权动用强制措施。

第六步，居民按照公约自觉地搬迁，但仍有10%的居民坚决不搬走。政府开始对这些“钉子户”发放通知书，通知书上列举了政府所拥有的可强制执行的举措。这时，大约有5%的“钉子户”开始搬走。

第七步，政府准备对5%的“钉子户”动用强制措施。这时出现了意想不到的现象：已经搬迁的居民户回头自觉地帮助政府做“钉子户”的工作，面对来自政府和群众自己的压力，“钉子户”无可奈何，自觉地搬走，政府最终没有动用强制措施，把一个拖了十多年的老大难问题解决了。

第五章

群众工作的主要工具与方法

新世纪新阶段，世情、国情、党情都发生了深刻变化。面对新形势下的各种挑战，党的群众工作必须积极面对现实，始终坚持群众路线，始终保持清醒头脑，始终尊重群众真实感受，创新群众工作思路，不断改进群众工作方法，不断提高群众工作水平，大力培养党的干部做群众工作的能力素质。当前，各级领导干部尤其需要学习和掌握群众工作的科学方法和工具，提高处理党群、干群关系的科学性、艺术性和实效性。

一、利益工具——如何寻找共同利益

我们党是中国工人阶级的先锋队，同时是中国人民和中华民族的先锋队。党除了最广大人民的根本利益外，没有自己的特殊利益。全心全意为人民谋利益，是我们的立党之本，执政之基。因此，党员干部做群众工作，永远要牢记两句话："群众利益高于一切"、"群众利益无小事"。

人的利益从哪里来？从人的需求中来。人的需求差异除了人的个性特征因素影响外，主要表现为人的需求层次的差异，而这直接导致人的利益差异。美国心理学大师马斯洛根据长期实验和观察，把人的需求从基本需求到高级需求划分为五个层次：生理与物质需要、安全需要、归属与爱的需要、尊重需要、自我实现需要。因此，满足不同人群的利益需求，实际上就是根据人群的不同需求层次有针对性地使用利益工具。

做群众工作过程中，使用利益工具要把握好以下几个原则：

1. 差异性原则

针对不同人群（包括时代、地域、宗教、性别、阶层、地位、职业、财富等状况的差异）的利益需求，要使用不同的利益工具。反之，忽视个性差异，则可能导致利益满足中“驴唇不对马嘴”，做工作花了大力气，人民群众却不领情。

2. 层次性原则

当群众第一层次利益需求得到满足后，应尽快准备满足其下一种更高层次的需求。

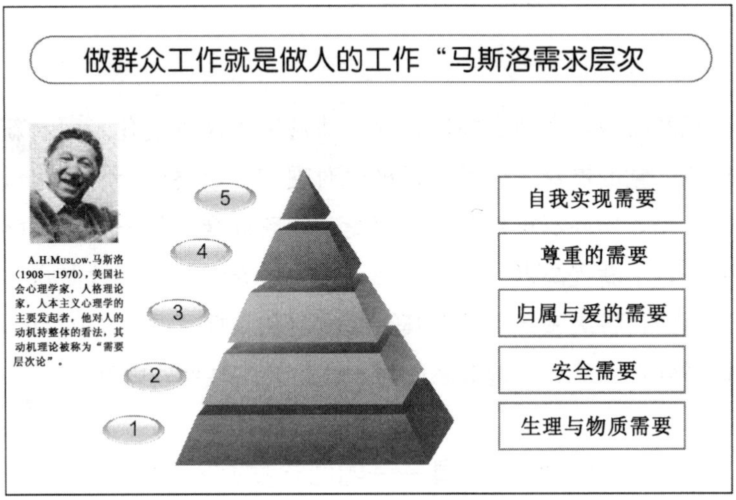

3. 适度性原则

群众的利益需求既是有限的，又是无限的。所以，在使用利益工具时，应该注意“度”的把握。当一种层次的需求满足过快，而又没有做好满足更高层次需求的准备工作时，过快的满足往往容易导致新的利益差异矛盾。

4. 公平性原则

在同一需求层次上应该坚持统一、公平的满足标准，标准的差异或因人而异设定标准，会导致同一需求层次波动，以致在同一需求层次上人们的要求出现数量或质量差别时，新的矛盾就产生了。

5. 契约性原则

利益在层次上不断变动以及利益需求在数量上变动不居，因此，要统筹协调使用利益工具，群众工作者既要善于实现维护发展群众的根本利益，也要善于规范群众利益的无序扩张。这就要求坚持契约性原则，通过契约规范群众需求的扩张性和无限性，做到正当利益充分保障，非法利益有效规制。

使用利益工具是我们党做群众工作的一条经验，党的历次代表大会中都有关于实现、发展和维护人民群众利益的论述。党的十七大报告指出："必须在经济发展的基础上，更加注重社会建设，着力保障和改善民生。"所谓民生问题，就是关系国民生计的问题，就业、医疗、教育、住房等问题，事关广大人民群众的根本利益。

立党为公、执政为民，必须贯彻到各级领导干部的思想和行动中去。群众有意见，领导干部应倾心听取，认真改进；群众有困难，领导干部应登门帮助，排忧解难；群众遇危险，领导干部应挺身而出，做群众的主心骨，千方百计把群众从危险中解救出来。作为人民公仆，就要时刻关心群众的切身利益，了解群众的疾苦忧患，牵挂群众的安危冷暖，将维护群众利益作为最高准则。

利益分两类：共同利益和个别利益。共产党和最广大人民群众的根本利益是一致的，但并不排除党的利益在个别时候与个别人的利益不一致。当两种利益不一致，而这些利益又不能由党的干部代表和综合时，就会形成干群冲突，并最终演化为党群冲突。所以，做群众工作要寻找共同利益，有了共同利益才有共同话题。

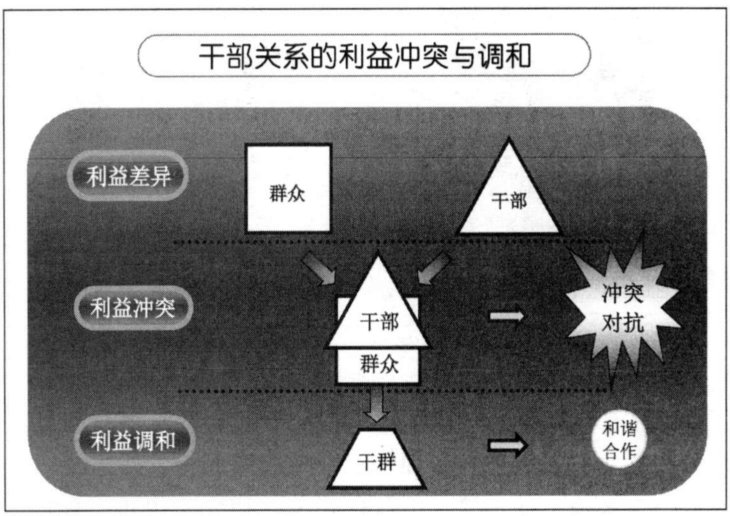

结论：做群众工作，就是做人的工作；做人的工作，就要研究人的需求。人的需求随着环境变化而变化，随着利益满足而产生新的需求。党员干部要深刻认识到这个客观规律，有针对性地改进工作，不断满足人民群众日益增长的物质和文化的需求。

二、沟通工具——与群众沟通的最佳形式和误区

在与群众打交道中，及时有效的沟通显得尤为重要。许多群体事件、突发事件甚至恶性事件的发生，往往是由于群沟通不畅、情绪管理失控引起的。因此，正确、有效运用沟通工具成为新时期党员干部的必修课。

决定沟通效率的五种工具和两个方向：

运用沟通工具，需要对沟通的原理、方法和工具有全面准确的认识和了解。沟通有五种工具：语言、文字、图像、曲线、数字和正负两个情绪方向。通常，沟通工具在单独使用时各有利弊，要根据实际情况综合运用，引导沟通朝着正向情绪发展，用最短时间、最低成本达到最佳沟通效果。

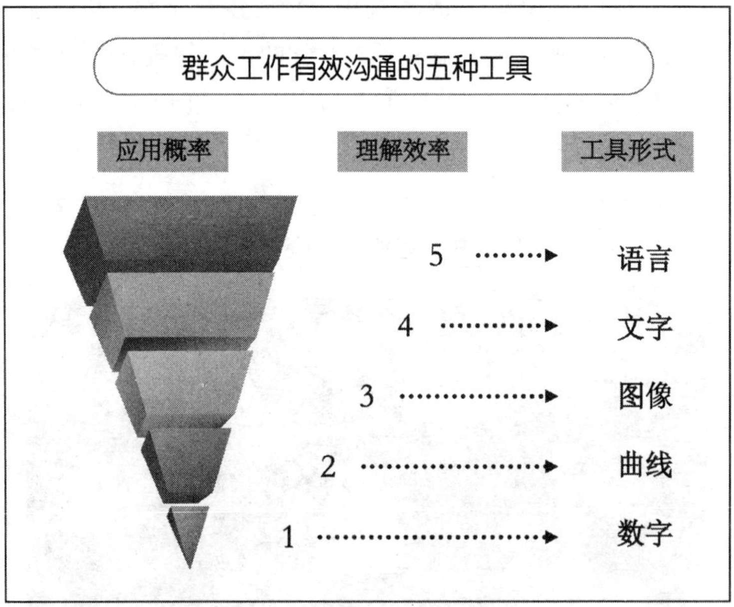

五种沟通形式的应用概率、理解效率和沟通效果差异明显：

语言：语言沟通方便直接，也存在着失效快、不可重复的问题，它受观念和情绪的影响极易产生理解误差，甚至具有不可调和性，“一言既出，驷马难追”。一件事或一句话，在不同场合用不同语气、语调来表达，效果会有很大差异，而不同受众也会产生不同理解。

文字：文字沟通在理解的准确性和确定性上好于语言沟通，逻辑性较强，时效期最长，受观念和情绪的影响小，重复使用更有说服力；但是，文字沟通缺乏面对面的交流，观点一经流露，就没有再调整的机会，容易使表达显得僵化而无弹性，刺激性文字表达在某种程度上还会加剧分歧而无回旋之地。

图像：图像沟通表现形式更为简单易懂，便于记忆；但单独使用则显单薄，如不加以语言文字增强说明效果，可能使人看不明白或产生歧义。

曲线：曲线沟通可以展示和表达事物发展规律及相互关系，是一种高级的沟通形式。其具有的科学性、精确性，易使沟通双方形成相对统一的认识；但在日常生活中应用概率低。

数字：数字沟通最为精确可靠，效率最高，效果最好，理解偏差也最低，工作被量化后，往往能精准地反映事物的本质。如果说曲线是规律，那么数字则是事实，事实胜于雄辩。

群众工作中的沟通艺术，讲求“不争对错只找问题，行为要为目的服务”的原则，尊重群众的实际感受和理解偏差，注重干群关系的情绪管理，通过调整沟通方式来引导正负情绪的反应方向：

负情绪方向：与群众沟通的消极方式

命令——下命令、发指示，告诉他们必须要做什么。

警告——训诫，威胁，告诉他们行为的可能后果。

告诫——说教，告诉他们应该做什么。

评判——批评，给群众负面的评价与定位。

嘲笑——瞧不起群众，使群众感到羞耻。

正情绪方向：与群众沟通的积极方式

倾听——耐心听取群众意见。

建议——给群众答案或建议，告诉他们如何解决问题。

表扬——给群众正面的评论与定位，支持他们的观点。

解释——分析群众的动机，向群众表明善意和诚意，了解群众行为初衷。

安慰——抚平群众激动心情，改变消极情绪，消除负面感觉。

查究——寻找原因、动机及有助于问题解决的信息。

倡导讨论式交流语调：

在交流语调上，一般有“命令式”“讨论式”“撒娇式”之分；在手势体语上，要注意文化、宗教、风俗、民族差异，避免使用导致误解或伤害性的手势语言。

在沟通语调上，干部与群众沟通时应当分清“三事”，采用“三调”。

其一，平常事沟通要善用“撒娇式”语调。

“撒娇式”语调易产生亲切感，能较快拉近与群众的距离。比如，邓小平一句“我是中国人民的儿子”引起了广大人民群众对党的强烈认同感，具有极佳的党群沟通效果。

其二，正经事沟通要善用“讨论式”语调。

“讨论式”语调使人感到平等、受尊重和感动，往往容易达到沟通双方互利共赢的效果。应用时，配合以“我想是这样，您看可以吗？”等和缓语气；广泛征求意见，避免早下结论。

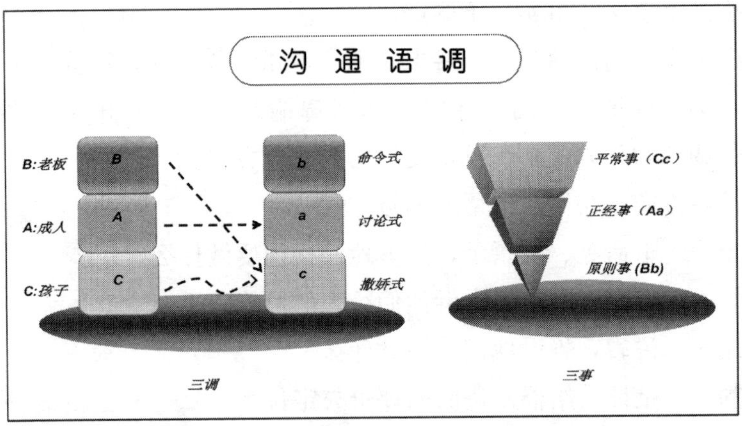

其三，原则事沟通要善用“命令式”语调。

原则事则要采用“命令式”语调，原则性事务保持沟通的权威性，才会有执行力。

需注意的是，语调选择错位是沟通一大忌讳。比如，在原则问题上采用“讨论式”语调多会削弱主动沟通方的权威；谈正经事时采用“撒娇式”语调会显得沟通不够严肃认真；在平常事中采用“命令式”语调易使人感觉主动沟通方居高临下，从而产生排斥心理。

关于沟通场合和语调使用，习近平同志于 2010 年 5 月 12 日在中央党校春季第二期学员开学典礼的一段论述就能说明问题：“不能和群众谈心，你说话群众听不懂，怎么会有感召力？怎么指导实践、推动工作？”

避免进攻式身体语言：

在干群沟通中我们的干部一定要避免使自己的身体语言对群众情绪产生负影响，尤其在手势上应戒除进攻式身体语言，学习尊重式身体语言。

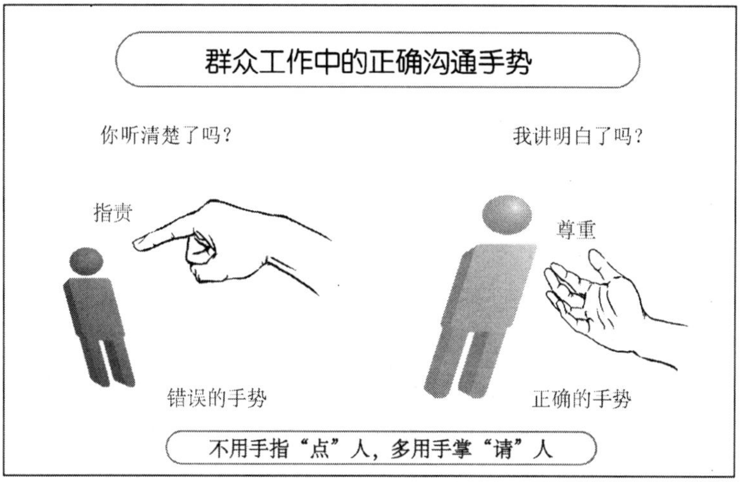

两种手势语给群众表达的信息和反应比较如下：

手势语 要　素	手指点人（攻击信号）	手掌请人（友好信号）
干部口头禅	你听明白了吗？	我讲清楚了吗？
群众心里话	你说我很笨！	你愿意听我的意见！
面部表情	情绪不好（长脸）	情绪好（笑脸）
行为倾向	身体躲避你	身体靠近你
责任主体	推责任（你没听懂）	担责任（我没讲清）
沟通效果	不配合（你算老几？）	愿配合（你瞧得起我！）
工作建设	少“指”点人，少“你”信息	多“掌”请人，多“我”信息

在与群众沟通时，不恰当的“沟通手势和用语”容易引起不必要的误会以至反感，给对方留下居高临下、挑衅人以至侮辱人的感觉。通过对党员干部进行必要的常识观念培训和行为规范考核，可以改善党群关系、干群关系，做好干部群众情绪管理工作。

总之，做群众工作必须认识到，了解沟通原理，熟练掌握和运用沟通工具，统筹考虑实际情况，整合分析相关信息，用恰当工具准确表达沟通内容，达到沟通效果。

三、情绪管理工具——把工作做到群众的心坎上

对于国家、民族、单位、家庭而言，好情绪是无形的人力资本，坏情绪是有形的管理成本。做好新时期党员、群众的情绪管理工作是一项战略任务，了解情绪管理的概念、原理、切入点、方法与工具是必要的。

1. 情绪管理的概念

情绪，一般是指个体或群体对自身需要与客观事物之间关系的短暂而强烈的反应。特定环境下形成的意识观念对人和组织的情绪影响很大。情绪管理，是指通过认识、协调、引导和控制情绪，保持良好情绪状态并由此产生良好管理效果的管理方法和手段。

根据不同标准，对情绪的分类也不尽相同。按照情绪演变方向分为两类：正向情绪和负向情绪。正向情绪，包括以快乐、满足、感恩、平和等为特征的情绪；负向情绪，包括以愤怒、恐惧、悲哀和破坏等为特征的情绪。

情绪管理不仅要求调控正面情绪，而且主要是调控负面情绪，减少它对人和社会的损害。小情绪不被及时发现和解决便会形成大冲突，负向情绪必须在安全线内得到及时有效的正向干预。长期的负向情绪困扰得不到解决，会降低生活质量、影响工作效率，导致发生群体事件，破坏社会稳定，损害道德风气，等等。人是受环境影响的，群众工作的科学性要求对影响因素进行分析、干预和调控。

2. 情绪管理的原理分析

做好情绪管理工作应当了解情绪的压力来源，紧紧围绕人的行为轨迹“四个规律”和“四个区域”开展。“四个规律”是指人的行为特点“轨迹固定、时间变换、空间分割、情绪连续”；“四个区域”是指人的行为区域有“家庭、单位、学校、社会”。

简单而言，社会人分为两类：大人和孩子。每天大人上班孩子上学，人的行为轨迹相对固定。成人的固定轨迹是“家庭—社会—单位”；孩子的行为轨迹是“家庭—社会—学校”。情绪管理的首要工作是了解人的行为轨迹。

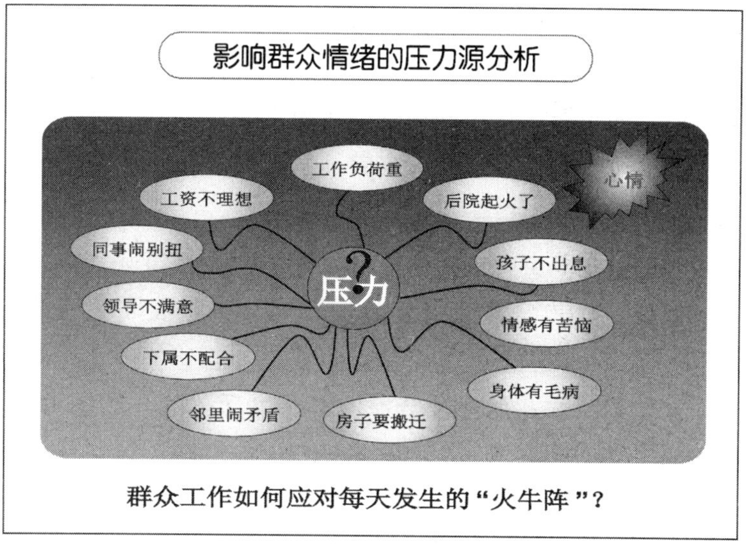

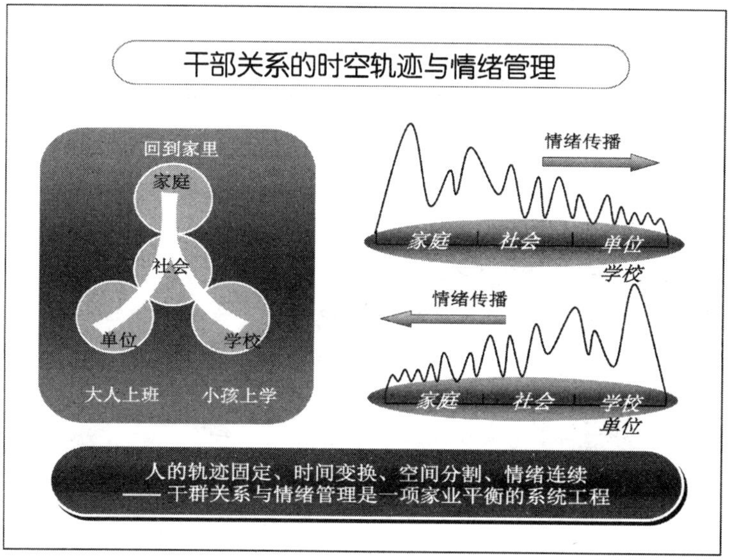

人的行为轨迹随时间而变化，在不同时间，人会出现在不同的空间内。人的活动空间是分割的，人在不同空间的活动经历和信息获取是不对称的。同时，人在不同空间的情绪又是连续的，人在不同时空中产生的情绪会相互影响，经不断累积后放大或缩小传播，并在一定时空条件下爆发或消失。

人的情绪可以跨越时空分布传播给或“感染”到其他人。比如，一个人在家里心气不顺，可能会把这种负向情绪带到单位或其他场所；一个人在单位心气不顺，可能会把这种负向情绪带回家，引起家人不快。如果人的情绪没有得到及时疏导，就会被不断放大，进而感染相关群体，形成单位和社会情绪，如果这些情绪处理不好将引发一系列社会问题和矛盾。因此，干群关系情绪管理是一项牵涉家庭、单位、社会的系统工程。

3. 情绪管理的切入点

做好新时期党员和群众的情绪管理工作，需要打造一支训练有素、受群众欢迎、掌握科学方法和有效工具的专职、兼职混同的精干队伍。例如，关心下一代成长，通过“如何做爷爷奶奶、爸爸妈妈、丈夫妻子、男人女人、男孩女孩”这一类全社会关注的，生活化的，超越种族、宗教、职业、阶层的“共同话题”，作为群众工作的切入点。从关心群众的家庭与孩子入手，通过家长教育、家庭教育接触群众、了解群众、帮助群众和团结群众，在提高国民素质的同时加强群众情绪管理工作。

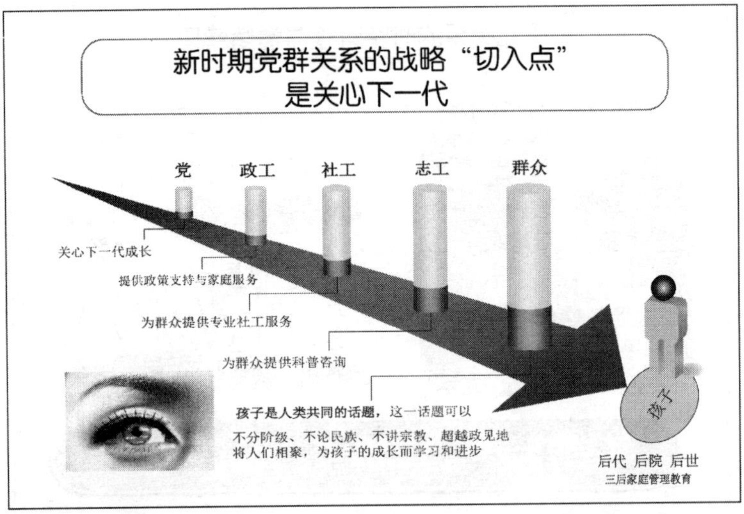

4. 情绪管理的方法与工具

有效的群众情绪管理工作是由一支专业队伍通过各种形式、方法和工具，在稳固的社会平台上动态地观察、引导和把握群众的思想脉搏，通过关心群众、了解群众、帮助群众，解决实际问题，引导群众接受正向价值观、保持平静心态，有效预防和处理群体事件发生的群众工作机制。

民主革命时期，前有“军长”后有“政委”的工作、生活模式对管理群众情绪和凝聚队伍十分有效。新时期，应当继承和发扬优良传统，建立党群工作的“三一”考评体系（一心、一部、一问）和工作保障机制。培养又红又专的“三工”政委队伍（党工、政工、社工）以克服部门条块分割难成合力的问题；创新群众工作方法，在成人单位、孩子学校和居民社区“三区平台”建立党和政府联系群众的社区“民间教堂”网络；通过“学做有效家长，培养优秀孩子”的人性动力和科学普及的教育工具，做好公民教育、情绪管理工作。党的群众工作只有深入家庭，才能真正深入群众。

影响群众思想的环境分析与情绪管理工具

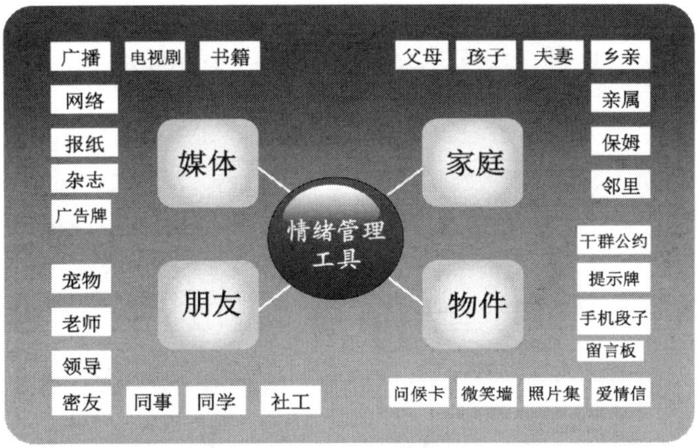

情绪管理有两种途径：外变环境、内改观念

情绪管理的区域主要有四个：家庭、学校、单位、社会。

以孩子和家庭为“共同话题”，由“三工”队伍在学校、单位、社会“三区”协同工作，通过家庭的真实变化提高群众满意度，使家庭情绪和规则的改善反馈到单位、学校等社会场所，影响大人、孩子的社会情绪，形成“闭合式”的社会情绪管理系统。

情绪管理的工具主要有四类：家庭、物件、媒体、朋友。

工具使用的最终目的有两个：对外，改变情绪管理对象的氛围；对内，改变情绪管理对象的观念意识。具体实施方法如下：

家庭情绪管理需要合格的家长和家庭社工来实施。利用“小孩治大人，妻子治丈夫”的人性感情链条，应用家庭公约、提示标牌等非语言交流工具，是家庭情绪管理的重要技巧。

学校情绪管理需要专业的校外辅导员“社工”、优秀家长“义工”和政府保障机制的有效配合，应用正向意识引导、不良心理疏导的工具和技巧，为学生减压增智、排解情绪。例如，学校的微笑墙、文化墙、师生公约等。

单位情绪管理需要合格的单位政工和专业社工及人员福利待遇制度保障，人力资源部门、工会组织要建立员工情绪管理系统，单位员工家庭俱乐部、聊天室等场所，充实员工活动内容，通过生动的思想政治工作排解职工不良情绪。

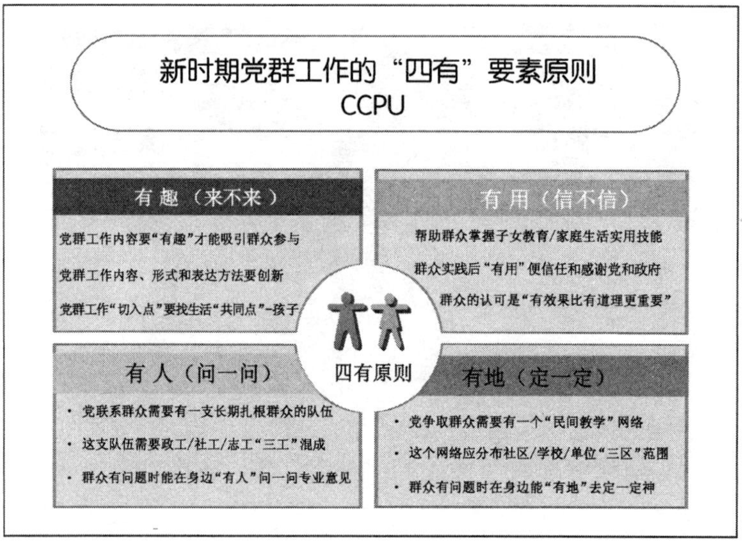

社会情绪管理需要社区中专业社工与居民义工相配合，利用公民论坛、协商民主、宗教活动、社会组织等渠道有效了解、引导和排解社会情绪。

当前，党群的情绪管理工作要坚持“四有原则”：

一是“有人”。要有一支扎根群众中间的基层思想政治工作队伍；这支队伍要由“政工”“社工”“义工”组成，即“三工”；群众思想情绪波动时，可向“三工”询问专业意见。

二是“有地”。争取群众的工作一定要有一个类似“民间教堂”的网络；这个网络应该分布在社区、学校、单位“三区”范围内；群众思想情绪有波动时，能到“民间教堂”定定神、舒舒心。

三是“有趣”。思想政治工作要既“有趣”又有理，群众才爱听，也才听得进；思想政治工作的内容、形式和表达方法都要不断创新；思想政治工作要注意切入点，彼此共同关心的孩子与家庭话题极容易成为沟通的切入点；思想政治工作的最佳效果是实现共鸣，“做”工作的人从中得到启示，被“做”工作的人从中得到经验教训。

四是“有用”。“有效果远比有道理重要”，通过孩子与家庭做思想政治工作，通过帮助群众解决实际问题，群众认可便是“有用”；群众在实践中体会到了实实在在的效果，就会认同政党、回馈社会。

四、调查工具——做好群众工作的基础

坚持调查研究，是辩证唯物主义认识论的基本要求，是党保持同人民群众密切联系的重要渠道，也是我们党的群众工作的有效方法。历史经验表明，问题的解决源于决策的正确，而决策的正确源于对客观实际的周密调查和深入研究。如果不了解实际情况，凭经验、想当然、拍脑袋，把主观愿望当作客观现实，就很可能做出错误决策，造成损失。

早在1930年，毛泽东就专门论述过调查研究在马克思主义认识论中的作用，明确提出没有调查，就没有发言权。他首先从哲学上论证了调查研究是取得正确认识的基础，是形成党的正确思想路线的前提；强调一切从实际出发，按客观情况办事，使主观符合客观，获得正确的认识，在这个基础上制定党的路线方针政策。

调查研究既是党的思想路线问题，也是党的作风问题。有的领导同志不愿意迈开双脚到社会实际和人民群众中去，不愿意作系统的、周密的调查研究，满足于一知半解、夸夸其谈。坐在机关里想当然地发号施令，是我们做群众工作的一大忌讳。毛泽东指出：“各级党委，不许不做调查研究工作。绝对禁止党委少数人不做调查，不同群众商量，关在房子里，做出害死人的主观主义的所谓政策。”

因此，作为领导干部，关键是要学会运用调查工具，走到群众中间去，及时准确地掌握民意，为科学决策提供第一手材料，做出切合实际的科学分析和判断，形成正确的方针政策，避免和减少失误，将工作做到群众满意为止。

随着社会的不断发展，调查工具也不断发生新的变化，除传统的上门访

问、设置举报箱、问卷调查、电话调查、会谈调查工具外，网络民意调查、手机民意调查等新调查工具不断涌现，为党员干部做民意调查提供了新方法。

调查工具的特点

工具名称	道具或形式	优　点	缺　点	注意事项
举报邮箱	邮箱	及时快捷	真实性差	设置地点、信件处理
走访调查	走访	真实直接	工作量大	时间、身份、人数
会谈调查	会谈	节省时间	组织难度大	人员、地点
问卷调查	问卷	问答精确	工作量大	题目设置、发放方式、受众
电话调查	电话	方便快捷	目标难掌握	时间、可信度、样本分布
网络调查	网络	方便快捷	真实性差	可信度、样本分布

回顾党的历史，什么时候全党上下重视调查研究、工作指导方针符合客观实际，党的事业就顺利发展；什么时候忽视调查研究，就会导致主观与客观相脱离，造成工作失误，使党和人民的事业遭受损失甚至挫折。因此，加强调查研究不仅是工作方法问题，而且是关系党和人民事业成败得失的大问题。

运用调查工具时的注意事项：要关注细节问题，群众的每句话、每个动作眼神都能反映真实情况，应注意收集这些信息；要多方面采集信息，切忌偏听偏信；运用纸质调查工具时，要注意问题设置的全面性和内容之间的印证性；采用网络调查工具时，鉴于回访有难度，要注意甄别信息的真假。

五、统计工具——学会用数字说话

党的许多工作都要用数字说话，用数字作科学决策的依据：一方面，真实准确的数字最有说服力；另一方面，数字变化能反映事物运动规律和发展方向。因此，统计工作非常重要。同样，党的群众工作也要运用统计工具。统计的过程就是发现问题的过程，只有不断发现新问题、解决新问题，我们党才能永葆先进性。

统计工具是指按照预定目的，运用科学方法，有组织、有计划地对客观实际进行搜集调查、统计整理、资料分析的手段。统计是系统工程，事先必须制定周密方案，以确保相关调查有组织、有计划地进行。

统计工作包括六项主要内容：明确统计目的、确定统计对象、设定统计项目、制定统计表格、限定统计时限、组织实施统计工作。如下图：

统计工作的一般流程

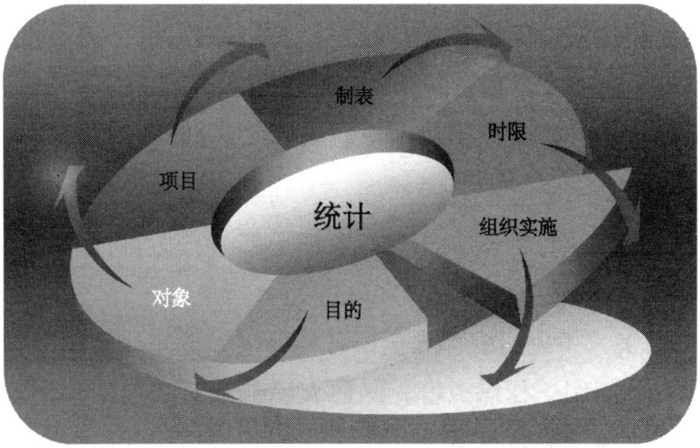

统计工具主要通过建立数学模型，系统收集相关数据，加以量化分析总结，并进行推断和预测，为决策提供参考依据。因此，通过对错综复杂和零散无序的统计数据的归纳整理，使其更确切地反映客观实际。常用的统计结果表现方法有：饼分图、柱状图、关联图、矩阵图、箭条图、调查表、排列图、直方图、控制图、散布图等。

统计结果的表现方式

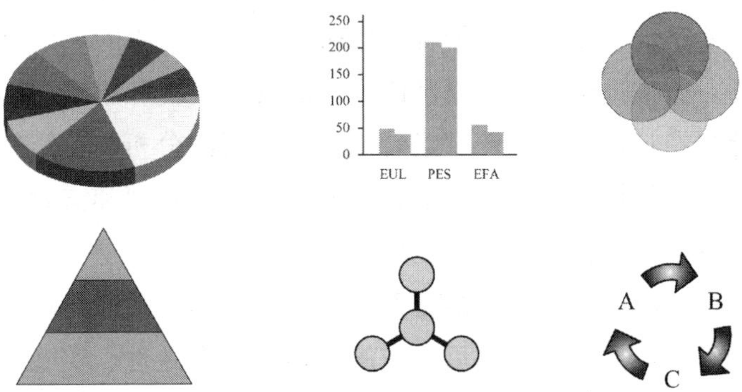

在组织统计工作时，首先在思想上高度重视，从人力、财力、物力上大力支持；其次，要善于发现统计结果及统计资料中反映的重大情况，主

动采取统计分析的意见和建议；再次，要加强统计工作队伍建设。统计工作政策性、专业性很强，要选好配强统计干部，保留和壮大一支政治素质好、业务能力强的统计队伍，为党和人民统计真实、准确、有用的数据，为科学决策提供依据。

在开展统计工作时，要对统计提出明确要求：首先，调查目的要明确，不能含混不清；其次，调查项目要齐全，能够相互印证并共同反映真实情况；再次，调查数据要及时准确，否则统计结果没有意义。这些都是统计工作必须严格执行的基本要求，党员干部“行为目标约定与行为统计方法”，需要进行科学严谨的创新和改进。

2008年以来，中央组织部在全国各地开展“两个满意度”调查：测评人民群众对党的组织工作满意度；测评人民群众对当前纠正干部选拔任用工作中的不正之风的满意度调查。此次调查坚持运用党的群众工作的统计工具，是推进党的建设科学化的有力举措。

六、评估工具——对党群工作的量化考核

作为领导干部，在工作中经常要对某个问题进行判断、决策。对于某些重大决策、关键部署，应当请专业机构实施测评，综合评估各方面的利弊得失，然后再做出正确、科学的决策。因此，领导干部一定要对评估工具有一定的了解，这样才可以提高工作的效率和质量。评估，就是对目标及问题进行科学的测评、评议和评价。事前的评估有助于做出正确的判断，例如一些重大事项实施前的可行性研究报告；事中的评议贯穿工作进展的全过程，边推进工作、边跟进评议，能及时发现和解决问题，把隐患消灭在萌芽状态；事后的测评可以对效果进行再次分析，总结经验、吸取教训，为以后工作提供依据。最常见的测评有绩效测评和满意度测评，往往都由第三方中介机构独立进行测评。

(1) 可行性研究报告，在招商引资、经贸合作、政府立项、银行贷款等领域比较常见，主要是对项目实施的可能性、有效性、实施步骤、技术方案及财务效果进行全面、深入、细致的技术论证和经济评价，以求确定一个在技术上合理、经济上合算的最优方案和最佳时机而拟定的书面报告。

（2）绩效评价，就是依照预先确定的标准和一定的评价程序，运用科学的评价方法对评价对象的工作能力、工作业绩进行定期和不定期的考核和评价。这种测评大多用于对人员的晋升、降职、调职和离职提供依据。在群众工作中，使用绩效评估，主要是测评干部提供服务的数量与质量；群众工作的投入与产出；对群众的影响效能；群众的满意度；成本效益比较；“标杆管理”，与标杆或榜样的差距；等等。

（3）满意度测评，是指相关组织根据测评的结果和调查过程中遇到的问题，汇总计算每个测评指标的满意度评价值，从而形成测评结果，给相关工作进行必要适当的调整做依据。在党的群众工作中，满意度测评是经常使用的工具。

（4）心理测评，就是结合人的外在表现，通过对人的心理进行推理或归纳分析。群众工作中使用心理测评，就是通过观察群众的行为表现来推测其心理变化，分析其心理素质等等。心理测评目前可以大量用于培养“群众领袖”的工作中。

对群众工作的测评主要是指对干部的群众工作的量化考察，通过测评了解：干部与多少群众进行了接触，与多少群众进行了谈心，解决了群众多少问题，解决问题的效果如何，群众的满意度如何，群众工作是否进行了总结，群众工作总结分析的基本概况，群众对干部有哪些批评建议，等等。

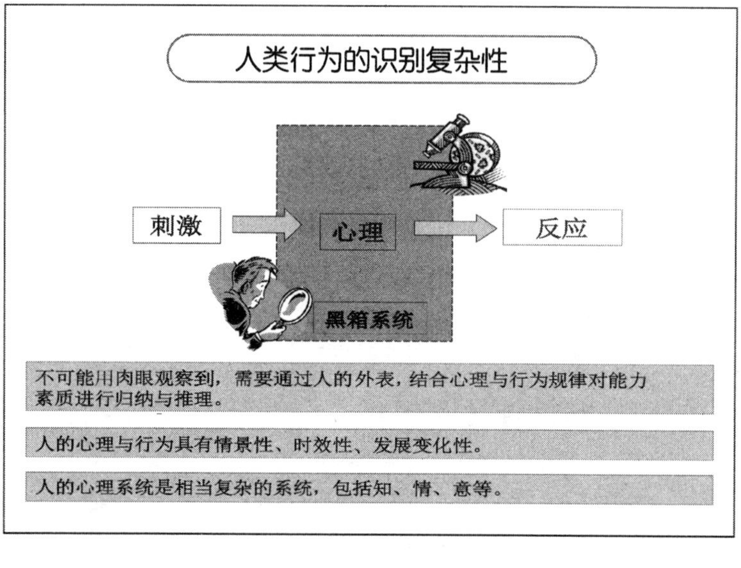

群众工作测评的注意事项：

测评前要做好充分准备，保证测评的顺利进行。

测评方式要统一规范，保证测评结果的真实有效。

对测评过程要实施监控，保证测评按计划完成。

七、奖惩工具——如何运用奖惩工具

奖惩是奖励与惩罚的统称。奖惩工具，就是运用奖励与惩罚的措施达到激励与约束目的的管理方法。群众工作中的奖惩工具，能对党员群众起到激励与约束这一基本作用。奖励，就是依据规定的标准、条件和程序，对成绩突出的组织和人员给予物质或精神嘉奖。奖励可分为精神奖励和物质奖励，通过精神和物质的刺激，将表现优异者和一般人员区分开来，激发大家更加努力工作，创造更大业绩。惩罚，就是对行为失职的组织和人员进行处罚、制裁。一般通过强制方式使失职违纪者或落后者受到处罚或制裁，鞭策他们改正错误，努力工作，实现目标。

使用奖惩工具，能起到引导和示范的作用。通过奖惩手段，让大家清楚哪些行为是大力倡导的，哪些行为是明令禁止的，让大家进一步明确自身行为后果，做出正确选择，并且努力做到最好。

使用奖惩工具，能营造良性竞争的发展环境。奖励让大家看清了努力工作的方向，一旦不努力做事，就可能被淘汰。为此，大家都会努力勤奋工作，提高个人素养，推动整体工作的发展。奖惩可作如下分类：

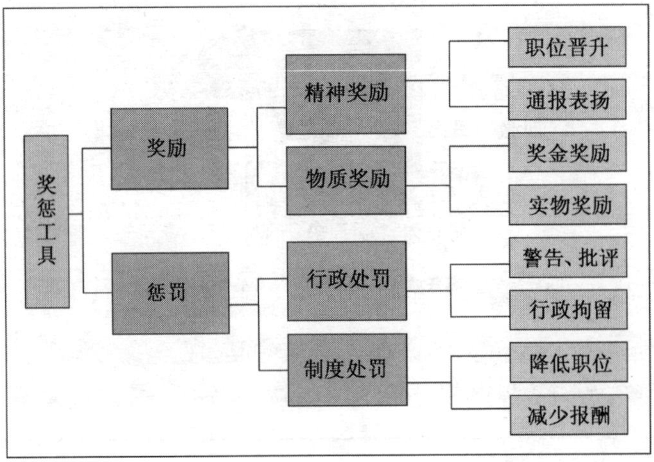

任何奖惩手段都会伴随正面和负面的影响，因此，利用奖惩工具一定要综合考虑。在施行奖励时，首先要注意奖励手段公开透明；其次要把握奖励时机，做到及时、充分奖励；再次要奖罚并用，严格执行奖励标准，按功论赏、区别对待，做到奖励先进典型、强化竞争意识。需要指出的是，奖励方式应当因人而异。任何奖励都有适用范围，根据受奖者特点施行相应的奖励方式。

对于惩罚工具，一定要慎用。要谨记，惩罚不是目的，而是治病救人的一种手段。除非特殊情况，实施惩罚手段不能“一棒子把人打死”。

八、公示工具——让群众心里有数

公示工具，主要是通过公开展示方式对公众关注的问题进行公布、说明，达到澄清事实、消除误解、接受监督的目的。在具体工作中，领导干部要善于运用公示工具，有的问题需要长期公示，如服务承诺制度、限时办结制度、效能考评制度、收费标准及依据等；有的问题需要定期、定时、定项公开展示，如财务支出、任职前公示等。充分利用公示工具，是避免误会、化解矛盾、推动工作高效顺利进行的重要手段。

公示工具就是公示内容的载体，可以分为自制工具和媒介工具。自制的公示工具比较多，如内部报刊通讯、黑板报、宣传栏、公报、通报、通知、通告等，可以根据受众群体特点与规模而采用不同的工具，以达到公示目的。媒介工具主要指广播、电视、报纸、图书、杂志等传统媒体和网络、手机等新兴传媒。比如，党内成员的学习心得、情况汇报，可以采用内部通讯方式在党内进行公示。又如，村内财务状况，可以采用黑板报、宣传栏形式向村民进行公开。再如，社区、街道居民需要了解的重大事项，则须采用通告形式进行公示，必要时可借助新闻媒体平台向公众公示。

公示工具作为信息传达介质，其作用不可小视，对做好新时期群众工作意义重大，对党员干部做好相关工作起到重要的指导和监督作用。运用公示工具时，要考虑在适当场合、时机采用恰当工具。首先，明确公示内容的受众群体，据此选择恰当的公示工具，如党内民主生活会的议题，可以采用内部通讯；如关系到群众生产生活的重大事项，就必须选用电视、广播等新闻媒体，必要时还要动用多种公示工具。其次，遵循全面、真实、高效、及时、便民原则，站在群众立场上公示群众需要的信息。再次，考虑公示后的社会影响，预估到公示内容可能引起的负面效应，及时采取有效方法避免负面效果扩大。

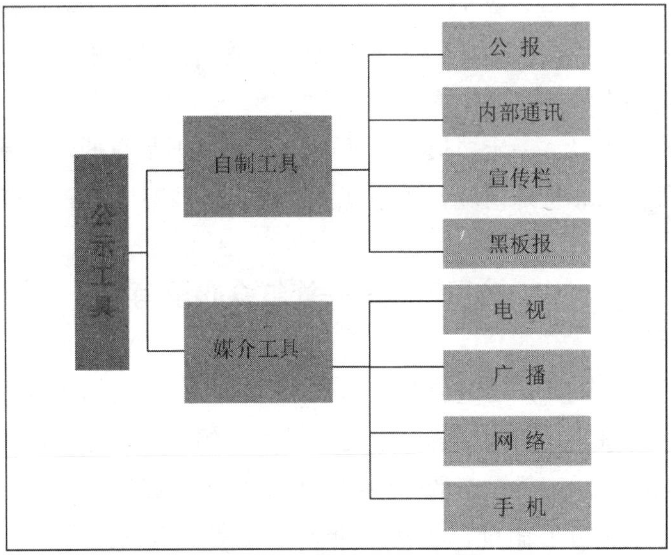

某地实行村务公开

九、警示工具——避免错误和险情的有效办法

警示工具和公示工具虽然采用的介质一样、形式相似，但二者具体内容

截然不同，具有较大区别。公示工具主要用于向特定受众群体公开宣示，必要时还要向群众征询意见；而警示工具主要用来对已经或即将发生的错误或危险情况进行警告，或警戒世人，或提醒公众、党员干部保持警惕。

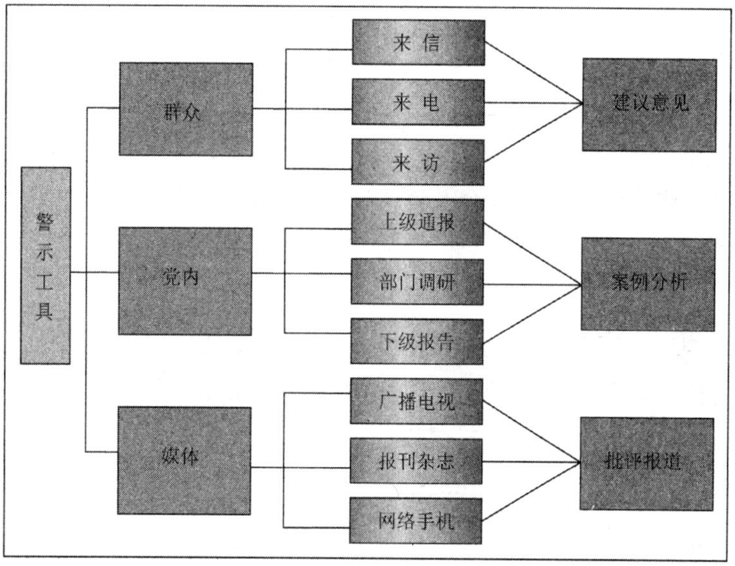

从警示工具的来源看，有群众的来信、来电、来访；有党内的上级通报、部门调研和下级报告；有媒体的批评报道；等等。从警示工具的表现形式看，有些来自群众的建议和意见，反映了群众的利益诉求，应该引起党员干部重视，在某种意义上就是对党的工作的警示；有些来自上级、下级各种警示性的通报、报告，对党的工作的警示性尤为重要；还有些来自本部门调研，通过其中反映的问题，为部门工作存在的各种隐患提供预警。来自媒体的批评报道的警示效果更直接，受众更宽泛。在运用媒体这种警示工具时应当慎重，一方面，要注意媒体反映的情况是否真实，是否有误导和夸大的成分；另一方面，要注意及时根据媒体报道进行调查研究，迅速反馈，做好解决问题的各种预案。

十、监督工具——党员干部要把自己置于阳光之下

监督工具，是上级党组织对下级党组织领导班子及其成员管理手段的一种延伸，是保证贯彻落实党的理论和路线方针政策、加强领导班子建设

和党风廉政建设、促进党员领导干部依法行使职权和廉洁自律的需要。从形式上看，监督工具包括法制监督、党内监督、党外监督、舆论监督和自我监督。

法制监督是底线，是基础监督，要求所有党员干部都必须接受党纪国法的监督，任何组织或个人的行为都不能凌驾于法律之上。

党内监督包括党内各监督主体多种监督形式的共同作用和整体效能。按照党章及《党内监督条例》、《党员权利保障条例》等党内规章制度规定，使党的代表大会、全委会及作为专门监督机关的纪检委的监督各尽其责，特别要保证党代表的监督权利和广大党员的知情权、参与权和监督权。

党外监督内容丰富，包含民主党派的民主监督，包括各级人民代表大会的立法机关监督，也包括来自人民群众及新闻媒体的监督。在监督形式上，人民群众的监督更加灵活多样，更能反映真实意志。因此，作为领导干部，要密切联系群众，经常到群众中去，到基层去了解群众的意见和建议，自觉接受群众监督。

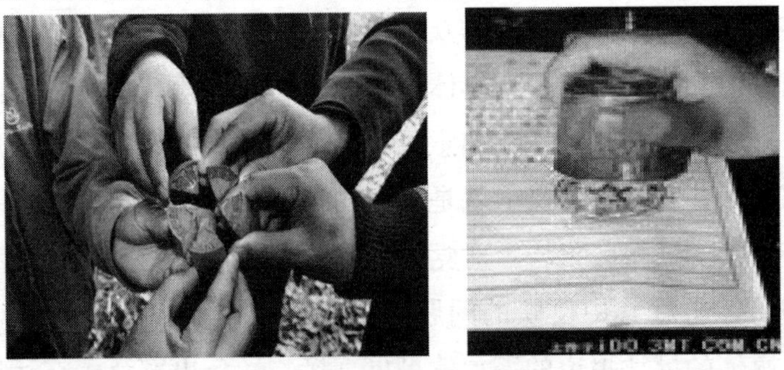

“史上最牛公章”

自我监督是可靠有效的监督形式，因为“心律大过法律，家法大于国法”，古往今来“有心律的人都不会触犯法律；有家法的家庭中长辈会为国家护法；良家不出逆子亦不出奸臣”。国家是由具体家庭的积分组成的，通过“家庭公约”“同事公约”“师生公约”“干群公约”等具体化、微分式“行为互换约定”的制定、公布、统计、评比、奖罚的微积分流程操作，可以将党员干部的思想行为进行生活化、具体化的客观定位和“微分改变”，有效发动群众并以群众监督群众，利用“孩子联系大人，妻子联系丈夫”的情感链条，以家庭进步带动社会进步，这是党群工作创新的根本途径。

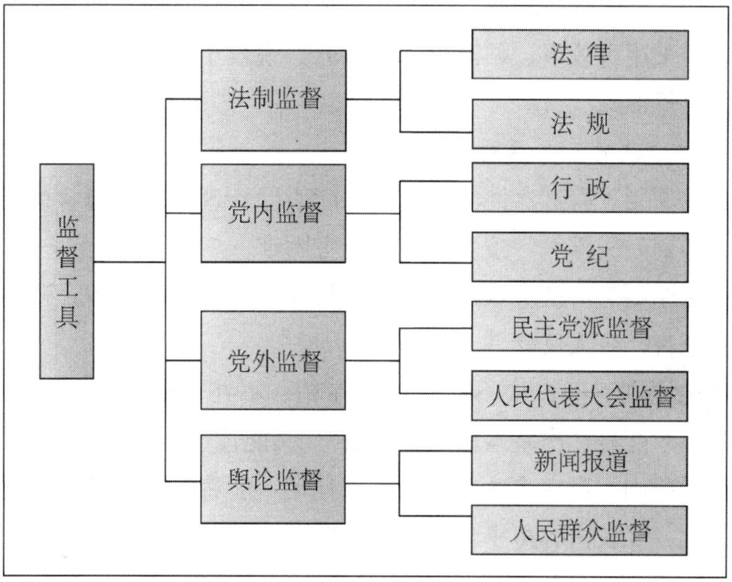

十一、“口诀”工具——一种群众容易接受的宣传

做好新时期群众工作，一方面应发扬中国共产党人会用口诀、善用口诀的优良传统，使党的理论和路线方针政策、国家法律法规深入人心，让群众听得懂、记得住、用得好，提高工作针对性和有效性。另一方面应收集、分析和创作流传于群众中的各种口诀和段子，这是了解群众情绪状态、做好群众工作情报分析、改进方法和创新工具的重要渠道。

1. 口诀的概念

口诀源于生活，又高于生活，具有高度总结和精炼概括的特点，能够将相对庞杂抽象的道理以简洁明了的语言表达出来，指导人们的工作和生活。比如，小学生背诵的乘法口诀、指导农业生产的二十四节气歌，通俗易懂而操作性强。又如，革命时期“三大纪律、八项注意”的口诀和歌曲，成功地树立了共产党和人民军队的良好形象。游击战“敌进我退，敌驻我扰，敌疲我打，敌跑我追”的口诀让子弟兵和老百姓记得牢、可操作，从而赢得战争主动权。交通安全教育中的“一慢、二看、三通过”，便于孩子们理解和执行。今天，各种手机段子也是实用的大众传播工具。

2. 口诀的类别

口诀在不同时代、地域、民族、文化背景中有不同表现形式。一般说来，口诀可采用讲故事、贴标语、喊口号、说段子、样板戏、地方剧、歇后语、方言等形式。

3. 使用口诀的基本原则

针对性原则。有针对性的口诀，才能使受众理解其中蕴含的道理；否则受众会感到一头雾水，接受起来也会有困难。

通俗化原则。口诀应该通俗上口、易懂易记、生动活泼；避免晦涩难懂、冗长拖沓，令人反感。

精练化原则。好口诀不在长，而在精；不在辞藻华丽，而在发人深思。这样，才能表达出基本信息的“量”，又能传达出深层信息的“质”。

数字化原则。数字表达有归纳总结作用，能将复杂问题简单化、抽象道理具体化、冗长内容短小化，便于人们记忆。

大众化原则。口诀要符合大众口味，使人乐于接受。而口诀受众越多，传播面越广，影响力越大。

比如，近来公安系统通过电子邮件向网民发布预防网络诈骗的提示，在使用口诀工具中坚持了上述原则，引起网民关注，社会效果良好。内容如下：

畅游网络要小心，诈骗手段在翻新
真收网店难分辨，购物不慎就被骗
以次充好货难验，拿钱就跑最常见
投资理财和投票，多是骗子设的套
所谓内幕和信息，全是人家使的计
网络中奖真够狠，奖品多是笔记本
领奖先要手续费，买个教训实在贵
防范网络的骗术，不贪便宜要记住
一旦难分假和真，110咨询最放心

4. 运用口诀的禁忌

消极或错误的口诀会误导社会，引发更大情绪、冲突和矛盾。口诀制定达不到效果，则是极大的浪费，甚至带来负面影响。

5. 创作口诀的渠道

创作和宣传口诀，要充分发挥人民群众积极性创造性，发动群众进行创作，在群众中寻找生动的例子，经过专业评估后传播到大众中间去。

十二、宣传工具——做好群众工作的基本功

做群众工作，需要不断地把党的理论和路线方针政策向群众进行宣讲。因此，正确娴熟地运用宣传工具成为做好群众工作的关键因素和基本功，这需要宣传者对宣传工具有充分认识和了解。宣传工具的共性是覆盖面广、时效性强、影响力大；不同宣传工具也有各自特点。

随着科技发展，宣传工具日趋多样化，除传统的广播、电视、电影、报纸、图书、杂志外，新兴的网络、手机等更是发展迅猛。据统计，截至2010年7月，全国网民已经突破4亿户关口，手机用户达到8.14亿户。新兴宣传工具受众多、反应快，受时空影响小，如何对其有效运用，已经成为群众工作研究新课题。

在宣传手段上，除在电台、电视台、报刊开辟专栏，开通互动参与栏目等形式外，宣传栏、宣传册、黑板报、学习园地、条幅等形式，也是人民群众喜闻乐见的宣传工具。同时，宣传部门应创新宣传手段，采用针对性强、实用性强的灵活的宣传工具，如制作家庭公约、宣传画、宣传挂历、文化衫、环保袋等，又如设立教育基地，设立宣传日、宣传周、宣传月等，这些都是深入开展宣传活动的方式，会收到良好的宣传效果。

在运用宣传工具时，应根据各自特点合理利用。首先，要根据接受群体和宣传内容选择适当工具，有些应该通过电视、网络、手机向公众进行宣传，有些仅限于在一定范围内告知的内容，就可以采取灵活的方式，如通告或黑板报等。其次，要注意宣传时效性和准确性，能尽早宣传的内容，就要尽快、准确地告知群众。再次，要根据不同内容和工具，设置不同表现形式，把握好宣传内容，坚持正确宣传导向，无条件地、完整准确地传播党的声音。

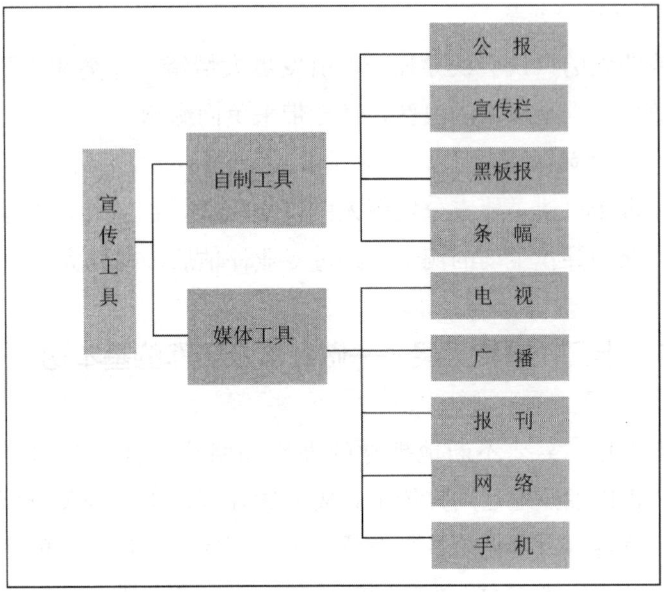

十三、执行工具——组建高效有力的群众工作主体

民众动员，是现代国家治理尤其是大国治理的一项基本技巧。美国依赖“上帝赐予”的天然优势建立了独一无二的民主动员和公民社会动员模式，其政党的地位反倒无足轻重。世界其他国家和地区也想学习美国，但他们学到手的只有民主动员，民主动员的中心是政党。然而，由于反对党的牵制对立，许多国家和地区的政党动员没有使人民更加团结，而是使人民更加分裂，这样的例子比比皆是。在另外一些国家中，广大民众根本没有经历社会整合的过程，即使采取政党动员方式，效果也极为有限，这就是非洲大部分国家的现状。中国独特的国情和文化，决定了我们只能建立和完善中国共产党领导的政党动员。

执行工具，主要是党的群众工作主体部门和社会团体组织，由一批具有良好群众工作经验能力的人员组成。当前，国家在集中力量搞好经济建设的同时，也在进行精神文明建设和政治文明建设，通过强化公民责任、国家意识、国防意识、主权意识、安全意识、权利意识等，造就社会合格公民，构建社会主义和谐社会。实现这一伟大目标，需要培养和造就一大批适应新时代需求的、全心全意为人民服务的、又红又专的新型群众工作者队伍，这是一项系统工程。

这支队伍可以由政工、社工、义工“三工队伍”组成，通过深入基层、扎根群众、进入家庭，在大人单位、孩子学校和居民社区“三区平台”上建立党和政府密切联系群众的社区“民间教堂”网络；通过“学做有效家长，培养优秀孩子”的人性动力和科普知识引导群众的价值观念、情绪管理、生活习惯等，在群众遇到后院起火、孩子教育、邻里矛盾等问题时做到“三有目标”——有地方去（家庭俱乐部）、有专人问（家庭顾问社工）、有兴趣学（为孩子和家庭），将党和政府的温暖送到千家万户，将党和政府的声音传遍大江南北，真正成为党与群众关系的润滑剂。

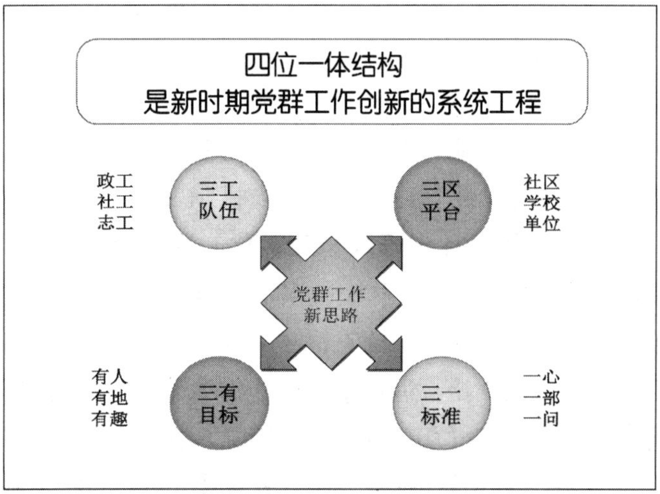

政工，是指党和政府有关部门从事群众工作的专职人员，承担着群众工作的科研科教，为党传递民声、为民通达政情的职责，是做好群众工作的“王牌军”。

社工，是指扎根基层为群众服务的社区专业人士，他们与群众生活在一起，熟悉群众情况，没有官架子，靠专业水平长期为群众提供服务，深得群众信任和爱戴；其中一部分是群众的朋友、老师和领袖，更能使党的路线方针政策落到实处，是党在新时期培养和发展的重点对象，是做好群众工作的“主力军”。

义工，是指有爱心从事志愿者服务的社会团体或个人，他们本身就是群众中的积极分子和优秀代表，具有很大的社会示范作用，是党培养和发展的后备力量，是做好群众工作的“后备队”。

目前，这支“三工”队伍的建设尚不能完全适应新形势新任务要求，尚不能真正发挥润滑剂功能，需要不断加以完善。

同时，要创新工作思路，建立角色转换机制，政工、社工、义工三种身份在部门岗位、具体事件中可以相互转化、灵活运用，以制度保证组织、个人作用的最大发挥，从总体上提高服务群众的专业水平。在新时期党的群众工作中，要坚持政工、社工、义工科学布局和合理分工，尽管党员干部的力量（与群众相比）远远小于群众的力量，但借助“三工”传动机制，仍然可以有效地将群众动员起来。因此，在“三工队伍”中，合理的力量分配应当是：义工数量最“大”，社工数量居“中”，政工数量较“小”。通过科学配比，达到党群工作这一“变速箱”齿数配比合理、传动效率高效、输出功率强大和社会成本最低。

相反，“三工”力量布局不合理、不科学，比如政工数量庞大，社工或义工数量微小，就会使齿数比不匹配，政工队伍与社工队伍不能有效对接；能耗大，政工与社工、义工之间发生“内耗”；传动效率低，彼此工作的不协调导致党与群众的桥梁发生阻隔；输出功率小，党的路线方针政策难以准确传达到群众中去；群众意见大，由于党与群众难以有效互动，导致相互误解，造成困难和损失。

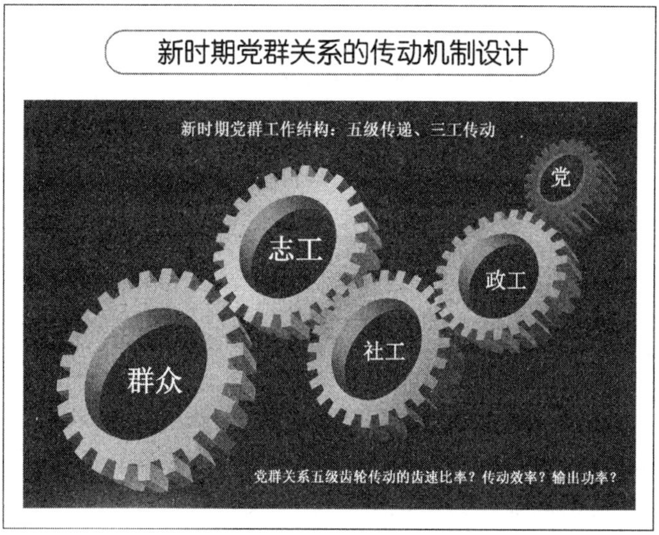
新时期党群关系的传动机制设计
新时期党群工作结构：五级传递、三工传动
党
志工
政工
社工
群众
党群关系五级齿轮传动的齿速比率？传动效率？输出功率？

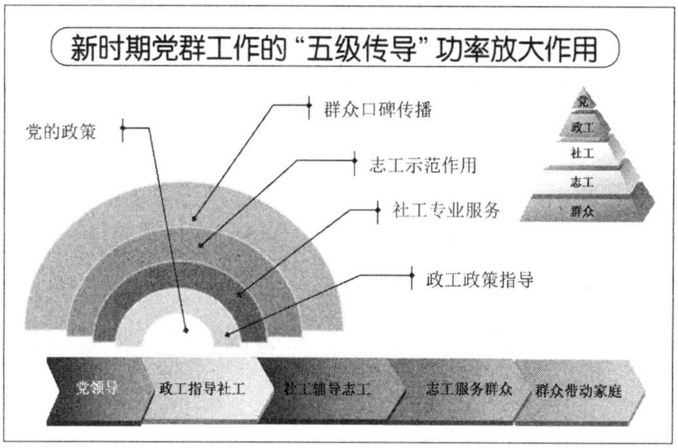
新时期党群工作的“五级传导”功率放大作用
群众口碑传播
党的政策
志工示范作用
社工专业服务
政工政策指导
党
政工
社工
志工
群众
党领导
政工指导社工
社工辅导志工
志工服务群众
群众带动家庭

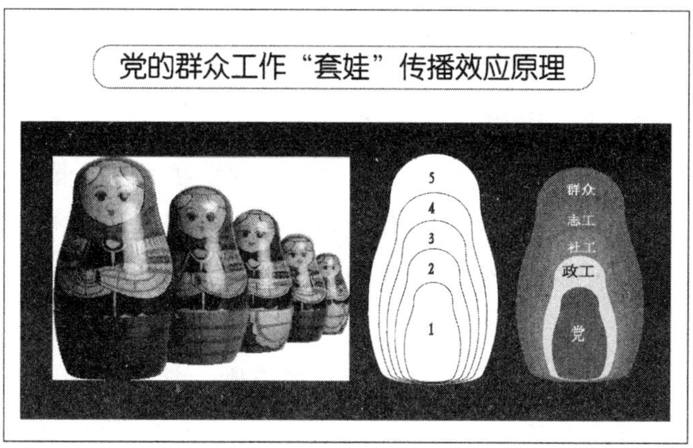
党的群众工作“套娃”传播效应原理
5
4
3
2
1
群众
志工
社工
政工
党

党的群众工作要取得良好效果，就要深入群众、进入家庭。如果党的工作能够影响到群众的家庭，就说明群众工作做得深、做得实。因此，建立新时期党群工作的“三一标准”考评体系和工作保障机制，合理安排政工、社工、义工队伍的人力资源配比，使“三工”队伍一头连接党组织，一头连接家庭，实现党—政工—社工—义工—家庭“五级三工”的有效动员机制。

党的历史经验已经充分表明，党的群众工作什么时候“做”进了家庭，什么时候才能高效动员群众。专业社工是群众身边的“家庭顾问”，如果按“百户一问”规划比例为家庭配置专业社工，全国将提供 300 万以上的新就业岗位，对于增强党和政府对群众的影响力，缓解大学生、复转军人、政工干部的就业压力，促进孩子成长、家庭和谐、社会稳定都有重大的战略意义。

因此，尽快建立一支强大的专业化社工“民兵”队伍辅助政工队伍，是党的群众工作的战略任务，进而实现政工队伍专业化和精干化，社工队伍稳步增长和逐步政工化。探讨政工与社工“能上能下”“能进能出”的新型干部选拔与培养机制，形成政工与社工良性互动和循环流动。加强“政工专业化”与“社工政工化”考评标准的科学性研究，培养一支专门研究开展群众工作的科研和师资队伍，制定适应实际的社工培训认证标准。在此基础上，为社会培育出一大批符合国情的扎根基层群众、拥有群众威信、又红又专的新式社工和义工队伍。

十四、“约定”工具——如何与群众定公约

“约定”工具是党的群众工作“契约性”原则的有效载体。在新的历史时期，随着人们利益分化和价值观多元化的发展，人民群众的权利意识不断上升，这决定了党的群众工作要有约定意识和配套方法。也就是说，当前群众工作应当积极探索建立党群关系“公约”的观念创新、方法制定和工具应用。

公约就是规范、规矩，没有规矩不成方圆。党群关系“公约”，就是党员干部向人民群众做出具体化的承诺，接受人民群众和第三方（如司法、仲裁机构、民间组织等）监督；人民群众彼此之间做出承诺，接受第

三方监督；干部（个人）与群众（个人）之间彼此做出承诺，互相监督或接受第三方监督。一个社会公约意识越强，就越有秩序、有纪律、有理性、有和谐。

一般说来，约定包括口头承诺和书面承诺。

在社会学上，口头承诺是简便、直接的约定方式，其基础是信任。运用这个工具，要力求做到言必信、行必果，不能言而无信、出尔反尔。需要说明的是，口头承诺失约后的社会影响相当恶劣，对此应有足够重视。作为领导干部，一方面要加强自身履职能力，一方面要加强对下属的信用管理，督促他们全面及时兑现对群众的承诺，不开空头支票。这是运用约定工具的前提，也是维系干群关系的根本。

书面承诺也是一种常见方式，包括单方书面承诺和双方书面协议，如双方协议、合同、承诺书等。一般情况下，双方缺少互信时会采取这种方式，双方完全不信任时可邀请第三方进行监督。当前，干群之间的书面承诺主要出现在一些基层党组织与群众之间的互动上，如基层党组织在竞争性选举中的竞选承诺，机关企事业单位中层干部在竞争上岗中的承诺，等等。

当前，一些地方兴起了一种党群干群关系“公约化”的实现形式：各种公民论坛、民主恳谈会、民主听证会、居民坝坝会等。党的基层干部与群众面对面沟通，通过协商达成彼此的权利与义务，并互相承诺、互相监督，共同为完成社区治理的目标而努力。这种“公约”被划归为“协商民主”形式。

公约有助于人们理性地完成观点讨论和行为交换过程，对公约行为的反复统计提示、监督人们兑现承诺的行为。订立公约是新时期党的群众工作发展的基本趋势，通过“干群公约”“同事公约”“家庭公约”“师生公约”“同学公约”“邻里公约”等行为规范的明确与交换训练，使基层党员干部和群众树立彼此订立公约的意识，形成行为习惯，党的群众工作就有了牢靠“抓手”。因此，党的群众工作中有一条真理：“知识不是力量，重复和习惯才是力量。”

十五、科研、科教、科普工具——群众工作的科学化

科研、科教、科普的上、中、下三层同步协调开展，对做好新时期群众工作有明显成效。

科研是一种态度。做好新时期的群众工作，在科学模式、方法、流程和工具上继承创新，需要大量科研工作支持，也就是要有一支专门研究群众心理、群众反馈、干部心理、干部行为等内容的科研队伍。他们根据时代背景变迁、群众实际需求、群众心理特征和行为规律，研究并提出合乎时代与群众要求的意识形态口号、组织动员群众的有效方式，及时发现和解决各种问题。所以，科研就是发挥各类专家的系统作用，科学设计群众工作的模式、方法、流程和工具，长期跟踪基层实际工作，不断总结和完善工作经验，为做好科学有效的群众工作当好政策参谋。可以说，科研工作是指导群众工作的前提、方向和基础。

科教是一种方法。做好新时期的群众工作，需要科教工作支持，通过培训师资、培养政工社工骨干来建立专业政工队伍。他们尽管不从事研究工作，但是能在专家科研成果的指导下，将党的路线方针政策以“同一个声音”准确传达给全体党员干部。科教就是利用专家的系统科研成果与跟踪指导，开发党群工作应用教材，培养技术型政工社工师资队伍。

科普是一种艺术。做好新时期的群众工作，需要大力开展科普工作。这更需要一支庞大的社工和义工队伍，把党的理论和路线方针政策用群众听得懂的“方言”传播开来。而要让人民听得懂、听得进，不下一番工夫、不讲求艺术，是难以达到好效果的。

领导干部学会利用科研、科教、科普工具，开展科研活动指导科教工作，开展科教工作达到科普目的，举一反三地将上、中、下连接起来取得经验并加以推广，通过对问题的科学调研与分析，找到问题的规律，就可以掌握群众工作主动权。

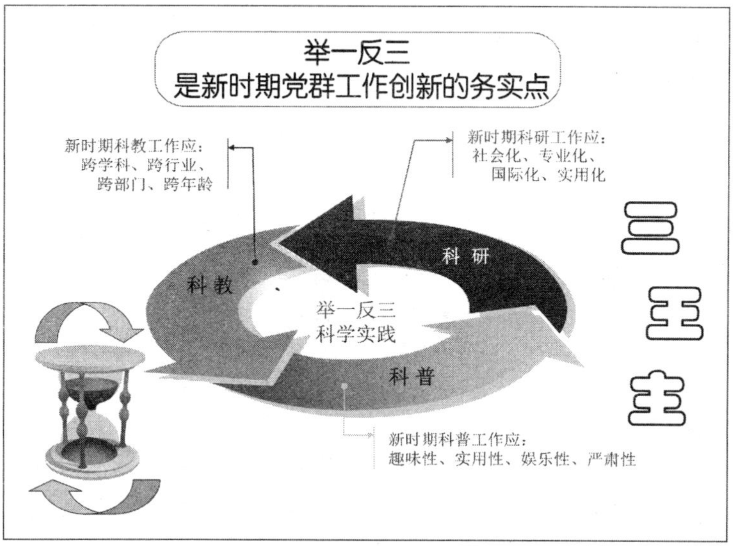

十六、法治工具——一切都应该在法律范围内

依法治国是社会主义民主政治的基本要求。落实依法治国基本方略，建设社会主义法治国家，应该在领导干部各项工作中得到体现和加强。

在人类历史上，法律长期被作为少数人镇压人民、维护统治地位和腐朽政权的工具。而社会主义法治要求一切国家机关、各政党、武装力量、各社会团体、各企事业单位和全体公民，都必须在宪法和法律范围内活动，维护宪法和法律的权威，不允许任何组织、任何人凌驾于法律之上。

领导干部要牢固树立社会主义法治理念，解决工作中的各种问题。1978年12月，邓小平在中央工作会议闭幕会上指出："现在的问题是法律很不完备，很多法律还没有制定出来。往往把领导人所说的话当做'法'，不赞成领导人说的话就叫做'违法'，领导人的话改变了，'法'也就跟着改变。所以，应该集中力量制定刑法、民法、诉讼法和其他各种必要的法律，例如工厂法、人民公社法、森林法、草原法、环境保护法、劳动法、外国人投资法等等，经过一定的民主程序讨论通过，并且加强检察机关和司法机关，做到有法可依，有法必依，执法必严，违法必究。"

运用法治工具并不仅仅是通过制定法律来确定党群关系边界这么简单，而是指在法治精神指导下，运用法律来调解党和人民群众、群众与群众、干部与群众之间的利益纠纷，充分体现公正、公平、公开精神。运用法治工具，主要以维护宪法基本原则和精神为出发点，以保护人民根本利益为核心，以制定和落实相关法律为具体步骤，以保障公民权利为基本内容。

运用法治工具就是要求做到依法行政。法治和民主互为表里、相互依存，没有民主体制的建立，法治的建立就是一句空话。如果政府机关不能依法行政，甚至滥用职权、借势欺民、为所欲为，公民的权利和自由受到侵害，势必侵犯民权、损害民利、滋生民怨，破坏构建社会主义和谐社会的良好局面。

运用法治工具就是要求各级党组织和党员干部带头依法办事，严格遵守法律法规，不徇私舞弊、不贪赃枉法，公民、社会组织和企事业单位遵守法律，使一切正当要求的表达程序化、制度化，增强社会成员安全感，等等。

运用法治工具，有助于防止群众运动或人民民主自流性的发生。早在1943年，邓小平就注意到了群众运动自流性问题，他说"党不是要发展群众运动中的自流性，而是要使党的方针在群众运动中获得实现"，在政府对群众运动的态度上，也不能把群众运动和政府管理对立起来，"政府在公布了这些法令之后，还必须保障其实现，所以把群众运动和政府态度对立起来是不对的。党和群众团体在指导群众运动中，政府在扶植群众运动中，都是保证这些法令的实现，都是要把群众运动约束于政府法令之内，亦即是约束于统一战线范围之内"，"当某一地区还没有实行减租减息，合理负担等法令时，应派人下乡解释政府法令，督促实行，并坚决表示不准不实行的态度”。1980 年 12 月，邓小平在中共中央工作会议上的讲话中指出：“要继续发展社会主义民主，健全社会主义法制。这是三中全会以来中央坚定不移的基本方针，今后也绝不允许有任何动摇。我们的民主制度还有不完善的地方，要制定一系列的法律、法令和条例，使民主制度化、法律化。社会主义民主和社会主义法制是不可分的。不要社会主义法制的民主，不要党的领导的民主，不要纪律和秩序的民主，决不是社会主义民主。相反，这只能使我们的国家再一次陷入无政府状态，使国家更难民主化，使国民经济更难发展，使人民生活更难改善。”

法治已在世界范围内得到普遍接受，成为现代文明社会的先进思想和治国方略。因此，党员干部要牢固树立法治观念，自觉遵守法律法规，坚决维护法律权威，与长官意志、官本位等传统观念做彻底决裂；同时，要善于运用法律法规来解决干群之间、群众之间的纠纷。

十七、制度工具——最可靠的还是制度

党的群众工作需要制度，制度有助于倡导和要求全体党员干部进一步密切联系群众。党的十三届六中全会制定的《中共中央关于加强党同人民群众联系的决定》，是改革开放以来第一个完整表述党的群众工作指导思想和工作措施的重要制度规定，从党的政策、深入基层、社会主义民主和法制建设、廉政建设、领导干部监督、基层组织建设、党员干部群众观点与群众路线的再教育等八个方面作出具体制度规定。党的十五届六中全会制定的《中共中央关于加强和改进党的作风建设的决定》中指出“健全联系群众的制度，是新形势下坚持党的群众路线的重要课题”，并提出了拓宽反映社情民意的渠道、党政领导干部要坚持群众接待日制度、领导干部亲自处理来信来访、机关干部到基层特别是贫困地区锻炼和帮助的制度、提高直接面对群众的基层单位和各级领导机关的服务质量等要求。

1. 制度工具概述

规章制度作为行为的准则，对一定范围内的成员起着行为指南的作用。规章制度通过权利义务分配及违纪责任设置，使所有成员均能预测到行为后果，从而指导各自行为。同时，针对新情况，规章制度也显示出滞

后性。因此，领导干部要时刻关注新事物、新情况给当前工作带来的新挑战，充分利用制度工具，规范党员干部行为，使之更好地为人民服务。

2. 制度工具的分类

管理制度：构成组织管理系统的基本框架，维护管理秩序的根本制度。

管理规定：对于涉及到全组织或某一系统专业工作做出的要求。

管理办法：对于具体工作、操作规程或对于具体项目管理做出的要求。

实施细则：对于组织管理系统内某一管理制度的具体实施步骤做出的规定。

工作条例：对于组织内部局部性的或阶段性的工作做出的系列规定。

3. 具体的群众工作制度

领导干部接待群众来信来访制度。

领导干部深入基层调查研究制度。

党的基层组织服务群众制度。

领导干部接受群众监督制度。

党内民主生活制度。

领导干部到贫困地区挂职锻炼制度。

党政干部问责制度。

党务、政务公开制度。

基层民主制度。

4. 制度工具运用的注意事项

（1）制定公共规则，要对范围内所有成员具有约束力。

（2）保证规则执行，既要有可操作性，也要落实到部门和个人。

（3）坚持公平原则，避免出现缺漏或偏袒情况。

（4）制度之间相互支持，不能相互冲突、“彼此打架”。

（5）忌讳制度的形式主义，避免把制度当作摆设。

当前，还存在着一些“带病”的制度、“贴膏药”的制度、存在设计缺陷的制度、扩张部门权力的制度，暴露出我们党在具体制度设计和决策体制方面的欠缺。制度的缺陷容易带来改革权威的不足，具体制度的设计缺陷与具体制度的执行缺陷相互交织，会严重影响改革的成效。干部群众经常反映我们的一些制度“说得到做不到，说得好做不好，说得早做得晚”。在具体政策尤其是社会政策方面涉及到社会的安全、有序，只有不断完善这些领域的制度，“老百姓的心才有地方放”。

十八、文化工具——创新利用文化传播

文化工具的使用，要站在社会和谐、党群和谐、干群和谐的高度，给人民提供精神动力和智力支持，增强群众的向心力和创造力，这是形成党群、干群凝聚力的思想保证。领导干部要充分认识到这一点，既要提高自身文化修养，又要不遗余力支持文化事业，这是用好文化工具的前提保证。

支持文化事业的发展，包括以下几项内容：

努力满足人民群众日益增长的文化需求，支持基层基础文化设施建设，包括开办影剧院场所，充实图书馆，保护文物和文化遗产等。

支持文化产业发展，用电影教育评论、生活小品、比较教育情景剧、老曲新词大秧歌、正向生活好段子等，打造区域文化艺术精品，支持文艺演出和体育比赛，培育民众文化需求，使之成为常态文体活动。

为社会公众提供实物形态文化产品，如书籍、报刊等，提供可参与和选择的文化服务，如广播、电视、电影、工艺美术、创意设计、展览展示等。

文化凝聚力是保持国家和社会稳定的重要因素。新的历史条件下，群众偏爱（价值取向）呈现多元化需求的特点，运用文化工具，站在人民群众实际感受的角度，提供实用性、休闲性俱佳的文化产品，使之有趣、有理、有用，探索发展丰富多元的群众文化和突出群众认同的中国特色公民文化，是当前群众工作创新的重要课题。

应用文化工具传播观念、方法和习惯的关键是创新，其中应考虑相关功能要素：用什么话题吸引群众，用什么形式让群众明白接受，用什么内容让群众重复练习，用什么模式形成单件、批量、可重复的社会传播效果，等等。当前文化工具创新是有效影响党群关系的关键问题，“革命样板戏”曾影响了几代中国人的成长，新时期多元文化的社会环境中，也要努力创造效果如此明显的社会传播文化工具与模式。

群众工作的困惑?

党的新时期群众工作“突破点”是“家文化”

大连市委宣传部组织大连电视台青少频道、市精神文明办、市教委和市妇联共同创作的《家长必修课》《非常家长汇》系列电视节目，《ABC 比较教育情景剧》就是一种成功的创新模式。老百姓通过专家系列家长教育讲座电视节目，学习如何做爸爸妈妈、爷爷奶奶、丈夫妻子，一看就懂、一用就灵，通过线上电视节目和线下专家辅导模式，让老百姓受益并一直跟踪节目；收视率一直保持第一，应观众要求重复播出 3 次。尤其是《ABC 比较教育情景剧》很受群众欢迎，这种以百姓生活中的细微“冲突问题”（比如，如何让孩子起床，如何让孩子学习，如何让孩子听话等）为小品题目，一件事按 AB（对错）演两遍，在观众感悟和比较的同时，由专家对 AB 两种结果做理论点评，让群众快速了解生活的智慧原理、科学方法及应用工具，学习热情高涨，主动向活动靠拢并感谢政府、感恩社会。原因很简单，将真实生活搬上舞台，群众学习起来就有热情，结果受益因此信赖政府。

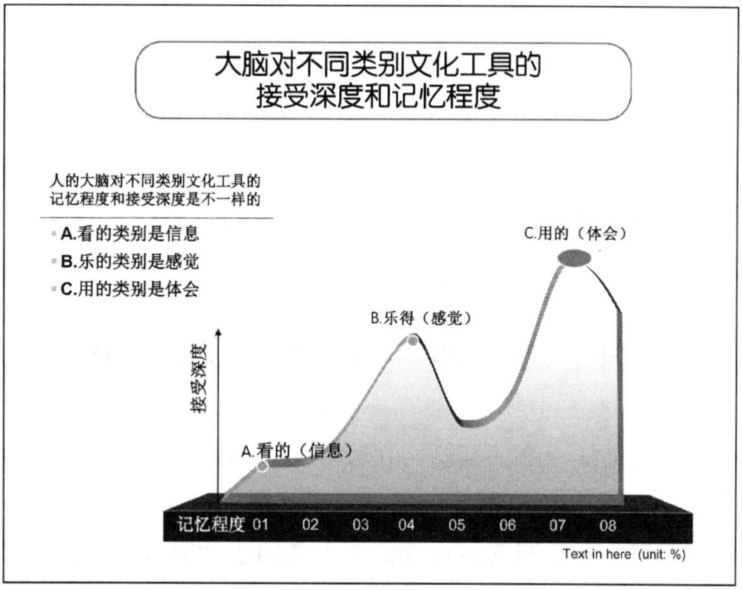

当前文化产品种类繁多，多数属于娱乐性，更有部分文化垃圾严重毒害社会和家庭；党和政府需要加大科研投入和政策支持，创新高端、科学、实用的，能够解决群众真实生活问题的文化工具与产品，提高国民素质，增加群众的向心力。

十九、典范工具——怎样在群众中树立典型

典范工具就是树立典型。正面典型，是学习的榜样；反面典型，是戒鉴的教材。树立典型，是党做群众工作的优良传统和有效方法，在不同历史时期都发挥了重要作用。新时期，这一方法依然不失为党影响、带动群众的好方法。树立典型，能让群众直观感受到我们党坚持什么、反对什么，提倡什么、摒弃什么，能从根本上改变人们的价值观念和行为动向。

树立正面典型，即榜样，要注意以下问题：第一，要做到真实，真实是榜样的生命，如果榜样是假的，不但办不好事情，还会损害党的权威。第二，要宣传适度，不仅要实事求是、防止夸大，而且要慎重把握宣传的时间、地点和方式。第三，要持续关心典型人物的工作生活，帮助解决实际困难，不搞一阵风。第四，要防止产生负面效果，引导群众学习正面言行，避免不良因素干扰工作。第五，树立榜样可以考虑多样性，慎重宣传

大而全的典型。

揭示反面典型，既要客观详实、准确到位；又不无限上纲、不留余地。通过揭示，重在使受众了解错误言行的危害，就事论事，引以为戒，不能人身攻击彻底否定。应本着惩前毖后、治病救人的精神给予改过自新的机会。不计前嫌地关心和教育那些犯过错误的个人，这对于舆论引导、宣传作用的发挥会产生更好效果。

二十、网络工具——积极应对网络的挑战

电子技术的迅猛发展使互联网在较短的时间内成为一种人们生活、交流、工作、学习等方面的重要平台，影响了当今世界政治、经济、文化、社会的各个领域。互联网的出现改变了人类的生活方式，大大缩短了当今世界人与人之间的时空距离。利用互联网技术，人们把各种信息传感设备如射频识别装置（RFID）、红外感应器、全球定位系统、激光扫描器等装置，按约定的协议与互联网连接起来，进行信息交换与共享，以实现智能化识别和管理而形成一个被称为“物联网”的巨大网络。物联网用途广泛，遍及职能交通、环境保护、政府工作、公共安全、平安家居、职能消防、工业监测、老人护理、个人健康等许多领域，最终实现人类社会与物理系统的整合。2009 年，美国 IBM 首席执行官彭明盛把互联网与物联网的结合称为“智慧地球”，即人类通过更加精细和动态的方式管理生产和生活，达到“智慧”状态，提高资源利用率和生产力水平，最终改善人与自然的关系。

以互联网、物联网为代表的网络技术的大发展使当前党的群众工作真正面临着一场前所未有的挑战。一些国家的执政党率先从这场信息化的大潮中“醒悟”过来，纷纷利用网络技术或网络工具及时了解民情、表达民意、维护民利，大大缩小现代政党与群众之间的距离。同时，利用网络工具也打破了政党组织中的“寡头统治铁律”，使政党组织结构更为扁平化，党的主要干部更容易与普通党员面对面。与此同时，随着“电子民主”的兴起，执政党的党内民主水平大大提高，许多重要议题都是直接由基层党组织提出并交全党的代表大会讨论。利用网络工具，党员之间可以在网络上大范围沟通交流，党的各级组织之间也缩短了距离，把党的中央组织与

地方、基层组织更好地连接起来。利用网络工具，党员干部与群众也可以大范围地交流与沟通，党员干部发挥综合民意、体察民情、管理情绪、建立友谊等作用，可以大大拉近与群众的距离。

然而，利用网络工具并不代表网络工具可以取代其他群众工作的工具。比如，在虚拟空间中进行的交流虽然具有直接、快速、明了的优点，但毕竟不是真实的“面对面”，群众所表达的想法也不一定是最真实的想法；又如，在网络交流中，往往“大嗓门”“高调”容易引起人们的注意，而这些“大嗓门”和“高调”所表达的观点未必一定准确，未必是代表了最广大人民的意见；再如，尽管我国的网民数目每年都呈快速上升态势，但毕竟还有大量的群众没有“触网”，所以，仅仅通过网络难以了解他们的真实想法和真实的利益需求。因此，在利用网络工具时要避免“剑走偏锋”，以为有了网络工具，其他工具就可以放弃，要知道，再发达的信息技术、网络手段、现代传媒也代替不了与群众的面对面沟通、交流。深入群众之中，直接听取群众诉求，解决群众最关心最直接最现实的利益问题，依然是新时期不可放弃的群众工作方法。

第六章

群众工作工具运用的典型案例

近年来，全国各地区、各部门、各单位纷纷开展创新群众工作方法与途径的探索，积累了不少好经验。这些探索使用了各种各样的群众工作工具，以下的表格归纳并整理了不同工具使用的经典案例，并总结了这些案例的特点。当然，许多案例使用了不止一种工具，我们在分类时以主要使用的工具为主。

一、利益工具——全国妇联的“三送”活动

编号	地点／单位	名称	主要内容	特点／作用
1	全国县以上妇联各级组织	“三送”活动	推行县以上妇联“下基层、访妇情、办实事”，积极开展送岗位到基层、送法律到基层、送健康到基层的活动，关心妇女就业、健康等切身利益	妇女是群众中的关键性群体，抓住了妇女就抓住了家庭，抓住了家庭就抓住了群众
2	湖北省荆门市	“四个用心”工作法	用诚心服务企业、用实心支持“三农” 用爱心温暖群众、用真心回报社会	“用心”凝聚党心民心，融洽党群干群关系
3	江西赣州市	“三送”活动	送政策释民惑，送温暖聚民心，送服务解民难	一线释民惑，一线聚民心，一线解民难；依托“一日记一台账”为载体，摸实民情民意
4	江西上饶市	“大联系、大台账、大帮带”工作法	建立固定的挂村蹲点下访制度；建立“五个一”联户制度，做到“五访五问”；完善“三员”联系制度，乡村“民生台账”制；健全维护群众权益机制；明确大帮带对象，确定大帮带内容，形成大帮带合力	党员领导干部走进群众，真正维护群众利益
5	湖北省宜昌市	由党、党代表、群众构成“三联”“两访”制度	广泛接触群众，真情问候于民；深入调查研究，广泛问计于民；落实“两访”制度，及时问需于民；召开扩大会议，科学献策于民；关爱群众子女，长远造福于民	与民为亲

续 表

编号	地点／单位	名称	主要内容	特点／作用
6	山东淄博高等师范专科学校	三个“创新”工作法	制度创新：建立党员联系团员的“三帮”制度——“帮导”“帮教”“帮困”；培训创新：支部开放日、“网上党校”；管理创新：支部书记“三三制”配置	创新党建带团建，三个“创新”促发展
7	上海市松江区中山社区（街道）蓝天一村居民区党支部	“岗位行动”工作法	社区“家务事”分类，党员“对号选岗”：“爱岗敬业模范岗”“社区建设智囊岗”“平安社区巡查岗”“环境卫生督查岗”“服务群众先锋岗”“崇尚文明示范岗”“民事纠纷调解岗”和“计划生育协管岗”	党员“对号选岗”，处理群众“家务事”
8	天津市南开区万兴街道工委	“小中心、大工作站”	一是建立社区“大工作站”，构建服务网络；二是建立“大工作站”相关制度，构建服务机制；三是以满足居民需要为着力点，开展多项服务	与民方便
9	云南省德宏州盈江县平原镇	敞开“三道门”	敞开“三道门”，在党群干群中搭起一座坚实的“连心桥”：一是敞开“方便门”让群众少费时间；二是敞开“致富门”让群众多得实惠；三是敞开“监督门”让群众参与其中	党员干部与农民服务站扮演联系群众的“连心桥”
10	陕西省太白县	“三解三问”	推行千名党员干部下基层“问政于民、问计于民、问需于民，解民忧、解民怨、解民困”的主题实践活动，从群众普遍关心的“小事”入手，精心设计“十上门服务”实践载体	为群众解决问题，给群众带来实惠
11	陕西省	实施“蛋奶工程”，提高农村学生健康水平	确保农村在校学生每天吃上一个鸡蛋、喝上一袋牛奶，保证他们健康成长	抓住了孩子，就抓住了老人，抓住了家庭
12	甘肃省	联村联户、为民富民	甘肃省组织 40 万干部深入 58 个贫困县、8790 个贫困村、40 多万特困户，扎实推进以单位联系贫困村、干部联系特困户的“联村联户，为民富民”活动	大规模、集中性地解决群众的生产、生活困难的问题
13	新疆维吾尔自治区沙雅县	农村党员服务区	按照居住相邻、从业相近、易于集中、便于活动的原则，农村每名党员联系 5～10 户群众，建立各自的服务区。全县已建立党员服务区 2607 个，农村党员参与率 91％	党员围着群众转，让群众“乐”起来，让基层组织“活”起来
14	西藏自治区	“万名干部驻千村”	自治区各级党组织抽调万名干部进驻 1514 个村一年，帮助解决基层在发展、稳定、民生及组织建设方面的突出问题和困难	驻村规模大，时间长

续 表

编号	地点／单位	名称	主要内容	特点／作用
15	湖南省	“学一门技术，联系一批群众”	在乡镇干部中广泛开展“一人学一技”活动，做到学一门技术、带一批群众、兴一项产业、促一方致富。一批“剪刀书记”“烤烟乡长”“柑橘干部”成为群众致富的“引路人”	用干部的技艺带动农民致富
16	福建省德化县	“驻进帮”活动	全县各级干部驻百村（社区）、进千家（企业）、帮万民，确立了五保户、留守户、信访户、拆迁户、二女户、老党员户、能人户、贫困户、外出（外来）务工户、企业等“十必访”对象；送政策、送思路、送项目、送技术、送信息、送资金、送温暖、送岗位、送人才、送制度的“十送”活动；集中解决并实施就业、收入、交通、住房、林改、教育、社保、医疗、饮水、食品安全等十项民生工作	用干部的“辛苦指数”换取群众的“幸福指数”

二、沟通工具——河北巨鹿的“干群夜谈会”

编号	地点／单位	名称	主要内容	特点／作用
1	河北巨鹿	“干群夜谈会”	“五个结合”：一是与宣传科学发展、党的方针、政策相结合；二是与体察民情相结合；三是与维护社会稳定相结合；四是与加快农村经济科学发展相结合；五是与提高群众素质相结合	党员、群众代表面对面沟通
2	浙江传化集团党委	“三必解”“四必访”“五必谈”	有困惑必解释、有困难必解决、有要求必解答；生病住院必访、红白喜事必访、天灾人祸必访、职工生日及党员政治生日必访；新人入职必谈、工作调动必谈、表彰处罚必谈、年度总结必谈、个人有想法必谈	帮助员工解决实际困难；充分体现“家”文化；架企业与员工沟通桥梁
3	湖北宜昌市伍家岗区	“三条渠道”“四种方式”“五项措施”	“三条渠道”拓展民情搜集：进家入户上门受理；搭建平台定期受理；专门机构及时受理。“四种方式”办理解决民事：现场能立即处理的事项；现场不能办理的事项；手续不全的事项；权限范围内无法办理，需要呈报上级批准的事项。“五项措施”公开反馈结果：固定公开；专项公示；集中反馈；多元答复；上门告知	组织活动有阵地、居民议事有场所、群众诉求有渠道，诉求反馈有机制。党—党员群众服务中心（连心桥）—群众

续　表

编号	地点／单位	名称	主要内容	特点／作用
4	上海市嘉定工业区庆阳社区党总支	“百姓聊天会”	“唱红歌、听新闻、议热点、聊民意”	形式多样、内容丰富，自我管理、自我教育、自我服务
5	北京理工大学	“党群零距离”工程	一是“零距离促发展”，党群肩并肩为国家重大需求和国防科技事业作贡献；二是“零距离促成长”，党群手牵手为人才培养作贡献；三是“零距离促和谐”，党群心连心为和谐校园建设作贡献	以党建课题立项研究为牵引，以实践活动项目立项为驱动，覆盖学校各级党组织，延伸到学校工作的方方面面
6	重庆市酉阳县	“五百”活动	一是召开百场专题会议；二是征集百条锦囊妙计；三是推进百日生产会战；四是评选百名创效先锋；五是落实百项帮扶举措	在活动中增进感情
7	云南省曲靖市	“新农村故事会”活动	一是党员干部在故事收集中了解社情民意；二是村民群众在故事讲述中升华了思想；三是和谐构建在故事诠释中得到加强	以喜闻乐见的形式搭建党群干群沟通交流平台
8	内蒙古通辽市开鲁县	三“联建”活动	一是跨村党小组联建，促进村与村之间的沟通；二是村居联建，促进农村与社区之间的沟通；三是站所与产业党支部联建，促进政府部门与产业党组织的沟通	立足经济社会发展实际，以发展农牧业产业化为中心；跨域联建，架起连接党组织和群众的桥梁
9	四川省遂宁市	“三级三方”劳资协调机制	以县级以上政府为主导的Ⅰ级体系；以街道（乡镇）为主导的Ⅱ级体系；以企业为主导的Ⅲ级体系；在每一级中又以劳动保障部门、工会组织、企业家、工人等为三方，构成一个纵向到底，横向到边的网格化劳资协商体系	劳动部门牵头，多方参与，通过协商把矛盾解决在萌芽状态
10	广西壮族自治区来宾市	“干部进村入户察民情，农民进城住家看变化”	城里的党员通过下农田、入农家、问农情、察农事、谈农经等方式接受群众评议，邀请1600多名农民代表进城住党员家中，让农民与党员干部交流讲真情、吐真话	党群交流零距离，培养彼此真感情
11	山东省胶南市	“群众工作日”	为了使领导干部蹲点调研制度落实到位，将每月10日作为全市“群众工作日”，实行干部下访日、警民连心日、民主议政日、党员活动日、市民教育日等“六日合一”，各级领导干部进社区、入农户，与群众面对面交流，听取群众呼声	与群众的沟通制度化、规模化

续 表

编号	地点／单位	名称	主要内容	特点／作用
12	江苏省南通市	“三室三代”工作模式	在乡镇（街道）、村（社区）建立党代表集体工作室、个人工作室和网上工作室，为广大党员群众提供诉求代言、事务代办、惠民代理服务	党内的工作也是群众工作
13	福建省福鼎市	“三联、三访、三助”信访工作法	三联：部门联合“一站式”、干群联手“一条心”、上下联动“一体化”；“三访”：24小时无缝接访、每月定期带案下访、分类制宜重点约访；“三助”：提供法律援助、建立困难基金救助、开展心理咨询扶助	积极创新信访工作方式与方法，变群众上访为干部下访
14	青海省	“五多活动”	强调干部多往基层跑、多和群众接触、多了解下面的真实情况、多帮助老百姓解决实际困难、多做“顺气、解结、纳言、化怨”的工作	变被动沟通为主动沟通

三、情绪管理工具——北京市朝阳区的“人文朝阳、和谐家庭教育工程”

编号	地点／单位	名称	主要内容	特点／作用
1	北京市朝阳区	“人文朝阳、和谐家庭教育工程”	建立“和谐家庭俱乐部”平台，培训政工、社工、义工“三工”队伍，推广“家庭公约”交流工具，创新现代社区家庭教育与管理服务机制，有效解决群众的情绪管理与亲子教育问题	非语言交流工具，做不言之教，孵化专业社工队伍，实现社会管理模式的成功转型
2	四川省成都市金牛区抚琴街道西北街社区	五“心”入群众：知心、舒心、开心、放心、顺心	第一，打造阳光党员队伍；第二，探索“321”民主管理模式；第三，组织“我们的节日”系列活动；第四，开展便民服务“一卡通”；第五，变“意见”为“建议”	“心”入群众
3	湖北省	“万名干部进万村入万户”活动	一是干部进村入户有明确的任务：当好农村政策的宣传员、社情民意的调查员、为民办事的服务员；二是家底要摸上来，干部得沉下去；三是家底要摸上来，调研内容必须具体，责任分工必须明确	与民同食、与民同住、与民同劳、与民同乐

续 表

编号	地点／单位	名称	主要内容	特点／作用
4	河北省定州市	“深入基层，融入群众，热诚交友，真心相待”	广泛交友，夯实群众基础；真情交友，畅通民意渠道；务实交友，发挥工作站作用	与民为友
5	湖南省长沙市	“发挥五老优势，进行四项教育”	长沙市聘请一批老干部、老模范、老教师、老战士和老专家，面向全市广大干部群众和中小学生，进行形势政策、党的历史、思想道德、公民意识教育	构建家长学校，发挥五老人员的价值，做校外辅导员

四、法治工具——上海市的依法行政白皮书

编号	地点／单位	名称	主要内容	特点／作用
1	上海市	依法行政白皮书	分为总报告、六个专题报告及四份评估报告。主要内容：行政立法方面、行政决策方面、行政执法方面、社会矛盾化解方面、行政监督方面、依法行政观念和能力方面	聚焦市民想了解、想参与、想监督的问题，主动向社会公开，接受公众监督
2	江苏省如皋市	“述法”考核	着重报告依法决策重大事项情况、依法行政工作情况、司法质效情况、依法办事情况及报告学法守法情况。设“好”“较好”“一般”“差”四个考核等次	形成“德、能、勤、绩、廉、法”六位一体的述职述廉述法考评机制
3	湖南张家界市武陵源区	法治工作站	一是科学配置，搭好平台；二是优中选优，建好队伍；三是明确目标，抓好落实；四是完善机制，做好保障；五是强化服务，维护稳定	零距离服务 面对面调解 心与心沟通

五、调查工具——中宣部倡导的“走、转、改”活动

编号	地点／单位	名称	主要内容	特点／作用
1	中宣部	开展“走、转、改”活动	中宣部要求广大宣传、媒体机构等广泛开展“走基层、转作风、改文风”等活动。中央及地方各大媒体都把报道的重点对准基层，宣传报道服务基层群众	报纸工作做不好，就是最严厉的脱离群众

续 表

编号	地点／单位	名称	主要内容	特点／作用
2	六部委	“走出机关、深入基层”	教育部、民政部、卫生部、计生委、广电总局、全总等六部委推行机关干部“走出机关、深入基层”调查研究，在“三进三同”中提高能力素质	超越官僚制，直接深入基层了解基层实情
3	安徽省	“五级书记带头大走访”	安徽省开展省、市、县、乡、村五级党组织书记带头进农村、进企业、进社区、进学校，带动各级领导班子成员和广大党员干部访民情、汇民智、释民惑、解民忧、惠民生，在基层群众中摸底调研	超越官僚制，直接深入基层了解基层实情(学校工作也是群众工作，而且是重要的群众工作)
4	山东省济南市	“12345”市民热线	受理内容包括行政审批、行政受理、法律法规等规范性文件和招商引资政策信息的咨询；市民关心的社会保障、医疗服务、教育、安全等民生方面的咨询、求助；对政府部门及工作人员职责、办事程序、工作方式等方面的投诉、意见和建议等	24小时畅通，随时随地掌握民意，及时准确解决问题
5	广东省广州市南华西街	构建民意收集渠道网络	一是党员走出门：党的领导干部走访；党员志愿者串门；特约联络员；民意调查；宣传栏、网页。二是群众请进门：领导接访；群众监督员；群众意见箱；热线；座谈会；社区论坛	“双向立体式”沟通
6	重庆市	“三项活动”“三项制度”	“三项活动”：“大下访”；“三进三同”——进基层、进村子、进农户，与农民群众同吃、同住、同劳动；“结穷亲”。“三项制度”：书记接访，畅通渠道听民声；成员走访，进家入户访民情；定期反馈，上下联动办民事	两者紧密结合，融为一体；既有实践先导，又有制度保障
7	湖北省宜昌市伍家岗区	“三条渠道”集民意	一是进家入户上门受理；二是搭建平台定期受理；三是专门机构及时受理	党—党员群众服务中心（连心桥）—群众
8	江西省广昌县	“点、线、面”三位一体抓实调研走访活动	一是领导调研走访，突出联系“点”；二是部门调研走访，突出行业“线”；三是乡镇调研走访，突出党建“面”	三位一体，以点连线，连线成面，全方位摸清各单位和广大党员群众的热点和难点
9	上海市浦东新区芦潮港镇党委	“青年人才进社区”	青年小组走街串巷，通过民意调查，了解掌握群众对社区科学发展和民生工作的迫切需求，为社区党总支进一步做好群众工作提供第一手资料，为社区领导科学制定和实施社区发展规划提供决策参考	发挥青年优势，群众工作做细、做实、做好

续 表

编号	地点／单位	名称	主要内容	特点／作用
10	湖北省秭归县	“七一关怀热线”	一是建一条热线知民情；二是整合资源解民难；三是精神激励暖民心；四是决策回应顺民意	一条热线，沟通无碍
11	广西壮族自治区玉林市窗口单位和服务行业	“四必访”工作法	重点户必访，困难户、复员退伍军人必访，上访户、意见户必访，下岗失业户必访	牢牢把握对关键性人群的摸底、调研
12	河北省廊坊市	“百村支书谈心”活动	市级领导深入100个村街（社区），采取“走、住、看、谈”的形式，重点与党支部书记谈心，倾听群众心声，掌握基层情况，帮助解决问题。按照“四个三分之一”比例确定访谈对象，即经济发展情况好、中、差各三分之一，基层组织建设好、中、差各三分之一，稳定情况好、中、差各三分之一，村党支部书记年龄老、中、青各三分之一	访谈对象实行分类，访谈有深度、广度

六、评估工具——全国各地区各单位各部门群众评议创先争优

编号	地点／单位	名称	主要内容	特点／作用
1	全国各地区各单位各部门	群众评议创先争优情况	2011年12月至2012年2月中旬，全国各地区各单位各部门把群众评议作为深化创先争优的有力抓手，共有378.8万个基层党组织接受群众评议，占98.9%；有7843.6万名党员接受群众评议，占97.8%	广泛吸收群众参与，拓宽评议渠道，用党员的“辛苦指数”换取群众的“幸福指数”
2	湖北省江汉区民权街道	“先进性指数”	一是精心分类，科学设置考评项；二是“四评”打分，评出党员先进度；三是用好结果，激励党员争优秀	量化考核，指数说事
3	浙江省慈溪市	领导干部年度量化计分考核制	一是改进指标设置，注重各方评价；二是结果量化积分，科学评定等次；三是强化结果运用，体现激励导向	挣“分”夺“标”
4	重庆永川区	“三考”	一是“量化考才”，考真干部才能；二是“量化考察”，考实干部民意；三是“量化考核”，考准干部业绩	量化考评选干部，竞争择优用干部

续 表

编号	地点／单位	名称	主要内容	特点／作用
5	四川省	基层组织建设中的“三分类三升级”	四川省组织 1.6 万个调查组，对全省 18.6 万个基层党组织进行摸底调查评估，按照“先进党组织上水平、一般党组织上台阶、后进党组织换新貌”目标，分类分级推动基层党组织晋位升级	由上级党组织对基层党组织进行评估，实行晋位升级

七、奖惩工具——浙江省温州市瓯海区娄桥街道的“考绩法”

编号	地点／单位	名称	主要内容	特点／作用
1	浙江省温州市瓯海区娄桥街道	“考绩法”	一是明确项目设置；二是明确赋分方法；三是明确考绩奖惩	有理有据，奖罚分明
2	山东省淄博市博山区	“百名中层干部大家评”	“五步评议法”：领导评议法；单位干部评议法；基层单位评议法；报纸问卷评议法；网络调查评议法。根据评议得分情况，严格进行奖惩	多方参与，公开透明
3	贵州省	“诚信农民建设”	采取“政府主导、企业主推、农民主体”三位一体的方式，加强对农民的诚信宣传教育，健全信用激励机制，加大失信惩戒力度，全面推进社会主义新农村建设	“群众也是需要教育的”；把诚信教育与市场经济结合起来

八、统计工具——山东省东平县“量化承诺积分”

编号	地点／单位	名称	主要内容	特点／作用
1	山东省东平县	“量化承诺积分”	一是科学分类，公开定诺；二是核定分值，量化承诺；三是考核打分，民主评诺	承诺不仅仅是说说，而是要做出来
2	山东省临沂市	电话访问＋网络辅助	以计算机辅助电话访问系统（CATI）为主要方式，使用CATI专业软件，实现问卷设计、智能预拨号、样本配额、实时监控、电话监听，实时汇总等功能，完成各项调查项目	社情民意调查实现常态化

九、公示工具——广东省湛江市“村务 e 路通”

编号	地点 / 单位	名称	主要内容	特点 / 作用
1	广东省湛江市	“村务 e 路通”	运用电子公开、电子查询、电子监察、电子投诉和电子评价“五个电子化”功能实现农村村务公开、党务公开和财务公开	知情权、监督权、参与权和决策权实实在在地交到村民手里
2	内蒙古鄂尔多斯市鄂前旗	“五式法”	一是“上墙公开”，使党务公开墙成为群众眼前的“透明墙”；二是“上网公开”使远程教育信息网成为党群之间的“互联网”；三是“上线公开”，“12371”党务公开服务热线成为党群之间的“连心线”；四是“上卡公开”，使党务公开卡成为党员群众心中的“明白卡”；五是“上报公开”，使党务公开报成为党员群众手中的“沟通报”	保障了所有党员群众的党内民主权力，增强了党员群众之间的和谐
3	内蒙古陈巴尔虎旗	“三三”制	一是“三制保障”：监督员制度、意见收集处理反馈制度、责任追究制度；二是“三措并举”：健全组织、多样形式、丰富内容；三是“三位一体”：常规公开、互动公开、点题公开	制度保障、措施得当、体系分明
4	河南省固始县	“阳光党务”	一是丰富公开内容，回应群众期盼；二是创新公开形式，方便党员群众知晓；三是规范公开程序，引导党员群众参与；四是健全公开制度，接受群众监督	多措并举，透明办公

十、监督工具——浙江省“村务监督委员会”

编号	地点 / 单位	名称	主要内容	特点 / 作用
1	浙江省	“村务监督委员会”	与村两委平级运行，确保群众的知情权、参与权、表达权特别是监督权落到实处	干群对话的平台和桥梁
2	江苏省南京市建邺区	“三报告一评议”	社区党委、居委会、管理服务站的负责人做年度工作汇报，居民提出自己所关心的问题，并对社区总体、社区党组织、社区居委会、社区工作站和社区党组织、居委会以及管理服务站及其负责人分别评议打分	群众评议结果占年终考核 2/3 权重

续 表

编号	地点／单位	名称	主要内容	特点／作用
3	陕西省商洛市	“一册两聚四会”	村干部工作纪实手册；党员活动和村民议事集聚日；村党支部会、“两委会”、党员大会、村民代表大会或村民大会。 （1）发挥“一册”全程纪实作用，提升基层干部的执行力；（2）发挥“两聚”酝酿监督作用，提升党员群众的主导力；（3）发挥“支部”提议的基础作用，提升基层党组织的战斗力；（4）发挥“两委会”商议的论证作用，提升村两委会的感召力	问政于民， 群众当家作主
4	湖南省桃江县	“党风廉政舆情在线”	将全县公务单位和干部上网“亮相”，在网站首页设置“党风廉政舆情在线”入口，下设“我要监督”“我要举报”两个子栏目。使其接受广大人民群众的监督和评议	网络问政树新风
5	广东省湛江市	领导干部述职述廉网络直播	书记的述职报告要提前一周挂到湛江市的官网上，邀请网民前来“拍砖”。述职述廉要当场打分并且公布结果，确保“考场”不变“秀场”，而且不满意票达1/3经考察确为不称职者可免职	群众监督，任免在民
6	重庆市酉阳土家族苗族自治县	评议员“管”党员干部	聘请45名人民评议员正式上岗“管”住党员干部	各界人士齐参与
7	浙江省乐清市	“村务文书”	一是制作《村事明白书》，加强村干部日常工作情况监督；二是制作《项目推进书》，加强村干部重要决策事务监督；三是制作《诫勉通知书》，加强村干部不当履职行为监督；四是制作《辞职申请书》，加强村干部重大失职行为监督	“纸质监督”
8	黑龙江省虎林市委	“一会双票三公开”	一、组建党群议事会，搭建村级民主自治协商平台；二、推行“双票决策”制度，搭建村级民主自治决策平台；三、完善“三公开”制度，搭建村级民主自治监督平台	党内民主带动村级民主自治

十一、口诀工具——太原、锦州等铁路公安处“说、学、逗、唱”

编号	地点／单位	名称	主要内容	特点／作用
1	太原、锦州、徐州、蚌埠等铁路公安处	“说、学、逗、唱”	将防盗的常识编成诙谐幽默的小段子向旅客宣传，将注意提醒的事项自编成顺口溜提醒乘客，使用快板歌曲等各种形式提醒旅客注意看管好自己的财物，注意各种安全常识等	寓教于乐
2	江苏省泗洪县	文艺宣传队	把新型农保各方面知识、好处等，编成多种文艺节目用于宣传。节目主要有：三句半、对口词、快板书、小品、相声、《泗洲戏》等	生动活泼、通俗易懂

十二、警示工具——湖南省安仁县“三级预警”机制

编号	地点／单位	名称	主要内容	特点／作用
1	湖南省安仁县	“三级预警”机制	“第一级预警”是向全体领导干部敲“警钟”；“第二级预警”是向重点领导干部设“警戒线”；“第三级预警”是向有问题的领导干部亮“红灯”	加强领导干部教育监督，强化源头治腐。层层设防
2	新疆哈密市	“强器、搭桥、通路、提率”	一是超前防范，强化信访“预警器”；二是创新载体，搭建信访“连心桥”；三是整合联动，畅通信访“高速路”；四是规范流程，提升信访“满意率”	针对信访部门工作的特点，实行一“线”到底

十三、宣传工具——浙江省台州市椒江区“百姓新闻发言人”

编号	地点／单位	名称	主要内容	特点／作用
1	浙江省台州市椒江区	“百姓新闻发言人”	一、让百姓有言“敢”发。党委、政府“问心”访民，问计于民；二、让百姓有言“能”发。改进和规范了公共信息的传播机制，用制度化规范化推动群众意愿的合理表达、正确表达和有序表达；三、让百姓有言“可”发。“百姓新闻发言人”首先是百姓代言人，站在百姓的角度、政府的高度	互动式宣传

续 表

编号	地点／单位	名称	主要内容	特点／作用
2	安徽省淮北市	推倒一堵墙、拉近党群心	推倒村级组织办公场所的院墙大门，实行开放式办公，为党员群众实行敞开式服务，建设多个办公室，适当面积的硬化广场，设专栏，将村级组织活动场所打造为村级办公议事、党员活动、教育培训、便民服务、文体娱乐为一体的活动中心	抽象的组织关怀转化为直接具体的服务供给
3	云南省	“四群教育”	在全省各级党员干部中广泛开展群众观点、群众路线、群众利益、群众工作“四群”教育，增强广大党员干部密切联系群众的自觉性，提高做群众工作的本领	在党内形成一股尊重群众、联系群众的氛围

十四、动员工具——广西陆川县“三清楚”“四个一”“五个一”

编号	地点／单位	名称	主要内容	特点／作用
1	广西壮族自治区陆川县	“三清楚”“四个一”“五个一”	清楚知道留守儿童基本情况、代管人和父母基本情况、父母去向和联系办法；每周一次到留守儿童家里了解其生活情况，每两周一次到留守儿童班级了解其学习情况，每月通过电话等方式与留守儿童父母联系一次，通报留守儿童生活学习情况，每月指导留守儿童给父母写一封沟通的书信；学会一门实用技术，选好一条富民路子，培育一个主导产业，发展一个致富典型，帮扶一个贫困农户	让农村无职党员，由“闲人”变为“能人”
2	安徽省南陵县	“小红帽”——志愿者在行动	四个“规范”：规范注册登记、队伍设置、服务标识、教育培训。公开承诺，激发内生动力：在公开承诺上，做到切实可行；在践行承诺上，突出服务群众。创设载体，确保取得实效：开展“访民情解民忧助发展促和谐”活动、“送温暖，献爱心”志愿服务行动、法律援助和民生调解活动、送信息上门活动、维稳活动、爱心助学活动、“送健康进社区”服务活动、“送文化进社区”活动	党员志愿者成为社区建设主力军

续　表

编号	地点／单位	名称	主要内容	特点／作用
3	山西同煤集团马脊梁矿	“党员服务站”“三定、五岗”	根据全矿党员的实际情况，设定服务基地，设定服务岗位，设定岗位职责。为员工子女设立就业服务岗、帮困服务岗、宣传服务岗、社区文明服务岗和基层服务岗	“党员服务到井下”
4	云南省曲靖市罗平县板桥镇党委	党建指导员	带真情解“忧”，当好村情民意的调研员，在生产发展上创先争优。带政策解“惑”，当好政策法规的宣传员，在培训帮教上创先争优。带项目解“困”，当好富民强村的服务员，在带领致富上创先争优。带法律解“结”，当好矛盾纠纷的调解员，在文明和谐上创先争优。带党建解“涣”，当好组织建设的指导员，在加强党建上创先争优	机关干部亲力亲为
5	吉林省通化市东昌区委	组建“党员志愿者服务队”	第一是建队伍，搭设党员服务群众“新平台”；第二是建载体，开辟党员服务群众“快车道”；第三是建机制，实现党员服务群众“高标准”——建立量化服务机制、建立活动长效机制、建立激励考评机制	多形式、多内容、全方位的服务
6	重庆市大渡口区委	党员义工在行动	一是增强组织力量的社会性，吸收最广泛的志愿参与者；二是强化服务对象的群众性，帮助最需要帮助的群众；三是突出服务内容的公益性，解决最关心的现实问题	义工成为社会管理的先锋力量
7	山东日照东港区	卸任村官退职不退责	镇干部带着新一任两委班子“走访”“慰问”退职村干部，并“委以重任”	卸任村干部显热心，新任村干部显诚心，新老干部显齐心
8	河南省安阳市殷都区	政治文明“三大举措”之一：评选“十大员”	依靠“十大员”的参与，把群众动员起来。“十”指的是涵盖群众利益和诉求的方方面面，是个约数。殷都区在群众参与中形成了十八个方面的大员，包括社会问题调研员、社会问题信息员、民间问题调解员、法律政策宣传员、公共财产维护员、公共事务评比员、党政工作监督员、卫生秩序协管员、社会治安巡逻员、扶贫解困服务员、计划生育监督员、低保工作监督员等	利用“大员”这个新时期群众工作的支点，把群众“撬”起来“跟党走”，避免群众工作出现“党跟走”现象

续 表

编号	地点／单位	名称	主要内容	特点／作用
9	辽宁省鞍山市	“郭明义爱心团队”	鞍钢集团普通党员郭明义发起成立了“郭明义爱心团队”，组织了鞍山市第一家红十字志愿服务队、红十字志愿者急救队，带动一大批人参加公益事业	鼓励党员参与志愿行动，形成新时期群众动员新机制
10	吉林长春净月开发区永兴街道党工委	“红细胞工程”	在开发区党工委领导下，充分挖掘街道各类组织资源，构建以党员为骨干、社会力量广泛参与的志愿者队伍，扎扎实实做好联系和服务群众的工作	建立点对点、分类和系统化的党员服务体系

十五、科研、科教、科普工具——辽宁省大连市“百万家长教育工程”

编号	地点／单位	名称	主要内容	特点／作用
1	辽宁省大连市	“百万家长教育工程”	利用8年时间孵化出一支现代社工专业队伍，在社区建立“社区家庭俱乐部”，推广《居民家庭公约》工具，解决群众的“后代教育、后院管理、后世传承”的三难问题，受到群众的热烈欢迎	专人做专门事，利用科研、科教、科普的工具，建立群众工作长效机制
2	浙江仙居	千名农村宣传员扎实推进科学理论普及	把握“三大环节”（打牢组织机构环节、夯实宣传阵地环节、抓好宣传员选配环节），打造组、站、员三位一体的宣传员网络。推行“三项制度”（工作督查制度、报酬待遇激励制度、业绩考核制度），建立督、激、考配套运作的工作机制。采取“三种办法”（加强培训、开展黑板报评比、宣传工作现场会等多种活动、编写宣传资料加强指导），形成点、线、面相互衔接的培训途径	有队伍应用，有制度保障，有办法实施
3	云南丽江	结合民族文化创新基层党建工作	聘请专人做好基层党建的路径、宣传、监督和落实工作。整合应用文化资源。党务工作者发挥优势，选准入口，突出特色，狠抓落实。抓实各级党组织书记队伍，落实第一责任。推行第一书记制度。组建少数民族党建文艺宣传队	发挥民族优势宣传党的方针政策

续　表

编号	地点／单位	名称	主要内容	特点／作用
4	四川省广安市邻水县	“党员志愿服务行动”的三个“三”	“三大保障工程”：“队伍组建工程”“素质提升工程”“考评激励工程”。“三大共建平台”：“结对共建活动、文明共建活动、和谐共建活动”。“三个带头示范”：“党员志愿技术服务队”“党员志愿谈心服务队”“党员志愿文艺服务队”	党—“党员志愿服务行动”（连心桥）—群众
5	重庆市荣昌县河包镇	“一线工作法”	一是健全网络，服务联系群众有阵地；二是整合队伍，服务联系群众有载体；三是设立岗位，服务联系群众有平台	网、线、点的结合

十六、制度工具——“万名组织部长下基层”

编号	地点／单位	名称	主要内容	特点／作用
1	各级党委组织部	“万名组织部长下基层”	推行组织部长直接联系群众，以避免组工干部只联系干部，难以听到基层群众声音，建立不起对基层的感情的弊端	组织部干部直接联系群众
2	四川省彭州市	“124”基层工作方法	“一坚持、两走遍、四掌握”：坚持镇领导班子成员带队值班制度，坚持镇主要领导干部深入村组、走访群众；建立宣传政策的长效机制，建立走访群众的长效机制，建立值班坐班的长效机制；建立“台账”制度，发挥村民代表作用，建立村民议事会制度	领导干部联系群众的制度保障
3	重庆市成都市武侯区浆洗街道	“民情专递”	“一聘”：聘好民情专递员；“二统一”：统一工作制度、统一工作流程；“三建”：建立健全三个工作载体（民情“直通车”“谏言路”“连心桥”）；“四明确”：明确街道党工委工作职责、明确社区党组织工作职责、明确民情专递员工作职责、明确民情专递工作考核目标	权利范围外民意表达的制度保障
4	重庆市	“三项制度”	基层党组织书记每周一次接待群众来访制度；基层党组织班子成员每年两次进家入户走访群众制度；群众意见定期办理反馈制度	把为人民服务制度化、规范化和程序化

续 表

编号	地点／单位	名称	主要内容	特点／作用
5	重庆市江津白沙镇	“三级院坝会”	第一级是镇党政班子成员带队包村，每3个月到所联系的村（社区）至少召开一次院坝会；第二级是镇属各部门负责人带队包社（组），每2个月到所联系的社（组）至少召开一次院坝会；第三级是镇机关干部和大学生村官包院坝，每1个月到所联系的院坝至少召开一次院坝会	分级负责
6	宁夏银川市金凤区	“党群联系卡”	建立“困难党员群众、患病造成困难的党员群众”等信息库，结成帮扶对子，并把印有党员姓名等的“党群联系卡”发给帮扶对象。每月至少两次去了解他们的生活状况、就业情况，并征集群众的意见、建议，及时帮助解决。并建立结对帮扶工作台账	党群互换“名片”
7	贵州遵义市	“四五五”工作法	搭建“四级服务网络”（县、乡、村、组）。构建“五大体系”：党务服务中心、政务服务中心、乡镇（街道）成立便民服务中心、村（社区）成立党员群众综合服务站、村民组（居民小区）成立便民服务点。实现“五大提升”（能力、形象、威望、感染力、满意度）	从基层入手创建“服务型党组织”
8	广西百色	“农事村办”制度	一、突出“村办”特色，构建县、乡、村、屯、户五级服务网络；二、立足“农事”需要，扎实开展六大服务——生产服务、文化服务、卫生服务、法律服务、政务服务、党员服务	村级单位作用的真实发挥
9	浙江省余姚市	“四民”工作制度	一、民意收集，全面掌握群众需求（登门入户实地收集，突出“勤”；制作卡片电话收集，突出“快”；设置信箱固定收集，突出“实”）。二、民事反映，真实表达群众意愿（填写《党员提案表》；工作建议；电话、上门等其他快捷形式）。三、民情分析，认真形成处理意见。（会议集中分析；“一点两户多站”载体分析；板凳会交流分析）。四、民声回应，真诚答复处理结果（建立提案建议限期办理机制、重大事项听证票决机制、基层民主体制倒逼机制）	村级党组织充分“接地气”

续　表

编号	地点／单位	名称	主要内容	特点／作用
10	河北省邱县	“五日工作法”制度	制定工作日程表，明确工作任务，把领导干部下基层、抓基层、联系基层的工作制度化。星期一：党小组学习日；星期二：走访调研日；星期三：集中服务日；星期四：电教宣传日；星期五：问题活动日	把联系群众的工作日程化、规范化、系统化

十七、文化工具——四川郫县安德镇“二三三”工作法

编号	地点／单位	名称	主要内容	特点／作用
1	四川郫县安德镇	“二三三”工作法	一、建设“二块阵地”（镇、村）搭建活动平台。二、组建“三支队伍”（文艺骨干队伍、康乐协会、“书记”文化队伍），促进群众参与。三、建立“三项制度”（领导联片制度、经费保障制度、督促指导制度），推进效果评估	硬件和软件同抓的文化治理模式
2	浙江仙居	“百姓大舞台”	整合社会各界资源，为基层群众的文化活动提供可靠平台	政府搭台，百姓唱戏
3	上海市徐汇区	多样化精神产品	1. 挖掘区内红色文化资源，引导未成年人树立正确价值观。2. 创新活动方式，提高社区居民认同感与归属感。3. 个性化服务，扩大组织影响力，针对群众需求，建立多层次多主体的徐汇社区群众心理健康服务工作网络系统	按需分配
4	云南丽江	结合民族文化创新基层党建工作	一、坚持用“红色短信党课”教育广大党员干部；二、深入开展党内互助“八个一”活动；三、倡导党员干部开展读书学习活动；四、成立流动党员支部；五、探索（10＋1）旅游人才培养模式；六、开展“科学发展进庙堂、宗教知识进支部”双进活动；七、建立流动党员驿站；八、聘请全国知名专家为党建指导员；九、聘请大学生村官为党建宣传员；十、由村完小校长兼任村党组织副书记	文化主线，多管齐下

十八、典范工具——上海市杨浦区延吉新村社区树“群众领袖”

编号	地点／单位	名称	主要内容	特点／作用
1	上海市杨浦区延吉新村社区	树“群众领袖”	树立“环境卫士”“调解明星”“激情讲师”“爱心义教”“心理医生”“集藏新秀”“学习楷模”等标杆，培育推广他们的先进事迹，形成有凝聚力、感召力的“群众领袖”	群众自己教育自己，自己组织自己，自己服务自己
2	江苏省常州市	“道德讲堂”之“五六七”	“五个一”流程：“唱一首歌曲、看一部短片、诵一段经典、讲一个故事、作一番点评”。“六个我”形式：“我听、我看、我讲、我议、我选、我行”。“七大类”讲堂：机关道德讲堂、企业道德讲堂、行业道德讲堂、社区道德讲堂、村镇道德讲堂、学校道德讲堂、新市民道德讲堂	“身边人讲身边事，身边人讲自己事，身边事教身边人”
3	河北省唐山市	“月评学雷锋十佳事迹”	利用简报、通报，电视、广播、报纸，社区宣传栏、农村有线广播等传统载体，手机短信、单位滚动字幕、地方或单位的互联网网站等新兴传播平台，大力宣传学雷锋十佳事迹	坚持二十年，打造成为唐山市“品牌”
4	四川省泸州市纳溪区	“党员中心示范户行动”	开展“1＋10”或“1＋X”传帮带措施，每个村至少确定10名“党员中心示范户”，要求每名“党员中心示范户”至少带动10名群众，通过发展农业产业项目增产增收	培养带领群众致富的“活教材”
5	河南省安阳市殷都区	政治文明“三大举措”之二：评选“十佳标兵”	在各行各业中由民众参与来评选标兵，通过标兵的示范带动引领社会新风尚	寻找群众身边的真实“标杆”
6	天津市津南区八里台镇	评选“五星家庭”	在居民户中评选“爱心、文艺、绿色、书香、和谐”的五星家庭，塑家庭典型、给群众荣誉	通过典型带动，塑造新型社会风尚，抵制社会不良习气
7	湖南长沙市	开展“争当雷锋精神传人、弘扬社会文明新风”活动	开展“我身边的雷锋”典型推荐活动，采取组织发动、群众推荐、媒体宣传等形式，发动群众踊跃参与、积极推荐“我身边的雷锋”，每季度评选40位新时期的“活雷锋”	以典型带动达到“教育群众”的目的

十九、"约定"工具——山西省阳泉市矿区"我是党员我承诺、服务群众促和谐"

编号	地点／单位	名称	主要内容	特点／作用
1	山西省阳泉市矿区	"我是党员我承诺、服务群众促和谐"	1. 认真调查摸底，合理设岗，确定服务事项；2. 支部积极动员，党员认岗，作出服务承诺；3. 接受群众监督，公开亮岗，公示服务内容；4. 严格督促检查，民主评岗，检验服务效果	突出先进性、体现自愿性、增强针对性、把握可行性、注重实效性
2	浙江泰普森休闲用品有限公司	"四评四点"	岗位承诺岗长评，点活履诺激情；闪光言行相互评，点高思想认识；动态积分群众评，点实工作基础；支部会议领导评，点出工作成效	及时落实责任
3	浙江省临海市	"五个一"活动	"一天一记录、一周一点评、一月一评星、一季一公示、一年一考评。"履诺日志记实、履诺星级点评、履诺公示评议、履诺考评运用	对履诺情况实行全程记实点评考核，促使党员承诺兑现率100％
4	河南省三门峡市湖滨区	"四诺"	一是准确定诺，民生决策在基层体现；二是公开承诺，"为民工程"在基层落实；三是严格践诺，"时代先锋"在基层争创；四是民主评诺，活动成效在基层检验	重在"为民工程"
5	云南省龙陵县	公开承诺销号制	一是台账管理，让党组织党员牢记承诺；二是公示督促，让党组织党员扎实践诺；三是点评销号，让党员群众共同评诺	一诺一践一评
6	北京市东城区	拆迁、征地过程中使用的"开放式参与的居民公约"	利益相关者通过讨论协商拟定拆迁公约； 居民代表会议通过公约并授权政府； 政府"被授权去拆迁"而非主动去拆迁	突出利益相关者的参与并使征地和地价升值的利益回归拆迁户
7	神华宁煤集团灵新煤矿党委	党建项目化管理	一是党建品牌项目创建形成了一个支部一种特色的局面；二是"亮牌承诺"项目让共产党员的先进性在安全生产中得到了检验；三是"党员命名"项目进一步提升了党员主体地位；四是"五比五争"星级管理项目使党建工作在安全生产现场得到延伸；五是"民情日记"项目在破解员工群众关心的热点、焦点问题中切实发挥作用；六是实现了优秀党员队伍带动优秀员工队伍的目标	细化管理，发挥政治新优势

续　表

编号	地点／单位	名称	主要内容	特点／作用
8	江苏省盱眙县	“双诺双述双评”即：“提诺、审诺、承诺、践诺、述诺、评诺”六步工作法	1. 村干部向乡镇党委和党员群众作出双向承诺，村干部向乡镇党委述职和村居党群议事会述职，乡镇党委考核评议村干部和村居党群议事会民主评议村干部。2. 提出承诺事项，审核承诺事项，公开承诺内容，履行承诺，定期汇报承诺履行情况，评议表彰	便于基层操作
9	河南省鹤壁市	党支部推动党员践诺的“三步工作法”	第一步：谈心。党支部成员至少每人每半年与每位党员和全体工作人员谈心1次。第二步：走访。了解初步情况后，进一步走访查实。第三步：商议。对复杂或不能及时解决的问题，由主谈人提请党员大会和全体工作人员会议商讨解决	方法操作简便，增强党支部践诺能力

二十、网络工具——上海宝钢集团“桥”论坛

编号	地点／单位	名称	主要内容	特点／作用
1	上海宝钢集团党委	“桥”论坛	利用网络加强与年轻职工的交流，内容包括“网上调查”“员工热线”“谈天说地”“专区论坛”等8大板块	交流有效快捷
2	浙江省杭州市拱墅区	“党代表网上工作室”	通过网络，群众随时向党代表提问，党代表及时了解民情	网上互动，网络架起服务桥梁
3	宁夏利通区	“数字化社区”	第一，明确目标高起点定位：党建工作数字化、社区管理数字化、社区服务数字化；第二，因地制宜高标准建设：试点先行分步实施、因地制宜整合资源、统筹兼顾注重实效；第三，突出实效高质量推进：社区信息动态管理、社区工作动态开展、党员教育动态实施、社区服务动态推进	社区的“网络建制”
4	江西省南昌市	网络发言人	由所在地区、部门、单位的班子成员、中层干部或现任新闻发言人担任，对涉及本地区、本部门、本单位的热点网帖，原则上要求在该网帖首发36小时内以网络发言人名义予以答复，在10个工作日内向网民反馈受理和办理情况	注重时效性、有效性、真实性

续　表

编号	地点／单位	名称	主要内容	特点／作用
5	山东省临朐	“网上党支部”	一是在组建上，探索“两种模式”（基层支部虚拟化、实体支部网络化）。二是在设置上，实现“五个功能”（管理功能、公开功能、联系功能、培训功能、服务功能）。三是在管理上，健全“三项机制”（实名注册机制、积分管理机制、民主管理机制）	把支部建在网上，大胆实现现代化、开放式、“虚拟”化
6	河南社旗县委	远程教育“四支队伍”	一是抓好远教管理人员队伍建设（“集中培训、分级培训、上门培训”）。二是抓好远教信息员队伍建设（信息员随时收集信息并及时上报）。三是抓好远教辅导员队伍建设（利用广播、“村村通”、农村商务信息、基层电子政务等资源，开展支农助农教学辅导主题实践活动）。四是抓好示范员队伍建设（发挥“田秀才”“土专家”的作用）	实现远程教育全覆盖、无盲区

寂静息灭虚妄分别相，广做一切众生的事业。

（这一首采用志气恢宏与所作性叙述法结合的修饰法）

5.未来的少女吉祥女，仿佛东北方明镜中的影子；

远离罪尘功德蕴，安置在清净圣神的佛国净土。

（这一颂采用三形象与实体明净结合的修饰法）

6.如来所知三时法，遍见一切其行相；

各种证觉因果乘，授记此法度众生。

（这一颂采用中句功能点睛修饰法，赞颂释迦牟尼佛）

7.大圣若行正相持，稀有广阔的舞场；

一心利他而歌舞，虽无生证正在思。

（这一颂采用相应二支形象修饰法）

8.徒众身心疯象嘴，正法铁钩所调伏；

法界见谛知空性，为扬佛法而降生。

（这颂采用因饰中的粗因修饰法）

9.执网迷恋夏哇日，追杀野兽行曲道；

体力消耗身弯屈，不需与语结行因。

（夏哇日，意为猎人，是印度的一位密法大师，八十四位成就者之一。此颂采用相应与二形象修饰法）

10.佛教经论无错误，六种神通正明知；

嘉言记别的琵琶，抱在智慧寻香怀。

（此颂采用合理相应二形象并论修饰法）

11.佛教江河无热池，成为主人的圣贤；

功德珠子高蛇冠，龙王东方宗喀巴。

（此颂采用相应全部形象化修饰法，赞颂格鲁派创始人宗喀巴大师）

12.测量明海的深边，洛桑扎巴称喉鼓；

世人的皈依大士夫，随顺善相的观察。

（此颂采用相应二形象修饰法，赞颂宗喀巴）

13. 昔日在智者自在的群星中，如同月光极明亮；
没有障碍的普明意净相，希奇殊胜庄严地。
（此颂采用譬喻形象修饰法）

14. 如来无畏狮子声，粉粹魔军猛象军；
释迦如来妙音声，转动正觉之法轮。
（此颂采用支分形象化与恐怖姿态结合修饰法）

15. 正式文义楞伽岛，不知主人形像猴子群；
楞伽经等珍宝壁，重影迷乱之授记。
（此颂采用与言语结合的全部形象化修饰法）

16. 释教经典《宝箧经》，居住正法甘露中；
现观升起于他有，不去安立弃等舍。
（此颂采用支分与二形象修饰法）

17. 未来方法广释心，了知变化思我份；
立置我份心意树，舍止摇曳弯曲疑。
（此颂采用与犹疑化结合的二形象修饰法）

18. 喔唷本来生的力自性，智慧郡陀罗的欢喜不明亮，
部分净力光功德，犹如初一的月亮暗淡低劣。
（此颂采用譬喻形象修饰法）

19. 世间水库游戏福苦浪，行至三有之间尚未完；
带动解脱本性的尊者，是莲花手观世音悲心。
（此颂采用第一和第二之初的阻断叠字修饰法）

20. 在诸佛智悲功用性中，佛教本质大圣三种姓；
怙主时时关照有情众，虚幻景象中区分种姓。
（此颂采用殊胜确定修饰法）

21. 如同别处发心救众生，热诚利乐所满甘露光；
不生不共的现象中，清净的财资同时出现。
（此颂采用与同状喻并论的譬喻形象修饰法）

22. 现证菩提东山中，发射平等太阳光；

现象菩萨舞蹈月，随眠不了义水神怀。

（此颂采用全部形象修饰法）

23. 正在思念众生主，和顺身教智慧深；

稀有安立净土轮，发心来自珠宝梯。

（此颂采用与志气恢宏并论的部分形象修饰法）

24. 背负东方所想的奶，细腰府屈具金女；

自身所依十善齐，奉献敬宝宗喀地。

（此颂是赞颂宗喀巴大师的出生地宗喀）

25. 根断生老病死寿转树，利他穗之生长真茂盛；

舍尽业烦恼的系缚，赞颂你洛桑扎巴。

（此颂采用形象化与逆缘结合修饰法）

26. 世间泥中能解脱，悲悯符号莲花手；

袈裟禁戒舞游戏，小桥不断人来往。

（此颂采用总相违、确定法、同状喻修饰法）

27. 无聊魔军心粗暴，给他甜美甘露教；

释义经函第二佛，自性因缘五部书。

（此颂采用与同体功能矛盾修饰同状喻并论法）

28. 通慧未来的镜中，显现将来一切法；

授记不足略手掌，犹如油柑指认定。

（此颂采用与同状喻并论的譬喻形象修饰法）

29. 能立源相关的义体，能给是上师的恩惠；

百劫所积的善海中，流淌着福水的份子。

（此颂用与欢快姿态结合的同类因修饰法）

30. 若尔轮回的野兽，想以别解脱戒除过；

念著国政悉多的妙喜，有走过阳焰大地的地过。

（从此颂开始概括隐赞修饰法和内部罗刹本尊结合的全部形象修饰法）

31. 词义不错拼音缺，说话有义慢暇句；

贪爱丰富结巴语，满意观察大海过。

（过去所撰写论著只是手抄本，如果考虑形象语言，问事时不到手。说适合会供的话，法施的种类和广说漫谈等释说的种类，如果有义观察，就有生喜，人们能诠释的语气高傲，表达自己的思想）

32. 显密经典甚深义，前辈努力多赐福；
反复实践难正集，无多利他大海过。
（此颂采用叠字修饰法。前辈，指第五世达赖喇嘛）

33. 方便护持赡部洲，依他钩引护地子；
顺理眷从象群中，散乱步行大海过。
（钩，指铁钩）

34. 政教二规大方便，流水波浪常旋转；
同类眷从行不累，非常勤奋大海过。
（此颂采用省或不省格形象法喻修饰法）

35. 胜法赞普法律园，妖魔鬼怪恶毒者，
长寿不死常出没，侵害慈悲健康法。

36. 海生明库喉颈家，吉祥福庆嘉言歌；
贪方愚者敬蜂音，冒充行家遭指责。
（此颂采用同类因修饰法）

37. 英勇小儿金刚焰，猛力摧毁傲地橛，
消除恶心做亲友，极度贫困大海过。

38. 自他遍计错乱歌，贪恋远近的偏袒；
抬起步伐两大点，自他等视供施过。
（此颂采用志气恢宏的形象修饰法）

39. 佛教多闻大学师，承接自乐时财物；
智者工作日落时，讲辩著月大海过。
（此颂采用省或不省格形象修饰法，自乐时，指五浊时）

40. 彼此适宜离间语，无数浊时法性中，

他说凉风不吹动，若如金山极稳固。

41. 多劫福德力转轮，佛教命树戒规中；
指持本性系缚有，正法光明使变白。
（此颂采用双形象修饰法）

42. 有念佛法及国政，心不集中如孔雀；
不具信守净行音，劫以无贪明点饰。
（此颂采用全部形象修饰法）

43. 无与伦比大怙主，文殊比丘宗喀巴；
戒律空性教彩画，执持黄帽的教派。
（此颂采用结合部分的总体形象修饰法。帽，指宗喀巴的弟子们）

44. 释教中观见空性义，龙树首倡中观见；
三门恶劣烦恼田，着重实践戒水服。
（此颂用同类因修饰法）

45. 圣人象长流瀑布，流淌仁慈阔宽手；
佛法僧三宝是导师，空性法王是上师。
（此颂采用双相应形象修饰法）

46. 为了了义胜魔军，佛相三地极成鼓，
响彻周围等觉相，流落一切知音上。
（此颂采用部分形象修饰法）

47. 辞章全解格言库，迷人如同梵王女；
开启慧门吉祥歌，法蕴海台合一体。
（此颂采用三形象化修饰法）

48. 政教莲花拘物头，美丽鲜艳政教日；
日轮之光照诸洲，利益一切平等恩。
（此颂用次第修饰法）

49. 不惑所知正观察，洁拭攀登发缕眼；
有谁追求此见义？所作他事难衡量。

（此颂用中句点睛修饰法）

50. 本派教主宗喀巴，利他事业真宏伟；
外道力害神变日，毁灭虫光祈愿节。
（此颂采用同况形象修饰法）

51. 解开施印二规中，心喜欢庆皆游戏；
加行节宴大会供，亲近承事敬献物。
（此颂采用同况夸饰修饰法。二规，指政教两种制度）

52. 众生遍计布画色，法报化佛三身等，
摧毁轮回所依性，新建众生福泽田。
（此颂采用一支形象修饰法）

53. 众生修佛常供养，宣讲教证胜生法；
作画之福羯摩力，施主比他尤殊胜。
（此颂采用中句点睛修饰法）

54. 想望较量河水湿，遍舍偏心自他法；
直见公正诸贤者，仿佛博慧之见修。
（此颂用同质喻修饰交换修饰法）

55. 佛法清净甘露池，争辩混乱之时节；
佛教根本吉祥源，无比法山甘丹巴。
（此颂采用譬喻支二形象修饰法）

56. 一切种类的法轮，无漏果的受用法；
清净大义正确道，正道根基极明亮。
（此颂采用末句功能点睛修饰法）

57. 嘉言宝蕴清净界，未掺恶语百色现；
圆满空前新语态，称名黄色琉璃镜。

58. 智者喜饰差别大，佛法之源珠宝鬘，
诸凡求知智慧者，妙语鼓励有情众。
（此颂采用了相应一形象修饰法和三形象修饰法）

59. 过去所行福业力，寻伺观察无忧教；

容华不减心深处，虔诚随信心所做。

（此颂采用同质喻的末句点睛修饰法）

60. 佛语精华甘丹巴，佛法根本上师父；

仿佛善慧称发心，了义现证菩提佛。

（甘丹巴，指格鲁派；善慧称是该派创始人宗喀巴的名字）

61. 不了义世俗月江边，菩提心的月亮显现；

仿佛未来劫的誓愿，在清净佛土能成佛。

（此颂用同况形象修饰法、参差形象化、同况修饰法、末句点睛修饰法等间杂修饰法）

62. 此生穿着利他甲，正妙自性授记法；

教理清净帝释剑，估摸不依弯曲弓。

（此颂用空前形象化修饰法）

63. 有眼士夫如见色，现量吸收介绍等，

恶教百光珠宝镜，没有丝毫错误问。

（此颂用与同状喻并论的同况形象修饰法）

64. 佛教无热大根源，重大寺庙底斯山，

长期闻思的圣地，四大江河之源头。

（此颂采用相应总体形象化修饰法。四大江河，指色拉、哲蚌、甘丹、扎什伦布四大寺院）

65. 净饭佛教日光库，三地之域善规派；

寺庙现观文献源，如来未见标准书。

（此颂用部分形象化修饰法）

66. 各别需要历史言，询问编集彼此源；

国王座前行离间，说着是非各种话。

（同状喻修饰法）

67. 现证等觉之智慧，没有觉语迷乱道；

意象奔跑法性中，此法上下及殊胜。

（此颂为相应形象化修饰法）

68. 佛的书信若如金，炼剪熔化无垢味；
妙吉祥怙主菩萨地，众生的领袖宗喀巴。
（此颂用与同况形象并论的志气恢宏修饰法）

69. 精进苦行母养大，智慧十力圆满佛；
所修清净教理法，与因违有错乱水。
（此颂采用一支形象化形象法）

70. 因业生死的大轮，恒常轮回无首始；
如业积聚堕罪障，共于佛前常忏悔。
（第一、第三与第二、第四相应的首断叠字修饰法）

71. 佛教利他的睨视，召引有寂的美女；
信心亲友全受取，此等法源已作力。
（相应三形象化修饰法）

72. 佛胜声闻独觉地，观见已到利众时；
三世怙主已降临，跳起律仪黄色舞。
（此颂用宏状修饰法与末句属品点睛结合修饰法）

73. 遍知善慧三胜宝，梵音随持有情众；
佛海种姓的主人，殊胜化身住百劫。
（与同类点睛修饰法间杂的祝赞修饰法，赞颂第六世达赖喇嘛洛桑仁青仓央嘉措）

74. 利乐本支甘丹派，为了佛教众生事；
痛苦阎罗主法轮，祝愿无间常转动。
（此颂用与理由间杂的祝愿修饰法）

75. 佛王文殊菩萨藏，其教传遍虚空天；
众生教理法力鼓，争惜依止大慈悲。
（此颂用一支形象修饰法。文殊菩萨藏指宗喀巴大师）

76. 三门罪业寂静处，弥勒佛法甘露味；
欢喜吉祥闻思轮，善良美好尊胜洲。
（此颂用矛盾修饰法和部分形象化间杂的修饰法，描写甘丹寺）

77. 贤者汇聚的法院，堆积正业之稻米；
诵经守戒玫瑰园，成熟解脱大乘洲。
（同类因修饰法。第一、二句指哲蚌寺，第三、四句指色拉寺）

78. 西藏净地持宝上部地，八法所缚之风摇不动；
徒众山洲中央真美丽；第四吉祥普善贤妙山。
（双关形象修饰法。此颂描述后藏的扎什伦布寺，为格鲁派在藏的第四大寺院）

79. 出离具戒集会僧，精进闻思及修行；
善法流水出雪山，讲修犹如夏季海。
（同况形象修饰法）

80. 权势广大法律轮，三地实行皆欢喜；
噶丹颇章政教宫，权势相似上弦月。
（此颂采用与骄姿豪气修饰法间杂的同况形象修饰法）

81. 等如虚空有情众，总别西藏雪域中；
战争瘟疫暗浊船，愿望圆劫寻香毁。
（祝赞修饰法上结合故事的同类因修饰法）

82. 此法作者及凡人，生自福中跋兰数；
众敬王的制法者，世代名叫大海师。
（末句属品点睛修饰法）

83. 佛颂授记是瑞雨，浊时来做众生主；
宗喀巴大师教派，进入追求解脱门。
（部分形象修饰法）

84. 能得佛果胜士法，三转法轮是佛教；
复又上举热诚心，祈愿广修具效能。
（中句点睛修饰法）

85. 成就事业作亲友，怙主神主阎罗王；
召财引力吝啬鬼，愿力护法常作伴。
（祝赞修饰法）

86. 祥瑞三宝圣胜三世悲力，护法威德本尊仙人真言，
吉祥如意黄色冠帽寺庙，十法行教证功德兴旺，
吉祥如意静止非善业，雨水调顺农牧丰产众生喜安康，
吉祥如意祝愿天授甘丹尊胜宫（噶丹颇章），祝愿您的政教永固绝无仅有。
（首四字叠字修饰法）

《无比吉祥日沃甘丹巴之教持黄帽派一切法的光明根本黄琉璃镜》者，《妙吉祥根本续》说："在雪域画湖，萨罗林变化。"《噶当宝书》说："地方名叫悉补野吐蕃（西藏），山高像天柱"。又说："喂！雪山怙主观世音，雪域是你的调伏地"。在人们的眼里，圣观世音菩萨的伟大行业，是莲花部（部主）如来的调伏田随欲声分为有理由随欲和无理由随欲，其中的无理由随欲称悉补野为西藏，分上、下、中三大地区，中部卫藏四茹地区之伍茹吉雪东岱，属于赞普直辖区，分上部和下部。其中的下部地区天有八辐轮，地有八瓣莲花，附近有八瑞相等，地势优越圆满，具十善。从大圣莲花手的智慧所成就的无量宫建在仰卧的罗刹女心口上，还有名符其实的普陀山（布达拉宫）、吉祥四喜幻化寺（赤囊祖拉康——大昭寺）、北方远一俱卢舍处的被称为娘·定埃增桑布（吐蕃时期两大钵阐布之一，为无垢友的弟子——译者注）奴仆的地方、妙吉祥藏宗喀巴大师的黄帽派的善教所属的古老的甘丹颇章同密教金刚乘之地提卧敦枳（de-wi-ko-tri）毫无区别的内吉祥胜乐宫，外持黄帽教柄者，把八瑞相的众生从非善的烦热中拯救出来，它是白伞盖有形的柄根。美名传十方的五生的白海螺和尊胜幢供放在左右两侧，仿佛天然水中的月亮一样明亮，被稀有之相周遍的后山由妙贤保护，右边的小河把村镇分为上下两部分，下部的楚顿王族的麦·贵巴扎西等人的事迹，详见《五世达赖喇嘛传—云裳》。从服务无比宗喀巴宝教的所立续中出生的遍知五世达赖喇嘛和佛没有任何区别。遍知阿旺洛桑嘉措大师象哺育小孩一样爱护我，我（第悉桑结嘉措）八岁拜谒上师，他不断赐授政教两种制度的语甘露（教诲），使我成为一位胜乘教藏内外秘的特殊金刚弟子。

虽然我的能力似乎有限，但是做任何事都非常认真，每天过的十分快乐，这并非是自夸的满足之词。

《妙吉祥根本续》等显密经典秘籍中授记俄氏等人的身世，他（指五世达赖喇嘛）看中能力较低、视土如金的我，他要求我严格按照规定办事，不准搞特殊化，制定铃记大手印的条例。关于我的导师，《涅槃经》中说：释迦牟尼要迦叶做好佛教事业。佛发现阿难有持闻记诵的根器，付法于迦叶。上师（达赖喇嘛）也按照这种做法，把一切政教事业全部授给我。达赖喇嘛在世时好象孩子的母亲一样，给予我无微不至的关爱，他圆寂后，他的清净智慧仍然护持着我。尽管我闻习了显密一切教法，仍然感到不满足，依赖父王大喇嘛（达赖）的慈悲，开始注释他的思想密意，撰写完成了几部论著。为了积累资粮净除罪障，修建了以前没有的世界一庄严灵塔，供祭能依所依的重大节日有黄帽派的创始人吉祥怙主宗喀巴大师创立的祈愿大法会，我好象跟随大鹏鸟飞行的蜜蜂一样效仿设立了会供大法会等，在印度圣地侍从们也没有专门为过去诸佛和班智达、成就师门设立这样的供祭法会，在此之前的西藏也没有转轮王和祖孙法王（指松赞干布、赤松德赞和赤热巴巾）中任何一位法王创立过供祭节，这么大规模的积净法会，只能适宜由佛弟子和王公子嗣们设立。

我对黄帽派所做的侍奉成绩如前所述，开始非常仰慕五蕴身净行，由于各种业缘没有实行，词穷语乱，愚鲁、态度、情感矜持于佳喉结缀中。我在母胎时，大矜羯罗梵赐名贡却顿珠（宝不空成就），具恩的根本上师前辈喇嘛五世达赖赐的梵语名字叫“菩提阿波多”，藏语叫“桑结嘉措”（佛海）。成熟于密教金刚乘坛场中的时候，赐给的梵语名字叫“班遮萨迦迦夏”，语言诠释中听到的名字是央金结贝洛丹顿周涅槃巴朗措萨尔巴（妙吉祥喜慧雄狮青年）。《丹巴旦贝本生传》说：“从前妙吉祥怙主法王宗喀巴大师为狮子吼佛，将来在奇异的庄严净土成佛，出自宇拉巴种姓，了义成佛。”这样的话在经论中没有出现，也未见那些分析经论的人写过，他们只是按照经论说的去做。显密教理的主人甘丹寺第四十八任赤巴夏尔扎仓法王洛桑群佩向灵塔献金轮和银制曼荼罗等，按照显密经典规定的仪式和寺院的陈规进行修供。仰仗遍知五世达赖喇嘛的仁慈悲悯，黄帽派教法得到很大发展。(达赖喇嘛)经常鼓励说：“我们也要在这方面做一些有益的事。”

总而言之，学习显密教法的方法是要阅读妙吉祥怙主宗喀巴大师的听讲笔记章节，尤其是五世达赖喇嘛的听讲笔记《恒河水》等，需要了解更多的密法，还要阅读其他人的注释。我们教派的根本三界众生上师东方宗喀巴·洛桑扎巴大师是具证妙吉祥海的净相之种，将来在东北殊胜庄严净土示现成为如来狮子吼佛，是广大善士夫们的净相信赖的根基。但是，有些寻伺者们不能明白教理和源头，而成为各种不坚持标准的人。所以，尊(宗喀巴大师)为绛贝央(妙吉祥)，《妙吉祥根本续》等经典有记载。为了了义成为诸佛之父，本来已经成佛，如今还在一些世界做佛事。按照不了义现象十地的自在童子五髻者(文殊菩萨)的样子，象是一个向一切佛闻听佛法的人，在无量佛土做有情众生的事业。有关莅临雪域西藏的情形，以前尽力搜寻，也没有找到，现有的零星材料或说法，和前面不一样，这里所用的经教和授记等都来自《甘珠尔》和《丹珠尔》。格鲁派从贾曹仁波且开始出现了许多智自在(学者)，他们依靠净相之经教而行事，没有想过也没有见过那些圣士们的所作所为，也许是时机不成熟，把它们作为我所作的一份子，心中畏葸，通过努力安排在这里，在谈话中多次提到。

关于寺院，有大羯摩师贡嘉哇的《教法史明灯》和班钦索南扎巴的《意饰》、卡尔纳译师的《甘丹教法史如意宝树》等，这三部著作中没有收载前面所说的一些观点，很难推崇新增部分和新旧一切。追查各寺，有些寺院中有一些可信的历史渊源方面的材料，也增加了从别处得来的材料，可以进行辨析。有些寺院好象医术无法解决的无头尸，它们的历史模糊不清，一部分人坚信不正确的传说，进行错误分析，智自在(学者或大师)们根据各种材料重新作了正确的分析。

我完成这部著作时已经四十岁，即我们的导师释迦牟尼佛在劫比罗城蓝毗尼林苑诞生后二千六百六十三年，佛教的根本善逝遍观或思殊胜龙种而来的妙吉祥怙主法王东方宗喀巴·洛桑扎巴贝于第六饶迥火鸡年(1357)在多麦降生后的三百三十五年，甘丹寺第一任赤巴贾曹杰遍知达玛仁青于木龙年(1364)出生后的三百二十八年，第二任甘丹赤巴克珠格勒贝桑波于第七饶迥的木牛年(1385)出生后的三百零七年，莲花部的如来遍胜光祥积王观世音菩萨为了众生事业逐渐而来中的末劫七辈达赖喇嘛中的第一辈班钦格敦珠铁羊年(1391)出生后的三百零一年，五照见和十二功德等与佛相同的我的上师五世达赖遍知阿旺洛桑嘉措于萨霍尔种姓如莎罗树一样的家族诞生后的(1317)七十五年。十一个六十甲子和五根相合的水猴年(壬申年 1692)，即从水猴年鬼宿月(阴历十二月)，木曜星辰鬼宿开始撰写，但是由于中间写作《五世达赖喇嘛传一云裳》全五函中的后三函和义回向偈而中断了(《黄琉璃》的写作)，还有修建(五十达赖)灵塔世界一庄严、写其灵塔目录，设立以前没有的大型会供法会，撰写供养方面的章程(规约)，拜见六世达赖喇嘛，再加上解决政教事务和寺院的事务而耽误了，因此前后用了七年的时间才全部完成，消除了四魔、烦恼、二障和全部习气，从无明的睡眠中觉醒，看见了尽所有知识和尽所有无障，用心释义。

这时候是无比释迦族之子(释迦牟尼)三十五岁觉悟成佛后，在波罗　　斯向五比丘初转四谛法轮，即从木马年始转法轮后的二千六百二十四年；五十八岁的火蛇年在灵鹫山中转佛教甚深法藏《般若经》等无相法轮后的二千六百零一年，从末转法轮至百年(岁)讲有为法无常等，为了共同徒众色身示现涅槃相后二千五百七十八年；如吉祥怙主法王宗喀巴的变化根本大圣文殊菩萨在用汉地俗算所化的五台山从枳迦夏(bri-ka-sha)树疣变化诞生后的二千五百三十四年；为了发展甚深空性教法，妙吉祥怙主龙树论师在累达波出生后的二千一百七十八年；外道僧住摩揭陀和火空海(403 年)开始后的一千零七十四年；土牛年世自在王的原形松赞干布在嘉玛的弥居强巴宫降生后的一千六十九年；水牛年拉萨四喜幻象祖拉康(大昭寺)建成后的一千四十五年；后宏期始年水鸡年后七百二十五年；无量光佛的本身阿底峡大师于水马年(982)出生后的七百一十六年；观世音自在居士仲敦巴·嘉哇窘乃出生后的六百九十四年；无二时轮法传入西藏和饶迥初年(1027)后的六百七十一年；火鸡年(1057)仲敦巴建北方热振寺后的六百四十一年；俄·勒贝喜饶修建西藏因乘源地桑(浦)内邬托寺后的六百二十五年；第七饶迥土牛年(1409)我们的教主东方宗喀巴·洛桑扎巴贝仿照舍卫城举办祈愿大法会，修建黄帽派道场卓甘丹尊胜洲(甘丹寺)后的二百八十九年；嘉央曲杰扎西贝丹创建吉祥哲蚌大寺院后的二百八十二年；妙吉祥怙主法王宗喀巴来甘丹心喜持法地(甘丹寺)和大慈法王建的色拉大乘寺后的二百七十九年；第八饶迥初年(1447)智者诺桑嘉措用前藏三嘉措(海)著《离惑白莲花言教》和七辈达赖中第一辈达赖遍知格敦珠创建后藏扎什伦布寺后的二百五十一年；第二世达赖喇嘛遍知格敦嘉措创建隐域噶姆窘杰梅朵塘寺(群科杰寺)后的一百八十九年；第三世达赖遍知索南嘉措用妙吉祥怙主法王宗喀巴的教理法灯照亮北方黑暗洲、创建大乘法轮寺后的一百二十年；第十八代香拔拉法胤登上积分宫的无畏狮子宝座后的七十一年；金刚手菩萨现为人主的丹增法王(固始汗)于水马年把他用武力和愿力得来的属民和雪域九洲献给佛遍集莲花部的如来遍胜光祥积王五世达赖喇嘛，天授甘丹颇章的政教白伞遍及大地后的五十六年；木鸡年修建布达拉宫和把天成四兄弟之一的观世音自在(洛格夏惹)菩萨像迎请到布达拉宫原处后的五十三年；在了义佛末劫示现为持律仪王(比丘王)、为了众生而来的遍知五世达赖喇嘛为表示百岁的有为法摄集色身的庄严而寿转的壬戌年阴历二月下弦空行聚汇时节(五世达赖圆寂后)后的十六年；六世达赖喇嘛洛桑仁青仓央嘉措在南方门域林园诞生后的十五年；用慈悲成就的智慧池塘的嘉言月的莲花教理区分错误难点，撰写《白琉璃》后的十一年；清净大圣五世达赖喇嘛的不了义微细盖障堕罪，圆满正愿发心，祈愿六世达赖喇嘛双足如金刚一样坚固而不断转法轮，在名义与南普陀山毫无区别的大无量宫(布达拉宫)建立前所未有的灵塔世界一庄严十三殊胜大塔，设立常供灵塔的大节日，成为凡夫游戏的会供后的四年；六世达赖喇嘛从秘密教网解脱而来须弥无量宫无畏狮子宝座后一年。

总之，从许多法和受用的四劫计算法中，《毗奈耶经》和《念住经》所说的斗争时，尽管佛法住世的时间方面有许多说法，但是阿阇黎妙吉祥称的《三摩地王经释》、多夏扎塞纳的《般若一万颂广疏》等论著都坚持说佛法住世五千年，共分十期，其中阿罗汉、不还和预流三期为果期或圆满三现证期（证果三期），有情众生心生厌患，希望修行获得解脱。之后为圆满修胜观期和修寂（三摩地）期，第六个五百年持净戒期过去七十八年，还有四百二十二年后出现教法三期和唯相一期，十期五千年中，佛法住世已有二千四百二十二年。四续部中印度的说法不同，无二时轮圆劫、具三时（减劫）、具二时（现劫的第二时）等圆满，斗诤时出现后过去百年，香拔拉法胤勇武轮王（传说他将于 2424 年登位，即佛法的后四时开始六年）征服蛮族，开始圆满时有七百二十六年，增加大法胤洲缘份所得定分，圆满无二时轮的存在时间有二千五百二十六年。

根据阿罗汉僧盛和月慢的授记，转轮螺王的大臣婆罗门妙梵之子贤劫第五佛弥勒怙主降世，有五十俱胝随行者，从人寿命百岁到大多数分别画，从六千五百年开始接近人寿十岁，现在的人寿是七十五岁，我（第悉桑结嘉措）当年是（完成《黄琉璃》的时间）四十六岁和第六根。总之，认识曜日，各曜持有不可思议的星宿轮回轮，因此在计算人寿命方面也有多种说法。但是，以三百六十个宫日计算年岁的三种正确外治法，梵语称“波哈达纳雅”，即上部注释的字母很多。东方汉族地区流行的中国历法（汉历五行算）是十二属相（生肖），其中有以鼠开头或有坎卦失鼠的凶兆十二头像，妙吉祥的慈悲使凶恶成为吉祥属相年，其内部有医治身体的技术，聪明故称虎，是“邬”（wu）。第一大种之命有大地的身根（能生自果身识的器官）丽树、天然的江河等三命；命友是天干（阴阳两类五行）的豁唇仙人迟行中数（慢行）的满足要求谷，九洲宫中间出现了战神镜，披挂吉祥坚固大地衣。自在手我们莲花手的净土有三十对天干，名叫阳土虎的年首所生的“月”是时轮历的孟冬（阴历十月)昴宿和细末胃宿满,上弦加行昴宿月(十月)和细末娄宿月(阴历九月),即是汉历的冬末(藏历十二月)铁牛年大月,由月主恒河母(底斯雪山)使其光滑柔软,缘起时轮滑利生和五行算的老死月(阴历十一月)。概括起来说,自在父母起来,即拜会月双方中护法神会合方,在秘密母续的英勇空行自性中外聚,内寻瑜伽士的热量,秘密慧气行于中脉之时,是我们教派的顶饰东方宗喀巴·洛桑扎巴圆寂的月份(月度)和建立了义佛黄色舞游戏者五世达赖喇嘛圆满受用身像的节日。时轮的元音“勒”(上弦月亮)、共同辅音“叻”、细末“嘀”,出现妙吉祥的元音“啊”辅音“札”,二者顺生“萨”,妙欲“枳”、粗盛衰凡夫、日曜神的上师粗细相顺增盛,“啦”中日宿的拉萨的地方面积为六千一百二十,使用其中的五十五,星相为虎醉、双合,从下面装饰的全部中证成的吉祥,即一切内外秘的目标(记号)净善吉祥,故为吉祥日,界合圆满,小合亲合,能作枝梢(作用神),缘起五行算行、时轮之时、日水鸟;太阳八卦、太阴五宫等开始日时土马年,时八卦、时八宫、多揭罗花宝瓶粗略半合时火曜,细规与清净相顺现神女,木曜、甘露剂、粗浊月壬辰年(喜日)之时净善吉祥,用白山羊驮土填平卧塘湖,故名逻些(ra - sa)。或者四门造成坛城,上师们欢喜;柱子上画金刚橛,咒师们欢喜;四角作成雍仲图,苯教徒欢喜;造各自的像,护法们欢喜。或者说,看见天、龙、夜叉、人四者皆大欢喜,见四喜泥水湖,而说你的佛殿是幻象,这座无量宫被许多西藏金刚座吉兆瑞应所装饰,圣莲花手观世音菩萨以人主的形象生于离遮毗族,头顶有部主无量光佛,法王松赞干布所建的四边的一切愿望会合的大神殿和相关的四缘(四德)之风门同时启开的宫殿有太阳之光,在明处特别吉祥的宫室内首尾圆满,完成了《黄琉璃》,由班玛索南和扎囊曼康巴·达曲丹增等多人抄写宣讲,在诸世由妙吉祥藏黄色舞游戏者三界众生上师东方宗喀巴·洛桑扎巴贝随持摄授,愿成为一切总教别教能作事之因。

目　录

前　言

书首礼赞及讲说誓言

1.以禅定力摧毁凶暴三毒四魔之军，
示现无畏神力智慧之光华，
具足十大殊胜幻变之佛菩萨之相，
慈悲圣士你是三界之本尊；
所显身相虽异性质同一，
用语自在心识之殊胜话语，
恒常满足贤劫众生之愿望，
顶礼殊胜佛海根本上师。

（祝赞吉祥之第一颂，赞颂摄集三世诸佛之根本上师，由性相之门总说全部，为直叙修饰之法。）

［这首颂诗之内容是第悉·桑结嘉措赞颂其根本上师五世达赖喇嘛阿旺洛桑嘉措，诗中带有着重号的字中含有五世达赖喇嘛的名字阿旺洛桑加措（语自在善贤海），属藏文藏名诗之类，又因诗中直称五世达赖喇嘛是佛.菩萨的现身，故在藏文修辞学中属于直叙修饰之类。——译者注］

2.从胜义界的琵琶中幻化而出，
犹如不染尘障之智慧明镜之身，
千种辩才美词也无法形容，
你的相好端严如十六岁青春年华，
遍知超越虚空之量的诸种教法，

去除迷暗之经卷长刀，

忆念起你就会获得殊胜学识，

请你神幻之根本妙吉祥音赐给智慧。

（祝赞吉祥之第二颂，赞颂三界之中怙主法王的化基文殊菩萨，属相应形象修饰中的否定现事修饰法。）

[这首颂诗以不染尘垢赞扬文殊之教法纯净，以无法形容赞扬文殊之相好端严，以无法量度赞扬文殊教法之广大，故在藏文修辞学中属于相应形象修饰中的否定现事修饰法。——译者注]

3. 你的发心及身语意清净坛轮，

如同与虚空界相等的大明点，

在东方多麦宗喀藏人的吉祥善业，

因持宝天女护持而成熟。

通达断证以智慧慈悲之清风，

救护贤劫众生之苦热，

美名尸罗香馥遍布于十方，

祈请你黄衣僧伽之顶饰赐给善业。

（祝赞吉祥之第三颂，赞颂怙主法王宗喀巴，属形象化修饰法中的全部形象化修饰。）

[这首颂诗赞颂的是宗喀巴大师，诗中加着重号的字含有宗喀巴大师的名字洛桑扎巴（智慧贤称），亦属藏名诗之类，又因是全用比喻形容，故属全部形象化的修饰法。——译者注]

4. 用你的智慧妙识的一步，

度量一切所知三地时，

以具力声名去除愚昧，

我用头敬礼你这贤明的智者。

（祝赞吉祥第一颂，礼敬怙主法王宗喀巴，因贤、尊、善而颂其伟大，故而是颂扬贤哲，属于与语词结合的三联修饰。）

5. 自持戒律约束自心，

成为贤劫学识解脱之主尊，

制服所有缚结的名称库，

敬礼你殊胜的僧伽大德。

（礼敬第二颂，颂扬宗喀巴大师之尊胜，属支分形象化修饰法。）

6.圣地功德光和龙树师，

此世之雄狮善慧称，

用三普善贤之凉风，

使所触脱离热苦，向彼敬礼。

（礼敬第三颂，赞扬宗喀巴大师的善业，属形象化修饰法）

7.用显密学识和嘉言的光辉，

引导众生登上宽阔天路，

你是众生合格的导师，

你是曙光、十一面观音和月亮，

向你敬礼！

（颂扬怙主法王宗喀巴的显密学处的主要依止处十一面观世音菩萨，属于形象化修饰和数字隐语结合的修饰法。）

8.妙吉祥忿怒胜乐本尊神，

饮用咒力奶酪的骨饰金刚，

征服怨敌违障的持地之王，

摧破魔军的大威德担任守护。

（赞扬怙主上师宗喀巴的本尊，属于与故事相关连的部分形象化修饰法。）

9.有寂世界的大力护法神，

千种智慧引导的六臂依怙，

胜乐帝释得金刚杵的火焰，

焚烧扰意魔军的柴薪。

（赞颂怙主上师宗喀巴护法神的六臂依怙，属同文双关修饰法。）

10.将众生黑白之业的图画，

在明镜中清晰无误地显现，

死主阎魔之王，

宣示内外秘密三者破除违障。

（颂扬怙主上师宗喀巴的护法阎魔之王，属于具备省格形象化修饰、点睛性、威猛的姿态的间杂修饰法。）

11. 在太阳十万威光照耀下，

崭新的纯金真身使人不敢逼视，

多闻毗沙门财富主赛钦，

请赐给此地圆满富足的喜雨。

（颂扬怙主法王宗喀巴的护法赛钦，为包括禅定功德、同喻、形象化修饰、祝赞吉祥等内容的间杂修饰法。）

12. 离遮世族的遍知者释迦幢，

无比的奥义利乐具祥红日，

由东方山上的使者牵引，

使甘丹巴的嘉言如曙光破晓。

（与全部形象化修饰相关联的直叙修饰法。）

13. 教法宝遍胜诸方，

黄帽派的众多贤哲，

高举圣法之白色伞盖，

消除三界众生的苦热。

（与二支形象化修饰相关联的直叙修饰法）

14. 获得遍知位的根本，

本书将给以说明，

犹如明亮黄琉璃镜，

将十万奇异景象映出。

（与形象化修饰相关连的直叙修饰法。）

以上用偈颂稍微拓宽了讲说之路，为了使本书所说的义理究竟圆满，获得讲说的勇气，必须祝赞自己的根本上师和本尊神、护法神等，根据这种说法，向遍知持莲花尊者即按胜义谛是佛、菩萨，在现今众生的见相中身着黄色袈裟游戏世间的师尊达赖喇嘛语自在洛桑嘉措和本尊神文殊菩萨以及与本书的论述有关的上师、本尊、护法祝赞吉祥，作为决定将说义理，立下写书誓愿的先前步骤。本书所讲说的，按善构语梵语，即桑支达天成语，一般人所说的印度语，按藏语称为《显明吉祥无比日沃甘丹教法黄帽派一切教法的根本黄琉璃明镜》。

总之，在此浊世时值如来教法的果教期的三个五百年已经结束[1]，修教期的三个五百年中智慧和禅定的各一个（五百年），以及戒律期的八个十年将近结束之时，在这有一些不驯服的持偏见者对怙主法王（宗喀巴）生起邪见，厚积异熟之果，我们之中也有些人不能很好地判定自己教法的来源和根本，接近犯下贪迷苦恼毗奈耶四根本堕罪之时，为使众人对怙主法王东方宗喀巴·洛桑扎巴获得信仰，并因此而幸福，我以"吉祥无比日沃甘丹派"的教法即执持象纯金色一样的黄色冠帽派的教法及其分支各寺院为主，显明其一切来源之根本。我的著作中以殊胜宝琉璃命名的有白、黄、蓝三种，此是其中的《黄琉璃明镜》[2]

注释：

[1]佛教认为佛法在世间存在的期限为十个五百年。第一个五百年为阿罗汉果期，第二个五百年为不还果期，第三个五百年为预流果期，这三个五百年为果教住世期。第四个五百年为智慧期，第五个五百年为禅定期，第六个五百年为戒律期，这三个五百年为修教期。第七个五百年为论藏期，第八个五百年为经藏期，第九个五百年为律藏期，这三个五百年为经教期。第十个五百年为佛教仅存名义的相教期。此处，第悉·桑结嘉措是说本书写作于释迦牟尼传布佛教后将近二千五百八十年之势。详见《布顿佛教史》关于教法住世期限的论述。

[2]第悉·桑结嘉措的文集中收有《显明吉祥无比日沃甘丹教法黄帽派一切教法根本·黄琉璃明镜》（即本书）、《医方明论·药师佛密意庄严医典明解·蓝琉璃宝鬘》、《浦派历算法·贤者颈饰·白琉璃缨络·智者

心宝》、《白琉璃论献疑·除锈复原》，即以琉璃命名的共三种四部。详见民族图书馆《藏文典籍目录》文集类子目(2)的《第悉·桑结嘉措文集》，民族出版社，1989年版。

第一章

略述文殊怙主上师宗喀巴的来历

我们众人的教法顶饰、称说其名讳为“东方宗喀巴·洛桑扎巴贝”，这位圣人的特殊的事迹，根据以前我宗的一些学者中间流传的说法，在《洛扎大成就师羯摩金刚密语》或称《秘传》中说，虽然这位大成就师曾在秘密主金刚手菩萨身前如愚人充当牧牛人一般听法，但是其人领悟之法简捷明了，话语少而意义深广。弥达巴扎室利向他请问关于迅速证悟佛陀法身之法时，他说道：“我羯摩金刚为祈愿之故，求上师传授一种不共教诫，此时从我齿间降下一种特殊之味，在舌上回旋后咽下去，这些像是上师你的慈悲”。当菩萨用不讲身体的坚固语言授与佛弟子的思想要点的口诀时，羯摩金刚向金刚手菩萨问道：“洛桑扎巴的世系是何者？何时证佛？受何本尊神护持？前世于何处诞生？”金刚手菩萨回答说：“洛桑扎巴是广积两种资粮（智慧资粮和福德资粮——译者注）的补特伽罗（人），在七生之间是班智达，作无量利益众生之事业，这一世的前生是生于迦湿弥罗坚固座地方的班智达玛底巴扎室利，招集了学业圆满的五百弟子。据说各生的意想方面住加行道，忿怒金刚手菩萨也不能度量其功德，由本尊神内外天女护持，三界怙主也护持他，是其本尊。彼何时证佛，我不讲，文殊菩萨和观世音菩萨要作预言。（他）是决定获得见、闻、触三种利乐功德的补特伽罗，他的世系，他人无法衡量”。

羯摩金刚又问金刚手菩萨说：“洛桑扎巴的寿量如何？拥有多少优秀弟子？在何地发展利益众生之事业？其后一生于何处做利益众生之

事？请讲授！”金刚手菩萨回答说：“彼将不止住于一地发展利益众生事业。其寿量为四十五岁，若专门修行能活到七十一岁。实际利益众生之事业时，与白度母的修行、无量寿佛的修行、文殊菩萨的修行相关。所以，如果红阎摩德迦的修行，就会寿命很长；如果不修行这些，就会在中间出现障碍。是故，乐意修上面所说的各种修行。其殊胜弟子有三位，能够入资粮道的弟子很多”。

洛扎大成就师羯摩金刚又问金刚手菩萨说：“洛桑扎巴后一生于何处诞生？”金刚手菩萨答道：“在兜率天宫弥勒佛尊前生为文殊藏菩萨，其后为利益其他世界众生，转生为一名法王，做无数利益众生有情之事。第三次又于这个世界印度东部叫做布日杂的神殿中转生为班智达杂娘室利，招集两千弟子，各位弟子都是住于大资粮道和加行道之人”。

《上师金刚手秘传去邪除暗》中又说：“一次，（我）向本尊祈祷，供献珍宝曼荼罗，请求明确预言我有多少修行圆满的弟子？金刚手菩萨前来这样说道：羯摩金刚，出现多少所教化之境的弟子，这你自己会知道，此外还有许多达到顶峰的弟子和传承教法的弟子。其中的洛桑扎巴没有匹敌，释迦牟尼佛前发胜心，此土弘扬发展显密教，从这里往升兜率天宫，弥勒菩萨高徒文殊藏，迅速证悟成就如来果。”

金刚手菩萨又预言说：“持密羯摩金刚，从前有近缘，名叫洛桑扎巴者，乃是诸佛的变化，常持班钦身，讲授显密义，一定能成佛。印汉尼泊尔，卫藏及多康，降世为众生，指引解脱道。文殊是本尊，业印妙音女，一定证菩提，聚集胜弟子。舍身去兜率，弥勒前听法，名号文殊藏，慈悲诸有情，究竟佛十地。”

此外，有一个三年中唯采集柏香和鲜花之味苦修，故被称为“喇嘛柏香巴”的人，他从怙主法王宗喀巴大师闻习独雄文殊菩萨开许法、经教等，进行修炼，不久即亲眼见到独雄文殊菩萨，被大众称为“多丹坚白嘉措”（证悟文殊海），他受阿阇黎仁钦坚赞的指示和劝请，特别是他的弟子多麦巴·索南喜饶和阿里巴·温波南喀桑波两人奉献金曼荼罗，长期祈祷，因此邦哇巴·坚白嘉措长时间祈愿后，按照尊者（阿阇黎仁钦坚赞)的指示,于兔年八月上弦八日(将宗喀巴大师的来历)写成文字,文中说:这位心志殊胜的大菩萨,以前是尊胜文殊菩萨多次转生作大乘教法的善知识,得到了流利讲说内外各明处的胆识,拥有五种神通。有一次尊者及众弟子去到如来顶尊佛身前时,如来顶尊佛多次赞颂说:“不顾生命在不净之土弘扬与清净正见相关连的经咒,将会迅速成佛”。当时,这位大菩萨在大海般众多弟子中起立,发誓愿说:“我能在不净之土不顾生命地弘扬与清净正见相关连的经咒。”这时,如来顶尊佛和众弟子、菩萨也为此祝愿,同声赞扬说:“如来的法力和十方诸佛将和以前一样眷顾于你,所有诸佛将使你成为心志殊胜者!”

当时,如来顶尊佛授记说:“心志殊胜的这位菩萨,将在离庄严佛土无数由旬的东北方,在以各种稀有殊胜庄严为美饰的地方以如来狮子吼为名号成佛。”从此,菩萨以各种庄严门由无数通达方便在各不净土弘扬密法,现今仍在一切无量坛轮再三弘扬密法,按现在人的领悟程度和法相(性相)之门护持北方。

那么,若问这位如来的寿量、通常的光量如何?回答说:通常其身量为一由旬,寿命为住于无量劫,其光长达数由旬,身色为绿色,右手结说法印,左手结等引印,手托盛满甘露的乞化钵,甘露之色非常特别。其中有四支供柱,中间一株稍高,发出各种光芒,遍照诸方,与甘露之颜色相同。在此如来护持的地方,上等根器的众人看见供柱之时,与正见相关的密法自动产生,得享密续甘露。各位中根和劣根之人(看见供柱时)也能得享与语正见相关的密法,无疑其众弟子俱能由与正见相关的密法证得佛果。

克珠杰格勒贝桑波(一世班禅大师)所著的《秘传珍宝穗》中说:“喇嘛邬玛巴年幼时在巴康作放牧人时,从心间涌发阿、拉、哇、杂、纳的鸣声,每次涌发这种声音时,他毛发倒竖,好像身体不能自主,在这样的状态下他多次见到了文殊菩萨,请问杰仁波且(即宗喀巴大师)在印度生投为一名婆罗门的小孩,拜见了一位比丘装束的名叫具信智慧的菩萨,他非常高兴,随从菩萨听受了许多佛法。菩萨把他带去见导师释迦如来佛，在佛陀处发心，当时很虔诚地向佛陀敬献了一串一百颗的白色水晶石念珠，进行祈愿。佛陀给了他证悟不退还的空性正见的种子。他这一生的转生将去到兜率天宫弥勒佛的法会场受用大乘佛教的无量财富，名号为文殊藏菩萨。当我在尊师(宗喀巴)身前请问此事时，(宗喀巴大师)说："下一世去兜率天宫的事是我和喇嘛邬玛巴、喇嘛恰那多吉等许多人一致的想法。"

概括上述意思，班禅洛桑却吉坚赞(四世班禅大师)所著的《甘丹教法传承传法上师传》中说："在喇嘛多丹坚白嘉措身前，经常有文殊菩萨的身体或语言出现，因此他再三祈祷，请求(菩萨)讲说关于杰喇嘛(宗喀巴大师)的功业事迹、前世本生、成佛事业如何等。文殊菩萨授教说：往昔，无数无量劫之前，有如来顶尊佛出世，在众多弟子之中转胜乘金刚乘法轮。当时，这位大圣人(宗喀巴大师的前生)是尊胜文殊菩萨的首要弟子，具有陀罗尼、智慧、神通、禅定、现观二谛之慧等不可思议的功德。之后，尊胜文殊菩萨及其弟子来到如来顶尊佛转金刚乘法轮的会场时，薄伽梵顶尊佛正在用梵音说：'各位菩萨之中，有在无数不净坛轮不顾生命地弘扬于甚深中观道相关的金刚乘殊胜道者，是诸佛子的伟大行为中最上等、最优秀、最殊胜者，当顶尊佛如此发出狮子声之时，这位大圣人(宗喀巴大师的前生)生起极大愿心，站在无数弟子中间用毫无畏惧的声音说：'我愿不顾身体性命，在无数不净坛轮弘扬与甚深中观道相关的金刚乘妙道'。如来顶尊佛等十方诸佛、弟子俱为之作证，发出真实赞叹的妙音。

"当时，如来顶尊佛等十方一切佛陀同声称善，发出你是具大愿力的菩萨的声音。从此，在一切佛土俱称此大圣人之名为'具大愿力菩萨'。当时从如来顶尊佛身上发出无数亿万束光，面带微笑预言说：'按照你的誓愿，从现在开始在无数不净坛轮弘扬显密正法，最后在殊胜稀有的庄严佛土，成为名号为如来狮子吼的圆满佛陀！'尊胜文殊菩萨对多丹坚白嘉措作了如是详细的说明，因此秘密主金刚手菩萨说了'何时成佛我不讲，文殊菩萨已指示'等话语。

“从这些因由知道，杰喇嘛（宗喀巴大师）从很多劫之前一定已经证达无上菩提，如来顶尊佛降世时，他已成就住于无上密宗道，异生自性者亦获得四种灌顶。只要（在历次转生中）誓愿和律仪不失坏，即使不进行修行，在浊世中于十六岁前也一定获得金刚持的果位，这些在一切续部经典中都有详细地说明，并没有变化，因为以教理成就。与此相同，秘密主金刚手菩萨也详细叙述了杰喇嘛（宗喀巴大师）共同和殊胜的事迹，其主要方面与如来顶尊佛的预言一致。总之，在引证前面所说的秘密主金刚手菩萨的语颂。特别地说道：‘我金刚手也不能完全了解弥底巴扎格尔底室利的功德的广大。所以，圣者金刚手，度量真实地’。这是说（宗喀巴大师）在无数劫之前已经成佛，他也不能确知大遍知者的功德的广大，这是用伺察如理思考。”

此外，至尊文殊菩萨所说的《吉祥秘密授记之境》中预言道：“在灵鹫山（印度古地名，释迦佛说法之地——译者注），无热龙王向导师佛陀奉献了一个海螺，暂且作为法螺。之后，佛陀及其弟子前去迦湿弥罗时，佛陀对阿难说：“现在的弟子比丘白玛厄丹（莲花香气），将来在赭面西藏地区成为名叫洛桑扎巴的比丘，弘扬般若和显密双运的教法。阿难拿着以前的海螺，运用神变而来，把海螺埋藏在卓日沃切山[1]，委托毗那夜迦为此伏藏之主，上面有猴子的形象。当时佛陀就已明确说在距拉萨一拘卢舍之地方将会有甘丹寺出现。之后，白玛厄丹的弟子比丘德哇窘乃中期为追求善业曾在海边作一名比丘，作了‘弘扬洛桑扎巴的教法’等许多预言。”

此外，文殊菩萨讲说《秘密镜》时，虽然除了杰喇嘛（宗喀巴）和喇嘛多丹坚白嘉措外，没有其他弟子在场，但是据说有五、六名具缘的天神在场。关于预言的次序，《分辨传授教诫之王经分辨清浊之品》中说：“阿难，现在向我奉献白水晶石念珠的小孩，是我的教法之医生，于未来浊世时，在止和丹交界之处，创建名字有‘甘’字的寺院。其名为洛桑者出世，招集众多弟子，常立十法行，佛殿有木叶柱。向我的两种身像，供献五佛冠（头饰）。按经典做讲授，用美妙声音祈愿，由于祈祷我，佛教住千年。从此转世东方，在庄严刹土界，成为狮子吼佛，信仰者生彼地，彼土尤殊胜。”

汉译之《入楞伽经》说：“无热龙王向佛薄伽梵敬献了一具白色海螺，佛授与声闻目犍连子说：你将此藏于入灭定山，未来时由白玛厄丹掘出，成为其聚会的法螺，伏藏主由猴子住者担任。”

《无垢天女请问经》说：“北方雪山根本地，具善甘丹这地方，弘扬发展正教法。”

《空行秘密续》说：“文殊化现名洛桑，弘扬佛教正稀有。”

玛久拉准[2]的预言中说：“姑娘你问的菩萨，未来贤劫第七佛，今名菩萨藏大愿者，浊世邪行生藏区，化现比丘名扎巴，诸坛轮中为狮子吼佛，立法遮断诸邪行，制止放逸行正法。创立佛规持教印，是显明佛法之比丘，统治无量众续部，提取续部之精华，满足有缘诸徒众。”

邬坚仁波且[3]著的《劝法笔记》中说：“如是请听虔诚王，佛陀出世的声闻，涅槃之时俄格巴，在城中名叫巴哇巴扎。东方汉地附近处，释迦比丘洛桑王，声称佛子的身边，转成释迦受用身。父续深奥细瑜伽，以离四边戏论之明见，使有缘徒众能解脱，善护此土庄严身。殊胜庄严世界中，证觉成为狮子吼佛，手中那盏供灯柱，放射千万束光蕴。”

有时，又将怙主宗喀巴大师认为是金刚持菩萨的化身。上述多丹坚白嘉措的《秘传》、克珠仁波且格勒贝桑的《清净雪山》中都说：“（金刚持菩萨）渡过许多佛土，来到东北交界。”

文殊菩萨对喇嘛邬玛巴所说的后三章经中说：“在佛尊前受取菩提行。”嘉央曲杰扎西贝丹（哲蚌寺创建者）随顺邬玛巴说：“以前在金刚座佛陀处。”嘉央喀且说：“以前生为婆罗门小孩之时。”叙述了各种不同的法行，对其中的金刚持没有用殊胜的教语记述。各续部的思想也是根本上师金刚持坛场，必须把三种观点按一种看待，因此这种说法从意义上没有什么矛盾。

关于现相为文殊菩萨首要弟子，应该说十方的佛及佛子们犹如从一性中生出无数水中月，一盏酥油灯中射出两束光，说法很多。在兜率天宫弥勒佛尊前成为文殊藏菩萨，亦说在一切佛前作声闻弟子，因此不仅没有必要怀疑这些意思，而且应该从多种门，从各种经典进行广为解说，按照下面所说，成就教理。洛扎大成就师羯摩金刚认为是真正的秘密主金刚手菩萨。多丹坚白嘉措和喇嘛邬玛巴认为是文殊菩萨。按杰喇嘛(宗喀巴大师)《大悲经广释》的说法，脱离凡夫之境故，出现这各种清净现相，在义理上是相合的。依据这些对圣者须菩提等数人的转世克珠杰格勒贝桑波所说的，教法之主班禅洛桑却吉坚赞加以解释辨析亦超出了推论范围，对此没有必要怀疑。

所说“如来顶尊佛”者，在《三聚经》中对“如来顶尊佛”的“顶幢之王”的名号略作了说明。

《宝积经》第十六品即《师徒相聚经》说：“从前之时，于无量劫之前，在恒河沙数之世界刹土，我们的导师释迦狮子名叫圆满佛‘顶尊佛’。”经中虽然讲到佛陀十二功德的历史，但是没有说文殊菩萨及其弟子大愿力(菩萨)的情况。总之，虽然诸佛有无数发心和预言，但是从那时开始已经得到了形体成为佛狮子吼的菩提授记。此外，向我们的导师敬献白色水晶石念珠而发心的说法，亦存在前后的矛盾。在各种殊胜稀有的坛轮成为如来狮子吼佛等情况，在藏译的《经》、《续部》各种经、论中都未见记载，成为开初进行观察的人产生怀疑之根由。这些教语引自《教授王经》，在印度是否实际存在难以判断。《对法七部》中的《对法藏》虽然没有藏文译本，但是在其《广释》中有引用，出现：“具白土及广严城”等语。

寂天论师的《集学论》中引用了《花积陀罗尼》之语句，《现观庄严论释》引用了少量《声闻经》之语，《广释无垢光》引用了《时轮根本续》之语，虽然《经》、《续》的原本没有直接传入西藏，却有许多零散之语句，难以决断。《授教王经》虽然没有直接翻译成藏文，但是其原因杰喇嘛(宗喀巴大师)的听法笔记《恒河之流》第二函一百六十七叶之后面(背面)记述说，遍知布顿大师的《续部总论》引用《授教王经》的话说：“导师的三乘，若是佛薄伽梵所说，任运行因果，不从他佛觅，何故未说了义乘。”

回答中预言说："信因是因法，广转因法轮，金刚乘捷径，未来时出现。"在各部经典中无法确定哪部是《授教王经》。根据所说，《续部总论》中所引的密乘语义相同，前弘期译经《集经论》和一切未失毁词语在《智阿阇黎秘密授记经》中都有。有些人说：《集经》类中的《诸天请问经》就是《授教王经》，认为这些词句在《秘密授记经》和《白莲花经》中有，众说纷纭。从这些意义上说，白色水晶石念珠等是《授教王经》的词语，直接讲这些教语，不需要（追究）其本源，这样的经典肯定谁也没有。

《入楞伽经》在印、汉两文经藏中都有，但这类词语则根本没有。同样，《无垢天女请问经》中也没有这类词语。《空行秘续》在前弘期译本中有若干章节，但是根本没有这些词语，从清净见相说这些必定存在于殊胜境义中，所诠语源之语是愚者的粗率贪信，也没有人能查找出它的根源，如果仍旧照抄，只是使愚者方便，这样总会有大害。根据这些说法，清净教语为何存在于虚耗之因中？

大圣人东方宗喀巴·洛桑扎巴贝在他自己的《善良愿望》一文中说："消除徒众愚痴的胜士，时常向文殊力祈祷，为使佛语经教都出现，精进休息一切因资粮。龙树、无著两位上师，次第传承次第道，寻得非共通的真义，甚深经论度教升。如理思维有计策，感谢之尊知识宝藏"。

（宗喀巴大师的）《密宗道次第论》说："彩云童子拥抱的金山，仿佛系缚蓝宝石发，红黄身色使人赏心悦目，深蓝色五辫极其艳丽。文殊是我的本生之主，欢喜护持具大恩，深远难测如法海，毫无障碍趋入慧。"这里是说至尊文殊菩萨护持（宗喀巴大师）一切本生的很多因由。（宗喀巴大师）将这一颂诗献给自己的经师仁达哇·循努洛追。经师回赠一偈颂："清净知识主文殊菩萨，雪域智者顶饰宗喀巴。"

多丹坚白嘉措所著的《（宗喀巴大师）传记善言集要》说："（宗喀巴大师）入住母胎之时，父亲梦见自称从汉地五台山来的一位大德穿着几束花鬘相饰的法衣和名叫'三十三天的树叶'的如同黄绫的禅裙，带着经函而来，说'我是向你借一住处来的'，之后直接去楼上供室。父亲正一直念诵文殊名号，因此心想这是文殊菩萨的变化。"

(宗喀巴大师)降生后,法王顿珠仁青[4]特意派人送来一幅有加持力的金刚大威德的画像。当请问这样做的原因时,他回答说:“我在梦中见到了金刚大威德,并进行祈祷,尤其请求他再三显现尊容。金刚大威德说:‘明年我将来到此谷口,安住那里。我为了考察是谁进行等行禅定,查知正是你的儿子。”因此,(宗喀巴)父亲梦中的文殊的化现与顿珠仁青所说的成就大威德金刚的化现,除了是文殊菩萨的和平与忿怒的两种形象的差别外,实际是相同的。

洛扎恰那多吉的传记后附有《略述与噶谢哇相会》一节,其中说:“我到七十岁时,一位白色女子对我说,有一个受弥勒佛加持的人,与文殊菩萨没有差别,由妙音天女施给他圆满学识,你与他十五生之前有过关系,你们还会互为师徒,你给他传授清净教法和教诫,同时也向对方求法。”

“佛薄伽梵转法轮之时,即羊年(藏历六月)初四之日,(宗喀巴大师)莅临洛扎卓哇寺,我前去迎接,看见以光网严饰的至尊文殊菩萨前来,他说:‘我看见了金刚手菩萨’,这恰恰显示他是文殊菩萨。如果和法王宗喀巴自己的所有事业结合起来讲,它不仅掌握了一切知识,而且在智慧般若教诫方面从弥勒佛尊传承的隐义现观次第和从大德妙音菩萨传承的直接显示空性次第中,他抉择了后者深奥中观义,是我派(格鲁派)的主要教理。从如同大海般深、广的宝续部之中,他主要发挥文殊金刚曼荼罗要典《集密》和《空性忿怒金刚大威德》中的生起圆满二次第法,特别讲授《集密根本续》中的圆满次第身金刚身密、语金刚语密、意金刚意密和世俗谛幻身、胜义谛光明,两者合为六道次第,或者置身、语、意三者心所缘初次第共四次第以及摄集于身密、语密之中,根据注疏续《金刚鬘》的思想,共有五次第,用甚深道方法获得殊胜中有、双运、幻身成就,护法神中以文殊差遣的阎摩德迦为主护法。当时,有以姆赖琼和莲花城为代表的多幅画像塑像,都与文殊菩萨的身像手持经卷宝剑相同。正是依据这些,对我(指第悉桑结嘉措)有恩惠的根本上师遍知佛尊(指五世达喇喇——译者注)在《大悲经广释词义明论》中说："诸佛化现之师童子样，作持五髻于雪域，如意善知识宗喀巴，三世佛前之发誓愿者。"

《上师供仪轨如意成就》中说："三世诸佛化现的上师妙吉祥（文殊），于此坛轮用持黄色舞，发展一切教法及众生之利乐，恒常躬身敬礼三宝你。"

《藏地明点首城玛波日山（即布达拉宫）塔册首颂》说："智慧梵天和长寿自在二尊神，文殊童子为未证悟知识之众生，化现为人间之依止宗喀巴美名扬，挺立三世之顶恭礼正转法轮。"

《吉祥哲蚌寝宫备忘录》中说："妙主相好祥辉虹体身，是知普遍众生的眼根；身着鹅黄色袈裟的宗喀巴，是为三界众生之顶胜上师。"

扎什伦布寺强佐平措热丹所著的《写造甘珠尔之目录》中说："对愚痴轮回之众生发大慈悲，化为诸佛摄护之文殊童子身。伟大圣教源地雪域地区，除了降生人世的宗喀巴还有谁？"根据以上多种说法，（宗喀巴大师）作为大德坚固轮文殊菩萨的主要弟子的形象，不需要怀疑其虚假，妙吉祥文殊菩萨亲自舍弃蓝色发辫，掌持黄色袈裟僧众之胜幢，永远脱离污垢，不仅住金刚语圣者莲花手的意趣之中，而且用各种方法弘扬佛法。

《事续转如来部轮文殊根本续鼓励手印仪轨妙吉祥圆满增问·第十八章》中说："世界今涅槃，地上全变空，你用童子身，能做佛事业。大寺很欢喜，雪域中所有，黄金河流边，我已超涅槃。"这里是说地点在雪域西藏和寺院的名字中有"甘"字。所说："你自己"是从文殊菩萨亲自圆满的佛的无垢教法，用经教明记。从了义教上说，三时诸佛化现的独一上师从"无数劫海极彼岸之彼岸的平等世界"证得如来阿罗汉正圆满佛殊胜龙种之果位，广转法轮，圆满佛的事业，很好地完成福德资粮和智慧资粮，由遍知、大菩提、般若、得地者圆满摄持，以大士夫的三十二光辉相身饰、八十种相好装扮一切部分及支节，使一切众生看不见头顶，搅乱一切魔刺，次第掌握空性知识，拥有五种慧眼，具有一切知识的殊胜、智慧及佛的一切教法，摧伏妖魔和敌对的一切成丛，用所诠声音和偈颂赞扬圣者，发出像王及狮子之声，遍除无名黑暗，成为四身五智慧的主人。由此现象看，以伟大的菩提心之行做利益众生的事业，一定是称为“妙吉祥”或“文殊者”。所说于大乘胜者立名的语言，各持佛和菩萨的样子，这些在《甘珠尔》、《丹珠尔》显密经论中很多，因文句众生难以直见真义，犹如密叶遮掩难见果实，故略作集要，善释少许隐义，把散见各处之论说收集一处。

《圣法无源经》说：“佛薄伽梵是无贪著之吉祥，即妙吉祥。佛薄伽梵是无与伦比的吉祥，即妙吉祥。佛薄伽梵是无事物的吉祥，即妙吉祥。佛薄伽梵是无烦恼之吉祥，即妙吉祥。佛薄伽梵是空性之吉祥，即妙吉祥。佛薄伽梵是无误空性之吉祥，即妙吉祥。佛薄伽梵是正边之吉祥，即妙吉祥。佛薄伽梵是殊胜之吉祥，即妙吉祥。佛薄伽梵是优秀之吉祥，即妙吉祥。佛薄伽梵是无上之吉祥，即妙吉祥。”

《般若七百颂》中说：“佛薄伽梵妙吉祥是不可思议之吉祥，何以故？其智慧及诸凡智慧以及其不可思议。”总之，从曼殊室利之声音所引出“妙吉祥”及曼殊廓夏之音所引出“妙音”，“曼殊”之音，好像是粗柔之区分。杰喇嘛著的《入中论广释大乘海之船》中说：“圣超凡夫地，脱离烦恼故。若有妙吉祥，成为童子天。”

《俱舍论释对法宝车》中说：“脱离烦恼的粗暴，故称为妙。成为祥瑞之吉祥，具有到达十六岁童子之身姿，成为青年。”藏人以前的大部分注释中所讲的(文殊的)名号都与此相同。这样，所称叫的“妙吉祥”或“妙音”者，即《圣宝积经·第三十六品天子成就慧请问经》中说：“菩萨妙吉祥童子法力大、智慧大、精进大，对诸菩萨能正确教示，对诸菩萨能正确护持，使诸菩萨能正颂，使诸菩萨能正欢喜，使诸菩萨能正知，使诸菩萨能正闻，精通分辨诸法事的智慧，获得无贪著的般若，具有无碍智慧，得陀罗尼，有不可思议的菩萨功德。”

《大悲白莲花经》中说：“善男子，你具有大功德，具有大智慧故。故能做到利益众生一切事业，作殊胜智慧吉祥者，佛土的庄严功德非常妙胜。是故，善男子，你名为‘妙吉祥’”。

《不退还轮王经》赞颂说："妙吉祥，因此你于十方出现，成为数万万菩萨的殊胜，如同日轮。"其自性为一切佛所化现的唯一上师，以具四身的大圣人住世，用十地菩萨的形相做利益众生之事业，称为大德文殊或坚固轮。他初次发菩提心的历史是这样的，《宝积经》第十五品《妙吉祥佛土庄严功德》说："佛薄伽梵，妙吉祥童子如果受诸佛薄伽梵赞颂。薄伽梵，妙吉祥童子者经多长时期能证无上正圆满菩提成佛？其佛土如何？（薄伽梵回答）：善男子，往昔百千无量劫之前，经七恒河沙数劫之后，其彼岸极彼岸之时，如来阿罗汉正圆满佛名叫'雷声妙音王'，明行足、善逝、世间解、御调伏大士夫师、无上佛、天人的导师。佛薄伽梵出世。从此佛土去东方附近佛土经过九十二万恒河沙数，有'妙生世界'，薄伽梵如来雷声妙音王在这里说法。"以前如来佛雷声妙音王来到妙生世界讲授三乘教法的情形是，"尔时，有具教法之法王、转七轮宝者，名虚空王出世。（佛薄伽梵说）：善男子，名'虚空王'者，与其子、妾、亲友、随从等，以无他无厌之心于八万四千岁中施予如来雷声妙音王的声闻僧、菩萨僧等其它一切干净食物、一切新制衣服、一切新宫楼房、一切无罪承侍者，结合一切快乐服侍供养"。"善男子，虚空王被八十万万动物围绕前导，前去佛薄伽梵如来雷声妙音王所在之处，以头顶礼薄伽梵双足，绕行佛薄伽梵三匝而立于一旁"。

（薄伽梵说）："善男子，虚空王在薄伽梵如来妙音雷声王的一侧合掌致礼，向薄伽梵献颂说：'你的眼前求正法，降生圣胜诸士夫，因何形式而变化，善导佛尊对我讲'。如来妙音雷声王说：'没有轮回边，岂能有前边，为了众生利，去行无量行。世间怙主之座前，我发殊胜菩提心，一切有情是知宾，能从贫穷得解脱。今日如此后如何？我若产生贪著心，对于十方居住佛，是用妄语欺诳他，何时证得那菩提？故此顽心及害心，还有嫉妒与吝啬，自今以后不能作。我要去行梵天行，罪恶之欲全抛弃，恪守禁戒诸律仪，跟随一切佛身后。我是渴望得菩提，追求证佛而不舍，自今直至证佛时，所作俱是为有情。不可思议而无量，修习一切诸佛田，十方一切佛坛轮，都能闻听我名号。我给自己作预言，毫无疑问能成佛，我的清净热诚心，于此引导我根器。身和语的一切业，我去修习诸行相，亦去修习意之业，不能去做非善业，未来之时能成佛。为何能成世怙主？用彼实谛于此地，能使六种地震动。我讲一切真实语，若是无误知正说，愿彼实谛从天空，发出一切悦耳声。倘若我没有功德，为何没有顽固心？美丽鲜花曼陀罗，由彼实谛降下雨，决定它为正确义。如此诠说真实语，一切无量十方中，十万诸土皆震动'。在此时刻从空界，发出十万悦耳声，降下鲜花曼陀罗，每瓣能容七人立。跟随彼王来到的，数达两万之动物，亦愿圣者做引导。又在传递如意声，若尔两万万动物，全部一致无一漏，愿意随学胜王后，得以住于胜菩提。善男子，你心中不要想当时的轮转虚空王是他人，正是你自己！"

"何以故？文殊童子在当时成为轮转虚空王，文殊童子发菩提心，然后过去七十万恒河沙数劫，忍得不生法后过去六十四万恒河沙数劫，从此圆满具足如来之十力。"若尔，至尊文殊成为转轮虚空王，首次向如来雷声妙音王发心，愿未来时成佛，洁拭内部实谛，同时发出千万悦耳之声，降下每瓣能并立七曼陀罗花雨，大地现六种地动，显现成就誓词之兆，发出未来时在"无尘积世界"证得如来遍观佛的赞叹声。之后，广说得不生法忍，圆满如来十力，持菩萨形象。未来成佛之土庄严且具功德。《宝积经》说："善男子，是故，我没有喜证菩提，无所缘菩提，故无显喜。"

又说："善男子，既然如是，你当如此问说："成为你佛土的庄严功德如何？对此，我不愿自己赞颂自己。因为，犹如如来圆通诸法显住，如果我自己说我佛土的庄严功德，就会成为大菩萨之自赞。"这里是说我自己不能说自己刹土的庄严功德，复由佛陀向文殊菩萨讲说。此经又说："何时我无佛眼障，遍观十方？我布置佛道，如来如是不见任何。尔时，我亦圆满证得无上正圆满菩提成佛。"

《宝积经》中又说："佛薄伽梵，我立愿在我之恒河沙数之佛土的宽阔面积成就未圆满，未如此方佛土用数十万珍宝制成、用数十万珍宝装饰、成为世界顶量之前，不圆满证得无上正圆满菩提成佛。薄伽梵，我发愿要使该佛土的三千大千十世界生长菩提树，使菩提树之光遍照该佛土之一切地方。”

“当我住于该菩提树之前时，从圆满证得无上正圆满菩提成佛到全部涅槃之间，虽然坐于菩提树下不起身，但是以我的变化去十方各方无数数十万数百万之佛土，为众生说法。另外，我使我的佛土中绝无声闻、独觉之名，使无嗔、无烦恼、无隐瞒、圆满行清净梵行的菩萨遍布该佛土。佛土无妇女之名称，无胎生，一切菩萨身着红黄色袈裟，跏趺而坐。佛土非常清净，如来佛变化去十方千百十万世界，为众生说法，从三乘开始，除了高兴地为众生说法，该佛土无声闻、独觉，充满菩萨。”如是祈愿。

这样，发了无数之善愿，广说护持自己佛土的情况。该佛土非常殊胜，可喻为极乐世界。《宝积经》又说：“文殊童子讲述自己佛土的庄严功德。佛薄伽梵想如来无量光佛刹土极乐世界有佛土的庄严功德，这两者是否相同？了解佛薄伽梵的诸菩萨的观察心。佛薄伽梵为菩萨狮子之技能所显说之声授教说：善男子，若尔譬喻如果有人以将头发稍剖为百股之器，从大海之中取一滴水。善男子，对此作何想？所取之水与在外之水何者为多？回答说：薄伽梵，取者少，在外者多。”

佛薄伽梵说：“善男子，那人以将发尖剖为百股之器取大海的一滴水，如同在极乐世界的无量光佛刹土的庄严功德。大海中所余之水，如同佛薄伽梵如来阿罗汉正圆满遍观佛的佛土的庄严功德。”“善男子，那个异名亦如此，佛薄伽梵如来阿罗汉正圆满佛当时之量，应知是无量无数。”

关于未来成佛之名号及佛土之名若前所述，如果重新叙述，则如《宝积经》所说：“如果文殊童子证得圆满菩提成佛，如何称名？薄伽梵说：‘善男子，名叫如来遍观佛。’问：‘如来佛为何名为遍观佛？’薄伽梵回答说：‘善男子，如来遍观佛能观见十方无数无量数十万世界之诸佛薄伽梵，诸众生能见如来佛，彼等定能证得无上正圆满菩提。凡闻遍观佛之名者，皆住不变。除胜解较小之人外，其他都能圆满证得无上正圆满菩提成佛。是故，如来佛名叫‘遍观佛’。”

(问道)：“薄伽梵，薄伽梵如来遍观佛出世之世界之名是什么?”薄伽梵说：“按照所发誓愿，圆满清净佛土叫无尘积世界。”

关于(文殊)初始发殊胜菩提心和护持佛土的情况，在《大悲白莲华经》中说：“在无数劫前，在恒河沙数之劫以前，在此佛土有‘持大劫’，四洲有转轮王转辋，他有名叫‘眼不开’王子等千个儿子，占据八万四千小国。首席大臣‘婆罗门海尘’有海藏等八十个儿子和千名弟子，婆罗门之子海藏决定出家，证得圆满佛果，佛号是‘如来宝藏’。转辋王圆满供养佛及眷属三个月，千名王子各供养三月。其间婆罗门海尘去赡部洲一切城市村庄，把众士夫安排在善根之后，大臣海尘供养佛七年，听法分析梦境。梦中转辋王吃了许多生物，虎等恶毒有情杀害了国王，部分大臣乘坐车子迷路。就此他请问佛，佛对他预言说：‘国王轮回到恶趣，大臣听错了，其他多人能理解。’于是婆罗门海尘用大善巧方便之门多次鼓励王子等，由此咒力，在如来宝藏佛尊前各自发大菩提心，愿证佛及护持佛土。预言八十名婆罗门之子、千名弟子、三千万婆罗门分别成为圆满遍观佛、顶髻佛和一切救佛。授记婆罗门海尘、千名吠陀弟子等为我们的导师释迦佛等贤劫五千佛。转辋王为极乐世界的无量寿佛，长子眼不闭为观世音菩萨，即无量寿佛涅槃后，晚上佛灭，凌晨法升起，佛号为‘圣吉祥积王’。”

次于童子辋围，获得大咒力，为坚固功德宝积王。

三子帝释众，即是大德文殊，在清净离尘正积佛土佛号为如来阿罗汉正圆满遍观佛。对千名王子俱有预言，这里摄其要义。特别是关于大德文殊的发心及护持佛土的情况，如《大悲白莲华经》所说：“婆罗门海尘像以前一样加行，对三王子帝释众说，帝释众合掌这样对如来宝藏说：薄伽梵，我以一切器皿供养薄伽梵及比丘僧，我用身、语、意行善行，回向因此随喜之福德蕴圆满无上正圆满菩提。在此佛土之具烦恼者未圆满证得无上正圆满菩提之前我不成佛，亦不愿迅速获得。在我未圆满证得无上正圆满菩提之前，我行菩萨行，愿十方无边他世界及他等世界的佛薄伽梵见证。如果我行菩萨行，授诸凡我初次护持正菩提，我于一切世界始发殊胜菩提心，建立菩提心。诸凡我正持般若而趋入，庄严佛薄伽梵授我正持菩提，于一切佛土恒河沙数微尘之微尘数佛土讲授教法，愿我的天眼能见。如果我行菩萨行，如是做佛的事业，乃至我使诸众生生于佛土。若尔作喻，如诸梵众天。若尔，我遍修诸众生之心，行菩萨之行。无论如何，成为三千大千恒河沙数之一佛土。若尔，遍行佛土庄严功德，佛土的墙垣是世间之极顶，珍宝遍地，用各种珠宝相饰。佛土的一切地基用琉璃制成，无尘、石头和碎石，地基干净，无污垢掺杂。愿无妇女之名，愿一切有情幻生，愿一切有情富裕，不觅一口食，愿一切有情具有欢喜和法食，愿佛土没有声闻、独觉，愿佛土无忿怒、无垢味、无嗔、无隐蔽，遍行梵行，唯独菩萨遍布。愿一切菩萨亦削发着黄色法衣，愿初生时具大光，愿其手中珠宝乞化钵盛满各种有味。初生后要如是思维诸凡我等吃一口食物，非我等之份，我等去他世界。佛薄伽梵居住生活，食物穷尽，也要施予佛的声闻弟子及受苦凡众，也去饿鬼之地，布施因饥、渴而使身体燃烧的诸众生以食物，愿如此思念。一切大菩萨如今刚发心，具有不可思议之行，亦愿获得禅定。得禅定后，在十方的其他无量无数佛土没有贪著，佛薄伽梵居住生活。亦愿向声闻及其他众生供献食物，欢喜所献也讲授佛法。愿早上再去自己的佛土，如是加行(主人)珍宝衣服。这个上午再次于自己的佛土，愿互相穿衣，在佛土菩萨有受用，具一切圆满行，这些是和诸佛薄伽梵，诸声闻弟子，诸他有情共同做，之后，愿我圆满行。愿佛土离八无暇，没有苦声，没有取戒声，没有从堕取声，愿佛土积聚十万珍宝，用各种珠宝相饰，如宝遍明。以前在十方没有见各种珠宝，愿享用未所未闻的珠宝。如果说这些珠宝之名，千万年也难说尽。

如果诸菩萨求见金质佛土，亦会住金质佛土，想见银质佛土，能见银质佛土，在此金质不失损。如果想见一切水晶石、琉璃、绿玉石、红珍珠、冰珠石佛土，能见佛土各种珠宝，观见菩萨佛土用沉香木制成，用汉香木制成，用多罗树制成，用旃檀蛇树木制成，用白旃檀制成，愿佛土如是。想见如此一切佛土，愿观见如是如此佛土。一人难见两人的祈愿，愿一切人的祈愿圆满。佛土无日、月，愿佛土生菩萨之光。

另外，求问光如何？甚至十万由他那佛土。愿佛土除了花相开放，也没有昼夜之名。在佛土诸菩萨想圆满证得菩提成佛，住兜率天宫，不包括在其他世界证得圆满菩提成佛，愿佛土没有冷、热、病、不乐、老、死等。佛土没有死亡，其上空仿佛有如来佛，无上圆满涅槃故，全入涅槃。诸菩萨也请求受用及如所有遍行，证得圆满成就。一切佛土从天空坛轮发出数万由他那绕钹之声。从悦耳之声亦发出般若声、佛声、法声、僧声、菩萨藏法异名声。诸菩萨如何欢喜？因诸菩萨闻听如此之声外，不发出欲望之声。薄伽梵，如果我行菩萨之行，我见无量无数万佛的佛土的尽所有庄严功德，其中不包括声闻和独觉庄严、佛土五浊之庄严，我愿佛土有此等庄严、此等装饰、此等银、此等相、此等处、此等稀有、此等祈愿等。佛土没有有情众生之地狱，没有畜牲，没有饿鬼等，没有须弥山，没有轮围，没有大轮围，没有石头，没有沙山，也没有大海。佛土除遍布天业极过去之各种树、天花曼陀罗、大曼陀罗等，无其它木质树，无嗅味。佛土芳香四溢。在此无疑菩萨一生所持，那里一有情去世后除生于兜率天外，不生他处。虽然去世，愿圆满证得无上正圆满菩提成佛。

大德薄伽梵，我终于修成大士夫之技能，乃至行菩萨行。如是安置佛土，佛土被如是之众生清净思想与菩萨一生所持等布满，于此不授诸凡菩萨我初持正菩提，愿进入般若。授诸凡初次持正菩提，愿进入般若的一切菩萨生在那里，佛土亦属其中，消除佛土一切之苦。

大德薄伽梵，我是菩萨，修成士夫之如是技能。尔后，愿于佛土圆满证得无上正圆满菩提成佛。我的菩提树用七种珠宝相饰美丽，其粗为一个四洲，周围面积十个三千世界，菩提树香味及光明遍布整个佛土，附近由各种珠宝严饰，金刚座寂静，忍智显现，溶于香味之中，其宽度为五个四大洲，围四百万由旬，我跏趺坐在菩提树下之金刚座，少顷圆满证得无上正菩提成佛，直至全部入于涅槃之前，跏趺不灭不止，在菩提树下不能起立。我住菩提树前,仿佛住金刚座,以变化之佛与菩萨在其它无数佛土出现,各佛陀上午为众生说法,即在此上午使无数众生正持无上正圆满菩提,安置于善业,置于不退还果味。同样,以变化之菩萨作菩萨行,若得我之菩提,从十方无数世界正涅槃,愿我身体在其它世界出现。诸有情之眼根见我严饰之身体,愿众生定能无上正圆满觉悟。诸众生从证菩提至全部涅槃之间,亦不离佛薄伽梵,诸根齐全。

这样,诸菩萨想见我,如果他在一切处、退还、破碎、立起、存在,诸菩萨对佛作意,刚发心后,即见我在菩提树前,愿见我之后一切对教法之疑惑即行消失,从疑惑中解脱,寻求法语中未明显之义。我寿量无量,除遍知智慧者外,谁也不能计算。若尔,愿诸菩萨之寿数亦无量。刹那间我于此佛土圆满证得无上正圆满菩提成佛,直至全部涅槃之间,刹那间此佛土诸菩萨尽皆剃发,身着红黄色法衣。在此佛土没有一人留长发,着白衣,一切都要成为净志之色,住于净志。这样,轮辐辋王的第三子帝释众在如来宝藏座前发甚深、甚广之愿。佛薄伽梵说:“正士夫,善哉!善哉!你聪明正直,你已发了十分善良之愿。”“善男子!你具大功德,具大智慧。为利益一切众生,作殊胜智慧圆满者,胜持佛土庄严功德。善男子,你之名号为‘妙吉祥’(文殊)。妙吉祥你于未来时无数劫中二恒河沙数之劫过去后,到第三无数劫时,在南方附近有‘离尘清净积世界’,那里集有不畏世界,你进入其中,使该佛土具有如此界之庄严功德。妙吉祥你于此土圆满证得无上圆满菩提成佛,名号为‘如来阿罗汉正圆满遍观佛’。你的菩萨眷属亦如是圆满清净。你若成菩萨,如何祈愿,你的一切祈愿亦能成就。是故,你将成为数千万佛中增长的善根。”

“妙吉祥,是故,你如诸有情的药,遍修持心,全摧毁烦恼,增益善业。”

妙吉祥问道:“佛薄伽梵,如果我如此发愿,我的愿望即能完全如是圆满,若尔,在无量无数十方世界,诸佛薄伽梵居住。生活生存,亦向众生讲授教法,为我授记。若尔,愿无量无数佛土亦现大震动。一切有情亦如是例。菩萨等至第二静虑庄严顶，愿具如是之乐。若尔，无量无数佛土亦降下了香曼荼罗花雨，从曼荼罗花中发出如是声音。这样，发出佛声、法声、僧声、般若声和力声、无畏之声。尔时，我向佛薄伽梵足以五支顶礼之时，愿现出如此净相。尔时，我成为文殊童子，顶礼佛薄伽梵足时，刹那无量无数佛土示现大震动，普降丁香曼陀罗花雨。一切有情亦如是发愿，具如是之乐，诸菩萨向佛薄伽梵闻听教法，向薄伽梵问因缘清净志向。佛薄伽梵授记文殊童子证得无上正圆满菩提。薄伽梵说：有殊胜广阔智慧之心，十方世界怙主为你授记，大地震动，众生亦安乐丰足，花雨降落，世间皆证佛。"

圣者菩提智慧藏（文殊）成为三时诸佛的修证菩提之友，作为诸佛首要弟子闻法。这些情况，如《无垢天女请问经》所说："妙吉祥菩萨如是祈请：我愿成为以前出世之所有佛陀及以后出世之所有佛陀修证菩提之友伴，从彼等闻习佛法！"

称之为"菩萨"之缘故，在《大庄严法门经》中说："女子问道，'他是谁？名叫什么？'多闻天回答说：'他是菩萨，名叫文殊童子。女子，此菩萨者，亦非天，亦非龙，亦非夜叉，亦非寻香，亦非非天，亦非大鹏，亦非人或其它，亦非大腹行（摩睺罗伽），亦非帝释，亦非梵天，亦非救世间，亦非大王。女子，他能圆满众生思想，故名菩萨。他能布施一切乞讨者，毫无吝啬，故名菩萨。"

《圣者如来加持众生遍示佛土庄严经》说："一切菩萨住于大悲智，所有菩萨有住世、二生、三生、十生、二十生、三十生、百生等，一切菩萨住于第八地或第十地者，即号圣观世音自在及妙吉祥。"[5]

《华严经》说："佛土无数恒河沙数微尘之各个世界都住着所有诸佛，妙吉祥住于各佛之身前发心。"

《华严经》又说："定住诸菩萨者，指化为商贾之子的形象的善财童子，依止从妙吉祥至弥勒佛之间的一百零八名善知识后，妙吉祥从一百一十由旬之彼岸伸手放到乐意观前城中的善财童子头上，专作赞颂，使善财童子获得无量智慧行境。由于妙吉祥之加持彼能趋入普贤行的坛城。”菩萨作善财童子的善知识，是为了显教经典，总之未来时能成佛，这些与有意义之理论相一致，说是不了义，非有义是与了义理论相一致。在我们的导师释迦佛发心之前妙吉祥摧伏了四魔，已经成佛的情形，在《天子圆满慧请问经》中说：“妙吉祥你作摧灭魔军一切曼荼罗之三摩地，因妙吉祥祈请，佛薄伽梵入于等至。薄伽梵问：‘妙吉祥你所修习之禅定，从哪位佛闻听？你修成三摩地后，达到何种程度？’妙吉祥回答说：“薄伽梵，尔时闻悉我修成三摩地，我修成三摩地时，薄伽梵尚未发菩提心！薄伽梵说：‘妙吉祥，闻知你修成三摩地之如来的名号是什么？妙吉祥回答说：‘薄伽梵，往昔于不可思议劫极不可思议劫，无数劫极无数劫之前时，有佛号如来曼陀罗花味者，具有明行足、善逝、知世间、调伏士夫、尊胜无上，为人、天之导师佛陀薄伽梵。他说修习此三摩地，我从该如来佛闻知修习摧灭魔军的一切坛城之三摩地。”

说得更为清楚的事，《首楞严三摩地经》第五品中说：“迦叶，往昔之时，无数极无数劫，宽广、无量、不可思议彼岸极不可思议彼岸之时，在南方从此佛土过去三千佛土，有‘平等世界’，这个世界无山，无石头，无土石块，无土坯，无碎石，平展如手掌，如迦遮邻底迦国(古印度国名)所产的绸缎，如果接触，如触安乐软草。那里有如来阿罗汉正圆满佛，有明行足、善逝、知世间、调伏士夫、尊胜无上，是人、天之导师，名号‘佛薄伽梵胜龙种’者出世。那个世界住着佛薄伽梵胜龙种，获得菩提。又，迦叶，如来阿罗汉正圆满佛胜龙种于七十千万劫中于菩萨乘圆满成熟，于八十千万劫中于声闻乘圆满成熟，于九十六千万劫中于独觉圆满成熟。之后，成为佛薄伽梵如来胜龙种得无量声闻僧。”

此外，“迦叶，如来胜龙种之寿量为四万岁，做利益天界等世界之事，圆满涅槃后其舍利增长，其舍利塔有三十六千万，由众生供养。迦叶，如是思维之时，在‘平等世界’犹如如来胜龙种，不要想如来胜龙种是其他佛。因为，迦叶，妙吉祥童子于尔时称为‘如来阿罗汉正圆满胜龙种佛’”。如此，(文殊)不仅从无数劫之前已经示现佛陀的圆满事业，而且按大乘佛教之规至今仍在各个世界示现佛的事业。

《央掘魔罗经》中说："大王，从此佛土到北方将近四十二恒河沙数世界过去，有'常喜世界'，如今有如来阿罗汉正圆满佛欢喜藏宝积王居住，没有一切声闻与独觉，也无除一乘外之其他乘名，无老、病、苦，具一切欢乐。众生寿数无量，有无量威严及颜色，彼世界无喻无因，常时欢喜诚信。如今如来阿罗汉正圆满佛欢喜藏宝积王居住生活在无喻城，愿大王合掌随喜，这位如来并非他佛，而是文殊童子。"

上面所说的寓意，在《宝积经》第十五品即《妙吉祥佛土庄严》接着前面所引的教语说："他圆满如来十力，圆满菩萨十地，圆满佛地，圆满佛一切法。"之后用菩萨狮子之力，如是宣扬文殊童子。说："妙吉祥，如是，你圆满如来十力，圆满佛地，圆满佛一切法，何故不能圆满证得无上正圆满菩提成佛。"文殊童子说："如是菩萨狮子之力宣称之声。"佛薄伽梵说："善男子，若圆满佛法，故无需数次反复菩提证圆满成佛。"

"何以故？已证得菩提者，不必证忍。"

《宝积经》说："诸有情闻听预言之法异名，诸凡闻听文殊童子之名，因此能显见佛。"

又说："佛薄伽梵如是对诸菩萨说：'善男子，若尔如说如是诸善男子说无数千万佛名，如果谁说文殊童子之名，由是因缘能够增长福德，更不必说称说薄伽梵，如来遍观佛之名。因为文殊童子在各个劫中利益众生之一切事业，如此利益众生之事业，无数千万之佛陀亦未曾做过。"这里是说以无数千万佛陀之名号赞颂供养，亦不如称说妙音之名赞颂供养之意义重大。这些事业较诸佛所作亦极为殊胜。

关于(文殊)何时成佛，其期限遥远的情况，在《宝积经》中说："当幻化士夫圆满证得菩提成佛之时，我亦圆满证得菩提成佛。当阿罗汉漏尽，圆满证得菩提成佛之时，我亦圆满证得菩提成佛。当幻梦中之士夫、回声、阳焰、水中月影、如来佛之变化圆满证得菩提成佛之时，我亦圆满证得菩提成佛。当日光照亮黑夜，月光使成为白昼之时，我亦圆满证得菩提成佛。善男子，如是，请问谁如此作菩提发愿?"如此强调说(文殊)已经成佛。

《文殊幻变经》说："天神之子问，'妙吉祥你为何是如来？'妙吉祥回答：'天神之子，(我是)无空性之光、无众生，我之众生是如来之众生。是故，我是如来。空性如此，我亦如是来。是故，我是如来。空性如此，我亦如是住。是故，我是如来。"

《庄严极乐净土经》说："'妙音如来'，彼等一切东方佛薄伽梵恒河沙数各自佛土被其舌根覆盖，为你等圆满叙说不可思议功德，使你等信奉诸佛所持之法，你等当信仰他。"在一切续部经典中虽然未直接看到(文殊是)发心之佛、佛土、名号等，但在实义上说(文殊)是佛。《文殊幻网经》中多次说："智慧身妙吉祥。"是说(文殊)是离一切障的诸佛智慧金刚的真身。

"妙吉祥智慧菩萨"出自印度日狮子所著的注疏。法性之号是用妙语广说金刚顶盛开如莲花，是无二智慧之处，故为"吉祥"。从其所生得无二智慧者，是妙吉祥智慧菩萨。因住一切有情之心，故称"智慧身"。

遍知格敦嘉措(即二世达赖喇嘛)的《广释》中说："瑜伽续的思想中，从了义上说妙吉祥智慧菩萨者，是一切佛的无二智慧。从不了义上说，妙吉祥智慧菩萨是为利益应化众生而出现的妙吉祥诸天轮。"

无上瑜伽部中总行和时轮两种传规中，第一种中有空乐无别妙吉祥智慧菩萨和二谛无别的妙吉祥智慧菩萨，而后者根据时轮传规所说，是了义妙吉祥智慧菩萨者，是与无行相之空性同体的不变大乐自性法身，法身及身、意结合为同体的一切行相之身由相好严饰。与大手印结合的行相之色身，总之是方便智慧无别的金刚瑜伽次第了义四灌顶。

又，与空性同体的不变大乐自性之心是法身和离微尘法性的一切行相的身由相好所饰之身，两身结合为一体之持金刚智慧身是妙吉祥，被说成是一切佛的智慧。《无二时轮广释无垢光》中说："薄伽梵，妙吉祥的化身是人主。"不止一次地这样说。

具种王妙吉祥称讲授吉祥续内明后，日车以头顶礼其足，礼供赞颂，其情形如《内明经第七品广疏》中所说："现今日车向你礼拜，你是母亲，你是父亲，你是众生之上师，你是亲友，你是挚友，你是怙主，你是薄伽梵，你是夺罪，你是圆满位，你是续出，你是殊胜功德，你毁一切过，你是诸低贱者之怙主，你是如意宝，你是佛，我皈依你。”日车用上师之手赞颂佛薄伽梵妙吉祥，顶礼双足，再次入坐自己之坐垫，认为具种法王妙吉祥称是至尊坚固轮之变化，明示他是摧伏四魔等功德圆满的佛薄伽梵。

《文殊根本续》第十六品《赞颂妙吉祥功德偈颂章》说："这位童子遍实义，能修一切世间利，为诸众生做利益，了知解脱住净处。谛、慈、忍受、功德心，诸凡常喜慈悲施，恒常能得诸成就，他人无有此成就。经常乐意殊胜咒，坚固、持轮及妙胜，此乃转动伏魔之法轮，执掌法轮是种姓。你的教语很悦意，恒常舍弃凡夫生，善妙如意之妙音，闻者喜乐随顺行，心意满足安乐生。妙是诸佛清净语，犹如如来之殊胜，了知诸咒不去行，彼等弟子住此地，如是过去十世界，你用帝释殊胜界，非能了知妙如来，如是住色无色地，具欲天人从意生。获得瑜伽师成就，殊胜世间为人主，是否伟人皆能知，非有一切诸众生。你的伟大都知晓，妙为广大智慧佛，圆满立名妙吉祥，你的名号前王立。如是安立你名号，过去没有今佛陀，心未掉举一心意。众弟子中闻你名，于此他得慧涅槃，有边获得须菩提，成就一切诸密法。获得众生胜生处，恒常正住殊胜法，遍舍障碍得成就，希望成就诸密法。速去菩提树之前，能够获得胜菩提，为利有情住彼处，广转佛陀菩提轮。如是佛尊讲功德，忆念你名妙吉祥，庄严功德由佛说。昔日先来诸佛尊，恒常讲说你法力，童子通达你密法，无数劫亦难常说。文殊你的密法行，一切诸佛广解说，此位童子去各处，将我教法教伟人。居住净处诸凡夫，此乃一切皆涅槃，你的密咒恒常在，你的密咒永不衰"。

由于《文殊根本续》的印度注释可能没有藏文译本，也未发现藏族学者的注疏，虽然按理推想，似乎是作者自造之论，但是上面所说的"妙"是指广大智慧佛，全名"妙吉祥"。圆满掌握一切佛的现知，或者说现知与智慧同义，译成广、大智慧尤为殊胜微妙，知"杂涅"是非常合理的译法，义译为"智慧"。所以，一切佛的智慧就是智的本性，应该知道全名是"妙吉祥"。

如是,所谓"妙音","妙"如前所述,你的教语妙悦意,恒常舍弃凡夫生,善妙乐意极悦身,欢喜悦耳相随顺,心中满足施安乐。这里说妙吉祥之语善妙悦意,其原因:恒常凡夫之生者,是舍弃自性恶语的六十四过,具有悦意、词义优美、悦耳动听、欢喜增长、行、妙道、随顺、能满足心、广施究竟时位的安乐等语音六十支,故称"妙音"。以此位代表,"坚固、持轮及胜妙"是指妙吉祥坚固轮的名声。"如是转动伏魔法轮",持轮者是种姓。"具八辐轮"是指词藻中所说的妙吉祥文殊的异名之名声;"这位童子去各处"是指童子和五发髻等名声及一切佛的智慧是智本性。

《文殊根本续殊胜根本细仪轨》中说:"这是佛薄伽梵文殊童子之'大忿怒阎摩德迦',能摧伏和勾摄阎摩网,何况其他有情。""薄伽梵童子之色身为妙吉祥,是喜爱童子之身,故化现为童子之身相。"

显宗经典方面,前面所引的《宝积经》中说:"任何时候我都以无障之佛目,遍观十方,我于任何佛未安排证得如来之时,已圆满证得无上正圆满菩提成佛"。说明(文殊)是诸佛之佛土布置者,成为诸佛之师。关于在密教中文殊成为诸佛之师的理由,如印度阿阇黎童称所著的《文殊名相口诀释》中说:"自从一些人称说文殊童子名号后,福德如何?这些与以前的福德比较起来是无量无数,因为圣者妙吉祥成为一切如来之善知识。圣者文殊童子在各个劫中所作的利益众生事业,所做的苦行,十万千万佛也未做过。圣者妙吉祥文殊童子的誓愿成就无量,妙吉祥的殊胜功德无量,妙吉祥童子如同数百千千万佛的父母。圣者妙吉祥向数百千千万佛讲授教义。圣妙吉祥于十方世界广做名轮。圣妙吉祥成为如来坛城的语士夫。妙吉祥受一切如来佛的赞颂。"

《称颂名号经释》说:(妙吉祥)是无二智慧身,这些各经都有详细说明。有些经续中说净饭王(释迦牟尼佛的父亲——译者注)是妙吉祥的变化,可能也是考虑他能代表诸佛之父。

《称说文殊名号功德》中说:"正说佛薄伽梵之智慧身与一切如来佛

之智慧身、妙吉祥智慧菩萨之清净圆满之名号。”

关于妙吉祥示现威猛的诸忿怒金刚的历史。昔时，过去无量劫之前，大自在天之子、天界之大将军六面童子和非天戍陀罗猛力二者就谁作赡部洲之主人而意见不合，长期相互争战，结果六面童子战败，戍陀罗猛力统治赡部洲。

当时大自在天住在须弥山之中，知道其子六面童子战败的消息后动员三十三天等空行天神、八病八魔等地上的一切大种(部多)以及非天、龙等行于地下之军、猛力大自在天猛暴者等去讨伐戍陀罗猛力，由于戍陀罗猛力没有其他救怙主，非常惧怕，想起薄伽梵妙音，于是面朝天空大声呼其名号作祈祷，这时文殊出现在戍陀罗猛力的前方(告诉他)建立调伏具毒者的忿怒身像，希求佛薄伽梵以无上瑜伽作武器(相助)。大部分续部经典中说是诸佛之智慧总体。按照这种说法，修成曼荼罗自在诸种遍主大持金刚的样子。显宗经典所说非不了义之意，而与了义之时情形相符，而说证佛。上面所提到的一些续部和多数显宗经典的思想是与不了义所说的道理相符，说(文殊)作为菩萨弟子，再次成佛。譬如，我们的导师释迦佛从无量劫之前已成佛。又，为了调伏徒众生为菩萨有边者童子悉达(释迦牟尼出家前之名字——译者注)，在摩揭陀(古印度一国名)证得圆满而成佛，这是不了义。

《白莲花经》第十五品《显示如来寿量第十章》作喻说：“善男子，如是，譬如一名医生能治一切病，光明、正直、精细，这位士夫医生会有十个孩子、二十个孩子、三十个孩子、四十个孩子、五十个孩子、百千个孩子，倘若医生离开，他的孩子们会饮宝毒或饮箭毒，由于宝毒或箭毒之苦雨，使他们烦恼痛苦，在地上打滚。之后，他们的父亲从附近回来看见孩子们因宝毒或箭毒之苦，身心烦恼，有的意识颠倒，有的意识未颠倒，但是都因受苦而身心烦恼。孩子们见到父亲后非常高兴地说：“父亲平安而未受害，快乐而来，请求解除危害我们身体的宝毒或箭毒，恳求父亲救救我们的命。”医生看到孩子们身心苦恼，即因病而烦恼痛苦，在地上打滚的情景后，配制有色、香、味的大药，放在石头磨上让孩子们服用，他如此对孩子说："孩子，你们服用这些带色、香、味的药。善男子，如果你们服用这些良药，会立刻从宝毒或箭毒中解脱，安乐而无病。"此时医生的那些意识未颠倒的孩子们见药之色，嗅药之香，受药之味后，立即服用，都从病中解脱出来了。而那些意识颠倒的孩子们赞颂父亲说："父亲安乐无害，平安归来，请医治我们。"虽然话这样说，但是都不服用所给的药。因为他们的意识颠倒不喜药色，不想药香，不想药味。医生见状后这样考虑，我的孩子们因宝毒或箭毒使意识颠倒，不愿服用此药，只是颂扬我，我要用善巧方便给他们灌服这些药。想到这里医生决定用善巧办法给孩子们灌药，他说："善男子，我已进入老年，我的死期临近，孩子你们不要愁苦，要快乐。如果你想要我给的药，就服用。"医生吩咐完这些话后去了别的地方，临走时说："我要去死。"那些意识颠倒的孩子们听后，当时非常痛苦，发出叹息声。他们心想："我们的父亲怙主走后，唯一对我们慈悲的人将要死去，从此我们没有了依怙。"他们看到没有怙主，没有救护，深受愁苦折磨。由于愁苦所迫，意识颠倒的孩子们意识重新恢复过来，知道任何药具色、香、味后，立刻服用，从病中解脱出来了。医生知道孩子们的病都已治好，考虑我如果再出现，孩子们会怎样想。但是有的孩子认为医生用巧妙办法是在说谎，认为薄伽梵不存在，善逝如来不存在。这时医生对他们说："善男子，如是，我也是在无量无数万劫之前圆满证得无上正圆满菩提成佛。有时我用这样的善巧办法是为了调伏众生，对于我来说那些不是谎言。"之后，(医生)广泛讲说薄伽梵之义相，并用偈颂教导说："不可思议之千万劫前，其期间通常无法量度，殊胜菩提我获得，我要时常讲授法。正持文殊菩萨名，此等布置于佛智，无数千万之众生，定能数千万中成熟，亦能显示涅槃地，调伏有情说方便，当时我并未入涅槃，讲授佛法给他们。"

《师徒相会经》中说："八十千万劫前胜者生，显示他已成就佛，并且清楚殊胜意识，心意入住胜菩提。六十一个三千世界，将其化作清净佛土，应该如何运方便，一切应向诸佛求，并且是为初发心，此等一切请教示。现在导师亦是你，多位佛陀作导师。”

《金光明经》中说：“不可思议薄伽梵，善逝如来坚固身，为了有情众解脱，显示一切诸庄严。”

《增长圣佛力神变境幻示经》说：“如来知道被各种苦障覆盖之众生及各种界所应调伏的众生之行，显示圆满涅槃，显示生，显示转轮王，示现慈悲、欢喜、妇女之笑、轻侮、气味鬘、喜悲等”。

《具吉祥时轮上师功德》中说：“四身自性之四身，无漏界中不动摇，以前誓愿牵动力，为诸众生远离有，在此世界作事业，任运成就常不断，遍布坚固一切时。不可思议佛事业，天界如意诸宝树，没有寻思自存在，犹如圆满各人心，佛陀远离诸分别，满足各处佛法心。”

贾曹杰著的《续部广释》中说：“只有论著作者我现住，为使恶趣之细味清净，使所应调伏之补特伽罗喜好甚深佛法。为了随持从佛法所现的福德之圆满吉善大德们讲授此教法。同时也为了随持一些共同徒众这样说，不是从了义上讲说。薄伽梵弥勒已圆满证得法身而成佛。”也即是说弥勒从了义上说已经成佛，但在应教化的众生的共同见相方面示现菩萨之相，将在未来成佛。

《文殊根本续》第三十一章说：“将文殊童子看作如来之类，认为佛、一切菩萨、声闻、独觉、一切世间和出世间、有漏及无漏之手印、仪轨、仪轨形式等都属于如来种类。妙吉祥智、一切续、秘密法等没有任何不包括在如来教语之中者，包括文殊童子本身，因为是相关之故，所以说（文殊是）胜如来佛。因此，亦说如来种姓比较殊胜。”

“（文殊的）密咒，正具观世音自在菩萨的莲花手印，成为一切业。如果念诵这些即是念诵一切莲花部类（的密咒）。”

这里若要结合金刚手眷属一切金刚部类的手印、密咒，从中区分诸文殊部姓，按事续分：如来部续、莲花部续、金刚部续、珍珠部续、夜叉部续、世间部续，成为事续六门。第一如来部类中有部尊（三三羯耶庄严）、部主（文殊根本续等）、部妃（灌顶五陀罗尼等）、部顶髻（白伞盖等）、部男女忿怒本尊（尊胜忿怒等）、部男女使者（藏等）、男部菩萨（菩萨百名相等）、净住天（大集）等八种。

第二莲花部类有部尊（长寿陀罗尼等）、部主（根本续莲花网等观世音）、部妃（从度母所生的各种生续）、部男女忿怒本尊（马头明王续等）、部男女侍从（遮退大力等）等五种。

第三金刚部类，有部尊（金刚不动陀罗尼等）、部主（金刚手胜明续等）、部母（金刚不败如火速等）、部男女忿怒本尊（甘露加行等）、部男女侍从（大力等）等五种。

另外，珍珠部类、夜叉部类、世间部类等三部类内部没有详细区分。以上这些全部是如来佛身、语、意之变化，身变化是妙吉祥文殊，语变化是观世音菩萨，意变化是金刚手菩萨。

《祈愿经》第七品《殊胜教法》说："佛身变化是妙音，佛语变化是观音，佛意变化是金刚持。"

《噶当书·天王本生传》说："三世怙主中，岂能成相异，众生识观音，是为慈悲种。我是大慈悲，我名观世音，身语意温静，成为众生祥，妙吉祥无别。遍知大慧种，不证各千手，执持金刚雄，调伏难调众，金刚手无别，勇猛英雄种，三位世怙主，显现诸各方。"如此所说，是说观音、文殊、金刚手心续为一。

关于观世音菩萨属于莲花部类的部主，在经典中非常清楚。总事续部的《夜叉圣妙臂向金刚手请问经》即《妙臂续》中金刚手说："我是金刚部类，观自在是莲花部类。"其中还说观自在是莲花部的部主，文殊属于如来部，理由和上面所提到的《文殊根本续》的说法一样。文殊怙主宗喀巴大师的《密宗道次第论》旧版第四十六页说："尊胜与白伞盖像妙音菩萨一样弘扬如来部密咒。"

《密宗道次第论》第六十一页引用《事部总续善成就》说："赞颂三宝与三世怙主。"根据这种说法，用"怙主具大悲"三颂分别说佛、法、僧三宝。其中"执持童子之相者，运用智慧灯装饰，消除三界诸黑暗，躬身顶礼妙吉祥"，这一颂是说妙音菩萨。"诸佛广赞颂，遍积正功德，名号观世音，顶礼常慈悲"，这一颂是说观世音菩萨。"勇猛大力者，明咒具善王，调伏难调众，顶礼金刚持”，这一颂是说金刚手菩萨。如此对三世之主用偈颂分别作了介绍。《密宗道次第论》第五十六页说：“三世部主是妙音、观世音和金刚手。”

其原因在《密法总续》中说：“如来部类坛城中，谁能正受灌顶法，彼在三部坛城内，即为传法阿阇黎，观世音部类坛城中，谁能正受灌顶法，彼在西部坛城内，即为传法阿阇黎。金刚部类坛城中，谁能正受灌顶法，即在金刚坛城中，成为传法阿阇黎。”在《密宗道次第广论》39叶背面说：“在如来部类坛城受到灌顶成为三部类的阿阇黎，在莲花部类（坛城）受到灌顶成为两部类的阿阇黎。”因此在三部依怙佛中，如来部类成为三部中的最主要者。关于文殊即妙音（菩萨），在怙主弥勒所著的《现观庄严论》第一品中说：“以心智和现观智，慈悲眷顾众有情，善业守持佛国土，依止佛陀察一切，具器识及如神幻，住于庄严佛土中，随己心意在世间，业之现相此八种。”以上与《般若经》等经典广说的第九地菩萨的八种遍持的意义相同。

《文殊根本续》将说利乐近缘功德的第三十六品在讲到尊胜妙音菩萨即文殊是诸佛之父时说：“依止诸佛陀，有王名世亲，军旅势强大，大臣多且广，百姓数量多，战胜蛮邦魔，察信导师法。大德童子身，修持其教法，具有大法力，明处八德王，称为大勇士，圆足之大地。以彼童子心，祝祷为国政，人若一思念，定能证佛陀。人主为国计，经历若干劫，供云称无上，一念即可得。大梵等天神，俱听其教令，普通神及人，恭奉勿需说。人寿百五十，转趋大名天，法主到最后，证得菩提果。童子所说法，在彼邦国处，迅速能修成，其他终成空。菩萨大勇士，即是妙音名，以彼大光明，彼国成清净。以彼童子身，守护修行界，众人俱修成。”按此授记，我们的导师释迦牟尼教化的刹土亦即是其主要弟子殊胜三界依怙所教化的刹土。

此外，有人说圣地印度是秘密主金刚手教化之地，雪域西藏是观世音菩萨教化之地，汉地和整个大汉区是文殊菩萨教化之地，这本身是从世俗谛方面为教化众生的一种说法。按这一说法，世亲王之时，有一殊胜之地叫做五台山，人若见此山，即智慧增盛，当舍卫国释迦王释迦牟尼在上茅城寂灭后四十八年按殊胜记年称为“甲吉”的火曜或木鼠年的正月初或十一月或春正月的虎日即十五日的午时，(文殊)于此山降生，其降生亦有住胎出生等不同说法，一说是从止迦夏树的树洞中出生，全身为纯金色，讲说八万四千种法和三百六十种占卜，安定邦土，开创利乐。

此外，在《大方广佛华严经》中说：“(文殊)行百禅定，亲见百佛，行百佛土，光照诸方，护百有情，讲说佛法，住百劫中，显百种身，弟子足白，以往誓愿，其力无穷。”又说：“(文殊)犹如月亮升空中，无数影像现各处，盛水器中俱有月，月亮何曾分为二。”

《入中论》发心品第十结尾处说：“此时彼(文殊)得见百佛，解悟诸佛之护持，彼之寿命住百劫，先前今后俱正入，百种智慧及禅定，三摩钵底及随施，能使百数之世界，遍现震动和光明。又以真如之神幻，成熟百土之众生，百数有缘之佛土，俱入清净之世界。由此正确开启教法之门，向佛子示现自己之身及诸种变化之身，在各个佛土及百数有缘佛子处示现自己与眷属严饰之身，使具智慧者欢乐安住，获诸功德，住于无垢清净真如(佛性)中。其中最早获佛果者千人，由彼等处复有百千万人成为菩萨，复有千千万人成为菩萨，复有千数人获得佛果，直至所有人俱获殊胜果。”又说住于初地欢喜地的菩萨具有百种功德，此后依次比前一地的菩萨的功德增加千倍、十万倍。与此同时，在无垢友的《秘法心要略疏》等许多显密经论中说住于初地的菩萨具有能示现多种身像等一千二百种功德。

《大方广佛华严经》的菩萨十论中，从初地讲到不退还地菩萨，说因其诚信三宝及自地，故不退还。在第八地称童子菩萨，因其口中所言根本无罪过，故名童子声；第九地为弥勒菩萨，第十地为授灌顶菩萨。然而成为诸佛之父的尊胜文殊菩萨，其本身虽有童子之名，但不可认为彼是第八地之菩萨。按其现相，应是住于第十地之菩萨，且作无数佛陀之事业，按诸种经典所说，殊胜智悲文殊菩萨按其心愿化现为僧人形相作我等之顶饰、怙主法王宗喀巴大师，除了前面引述的事续部《文殊根本续》第二十八品所说的殊胜外，其所现示的功德近缘还如该书第三十六品所说："称为文字师之僧人，在别处及文字场，称为文字师第一。显明佛陀身相之意义，使持戒善知识众由文字而生信仰，至佛身相消失时由僧众讲说。彼时经文多至无数，由僧众加以传扬，使佛陀教法显明。至此大地之上教法衰微乃至无形相，仍然能使佛陀身相显明，使众人入于菩提，获得我之殊胜菩提，成为世间之施主，直至三世之劫末，护持修行密续之人众。"在以前之时及未来之时，文殊都是不变的文字师，世亲师亦如此认为。世亲之时教法不衰以及后来朗达玛（吐蕃王朝末代赞普）等王灭佛使得戒律及教法仅存细丝，亦是上师（宗喀巴）使之显明，并向释迦牟尼十二岁身量之像觉卧仁波切（文成公主从唐朝长安带进吐蕃的佛像）奉献具足受用之美妙饰品，因说："你本身"是文殊菩萨变化之基及甘丹之名声等，无论从哪个方面来说，都清楚无误地是指宗喀巴大师。

《现观庄严论》第十三品说："如是具有无生（即自生）慈悲之善慧，声名远播执持善规，是善讲说之菩萨，以其讲论在众生中如太阳升起。"这清楚地显示是指宗喀巴大师的名字。

《国王教言》（是指《松赞干布遗教》）在预言未来之时的情况部分的最后（350叶）说："此后有修持佛法心要的具菩提心的比丘，是具无量功德之圣贤。他是显持密咒的比丘，受到众多大德的礼敬，奉献殊胜之大供养。比丘菩萨在东方诞生，是执持密咒之伟人。此心入结行之大瑜伽师，改变脸相献大供养，彼师所献的大供养，俱是为圣贤士夫修善，因此众生对彼等生恭敬。此等事业因何而殊胜，因是诸佛所作之大视野，因此彼是圣贤之人。因有如此圣贤之人出世，弟子善住，佛陀经典及佛陀身像真实住世，功德如山者亦在彼处。"此授记在修行者楚臣宁波的授记中也被提到。这样的授记在此以前虽然出现，但是只是在《国王遗教》的授记中清楚地表明这位上师（宗喀巴）总的修行的时期和出生在东方即宗喀地方，其称号"心入结行"与宗喀巴成为圆戒居士时的名字“贡噶宁波”相符合，“改变脸相“除了词语略有省删外，实际是指佛陀的身相，“改变脸相献大供养”是指宗喀巴大师使大昭寺觉卧佛像变为受用报身像，献大供养是指宗喀巴大师举行正月祈愿大法会(即传大昭)。

《国王遗教》说：“此后二十五会时，在佛土幻显神殿(大昭寺)中，以清净誓愿作菩萨利他事业，殊胜集会圣者出。”这是预言(宗喀巴大师)在大昭寺举行祈愿大法会等广利他人之事业。

《莲花遗教》的一种写本说：“在名叫甘丹的殊胜寺院，尊胜贤哲精通显密经典，以金刚持化身教授密咒，成为众生的舵手和指路人，伟人的名字中有‘洛’和‘桑’字，密法名字为圣业金刚。”

《莲花遗教》中说：“文殊为教化而化现的教法主，执持显密名洛桑扎巴，七代之中广传密咒法，此界逝后前去弥勒身前。传承其教一生弘扬密咒者，于此大劫之中，定能证得阿罗汉果。”《珍宝大教诫》中说：“文殊化现执掌密咒者，智慧证悟名叫扎巴者。”在多吉林巴掘出的伏藏中，也有与以上所说相同的授记。

法主官波仁波切在措那的雅扎掘出的预言书和古如曲旺掘出的伏藏都有：“文殊化身名洛桑扎巴，广弘教法作奇异事业。”

显现过灵魂出窍和站立茅草尖等奇异的大成就者宁达桑结以净相前往邬仗那国向上师(莲花生)请教的文书中也说：“问到在西藏的法主洛桑扎巴声名广大，他于何处发心，以后逝往何处？(上师答道)在佛陀身前发心，各生中利益众生，由此誓愿之分别，菩萨降生于此界。实可悲悯之众生，所有具缘具心力者，作其具根器之弟子，护持弘扬佛陀之教法，于此浊世之时善避尘障和时魔，寿数将遇违碍时，努力修习顶髻尊胜之去处违碍之仪轨，成为逝往极乐净土之因，前往弥勒身前，叫做菩萨黄金花。”

《噶当书·珍宝卷·父法》第二十六品中，仲敦巴奉献大供养后预言未来的文中说：“我之化身一大德，数次化现的比丘身，他将护持此地方，以童子身数次来，有时又以贫丐身，有时又以鸡狗身，有时又以祈求声，有时又以诵咒声，具有声名之比丘，教法住世中多次来。犹如彼等之传承，持戒之师加护持，会有三名学经僧，做事之人百余名，在此地方习禅定。此后因见地稍受损，妙欲引致魔之祸，禅定之僧失清净。后因化身之护持，又成天神供养地，受到人天之恭敬。总之在此殊胜地，从最开初的四僧人，最后增至二千五，具备三学之佛子，成为众生之救护。此地从诸方各处，招集无数之僧人。总之功业遍各处，广大可与外海通，百川之水不使满，亦无办法使降低。”

此外，在父法第二十六品的关于未来的预言中还说：“最后佛法仅存余烬时，名扎巴者使复燃。成就多种之利乐，使之又成为圣地。”

洛扎喀曲的地志中说：“在宗喀地方诞生，在卫地护持众生事业，开创显密及教规。”对于出生之地、密法名字及通称之名字、将觉卧佛像改为受用报身、弘传密集及中观见地等宗喀巴大师的事业，由他加持的三名学经僧及已执事或入道的百余人在其地修行以及妙欲十分广大，虽对见地稍有损害但因文殊化身的护持使该地终成为圣地等事，具有清楚地说明。

《三宝民之本生》中说：“清净上师海生金刚(指莲花生大师)，在邬仗那国说道：‘我将前往该地调伏神鬼。’”预言说莲花生大师为调伏鬼神而化作清净上师海生金刚亲自前来，其一名化身前往印度，在印度成为清净上师的化身觉卧钦波丹本迦拉；一名化身前往尼泊尔下部，在尼泊尔成为班智达白玛瓦奇尔，即是遍知一切根敦珠(一世达赖喇嘛)的前生；一名化身前往多康的下部，在多麦宗喀地方出生，即是怙主上师宗喀巴·洛桑扎巴。

此外《噶当书父法》的教授说：“声名及珍贵之名声，名字之后为吉祥贤，智慧知识他人上，此外尚有尊胜之名具扎巴，功业开创众生之幸福。”这里有佛尊宗喀巴大师的全名，“此外尚有”是说持律师扎巴坚赞等后来许多名字中有“扎巴”的人利益众生之事。

此外，《父法》的散集中说“从东方有月轮严饰”，也是说的宗喀巴大师。此外，《噶当书》的金刚道歌中说：“燃灯佛亦在此圣地，和度母一起分现千化身，以离贪乞食的僧人相，以悦耳之声发誓愿，汇集四方具业缘者，我使僧众大增加。燃灯佛及弥勒佛，亦说愿为汝之友。此后不久此圣地，僧众汇集如大海，观世音亦现化身。”吉祥燃灯智（指印度著名学者，藏传佛教噶当派祖师阿底峡）为弘扬噶当派教法，又分现众多化身，其中最主要的是不染丝毫尘世八法嘈杂影响的离贪乞食的僧人佛尊宗喀巴大师，以其功业，教化四方具有业缘的汉、藏、蒙古众生，举行拉萨祈愿大法会，向释迦牟尼的两尊身像（尼泊尔赤尊公主和唐朝文成公主带进拉萨供在大、小昭寺的两尊佛像）献无比盛大的供养。关于其弘扬佛法的助伴有燃灯佛和弥勒佛所化现的化身，认为燃灯佛的唯一化身是班钦根敦珠（一世达赖喇嘛），“此后不久此圣地，僧众汇集如大海”，以及汇集三世佛性的观世音菩萨的名字者，按说应指尊胜上师（似指五世达赖喇嘛）。与此相同的说法见于仲敦巴献大供养所作的关于未来的无数预言。与前人所行的仅空有名声的预言不同，我本人所行的经论中的诸种净相，是以如上的实际意义为基础，与别的依据相联系而指出的。从胜义谛上来说，燃灯佛或圣者三界依怙肯定是同一系的出现，（说宗喀巴大师是）在兜率天宫的文殊藏与菩萨黄金花亦是同一的。说：“未来时的无尘宝积世界”与“奇异殊胜事业”二者亦是同一意义。因此，我想“如来阿罗汉正圆满遍见佛”和“诸净相处所生的狮子吼佛”二者大约也是同一的。从胜义谛说，“圆满菩萨十地汇集三世佛性的怙主无量光佛清净上师海生金刚的一个化身前往多康下部”的说法表明宗喀巴大师在佛陀释迦牟尼的时期即是在声闻部的佛近侍弟子之列，此后曾降生为邬古拔和巴哇巴达罗等，有时还降生为转轮王帝释、梵天之类的小邦之王，他的上一生在克什米尔国降生为班智达玛底巴达室利即洛桑贝（慧祥），以和他所应教化的众生相同的身相示现无数的化身。

注释：

[1]格鲁派主寺甘丹寺位于拉萨东北五十里的旺古尔山，该地又名卓日沃切山。

[2]玛久拉准(约为 1031——1129)，相传是印度高僧帕当巴桑杰的女弟子，是藏传佛教息结派的主要传法人之一，继承其教法者多为女人，故称为女传息结法。

[3]邬坚仁波切指吐蕃王朝时入藏、在西藏最早传播佛教的印度高僧之一的莲花生大师，被藏传佛教宁玛派奉为祖师。

[4]法王顿珠仁青在宗喀巴大师诞生时是即现在青海化隆县夏琼寺的一名高僧，与宗喀巴家庭关系密切，宗喀巴七岁时跟从顿珠仁青受沙弥戒，到夏琼寺学佛，直到十六岁入藏，所以顿珠仁青是宗喀巴少年时代的第一个佛学老师。

[5]十地，大乘佛教所说成佛之前的十级果位，菩萨十地为：1.欢喜地；2.离垢地；3.发光地；4.焰慧地；5.极难胜地；6.现前地；7.远行地；8.不动地；9.善慧地；10.法云地。另有资粮道十地：1.变异不定地；2.能依因地；3.重要修治地；4.有学相续地；5.福泽所依地；6.坚固胜进地；7.缘境生果地 8.安住不变地；9.流布法性地；10.圆满周遍地。

第二章

概述宗喀巴大师

诞生后一生进行闻思修、讲辩著，弘扬佛陀教法的事迹：

宗喀巴大师诞生在往昔雪域诸法王统治之下的多康之中的多麦下部地区宗喀地方的“玛”氏家族。父亲达鲁花赤鲁本格[1]英勇正直，处事果断，信奉佛法。母亲香毛阿曲具备女人的本性，没有虚荣心。在如此圆满高贵的种姓之中，父亲达鲁花赤曾经梦见拉萨的释迦牟尼佛像被车拉到他的牛毛帐篷中，父母双亲作了许多这样奇异的梦。夫妻双方共有三个孩子之后，幼子（宗喀巴大师）生于佛圆满涅槃后的两千一百九十九年，即藏历第六饶迥的火鸡年（公元1357年）。他拥有头如伞盖形等善相，远弃放逸之行为，与众不同。三岁时，从噶玛乳必多杰（噶玛噶举派大师）受居士戒，取名“贡噶宁波”。[2]

七岁时，从法王顿珠仁青修习大圆满、大威德、胜乐、喜金刚、金刚手的曼荼罗等密法，系统地掌握了秘密金刚乘教法，法号“顿月多杰”。又由上师顿珠仁青担任堪布，达温循努僧格的学生循努绛曲任业轨范师给他授予前节沙弥戒，取名“洛桑扎巴”（善慧称）。

十六岁时宗喀巴告别经师顿珠仁青经过多康地区，在度过新年，水牛年（1373年）秋天抵达止贡替寺（噶举派主要寺院），跟从京俄学习大乘佛教发菩提心法；跟从蔡（贡唐）地方的著名医师贡却嘉钻研医术，掌握了《四部医典》的全部内容。然后去到聂塘第哇巾寺从该寺堪布扎西僧格和益希僧格闻习缘起法；从第哇巾寺喇嘛坚白仁钦听受慈氏五论等教法，深领要义；从喇嘛丹巴索南坚赞[3]、堪钦仁钦南杰、班钦玛德巴学习文殊胜乐等部分法；在萨桑巴身前学习教诫与声明学；从玻东乔勒南杰学习觉囊派所传的六支瑜伽；从那塘寺著名学者、译师顿珠桑波学习《俱舍论》和《释量论广释》；跟从三位获得噶居学位的学者学习香巴噶举派所传的六手印法、开许法以及普遍除障法；从娘温贡噶贝学习般若学论著《现观庄严论》；从萨迦派著名学者仁达哇·循努洛追[4]学习仁达哇自己注译的《俱舍论》，以及《中观论》、《释量论》以及密法，成为一名享有盛名的喇嘛；从大译师绛曲则摩学习《对法集论》；从觉摩隆寺堪布洛萨哇学习戒律和对法；从墨竹拉隆上师索南扎巴修习其他多种教法；从南喀桑波译师学习印度诗学名著《诗镜论》；从杰尊巴学习中观、因明和对法；从那塘寺堪布贡噶坚赞钻研中观和因明学，巡回艾、萨迦、泽当、拉顶、那塘等大寺院辩经，对因乘法深有研究。（约 1385 年）由雅隆僧团堪布噶宇巴·楚臣仁钦担任堪布，协藏僧团堪布夏尔贡巴任轨范师，协藏僧团翁则索南多杰担任教授师，另两位聚会师补足业轨范师之数在僧众中间受别解脱比丘戒。受戒后他从达宇哇学习旧派密法方面的大阿阇黎的要语密法（上师自己说此本原自怙主上师宗喀巴自己的听法笔记，"要语全纸文"即法自在长寿修近传要语全文）等金汁书写的教法及马头金刚长寿修法等。

其后，宗喀巴依止第哇巾寺的坚白仁钦、上师杰尊巴、上师确西等名师学习零散教义；从止贡替寺京俄曲吉扎巴听受那饶六法和声明学；从喇嘛益西坚赞认真学习《时轮根本经广释》，刻苦钻研因相占星学方面的知识；从布顿大师的亲传弟子喇嘛德钦巴曲贝学习《时轮根本续广释》、《金刚鬘灌顶教诫示意精要妙音》的教戒、舞步、单线、歌舞以及《金刚心要释》、《集密》等密法以及布顿大师这方面的笔记。从琼波拉巴听讲瑜伽方面的后续部类经教及灌顶，犹如长流水注满宝瓶，掌握了所学的全部内容，并且为具根器者坚赞扎巴校正了瑜伽舞步歌赞。

如果能考察抉择中观学派创始人龙树师徒的思想观点和五次第等难以证达的思想，意义非常重大。如果不进行分别抉择，就会坠入邪见，陷入深渊难以挣脱。因此他想，不论能正确讲授这些法的上师是住在印度、尼泊尔、藏区的哪个地方，都必须不顾生命安危，宁愿忍受各种艰险痛苦，也要找到。当他准备前往时，亲眼见到文殊菩萨显现，由大成就师巴俄多吉或喇嘛邬玛巴作解释翻译中观见地密咒和法相的特点，解决了无上秘密法道的难点和五次第的次序的了义不了义等方面的疑难。从洛扎大成就师羯摩金刚闻习耳传教法和菩提道次第等多种教授，从京俄仁波且曲吉嘉波学习那饶六法。依止四十余位善知识，为多名显密弟子讲授成熟解脱的灌顶教语，讲经受戒的事业不可思议。

宗喀巴大师依止的全部导师之中成熟金刚乘门和授沙弥戒的导师是曲杰顿珠仁青，般若学导师是娘温贡噶贝，仁达哇·循努洛追主讲月称论师著的《入中论》和法称的《释量论》等多种教法，声明学导师是萨桑玛德班庆，诗词学导师是大译师南喀桑波，旧派密法导师是达宇哇，噶当派教法导师是结拉巴和洛扎大成就师，噶举派教法导师是止贡京俄曲吉嘉波和止贡替寺的京俄曲吉扎巴，时轮和星算学导师是益西坚赞，从僧团堪钦楚臣仁钦受别解脱戒，从医师贡却嘉学习医学，从喇嘛邬玛巴学习中观见地，从大成就羯摩金刚学习菩提道次第法和耳传教法。以上十四位经师(对宗喀巴大师)恩德无量，其中主要经师是曲杰顿珠仁青、仁达哇·循努洛追、大成就师巴俄多杰、洛扎大成就师羯摩金刚，他们四人是无与伦比的根本上师。宗喀巴从这些善知识们广泛闻习佛教显密知识，不仅从了义上说是至尊文殊菩萨，而且从众人共同的见相说，他每日闻习教法之余，还能记诵箭杆长的经叶十三叶，每日从黎明到太阳照射到蔡布林寺金顶之间，能背诵从未见过的箭杆长的每叶九行的经叶四叶，聪明异常。他的论著方面有前著(如密宗道次第与灌顶等)和后著的区分。有些学者对文殊怙主法王宗喀巴的真实思想持两种看法(如六法)。现在要全面了解宗喀巴大师的著作，我(指第悉桑结嘉措)整理他的显密两种经教方面的论著共计十八函，其中的第一函为:《分别遍主大金刚持的道次第秘密诸要点》的上部共十章，以及前三部灌顶、边依等。

第二函:《分别遍主大金刚持的道次第秘密诸要点》上部第十二章、

《二次第合一显示必修菩提》、《集密修行法诸瑜伽次第》、《根所缘境广明》、《圆满次第五次第圆满座教授》、《合转口诀》、《五次第摄论》、《注释续金刚鬘笔记》。

第三函：《集密要义明论》、《金刚诵及现菩提自加持》、《无上佛义笔记》、《布置二十仪轨之源》、《修道法》、《指示经要偈颂》、《智慧金刚遍集广说》、《注释续根本方便》。

第四函：《菩提道炬论》及疏释等。

第五函：《断边宝穗》、《论释摄义》、《律论释》、《空性明论》、《二十一种短文及散文》、《地仪轨如意穗》、《集密第一章释义笔记》、《文殊金刚荼罗仪轨》、《修行法文殊妙音明意》。

第六函：《集密口诀五次第明灯》、《二次第修行法教诫笔记》。

第七函：《集密生起次第》、《四百论说》、《侍师五十颂说》、《修行法词义略立》、《了不了义集咒及加持仪轨笔记》、《集密金刚心读诵次第》、《施难笔记》、《降雨陀罗尼咒》、《马头金刚离云法》、《十忿怒金刚法笔记》、《大威德所修法胜魔》、《十三尊大威德》、《四十九尊本尊法》、《内外加行口诀》、《黑敌阎摩德迦修法》、《阎摩德迦仪轨宝鬘论》、《大威德护摩成就海》、《文殊菩萨息怒护障及长寿口诀》、《四字护持》、《四字口诀》、《本脉、左右脉、中脉及阎摩德迦行法》、《释大成就祥持四空性》、《内脉轮及阎摩德迦加行法》、《大轮现观曼荼罗仪轨》。

第八函：《胜乐略续释隐义普明》、《五次第广释隐义眼分别》、《曼荼罗仪轨及圆满次第大瑜伽教授次第摄略》、《鲁俄巴所传曼荼罗仪轨》、《达师所传修法大乐明论》。

第九函：《胜乐现观释如意宝》、《圆满次第成就穗》、《外供仪轨笔记》、《供祭唸珠》、《铃尊者所传修法》、《诵读仪轨次第》、《身曼荼罗》、《仪轨宝藏》、《五次第教授文》、《金刚空行释笔记》、《初十供养》、《口诀穗》、《无畏论释赞颂笔记》。

第十函：《那饶六法教授》、《瑜伽实践法摄论》、《圆满次第》、《呼金刚续及空性母曼荼罗修法》、《二观察笔记》、《红空行母修法》、《殊胜本尊独义释》、《加行八观察第三品》、《开转轮金门》、《六支瑜伽》、《六支瑜伽释义》、《无二时轮论》、《现观灌顶》、《六支瑜伽所需笔记》、《死辰与余寿广说》、《六支瑜伽与修行者之四手印笔记》、《圆满次第略要》、《教授文》、《界明点》、《后禅定笔记》、《秘密四差别笔记》、《八大成就入坐法笔记》。

第十一函：《辨析无垢光要点时轮总义》、《时轮根本略续释》、《金刚界地仪轨笔记》、《金刚顶曼荼罗仪轨笔记》、《行续注释》、《曼荼罗仪轨续义明论》、《文殊菩萨修法》、《事行二续部差别》、《具光佛母修法》、《积痣佛母修法》、《三十五佛现观》、《俱卢长寿修法》、《开光广略论》。

第十二函：《侍师五十颂广释》、《秘密行成就穗》、《前二戒学处》、《中论广释智慧海》、《见授》、《现观庄严论笔记》。

第十三函：《入中论广释思想明论饰备忘录》、《六十如理论释》、《智慧品笔记》、《中观应成派与自续派差别》、《二谛论》、《中观应成派八难笔记》。

第十四函：《现观庄严论善说金鬘第一、三章广释》。

第十五函：《现观庄严论后五章广释》。

第十六函：《菩提道次第广论》中《下中士大夫共道次第佛子总行修习》、《止观品》。

第十七函：《文殊菩提道次第略论》、《上士夫安立》、《辩了义不了义格言藏论》、《二十僧论》、《诸义释》。

第十八函：《集学论笔记》、《释量论广释》、《现观庄严论章节备忘录》、《现观庄严论广释》、《律海心要摄颂》、《学处天顶量广略论》、《禁戒广释》、《圆满三学处仪轨等别解脱戒取舍略论》、《启白文段》、《圆满见镜》、《执照二部》、《语散集格言》。

宗喀巴大师的四大业绩：

宗喀巴大师以显密教法为徒众传授灌顶，讲解经义、续部释、戒律等，做了许多有利于佛教发展的大事。他所做的四大事业，第一件他三十六岁时(1392 年)，看到沃喀藏协寺(精其寺)内供奉的弥勒佛像被损，积极筹资修缮，当资具不够用时，他向声闻弟子们托付事业，使所需资具不费力地自然出现，天神工匠与僧俗人众一起修建，很快修复一新，举行开光典礼时，出现了七世佛亲临融入画像以及掌持酥油灯的奇异征兆。

第二件：宗喀巴大师三十九岁时（1396 年），在涅（今西藏的隆子县）的色其崩巴地方举行供养大法会，向僧众讲授多种戒律，为堕罪者们忏悔，一切世俗信徒都来受近事戒和皈依戒，僧俗大众共同建造擦擦（一种印度制造的泥塑小佛像）佛像，这些事迹在隆热广泛传颂。

第三件：宗喀巴大师五十三岁时（1408），（举行拉萨祈愿大法会），法会举行的前一年，他向内邬宗宗本南喀桑波提出于舍卫城佛供祭日在拉萨举行祈愿大法会的想法，修缮和新建能依所依（指佛像、佛塔）等。尤其按照遗教中所说，修饰五种珍宝制成的佛陀十二岁身量之像，称觉卧仁波切（指拉萨大昭寺内的释迦牟尼像，据记载是文成公主嫁到吐蕃时从唐朝带来的佛像），未来时将到龙界延长事业。为了使这具五决定的身像留住人世，奉献了圆满受用身的头饰，陈列各种供品，在初八和初十两日举行以金汁为主的供养，奉献无数供品。

在法会期间，他在诸护方神的旗上画像，在经幡上书写咒语，把四大天王的胜幢和八大龙王的旗幡插在各自之方位。供养近万名僧人，为了使佛教发展兴旺，引导六道众生去往乐土，他为首广发誓愿。他每日讲授《佛本生经》一段。法会结束之日僧众从寺内佛像座上迎请佛像绕行城市（大昭寺），认为如果众生虔诚祈愿就会在未来时转生到弥勒佛的佛土中。为了众生的缘起，把用财神像胸前的银子和克什米尔莲花建造的慈氏四兄弟像中的一尊、神八万岁的男女神像、虎、狮子、牦牛模型以及国政七宝抬出，与乐器队等绕行大昭寺。

第四件：根据师徒们的祈愿，关于决定寺址的征兆，在《协普哇秘密自传》中记载，大成就师羯摩金刚向金刚手菩萨请问授记，菩萨回答说："你的寺院建在什么地方好？我请问本尊，本尊说：在各灌顶的壁画，后妃眷属平坦处，卫藏多康及汉地，殊胜供地集资粮，阿里北方诸疆土，十方大地寺院盛。"随后又说："详细情况你自己知道，如是考虑。"

又说："寺院的名字具有缘起声义，由于你自己从这里去兜率天宫住在弥勒佛尊跟前，故取寺名为'甘丹'（兜率天）等预言。"按照经论的明示，定在称为"卓日"或"廓巴日"的山上。祈愿大法会结束后，宗喀巴大师亲自来到廓巴日山勘察"卓甘丹南杰寺"的寺址，按律经和圣典的意义修建寺院。寺院建成后，宗喀巴大师考虑如果在大经堂举行曼荼罗修供法会，未受灌顶的僧人会有看见曼荼罗的大罪孽，为此必须修建一座幽静的修供殿堂。根据他的这些想法和意见，羊年举行奠基仪式，用各种珠宝专门修建了集密、胜乐、金刚界的曼荼罗立体坛场，同时举行修供仪式。

内邬宗宗本南喀桑波、嘉央曲杰扎西贝丹等来到明解脱寺吉祥哲蚌寺基处勘察，创建了哲蚌寺，宗喀巴大师五十九岁时寺院落成。

根据"在野玫瑰生长的叫做却顶的地方出现讲修大乘一切教法的寺院"的缘起，大慈法王释迦益西在宗喀巴大师六十二岁时（1419 年）创建了色拉寺，对于戒律和中观应成派见地为主的佛法总别具有很大恩德。尤其传授发展"无垢上师的一个化身前往印度"的预言所说的觉卧达巴德噶拉及这位上师的化身仲敦巴·嘉哇窘乃、俄·勒贝喜饶师徒所传的七宝法、《菩提道炬论》等空性教义，使一度衰微的噶当派的教法在这一时期得到了恢复发展。在戒律的教法方面，萨迦、噶举派教法曾有很大的发展，但是由于时境关系，实践等甚深法没有传播开来。在色拉寺院内根据（喀且）班智达所传的清净长律仪，规定三种应该持守的戒规，不仅是为了记诵词句，而是在实践中进行验证。这所寺院特别重视对空性思想和戒律学的传播，在这两方面恩德非常大。

但是，出家众还没有足够的缝纫匠人，除了持化缘钵等器具以及穿防止外界尘土的外套之外，心目中根本没有自己特有的僧帽和教规的概念。他说："相顺观察一切教法，一切经典都认作佛语。"总之，他们认为不仅不应该按佛教法规坚持所取和所舍，而且因对他人的嫉妒，自他许多人厚集异熟业。文殊怙主法王宗喀巴大师和班钦根敦珠师徒的思想中虽然没有考虑这些，但是按照其他师徒的愿望，将帽子的颜色定为纯金色，让他们专门持受。

班钦根敦珠以宁玛派教法伏藏双运的本尊极密马头金刚和从玻东乔勒南杰传承的二十尊自在母中的主尊热玛德为护法神，如今这些本尊护法神成为本派（格鲁派）的主要护法神。班钦根敦嘉措接受香派所传的宁玛派的马头金刚秘修法以及“娘”（娘·尼玛俄色）[5]等人掘出的伏藏中所说的五佛中的青色语佛战神的誓词咒语，现在我们派的人们进行这种体验和依止战神。尊胜上师、有寂世间的顶饰阿旺洛桑嘉措（五世达赖喇嘛）为使藏区的众生安乐，以前弘期所传的寂静忿怒业边种姓金刚乘为主，按照宗喀巴大师的教诫正行见地，在藏区弘传手印、大圆满、中观等显密教法。他说：“龙树师徒中观思想顶，非修理论智者很难证。现在所说的大手印是心处见，大手印非实相。”根据这种说法，甚深道大悲观音法也是文殊怙主法王宗喀巴大师思想的组成部分。但是，格鲁派在当时所发展的性相方面以萨迦派见地为主，中观方面以应成派见地，律仪方面依据班智达（喀且班钦）的传承，密法方面主修布顿所传，尤其修习明灯，本尊方面以热译师所传，大威德方面以绒巴·喜饶僧格所传，这些在以前没有差别，以后略有不同。在两种传承中，宗喀巴大师向法王顿珠仁青闻习远传，近传是在堆隆噶哇东亲眼所见。

关于护法神方面，香巴噶举派所传的六手印中有十三种不同的教诫，其中的开许法和除障法是从那塘译师顿珠桑波学习的。擦尔学派所传的多闻子有十六种不同的教诫，其中的静安、九尊或大雹、蓝色秽迹，据听法笔记是从布顿大师的亲传弟子扎且巴·仁钦南杰学习的。内外秘三种、业、阎摩德迦是从大成就师巴俄多吉或喇嘛邬玛巴学来的。前弘期的教法，文殊怙主法王宗喀巴大师是从达宇哇学的。但是，大圆满法规与现在本派（格鲁派）所传的马头明王秘修、极密、退敌天女以及法王方面教法等，当时除了在桑耶寺的贝哈尔护法外，没有进行依止，这在他的传记中很清楚。总之，大手印法是各派所共传的密法。

噶举派的大手印法在米拉日巴以前传播不广，本派是依据洛扎耳传和法王诺尔桑巴的《明灯》修行的。前弘期佛教时，伏藏中也出现了一些“大手印”之名。文殊怙主法王宗喀巴大师从止贡巴和止贡替寺的京俄学习大手印法，当时除了那饶六法教授外，尚没有“大手印”之名，讲义见于文殊怙主法王宗喀巴大师教语集中的《去惑除锈》。有一段时间被称为“新蕾”的大手印法，被宁玛、格鲁的几名自称的学者把自己的观点混合到正确的说法之中，真是狮子的上唇，猪的下唇，两不相合，其错误之文，曾被怙主法王宗喀巴大师满腔热情地质问，杰喇嘛的三种要道教授中多次说：对于大手印观点任何时候都不应该进行诽谤，请一切能知者对此进行思考。此外因萨迦班智达曾（对大手印法）进行遮止，而产生多种疑虑的话，实际上大手印、大圆满、中观、和尚的教法等，尤其是大圆满中的小山等内容，是尊胜上师的不共思想，这点从我在别处的讲述即可知道。

注释：

[1]宗喀巴的诞生地即今青海省湟中县塔尔寺所在之处。关于宗喀巴父亲的情况，诸书都记载不详，其名字鲁本格中的“鲁本”是湟中县一带的一个藏族部落的名称，后来修建塔尔寺后，鲁本是“塔尔寺五族”（后发展为塔尔寺六族）之一。湟中一带父老相传，宗喀巴的家庭属于鲁本部落。因此“鲁本格”可能是一个不完全的名字或者只是一个称号，看来宗喀巴的父亲可能是鲁本部落的一位首领，担任过达鲁花赤的官职。

[2]乳必多杰（1340——1383）是噶玛噶举派黑帽系第四世活佛，据《红史》记载，他应元顺帝的召请进京是在狗年（1358年）闰四月从粗布寺动身，年底到达黄河边，次年即猪年二月到河州，在河州停留达两年多，1361年12月到达大都。所以乳必多杰给宗喀巴授近事戒是在1359年初路过宗喀一带时，地点在今青海省平安县夏宗寺。

[3]喇嘛丹巴索南坚赞（1312——1375）是八思巴的侄儿达尼钦波桑波贝的儿子，属萨迦家族的仁钦岗拉章，他曾担任过萨迦寺的座主，

元顺帝曾召请他进京，他托辞谢绝，他还当过帕竹的大司徒绛曲坚赞的师傅，与绛曲坚赞关系很好，并在桑耶寺居过较长时间，著名的《西藏王统记》就是他在桑耶寺编著的，他和班钦玛德巴、仁达哇等人是元末萨迦派的著名学者。

[4]仁达哇·循努洛追(1349——1412)，萨迦和拉孜之间的仁达地方的人，萨迦派僧人，是班钦玛德巴的弟子，是元末明初萨迦派著名的学者，宗喀巴的主要老师之一。

[5]娘·尼玛俄色(1124——1192)，宁玛派高僧，著名的掘藏师，曾在桑耶、科顶等地掘出大量伏藏典籍，其著作有《娘氏宗教源流》等。

第三章

宗喀巴大师临终前托付格鲁派教法给主要弟子传承的事迹

这样，宗喀巴大师看到这个世界的徒众的缘分已经圆满，最先他和根敦珠在扎西觉卡见面时，高兴得笑容满面，将自己穿过的袈裟、僧裙赐给了根敦珠，其意是把教法事业全部托付给根敦珠。之后，他授给贾曹杰·达玛仁青一顶班智达帽子和法衣，其意是要他继承甘丹寺金色座位（赤巴）。宗喀巴大师于六十二岁时即土猪年昂宿月（十月）或戒律书所说初冬月（阴历十月）下弦空行众集会的良辰二十五日去往胜义兜率天欢喜乐土，除了摄置色身外，本不必要按照一般人那样进行，但是为了使徒众如理体验修行。特别是显示宗喀巴大师这一生在殊胜成就修行方面依止手印女的福德，虽然未真实经过中有，建立了他的中有幻身像，显示获得受用圆满之果位。其变化身在兜率天宫化现为文殊菩萨藏和金色菩萨等，其殊胜化身，在无限广阔的极乐净土为徒众的胜解信仰直至劫尽之前一直示现。

宗喀巴大师圆寂后，寺院内外一切地方陈供着常明不息的酥油灯，创立了称为“大五供”的时供节（燃灯节）。其遗体完整地供放在银质灵塔的塔瓶中，称为“同哇顿丹”（一见有益）。关于大师的两名高足，班钦索朗扎巴认为是贾曹杰和都增巴（持律师），说法众多，意见相异。但是从胜义谛看，三世中心续同一，并且在《噶当书》中有授记的应是当时作为文殊怙主法王宗喀巴大师的侍从，而且直到如今其历辈转世一直追随宗喀巴，是事业的恩德很大、眼见体成的班钦根敦珠；以学习因明而著称的文殊怙主法王的侍从，具有大恩德者遍知贾曹杰；知识渊博，事业之主是遍知克珠杰。他们三人是宗喀巴大师的首要弟子。另外，因听受而结法缘的弟子有喇嘛邬玛巴、恰那多杰、仁达哇。擦尔科王阿旺扎巴、多堆巴·扎巴洛追、童顿杂涅纳室利、格西顿巴等四人是前期弟子；后期弟子有前藏的绛噶尔哇、桑窘哇、仁嘉哇、绛赛哇、多麦巴·多丹坚白嘉措、喜饶扎巴、坚白扎西、巴穷哇等八人，被称为离事的八大随从。

事业上很有成就的弟子有：都增巴（持律者）、香噶尔哇、嘉央曲杰扎西贝丹、无比法王坚赞桑波、至尊喜饶僧格等五人。

如同教法明灯的弟子有：法王贡却楚臣、智者嘉旺喀且、聂果仁钦桑丹、博学者扎桑巴、聂钦喜饶坚赞、霍尔顿·南喀且、法王洛追曲窘、法王曲嘉哇、法王贝丹僧格、那塘热却等十人。

具菩提心能利益他人的弟子：绛赛·释迦索南、绛赛·贡噶桑波、绛赛·洛追坚赞、绛赛·楚臣贝桑、绛赛·循努贡却、绛赛·坚赞扎桑等六人。

被皇帝尊为帝师的两人是：大慈法王释迦益西、绛达尔玛。

多闻弟子：玛久温波南喀贝和雅嘉温波索南南杰二人。

执持头陀功德的弟子有：夏鲁巴·扎西嘉措、曲杰勒巴坚赞二人。

优胜辩析的弟子：弥赛巴·洛追仁青僧格、象雄巴·曲旺扎巴二人。

护持各方教法的弟子有：堆·喜饶僧格、麦·喜饶僧格、古格阿旺扎巴，洛巴·坚赞僧格、喇嘛巴丹喜饶、丹玛云丹贝哇等六人。

精通两种语言的翻译家有：桂译师循努贝和达隆译师两人。

担任寺主的弟子有：法主仁青贝丹桑波、仁波切索南桑波、仁波切绛曲多杰、仁波切索南坚赞、止贡仁波切顿珠嘉波、达隆仁波切扎西贝俄等六人。

精通多种经典的弟子有：曲杰西绕窘乃、嘉哇仁青桑丹、绛林巴·扎巴仁青、阿里哇·索南仁青、嘉央仁青嘉哇、古格桑杰坚赞、嘉央仁青扎巴、嘉窘德穷哇等八人。

安多、绒巴地方的学者有:多麦巴·俄色、多麦巴·勒桑、多麦巴·索南喜饶、绒巴·杰纳等四人。

修行弟子有:泽香仁钦绛巴哇、仁钦贝二人。

稀有之弟子有:殊胜士夫曼兰巴、日弥帕哇·索南仁青二人。

近侍弟子有:贡噶洛追、循努俄巴、洛追坚赞、贝桑哇、南喀坚赞、索南伦珠、仁钦嘉哇、仁钦佩巴等八人。

登上甘丹赤巴位的殊胜弟子有:贡塘巴·曲杰孜巴贝、喇钦年夏巴、达浦国师巴丹顿珠、第邬热巴·曲杰益西贝等四人。

担任大堪布的弟子有:法王贝桑、坚赞桑波、贡噶多杰、绛巴哇等四人。

大弟子有:扎桑、达波、洛佩、贡嘉、扎西坚赞等五人。

法门弟子有:寺主嘉央喀且、止贡扎西仁钦二人。

获得噶居学位的弟子有:达尔桑、帕赛尔巴、觉杂顿坚赞、呼里巴等四人。

获得噶宇学位的弟子有:特琼顿月、扎贡仁青贝、嘉哇仁青曲嘉、结热·桑热旺秋、达浦·桑结桑波、雅德·索南桑波、洛追、措布巴、曲杰僧格、扎巴坚赞等十人。

年长弟子有:达哇洛追、索南伦珠、勒仁巴、贡波四人。

上座弟子有:曲桑巴、嘉当巴·顿珠贝、嘉玛哇·根敦嘉措、俄色扎西、循努桑结、贡噶奔木等六人。

具证悟的弟子有:桑结贝桑、南喀雪热、扎巴窘乃、热雪巴、波勒哇·南杰等五人。

另外有拉色扎巴嘉措、顿·循努贝巴、堪布桑嘉哇、喇嘛赛图巴、央顶仁波切、谢洛温波、仲·南喀哇、喇嘛贡波绛曲、喇嘛索南仁青、仲·曲帕巴、喇嘛释迦仁钦、喇嘛达哇桑波、喇嘛曲坚赞、嘉热·桑结益西等多人。另外,能够自立的弟子有一百四十人,每个人都有自己的寺院、经历和事业。按照本书的体系,将在后面逐个介绍。

第一节　历任甘丹赤巴

登上主寺甘丹南杰林巴寺金色宝座的历任继承法位者的情形是：

当文殊怙主法王宗喀巴大师将要去往他界时，经过反复考虑后把班智达帽和大氅授予贾曹杰仁波切。这样，(在宗喀巴大师去世后)以都增巴为首的弟子们请求贾曹杰登上金座成为第一个代理宗喀巴法座的人，即第二任甘丹赤巴。

第二任甘丹赤巴遍知一切达玛仁青，藏历第六绕迥的木龙年(1364年)生在后藏上部地区，在乃娘寺从堪布仁青坚赞受戒出家，取名为“达玛仁青”，跟随岗建贡噶贝、噶宇巴·仁青多杰、仁达哇·循努洛追等名师勤修教理，成为一名精通佛教义理的大学者；从仁达哇和多隆巴受近圆戒后，巡回萨迦寺、桑浦寺、泽当寺参加噶居学位的辩经考试，能言善辩，舌战参加辩经的各位噶居僧人，获得了称赞。泽当寺辩经结束后，闻知文殊怙主法王宗喀巴的大名，慕名来到涅地热仲拜见宗喀巴大师，由于宗喀巴的身、语、意功德和四依的讲说使他深受感动，敬仰之心油然而生，从此开始一直随从宗喀巴左右十二年，听讲佛法，记录笔记，牢记于心，很顺利地通达显密一切经论，以其善于巧辩的言词博得了学者们的敬仰。宗喀巴大师圆寂后，弟子们一致希望贾曹杰继任甘丹赤巴。第七绕迥的土猪年(1419年)，贾曹杰五十六岁登上了甘丹寺金色宝座，转动无量法轮。他的著作有：《释量论广释解脱道明论》、《除量经边执苦》、《证地明库广释》、《现观庄严论释等广释心饰》、《道称》、《宝性论释》、《入行论宝鬘》、《四百论行》、《集经论广释》、《对法海心论》，他的这些教理论著对佛教具有很大恩德。他在位十三年，其间去过沃喀和后藏的乃娘寺等，和文殊怙主法王宗喀巴一样有许多弟子，其中能够独立进行传经、佛事活动的弟子有贤哲热达扎西、强巴林巴、仁钦贝、都噶尔哇·扎巴贝丹、洛追贡波、林麦云嘉巴钦波仁绛巴、都增桑佩巴、桑结桑波、洛追丹巴、乃浦噶居巴、贝丹桑波、噶宇哇·贡噶贝桑、喇嘛扎哲巴、噶居顿珠扎西。晚年,他把克珠格勒贝桑波安排在甘丹赤巴职位上后,退居到杰康孜。此后不久,水鼠年(1432),他六十九岁时,被南杰扎桑请去讲经,由于此方的徒众福德低浅,是年五月初八日,他在到布达拉宫的途中去世,遗体装塔供放在甘丹寺宗喀巴银质尊胜宝塔的右边。

第三任甘丹赤巴克珠格勒贝桑波,木牛年(1385 年)生于后藏上部地区的多雄地方,父亲名叫扎西贝桑,母亲名叫布占嘉姆。兄弟三人中他排行第一,次子叫巴索曲杰坚赞,幼子叫索朗扎西。他出家后首先跟随道果师益西贝、贡噶坚赞、至尊仁达哇等名师修习显密一切教法,成为一位著名的佛学大师。由于他被称为克珠拉旺洛的化身,故称"克珠曲杰"。十七岁,把玻东·乔勒南杰大师被教理所调伏,从仁达哇等名师受近圆戒之后来到前藏拉萨,在色拉的曲顶寺拜见文殊怙主法王宗喀巴大师,产生了不可分割的敬仰之心。在这里他还从贾曹杰和都增巴·扎巴坚赞学习教义。不久返回后藏,因担任年楚河上游的江拉寺的主持,被称为"克珠江拉哇",与江孜法王热丹贡桑帕巴建立了供施关系(详见《汉藏史籍》和《后藏志》等——译者注),主持创建了贝科德庆大寺(江孜德庆寺),内设诺布甘丹巴、张摩恰巴、勒珠巴、谢乃巴、上下色康等格鲁派六所扎仓。后来由于他和江孜法王热丹贡桑帕巴意见不和,迁居日吾当建寺,撰写了多部反映格鲁派观点的显密论著。贾曹杰来到乃娘寺后他前去拜见,随同来到甘丹寺,铁猪年(1431 年),他四十七岁时继任甘丹赤巴,在任职的八年中做了无数利益佛教发展的善事,被内邬宗的曲嘉都元帅兄弟尊奉。嘉央曲杰和无比法王坚赞桑波常向他请问佛法,他多次抽空去色拉寺和哲蚌寺讲经,受到了夏孜长老仁青坚赞大师的高度称赞和敬仰。

克珠杰大师的著作有《释量论理海》、《除去意障》、《量果广论》、《现观庄严论广释》、《时轮体明》、《成就曼荼罗》、《三律仪分别论》、《中观共空》、《集密广释成就海》、《二抉择广论》、《呼金刚成就曼荼罗》、《鲁俄巴所传曼荼罗仪轨》、《集密道次第补足》、《怙主朵玛仪轨》、《问答》、《本尊上师颂》等多部。

他的主要弟子有：贡钦帕俄、款·索南却珠、京俄洛追坚赞、拉尊仁钦嘉措、夏尔卡温波、擦科曲扎、桑达曲丹饶觉、绒顿拉桑、拉穷噶宇哇、达波贡噶扎西、夏尔哇兄弟、格窘桑结坚赞、仲·顿珠贝哇、喇嘛桑贝、谢结哇、达图哇、扎巴曲嘉、乃丹曲窘、曲杰班钦巴、索南贝丹、羊卓·曲扎巴等。

他于土马年（1438年）神变月（正月）二十一日往逝净土，终年五十四岁。遗体装藏在用金汁制成的塔内，供放在两尊尊胜宝塔（宗喀巴和贾曹杰的灵塔）的左侧。他的转世灵童虽然没有立即找到。但是后来普遍称其转世有绒地的乔朗（二世班禅）、温萨洛桑顿珠（三世班禅）、班禅洛桑却吉坚赞（四世班禅）、洛桑益西（五世班禅）等，其中的前两辈居住拉格的温杂寺，事迹很多。第三辈（洛桑却吉坚赞）住哲蚌寺，第四辈（洛桑益西）住扎什伦布寺。

第四任曲杰夏鲁哇·勒贝坚赞，木兔年（1375年）生在后藏，于夏鲁寺出家，长期担任翁则。后来跟随宗喀巴大师习经。土马年（1438年），他六十四岁时担任甘丹赤巴。他曾由琼结巴霍尔·贡却仁钦迎请前往，在江卡杂巴向军兵显示了许多能够看得见的变化和用妙音唤雨使大地潮湿等奇异之事业。他为霍尔·贡却仁钦举行祈愿生子的仪轨，使霍尔多杰才丹（五世达赖喇嘛的五世祖）降生，（霍尔多杰才丹在琼结）创建了日吾德钦寺，成为格鲁派的施主。夏鲁哇曾以决定持明咒的自在惩治了难以调伏的怨魔和持邪见者，广转法轮。于铁马年（1450年）阴历二月二十四日圆寂，终年七十六岁。其灵塔为银质尊胜宝塔的右面第三座（贾曹杰灵塔之侧）。忌时供祭由琼结地方负责举行。

第五任甘丹赤巴曲杰洛追曲窘，于土蛇年（1389年）生于雅德，出家于曲隆寺。年轻时师事宗喀巴、贾曹杰、克珠杰师徒三人精修显密教法，尤其精通时轮，撰写了《时轮广释》。第八绕迥的铁马年（1450年），他六十二岁高龄时担任甘丹赤巴，以文殊菩萨的正行转动法轮，新建了佛殿。主要弟子有后藏的琼·曲扎、帕巴拉、诺尔桑等多名成就师。水羊年(1463年),他七十五岁时卸任,是年九月十五日去往法界,为他设立了时供。

第六任甘丹赤巴巴索法王曲杰坚赞,是克珠杰的弟弟,生于水马年(1402年)。他从小师事宗喀巴大师,精修经典。作过桑浦寺拉哇麦扎仓的讲经师,曾于藏绒兰巴索地方静修,修得乐空甚深禅定,故称"巴索法王"。水羊年(1463年),他六十二岁时担任甘丹赤巴,在宝座后面的净室内修建了狮子吼佛像。其论著有《时轮生圆二次第论》、《中观见教授》、《三律仪要义》等数部。主要弟子有乃娘·贡噶德勒、琼波·格敦桑波、格勒协涅和洛曲巴等。他用讲、辩、著三种方法发展佛教,把众生都安排在成熟解脱道上。水蛇年(1473年)舍弃一切,摄集身庄严而圆寂,享年七十二岁。其灵塔为尊胜银质宝塔的左面第二塔(克珠杰灵塔之侧)。他的转世巴索拉旺曲杰坚赞担任昌都寺等寺院的堪布。拉旺的转世出生于绷周宗,名叫达擦拉旺曲杰旺秀丹贝坚赞贝桑波。达擦拉旺的转世是生在波密迦南木的阿旺贡却尼玛,前去汉族和蒙古族地区,据说现在(指第悉·桑结嘉措时期)仍健在。

第七任甘丹赤巴克却洛追丹巴,水马年(1402年)生于后藏香仲康地方,和巴索法王同岁。他在乃娘寺出家,师事宗喀巴和贾曹杰两位上师勤修经典,对慈氏教法颇有研究,成为一名大学者。在桑浦寺克帕扎仓作过几年的讲经师之后莅居艾和达波地方,创建了东方的教法明灯达波扎仓。他周游艾和达波的南部及雅隆藏布河上游地区,讲经授教。著名的学者京俄多杰坚赞曾向他请教。他的弘法事业兴旺,著作有对慈氏五论中的后四论的注释、《释量论释集》等数部。主要弟子有雅桑京俄、多杰仁青、达波·洛追塔耶、扎巴塔耶、阿旺扎巴等。他委任阿旺扎巴为达波扎仓经师后来到甘丹绛孜扎仓,水蛇年(1473年),他七十二岁时担任甘丹赤巴,转动甚深广大法轮。土狗年(1478年)圆寂(显示色身庄严),终年七十七岁。其银制息诤灵塔为尊胜银制宝塔的左面第四塔。

第八任甘丹赤巴曼兰木贝,木马年生于叶茹北部地方。在扎什伦布寺从学于班钦根敦珠，从至尊喜饶僧格听讲续部注释续（摄续），通达显密教法，巡回泽当寺就三十六部经论进行立宗答辩，受到了赞扬。在桑浦寺和哲蚌寺分别从法王云丹嘉措和嘉央曲杰听讲佛法。返回后藏居住扎什伦布寺和色康贡专门进行讲经著书。第二次来到前藏的拉萨，分别在色拉寺的杰扎仓、夏尔因明扎仓、唐嘉扎仓听讲佛法，钻研经典，撰写了《释量论广释》。主要弟子有法王洛桑贝等五人。此后来到甘丹寺担任夏尔扎仓的堪布，承认自己是库顿（库顿·尊追雍仲为阿底峡的三大弟子之一，噶当派著名高僧——译者注）的转世。主持调解了绛孜和夏尔两所扎仓之间的矛盾纠纷。六十七岁，即铁鼠年（1480 年）担任甘丹赤巴，次年担任哲蚌寺堪布，在两所寺院同时转动法轮。当仁蚌巴·顿月多吉因宗派见修不同狠毒地迫害格鲁派，派军队进攻吉雪，包围了内邬奚谷卡时，他依靠向六臂怙主作大施食仪轨进行阻止，两次使进攻的士兵失去控制自动退出，显示了在他未涅槃之前仁蚌巴之政令不能推行的征兆。他的主要事迹是创建了弥勒佛殿。著作有《释量论广释》。主要弟子有曲杰洛桑巴、乃佐巴、洛追坚白、勒坚索南贝桑等。铁狗年（1490），他七十七岁时卸去甘丹赤巴职务。铁猪年（1491 年）阴历十一月二十二日在布达拉圆寂，终年七十八岁。甘丹赤巴是从文殊怙主法王宗喀巴算起的，包括他在内的前面的七位宗喀巴法座继承者被称为“文殊的后藏七传承”。

第九任甘丹赤巴洛桑尼玛，土羊年（1439 年）生于宗喀地方，是宗喀巴大师一个侄子的儿子。年轻时来到前藏，随从智者木赛巴、喇嘛达拉绛曲坚赞、阿阇黎扎俄巴等名师勤修佛教经典教义，成为一名能言善辩、精通教理的著名学者，在桑浦寺就二十二部经典进行立宗答辩，把阿阇黎孜娘热巴辩败。第二年他出任拉哇堆巴的经师，在扎什伦布寺从学于班钦根敦珠，产生了难以割舍的敬仰。其后再次来到拉萨，任哲蚌寺堪布数年。铁牛年（1481 年），他四十三岁时，登上了桑浦寺林麦扎仓的法王宝座，讲授《辩了义不了义论》。铁狗年（1490），他五十二岁时担任甘丹赤巴，广转法轮。水鼠年（1492 年）去往净土，享年五十四岁。

第十任甘丹赤巴曲杰益希桑波，木羊年(1415年)生于丹玛下部地区，来到前藏拉萨后首先从哲蚌寺堪布贝丹洛追听讲般若、因明和《中观理聚六论》。又从都增格勒贝学习戒律学，善立讲说之规。从嘉央曲杰受近圆戒，作洛萨林扎仓的讲听僧。此后到甘丹夏尔扎仓讲授中观、般若和菩提道次第教法。水牛年(1493年)，他七十九岁时担任甘丹赤巴，无数次转动甚深广大法轮，修建了弥勒大佛像。主要弟子有克增等二十余人，一般弟子无数。土马年(1498年)去往净土兜率天宫，终年八十四岁。

第十一任甘丹赤巴达尔顿·洛桑扎，土鸡年(1429年)生于后藏上部的达尔地区，在达尔寺出家后作掌经僧和算师，来到前藏拉萨随从堪钦贝丹洛追、饶绛巴·曼兰贝、智者贡勒、法王巴索哇、法王喜绕窘乃等名师学习显密多种教法，先后在塘嘉和桑阿卡尔寺作《释量论》的听讲僧。然后进入甘丹寺夏尔扎仓讲经。七十二岁铁猴年(1500年)担任甘丹赤巴，广开甚深广大法门，分别在甘丹和桑阿卡尔寺用金铜塑造了无量光佛大像、无二时轮本尊像。铁羊年(1511年)二月二十二日去往净土，终年八十三岁，银质灵塔供放在桑阿卡尔寺，在甘丹寺设立了时供。

第十二任甘丹赤巴嘉央喜饶达尔勒贝洛追，铁马年(1450)出生在艾地方。在拉章寺从喇嘛索南嘉措洛追受出家戒，先后在桑浦寺和扎什伦布寺从阿阇黎曲觉哇、曲杰乃丹巴、喇嘛南巴、孜巴·扎西坚赞、居巴喜饶桑波等名师听讲佛法，从南巴贝丹巴等受近圆戒后，在尼玛塘寺作了二十余年的讲听僧。火虎年(1506年)，他五十七岁时担任绛孜扎仓堪布，第九绕迥的铁羊年(1511年)，他六十六岁时担任甘丹赤巴，具有同时向百方传播显密教法的智慧，用金铜塑造了无比的亲友日亲(释迦牟尼的别名——译者注)佛像，风格独特，无与伦比。六十七岁(1516年)卸任，后迁居俄噶尔寺。主要弟子有贡茹循努绛曲等九人，另有许多听讲显密教法的普通弟子。他曾从甘丹寺向父亲的新房抛撒开光之花，在艾地方正的落下了粮粒。他有不乏这样的智者及成就者的事迹。铁虎年(1530 年)去往净土，终年八十一岁。

第十三任甘丹赤巴曲杰却吉喜年，水鸡年(1453 年)生于堆隆河谷地方。从甘丹寺轨范师曲扎巴受戒出家，在后藏师事班钦根敦珠习经，于名字的后面增加了“丹贝坚赞”。来到拉萨后首先进入哲蚌寺向轨范师益西桑波、嘉央勒曲巴、仲·巴丹坚赞等人听讲佛法，巡回泽当寺就二十多部经立宗答辩。之后从学于饶绛巴曼兰巴等，进入密院修习密法。从达隆曲杰阿旺扎巴学习声明学和诗词学，从曲杰乃丹巴受比丘戒，担任夏廓扎仓的讲听僧。五十岁时(1502 年)任夏尔扎仓堪布。火鼠年(1516 年)，他六十四岁时担任甘丹赤巴，成为以伟大的菩萨行利乐众生的大德。其主要弟子有拉旺班觉等六人，讲授教理的殊胜弟子很多。水马年(1522 年)，他七十岁时卸任在第哇巾寺居住，铁鼠年(1540)圆寂，终年八十八岁。

第十四任甘丹赤巴曲杰仁钦俄色，水鸡年(1453 年)生在堆隆达香桑地方，在哲蚌寺跟随法王仁钦绛曲习法受出家戒，从阿阇黎益西桑布等名师精修佛典；从居巴扎仓的楚臣桑布听讲密法。在尼顶地方，他从仲素钦巴受比丘戒。土马年(1498 年)，他四十六岁时作密宗学院的讲听僧，发展佛法。铁羊年(1511 年)，他五十六岁任绛孜扎仓堪布，著有《历算明灯》。水马年(1522 年)，七十岁时担任甘丹赤巴，转动无限法轮，修建了金铜合金的怙主无量光佛像。土牛年(1529 年)，七十八岁时卸任，主要弟子有孜巴曲杰曲窘嘉措。铁鼠年(1540 年)逝世，享年八十八岁。

第十五任甘丹赤巴班钦索南扎巴，土狗年(1478 年)生于泽当，为囊巴拉巴之子，从钦波索南扎西受出家戒，取法名为“索南扎巴”。他曾求学于桑浦寺、尼玛塘寺和色拉寺杰扎仓，师事喇嘛顿月贝丹勤修宗喀巴的教理，成为一代名师，巡回泽当寺辩经。从沃那喇嘛桑结桑布受沙弥戒和比丘戒，在上密院依止金刚持曲丹洛追大师学习密法，成为密教大师，在上密院作了十四年的讲听僧。三十六岁的水鸡年(1513 年)著

《集密生圆二次第广释》，并且设立了讲听法会。又从根敦嘉措闻听多种教法，奉命来到哲蚌寺洛萨林扎仓作讲经师，一年以后担任夏尔扎仓堪布，五十二岁的土牛年(1529年)担任甘丹赤巴，撰写了《教法史意乐严饰》、《俱舍论广释》、《续部广释》、《王统变幻钥匙》(即《新红史》)等多部，被称为遍知布顿大师的转世。木羊年(1535年)，他五十八岁时卸去甘丹赤巴职务，担任哲蚌寺法台。此后，他前后主持过色拉特钦林寺(即色拉寺)、觉摩隆寺、帕摩寺、尼顶寺、沃那寺和曲德仁钦林等寺院，弘扬佛法的事业非常宏伟。他还曾为遍知(一切)索南嘉措(三世达赖喇嘛)剃度赠法名。土猪年(1539年)，他七十四岁时卸任，移居哲蚌寺森康贡。木虎年(1554年)十一月十四日逝往他界，终年七十七岁，其银质灵塔供奉在哲蚌寺。他的转世灵童是索南益西旺波，堆隆地方人。索南益西旺波的转世是阿旺索南格勒，其转世是岗喀萨巴囊索卓洛，开始被认为可能是遍知一切云丹嘉措(四世达赖喇嘛)的转世，后来否定这一说法，被认为是阿旺索南格勒的转世，因此对后来的转世有不好的影响。

第十六任甘丹赤巴曲杰曲窘嘉措，水蛇年(1533年)生在前藏上部地区的嘉拉古尔地方，于扎哇尔寺出家，勤奋钻研显密经论。由下密院喇嘛出任绛孜扎仓堪布。木羊年(1595年)，他六十三岁时担任甘丹寺赤巴，针对众生的不同根器，讲授甚深教法，满足了每个人的愿望，制作了无比的释迦如来大绸缎像。当时沃那等前藏上部地区的大多数寺院都被止贡巴控制，在这种情况下，他联合夏尔扎仓僧人，投放食子，进行遮止。土猪年(1539年)二月二十八日圆寂，终年六十七岁。其灵塔为银质尊胜塔，为宗喀巴银质灵塔左面的第二塔。

第十七任甘丹赤巴曲杰多吉桑杰桑布，铁猪年(1491年)生于多麦米纳地方(米纳为青海塔尔寺的五部落之一——译者注)，来到前藏钻研显密教法，成为著名学者。在作色拉寺麦扎仓讲听僧期间，在甘丹寺夏尔扎仓担任了一段时间的堪布。土猪年(1539年)，他四十九岁时担任甘丹赤巴，事业兴旺。他还涂饰了大卧室的木梁，补画了壁画，火马年(1546 年)卸任后移居第哇巾寺,曾担任泽仁钦扎寺的讲经师。其后,去到迭部和丹玛两地区准备调解冲突双方,不幸石头击准头部而于木虎年(1554 年)逝世,享年六十四岁。他的转世是楚臣贡波,精通书法、语言学,是一位在家人,据说撰写了《甘丹派教法史略》、《法王杰康孜巴班觉嘉措译传》和《桑阿卡尔寺志》。

第十八任甘丹赤巴曲杰坚赞桑波,生于谢日达孜的达扎村,通达显密教法,任下密院讲听僧之后,担任绛孜扎仓堪布。火马年(1546 年)他五十岁时担任甘丹赤巴,广转法轮。土猴年(1548 年)去世,终年五十二岁,其银质灵塔供放在铜殿东面主尊塔的左面第五塔。他著有《金绳医诠》。其定期供祭由德哇卡尔巴负责。

第十九任甘丹赤巴曲杰阿旺曲扎,铁鸡年(1501 年)生于堆隆河谷谷口。九岁出家,十九岁受比丘戒,通达显密教法,在上密院和夏尔扎仓作了十二年的讲听僧。土猴年(1548 年),他四十八岁时担任甘丹赤巴,在宗喀巴大师银质宝塔上用金铜镶嵌了可使日光照耀夺目的塔顶。铁猪年(1551 年)圆寂,逝往法界,享年五十一岁。他的转世是法王阿旺曲杰坚赞,木猪年(1575 年)生,和曲杰阿旺曲扎逝世之间相差二十五年,其间是不是在他处转生过?无论如何,现在已经确定是阿旺曲扎的转世,称为“萨康活佛”。他精修因明性相和果乘法,先后担任了下密院、绛孜扎仓、甘丹寺的堪布,后来考虑法施的功德,再次作了下密院的听讲僧。据说他的转世灵童在厄鲁特左翼。

第二十任甘丹赤巴曲杰曲扎桑波,水牛年(1493 年)生于达浦地方,在达浦寺出家,精修显密经论,成为著名的学者。他在任下密院听讲僧之时莅居绛孜扎仓担任堪布。水鼠年(1552 年),他六十岁时担任甘丹赤巴,建造了十六罗汉像。土马年(1558 年)卸任后移居第哇巾寺。土羊年(1559 年)九月十日圆寂,终年六十七岁。其灵塔为银质尊胜塔,为宗喀巴银质宝塔的右面第二塔。

第二十一任甘丹赤巴沃喀江萨哇格勒贝桑,木牛年(1505 年)生,先后在桑木丹林寺和上密院修习显密教法,担任上密院和夏尔扎仓堪布。后于土马年(1553 年),他五十四岁时担任甘丹赤巴,用金铜建造了弥勒佛像。木鼠年(1564 年)他六十四岁时退位移居第哇巾寺,被称为"曲杰第哇巾巴"。曾担任堪布为遍知一切索南嘉措(三世达赖喇嘛)授比丘戒,曾任墨竹仁钦林和帕摩寺的讲经师。火兔年(1567 年)四月二十六日在甘丹寺圆寂,享年六十三岁,其银质灵塔供放在铜殿之东,为主塔的左面第四塔。

第二十二任甘丹赤巴曲杰根敦丹巴达结,水牛年(1493 年)生于隆雪卫纳地方,钻研经典,成为一名大善知识。作墨竹恰噶尔寺上师会遭到止贡军兵的袭击,所以移居扎哇尔寺,担任卡尔嘉寺的讲经师。其后担任绛孜扎仓堪布。第十绕迥的木牛年(1565 年),他七十三岁时担任甘丹赤巴,土龙年(1568 年)圆寂,终年七十七岁。其银质息诤灵塔供放在铜殿中,成为主塔,时供由其家族举行。

第二十三任甘丹赤巴曲杰次旦嘉措,铁龙年(1520 年)生于泽当的尚杰地方,在泽当寺出家。母亲要求他一定要得到甘丹赤巴职位,因此送去吉雪求学,成为一位著名学者。担任过上密院、夏尔扎仓、帕摩寺、仁钦林等寺院经师。土龙年(1568 年),他四十九岁时担任甘丹赤巴,转动法轮。有时参加拉萨大祈愿法会,开创了甘丹寺赤巴主持大祈愿法会的先例。在任职期间维修了大经堂壁画和怪柳屋檐。木猪年(1575 年),他五十六岁时卸任移居石房,火鼠年(1576 年)圆寂,享年五十七岁。其金铜制成的尊胜灵塔供于时轮立体坛城殿。

第二十四任甘丹赤巴曲杰强巴嘉措,火鼠年(1516 年)生在雪(拉萨以东的地方名)地方的扎普,曾作达孜仁钦岗寺的拾柴僧,勤修显密经论,始有智者大德之称号。担任过下密院绛孜扎仓、达孜仁钦岗寺的喇嘛。木猪年(1575 年)他六十岁时担任甘丹赤巴,制作了一幅弥勒佛绸缎像。第三世达赖喇嘛去蒙古地区的第二年,即土兔年(1579 年)他开始主持拉萨祈愿大法会。水马年(1582 年),他六十七岁时卸去甘丹赤巴职务,迁居俄噶尔寺,因此被称为"曲杰俄噶尔哇"。帕摩竹巴的军兵控制达孜仁钦岗寺后,他移居贡曼寺,弘扬格鲁派教法。铁虎年

(1590年)八月十五日圆寂，享年七十五岁，其银质菩提塔供放在却康色玛殿的中央，时供很好。据说他的化身是藏巴扎西和康巴女子参丹卓玛之子根敦贝桑。

第二十五任甘丹赤巴曲杰班觉嘉措，火狗年(1526年)生在堆隆热巴地方，是第巴格巴喀巴之子，年轻时已经是一位很有名的学者，作过拉堆哇隆寺的讲听僧，同时，担任上密院喇嘛，他在很多弟子侍从的簇拥下去到沃喀。后又担任了甘丹寺夏尔扎仓和密院喇嘛。水马年(1582年)他五十七岁时担任甘丹赤巴，以讲授无尽的佛法把众生安排在解脱、大乐道上，修缮了森康钦莫，绘制了壁画，经常参加主持拉萨祈愿法会，后来去参加法会时仍盛名远扬。土牛年(1589年)，他六十四岁时卸任，迁居杰康孜寺，被称为“曲杰杰康孜巴”。当时来到北部热振寺嘉哇窘乃的静修处朝礼时，由于未脱鞋进了其中的两柱殿，这时听到觉卧文殊金刚说：“尊追雍仲，你为何不脱鞋进我的坛城?”(关于这个名字)他和一切佛智慧金刚的本身索南嘉措在羌塘岗会晤时，索南嘉措曾授记他是库顿尊追雍仲之转生。后来强佐固始贝丹嘉措准备去蒙古地区迎请索南嘉措的转世灵童时，他给灵童赠名为遍知一切云丹嘉措。他先后担任过觉摩隆大寺、帕摩寺、巴尔擦寺、巴哇尔、塘嘉、仁钦岗等寺院的经师。弟子中有多名格西，有的被委任为喇嘛。土猪年(1599年)藏历六月十五日清晨逝世，享年七十四岁。其银质灵塔为天降塔形制，是铜殿东面的主塔右面的第一塔。设立了时供。他的转世是群觉嘉措，康区人。

第二十六任甘丹赤巴曲杰曲贝拔，水羊年(1523年)生在藏堆地区康玛尔的东面，在当地寺院出家，从学于班钦乃巴，学者的声誉，仿佛夏日的雷声一样响亮。他作过前藏扎哇尔寺的讲听僧，制作了十地弥勒佛绸像，新建了依怙殿，建造了本尊、怙主、梵天佛母等本尊像，开设了明僧五供和弥勒祈愿法会。莅临圣地观世音菩萨的化身仲敦巴·嘉哇窘乃的热振寺担任执事总喇嘛，修缮了两柱殿的金顶，建造了二十四个屋脊宝瓶，并且资助藏贡寺，做了许多有利于佛教发展的大事。之后担任绛孜扎仓堪布。土牛年(1589年),他六十七岁时担任甘丹赤巴,支持拉萨祈愿大法会。火猴年(1596年)卸去甘丹赤巴职务。土猪年(1599年)九月十一日圆寂,建立了盛大的时供。

第二十七任甘丹赤巴曲杰桑结仁青,铁鼠年(1540年)生在墨竹工卡地区。十三岁,从仁钦林寺的翁泽曲桑尼玛受戒出家,就学于娘绒扎仓。三十三岁,从法王次旦嘉措和强巴嘉措等名师受比丘戒,做过色拉麦扎仓的讲听僧。之后,在夏尔扎仓做了三年喇嘛。火猴年(1590年)他五十七岁时担任甘丹赤巴,修缮了羊八井寺,补画了壁画,参加主持了一年一度的拉萨祈愿大法会。水兔年(1603年),他六十四岁时退居森吉康,又担任塘嘉、帕摩、仁钦岗等寺院的上师,担任给世自在遍知一切云丹嘉措(四世达赖喇嘛)或称大乐法王授出家戒的堪布。当时拉孜首领夫人处有一件似乎是发掘出的伏藏经卷中说:"杰喇嘛(宗喀巴大师)的宝座上出现具有'布达'之名(布达为梵文,意为佛陀,桑结仁钦的名字中,桑结之意亦为佛陀)的人佛教发展就会受阻碍,此人本身是魔的化身。"所以一些受五箭(他化自在天子五箭:能醉、能爱、能愚、能瘦、能缚——译者注)系缚的人,犹如坚信他化身在天的后妃一样,对此五髻天神文殊菩萨的真实化身(指桑结仁钦)生起邪见。杰喇嘛(五世达赖喇嘛)对此评论说:"对于五髻天神必须知道了义不了义的认识,天神和魔二者不同,不能把没有的事错说为有。"他于水鼠年(1612年)圆寂,终年七十三岁,其银质灵塔为菩提塔形,在宗喀巴的银制灵塔外面的右下面。时供由其家族负责举行。他的转世生在恰松地方,据说出家后的名字叫仁钦嘉措或桑结嘉措。

第二十八任甘丹赤巴曲杰格敦坚赞,水龙年(1532年)生于拉萨的鲁巴厦,从色拉杰尊却吉坚赞和杰巴扎仓轨范师喜饶僧格受出家戒,就学于色拉杰扎仓,成为一名著名学者。十九岁时(1550年)从遍知一切索南嘉措和阿里拉尊巴·索南巴桑等师受近圆戒,依止下密院经师扎西桑布修习密法,得到了智者的称号。木猪年(1575年),他四十四岁时任下密院上师。土牛年(1589年),五十八岁时担任绛孜扎仓堪布。水兔年(1603年),他七十二岁时担任甘丹赤巴,主持了当年冬天的拉萨祈愿大法会,担任堪布为遍知一切大乐法王云丹嘉措授出家戒。当时,他心里想:现在的扎什伦布寺的法台班禅洛桑却吉坚赞是我的学生,相互了解,请问经教,听讲许多灌顶教诫。他的年纪轻,能力很强。所以,他把(给四世达赖喇嘛云丹嘉措)教授佛法的担子交给了班禅。他从拉莫地方,向甘丹寺坐夏法会提供每日的斋僧茶费用。火羊年(1607年),他七十六岁时卸去甘丹赤巴职务后圆寂,其银质灵塔供放在甘丹寺。据说他的转世灵童生在游牧的夏拉霍尔(似指裕固族——译者注)人之中。

第二十九任甘丹赤巴曲杰喜年扎巴,火马年(1546年)生在多麦卓尼的桑曲地方,精通蓝杂体梵文。年轻时游学到前藏从师勤修显密教法,学业优异,金刚持根敦坚赞为其更名为"索南顿珠"。他先后担任桑浦寺、贝赛寺、上密院和夏尔扎仓的上师,其间他和第巴杰雪巴发生矛盾,金刚持根敦坚赞出于对佛教施主的考虑,用仁慈之心调解,使双方重新成为供施关系。火羊年(1607年)他六十二岁时担任甘丹赤巴,建成铜殿后,他于木兔年(1615年)卸任,土马年(1618年)圆寂,终年七十三岁,其银质灵塔为菩提塔形,为铜殿主塔左面第三塔,设立了时供。

第三十任甘丹赤巴曲杰洛追嘉措,火马年(1546年)生于堆隆地区的达隆札,于觉摩寺出家,勤修显密经典,能言善辩,吐字清晰,以理服人。先后作过桑浦寺拉哇堆扎仓和下密院的讲听僧。另外,担任觉摩隆、桑阿卡尔、绛孜等寺院、扎仓的喇嘛,新建绛孜扎仓,起名"推散林"(闻思殿),按照旧规矩恢复了觉摩隆寺中断多年的讲修院。木兔年(1615年)他七十岁高龄时担任甘丹赤巴,转动法轮,讲授宗喀巴大师的《菩提道次第广略二论》,整理笔记,取名《恒河流水》。土马年(1618年),他七十三岁时圆寂,其银质灵塔为菩提塔形,放在时轮立体坛城内左面,设立了时供。

第三十一任甘丹赤巴曲杰丹曲贝,火马年(1546年)生于江夏地方。在工布拜见和师事噶玛巴旺秋多吉(1556——1603,噶玛噶举黑帽系第九世活佛—译者注）。后来由朋友引导来到哲蚌寺洛萨林扎仓求学，刻苦钻研因相乘法，巡回昂仁寺进行学位辩经，长期主持洛萨林扎仓的讲修工作。从此来到甘丹夏尔扎仓担任喇嘛，称为“夏尔巴丹曲贝”。土马年（1618 年），他七十三岁时担任甘丹赤巴。铁猴年（1620 年）圆寂，终年七十五岁，其银质灵塔由卓尼曲杰根敦达结出资修建。

第三十二任甘丹赤巴曲杰楚臣群佩，铁鸡年（1561 年）生在后藏年楚河流域的仲孜地方，于仲孜寺出家后进入扎什伦布寺学习，之后来到拉萨就学于色拉寺杰扎仓，通达经义，巡回辩经，随从至尊达隆扎巴等著名学者学习显密教法。他作过绛孜扎仓的讲听僧，担任过桑阿卡尔寺日吾德庆寺堪布，后来因患土病来到蔡宇札，经过修行使病痊愈，同时看见了弥勒佛显现。不久，他又看见了甘蔗族之网（指释迦牟尼）和声闻、独觉、菩萨等佛弟子，尤其目睹事业天母南喀多坚依靠九宝瓶传授灌顶的全部过程，犹如法王役使马海顿坚（阎罗），修习佛典，事业兴旺，仿佛上弦月一样丰满。因为他曾住在江洛坚寺（江孜附近），故称“江洛坚巴”。他没有担任过绛孜和夏尔两所扎仓的堪布而于铁猴年（1620 年）六十岁时直接担任甘丹赤巴，他向第悉藏巴赠送丰厚礼品，申请收回了绛孜扎仓的寺属庄园。水猪年（1623 年）去往欢喜地（圆寂），终年六十三岁，其银质灵塔为菩提塔，为铜殿东面主塔的左面第二塔，时供由他的家族负责。

第三十三任甘丹赤巴曲杰扎巴嘉措，木兔年（1555 年）生于热堆，在贡萨尔寺出家，修习显密经典，在昂仁寺参加了学位辩经。后来任上密院讲听僧和夏尔扎仓、扎仁钦扎寺住持。水猪年（1623 年），他七十岁时担任甘丹赤巴。火兔年（1627 年）正在转动法轮时去世，享年七十三岁。

第三十四任甘丹赤巴曲杰阿旺却吉坚赞，木猪年（1575 年）生于澎域谷口。因随念法王阿旺曲扎之声屏，被称为“萨康活佛”。作过甘丹绛孜扎仓堪布，结合密教续部经典讲经。第十一饶迥的火兔年（1627 年），他五十三岁时担任甘丹赤巴，任职三年，把绛孜扎仓（推散林）堪布职位奉献给了班禅洛桑却吉坚赞，发愿扩建宗喀巴大师的银质灵塔的金顶。土蛇年（1629年），班禅仁波切按照印度风格对灵塔金顶进行修缮，按照经典所说一次法施使功德无量。晚年在密院讲授续部经典。

第三十五任甘丹赤巴曲杰嘉央贡却群佩，水鸡年（1573年）生于扎囊寺附近。他小时候说："要去参加桑浦寺夏季法会。"同时讲了许多随念前生的话。在扎西曲林寺，他从索朗杰却受居事戒，从遍知根敦嘉措的亲传弟子座前用三宝作增上缘。十二岁进入达波扎仓学经，从轨范师洛桑群佩受沙弥戒，起法名为"贡却群佩"。由于他有非常强的求知欲，顺应了"孩童博士"的缘起。二十二岁，参加泽当寺辩经，然后来到吉雪寺修习显密经典，成为一名佛法事业圆满的大善知识，因此参加甘丹寺佛教法会时，起座讲辩，享有智者的盛名。二十四岁，从法王杰康孜巴等名师受近圆戒后，去到康区募捐，把化来的物品、钱财全部供献给甘丹寺。他在担任桑浦寺拉哇堆扎仓和上密院讲听僧期间培养出了好几名著名学者。他还从遍知一切云丹嘉措听讲观世音菩萨和不动金刚开许法等。由于他经常活动在后藏与蒙古族之间，对色拉、哲蚌两大寺院非常有利，因此第悉藏巴也乐意与他交往。他任桑浦寺堪布时，获得"林麦曲杰"的荣誉。其后他作过甘丹寺夏尔扎仓的堪布和洛萨林、哲巴扎仓的喇嘛，讲听事业兴旺。火虎年（1626年），他五十四岁时担任甘丹赤巴，十二年后卸任。在他任职期间，从止贡巴手中收回了被其控制的桑阿卡尔寺和拉萨上下地区的一些寺院，为了文殊怙主法王宗喀巴大师的教法，从世间来说也有很大功劳。后来，他被素尔康夏尔巴迎请到山南时，正值当地大旱酷热，他发誓说："如果我是班钦强巴林巴的转世，请降下大雨。"当晚即大雨不止，大家都感到很是稀奇。这以后他担任过觉摩隆、桑阿卡尔、仁钦林、沃喀藏协、桑浦等寺院的总执事喇嘛或堪布。他曾给世间顶饰达赖喇嘛（五世达赖喇嘛）讲授法相学，色拉、哲蚌、杰康、桑阿卡尔等前藏著名寺院的多数喇嘛都是他的弟子。他曾主持拉萨祈愿大法会，政教事业兴旺，如同天空一样宽阔。火狗年（1646年），他从桑阿卡尔寺去到大德文殊藏菩萨跟前（圆寂），终年七十四岁，其银质灵塔为尊胜塔形，为甘丹寺铜殿东面主塔之右面第二塔。

第三十六任甘丹赤巴贡布丹增勒贤，生于东部工布地方，先后在达波扎仓和贝丹麦居寺（下密院）学习显密教法，担任下密院和绛孜扎仓堪布，任甘丹赤巴七年。之后，他和一些工布人在甘丹寺随意说道，甘丹赤巴的职位并无明确规定继任办法，甘丹赤巴是绛孜和夏尔两所扎仓共同的，因此其后不一定要由夏尔扎仓的人担任甘丹赤巴。因此，夏尔扎仓的人拿起武器争夺甘丹赤巴的职位，他被迫逃到康区的巴哇尔寺，同时护持珠拉寺，不久去世。在这之前除由绛孜和夏尔两所扎仓堪布轮流担任甘丹赤巴外，任职年限没有规定。从这时开始，才按照藏巴的记录册，规定了赤巴的任职年限。

第三十七任甘丹赤巴曲杰根敦仁钦，生于多康和汉地交界的江夏地方。来到讲听闻修僧人汇聚的西藏拉萨进入色拉寺麦扎仓和上密院钻研佛典，担任密院和夏尔扎仓堪布后逐渐登上了法王宗喀巴大师的金色宝座，在任职五年期间广泛弘扬佛法。在任期间去世。

第三十八任甘丹赤巴丹巴坚赞，生于达波地区的仲达，在东方的教法明灯达波扎仓和吉祥下密院全面系统地学习显教理论和密教甚深道金刚瑜伽。担任密院和绛孜扎仓堪布后，出任甘丹赤巴，转动佛教法轮，在任期间去世。

第三十九任甘丹赤巴贡却曲桑，生于堆隆地方，在曲桑寺进入教法之门，然后来到吉祥哲蚌寺果芒扎仓系统学习戒律、《俱舍论》、《入中论》、《现观庄严论》，由此去上密院进修金刚乘教法。先后担任密院、绛孜扎仓堪布，其后登上了文殊怙主法王宗喀巴大师的宝座，任职七年期间广转法轮。卸任后去到仁钦岗、桑阿卡尔等寺院广做利益众生事业。八十七岁时逝世，银质灵塔为神变塔形，为铜殿东面主塔左面的第一塔。

第四十任甘丹赤巴贝丹坚赞，生于上部阿里地区的布德章卡尔地方，其宿慧觉醒后，来到佛法源地前藏拉萨，分别在群科杰寺五所扎仓学者聚集的大海即阿里扎仓和下密院钻研显密经论，作过密院讲听僧和绛孜扎仓堪布。之后登上至尊宗喀巴大师的金座，转法轮七年。卸任后居住俄噶尔寺，然后游历热振、桑阿卡尔、萨康、雪贡俄等寺院讲经。七十三岁时去世，其银质灵塔为菩提塔形，供放在善逝殿北面。他的化身生于拉莫地方，今称“绛孜哇”。

第四十一任甘丹赤巴洛桑坚赞，生于卫藏四茹之中的约茹所属的泽当地方，曾求学于拉哇堆扎仓和上密院，攻读显密经论，成为一名博通教理、能言善辩的善知识。担任密宗学院和夏尔扎仓堪布后登上了甘丹寺金色宝座，在任七年中按例护持政教两种事业。卸任后担任墨竹仁钦林和泽当寺讲经师，以发展利益教法和众生的事业。七十三岁从杰康孜去往净土兜率天宫，示显圆寂。

第四十二任甘丹赤巴洛桑顿月，虎年（1602 年）生在澎域附近，年轻时入色拉寺杰扎仓和下密院学习显密教法，任密院讲听僧和绛孜扎仓堪布后担任甘丹赤巴，七年间转甚深广大法轮。卸去甘丹赤巴职务后主持热振寺和仁钦林寺，土马年（1678 年）去世，终年七十七岁。其银质灵塔为各种珍宝装饰的菩提塔，无与伦比，供放在善逝殿。

第四十三任甘丹赤巴强巴扎西，马年（1618 年）生于杰（群科杰）地方。曾在达波扎仓和上密院攻读显密经论，担任过密院和夏尔扎仓堪布，后任甘丹赤巴，护持文殊菩萨的法座七年，卸任后主持桑阿卡尔等几所寺院，用白银建造了包括天神在内的一切众生导师莲花手菩萨以僧人形相游戏人世的诸佛化身阿旺洛桑嘉措（五世达赖喇嘛）身像，在甘丹寺庄严屋顶上用金铜制造了屋脊宝瓶，为了具缘众生圆满解脱而做一切善事。木鼠年（1684 年），他六十七岁时圆寂。

第四十四任甘丹赤巴洛追嘉措，木猪年（1635 年）生于安多鲁本地区的米纳地方。曾于哲蚌寺果芒扎仓和下密院钻研显密经论，作过果芒扎仓、下密院和绛孜扎仓的堪布，四十八岁（1682 年）担任甘丹赤巴，在任职四年中完成甘丹寺大经堂的土石工程，以事业轮成为甘丹寺利乐的真正大德。其后他去汉蒙地区办理公事，死在返回的途中（1688

年去世），遗体装藏的灵塔为多门塔形，供放在善逝佛殿。据说他的转世灵童现在（第悉桑结嘉措时期）生于措卡（青海，洛追嘉措的历辈转世为青海尖扎县拉莫德钦寺和塔尔寺的色赤活佛，清代为驻京八大呼图克图之一——译者注）。

第四十五任甘丹赤巴卓尼嘉央楚臣达结，水猴年（1632年）生于离宗喀不远的多麦的卓尼噶丹雪珠林寺附近的雪桑地方。早年在青海湖边的赞东玛尔地方由夏琼寺堪布诺门汗顿月坚赞担任堪布，诺云曲杰坚赞贝桑任补足师授给从喇钦贡巴绕色传承的下路律的出家戒，法名"楚臣达结"。此后来到拉萨进入色拉大乘寺的麦扎仓刻苦钻研因相乘法，在吉祥上密院闻修密教果乘法。三十岁时奉达赖喇嘛之命担任麦扎仓的讲听阿阇黎，在任职的十四年中涌现了一大批善知识，建塔造像，清扫寺院卫生，事业兴旺。依靠清净誓愿担任法王宗喀巴的寺院沃喀藏协寺堪布，另外管理散林赖日、蔡贡塘、桑阿卡尔等寺院，修缮了过去的经像塔，新建塔像，以法、财物养护利益众生。火龙年（1676年），他奉达赖喇嘛之命去谒见厄鲁特赛钦王和左翼温萨噶尔丹浑台吉，准备调和两家的关系。但是出现两雁必有一只被抓（两虎相争必有一伤）的恶兆，尤其重要的是赛钦王的势力正在消散，后者左翼浑台吉的势力不断强大，在这种情况下阻止王位的转移非常困难。当时，他像鸽子给迷路者引路一样，使噶尔丹浑台吉宣称要把自己的身体性命、财产、属民等全部奉献给达赖喇嘛莲花手，作为寺院财田。到这时候他已经调节了几次矛盾争执，许多逃荒者和年老体弱者都得到了食物，拯救了生命，对佛法众生做了大事业。

关于别解脱戒方面，他以前在多麦受过，但是来到西藏后从班禅洛桑却吉坚赞受取喇钦所传或称下路戒律的出家戒，并且从世间殊胜顶饰达赖喇嘛受过比丘戒。土马年（1678年）四月初二日，他四十七岁时在世间自在宫殿第二须弥山布达拉宫，为圆满佛、众生事业而游戏黄色舞的功德圆满的遍知阿旺洛桑嘉措担任授戒堪布，杰勒雪林卸任堪布阿旺丹增作羯摩阿阇黎，乃娘寺活佛贡噶德勒作教授师，上座比丘嘉央扎巴作报时师，在无数善根僧众中间再次授给从喀且班钦释迦室利传承的律仪、文殊怙主法王宗喀巴的常住律仪清净圆满的比丘戒，成为众生、天神等的福田。之后，他担任甘丹寺夏尔扎仓堪布。此后前往东方汉族地区，参加辩经、讲经等活动。当时正值天气干旱，他奉皇帝“降雨”的旨令，念诵《大慈悲经》中的业资粮颂，诚心祈祷至尊莲花手菩萨阿旺洛桑嘉措，不久大雨连绵，众生才感到安心。木牛年(1685年)，他五十四岁时，莲足登上了第二佛陀东方宗喀巴洛桑扎巴的吉祥无畏狮子宝座，任职期间主持拉萨祈愿大法会，成为著名僧人。他考虑如果舍弃一切，微小之病也不可能传染上，不会有碍障拘束，独自游历各处，这种愿望始终占据着他的心。他筹资修缮了桑阿卡尔大经堂和甘丹寺净室等依止处，补画了壁画，建造了银质灵塔、《甘珠尔》经等，前后从莲花手游戏自在五世达赖喇嘛闻习了以文殊教法为主的多种甚深教法。任职期满后退居到自己的寺院沃喀藏协寺转甚深广大法轮。由于以前所发的誓愿，主持为尊者上师世间顶饰第五世达赖喇嘛的示现共同不了义和佛教的积净而举行的威猛大会供(指悼念五世达赖喇嘛去世的法事活动——译者注)，事业兴旺，仿佛天空一样广阔。

第四十六任甘丹赤巴萨洛金巴嘉措，蛇年生于黄河北岸。他曾求学于哲蚌寺果芒扎仓和下密院，刻苦钻研显密经论，掌握了《甘珠尔》中许多经典的内容。在任下密院听讲僧和绛孜扎仓堪布后，担任甘丹赤巴，在位三年后突然去世。

第四十七任甘丹赤巴嘉央卓尼楚臣达结再任。夏孜法王波密洛桑群佩在阿里托顶寺时，那里的王臣都要求他长期居住。当他准备返回时，绛孜曲杰俄噶活佛突然去世，绛孜扎仓新的堪布任职后即需前去阿里，由于时机不巧合，地点及时间的原因，使甘丹赤巴空缺。在这种情况下，再次要求第四十五任甘丹赤巴出任。因嘉央卓尼楚臣达结做事果断，誓愿清净的殊胜吉祥力，莲足再次登上金色宝座。当他为五世达赖喇嘛的世界一庄严黄金灵塔顺利建成而念诵吉祥咒语禳灾祝福之时，犹如以前在汉族地区发生干旱以诵经使大雨立即飘落一样，出现了许多奇异景象。他前后所建的所依止处有:高四尺的金铜弥勒佛像等金质佛像多尊、我们的导师释迦牟尼像、十六罗汉像、文殊怙主宗喀巴像,新造白海螺翅,维修白色经堂,填补壁画,在大经堂上面的四柱中间雕塑了八尊药师佛善逝像、释迦牟尼佛像、十六罗汉像、居士达磨和尚像,大经堂内建立了第二佛陀洛桑扎巴(宗喀巴大师)像、至尊上师顶饰五世达赖喇嘛像、班禅洛桑益西像、泥金施主面具,并且供献多种祭品。写造上百函的藏文《甘珠尔》经。当他亲手绘画大经堂壁画时,出现文殊怙主宗喀巴的像直接手持鲜花的奇异景象。他参加主持每年的祈愿大法会,热诚做利益佛法和众生之事业。另外,他为众生怙主及亲友红黄色舞莲花手游戏者第六世达赖喇嘛洛桑仁钦仓央嘉措讲授以八万四千法蕴的精华《菩提道次第论》为主的深广佛法,这些除了至尊文殊菩萨随持的大士夫外,一般补特伽罗(人)很难有登上金色宝座的缘分。年轻时已开始担任绛孜、夏尔扎仓堪布的人也难以登上甘丹赤巴的职位,虽然也有不少人担任甘丹赤巴后生命尚未结束,但是像嘉央贡却群佩和他二人这样因缘份已经当过甘丹赤巴后又再次登上甘丹赤巴金座的人,在历任甘丹赤巴中是十分特殊的,这只有在住于殊胜菩萨悉地的具有清净誓愿的人中才能找到。

历任登上怙主法王金座的甘丹赤巴的次序和获得悉地的步法是相一致的,首先,在我们的寺院中进入出家之门希望求学知识者,要宣布执守戒律入住寺院皈依发心,只有掌握广、中、略三种摄类学、历算,获得资粮道、学习经典获得加行道以及噶居、饶绛巴学位,通过辩经后才能入见修道,进入圣者的行列。然后在上下密院讲经听法,逐渐登上甘丹赤巴的金座,获得初地和第八地圆满授记,然后才决定证得佛果。住持夏尔、绛孜两所扎仓,犹如在十地为摄政者授灌顶,在甘丹寺被委任为文殊怙主法王宗喀巴金座的继承者后讲经者,是获得圆满佛果者,有他们转动法轮。此外,获得其他上师的方法像获得声闻、独觉、阿罗汉的次第一样。总之,只有得到文殊菩萨随持的圣者或其中有增上业缘誓愿的人才能担任甘丹赤巴,一般的人是不能担负此重任的。

一、甘丹寺绛孜和夏尔扎仓的上师传承关系

这座大寺院（指甘丹寺）没有等级区分，属于孜（即头等之上的最高的寺院），聚集的有一千一百余名僧人。它的内部区分是日沃甘丹寺分绛孜和夏尔两个扎仓。绛孜扎仓如前所说，其摄政的法座的传承是这样的，霍尔顿南喀贝桑波于水牛年（1373 年）生在墨竹地方，师事文殊怙主宗喀巴大师等人刻苦钻研显密教法成为著名学者。他在甘丹寺创建了绛孜扎仓，摄受门徒，大德根敦珠巴等许多成就师都曾向他请教过佛法。另外，他在郭乃地方创建了静修院。火兔年（1447 年）圆寂，终年七十五岁，其银质灵塔为多门塔形，是宗喀巴大师银质灵塔左面的第三塔。

霍尔顿南喀贝桑波之后的绛孜扎仓堪布是达波钦布贡噶扎西，他生于达波卓隆地区格饶巴附近，作为桑浦之主人在该寺创建了达波扎仓，弟子中有多位著名学者。其后绛孜扎仓的堪布依次是法王洛追丹巴、泽布扎西坚赞、阿阇黎喜饶桑波、居巴·楚臣桑布、曲杰喜饶达尔、曲杰坚赞桑布、曲扎桑布、格敦丹巴达结、强巴嘉措、达曲巴哇尔、金刚持根敦坚赞、阿阇黎扎西窖乃、达隆扎巴·洛追嘉措、吉浦法王阿旺曲扎、哇尔娘饶绛巴根敦坚赞、萨康活佛阿旺曲杰坚赞、工布丹增勒雪、达波丹巴坚赞（或称曲嘉扎西）、阿里贝丹坚赞、色康达曲南杰、雪巴·洛桑顿月、阿旺诺布、艾日超甘丹强巴仁钦、鲁本·洛追嘉措、萨洛金巴嘉措、俄噶活佛阿旺平措，现在（第悉桑结嘉措著《黄琉璃》时期——译者注）由果芒扎仓卸任喇嘛顿珠嘉措担任。

甘丹寺夏尔扎仓是由宗喀巴大师的八大随侍弟子中四名前藏弟子之一的乃丹仁钦嘉哇创建的，摄徒授法，称为“夏尔巴·仁钦坚赞”。历任堪布是温·达扎、尼玛扎、仲·曲巴坚赞、饶绛巴曼兰巴、丹玛益西桑波、达尔顿·洛桑扎巴、法王却吉喜年、班智达桑波、班钦索南扎巴、曲杰贡却达尔、米纳·多杰桑波、堆隆巴阿旺曲扎、沃喀哇·格勒贝桑、泽当巴·次旦嘉措、年波·释迦仁钦、杰康孜巴法王班觉嘉措、贡德南喀坚赞、仁钦林巴·桑结仁钦、贡茹·敦珠僧格、卓尼法王喜年扎巴、阿里巴·尼玛桑

波、江巴·达曲贝、吉热饶绛巴·扎巴嘉措、桑浦林麦曲杰贡却群佩、贡茹法王桑结扎西、强然巴·根敦仁钦、仁钦林巴·阿旺仁钦、曲桑贡却群佩、沃喀洛桑南杰、泽当·洛桑坚赞、擦多尔·洛桑贝拔、嘉措强巴扎西、娘热·格敦扎巴、卓尼·楚臣达结，现在(作者时期)由波沃洛桑群佩担任，在达让、托林等寺院做利益众生事业。

二、甘丹寺的密院和师承

甘丹寺的密宗学院及其上师传承情况：

杰·喜饶僧格生于藏堆(后藏上部地区)，出家于那塘寺，师事堪钦珠巴喜饶、香巴贡钦喜饶贝桑、绒顿曲杰和宗喀巴大师钻研显密多种教法，尤其修习《集密根本续广释》等，称为获得续部要义的成就师。文殊怙主法王宗喀巴大师曾在转甚深广大法轮时问道："你们中间谁能发展《集密》教法？"喜饶僧格回答说："我可以发展《集密》教法。"他的回答受到了宗喀巴大师的称赞。他以注释续部经典，布施法王面具等做利益佛教、僧众的事业，热情教授僧众，给予利乐。如来胜自在说："是否有教授大乘教法者？"别的菩萨没来得及回答时，大勇菩萨就立即答应，他的事迹与此相似，所以称他们为"心续同一"。其间，他担任桑浦托墨扎仓的讲经师，而后把寺院托付给至尊根敦珠，自己单身去到后藏，按照宗喀巴大师的教导，由司徒索南贝和夫人释迦贝作施主在伦布孜弘扬续部教法，施主夫妻和伦布孜寺的喇嘛帕俄云丹嘉措及其弟子等向他求法。为了满足众人的愿望，他开建讲习宗喀巴大师所传的成就师曼荼罗作法和续部法之规，在色仁钦孜巴的资助下，创建了一座大密院，称为色·甘丹颇章，因此他被称为"色居巴"。

杰·喜饶僧格的亲传弟子有杰·根敦珠巴、帕俄·云丹嘉措、金刚持金巴贝、饶绛巴曼兰巴、绛赛都噶尔、绛赛都纳、居巴扎桑巴、达波扎西南杰兄弟、班钦桑波扎西、法王扎巴桑珠、法王达嘉哇、智者仁青释迦等成就师。

色居扎仓的历任喇嘛是：杰·喜饶僧格、都纳巴·贝丹桑波、绒措曲则、上师根敦佩、饶绛巴曲央、上师扎西帕、居巴桑珠嘉措、乃娘法王索南坚赞、居钦尊追帕、居巴·多杰桑波、则庆·强巴坚赞、金刚持贡却嘉措、克珠根敦杰波、上师仁钦嘉措、饶绛巴·曲旺、桑结嘉措、普钦巴·喜饶仁钦、贝丹却吉、曲杰贡波、却勒俄色、贡却雅培、阿旺洛桑益西，现在由洛桑顿珠负责主讲《四家合注》、尊追帕巴的《集密广释》、《集密生圆二次第》等。在寺僧人一百五十人。

喜饶僧格在色居扎仓设立清净续（藏居）后来到前藏，开设续部讲听班，向各方传播，摄授徒众，夏季讲授《集密续释》，秋季讲授《圆满五次第》、《六支瑜伽》、《那饶六法》、《鲁、铃两位论师所传集密法》、《圆满次第》和《大威德圆满次第》等六大教授，同时讲授中观和《菩提道次第论》。第七绕迥正式创建了密院，称为"下密院"，他在讲经期间圆寂。

喜饶僧格之后，下密院的历任喇嘛是：金刚持金巴贝、居巴·贡噶顿珠、泽布·扎西坚赞、雪堆巴·喜饶桑波、素拉噶居哇、阿阇黎楚臣桑波、法王曲窘嘉措、坚赞桑波、曲扎桑波、达波南喀扎、曲杰强巴嘉措、阿里巴·扎西桑波、金刚持根敦坚赞、藏堆南杰贝桑、达隆巴·洛追嘉措、吉浦哇·阿旺曲扎、萨康活佛阿旺却吉坚赞、贡波丹增勒雪、达波曲嘉扎西、阿里贝丹坚赞、帕波达曲南杰、雪巴·洛桑顿月、阿里洛桑南杰、雪达·阿旺诺布、桑盖哇·喜饶嘉措、鲁本米纳·洛追嘉措、桑洛·金巴嘉措、甘丹雪巴·班觉嘉措，现在由果芒扎仓卸任喇嘛顿珠嘉措主讲《四家合注》、《集密五次第明灯》、《生起次第成就海》，克珠杰所著的《大威德生圆二次第》，达波南喀扎著的《集密生圆二次第》、《集密根本续广释》、《集密五次第教授》等。在寺僧人约三百人。

上密院及其上师传承关系：

杰·喜饶僧格的亲传弟子居巴·贡噶顿珠，土猪年（1419 年）生在后藏，求学于那塘寺，师事喜饶僧格等为首的多位经师，修习显密经论，成为著名学者。他在隆雪居住期间，迎请居巴喇嘛，梦见一位妇女向洛和拉莫两地之间抛撒幔子，因此他考虑如果住卫堆对佛教会有利益，到卫地后招集了许多门徒，传授续部密法。从第八绕迥木马年（1474 年）开始正式称为"上密院"。火马年（1486 年）二月六日去世，享年六十八岁。他去世后两年之间没有人讲授密法。该院上师传承是:嘉玛哇·拉旺仁钦、阿阇黎曲丹洛追、班钦索南扎巴、杰·次丹嘉措、年波·释迦仁钦、法王班觉嘉措、贡德·南喀坚赞、贡德·绛曲俄色、托迈·嘉央俄色、结热·扎巴嘉措、强林巴法王贡却群佩、贡茹饶绛巴·桑结扎西、江然巴·根敦仁钦嘉措、沃喀·洛桑丹增、阿旺群佩、堆隆·贡却曲桑、沃喀·强巴南杰、泽当·洛桑坚赞、卓尼·洛桑贝拔、嘉哇强巴扎西、娘热·根敦扎巴、泽当·洛桑格勒、波沃·洛桑群佩。现在由沃喀哇·洛桑群佩主持讲授《集密四家合注》、《集密五次第明灯》和班禅索南扎巴所著的《集密生圆二次第笔记》等。在寺僧人二百九十多人。

甘丹寺法相(因明)讲解院,开始按克珠杰格勒贝桑的安排委任班钦巴、南巴、羊卓巴、扎巴贝巴四人(大概当时分四个扎仓——译者注)教授法相学。以后合并成两部分,倾向于夏尔的由曲杰饶绛巴讲经。他二人之后由涅顿·班觉伦珠和蔡玛旺嘉担任,主持讲授因明,后来一段时间中断教授。当墨竹恰噶尔被止贡巴改宗止贡噶举派时,阻止恰噶尔扎仓宗奉甘丹寺(格鲁派),法相院僧人进入绛孜和夏尔两所扎仓学习,后来迁到强扎哇尔地方在原来寺院遗址的基础上创建了娘绒扎仓讲授法相学。该院的历任阿阇黎是:曲杰嘉旺、阿阇黎扎巴扎西、仲·贡嘎索巴、阿里饶绛巴、仲桑巴哇、仁波切顿月巴、洛追伦珠、班钦活佛、扎西班觉、仲曲扎西贝、格勒嘉措、曲窘乃、洛桑丹佩、林阿惹雅、夏尔巴·顿珠僧格、翁则索南伦布、奔木热巴、索南南杰、康顿·桑结丹巴嘉措、塘嘉哇·顿珠巴丹、仲·桑波南杰、扎漏巴·洛桑格丹、涅塘巴·根敦喜饶、强林巴·楚臣南杰、吉隆巴·洛桑坚赞、扎纳巴·洛桑扎西。现在由上密院的洛桑云丹担任,主讲四部经典和班钦活佛的著作。原夏季法会在桑浦寺聚集,后来决定进入甘丹寺。一级寺院,在寺僧人二百余人。

法王洛追嘉措新建了绛孜扎仓亦名推散林寺后任命仲孜饶绛巴·楚臣群佩为经师,扎仓得到了很大发展,附近土地成为后来绛孜扎仓的香火田。仲孜饶绛巴担任甘丹赤巴。按照法王授记,嘉绒饶绛巴丹巴达结是杰·都增巴的转世,他二十五岁时被委任为绛孜扎仓经师,事业宏伟，七十岁时卸任。他以后的堪布有：琼结饶绛巴贡噶格桑、群科岗巴·噶居根敦顿珠、澎域珠巴·阿旺坚赞、俄噶活佛阿旺平措、贡欧·阿勒嘉措。现在由哈尔东·洛追顿珠主持，都哇·德勒尼玛等人讲授法相学的同时兼讲色拉杰增巴所著的有关戒律、对法、般若、中观方面的论著，以及根敦洛桑的《释量论注疏》和中观、般若论著。学习摄类学和因明学的人去拉哇堆寺。

担任恰噶尔寺第六任喇嘛的仲·循努孜巴创建的恰噶尔扎仓经师的人有轨范师贝丹哇、嘉色·喜饶佩巴、根敦丹巴达结。这时候扎仓被止贡巴改宗，禁止甘丹寺的佛事活动。后来寺院迁到扎哇尔。

扎哇尔扎仓是由冲协尔钦波仁钦俄所建，历任堪布是：觉仁波切绛曲仁钦、觉囊·仁钦僧格、尤波都扎瓦、索南仁钦、冲协尔·仁钦循努、觉顿·绛曲仁钦、仁钦僧格、桑结俄色、堪钦尊追桑布、堪钦顿珠贝、京俄仁钦达哇、京俄仁钦班觉、京俄仁钦勒巴、克珠曲旺扎巴、经师贡噶工布。从此以后没有喇嘛，恰噶尔扎仓和西协扎仓合并，由一位阿阇黎住持，他们的传承关系是：达曲巴哇、嘉央喜年、根敦坚赞、嘉央扎巴、饶绛巴索南扎、萨康活佛阿旺曲坚、索南楚臣、勒巴坚赞、索南达结、阿旺诺布、群佩嘉措、洛桑南卡、赤列热结。现在由曼兰巴平措讲授都哇追勒桑巴所著的《断边》、克珠丹达哇的《现观庄严论宝鬘》、《总义》、《对法算论》、《成就》以及中观上师丹达哇巴的《论断边》等四部。一级寺院，在寺僧人一百四十七人。

第二节　哲蚌大寺院的创建及其堪布传承

吉祥哲蚌大寺院的创建经过是：宗喀巴大师的亲传弟子嘉央曲杰扎西贝丹，第六绕迥的土羊年(1378年)生于桑耶，于泽当寺出家习经，曾梦见空行本尊预言说他是宁嘉哇·拉囊巴的转世。后来进入桑浦寺从聂廓·仁钦桑珠和丹玛贡却僧格钻研般若、因明二学，在觉摩隆寺向堪钦噶宇哇听讲戒律、对法，在甘丹寺师事宗喀巴大师主修《辩了义不了义论》、《菩提道次第广略论》、《集密注释》等教论以及其他多部论著，成为成就自在。在甘丹寺由文殊怙主红黄色袈裟(舞的)游戏者法王洛桑扎巴担任堪布，都增·扎巴坚赞任业轨范师，贾曹杰达玛仁钦任教授师给他授予了比丘戒。

木羊年(1415年)，嘉央曲杰扎西贝丹居住内邬期间，梦见名叫南木特的语生战神王及其大臣给他指示地点说："在这里修建寺院，我给五千名大德。"又见到在达巴谷口有许多叫做受用之水的水池，法王宗喀巴大师坐在朗钦日山的山梁上说："这些(指水池)都是闻思的池塘，请饮用！"梦境非常奇异。实际上是宗喀巴大师要求他建造寺院，指示他和内邬宗恰哇·南喀桑波共同建寺。第七绕迥火猴年(1416年)，嘉央曲杰扎西贝丹三十八岁时为清凉之地的一庄严、与印度吉祥米积寺毫无区别的明解脱大寺哲蚌寺举行奠基仪式，文殊怙主法王宗喀巴大师亲自为该寺奠基安排镇伏地煞，并赐给根据预言从廓巴日山发掘出来的殊胜法螺，授记说将来子寺会超过母寺(即哲蚌寺会超过甘丹寺)。

在大经堂中间塑造了三时佛像，两边立着八大弟子，另有宗喀巴大师像。弥勒像装藏有循努顿珠(释迦牟尼幼年时的名字)骑马鞍、用十万空行母的头发制作的帽子等具有加持力的物品；另外，还装藏着威猛独雄金刚像、除了一根手指以外的热译师的完整的遗体、热译师的本尊黑色战神像等；每个泥塑佛像指姆面团上各有一万阎罗王，忿怒罗刹脸上有十万，都是文殊怙主法王宗喀巴亲自用神通念诵，并以分现化身亲手所建，此神像和背靠及地面都不接触，悬在空中，据说宗喀巴大师亲自为此像举行开光仪式，这尊神像在藏区无与伦比，因此以此像为主尊修建了密咒殿。开设以讲修中观、般若为主的果芒扎仓、洛萨林扎仓、推散林亦称嘉哇扎仓、夏廓哇扎仓；以学习初转四谛法轮经典为主的都哇扎仓(戒律学院)，以修习大学者法称所传的因明为主的德央扎仓；以修集密、大威德等甚深密法为主的阿巴扎仓(密宗学院)等七个扎仓，分别任命仲·扎巴仁钦为果芒扎仓堪布，勒丹巴为洛萨林扎仓堪布，觉巴绛贝为德央扎仓堪布，尊追扎巴为都哇扎仓堪布，洛追坚赞为密宗学院堪布，饶却为夏廓扎仓堪布，贡桑仁钦为推散林亦称嘉哇扎仓堪布。接受内邬宗的资助设立了冬季法会和习经院，成为求学佛经的源地和善知识汇聚之地。

拉萨祈愿大法会期间招集以色拉、哲蚌两所寺院为主的各方僧人，针对各种不同的情况讲经授法。在夏冬秋春四季法会上针对每八部经论及其注释，结合藏族学者的广释进行讲授。

另外，解释传授一百三十部经，平常诵读《集密》、《胜乐》，洛、黑两位行者和铃尊者的论著、《呼金刚》、《红黑敌》、《大威德》、《阎摩德迦》、《不动金刚》、《度母》、《文殊菩萨》《名相经》等，每日三次，常诵本尊咒语，六字箴言念二亿等。念诵时多次出现文殊菩萨坐在中央，左右坐着龙树、寂护(又名静命，中观瑜伽行派的创始人，八世纪应吐蕃赤松德赞的邀请进藏传法)，前面坐着宗喀巴大师的显相，具有空乐无别的圆满次第而见到五气光。除了为教法献礼及布施以外，没有贪著之心。

嘉央曲杰扎西贝丹的著名弟子有：智者莫赛巴、年波·释迦坚赞、堪钦贝丹洛桑、阿阇黎噶勒、达拉、那塘巴·饶却、扎穷·云丹嘉措、娘热·多杰坚赞、觉巴·绛曲贝、旺仁群则嘉央班觉仁钦、达洛·喜饶仁钦、法王南喀洛追、藏巴贡嘉、喇嘛尊追扎、金却巴、阿阇黎坚赞楚臣、阿阇黎贡索巴、乃丹格勒贝等。

嘉央曲杰扎西贝丹在外持守戒律(戒律的抉择清净)，内修甚深中观教法。土蛇年(1449年)四月十八日去往法界，终年七十一岁，遗体供放在银质灵塔中，定期举行时供。

第二任堪布贝丹僧格，生于藏绒交界的“吞”地方，在曲隆寺出家。他曾从宗喀巴师徒学习佛教知识，在桑浦寺拜见了大成就师夏哇日巴(古印度八十四名大成就者之一)师徒七人，从他们听讲佛法七天。后来，应内邬·班觉杰波的邀请担任哲蚌寺堪布，讲授佛法。他的亲传弟子有克增云丹嘉措、香拉王洛追、喇嘛奔巴坚巴、敦孜热巴、法王仁钦绛曲等。

第三任哲蚌寺堪布仁钦绛曲，生于多康上部贡茹地方，先后在桑浦寺和甘丹寺分别依止仓迈曲杰和贾曹杰达玛仁钦修习显密教理，做过贝赛尔寺阿阇黎，根据娘布坚的意思撰写了《佛教总义广论》。晚年出任桑浦林多寺和哲蚌寺堪布，在讲授慈氏法之时圆寂。

第四任堪布杰温（宗喀巴大师的侄孙）洛桑尼玛，生于宗喀地方。他的生平事迹在甘丹寺一节中介绍过。

第五任堪布洛桑扎，生于多康下部地区的隆务地方。早年来到前藏修习显密教法，掌管甘丹寺二十二座佛殿，启开了灌顶教诫之库门。其后，他担任哲蚌寺堪布，虽然其加持力大，但是所讲的法使人难以听懂，很难满足僧众的要求。因此而让位给年夏巴，在"堆"地方圆寂。

第六任堪布释迦仁钦，生于（西藏）澎域地区，在年波寺出家，曾依止贾曹杰和嘉央曲杰扎西贝丹刻苦钻研显密学处。作过推散林寺的经师，后来经向达隆法王扎西贝俄请求，来到扎地创建了仁钦扎寺。晚年担任哲蚌寺堪布，积极讲授经论，寿量圆满后逝世。

第七任堪布曼兰木贝勒巴·洛追的事迹在甘丹寺一节中介绍过。

第八任堪布勒巴曲觉巴，土鸡年（1429 年）在蔡地方出生。曾分别从贡茹曲洛和阿黎巴洛学习般若、因明等学；向轨范师乃丹巴学习戒律、对法学；从巴索法王和班钦巴学习密法，成为著名学者。在桑浦寺作过哇麦巴的经师。之后游历康区，不久返回前藏，担任哲蚌寺洛萨林扎仓经师长达二十年之久，之后出任哲蚌寺堪布，讲授主要几部大论。亲传弟子有遍知一切根敦嘉措（二世达赖喇嘛）、甘丹寺法王却吉喜年、孜夏尔法王班智达桑布、曲窘嘉措、尼顶喇嘛贝丹俄色、廓玛绕将兄弟、文殊菩萨化身曼兰木洛追、协藏寺堪布饶觉僧格、廓然巴·扎西僧格、贡顿·贡却窘乃、沃喀噶居哇·洛追扎等。七十五岁时（1503 年）逝世。

第九任堪布克增云丹嘉措，水猪年（1443 年）生在后藏下部地区吞巴附近，在哲蚌寺从轨范师贝丹洛追和意西桑布钻研中观、般若、戒律、对法、因明等学，掌握了十余部经义。从巴索法王修习甚深密法，从居巴金巴贝和扎桑受比丘戒。在从夏尔孜·喜饶窘乃洛追学习甚深法之后去到拉日山静修。之后担任哲蚌寺堪布，讲授佛法。卸任后再次去拉日静修，创建了吞涅嘉协蔡寺，弘扬宗喀巴大师之教法。七十九岁时(1521年)去世。

第十任堪布遍知一切央坚协巴根敦嘉措贝桑波(即二世达赖喇嘛)。《三宝民本生传》说："在与秘密智慧金刚会面时，空行母的歌中唱道：东方金刚座的北方，有称为悉补野的吐蕃之地，有天柱般的高山，有绿松石曼扎湖，有水晶般的雪山，有金须弥山般的草原，各种药材香味到处飘荡。秋天有美丽的金花，夏天有漂亮的绿花。哎！雪山怙主观世音，山上千瓣莲花艳丽，三冬有洁白的水晶色，三夏有绿色绿松石色，三秋黄色金黄色，三春花斑玛瑙色，色彩斑烂的山上，具有殊胜的征相。在右旋白海螺上，有红绸色的冠冕，你的妙音传十方，吉祥结相饰的山腰，有茂盛的林木枝叶，你的弟子遍十方。在翠绿的宝瓶山上，流淌着八支的泉水，你的慈悲能使清凉。蓝天在青鸟伞之中，能平息一切业烦恼，这是你格西壮大之相。三山岩峰高入天，像我高举空行幢，你将在那里弘佛法。八地顶谷谷口各自分开，仿佛支起八幅轮，是断除你违缘之相。大草原中间卧着小山，犹如大海之中的群鱼，那是你的近侍发展之相。雪山怙主观世音，你的坛轮在那里，那里有你的众弟子，具有成熟各种粮食的土地，掌握着丰满之相，各种树生在森林中，那是修建房屋的善相，小溪形不成大海，水不小无河水流，水无害世人常安乐。喂！雪山怙主观世音，那里是你的坛轮，那里有你的弟子，日出东方的山颠，清楚知道其他三方。日出之前修禅定，日出之后得圆满，安乐能行身快乐。人老之前有宏愿，吉祥之地是你的坛轮，那里有你的弟子们。"

又，空行母说："以前十方一切佛，平原如掌吠琉璃，高耸金色的楼阁，加持无量处所地。如此稀奇真稀奇，色彩斑烂鲜花日，十三十三连续生"；"那里有十万空行，时常轮回能轮回，十地怙主观世音，居住那里利他人"。这里第一句明确显示佛，第六句明示鲜花，第二句明示平原，即明确显示地名。

又，诸空行母预言热振寺后说："邬坚十万空行众，不同语言那里传，主人不持由谁持，总名尽未立需名。然而精进立水名，佛海之源佛吉祥，加持彼地住山岗。"如此所说虽非共同语言，且是善说语，是讲佛陀格言称的乐园。所谓"立水名"是莲花之名，即显示花坛。所谓"佛海之源"是"仲"（敦巴）之名，在前藏指至尊根敦嘉措等历辈遍知（达赖喇嘛）的名字后部的"嘉措"，其中"嘉"是正名，"贝"（吉祥之意）是"仲"的变化处所的吉祥怙主。或者说，有遍知之名"嘉措贝桑波"。"山岗"（伦布的音译）指"扎什伦布"，由"仲"转示所示。

又，有"一百一十三个池塘，凡是饮用池水者定能成佛"。这两句是讲"池塘"（湖）的数目和功德。

另外，（噶当书）的《父法》第十一章说："湖海池塘夏季盛，璁绿曼扎作金饰；冬季水晶曼荼罗，美丽春秋法规师。一万法轮从中起，巨大波浪从边摇，从己所生溶于自，又有无声正法师。"这些说明去巡礼海子的情况。

《持种勒超林巴伏藏授记》说："众多持种所居处，沃（喀）达（波）交界三谷地，虽是八大吉地之一，需供祭地神门开启。写成文字虽不宜，莲花为子孙而写成，邬坚观音的化身，掌持三谷此地方。佛教后期由此兴，殊胜密教弘扬处。"

伏藏《集密续》说："以前，在西方邬仗那地方，无数文殊菩萨修成胜种之时，金刚持佛在法王因陀罗菩提（帝释）等无数眷属中说：'无数菩萨胜种听，文殊菩萨你是一切众生的伟大导师，直至轮回尽头，（你）始终是众生皈依的真正怙主。特别是雪域地区，（你）受取色身之生，以三藏教法发展佛教，乐意做众生事业。无数胜种，雪域地区是观世音菩萨调伏之地，雪域腹地宾陀山是吉祥集密、吉祥金刚大威德的圆满坛场之处，殊胜智慧空行母欲界自在天女、战胜邪魔及外道的天女、吉祥主母自在佛母作该地的护法天女。地形是法源之形，地名是普遍称为圣地杰地方的特出之地，具有各种空行名号的清净佛土有产生所需一切的如意宝藏等，亦有一切财宝和法库。"

“雪域是无数胜种观世音大菩萨你调伏之土，在那里你明讲三藏和无上金刚乘教法。”根据关于未来之处和徒众的预言，圣者在后藏达纳金刚座地方降生，种姓为色氏，父亲是一切新旧密法的主人金刚持贡噶坚赞，母亲为玛久贡噶贝姆，生于木羊年（1475 年）（这种说法和《白琉璃》所说不同，是因为起始年算法不一样一译者注）。入住母胎时，母亲梦到人食经典金法，父亲梦到出现一名年轻僧徒说：“遍知根敦珠在隐居之地噶尔修行。”他进到洞门里面发现根敦珠光着头坐在那儿，说：“我在这里静修，不在那里，我初三静修结束，然后去扎什伦布寺，从度母那里取来我的袈裟和乞化钵。”临近出胎时，母亲梦到根敦珠说：“你生一个男孩，取名桑结培（发展佛教之意），这是三时佛取的名字，不能更改。”根据这些梦境，十月初三日，母亲在卧室涂饰白粉的时候毫无痛苦地生下了小灵童，身体像水晶石一样洁白明亮。当时天空晴朗，阳光明媚。他立即从卧室面向扎什伦布方向合掌祈祷，父亲诵吉祥词祝福。小灵童说的第一句话是“都达热”（殊胜之意）。

三岁时，小灵童受到母亲的责备时，说：“我不想住在这里，要去扎什伦布寺，那里的房子比这儿殊胜。”他的这些话和前世所说一样。小灵童又说：“我死后翁则桑结楚臣用绳子捆我，被智慧怙主解开，并且与他为伴而来的。我先去甘丹寺听弥勒佛、阿底峡师徒和宗喀巴大师讲授佛法，我请问利益众生到什么地方好，（他们）给了我一枝莲花和二包雹子，说拿这些去任何一个地方做利益众生事业。因此，在尤噶尔降下莲花，一包雹子降落在前藏上部，另一包降落在多康地区。”

有一天晚上，小灵童由于寒冷和害怕跑来坐在父亲的怀中，父亲问他：“发生了什么事？”他回答说：“有个穿布大氅和漆皮衣的完德（僧人）用脚踢我，吉祥天女从骡子上下来打棍子，那人两手挨棍子打后逃跑了。”并且叙述了入胎时父母的梦境和降生时的情形。

他出家后准备取母亲蒙中梦见的名字“桑结培”。当时父亲金刚持贡噶坚赞带着他来到扎什伦布寺朝礼，他坐到座位上说：“我有一次说法时就这样”，使大家都相信了，但是由于时机未成熟，没有出家而返回。

他跟从父亲金刚持贡噶坚赞所学的教法主要有：鲁俄巴、黑行者、铃尊者等论师所传的《胜乐》、《十三尊大威德》、《四十九尊大威德》和《八作尸》等方面的灌顶法，《六臂怙主开许法》、甘丹寺所传的《十三尊怙主法》、香巴噶举派传法以及其他教派的法，《四臂怙主》、《帐面怙主法》、《大法王阿廓拉内外秘密三法》、誓愿法王、毗沙门、吉祥退敌天女、贝孜兄妹护法等方面的随许法，另外还有各种教法笔记、八阎罗王前后中三法、殊胜传承后灌顶开许法、秘修法、行境甚深义法、邬坚近修法、马头明王再秘法、古茹息怒等旧派密法以及博多哇著作，噶当母子四本尊法、除去怙主障开许法、长寿灌顶成就佛母法、九本尊佛母法、赎死法、那饶空行法、黑色文殊菩萨法、大鹫护法、大鹫护法修行法、空行母狮面法、萨迦派甚深法、智慧大鹏法、忿怒金刚手大小法、金刚手开许法、大轮灌顶法、十一面怙主法、佛弟子无著(唯识学派创始人之一——译者注)所传法、四位格桑顿月巴的全集、央贡巴(噶举派的著名学者，在大手印法方面成就显著——译者注)的山法(亦称口授法，噶举派教法之意，是四严三类法的合称。四严：山法广生众穗、秘密灌顶大舟、金刚身隐说、中阴等引；三类：明示除障、道歌科判、散类海论——译者注)、呼金刚、大轮、普明大日如来法、不动金刚法、白伞盖王法、香巴噶举派所传的五续部灌顶所引的妮格六法(妮格空行母所传的密法，即：脐火暖乐自然、幻身贪愤自解、梦境迷乱自净、光明愚纯自醒、往生不修自觉、中有如来报身——译者注)、清辨三兄弟开许法等，教法盛满了宝瓶，掌握了不少知识。

四岁时，被扎什伦布寺僧众迎请去。马年(1486年)阴历六月四日佛转大法轮之日，由班钦隆热嘉措为他剃发，授圆满居士戒，法号根敦嘉措贝。是年冬季法会上由乃娘贡噶德勒仁钦坚赞担任堪布，班钦隆热嘉措任轨范师，翁则桑结楚臣任报时师授予出家戒和沙弥戒，闻习怙主心入八轮法、宗喀巴大师秘传、根敦珠的七眼白度母开许法等特殊教法。

十六岁时，承事白色文殊和妙音天女修法，喝一碗茶的时间能记诵一百偈颂，诗章自动从心中涌出。虎年(1494年)在扎什伦布寺主修法相学，之后莅临拉萨哲蚌寺从嘉央勒巴群觉听讲《中观根本论教授》、《宗喀巴师徒全集》、《宗喀巴大师传》广略本、《嘉央曲杰扎西贝丹传》、《律经》、《上下对法》、《宝性论》、《辩中边论》、《辩法法性论》、《现观庄严经论》、《因明经》、《辩了义不了义论》，以及《米拉日巴传》、《集密灌顶》、《集密四家合注》、《集密五次第明灯》、《圆满生起次第论》、《密宗道次第广论》、《如意》、《大瑜伽》、《集密五次第教授》、贾曹杰的《时轮教授》、巴索曲杰著的《生起圆满次第论》、《三要义教授》等无数显密教法。跟随经师和至尊益西桑波学习《上师瑜伽法续》；从色拉法王勤修《宗喀巴大师本生传论》、《遍除障》、《摧破金刚开许法》等。

兔年(1495年)二月八日，由乃娘·贡噶德勒仁钦坚赞担任堪布，嘉央勒曲巴任业轨范师，拉擦巴·桑结桑波任教授师，仲沃喀·桑杰桑巴任报时师授给清净圆满比丘戒。他受戒之后应班钦却拉哇和琼结夏仲多杰才旦供施双方的邀请，启开一切深密法门。从桑结桑波学习《十三亥母灌顶教诫》等。然后莅临沃喀寺，会见了王子牟尼赞普家族的传人大学者诺桑嘉措，从学密法和时轮灌顶、口诀、外境观之名经典，另外学习了《集密》等密法。从此对见境有了新的认识，目睹金刚持上师，回讲了多种教法。根敦嘉措见过诺桑嘉措后经过艾、涅、绛洛，来到圣地杂日扎，从此到雅隆，桑热嘉措作为侍从跟随。在后藏他拜见父亲后再次来到热振寺，目睹许多比较奇特的仲敦巴加持之相。

土蛇年(1509年)秋季上弦日，根据预言，他在秘密地噶尔姆窘创建了群科杰梅朵塘寺，修建了大经堂内的佛像佛塔，根据父亲金刚持之命从这一年起设立了新年一法座大施食法会。这期间他从班钦益西则摩学习了从宗喀巴大师传承下来的六臂怙主的遍除障法、《时轮根本续广疏》、《十三尊怙主教诫》及其笔记、《胜乐根本续广释》、《呼金刚广释》、《护摩教诫》以及《小法百本论》、《宗喀巴师徒三人全集》、《遍知一切根敦珠全集》、《都增洛追排巴全集》等，对以前所表现的一些不愉快的举止从心里进行了忏悔。这一年，他应扎什伦布寺僧众的请求担任该寺堪布，按时建成了四十余座僧舍，事业兴旺。其后再次莅临群科杰寺，遍游第穆拉以上的工布和达波的各个地方，建立了供施关系，打开了吉祥退敌天女殊胜神湖的地门。从成就自在克增托巴哇·云丹嘉措丹贝尼玛学习鲁俄巴、铃尊者所传的《胜乐灌顶》、《圆满次第教授》、《上师瑜伽》、《毗卢遮那佛神变加持经灌顶》、红色三尊，以及白衣藏跋拉法、《金刚手善行》、《俄杂拉雅》、毗沙门八不同法、螺面宝帐怙主法、沙玛尼本尊母法、纳迦拉迦夏法、阿底峡所传的《二十一度母开许法》等。前世着僧衣游戏世间者班禅根敦珠随顺经教，一生创建了扎什伦布寺，这位大师（根敦嘉措）也符合教语所说创建了群科杰梅朵塘寺。

总之，在圣莲花手的主要住地普陀山，和普陀山没有明、实区别的玛波日山、大昭寺附近不仅有八瑞相等多种善相围绕，而且从五世达赖喇嘛洛桑嘉措开始让一切勤律仪王的众生全部享受福乐。为了与这些圣地宫殿双运，紧密结合担任哲蚌寺和色拉寺等寺院的堪布的心愿，发展佛教事业。因此，由哲蚌寺第九任堪布托巴哇·云丹嘉措指派和应哲蚌寺全体僧人的请求，被贡玛大法王阿格旺秀扎西扎巴坚赞贝桑波（1480——1569，帕竹政权的第十一任第悉阐化王——译者注）委任为哲蚌寺堪布。火牛年（1517年），他四十二岁时正式登上了哲蚌寺无畏狮子宝座。

虽然从法王宗喀巴大师开始，拉萨祈愿大法会由哲蚌寺负责招集，但是自从吉雪地方被仁蚌巴统治起，在十九年中由桑浦寺僧人和噶玛噶举派僧人参加祈愿大法会，经他请求，从这一年（1517）开始，允许色拉和哲蚌两所寺院僧人参加，这一年参加祈愿大法会的哲蚌寺僧人有一千五百人，色拉寺僧人近三百人，讲授了《佛三十四本生传》。

土虎年（1518年），由帕竹贡玛钦波资助新建了甘丹颇章。

火鸡年（1537年）阴历一月上弦日，他被委任为色拉寺堪布。他一生所依的十多位经师中主要有父亲金刚持和诺桑嘉措。其论著有：《宗喀巴大师传》、《金刚持贡噶坚赞传宝梯》、《班禅益西则摩传》、《上师颂》、《佛菩萨颂》、《教诫道歌》、《上师瑜伽》、《上师瑜伽供教授》、《文殊菩萨名相广释金刚瑜伽空性相》、《集密道次第二论》中《生起次第修习法》、《金刚大威德初次第道修习法生起次第明灯》、《甚深道那饶六法所缘次第智慧空行语》、《铃尊者传规胜乐五尊修法成就库》及其《息护摩》、《身曼荼罗生起次第》、《吉祥护轮鲁俄巴传承初次第即修道法如意心要》、成就师铃尊者所撰《吉祥护轮圆满五次第要义明论日光》。本尊修法方面有:《本尊开许法次第》、《吉祥女所撰大悲观音修法》、《嘉央阿拉杂纳现观开许法》、《古茹固拉秘修法圆满要论》、《妙音天女开许法》、《开光中型仪轨吉祥穗》、《上座供礼》、《瑜伽自在慧隐证歌》、《诸佛集要释》、《取味教诫五次第》、《白施及施食百本次第》、《辩了义不了义嘉言心要义明灯》、《入中论释论义明饰》、《七十空性论释中观道明灯》、《甚深缘起语门颂嘉言心要句义释无上码头》、《恭礼二十一尊度母》、《茶供本释上供二资粮大地》、《教派差别八教派海船》。目录、诗词方面有:《比丘戒实践明灯集律心要》、《七十祈愿句义释佛子码头》。护法施食仪轨、酬补和供祭方面有:《吉祥天女朵敌母手册》、《四百仪轨》,法王长寿五姐妹、金刚称佛、璁绿度母、护谤本尊、贡增第穆、俄德贡嘉等的施食开许法、《长寿五姐妹见识酬补》、《闪光鼓励》。书信诗律方面有:《大威德吉祥颂祈愿》、《三十五种实义饰之例》、《噶当语录摄义》。常住方面有:《八善逝药师佛之诸天祥颂》、《实践之要前辈时空心上师修》、《马头金刚秘修法》、《马头金刚再秘法》、《古茹息怒》、《纳热迦夏》。另外有萨迦派教法和红色空行法方面三篇以及贝孜护法、那塘寺的怙主息怒、香巴噶举派六教授等多篇。主尊护法是前世时供奉的欲界自在天女,语佛战神也作为马头金刚,根据前业迎请到寺院供奉,向三时佛母托付事业。

这样,根敦嘉措大师以讲、辩、著使佛教犹如宝日升起。寿圆满时他说:“喇嘛老了,衰老的身体亦不适应做任何利益自他的事业。所以,现在需要年轻的僧人服务。”又说:“我和哲蚌寺僧人尚有业缘,今天早上虽然没有斋僧茶,却出现四密螺声,我没有过失,请记心中。”“我与乃东贡玛钦波叔侄也有业缘，我梦见他们派人送来四个幡幢，心里记住这些。”

水虎年(1542年)三月初八日，他去往净土，终年六十八岁，遗体火化后头颅、手指头、肠子、心等成为舍利，也出现了胜乐和右旋白海螺等，犹如秋天的月亮一样明亮。关于灵塔，大师用白银三百两建造了一座尊胜塔，高十四肘，内装头颅及舍利等。

第十一任堪布班钦索南扎巴的事迹在甘丹寺一节中介绍过。

第十二任堪布遍知一切索南嘉措(三世达赖喇嘛)。对于不断护持众生事业的七辈修福者中的前两辈之诞生地等，在《噶当宝书·父法》中已经预言过，《三宝民本生传》等书作了详细叙述，各位空行本尊也说过，对以后的转生，仍然有真实语言，但是没有出现诞生地等情况。空行母在预言至尊根敦嘉措的出生地之后，另一位空行母又说：“喂！我们十万众空行，各舌唱着道情歌，地方人的诸功德，虽说时劫不圆满。我等十万空行众，金刚持佛的自性，他喇嘛所说到处明。”这里没有明确预言处所。《父法》中虽有“诤时第九之后期”等有关的说法，但是与以前预言班钦根敦珠时所说的稍有不同。关于这一辈的预言，从《三宝民本生传》可以知道，无上密义在秘密智慧的道歌中作了说明。《三宝民本生传》所说的空行母又作了说明。空行母说：“从西藏北方到北方，人啊！有你的真正变化，属民无怙主牵引众生走。”根据这个预言，班钦根敦嘉措去世后至转世灵童认定之前，在那里有无数智慧身的奇异海的庄严事业，怎么能够说明这一切？

但是，根据他本人(索南嘉措)全集中所说：“来到兜率天宫和清净空行乐土(无量光佛刹土)，拜见了弥勒佛、释迦牟尼佛、无量寿怙主、药师佛、观世音菩萨、金刚手菩萨和至尊宗喀巴大师。如果说去铜质吉祥山的经过，路上有各种罗刹，尤其有一个在十一个头上长着马头的罗刹，抛洒鲜花能解除轮回之热苦。说：‘来到这里很好。从此道路去善知识跟前。’并指示了道路。顺路前行时，遇见一个制造障碍的四头罗刹，用脚拉时，出现了一个身体魁梧，举着黑色可怕的具色白髻、白色胡须缠腰、左右两手各持剑和血髅的护法神，接着出现两个红色如火燃烧，身着恶魔甲，头戴魔盔，用绫罗绸缎装饰，手持白枪和腰带，足蹬带箭鞘和豹套犀牛红皮鞋者，他们各自作出打和恐吓的姿势，落到了黄金色地上。之后，他来到罗刹居住的地方，在铜色吉祥山的三个山峰的中间一座，如心形一样的山上面，有四角四门四牌楼的莲花光无量宫大曼荼罗的一切相，悦意魅力，圆满庄严，山的诸边围建有无量罗刹城。大殿中间的太阳座上师长三时佛莲花生向持种独勇空行众讲授甚深教法而坐，其后方是阿底峡大师，左方是萨迦班智达贡噶坚赞，前面是杰仁波且宗喀巴大师。他问尊师说：‘这两位护法神是谁？’格茹仁波且（指莲花生大师）说：‘是我的两位仆人，（你）慢慢会知道的，他两人结伴引导你再次去西藏的前藏’。说完后派两位护法神送我。我和两位护法神结伴，须臾来到西藏，从空中看见了觉摩隆、甘丹颇章、德钦孜、沃喀豀卡、艾耶日岗等寺院，不一会儿从琼结河谷来到须弥山上（指布达拉），三十天中的多数天在此娱乐欲界功德。诸天神之中有一位具有光明的天女，到前面来迎接，圆满供养，这是吉祥天女欲界自在女。之后，天女变成忿怒化身，前面幻变的白云边漂浮着各种美丽的彩云，其上居住着吉祥天女，唤我到她的跟前，从各种彩云发射出五种光彩，直射向人间。然后，（我）和吉祥天女一起乘驾彩云顷刻间从五种光道来到三十三天住地，从此来到堆隆河谷的康萨贡豀卡（庄园）。在这里阿玛仲巴的身体中已经入住另一个人，我说没有住处，因此，吉祥天女作了向外面拔拉出障碍的事业，使母胎非常干净。她说：‘你住那里’。”根据这些说法，（索南嘉措）在吉雪地区堆隆达孜甘康萨贡出生。以前，法王赤松德赞时期的一百零八位翻译家当中有著名的七觉士，其中有一个名叫玛·仁钦却，索南嘉措即出生于玛氏，该清净家族出过许多学者和成就者。 其父亲是在外非常精通学识和词语等二规，内部屈身示敬秘密三摩地的第巴南杰扎巴，母亲是第悉帕木竹巴的管家、信奉旧派密法、持密自在的仁钦贡桑则家族之女贝宗布赤。他于第九绕迥的水兔年（1543 年）春季第一月二十五日降生，有许多无法叙说的奇相，乳名叫做“拉努素却贝桑波”。

八个月时，仁波且哉务却吉嘉措带领多名随从去那里化缘，父母把他们作为贵宾请进家中招待，敬礼请求授法加持。当时，小灵童被请到母亲的膝上，教他请求将近百岁的老喇嘛加持，他表现出愤愤的样子，抬头向外望去，右手如施护手印，像蛇头一样抬起。莲脚脚趾仿佛大象的鼻子般伸长，向着大仙人的头作摩顶之状，瞪大眼睛直视，十分威严，当时在场的供施双方都感到非常惊奇。他的双目莲花盛开的同时初次睁眼目睹吉祥天女右手持剑，左手拿着装满宝物的骷髅，没有乘骑。保姆背着他来到打禾场上玩耍时，他见到吉祥怙主夏查坚从树顶下来对他说：“你和我从前世起已有缘，请供施食。”

有一段时间，他亲自看见鲁贡杰波为了寻求诤讼的机会，化作一个可怖的完德（僧人）来制造障碍，薄伽梵金刚大威德胜魔发现后出来断除了罪恶。

三岁时，即木蛇年（1545 年），他来到觉摩隆大寺院时，在马上饮茶，茶碗掷出后不破，使大家非常奇怪。父亲心想：“我的孩子在世间非常出色，是活佛吧？如果是哲蚌寺遍知法王的化身，各方面都好？无论如何要反复考查。”于是请求觉摩隆寺能通悉度母授记的上座达哇明确给以授记，说：“请你考虑观察我的儿子是否是遍知一切的化身。”上座也认为这事非常重要，（为慎重分析判断）祈求度母本尊，请求明确授记。第二天清晨她梦见一位白色的人清楚地说判断结果和授记，说：“这就是根敦扎巴坚赞贝桑波丹贝尼玛乔勒南杰。”以此为代表，还有具定力的数名瑜伽师授记说：“是遍知一切的化身。”发生了各种可信的预言。

龙年（1544 年）八月，仲乃桑结嘉措准备秘密去康萨贡观察选认时，在乃穷觉，大护法附身于多杰俄丹噶尔波之身对他说：“太阳升起时不必举灯，现在暂时等一等，不久缘起善资粮成熟时，先派朋友去献我的见面礼四方的白绸哈达，暗里我自己敬献。”说毕赐给白色吉祥哈达。火马年（1546 年）神变月十四日良辰吉日，仲乃仁波且师徒数人来到康萨贡附近时，文书却吉贝拔勒巴骑着前世（二世达赖喇嘛根敦嘉措）的（名叫胜敌的）马先去，当接近庄园门前时，小灵童对保姆说："我的嘉措来了，胜敌马来了，胜敌，来，来，可怜。"然后对母亲说："那边格西文书骑的马是我的。"表现出非常高兴的样子。当他看见仲乃仁波钦和顷则洛追巴主仆从远处来时，说："哦呀！我的嘉措来了，洛追也来了。"言毕开始跳舞，然后表现出许多奇异之念。献第一次茶时，灵童坐在坐垫上，仲乃仁波钦首先敬献大护法神代献的吉祥哈达，接着师徒等人也一次敬献了见面哈达，当时天空晴朗，花雨飘落，彩帐飘浮，香烟袅袅，奇相多现。小灵童无误地认出了（前世用过的）佛像、念珠和衣服等，使大家都确信他就是前世的转世灵童。

火马年（1546 年）三月上弦第二个胜日（八日）和木曜月星王相会之日，虽然小灵童有发辫，却具备班智达帽、法衣等出家之相，来到哲蚌寺附近，有无数僧人仪仗队列，护法贝噶尔附体迎接，护法神、土地神、地方神等亦前来接驾，迎接队伍仿佛布满天空，奇兆圆满，然后莲足登山了吉祥哲蚌寺无畏狮子大宝座。在轨范师仁波且索南扎巴座前受圆满居士戒，起法名"索南嘉措贝桑波丹贝尼玛乔勒南杰"。

火羊年（1547 年），莅临群科杰寺。

土鸡年（1549 年）四月，由班钦索南扎巴担任堪布，桑浦法王勒贝顿珠任业轨范师，夏尔孜勒巴顿珠任报时师给灵童授予沙弥戒，从班钦索南扎巴听讲成就佛母毗沙门大雹法、退敌天女法、吉祥狮面法、六臂怙主法、业阎魔外修法等；从林堆法王勒贝顿珠听讲《大威德咒语略》、《侍师五十颂广释》、《菩提道次第广略二论》、《菩提道炬论》、《菩提道总道论》、《戒律大小学论》、《三律仪仪轨》、《羯摩仪轨根本入二论广释》以及《注疏明义》、《格言心饰》、《广疏解脱道明论》、《俱舍本论》、《经根本论》、《辩了义不了义论》、《样书明灯》、《圆满座》、《克珠杰全集》、《生起次第成就海论》；从夏尔孜勒巴顿珠听讲《白文殊菩萨开许法》、《四臂观世音菩萨开许法》、《怙主心住八轮》、《马头金刚秘修法》、《铁发辫者法》、《忿怒宝帐怙主开许法》、《纳迦拉迦夏》、《俄杂拉雅》、蔡巴噶举派所传《四臂观音开许法》、《白度母开许法》、《长寿五姐妹》、《智慧鹏》、《贝孜兄妹护法开许法》、《三红法》、《格日固赖秘修法》、《二十一尊度母法》以及蓝马毗沙门、遍入、红枪、四手相、殊胜舞者、忿怒法王、白长寿天修法、沙玛呢开许法、竭地洛迦林度母法、狮面母等开许法和《文殊菩萨息怒修行教诫》、《集密灌顶》、《文殊金刚灌顶》、《世自在灌顶》、《十六明点》等。以后，又从班钦索南扎巴学习《宗喀巴全集》中的零散文章、《根敦嘉措全集》、《佛三十四本生传》、《修行法海》、《文殊怙主开许法》、《集密不动灌顶》、大羯魔师贡噶坚赞的《噶当派教法史》、《蓝册本释》、《噶玛夏达木》、《花束续》和班禅自己所著的《甘丹派教法史》、《十处修法》、《七十空性论释》等；从帕德译师至尊根敦扎西学习《四续部》的灌顶、口诀、实践方法，《无量寿佛多本尊灌顶》、《古茹喜怒灌顶》、《不空绢索灌顶》、《十一面怙主灌顶》、《无量寿佛九尊灌顶》、《四十五本生》以及零散教法，印度所传集密法和益西夏所传、鲁俄巴所传胜乐、铃尊者所传内外法，桑布扎、呼金刚口诀，俄译师所传呼金刚法、十五尊无我天女法、诸种宝帐依怙法、忿怒龙王法，热译师所传的大威德、黑敌法，娘译师所传八尸、黑敌法，香译师所传四十九尊法，巴增译师所传的红阎摩德迦法，布尔所传的五天神、二十一忿怒大轮鹏法、二十五尊忿怒佛母法、四尊忿怒天女法、普明大日如来法、不动金刚法、白伞盖法、扎阿法，弥扎所传观世音法、时轮灌顶、金刚手五鹏法，俄杂雅卓桑所传摧破金刚开许法、无量成就母法、财神母法、具光法、杂木拉法、着叶母法等。另外，他还学习了依布画和身入曼荼罗的四手印灌顶、帐面怙主具善三兄弟开许法、胜乐集咒元音叶哈尔百字开许法、怙主四法、时相女随许法、无种狮面秘修法业资粮；文殊菩萨法方面的圆满灌顶教诫、毗沙门秘修黄绿色法、忿怒赤足女随许法、弥扎六教授等，以及六臂册白黑大施食轮作法、普陀山六十种神变轮作法，犹如珍宝盛满了宝瓶，深领诸义。

跟从舅父贡桑孜巴学习从（萨迦派的）擦尔钦传承下来的吉祥怙主语灌顶、教诫、口诀，以及妙音鼓、宁玛派的忿怒本尊咒语，法自在所传的上师息怒法、寿命主法、水银法、优陀夷罗汉法，吉祥怙主男护法、护方、星辰、金刚善等前宏期所传诸法，并且掌握了一些作法，同岗波京俄扎西南杰建立了法缘关系，从擦尔钦学习了帐面怙主开许法、吉祥金刚鲁俄巴灌顶、长寿灌顶；从拉尊索南贝桑学习历算、欲界天女法，了解了塔仪轨和黑色金刚语曼荼罗等修近加行业，准备设立金刚撅和上师羯摩仪轨舞点、音乐等，因为时机不成熟，未能如愿。

土羊年(1559年)，他成为乃东人的上师。

木鼠年(1564年)四月，由卸任甘丹赤巴格勒贝桑担任堪布，在任甘丹赤巴格敦丹巴达结任业轨范师，香·格佩曲杰乔勒南杰任密法师，拉尊索南贝桑任报时师，在无数僧徒中间给他传授了比丘戒。跟从堪布学习《戒律学道次第详释》；从业轨范师听讲四夏纳法和西南面怙主随许法等噶当派教法；从密院师学习五续部和香巴噶举派传法、黑行者所传灌顶。从拉萨的印经院发掘了五卷伏藏文书。

木牛年(1565年)三月，仲乃经师逝世。

土龙年(1568年)底，建立了盘德勒雪林扎仓。为了俺答汗的长寿念修，建立了尊胜母修行诵经法会。然后仿照根敦嘉措之例，担任了色拉、哲蚌和群科杰寺堪布。

铁马年(1570年)，在群科杰寺的清凉寝殿中修建了德布廓扎等本尊护法内外秘三塔。从温喀尔哇闻听了在擦尔钦那里没有学过的耳传教法等。

火鸡年(应为火鼠年，1576年)，从拉萨启程去北方传播佛教和宗喀巴创立的格鲁派教法，成为与王子牟尼同一家族的天地自在俺达汗法王的根本上师。大地梵天俺答汗在多种民族的人群中向索南嘉措敬献了金制头冠(五佛冠)、宝瓶、五种法器、百两黄金制成的有五龙爪装饰的印，金印上用新蒙古文刻着“金刚持达赖喇嘛”几个字，另有多种重要器物，赠名号为“达赖喇嘛瓦齐尔达喇”，即“遍主金刚持”。索南嘉措给俺答汗赠名号为“法王大梵天”。以前蒙古族为死人积福，制作叫做“翁衮”的神像，以所杀生灵的血肉供祭，索南嘉措使他们废除这一作法，开始按照密教和佛经所说的超度死者仪轨进行。他主持新建了大乘法轮寺等寺院和使众生欢乐的佛像佛塔等，规定念诵六字真言经和遵守八支斋戒律仪，满足贵贱一切士夫的愿望，法日普照边远黑暗的疆土。

汉地(明朝)万历皇帝派三名官员前来向索南嘉措赠封号“一切国土喇嘛觉禅师”，献印经、官帽、官服、诏书以及以前皇帝所用的各种乐器，另有金黄色袈裟一套、金、银、绸缎等宫中许多珍品。并降书说：“作为我属民的蒙古四十大部和甘州都堂官员的全部愿望都满足了！善哉。并请以后前来京城。”

其后，索南嘉措南下去多康的理塘，在途中，持种者桑杰林巴德法位继承者迦托巴师徒认为索南嘉措和噶举派的喇嘛噶尔巴们相同，只是世间的势力大，没有什么法力，因此有凶暴七兄弟直接向索南嘉措示现大神变，索南嘉措以怙主咒语将其退还，使得迦托寺僧人非常信服，前来拜见致礼者很多。然后索南嘉措逐渐前行，召请多尊本尊神(为理塘寺)加持地基，于铁龙年新年举行盛大仪式(始建寺院)，他为寺院奠了基，建寺所需的差役和工匠都是云南丽江王(即丽江纳西族木氏土司，亦称木天王)派遣的，最后他为寺院和寺院同时落成的金铜菩提塔举行开光仪式，取寺名为“图丹绛钦乔塔结勒南巴嘉哇德”(意为佛教慈氏遍胜寺)。之后，他应邀去昌都，中途朝拜了文成公主亲手刻写的大日如来像，清楚看见大日如来佛像头顶放射五彩光辉，从像的胸间显现出宝帐怙主服，他以神力转绕佛像。

在返回西藏途中，他们一行搭帐住在一所本教寺院附近，傍晚本教徒使法术降雹打雷，索南嘉措举起身边所用的法器金刚杵用忿怒姿态的舞蹈使雷，雹转变方向，降到本教寺院上面。本教徒们非常害怕，第二天来向索南嘉措忏悔。他为有加持力的白塔所在地修建的神殿举行开光仪式。

有一日，索南嘉措来到一座生长着零散树木的山上，和一位衣服褴褛的比丘相互致礼，交谈了许多话，然后进入密林深处呆了很久，随从们请问缘故，他说："这是在拉脱脱日王之前已获得大成就的大德，在我即将离去时前来会见。"侍从问："今天早上他从哪里来？"他回答说："他说施食结束后，他也不会长时间在世。"这样显示了净相和事业。

索南嘉措的弟子有以喇嘛贡桑桑孜哇和擦尔钦两人为首的十一人。修行实践方面，在前世所修基础上主修马头明王法和忿怒宝帐怙主等宁玛派密法。

索南嘉措的主要论著有：《菩提道次第教授黄金再熔》、《忿怒古茹羯摩仪轨日轮》及其《众天颂常加持》、《祈请根本传承师成就之源》、《根本师画像背面题赞汇集》、《帕竹多杰嘉波颂加持山》、《自颂广大福泽》、《圆满智慧》、《慈悲自性》、《无量福缘》、《金刚四座颂妙音成就之声》、《吉祥金刚大威德忿怒护摩业边三界食焚尸灶燃烧》，《羯摩阎摩王鬘祈祷供事业使者》、《羯摩阎摩王施食退敌法》、《瑜伽自在铃尊者所传胜乐五天之自入》及其《吉祥颂》、《不动誓愿》、《读四百仪轨成就义》、《三要义教授文》、《马头明王秘修法魔军》、《吉祥资粮主修法一切欲源》、《至尊古茹固拉修法成就库》、《白怙主如意宝修法》、《吉祥宝帐怙主现观成就精髓》及其《献施食略论》、《食供吉祥怙主婆罗门有色业》、《四面怙主面像多轮修法广论》、《阻敌退部雷刀》及其《颂》、《祈祷业命令词》、《傲慢护法兄妹颂》、《吉祥退敌佛母颂及托付事业成就海》、《吉祥天女眷从供施食成就雨》、《食供天女时相女次第》及其《颂》、《凶曜赤眼屠夫现观迅速成就事业》、《授嘉拉顷刻的教诫》、《遗嘱处取水》、《给新年节日的献供次第》、《成就心要次第》、《茶供佛母》、《退转天花三界主母》、《朝拜群科杰地方总海会修法》、《长寿颂》、《慈氏祈愿》《吉祥颂次第》、《主持护法天女及战神金刚称》。

四十六岁时，索南嘉措身体患病，经大家祈祷身体稍有恢复，这时来了一位自称是宗喀巴使者的人献给索南嘉措一封书信，说："随即到兜率天来。"一切因缘都非常好，教化众生事业圆满，索南嘉措于土鼠年(1588 年)三月二十六日凌晨从幻化之身体宝匣中分出受用智慧身前往至尊文殊菩萨藏跟前，其遗体在蒙古地区火化，出现观世音身形和颅骨上有文字的舍利，由强佐嘉措僧格负责修建银质灵塔，高十三尺，供放在哲蚌寺。

第十三任堪布大乐法王亦即上师云丹嘉措（四世达赖喇嘛）。关于遍知一切索南嘉措的殊胜化身，乃穷护法战神具白光和蔡尔赛护法预言灵童已降临到蒙古地区。这两者一致。但是我们有些人怀疑灵童在止贡出世，作了许多猜疑观察。在没有选定时，在蒙古地区的噶尔哇（大喇嘛家，此处指随同索南嘉措到内蒙古的侍从组织）的首领索本（司膳官）楚臣嘉措派使者来报，灵童生在大蒙古地区成吉思汗的家族后裔中，父亲名叫色钦楚科尔，母亲名帕凯菊勒。入住母胎时，母亲梦见一位穿着上师索南嘉措的白色袈裟的人前来说："我来这里借地方"；在布达拉山顶遇见一位带着白水晶石念珠的小孩，溶于自己的身体中；日月双升后住于腹中；当莅临大寺院狮子高座时，狮子吼声充满三千大千世界等梦境或现兆非常奇异。怀胎时觉得腹中空无一物，身心安乐。怀胎八个月时，一位白色本尊神授记说："这是达赖喇嘛的化身，登上宝座时在相见。"

土牛年（1589 年）阴历一月一日，灵童在太阳升起时伴随多种奇相诞生。他一岁时看见了四臂观世音菩萨、白色的"呼木"字，白光明点和白衣发辫者的形象。

水龙年（1592 年）新年，他亲眼看见三位遍入天。之后，大强佐贝丹嘉措亦称僧格扎巴、乃东贡玛、贡噶尔夏仲、辛夏仲、嘉日哇、萨窘甘丹巴等几大地方首领的代表，以及色拉、哲蚌、甘丹等三大寺的迎请使者来到青城呼和浩特，灵童讲了许多忆念前生之话，使众人悲喜交集。甘丹寺卸任赤巴杰康孜巴·班觉嘉措在强佐等人出发到蒙古地区之时说："现在格鲁派最老的喇嘛是我，我给夏仲仁波切（指四世达赖喇嘛）献上名字为'遍知一切云丹嘉措贝桑波'"。

水兔年（1603 年），灵童从蒙古地区启程，经过措卡（青海湖）、热振、达隆等寺院渐次抵达拉萨，古东活佛曲桑程勒、萨窘噶丹巴父子等前来迎接见礼。莅临甘丹南巴杰哇林寺后，灵童亲眼见到第二佛陀宗喀巴大师。然后由第巴宇嘉诺布迎请到甘丹康萨殿，剃度授戒，阿克扎西向他敬献了前世（三世达赖喇嘛）所赐银质绿松石镶嵌的噶巴拉碗（颅碗）和曲隆德勒的土地。由此登上了藏区吉祥哲蚌寺遍胜洲寺第二补陀落迦（印度南部的补陀落迦为第一，西藏中部的赤山即红山第二——译者注）甘丹颇章的狮子宝座。在圆满辰日，在大昭寺释迦牟尼佛像前由甘丹寺卸任赤巴桑结仁钦担任堪布，现任甘丹赤巴勒托巴任业轨范师，根敦坚赞任密教师，给他授予了沙弥戒，舍弃长发辫。不久，班禅洛桑却吉坚赞从扎什伦布寺来到拉萨会见云丹嘉措，并住了数年。他曾莅临祈愿大法会（听讲辩经），被迎请到贡噶尔夏仲、盖热拉巴、桑阿德庆、扎噶尔等寺院进行了圆满供养。在藏协、群科杰寺讲经，发放布施。来到琼结、乃东孜、泽当、江日、雅郊等寺院，受到了热情迎接，讲授经典，用佛法甘露满足了各位信徒的愿望。然后经过吞地区来到扎什伦布寺，第悉藏巴平措南杰招待了他，建立了顺缘，他对一切僧俗群众播撒了解脱的种子。以前，噶玛巴曲扎嘉措（1454——1506 年，噶玛噶举派黑帽系第七世活佛—译者注）鼓动仁蚌巴·顿月多杰占据了乃巴谿卡，在萨纳玛创建了寺院，噶玛噶举派和格鲁派之间产生敌意。从近因方面说，上师云丹嘉措从蒙古地区刚来时，红帽派的曲吉旺秋（1584—1635，噶玛噶举派红帽系第六世活佛—译者注）立即敬献了诗体书信，云丹嘉措写了回信，由于文字的理解上发生了误会，噶举派的人在拉萨向释迦牟尼像献题词哈达，题词中有公开斥责诽谤格鲁派的话。为了报复他们的这种作法，信奉格鲁派的蒙古人赶走了噶尔巴的马骡等，引致雅郊巴、藏巴甥舅一起进兵吉雪，夺占（格鲁派的）寺院、庄园等事件，在这种情况下，（云丹嘉措）不得不用唸修六十本尊、四面长寿天女和吉祥天女咒语等方法举行业加行，立刻在布达拉堡寨出现闪电。不久他们甥舅发生内乱，后藏兵打到雅郊，使雅郊巴几乎断粮。云丹嘉措这样清楚地显示了降伏法之相，因此人们改称他为图道嘉措（法力海）。云丹嘉措住在群科杰寺期间，翁则央本巴禀告说："今年冬季很热，此乃慈悲之力。"云丹嘉措说："这有什么要紧？如今边兵将大举侵扰西藏，我为镇敌，在我健在的时候蒙古人不会扰害西藏，红帽派法王指责我进行挑衅，但我没有必要懊悔，说我是邬坚莲花生是太夸口了，但是可以说我有些像莲花生大师。”他还为帕巴拉却吉嘉波和巴索活佛剃度授戒。第穆活佛、喜饶旺波活佛等多堆多麦以及汉族地区的多位喇嘛来到拉萨按照各地的风俗习惯向云丹嘉措敬献了礼品，云丹嘉措为他们传授了十三尊大威德灌顶等。第穆活佛亲眼目睹了(云丹嘉措)是仲敦巴大师的显现。

木虎年阴历十二月，云丹嘉措二十六岁时，由班禅洛桑却吉坚赞担任堪布，索南格勒贝桑活佛任业轨范师，另外有密教师和报时师，在僧众中间给他授予了近圆戒，使他成为掌持黄色袈裟的僧众的真正殊胜者。他跟从甘丹寺缺任赤巴桑结仁钦、在任甘丹赤巴根敦坚赞、喜年扎巴、班禅仁波且、森康贡活佛、沃喀仲巴克增巴、杰·诺布哇扼要学习显密教法。

当时，汉地的明朝万历皇帝，即大王派遣喇嘛索南洛追等多名汉族僧人，前来向云丹嘉措敬献“遍主金刚佛”的封号和官帽、官服、印，邀请他去汉地。云丹嘉措从甘丹颇章房顶向喇嘛索南洛追在汉地所建的佛殿抛洒青稞，该佛殿内外都落有青稞。云丹嘉措还使数尊佛像胸前直接出现鲜花，在桑衣泉水边的石头上显示出足印等，显示了广大神通。他不仅入胎降生具有吉兆，无漏修行护法等授记，而且在《遗教》中说：“奉天承运欢喜王，名为普贤具功德，吉祥上弦月增盛。”这里所说的奉天承运是指生于成吉思汗王族，父母双亲喜欢那里的众生，“功德”直接讲其名字；“增盛”指诸河水汇集于大海，增盛义之相。蒙古族不仅信奉佛法，而且生于我们的种族，有发展信仰的思想基础，因此云丹嘉措无可怀疑地是前世达赖喇嘛的转世，有(他是索南嘉措的)“余生”的说法。无论怎样，由于他寿命短暂，出生地区的原因，除了向上述担任授出家、比丘戒的堪布学法，没有更多地依止其他上师，也没有著作全集留世，在实践、护法方面基本上采取前世达赖喇嘛的传统办法进行。

火龙年(1616年)阴历十二月十五日，云丹嘉措色身摄于法界，年仅二十八岁。遗体火化后心、舌、眼睛和头颅等成为舍利，喀尔喀却科尔请走了头颅，土默特台吉请走了心舍利，在各自的地方建塔供养。喀尔喀却科尔作施主，由强佐索南饶丹负责建造了银质灵塔，供放在哲蚌寺。

第十四任堪布班禅遍知一切洛桑却吉坚赞贝桑波（四世班禅），父亲名叫贡噶班觉，母亲名叫措嘉，第十饶迥的铁马年（1570 年）生于后藏绒钦兰。降生后不久开始微笑，眼睛向远处观看，相兆很好，被认为是嘉哇洛桑顿珠的心的化身。温萨哇·桑结益西（说了很多养护的话）加以护持，并对格西班觉坚赞说："这位化身是克珠仁波且的转世，将会与其事业相等"。灵童十四岁时，被桑结益西迎请到温萨寺授出家戒，起法名为"洛桑却吉坚赞"，为他讲授灌顶、教诫、口诀等，如充满宝瓶一样。以后他在扎什伦布寺学习因明，从摄类学因明论理中掌握了一切词句义，用学者的三种事业度过时光。

二十岁时，他在扎什伦布寺从班钦丹曲雅佩受此丘戒，成为持律殊胜者。

二十七岁，他担任岗建群佩寺堪布，讲授佛法。

三十岁时（1599 年），他担任扎什伦布寺堪布，新建了净室上面的大金瓶、弥勒佛像头顶上的金顶、无有匹敌的大铜殿和息净塔等。

水兔年（1603 年），他三十四岁时会见了从蒙古地区来的遍知一切云丹嘉措，担任堪布为云丹嘉措授比丘戒，成为活佛阿旺索南格勒贝听受灌顶教理仪轨的上师。此后，他陪同云丹嘉措到过沃喀和群科杰寺，讲经传教，普降法雨。此后朝拜了甲索拉顶、丹萨替、泽当、昌珠、扎·强巴林、贡噶多杰丹、曲沃日等寺院后回到扎什伦布寺。他曾担任过香日沃格佩和吞嘉协蔡寺的上师，门、帕里等南方寺院和北方的昂仁、桑珠噶丹寺等各教派的僧俗人寺院部落都前来请教各自所希求之教法。

火龙年（1616 年），他四十七岁时，至尊云丹嘉措逝世，他来到拉萨主持葬礼。

火蛇年（1617 年），他担任色拉和哲蚌两大寺院堪布，登上了无畏狮子宝座，参加主持一年一度的拉萨祈愿大法会，在十一面观世音菩萨像的头顶上建造了屋顶。其后，他被阿里王请去，把那里的众生安排在成熟解脱道上。撰写了《时轮广释易解》和《集密道生圆二次第》，在扎什伦布寺开讲。之后，他被蒙古族拉尊兄弟请到那曲河边，把北方蒙古族人众安置在成熟解脱的道路上。在热振寺，他创建了一座大佛塔，作了无数三密事业。

其传记在编排方法基本上和至尊根敦嘉措的一样，编进了他的许多论著，事业和天空相等。他曾但任堪布为云丹嘉措授出家戒，除此之外，弟子有阿旺索南格勒等多位活佛、林麦曲杰贡却群佩等数名甘丹赤巴，绛孜扎仓、夏尔扎仓以及上下密院的阿阇黎等大喇嘛，蒙古和阿里拉尊等几名王族成员、噶居饶绛巴等讲经僧人很多。康萨活佛把绛孜曲杰的职位献给他后，他在甘丹寺宗喀巴大师银质宝塔上建立了金顶，造型优美。

他在第十一饶迥的水虎年（1662 年）去世，终年九十三岁，灵塔供于扎什伦布寺，并且由扎什伦布寺定期供祭。

吉祥哲蚌大寺院第十五任堪布是如来圣者诸光祥积王俄色贡帕，发愿在观世音菩萨的无量教化之地做利益有情众生之事业，最后在雪域连续以身着黄色袈裟戏乐人间的七位转世中的第五位（即五世达赖喇嘛）出现。他出身于萨贺尔家族，在血统上以及五观相和十二大事业、甚至降生的时辰等都与佛陀释迦牟尼没有细毫差别。他除了和一般的班智达、成就者及前四世达赖喇嘛相比，在发展佛陀的殊胜事业方面有更大的发心和誓愿外，特别是在亲手传播文殊怙主宗喀巴大师之教法方面，事业超出任何人，用语言难以尽说，后文将专门论述。这位三界众生之怙主的全名为“遍知一切阿旺（语自在）洛桑嘉措晋迈廓恰图旦朗措德钦波”。

具吉祥哲蚌寺的第十六任堪布，为集摄刚才说的诸位大圣之本性而转生世间，具有如同从光明天界谪降尘世的娑罗树一般的五照见等各种佛陀殊胜之相的遍知一切洛桑仁钦仓央嘉措（六世达赖喇嘛），关于他将在后文详细介绍。

一、吉祥哲蚌寺七所扎仓的上师传承

扎西果芒扎仓最先由仲·扎巴仁钦讲经说法，摄受僧徒。他之后的历任堪布是：智者噶赖、达拉、贡茹·楚臣桑波、钦波贝丹喜饶、小阿阇黎贡噶嘉措、堪钦旺贝哇，阿阇黎贝丹洛追和喜饶洛追两人同时被委任为堪布。以后有香巴饶绛巴、益西扎，噶居哇贝丹俄色和贡却桑波两人同时被委任为堪布。小轨范师仁钦绛曲在康多巴哇尔创建了讲经院，其后历任主持人是曲桑噶居哇·阿旺窘乃、嘉协蔡巴、洛桑艾哇木、卓尼·乔勒南杰、贡茹·曲杰窘乃、曲桑巴、强巴伦珠、哈尔东巴·尊追嘉措、强巴伦珠重任、宇康饶绛巴·格勒伦珠、曲桑巴·曲扎南杰、宇康·格勒伦珠重任、贡茹饶绛巴·桑结扎西、堆隆嘉雅巴、格勒班觉、桑珠岗巴·洛桑阿旺、噶茹·阿旺班觉、阿谢·程勒伦珠、鲁本·洛追嘉措、厄鲁特·顿珠嘉措、霍堆巴·顿珠嘉措。现在达温俄色负责讲授杰增巴所著的《戒律心智梯》，般若方面贡茹曲窘的教本、《对法游戏》，艾珠嘉措所著的《中观智者成就福德启眼》等。

洛萨林扎仓历任堪布：堪钦勒丹巴、宇索巴、智者巴丹洛追、工布·楚臣洛追、丹玛·益西桑波、洛琼哉务饶绛巴、嘉央噶哇洛追、洛琼楚臣嘉措、轨范师桑结桑波。中观师仁钦达玛和智者桑勒两人同时被委任，他们之后有轨范师云丹俄色、班钦索南扎巴、珀顿饶绛巴·格敦顿珠、轨范师扎西俄色、藏顿·桑木丹却、藏巴·扎西俄色、藏巴·曲扎俄色、嘉央囊索洛追坚赞、擦哇·南喀喜饶、娘布杰囊巴堪布贝丹扎西、夏尔巴·达曲贝、堆隆巴·顿珠贡波、嘉央喇嘛贡却群佩、克松木顷则洛桑丹增、颇康巴·嘉央扎西、澎波·达曲南杰、堆隆普达巴·阿旺贝桑、扎囊·丹巴嘉措、噶东·阿旺洛追、米纳·顿月坚赞、江洛坚巴·赤烈嘉措、娘热·格敦扎巴、次康·勒巴顿珠、哉务·洛桑坚白，现在由卸任的米纳上师拉贡负责讲授班钦索南扎巴所著的《戒律总义》、《现观庄严论再明灯》、《对法总义知识明论》、《中观总义闻解脱》等。另外，结合每个僧人的不同根器讲授宗喀巴的论著。

德央扎仓或称萨央琪巴扎仓的历任堪布：

最初是觉巴绛贝，以后依次是扎穷·云丹坚赞、切玛旺嘉、隆务·噶居巴尊追、喇嘛洛桑僧格、仲南喀巴、上师扎西嘉措、仲仁钦达结、钦波坚赞勒巴、饶绛巴·仁钦南杰、噶居哇、贝桑顿珠、扎西班觉、噶居曲巴哇、阿阇黎平措嘉措、洛果饶绛巴、卫桑饶绛巴、色康噶居巴、洛果饶绛巴第二、夏尔孜饶绛巴、阿阇黎喜饶嘉措、饶绛巴仁钦扎西、格热·洛桑丹增、娘布·索南次仁、拉萨·平措曲丹、坚叶·欧珠嘉措、安多·隆热嘉措、琼结巴·阿旺丹增、擦固哇·洛桑云丹、堆隆巴·阿旺多丹。现在由洛桑达哇负责讲授，戒律方面按班钦索南扎巴著的《论理太阳》，般若方面按班钦索南扎西的《现观庄严论再明灯》，林麦巴的《对法》，堆扎和因明方面用拉哇堆巴的因明教材，根据僧众要求，增讲宗喀巴大师的《药师佛经仪轨》、《普明大日如来经论》等。

都哇扎仓（戒律扎仓）历任堪布：

最先是仲·尊追扎巴，以后依次是都增格勒贝、阿阇黎贝丹洛追、阿阇黎卓巴哇、阿阇黎班觉哇、持律师仁钦扎、仲穷结巴、阿阇黎德勒巴、噶居哇·强巴洛追、阿阇黎拉旺仁钦、贡波·群佩洛追、贡波翁则巴、仲·安多哇·喜饶桑布、觉摩隆巴·阿顿巴、聂巴南杰、娘布·丹巴嘉措、擦哇·茨仁贝丹、琼结哇·勒珠嘉措、仲木达哇·扎西俄色、觉摩隆巴·云丹诺布、阿阇黎桑波、松曲阿阇黎格勒南杰、朗孜达青曲杰、娘占巴·措尼嘉措、厄鲁特曲杰、平措巴·阿旺群佩、噶顿达曲桑波·巴日·洛追南杰、温都曲杰、土默特洛桑噶丹、拉萨哇·洛桑丹增，现在由夏扎·根敦珠担任。

夏廓扎仓的历任堪布：

那塘巴·饶却、娘热·多杰坚赞、阿阇黎仁钦洛追、雪巴俄色、年阿巴德洛、仁波且却吉喜年、德却饶绛巴贡噶坚赞、达然巴·贡却达尔、噶居哇·曲扎仁钦、娘布饶绛巴·洛追伦珠、普康噶居哇·格勒桑波、阿阇黎多杰贝桑、擦哇轨范师南喀喜饶、阿阇黎喜饶洛追、智者曲旺扎巴、岗岗噶居哇、普康巴·阿旺嘉措、松曲·俄色嘉措、卓尼·仁青多杰、仲木达哇、扎西俄色、饶绛巴阿松、普康巴·丹巴扎西、班玛群佩、擦哇·丹巴雅佩、巴日·多德嘉措、娘布·金巴窘乃、措麦·洛桑贡波、都尔普·阿旺顿珠、主巴活佛·帕日洛桑饶丹,现在由哈尔东·洛桑丹巴担任。

推散林扎仓(亦称杰巴扎仓,意为闻思洲——译者注)的历任堪布:

轨范师贡桑仁钦、曲杰娘布、释迦仁钦、仲·结桑巴、仲·贝丹哇、上师贝坚赞、娘布·桑丹喜饶、嘉玛哇·洛追塔耶、米纳噶居哇桑结、轨范师丹巴达结、洛巴喇嘛、阿阇黎塔尔贡、当嘎阿阇黎、聂巴噶居哇、隆布饶绛巴·勒巴喜饶、桑木洛噶居巴·根敦仁青、恰巴噶居哇、帕里噶居吐·索南旺秀、蔡巴·扎巴俄色、吉塘曲贝桑、冲堆香玛·俄色平措、当喀·贡却坚赞、厄鲁特·贡却嘉措、冲堆巴·却伦珠、热玛哇·勒雪嘉措,现在由果芒扎仓的阿旺绛曲担任。

二、阿巴扎仓(密宗学院)的上师传承:

阿阇黎坚赞楚臣、阿阇黎金却贝、仲·仁钦却、阿阇黎贝贡坚赞、当嘎阿阇黎、杰穷托卡哇、艾巴塘哇、藏顿·南喀桑波、藏巴·仁青嘉措、嘉雅顷则德勒南杰、噶顿·曲扎南杰、沃喀·楚臣坚赞、颇康·康巴扎西、蚌日贝丹、塘布、洛桑班觉、当喀·仁钦曲桑、索布·去丹坚赞、哉务·洛桑坚白、热玛·勒雪嘉措、琼结·洛桑扎西。现在由扎巴坚赞负责为僧众讲授《集密》、《胜乐》、《大威德》、《普明大日如来神变加持经》、《不动金刚经》、《无量寿佛经》和宗喀巴大师的《药师佛经仪轨》以及《集密生圆二次第论》、《大威德生圆二次第论》、《续部总别》等,凡求学显教教法者去洛萨林扎仓,求学摄类学的去拉哇堆扎仓。

勒雪群科林是遍知一切索南嘉措所建的一所小扎仓,首先由轨范师顿珠贡波负责讲授教法,委任丹穷饶绛巴为上师,使扎仓得到了很大发展。三世达赖喇嘛索南嘉措去蒙古地区后一段时间,扎仓没有讲听师和堪布。至尊云丹嘉措到西藏后重新任命贡茹仲钦巴为轨范师,这以后又衰落下去。其后随着贡茹饶绛巴桑结扎西担任经师,开始有所好转,但是随着后藏兵攻打色拉、哲蚌两所大寺院,僧人逃离。格鲁派得势后,萨窘(第巴)索南饶丹重新建立扎仓,任命桑仲巴·阿旺群佩为轨范师,继他之后担任轨范师的有丹增程勒、卓莫·阿旺扎西、娘占巴·

洛桑班觉、卫堆饶绛巴岗波。正如《五世达赖喇嘛自传——云裳》所记载的，这时由于洛萨林和扎西果芒扎仓之间发生矛盾，对政教法律的取舍方面有不同的看法，犹如鲜花被箭射中，争执不下，一些原来的僧人背着不好的名声离散。

哲蚌寺由于杰喇嘛莲花手（指达赖喇嘛）的事业的原故，仿佛夏季的大海和上弦月亮一样发展迅速，难以衡量。现在格鲁派寺院中没有比它更好的。现有僧人四千二百多人。

第三节　色拉特钦林寺的历史及其堪布传承

色拉特钦林寺的历史如下所述：

文殊怙主法王宗喀巴大师在色拉曲顶撰写《中观根本论广释正理大海》之时，犹如用金汁书写《般若经》，显示于天空，于是他预言说这里将出现一座聚集着一切大乘讲修院的寺院。根据这一预言，色拉寺创建者大慈法王释迦益西（汉文资料记为释迦也失）生于蔡贡塘地方，掌握多种教理，是一位贤者，具有宿慧前醒的神通，成就毗沙门法，依止文殊怙主法王宗喀巴大师为根本师。大明皇帝曾派人来邀请宗喀巴大师进京，他代表大师前往，被尊为皇帝供奉的上师，在汉地示现了降雪的神通，封号为“大慈法王”，即绛钦曲吉杰波，赏赐了丰厚礼品。释迦益西在汉地创建了法源寺，弘扬宗喀巴之教法。返回西藏后在色拉顶拜见了宗喀巴大师，奉献从汉地带来的上百种礼品。不久，奉宗喀巴大师之命于土猪年（1419 年）创建了色拉特钦林寺，寺内供奉的主要依止处是他从汉地带来的十六罗汉白色擅香木像，以此修建了阿罗汉围绕佛陀的佛殿。寺院建成后招集了许多僧人，堆、麦、嘉、仲当等四个扎仓建立后任命噶居玛哇·达结桑波为住持。宗喀巴大师去世后，他又一次被请去汉地，当时大明永乐皇帝之子宣德被立为皇帝（明宣宗），他按照父皇的作法敕封释迦益西。释迦益西在返藏途中死在佐莫喀(mdzo - mo - sgar,在今青海民和县境内——译者注),堪钦释迦楚臣为了纪念他,在他圆寂的地方创建了一所寺院,向甘丹寺宗喀巴大师银制宝塔敬献了汉地的帐幕和十六罗汉丝质绣像。他的弟子阿摩迦和索南喜饶被尊为皇帝的帝师,他们二人的弟子循努贝丹也作了皇帝供奉的上师,住持佐莫喀寺。

第二任堪布智者达结桑波之后是无比法王坚赞桑波,他于水猪年(1383 年)生在贡茹上部地区,后来到拉萨师事文殊怙主法王宗喀巴大师和绛赛热振巴精修显密教法,在宗喀巴师徒等僧众中间受比丘戒。他曾担任桑浦比色尔扎仓的经师,由于讲授佛法非常出色,故称“无比法王”。后来担任色拉寺堪布,兼任尊莫蔡寺的住持,在两寺负责讲经。其著作有:因明论著《智者增喜》等多部。铁马年(1450 年)去世,享年六十八岁。主要弟子有克珠贝丹僧格、法王仁钦绛曲、贡勒巴、布多喇嘛循努贡却、仲顶喇嘛桑结楚臣、邦卡尔喇嘛杰却巴、日喀喇嘛卓昂巴、协邬乃丹巴。他在吉雪创建了完噶尔寺,利益他人的功德非常多。

第四任堪布夏鲁巴·扎西嘉措,他精通声明、诗律和吠陀经典。

第五任堪布是在拉堆、穆色传承旧派密法的仁钦洛追僧格,他师事上师根敦珠巴和嘉央曲杰扎西贝丹修习佛典,成为学者,当过哲蚌寺素尔康巴的经师。之后,担任色拉寺堪布,撰写了中观、《释量论》方面的论著多部。主要弟子有杰温(宗喀巴的侄孙洛桑尼玛)和轨范师贝丹洛追、洛巴、嘉央扎巴等,后者在昌都传教。

第六任堪布曲杰都哇增巴·乃丹巴,他在戒律学方面很有造旨。弟子有洛萨哇等多人。

第七任堪布拉普法王。

第八任堪布涅顿·班觉伦珠,火牛年(1427 年)生。曾在桑浦、哲蚌素尔康和甘丹寺分别依从曲杰仁钦绛曲、智者穆散巴和巴索曲杰勤修显密教义;从结热噶宇巴等名师受比丘戒,作过绛孜参尼扎仓讲经师,继后作桑浦比色尔扎仓的经师。五十五岁时担任色拉特钦林寺堪布,教授佛法。木狗年(1514 年)去世,终年八十八岁。

第九任堪布特芒贝丹洛追,铁牛年(1481 年),他五十五岁时担任色拉寺堪布。木鼠年去世(1504 年),享年八十八岁。

第十任堪布嘉央顿月贝丹,木牛年(1445 年)生在娘堆,在巴科德庆寺出家,依止轨范师索巴哇钻研佛经,成为一位著名学者,从绛赛都噶哇等人受比丘戒后,来到前藏拉萨,分别从仁钦扎寺的年·释迦巴和色拉大乘寺的涅顿·班觉伦珠习法。四十一岁时,他担任色拉协扎仓的讲经师。七十二岁时,担任色拉寺堪布,教授佛法,木猴年(1524 年)一月一日去世,享年八十岁。

第十一任堪布莲花手黄衣舞游戏者遍知一切根敦嘉措(二世达赖喇嘛),生平事迹详见哲蚌寺一节。

第十二任堪布色拉杰尊却吉坚赞,生于后藏,钻研性相学和密教果乘法。担任色拉大乘寺堪布期间因噶玛巴弥觉多杰[(1507—1544)噶玛噶举派黑帽第八世活佛——译者注]的劝请,撰写了《知答》、《颂答》,大力进行赞颂。

第十三任堪布班钦索南扎巴,他的生平事迹在甘丹寺一节中已经介绍。

第十四任堪布法王曲扎桑波,木虎年(1554 年),他六十二岁时担任色拉寺堪布,任职四年,教授经典。生平事迹详见甘丹寺。

第十五任堪布世自在莲花手遍知一切索南嘉措(三世达赖喇嘛),生平事迹详见哲蚌寺。

第十六任堪布东科尔曲杰云丹嘉措,担任色拉寺堪布三个月后去了康区。据说他是曲杰都哇增巴的化身达哇坚赞的转世灵童,他的转世有两位,即东科尔活佛嘉央嘉措和嘉哇嘉措,他们俩人同时出生。

第十七任堪布观世音菩萨化身黄衣舞所戏者遍知一切云丹嘉措(四世达赖喇嘛)。事迹详见哲蚌寺一节。

第十八任堪布温萨班禅洛桑却吉坚赞(四世班禅)。事迹详见哲蚌寺一节。

第十九任堪布为包括天神在内的众生的救星持白莲以黄衣僧戏乐者世间顶饰第五世达赖喇嘛，其简要生平在哲蚌寺一节中介绍过。现今由如来遍圣祥积王因其心愿诞生为娑罗巴钦波即遍知一切洛桑仁青仓央嘉措（六世达赖喇嘛）担任，成为三世众生顶饰，祈愿他从今直至劫尽之间没有动摇，清净圆满。

色拉寺四大扎仓的堪布传承：

杰扎仓和仲当扎仓的首任堪布分别是饶强钦波嘉帕和仲饶绛巴·卓嘉温波，后来这两所扎仓合并到堆扎仓（上扎仓）中。

堆扎仓上师的传承是：钦波喜饶嘉措、贡茹曲洛、阿阇黎释迦桑波、泽仁·洛追仁钦、钦波嘉央扎巴、钦波曼殊、南喀贝桑、中观师仁钦达玛、钦波顿珠、轨范师达林噶居哇、丹巴达结巴、洛桑阿哇木、娘顿勒巴、仁钦、娘布·噶哇仁钦、澎波·云丹俄色、仁钦扎巴、楚臣达结、波密·扎西嘉措、轨范师程勒嘉措、贡顿·桑珠仁钦、桑木洛噶居哇、拉巴饶绛巴、饶绛玛哇强巴曼兰木、伦波顷则·格敦平措、巴日·多德嘉措、卓嘉·扎西嘉措、喀尔沁·洛丹喜饶、波密·顿珠坚赞、娘占·洛桑曲丹、卓嘉·洛桑坚白、波密·洛桑坚赞，现在由拉萨哇·洛桑南喀担任堪布。

色拉寺曼巴扎仓（下扎仓）历任讲经阿阇黎的传承如下：

钦波绛奔巴、宇巴·尊追桑波、轨范师释迦扎西、仲·仁钦坚赞、蔡玛旺嘉、钦波楚臣嘉哇桑波、饶绛巴达俄贝贡、钦波云丹喜年、饶绛巴·楚臣俄色、噶居巴·曲扎仁钦、轨范师多杰桑波、卓尼·乔勒南杰、轨范师楚臣俄色、乃乌拉孜哇·曲桑扎巴、轨范师拉莫哇、普康巴·格勒桑波、藏顿·曲扎俄色、擦哇南喀、卫堆巴·绛曲俄色、仁钦林巴·曲杰桑结仁钦、曲杰扎西窘乃、大菩萨阿旺却吉嘉措、娘布杰囊巴·桑结班觉、窘饶绛巴·格敦仁钦嘉措、轨范师桑结南杰、轨范师喜饶僧格、卫堆巴·喜饶仁钦、泽当巴·强巴论珠、克松顷则·洛桑丹增、贡波·丹增勒雪、江巴·本波尔坚赞、堆隆·仁钦嘉措、波密·班觉坚赞、贡茹·南喀坚赞、卓尼·格桑贝拔、澎波·格敦嘉央、卓尼·楚臣达结、娘占·洛桑坚赞、纳喀·洛桑顿珠、藏巴洛桑。现在由却多楚臣达结负责讲授贡钦洛追勒桑著的《戒律》论著，卫堆丹达尔哇撰写的《现观庄严论鬘》、《总义》，艾珠巴撰写的《对法》，邬玛巴·丹达尔哇著的《中观总义鬘》等。

色拉寺协扎仓：

该扎仓是穆散巴·仁钦僧格从哲蚌寺带来色拉寺的一百余随从组建的，他任命阿旺巴和杂纳室利负责传授教法，后来阿旺巴去了昌都，杂纳室利去世，使杰巴扎仓在一段时间里没有传授教法的喇嘛，后来乃东·班觉杰波和温萨布赤贝宗负责重建扎仓，开始由于没有基础，出现了一些困难，故名“杰”(byes，意为出门在家者、离寺云游僧人——译者注)。没有规定的讲经时间。后来在某个时候，堆扎仓中杰扎仓的全体僧人和仲当扎仓的多数僧人(不包括波密和工布来的僧人)都集合到这里，开始了正常的佛事活动，首任阿阇黎是色拉寺第八任堪布涅顿·班觉伦珠。其后依次是：多闻贝丹洛追、嘉央顿月贝丹、杰增却吉坚赞、藏顿·喜饶僧格、卫堆巴·喜饶嘉措、泽当·仲钦班觉坚赞、藏堆巴·德勒尼玛、琼结巴·来增嘉措、贡木德饶绛巴·南喀坚赞、藏顿·仁钦喜年、泽当钦波绛玛康萨哇·班觉索南伦珠、扎噶尔·丹巴程勒伦珠、艾巴云达饶绛巴·班觉伦珠、贡顿·桑珠仁钦、泽当饶绛巴·强巴曼兰木、色拉夏尔巴·程勒桑珠、哉务·索南坚赞、恰查·嘉央伦珠、哉务·洛桑扎西、色拉夏尔巴·坚赞顿珠。现在由哈尔东·阿旺嘉措负责讲授德勒尼玛的戒律论著、杰增巴著的《现观庄严论鬘》、色拉夏尔巴著的《现观庄严论广释》和帕蚌卡·班觉伦珠的《广释》、曲杰艾珠巴著的《对法》、色拉杰增和贡木德·南喀坚赞著的《中观笔记》等。

这样，众多班智达汇聚的大海源头，从佛莲花手慈悲的趋入与天空平等的诸边，犹如汇集在大海之中的鹅群，其发展的盛况难以言说衡量，现在色拉寺成为寺院的顶峰，有僧人两千八百五十多名。

第四章

木鲁寺等拉萨及拉萨附近地区的寺院

1. 拉萨木鲁寺(亦称木如寺),藏王赤热巴巾在拉萨四方创建了一座佛殿和一座有僧团的佛寺。其中在东面修建了木如寺和迦鲁寺,朗达玛灭佛时被毁。阿底峡大师来藏后又在该地倡建僧寺,出过大喇嘛夏尔哇等人。从遍知一切索南嘉措开始,成为格鲁派寺院。喇嘛娘热·洛桑嘉措及其以后卫堆·喜饶僧格时期,由于后藏军队和蒙古族军队发生战斗,寺院被毁。再次恢复时,由论布顷则格敦平措担任喇嘛。他之后的上师传承是:哲蚌·洛桑群觉、藏巴饶绛巴·洛桑丹达尔、顷则格敦平措、旨巴林巴·洛桑格敦、协阿乃·巴日多德嘉措、扎廓吞波哇·平措坚赞、纳毛卡尔巴·仁钦嘉措、拉萨哇·贡却贝桑、蔡哇强巴。现在由拉萨哇·索南嘉措担任喇嘛,为了发展密宗扎仓,扩大佛事活动,多做众生事业,讲授都增巴著的《普明大日如来神变加持经释》,宗喀巴大师著的《药师佛经仪轨》等。本寺僧人凡学习因明的去哲蚌寺德央扎仓和拉哇堆扎仓。一级寺院,全寺约有僧人二百九十人。

2. 小昭寺的四院,据说蔡巴万户长噶德桑波曾向小昭寺敬献供品,创建了四个僧团,故名"宇德巴"(意为四部),从此逐渐发展成为四所扎仓,蔡巴强巴之前和木如寺的上师是同一个传承,从第十二饶迥开始与木如寺脱离,单独进行佛事活动。现在(第悉桑结嘉措时期——译者注)虽然没有轨范师,但是寺院僧人越来越多,佛事活动兴盛。为了僧俗之事,讲授都增巴著的《普明大日如来神变加持经释》,宗喀巴大师著的《药师佛经仪轨如意自在王》等,学经深造者主要去色拉寺麦扎仓。

一级寺院，约有僧人二十余人。

3.帕蚌卡菩提树林中寺，杰喇嘛以前的转世中降生为藏王松赞干布者，曾居此寺进行修行，创建了魇胜寺和再魇胜寺和大昭寺等，顺利地成就了藏人广大利乐的一切愿望。之后，大梵天花朵以前执持白衣发辫之相的百余名人和七觉士出家，后来这里有百余名僧人，政教两方面得到发展和完善。赞普朗达玛继位后，驱逐僧人，毁灭佛法，使吐蕃王朝开始分裂。后弘期开始后，卫藏十人重新发展佛教。在帕蚌卡佛寺建成前，汉藏动乱，杰拉康和热振寺出现混乱。因此格西扎噶尔哇在这里创建寺院，在七任堪布期间佛教发展迅速，人生安乐幸福。以后佛教逐渐传播发展，蒙古兵进藏后，众生怙主法王八思巴(大元帝师，萨迦派第五代祖师)修复了帕蚌卡寺。他根据发展佛教的誓愿，统治西藏十三万户，利益佛法众生。七十年后，这所寺院逐渐衰损，萨迦派和帕木竹巴相互争夺西藏地方政权。以后，大乘法王重建这所寺院，在帕竹第悉统治西藏的二百年中，使西藏人受到平安护佑，此后由曲杰德勒尼玛任住持，建立了僧团。这一时期藏区虽然处于安定，但是由于各教派内部相互不合，导致了拉萨动乱的再次发生。在这种情况下，款顿金刚持班觉伦珠为了考虑佛教的发展和众生的幸福，于第十饶迥的土羊年(1619年)住持寺院，修建了清净明解脱寺，从美丽肉蔻花盛开的地方到彩缎织成的国土之间到处传播着宗喀巴大师的政教白伞，佛教日臻兴旺，众生越来越幸福。其后的几任堪布是：班觉饶杰、色拉巴·嘉央扎巴、堪·阿旺丹增。现在由麦扎仓卸任上师洛桑顿珠嘉措管理寺院，僧伽和寺院都很兴盛。

4.桑阿卡尔寺，由扎噶尔囊索仁钦伦布作施主，文殊怙主上师宗喀巴大师于土猪年(1419年)进行净地、标界、镇伏地煞、唸诵祝福，举行奠基仪式后建立了佛殿。扎噶尔巴负责从其属民中召集僧徒，提供资具。文殊怙主法王宗喀巴去世后，由遍知一切贾曹杰主持讲经，任命夏鲁桑波扎西作翁则。之后，由克珠杰担任堪布。他之后依次是：热德哇·洛追贝、绛赛·索南贝、克珠贡噶勒巴，他用八十钱黄金塑造了甘蔗族之王(释迦牟尼)像,用药泥建立了八大近侍弟子像、两尊门神像,在楼上雕塑了释迦牟尼像,周围有十六罗汉像,雕刻了七十一部经、《宗喀巴全集》,建立了身、语、意三所依,佛法的事业无量。

囊索仁钦伦布之子斯却杰波去世后,为了纪念他,其夫人嘉玛赤姜贡姆布赤及其子坚白次仁杰波用一百九十钱黄金在弥勒佛殿修建了弥勒大佛像,供给四百名僧人的生活,设立《慈氏五论》、《中观理聚六论》、《七部量论》的讲修,修建了许多僧舍。土马年(1438 年),委任达尔顿洛桑扎巴为堪布,他之后由上师洛追喜年担任。从此开始寺院学经走向正规。在吉康讲经的经师传承是:贝丹顿珠、克珠贡勒、达尔哇·喜饶桑波、勒桑巴、德却饶绛巴、曲杰贡却达结。在下吉康的经师传承是:饶绛巴·曼兰木巴、达尔顿·洛桑扎、班钦却拉俄色、仲勒桑巴。

总经师洛追喜年之后担任法座的有:曲杰曲窘嘉措、班钦拉旺班觉、色拉杰增巴、却杰坚赞。当时,吉康的轨范师由俄松巴担任,他在职时被请去担任哲蚌寺德央扎仓轨范师。杰增巴之后,桑阿卡尔寺法座是却吉扎巴和曲杰曲扎桑波。

上吉康的轨范师是:丹曲贝桑、曲杰曲扎桑波、群佩嘉措活佛、曲杰强巴嘉措,他从绛孜扎仓去甘丹寺担任赤巴之后仍护持上吉康。当时吉康的轨范师由普康饶绛巴·扎西贝桑担任。第四任堪布曲杰强巴嘉措之后依次由贡木德饶绛巴·南喀坚赞、止仓饶绛巴·桑结坚赞、达隆扎巴·洛追嘉措担任。后来洛追嘉措去担任甘丹赤巴,当时正值后藏军和蒙古军交战,寺院被占,僧殿被毁,上下吉康的讲经等法行事业犹如断了水源的池塘而干涸。

又,蒙古军把藏巴第悉的军队赶到嘉波日山上时,班禅仁波且和林麦曲杰师徒按照邬坚第二佛陀(指莲花生大师—译者注)的授记,救护了许多人的生命。铁猴年(1620 年)定下协议,被迫改宗的格鲁派寺院重新宗奉格鲁派,收回了被占领的桑阿卡尔寺,由林麦曲杰贡却群佩担任法座。当时,德庆宗本提出要把寺院搬迁到丹日,但由于物资等缺乏,很好的计划未能实现。林麦曲杰由桑阿卡寺法座去担任甘丹赤巴后，恢复了拉萨祈愿大法会，虽然事业兴旺，但是如玛尔巴大师的医疗书喻，没有恢复上下吉康的讲经。

贡却群佩之后的历任法座是：阿里古格哇·贝丹坚赞、曲桑巴·贡却曲桑、卓尼安多巴·洛桑贝拔、嘉哇强巴扎西，此后多数由卓尼·楚臣达结等甘丹赤巴兼管。按照寺院的规定，第一月集会举行修供，各位喇嘛除了主要学习《菩提道次第论》，不太重视讲授显密经论。酬补仪轨方面与下密院相同。僧人去甘丹寺推散林扎仓、色拉寺麦扎仓、哲蚌寺德央扎仓和拉哇堆扎仓求学。一级寺院，在寺僧人二百名。

5.桑浦拉哇堆寺的历史：

萨迦派经院的轨范师僧格日旺讲经期间，文殊怙主宗喀巴大师在这里参加噶宇学位辩经，所作的讲论感动了许多学者。其后，由杰仁波且和绒顿的弟子博学者旺秀扎巴继僧格日旺之后在这里负责讲经。他们俩之后由遍知云丹嘉措主持。他非常信仰文殊怙主喇嘛（宗喀巴），请求宗喀巴来讲经，自己作侍从，杰仁波且坚持说你自己讲经更为有利。

云丹嘉措生于扎切哇，跟随博学者修习教理，成为一名大学者，他担任桑浦拉哇堆寺的轨范师和桑浦寺的林麦扎仓的堪布时，由于非常敬重宗喀巴大师，使多数僧人信仰宗喀巴大师，因此被一些心怀邪见的僧人把他们逐出寺院，安排在扎仓上面的石圈中居住习经，故称"拉哇堆"（上圈），他们遂改宗格鲁派。现在他们聚会于文殊怙主宗喀巴传习因明、般若之地聂塘第哇巾寺。留在原处的僧人称为"拉哇麦"，属萨迦派，故不在此处讲述。

拉哇堆寺的历任讲经师是：班钦却拉俄色、轨范师丹巴坚赞、钦波勒桑哇、泽当巴·拉旺班觉、曲杰扎巴、桑木旦却、格卡巴曲杰班觉嘉措、洛桑丹佩、泽当巴、桑结嘉措、达隆扎巴·洛追嘉措、林麦曲杰贡却群佩、克松顷则洛桑丹增、坚叶绛林绛巴、萨康巴·达曲南杰、麦尔康巴·贡噶嘉措、囊拉巴·洛桑顿珠、扎廓巴·平措坚赞、坚叶巴·丹增嘉措、拉萨哇·平措曲丹、觉丹巴丹则、隆热、香仓巴·阿旺平措、改措哇·平措洛追扎巴。现在由桑阿卡尔寺的楚臣仁钦讲授各种常见摄类学论著及仲勒桑和班钦却拉俄色的《注释边见观察》以及班钦索南扎巴的戒律论著、扎穷·云丹嘉措的中观论著、嘉央却拉俄色的般若论著、贡却佩的对法论著。中观、般若学方面以讲授宗喀巴的论著为主,对法方面结合宗喀巴大师的论著讲授贡却佩的著作。从今年开始增讲遍知一切根敦珠巴的《总义喻饰》、《释量论格言广释》以及摄类学方面的其他新著。一级寺院,约有僧人三百人。

如果简略叙述桑浦寺格鲁派其它扎仓的历史,则是这样的,涅廓仁钦桑珠曾随从文殊怙主法王宗喀巴大师学习缘起法,使敬仰的毛发竖立,用头顶礼宗喀巴的莲足,趋入慈悲的缘起,同时创建了比色尔和尼塘两所扎仓。在比色尔扎仓开创讲经之规,其经师传承是:绛赛热振哇·释迦索南、曲杰坚赞桑波、曲杰贝丹僧格、曲杰仁钦绛曲、涅顿·班觉伦珠、法王乃佐巴、轨范师尼玛扎、木如堪布、钦波曲夏哇、轨范师克增巴、喜饶尼玛、仁特纳达恰、贡茹阿努·贡噶仁钦、洛追嘉措、嘉协巴·扎巴南赛、贡茹仲钦、聂木哇·仁钦扎西、阿里巴·洛桑曲达尔、嘉波哇·洛桑达曲、琼结巴·阿旺南杰、娘热·伦珠嘉措、仲钦·阿旺南杰。现在由洛桑达尔负责讲授宗喀巴大师的有关中观、般若、对法方面的论著和班钦索南扎巴著的戒律论著。一级寺院,约有僧人八十人。

6.尼玛塘扎仓,其讲经师的传承为:丹玛哇·洛追嘉措、涅钦·喜饶坚赞、曲杰阿旺坚赞、克却巴、贡茹曲桑、涅巴顿索、仲·喜饶扎西、钦波贝丹喜饶、多杰僧格、嘉央喜饶达尔、夏尔卡饶绛巴·桑结勒巴、轨范师索南嘉措、钦波勒巴顿珠、泽当哇班觉贡茹索南坚赞、阿巴饶绛巴·强巴丹巴、泽当巴·欧珠嘉措、芒推班觉伦珠、贡茹贡噶仁钦、强林巴·程勒嘉措、轨范师洛追坚赞、堆隆达香顷则图旦南杰、聂塘·洛桑嘉措、扎哇·强巴洛萨、努·喜饶班觉、娘热·洛桑曲扎、索波·喜饶金巴、洛扎巴·平措云丹。现在由洛扎·平措僧格负责讲授色拉杰增巴所著的有关中观、般若方面的论著,戒律、对法方面以前没有规定的课本,现在规定对法方面讲授宗喀巴的论著,戒律方面讲授德勒尼玛的论著。一级寺院,约有僧人一百零八人。

娘绒扎仓的历史渊源和喇嘛传承关系在甘丹寺一节中作过介绍。

桑浦寺有格鲁派的四个扎仓，萨迦派的七个扎仓，其中林堆巴中有比色尔扎仓、尼玛塘扎仓、达波扎仓、南杰色康扎仓、克佩扎仓等五个；林麦巴中有泽娘扎仓、宇巴扎仓、娘绒扎仓、乃廓哇扎仓等三个，另外增加泽廓尔哇、拉哇堆、拉哇麦，共计十一个扎仓。或者说，乃廓扎仓中包括三个，共计十三个扎仓。

这样，由十一个或十三个讲经院装饰的佛教教法源地桑浦内邬托寺是与牟尼王子同一家族的俄·勒贝喜饶所建。阿底峡大师居住聂塘期间，手指桑浦方向对俄·勒贝喜饶（十一世纪人，阿底峡弟子，噶当派高僧，曾与阿底峡共译《中观心论》，故称俄译师——译者注）授记说："勒贝喜饶，山谷上面有一幅自然形成的右旋海螺，天空中千辐金轮转动，看见弥勒佛和文殊菩萨坐在如来膝上辩论了义不了义教法，如果在那里作你的隐居处，佛教定会兴旺。"俄·勒贝喜饶说："那么，请暂时保密"，故名"桑浦"。不久，他前去实地察看，被黄鼠狼引导送到那里，故称"内邬托"（内邬，藏为为 nevu 意为黄鼠狼）。这所寺院建于第一饶迥的水牛年（1073 年），开始有五百僧人，后来堪布先后由香曲邦、涅巴日勒、南帕尔哇、恰巴曲杰僧格、杂旺秀僧格、藏巴坚白僧格、涅巴·丹巴桑波、嘉木赞乃担任。据说现在（作者第悉桑结嘉措时期）寺院的法座分上下两个林，有些人认为是坚白僧格担任堪布期间分开的。无论如何，是（阿底峡的预言中）弥勒、文殊争辩了义不了义的缘起，预言寺内会出现林堆和林麦、萨迦和格鲁、拉哇堆和拉哇麦的分化。关于分裂成上下林的原因，有人说温波觉普尔依靠增上缘，在旁边创建了讲经院，从中分出上下林。另一种说法是，由于坚白僧格和丹巴桑波不合而分成了上下林。又有一种说法认为林麦是（俄）译师之法座，林堆是恰巴（指恰巴·却吉僧格，1109—1169，曾任桑浦寺第六任堪布，是著名的因明学家——译者注）之法座。还有一种说法认为上下林之法座是俄译师叔侄（指俄·勒贝喜饶及其侄子俄·洛丹喜饶，他们对桑浦寺的建立和发展起过重要作用——译者注)的法座,因坚白僧格和丹巴桑波两人的争执开始分裂成上下林。无论如何,分裂成上下桑浦林是在发展佛教方面的竞争,是一件好事。

林堆的历任法座是:藏巴·坚白僧格、雄顿沙摩、洛追巴尔、涅雪波、嘉强茹巴、曲莫巴·僧格贝、丹玛·扎巴仁钦、洛扎巴·却吉僧格、娘堆·益希贡波、索木·仁钦贡波、藏贡巴、拉章曲巴坚赞、循努仁钦、拉顿雪波、央孜巴、拉宇巴、本温·喜饶桑波、仁钦扎巴、云丹嘉措、贡却楚臣、仁钦南杰、多钦扎巴、温格·贡却嘉措、米纳·仁钦桑波、贝丹僧格、措钦巴·贡噶旺秋、仁钦绛曲、泽当巴、南喀丹巴、蔡巴·扎巴坚赞、聂巴、曲巴坚赞、藏曲隆巴·索南勒却、藏顿·勒巴顿珠、曲杰仁特纳达恰、夏鲁哇·洛追巴丹、克帕哇·丹巴饶杰、尼玛塘哇·索南坚赞、达波扎仓巴·曲杰贡噶窘乃、仲当哇·仁钦扎西、聂塘巴·洛桑嘉措、桑耶巴·贡却班觉,现在由贡噶旺嘉住持。

桑浦林麦的法座传承是:嘉木赞乃、桑波达玛俄、桑顿顿珠、轨范师觉纳木、喇嘛若、泽娘巴·俄色贡波、嘉央释迦循努、嘉木巴·扎西坚赞、聂巴·乔勒南杰、羊卓巴·云丹坚赞、结德哇·循努僧格、藏噶尔哇·洛追僧格、达尔旺上师、益希上师、喜饶坚赞、循努洛追、洛追丹巴、参玛欧波·索南佩、僧格坚赞、桑木桑波、桑结坚赞、尊追僧格、扎穷哇·云丹嘉措、桑达哇、桑结曲窘、藏巴·桑结桑波、喜饶贝丹、杰温(宗喀巴大师的侄孙)洛桑尼玛、香格佩哇·却拉俄色、嘉木巴·拉旺班觉、阿里巴·桑结扎西、强巴木巴·顿珠僧格、曲杰仁钦觉丹、曲杰赤烈班觉、曲杰帕巴诺布、强巴林巴·嘉央贡却群佩(他因此又被称为林麦曲杰,林麦夏仲,见《五世达赖喇嘛自传》)、聂塘巴·贡噶桑结、多布·贝丹顿珠、娘绒哇·扎西南杰、坚叶·丹增嘉措、扎切·平措坚赞、拉萨哇·平措曲丹、隆雪·洛桑坚赞。现在由尼塘巴·贝丹扎西主持林堆、林麦各种萨迦派和格鲁派的讲经工作,按照各扎仓的课本进行讲授。在这里学习过的喇嘛中有甘丹派(格鲁派)著名的大师文殊怙主法王宗喀巴大师,他曾在桑浦寺学习般若,参加噶宇学位的辩经活动,使各位学者深受感动,云丹嘉措等多人听过他讲经。

7.蔡贡塘寺,是宗喀巴大师在前世轮回中降生的尚·卓微贡波德哇多杰亦名尊追扎巴所建。他于水兔年(1123年,一说水虎年1122年——译者注)生在吉雪(拉萨河下游)的擦哇竹地方。二十六岁时,从轨范师扎吾卡尔哇等名师受比丘戒,周游过以多康为主的大部分地区,依止过许多讲大乘教法的高僧为经师,特别是以贝钦迦洛(迦译师)、达贡·楚臣娘波、轨范师俄译师、墨叶尔巴哇、喇嘛沃喀哇、喇嘛贝若哇为六位根本上师,随从闻、思佛法,勤修禅定,修有证悟。由于他证得无生之义,故称"无生田"。在事业轮方面,他以各种方便智慧创建了贡塘寺及其佛像、佛塔等,显示了许多成就相。水牛年(1193年)色身摄入法界,终年七十一岁。据说其近侍达玛循努是帝释天的化身,他很出色地完成了对尚仁波且的服侍工作。特别是他在尚仁波且临终前,被委任两所寺院的寺主,成就了寺外的下庭院、护法殿和寺内的灵塔吉祥光炽塔、十万大佛塔。他的侄子窘乃尊追继承地方首领职位,在政教方面做出了许多善事,他的侄子益西窘乃生有"四女八男",把许多地方都归入治理之下。

和法王松赞干布时的大臣噶尔(东赞)同一家族的嘉哇窘乃和尚·卓微贡波建立供施关系时,尚·卓微贡波预言说:"你将有一个福德圆满的儿子"。根据这个预言,后来桑结顿珠出生,长成后继承蔡巴首领的职位,其子仁钦嘉哇去汉地,色钦皇帝(指元世祖忽必烈)赏赐了修缮寺院的属民部落,敕封为蔡巴万户长,他返藏后修建了贡塘东卧室和大庭院。其子噶德修缮了中殿、屋檐、金屋脊等所依,创建了群科林扎仓,在该扎仓设立讲经院,在卫林扎仓开设密修院,佛法的事业宏伟。其子曼兰木多杰修通了拉萨大昭寺绕行道(今称八角街),建金顶、卫林扎仓光明神变佛殿等。其子贡噶多杰(1309—1364,1323年任蔡巴万户长,因反对帕竹绛曲坚赞失败,1352年去职,受戒出家,是《红史》的作者——译者注)出家后法号为"仲钦遍知一切格哇洛追",声名远播。据卡尔纳译师说:群科尔扎仓是由曼兰木多杰创建的,他把这里所说的司徒格哇洛追和仲·贡噶多杰看作两个人，因而所说是不准确的。实际情形正如《春天使者布谷鸟之歌——西藏王臣记》所说。后来，文殊怙主法王(宗喀巴)向医师贡却嘉学习医术，前后到过蔡贡塘。后一次到蔡贡塘时认真钻研了译成藏文的经典论著(即蔡巴·贡噶多杰建造的藏文大藏经——译者注)，撰写了《现观庄严论释及其广疏》等，心中所记诵的难以衡量，这些事业在前面已经介绍过。大乘法王或文殊法王和嘉央噶哇洛追的出生地和寺院同在这里。甘丹南杰林寺第九任赤巴(即第九任甘丹赤巴)洛桑尼玛(宗喀巴大师的侄孙)曾在蔡贡塘寺建造静修寺，泉水自然流出，使众人都感到惊奇。如果仅从这些去衡量，这所寺院从很早以前就已经改宗文殊怙主宗喀巴之教法。

卡尔纳译师说：至尊宗喀巴大师亲教弟子中，贡塘曲杰嘉色德窘应该算是四大甘丹赤巴之一。这是班钦索南扎巴等几名学者针对涅贡塘法王孜巴贝讲的，略有失误。但是，德窘哇出生于蔡(贡塘)地方一事未见到可信的文书记载，他是佛自在文殊藏亲教的博通经典的八大持教弟子之一，如果他是蔡地方的人，当时已经成为格鲁派僧人，我想在《教法史如意宝树》中定会有说明，但是在前面的文书中很不清楚。据说寺院是卓贡仁波且时期已经存在。历任堪布是：无比释迦益西、轨范师绛曲益西、拉雪巴·尼达俄、桑结奔木巴、贡木巴·益西丹、桑结娘波、桑结循努、赛康当巴·贡噶坚赞、桑结仁钦、释迦奔木、绛曲贝、京俄扎巴喜年，据说从他开始称"蔡巴寺"。京俄扎巴喜年之后有京俄勒贝坚赞、京俄欧珠坚赞、曲杰扎顿巴、京俄扎巴嘉措、京俄阿旺嘉措、京俄阿旺索南饶丹、京俄扎巴嘉措、京俄阿旺嘉措、京俄阿旺索南饶丹、京俄噶丹嘉措、夏尔霍尔巴·格敦达结、吉雪夏仲喇嘛、桑珠岗巴·克增桑波、堆隆洛桑丹佩、琼结巴·洛桑丹增、纳摩卡尔·仁钦坚赞、霍尔南杰、热玛勒雪嘉措、琼结·阿旺平措。现在由辛巴·阿旺曼兰木负责讲授蔡贡塘寺所传的《胜乐鲁俄巴灌顶》、《持律普明》、《药师佛经仪轨如意王》等。僧人随其意愿去色拉、哲蚌、甘丹三大寺院学经。一级寺院，现有僧人一百四十人。

卫林扎仓的法座传承是:喇嘛曲嘉哇、贡噶洛桑、绛嘉哇、噶绛巴、根敦俄色、仁青贝、赛绛巴、桑结顿珠、索南巴、索桑巴、嘉哇格勒、喜饶僧格、索南嘉哇、南杰哇、勒旺、珠南巴、绛曲扎西、桑木珠、格勒巴、饶觉喜饶、贡嘉、循努贡波、喜年宗巴、洛桑却、洛佩哇、顿珠贝、曼云巴、贡佩哇、贡噶洛桑、仁青贝、桑结贝、南喀贝丹、桑仁巴、塘钦巴、南喀喜年、僧格益西、拉普哇、南协哇、桑嘉哇、夏桑巴、欧巴。如果说寺院本身的情况是仲钦曼兰木多杰等人之时建立的。那么根据刚才所说其中的密宗扎仓由噶德王所建,而其子是仲钦曼兰木多杰,那么上面所说的上师传承使人难以相信。以后的上师传承是:强巴央扎、涅巴曲杰、拉萨平措楚臣、周嘉·扎西嘉措、德庆·洛桑丹增、霍尔索南、琼结巴、洛追群佩、娘占·桑波坚赞、巴伦·洛桑平措、卓嘉坚白扎西、热玛·勒雪嘉措。现在由阿旺尊追主持诵经、供奉等佛事活动,这些基本上与上下密院相同。按时举行蔡巴寺所传的四臂怙主酬补仪式。常住僧人去甘丹寺绛孜扎仓、哲蚌寺果芒扎仓和色拉寺协扎仓学经。一级寺院,在寺僧人约一百人。

8.曲赤洛觉寺,创建者不详,师承关系不明。从中间开始上师传承是:喇嘛觉钦巴·扎西桑波东嘎尔周扎、央贡·噶丹嘉措、素尔钦曲央让卓、喇嘛格达尔哇、觉丹饶绛巴、叶尔巴曲杰诺布嘉措,现在由甘丹赤巴楚臣达结负责讲授《普明大日如来神变加持经释》、《胜乐俱生》、《四臂怙主酬补法》等。寺院常住僧人去哲蚌寺果芒扎仓和色拉寺麦扎仓学经。一级寺院,在寺僧人六十七人。

9.群科尔林寺,现在并入东森康中,没有本寺的拉章,有游学来的临时居住的僧人,但是没有师承和讲经师。

森康夏尔哇,是由本钦仁青嘉哇所建,前面已经介绍过。宗奉萨迦派,在此不再详述。

叶尔巴帕噶寺,由喇嘛尚·宇扎巴钦波(即蔡巴噶举派的创始人尚·尊追扎巴)的六位根本师之一墨·叶尔巴哇创建,中间一段时间没有上师传承。后来由素尔钦曲央让卓担任堪布主持讲经,自从宗喀巴大师的政教白伞遍布之后，新建了叶尔巴扎仓。定期举行不动金刚仪轨和六尊四臂怙主酬补仪式，保护一切生死众生。常住僧人一般去叶尔巴扎仓学习。二级寺院，约有僧人三十六人。

10. 卓卡尔寺，原为宁玛派寺院，后来改宗噶举派，现在由叶尔巴扎仓兼管，依靠宁玛派的羯摩仪轨第八章和格鲁派的地道长寿等法行做简单的持护众生的事业。上师传承和常住僧人学经去向与帕噶寺相同，现在有格鲁派僧人四十八人。

朗拉恰尔贡寺，创建者的名字不详。后来成为叶尔巴扎仓的属寺，上师传承详见叶尔巴扎仓。主修宗喀巴著的《药师佛经仪轨王》，举行不动金刚酬补仪式。

11. 扎西窘寺，由吉雪的人作施主，班禅洛桑却吉坚赞和泽当绛玛哇·班觉索南伦珠等供施双方合作修建，传授第二佛宗喀巴所传的显密教法，先后由曲杰丹增洛桑嘉措、洛桑丹窘嘉措、洛桑丹增担任堪布。现在阿旺平措坚白负责传授中观（《入中论》）、般若（《现观庄严论》）、戒律、对法等，密教方面所诵修的经典和下密院相近。寺院常住僧人随其意愿去上下密院深造。一级寺院，约有僧人一百五十四人。

12. 恰普扎索寺，据说是由后弘期初期的著名学者鲁梅的弟子释迦旺秋创建。一段时间内没有得到大的发展，自从宗喀巴大师的政教光辉普照后有所发展。阿阇黎传承是：真梅·班觉扎巴、扎贡巴、循努才仁、恰宇巴·扎巴班觉、班觉才仁、索南勒巴、扎贡巴·丹巴桑波、下密院曲达结、香巴·洛桑循努、琼结巴·丹巴坚赞、珠巴·阿旺坚赞，现在由俄噶活佛阿旺平措担任阿阇黎。诵经、法事活动等与下密院相同。常住僧人一般去甘丹寺降孜扎仓和哲蚌寺洛萨林扎仓深造。二级寺院，约有僧人四十人。

13. 勒布寺，桑结温（1231—1297，达隆噶举派高僧，类乌齐寺的创建者——译者注）的大弟子桑结多尔丹巴所建。文殊怙主法王宗喀巴大师曾莅临这所寺院讲授《释量论》，后自动改宗格鲁派。桑结多尔丹巴之后的历任堪布是洛穷巴·阿旺伦珠、强巴仁钦、格敦扎西、洛追坚赞、达曲贡噶、丹增伦珠等。现在由东嘎尔活佛仓央周扎护持。所讲的《集密》、《大威德》、《普明大日如来神变加持经》和下密院相同,增加讲授《药师佛经仪轨》。常住僧人去色拉、哲蚌、甘丹等三大寺院求学。二级寺院,在寺僧人约四十人。

14.勒朗隆寺,由噶当派格西朗堆巴所建,中间由于佛教发展受到阻碍,使寺院空落。后来勒珠宇巴的一位属民女尼和三位女侍从进住这里,逐渐发展,成立寺院(尼姑寺)。历任堪布是:喇嘛热振乃居仲然巴、大成就师巴尔擦哇、桑阿卡尔哇·噶居阿旺桑木旦,从此以后由历任甘丹赤巴兼管。举行十一面怙主和药师佛仪轨和上师供等佛事活动。二级寺院,在寺女尼约二十人。

15.勒扎寺,由善知识结贡木巴的弟子桑结温修建。有人说这里曾有几位扎贡寺的京俄居住,但是上师传承关系不清楚,现在成为格鲁派扎西窘寺的分寺。举行地道等格鲁派所传的法行活动。二级寺院,在寺僧人约二十人。

16.哇勒木努曲宗,创建者的名字和前几任上师不清楚。自从宗喀巴大师的政教白伞普及后,堪布传承是:东嘎尔周扎、喜饶南杰、阿旺洛桑、班觉桑结等人。现在由丹巴雅佩住持,举行上师供和不动金刚仪式。二级寺院,在寺女尼约三十人。

哇勒木曲科寺,聂浦雪赛巴所建。自从拉尔嘉桑阿卡尔接管寺院后,上师传承不断。其后的历任喇嘛是强巴扎西、楚臣平措、贡却嘉措、程勒嘉措等,根据羯摩仪轨日藏举行大悲观世音仪轨和粗略法行,这些与桑阿卡尔寺相同。二级寺院,在寺女尼约二十人。

17.岗木贡寺,宗喀巴大师的以前转生中曾降生为卓贡宇扎巴钦波(即蔡巴噶举创始人尚·尊追扎巴)所建,他任命其亲传弟子尼玛俄担任堪布。从央贡京俄阿旺索南坚赞开始与蔡贡塘寺由同一位堪布兼管,故传承关系详见蔡贡塘寺。所进行的普明大日如来等法行活动同央贡寺。二级寺院,在寺僧人约十七人。

18.珠恰噶尔布廓寺,宗喀巴大师的变化身众生怙主尚仁波且所建，和蔡贡塘卫林扎仓是母子寺关系，上师传承详见卫林扎仓，所进行的法行基本上同蔡贡塘寺。二级寺院，在寺僧人约十七人。

第五章

格鲁派教法在堆隆地区的传播与发展

文殊怙主法王宗喀巴大师的教法在堆隆地区(指拉萨市西郊堆隆河谷一带,今为堆龙德庆县——译者注)的发展情况:

在觉摩隆寺,都哇增巴仿佛是大海之中的太阳。宗喀巴大师曾在这里向护持善知识塔玛巴的大弟子巴德阿罗汉的讲经法座的噶宇洛萨哇学习戒律方面的经典释著,并在该寺长期居住。巴德的侄子堪钦曲嘉成为宗喀巴的亲传弟子,寺院改宗格鲁派。觉摩隆寺由阿罗汉巴德所建,他的原名是旺秋楚臣,寺院附近有轨范师仁波且的修行水堆隆神水河,寺院堪布多数为噶当派喇嘛。历任堪布是:堪钦洛萨哇、曲嘉贝桑、勒巴桑波、仁钦旺嘉、康摩且巴·洛追贝桑、班钦索南扎巴、杰康孜巴·班觉嘉措、索南益西旺波活佛、曲杰仁钦喜年、索南益西旺波重任、达隆扎巴、洛追嘉措、林麦曲杰贡却群佩、格喀萨巴、扎巴坚赞、桑珠岗巴·洛桑阿旺、卓尼·洛桑贝拔、雪巴·洛桑顿目、岗果·阿旺嘉措、仲萨尔哇·洛桑坚赞、楚康巴·勒巴顿珠、桑达哇大密咒师南喀旺波活佛、琼结·阿旺扎巴,现在由鲁本·洛桑嘉央主持。觉摩隆寺内分三个扎仓。它们是

1.恰木巴扎仓,据说由旺·益西僧格创建,经过一段时间的发展后开始有上师传承,即:轨范师岗喀尔·多杰贝桑、萨木巴·索南却珠、贡却嘉措、达尔顿巴·阿旺贝桑、堆隆巴·程勒嘉措、贝顶巴·洛桑丹佩、洛桑图道、厄鲁特·楚臣嘉措、丹巴仁钦岗巴·益西嘉措、江格尔哇·洛桑欧珠、康赛尔·洛桑绛曲,现在由卓摩·阿旺嘉措主持。为密宗扎仓,主修《集密》、《大威德》、《普明大日如来神变加持经》、《怙主法》、《毗沙门

法》，并以这些方法修供，定期举行施食活动。常住寺院僧人随其意愿去拉哇堆寺和觉摩隆寺讲经院深造。

2.普康扎仓，由巴德阿罗汉的侄子雪波楚臣俄创建。轨范师传承是：益西旺波、曲坚赞、云丹顿珠、南喀桑波、色玛哇、巴桑顿珠、拉木巴·索南扎巴、达香·图丹南杰、恰尔玛哇·程勒贝丹、江格尔善知识贝桑和洛追坚赞、嘉波达曲南杰、米尼·坚赞达结、雪巴·索南扎西、恰尔玛·洛追南杰、伦饶洛桑尊追、恰尔玛·阿旺洛萨、雪巴·索南扎西、阿旺隆热，现在由索南却珠主持。该扎仓以修行胜乐、集密、大威德、大日如来、阎摩德迦三黑等法为主，定期举行修供法会和施食活动。常住寺院僧人去拉哇堆和觉摩隆寺讲经院深造。

3.参尼扎仓，从巴德阿罗汉开始到其第十七代传人南喀曲桑以前都是扎仓主持自己主讲戒律、对法等。从班钦索南扎巴的前一任开始中断了讲经。自从被第五世达赖喇嘛誉为“印度恒河以北的智者为嘉央达隆扎巴”即洛追嘉措担任觉摩隆寺堪布以来，修复了扎仓，重新开始了讲经活动。他之后的历任轨范师是：曲桑巴·曲扎南杰、萨尔夏·顿珠贡波、江勒哇·色俄顿珠、顿珠贡波、强林程勒嘉措、堆隆巴·顿珠仁钦、江洛坚巴·益西嘉措、贝顶哇、卓摩·索南洛追、米纳·顿月坚赞、江卡尔哇·楚臣赤烈、勒木巴·洛桑丹增、娘仲·洛桑释迦、娘热·扎巴桑木旦、雄巴·班觉坚赞。现在由江卡尔哇·阿旺楚臣负责讲授德勒尼玛著的戒律著作《贤劫宝鬘》，宗喀巴著的《现观庄严论释》、《善慧义狮子吼声》，泽当·欧珠嘉措著的《俱舍论释智慧莲花盛开》，宗喀巴的《对法宝导师》，色拉杰增巴著的《中论贤劫项饰》和《中论疏入大乘海之船》，拉哇堆巴·仲钦勒桑著的《释量论》方面的释著。

以上三所扎仓合称“觉摩隆寺”。一级寺院，在寺僧人约三百三十二人。

4.噶哇东寺，雪巴·喜饶巴所建。宗喀巴大师和喇嘛邬玛巴曾长期居住这里习经。虽然文殊菩萨授给该寺语光明，使这个地方显得非常殊胜，但是有一段时间如同僧人家舍一般，没有讲经师传承。自从哲蚌寺夏廓扎仓的上师丹巴扎西担任堪布以后，由历任该扎仓的在职堪布兼管噶哇东寺，故传承详见哲蚌寺一节。该寺以修密法为主，法事活动大致与上密院相同。本寺常住僧人去哲蚌寺求学。一级寺院，在寺僧人约八十人。

5. 堆隆曲桑寺，由宗喀巴大师的亲传弟子喜饶窘乃洛追创建。堪布传承是：南喀参坚、贝丹喜饶、贾曹巴、仁钦雄热贝僧格、扎巴坚赞、德勒扎西、康巴·桑结扎西、扎巴伦珠、索波·南喀嘉措、娘占·阿旺班觉、绒赞巴、格桑嘉措、洛桑饶丹、索波班觉嘉措、丹增嘉措等。寺院以修密法为主，所修经典基本与上密院相同。常住僧人一般去哲蚌寺果芒扎仓和色拉寺麦扎仓求学。一级寺院，在寺僧人约一百七十人。

6. 堆隆拦木巴寺，由善知识堆隆巴·钦波仁青娘波所建。由于这所寺院所在地曾买于赞卓巴，所以在一些过去撰写的旧教法史籍中都称其为“赞卓寺”。卡尔纳译师将拦木巴寺和赞卓寺当作两所各别的寺院，显然是没有可信的根据。善知识仁青娘波十一岁时，阿底峡大师抵藏，他敬献了一两黄金作为禅裙费，因未能亲自见面而感到非常后悔，后来他从大瑜伽师和京俄巴习经，精通《菩提道炬论》和《二谛论》。火猴年(1116 年)在赞卓寺圆寂，享年八十五岁。从此以后上师传承不断，洛嘉等人之后，依次是喇嘛结热巴、桑喇朗格、扎西平措、东嘎尔周扎、泽当·强巴曼兰木、琼结巴·贝贡、平措桑波、达尔邦·阿旺贝桑、阿嘉木巴·强巴坚赞、东嘎尔·仓央周扎、赤仁波且洛追嘉措、厄鲁特·克巴嘉措，现在由洛桑丹巴主持。这所寺院以修密法为主，所举行的法事活动和下密院相同。本寺常住僧人去哲蚌寺果芒扎仓、色拉寺杰扎仓和拉哇堆求学。一级寺院，在寺僧人约二百人。

7. 达邬日寺，由喇嘛根敦俄色亦称仲巴喜饶多杰所建，后来成为当迦寺属寺，师承关系详见当迦寺。举行大日如来修供法会。三级寺院，在寺女尼约二十人。

8. 堆隆当迦寺，桑浦寺喇嘛雅隆巴·扎巴坚赞所建。堪布传承是：扎巴坚赞、桑结洛追、洛追扎巴、曲杰贝桑，据说在这之前宗奉萨迦派，后来改宗格鲁派。上师传承为:仁青贝桑、桑卡尔译师坚白俄色、诺布顿月、诺布嘉措、瓦齐尔巴尼、洛桑丹贝坚赞、顿珠南杰、擦哇·强巴曲拔、擦哇·丹巴群佩。从努乔·达曲桑波开始后一段时间内由哲蚌寺都哇扎仓的在职堪布兼管,现在由色拉麦·扎巴嘉措担任堪布。为密教寺院,法事活动基本上和下密院相同。本寺常住僧人一般去哲蚌寺洛萨林扎仓、色拉寺麦扎仓、甘丹寺绛孜扎仓深造。一级寺院,现有僧人约一百五十二人。

9. 堆隆拉擦寺,《布顿佛教史》等史书记载,这所寺院开始由鲁梅的弟子那囊·多杰旺秋修建。卡尔纳译师说是善知识冲木协钦波所建。又有一些人说热译师以神通行杀害七位住地菩萨后,忏悔发誓要建一百零八座寺院,这所寺院是最后一所,故称为拉擦寺。师承关系不清楚。第十一饶迥的土龙年(1628 年)由普康巴饶绛巴达辛顷则担任堪布,他之后的堪布传承是:程勒云丹、达曲坚赞、坚赞桑结、索朗坚赞、洛追坚赞、洛桑尊追、阿旺洛萨、阿旺隆热,现在由索南却珠同时管理觉摩隆普康扎仓和这所寺院。该寺院以修炼密法为主,法事活动和上密院相同。常住僧人一般去色拉、哲蚌、拉哇堆等寺院求学。二级寺院,在寺僧人约三十人。

10. 措麦寺,鲁梅·楚臣娘波所建,噶巴·释迦旺秋时有所发展。中间一段时间宗奉萨迦派,当时的堪布传承是:多杰仁钦、多杰嘉波、索南顿珠、措麦堪布释迦旺秋、贡噶坚赞。改宗格鲁派后的历任堪布是南喀喜饶、洛巴·格敦顿珠、嘉绒哇、工布·桑珠仁钦、工布·格敦坚赞、桑结班觉、当迦曲杰、拉萨·洛桑群佩、朗孜·班玛群佩、巴日·多德嘉措、娘布·金巴窘乃、东嘎尔·仓央周扎、措麦·洛桑贡布、措麦·阿旺平措,现在由萨康·南杰仁钦担任堪布。村中小寺,以修密法为主,法事活动与下密院相近。常住僧人去哲蚌寺洛萨林扎仓求学。一级寺院,在寺僧人约六十六人。

11. 辛玛尔克却菊寺,《文殊怙主法王宗喀巴大师传——信仰津梁》说:“宗喀巴大师于那年冬季居住在觉摩隆的山崖洞中,向几名持经藏者传授《时轮》和般若、因明、对法等法。”根据这种说法，原来这里就有可供人居住的岩洞，以后在岩洞的基础上逐渐形成寺院，是觉摩隆恰巴扎仓的分寺。岗卡尔哇·多杰多桑等上师的传承关系详见恰巴扎仓，所举行的地道等法事活动全部是格鲁派的。二级寺院，在寺女尼约五十九人。

12.蔡尔赛寺，由桑浦赛哇坚巴·云丹楚臣创建。中间由觉摩隆寺普康扎仓的轨范师拉木巴哇·索南扎巴和恰玛哇·程勒贝丹主持。以后的轨范师传承是：哲蚌寺德央喇嘛年巴·索南次仁、拉萨哇·平措曲丹、坚叶哇·欧珠喜措、安多哇·隆热喜措、琼结巴·阿旺丹增、擦格尔·洛桑云丹、达尔康巴·阿旺图旦，现在由巴拉勒雄巴·洛桑达哇主持。主要学习吉祥天女所传“斋戒”和喜饶窘乃洛追著的《金刚亥母仪轨》，并且依据这些举行法事活动。一级寺院，在寺女尼约七十人。

13.堆隆巴尔普寺，众生怙主帕木竹巴著名的四大弟子中的巴尔普哇·洛追僧格所建。历任堪布没有系统记载，根据前后出现的零散记载，过去的堪布有巴拉哇·拉松旺秋、仁钦诺布、泽东·贡却索南，此前宗奉萨迦等派，从当迦吉隆巴·云丹桑波担任上师开始改宗文殊怙主宗喀巴大师之教法。这以后的堪布传承是：措纳·阿旺桑木丹、阿里巴·坚赞俄色、岗坚巴·洛桑桑木珠、阿卡尔·贡却扎西，现在由甘丹雪巴·格敦索南担任。村中小寺，主修密法，其诵经、法事活动按照下密院制度进行，喇嘛经师也由下密院任命。常住僧人去哲蚌寺果芒扎仓和密宗扎仓求学。一级寺院，在寺僧人约五十五人。

14.芒·扎西曲顶寺，由至尊喜饶窘乃的弟子上师阿旺桑波所建，是曲桑寺的分寺，本寺没有经师喇嘛。历任住持是：旺巴·格勒窘乃、贡茹洛桑曲扎、旺巴·洛追窘乃、藏巴·洛桑贡噶、旺巴·洛桑顿珠、旺巴·洛桑诺布、曲桑波、辛巴·格勒平措，现在是芒巴·洛桑丹增。诵、法事和修行基本上与上密院相近。二级寺院，在寺女尼约四十九人。

15.年曲桑寺，噶当派善知识年普曲哇所建。以后堪布由哲蚌寺委派，他们是娘廓哇嘉央、洛桑隆热、觉摩隆·索南扎巴、康巴·丹巴扎西、贡却坚赞、乃丹拉辛、努乔巴·洛桑班觉、格敦扎西、阿旺班觉、措麦·洛桑平措，现在由萨康南杰仁钦担任住持。酬补仪轨等法事活动按照上密院制度进行。二级寺院，现有僧人约二十二人。

16.塘普寺，绛赛德摩塘巴所建。堪布传承是达邬日超巴·仁钦顿珠、当迦·达曲桑波、帕热哇·索南旺秋、擦哇·强巴嘉措、囊孜扎桑、卓摩·阿旺扎西、洛萨林轨范师哉务·洛桑坚白，现在由米纳卸任经师喇嘛拉贡护持。诵经、法事活动与下密院接近，常住僧人去哲蚌寺洛萨林扎仓求学。二级寺院，在寺僧人约三十二人。

第六章

格鲁派教法在拉萨河下游地区的传播与发展

宗喀巴大师之教法在拉萨河下游地区的传播发展：

1. 在散(zad)地区的多古隆地方，(宗喀巴大师)为许多学者启开了甚深教法之门，在格热麦地方，喇嘛拉巴提供了宗喀巴大师宝贝教法发展的顺缘和礼供格鲁派的僧人。大成就者黑行者(古印度八十四位大成就者之一)的化身娘嘉哇·拉囊巴家族的拉巴旺格杰波在拉萨河下游的格热地方创建了佛殿、佛塔、佛像，刻印了佛经。寺院的历任堪布是：娘顿多杰玛、京俄南喀巴、贡噶仁钦、桑杰旺秋。桑杰旺秋师事宗喀巴大师，听受经典，改宗格鲁派。其后是他的弟弟群觉嘉措、拉仁波且拉旺嘉措、拉·班觉索南旺波等。拉哇的协敖还在门域地区弘扬至尊文殊藏宗喀巴大师的教法。

在格热佛殿后面，文殊怙主法王宗喀巴大师的亲传弟子格热噶宇哇·仁钦坚赞创建了桑阿颇章寺，其历任阿阇黎是：桑木丹却、饶绛巴·图旦南杰、曲扎拉旺、迪卡尔哇、赛俄巴、堆隆·洛桑丹增、格热绛巴、那雪扎拉、堆隆·塘普哇、澎波·扎西嘉措、香达·洛桑曲嘉、琼结·扎西平措，现在由康巴·贡噶仁钦担任轨范师。由历辈拉哇家族掌握政教权利，进行护持。法事活动和格鲁派一般寺院的密宗学院相同。常住僧人一般去哲蚌寺德央扎仓、色拉寺杰扎仓、甘丹寺绛孜扎仓求学。一级寺院，在寺僧人约三十七人。噶宇巴的一名协敖曾作为遍知一切三世达赖喇嘛索南嘉措的代表去蒙古族地区的察哈尔传播格鲁派的教法。

2. 吉堆(拉萨河上游地区)的格热新寺，由文殊怙主法王宗喀巴大师的亲传弟子噶宇巴·贡噶贡波创建，一段时间内没有讲经师传承。后来由扎西窘寺堪布泽当巴·曲杰丹增洛桑嘉措兼管，他之后有：丹窘洛桑嘉措、洛桑丹增。现在由阿旺增措坚白主持。村中小寺，以修密法为主，常住僧人去甘丹寺娘绒扎仓和色拉寺杰扎仓求学。一级寺院，在寺僧人约三十四人。

第七章

格鲁派教法在嘉玛赤沃地区的传播与发展

宗喀巴大师的教法在嘉玛赤沃地区(今拉萨市墨竹工卡县境,元代为嘉玛万户,后为贵族嘉玛赤康的领地)的传播发展情况:

1.仁钦岗寺,最初由善知识内素哇的亲传弟子结贡木钦波·循努扎巴修建,摄集僧徒八百余人。铁兔年去世,终年八十二岁。他的弟弟循努窘乃继任堪布,称为“贤劫的佛缘车”。他之后的堪布传承是:桑结云丹、德谢钦波、岗木贡巴·循努奔木、桑结俄窘、桑结循俄、扎西杰波、贡桑巴·循努僧格、索南嘉哇、桑云丹、桑结绛曲,他给一座房子起名“旧修”,设立正加行修供。桑结绛曲的弟弟洛追坚赞曾拜见了宗喀巴大师,精修戒律,钻研经典,把寺院改宗格鲁派。集密的修供等各有香火地一份,有新修旧修的区别,全部按照噶当派所传进行。贡噶洛追按照萨迦派所传修行。萨迦派和格鲁派在这所寺院中各行其是。以后设立了总堪布,首任是循努欧,此时成为仅是僧人的房舍,有一段时间由萨迦达钦等人管理。堪布传承是:洛追坚赞、洛追晋迈、嘉央俄色,这时止贡噶举派占领了嘉玛,寺院僧人迁入勒扎贡寺。

止贡巴作京俄之后,中断了讲经。此后嘉玛本萨和夏拉活佛先后担任堪布。自从宗喀巴大师的政教白伞张开后,夏尔巴曲杰阿旺仁钦兼管仁钦岗和杰尔寺,新修了寺院。堪布传承为:赤仁波且(甘丹赤巴)洛桑坚赞、赤巴强巴扎西、索波·桑结桑波,现在由我的(作者)常住弟子热协玛哇·扎西嘉措担任。村中小寺,以修炼密法为主,佛事活动接近上密院。常住僧人去色拉、哲蚌、甘丹等寺院学经。一级寺院,在寺僧人约六十五人。

2.浓地的都布日寺，由善知识达哇坚赞创建。堪布传承是：达哇坚赞的侄子达哇扎巴、喇嘛噶宇巴，他之后缺三任。以后是赤仁波且（甘丹赤巴）阿旺曲扎、赤仁波且（甘丹赤巴）班觉嘉措、嘉玛·阿旺伦珠、扎贡巴·桑波南杰、嘉玛·扎西勒丹、阿旺群觉、丹巴·曲巴嘉措、夏尔·阿旺仁钦、堆隆·丹巴坚赞、塘嘉·格敦喜饶、多巴·南喀桑波、措卡·桑结桑波，现在由刚才所说的（我的弟子）扎西嘉措担任。所修密法接近上密院。一级寺院，在寺僧人约六十人。常住僧人一般去甘丹寺娘绒、哲蚌寺洛萨林、色拉寺杰等扎仓求学。

3.拉莫蔡尔赛寺，鲁梅·楚臣娘波创建，其后由格西博多哇护持，他之后的传承关系不明。宗喀巴大师去世后，堪布传承是：曲杰阿里巴、桑结贝丹、仲·贡噶洛追、曲杰洛桑哇、仲·桑结坚赞、仲·贡却、仲·嘉央。他之后寺院被支持第悉藏巴的工布兵焚毁，虽经修复，但变成僧人房舍一般。堪布传承是：喇嘛雪·贡噶却珠、增蔡·格达尔哇、嘉绒·云丹嘉措、觉摩隆·桑木旦贝桑、霍尔、索南雅佩、蔡尔赛·楚臣达结、拉莫·嘉央嘉措、洛桑曲丹、增蔡·格敦达结、帕摩·洛桑群佩等。修行等方面基本接近下密院。常住僧人去扎哇尔、甘丹寺绛孜扎仓、下密院求学。一级寺院，在寺僧人约三十人。

4.格敦岗寺，色拉吉浦哇·却吉坚赞的弟子拉·格敦岗巴所建，由甘丹寺推散林喇嘛兼管。

5.增莫蔡寺，都哇增巴·扎巴坚赞所建。以前他在降生为婆罗门小孩之时，供奉一位佛陀，发菩提心。又转生为无比如来（释迦牟尼）座前的比丘都哇朵，其转世是天神之子喜哇朵。其转世于木虎年（1374年）生在卫顿扎，声音如梵音般悦耳动听，担任京俄法王的森本（司寝官），后来对宗喀巴大师生起了不可分割的敬仰之心，随从习法，知晓显密经论，尤其精通戒律学。著作有《律经广释》、《十万格言》、《戒学》、《三律仪仪轨》等，真正符合“持律”（都哇增巴）的名义。以前，法王松赞干布诞生在嘉玛达宫的强巴明居林（弥勒不变殿），因吞弥桑布扎在恰钦达敬献所造藏文字的字样，因而称为“科朗拉康”(轮明殿)，后成为赞普父王母后的花园，又因诸王妃常住此花园，故称“增莫蔡”(王妃园)。都哇增巴·扎巴坚赞在这里建造了寺院。他在木虎年(1434年)去世，享年六十一岁。法王都增·扎巴坚赞的化身天神之子喜哇娘波的转世为东科尔曲杰达哇坚赞，其转世为东科尔曲杰云丹嘉措，生于火蛇年(1557年)，火猪年去世(1587年)，年仅三十一岁。其转世灵童为东科尔嘉央嘉措和嘉哇嘉措，分别生于喀尔喀和措卡(青海)一带，据说生在青海一带的那一位是在尸林中对一个汉人青年的尸体作了夺舍法(即借尸还魂法)而出生的，他的转世在青海叫做噶尔波，喀尔喀的那一位的转世在鄂尔多斯。都哇增巴之后增莫蔡寺法座不断。绛达尔玛建立了佛殿。历任堪布是：大菩萨洛追坚赞、佐拉噶宇哇、曲杰云丹嘉措、坚赞桑波、林巴·丹巴坚赞、杰康孜哇、大菩萨阿旺却吉嘉措、曲杰桑结仁钦、曲杰绒波·云丹嘉措、扎哇尔·嘉央扎巴、赤仁波且(甘丹赤巴)、丹巴坚赞、拉莫哇·楚臣达结、格敦岗·洛桑达结、杰康孜活佛洛桑嘉央嘉措，现在没有轨范师。以前，在都哇增巴时期，寺院中只设讲经院，现在以修密法为主，其法事、诵经和上密院相同，主要讲授都增巴的《普明大日如来经释》。常住僧人一般去甘丹寺绛孜扎仓和扎哇尔扎仓求学。一级寺院，在寺僧人约四十九人。

6.尼顶寺，由大菩萨洛追坚赞创建，他于水猴年(1392年)生在前藏地区曲木仲萨尔地方，跟从宗喀巴大师、班钦根敦珠、贾曹杰、克珠杰、夏尔巴·仁钦坚赞、任·仁钦贝等名师修习《菩提道次第论》，他外部的行为如菩提达土，内部的行为方面不食荤，其追随者也如此，热诚习法，当寺院的其他格西嘲笑他是一个虚伪的比丘时，他不作回答，还向他们奉献绿松石请求原谅，因此被称为“大菩萨”。他从都增扎巴坚赞那里受比丘戒，闻习了所有译成藏文的经论著(即藏文大藏经)，创建了塘嘉新佛殿和铁索桥，在拉萨创建了强巴冲赛像(意为在集市上可以看到的弥勒佛像，疑此像建在今拉萨市冲赛康市场所在之地，冲赛之名当源于此)，对黄色和蓝、白等色袈裟的内外分辨甚清(意为对各教派的区别有正确认识——译者注)。他在第八饶迥创建了尼顶寺和山脚下的第穆塘寺,被称为“绛赛第穆塘巴”,广做利益众生和佛教之事业,铁虎年(1470年)八月十二日去世,享年七十九岁。主要弟子有帕巴拉、绛赛夏木索(不食肉菩萨)、仁波且曼兰木巴、居巴·贡噶顿珠、曲杰班钦、班钦益西孜摩、珠噶尔顷则、堪仁钦曲桑、堪钦桑结桑波、乃丹曲窘、波密哇·僧格坚赞、喜年·达哇坚赞、娘·丹巴坚赞、乃丹绛曲坚赞、结多丹巴、仁钦南杰、乃丹阿旺、仲·洛追曲旺、仲·循努扎、仲·森钦巴、仲·俄松哇、曲杰索南扎西等。大菩萨洛追坚赞的转世曼兰木洛追于铁兔年(1471年)生在钦木杂坚地方,八十三岁去世。其转世扎巴坚赞于木虎年(1554年)生在曲参卡尔地方,十九岁去世;其转世大菩萨阿旺却吉嘉措于水鸡年(1573年)生于钦木地方,三十二岁去世;其转世大菩萨阿旺平措南杰旺波德于火羊年(1607年)生在钦木地方,前去蒙古地区弘扬怙主宗喀巴大师的教法。大菩萨洛追坚赞之后的堪布传承是:绛赛夏木索·桑结桑波、波密哇·僧格坚赞、达查·达哇坚赞、贡钦道丹俄色、堪仁钦曲桑、轨范师巴丹俄色、班钦索南扎巴、杰·楚臣俄色、曲杰阿旺曲扎、大菩萨扎巴坚赞、曲杰次旦嘉措、仁钦朗巴·洛桑丹佩、贡木德·南喀坚赞、大菩萨阿旺却吉嘉措、波密饶绛巴·格敦坚赞、大菩萨阿旺平措南杰、哉务·南喀桑珠、大菩萨阿旺平措。现在由大菩萨洛桑扎桑波主持。该寺按照宗喀巴大师的教导开设《菩提道次第论》的讲授。讲经师传承是:轨范师索南坚赞、洛追曲窘、贡茹俄松哇、素穷哇·洛追曲旺、同曼噶居哇·顿珠洛追、饶萨达哇、贝佩洛追、班觉坚赞、曲扎西、阿旺丹巴、辛巴·喜饶贝桑、藏巴·喜饶贝丹、藏巴·群佩桑波、岗岗木巴·曲旺扎巴、拉钦巴·仁青贝桑、玛卓哇·贡噶顿珠、卡尔托巴·格敦曲扎、巴哇尔巴·索南贝桑、堆隆巴·格敦贝桑,因他们主要讲授《菩提道次第论》,故称为“南仁巴”(学道次第者)。现在尼顶和菩提道次第扎仓一并由大菩萨的历辈转世管理,显然是因没有能讲授和判别这部大论的名义的胜任经师。寺院常住僧人一般去扎哇尔和色拉、哲蚌、甘丹等寺院求学。一级寺院,现有僧人约一百二十九人。

7.第穆塘寺,如上所述,由大菩萨洛追坚赞创建,之后由乃丹曲窘哇、噶居哇·格敦扎西担任住持。其后基本上由尼顶寺堪布兼管,上师传承详见尼顶寺。寺院内设绛巴扎仓和博巴扎仓,博巴扎仓僧人一般去甘丹寺娘绒、哲蚌寺洛萨林、色拉寺杰扎仓求学。绛巴扎仓僧人去甘丹寺绛孜、哲蚌寺果芒、色拉寺杰扎仓深造。一级寺院,有僧人约十六人。

8.岗岗木寺,由善知识冲木协哇钦波创建。上师传承到经师贡噶贡波之间和扎哇尔寺相同,之后几年没有讲经师。自从宗喀巴大师的政教白伞铺开后,才开始了上师传承,他们是:京俄阿旺洛桑、南喀坚赞、阿茹·尊追嘉措、拉尊阿旺贡却、堆巴喇嘛洛桑南喀、嘉·洛桑格隆,现在由洛桑格隆的侄子洛桑南喀主持。佛事活动接近上密院。二级寺院,在寺僧人约二十三人。求学者一般去甘丹寺娘绒扎仓、色拉寺杰扎仓、哲蚌寺洛萨林扎仓、扎哇尔寺等。

9.玛卓擦噶尔寺,宗喀巴大师的亲传弟子拉色·扎巴嘉措所建。堪布传承是:绛林巴·扎巴仁钦、仲·循努南喀、循努俄色、轨范师曲周巴、仲·循努孜巴、轨范师贝丹、轨范师德勒贝桑、轨范师贝丹哇、嘉色·喜饶佩、曲杰格敦丹巴达尔,中间因止贡法王贡嘉迫使寺院改宗,一部分僧人离寺迁到扎哇尔,其上师传承详见乃窘扎哇尔寺。自从宗喀巴大师的政教日月光普照后重新开始上师传承,他们是:扎哇尔堪布、龙雪·索南达结、赤仁波且(甘丹赤巴)丹巴坚赞、色拉阿旺桑珠、卓尼·洛桑喜饶、波密·顿坚巴、娘占·洛桑楚臣、嘉哇阿旺仁钦,现在由东嘎尔活佛仓央周扎主持。其密法修习、诵经仪式等同于上密院。一级寺院,在寺僧人约四十二人。常住僧人一般去甘丹寺推散林扎仓、哲蚌寺洛萨林扎仓、色拉寺杰扎仓、扎哇尔寺求学。

10.扎嘉寺,由乃丹阿旺扎巴护持,现在还有禅断行者两、三名僧人,是第穆塘寺的分寺。上师传承详见第穆塘寺。

11.塘嘉寺,据说最初是法王松赞干布在建立魇胜、再魇胜寺的同时创建了该寺。后来鲁梅进行过修复,建立了僧团。有一段时间宗奉觉囊派，后又被大菩萨洛追坚赞改宗格鲁派。历任堪布是：波密绛赛巴、大菩萨曼兰木洛追、饶绛巴·曼兰木巴、达尔顿·洛桑扎、娘绒·桑波、轨范师云丹俄、娘绒轨范师扎西班觉、洛穷活佛措尼嘉措、阿里巴·扎西僧格、年波·释迦仁钦、居巴轨范师尼玛桑波、杰康孜巴·班觉嘉措、大菩萨阿旺却吉嘉措、曲杰喜年扎巴、班觉嘉措、沃喀帕哇、江巴·格敦仁钦、曲桑·贡却曲桑、娘·格敦扎巴、波密·洛桑坚赞，现在由色拉堆巴的在职堪布阿旺南喀护持。村中小寺，法事活动与上密院相近。一级寺院，在寺僧人约八十二人。

12. 卓欧哇木寺，由雅德班钦尊追达尔创建于土猪年(1359 年)。他于土马年(1438 年)圆寂，终年八十岁。历任堪布是：止贡曲贡巴、多丹欧涅玛、曲廓·益西俄色、噶宇曲杰僧格、洛追喜年、曲·扎巴嘉措、曲廓哇·扎西仁钦，他的侄子格勒嘉措在欧哇木林麦开讲格鲁派教法，有曲桑扎巴等法门继承人。《根敦珠传》说："在欧哇木寺有殊胜喇嘛嘉央仁钦坚赞，他和根敦珠大师在前生就建立有法缘关系，从前在时轮方面就有许多见解，但是当时没有修成，根敦珠向这位上师请问《时轮能熟圆满灌顶》、《能解脱六加行教授》、《续部广释部分口诀》、《圆满地图》以及十万续部教理及口诀开许法等一切显密教法难点，后来他们二人互为具有大恩德的上师。"根据这种说法，我怀疑嘉央仁钦坚赞可能也是欧哇木的住持。自从宗喀巴大师政教日月光辉普照后欧哇木成为萨迦、格鲁两派僧人混住的寺院。堪布传承是：温达饶绛巴·格敦曲桑、阿旺嘉措、桑木洛·诺布扎西、坚叶·索南坚赞、格敦桑珠、色哇·班玛伦珠，现在由哲蚌寺厦廓尔扎仓在任堪布护持。寺院以修密法为主，法事活动与上密院相近。常住寺院僧人一般去哲蚌寺洛萨林扎仓、甘丹寺娘绒扎仓、色拉寺杰扎仓、扎哇尔寺深造。一级寺院，在寺僧人约八十七人。

13. 拉达帕摩寺，索南杰波被嘉域(万户长?)委任为帕木宗本后，开始在布擦创建寺院，请来大菩萨洛追坚赞进行设计，加持寺院地基，建成了佛殿和经像塔，成为供僧人居住的大寺院。从桑浦寺请来涅钦·喜饶坚赞，委任为帕摩寺堪布。其后的堪布传承是：鲁本饶绛巴·扎巴俄色、丹玛·益西桑波、莫巴·强钦索南嘉措、嘉央喜饶达尔、曲杰勒巴顿珠、曲杰阿旺曲扎、阿里巴·尼玛桑波、第哇巾巴·格勒贝、年波·释迦仁钦、杰康孜巴活佛曲觉嘉措、尼玛塘哇·洛桑尼玛、江饶绛巴·格敦仁钦嘉措、杰雪·洛桑丹窘嘉措、泽当巴·洛桑坚赞、钦木巴大菩萨的转世阿旺平措、止贡·洛桑坚赞、拉·贡却阿旺，现在由哲蚌寺夏廓尔扎仓堪布兼管。为密咒寺，以修炼密法为主，诵经、法事仪轨与上密院相近。常住僧人一般去甘丹娘绒扎仓、哲蚌寺洛萨林扎仓、色拉寺杰扎仓求学。一级寺院，在寺僧人约一百一十八人。

14.帕摩洛贡寺，由仲敦巴·嘉哇窘乃的弟子中被称为三昆季之一的京俄巴·楚臣拔（1038—1103，噶当派教授派的开创人）所建。他生于年朗拉岗，族姓“帕”。他二十五岁时拜见了仲敦巴，以仲敦巴为根本上师随从精修解脱和遍知法，自然成就了二义。羊年去世，终年七十四岁。主要弟子有四持律者、四修行者和格西堆隆巴等著名学者。历任堪布是：洛巴·循努曼兰木、多丹当波哇、曼兰木洛追、藏巴·多杰坚赞、仁波钦朗隆巴、色瑜伽师索南坚赞、桑结贡木巴·多杰循努、藏巴觉色、赛木扎巴僧格、康木隆巴·仁钦僧格、桑结觉吾旺秋循努、桑结顿巴·楚臣僧格、桑结贡巴·喜饶楚臣、桑温·循努曼兰木、居宇·楚臣贡波、南木岗巴·循努益西、蔡居哇·曲多杰、觉坚巴·洛追仁钦、仁钦坚赞、楚臣达尔、索南拉旺、窘·索南坚赞、京俄曲扎坚赞、弥智·顿珠仁钦、嘉玛哇·金巴阿旺贡噶顿珠、大菩萨阿旺平措、洛穷巴·牟扎南杰，现在由阿旺平措的转世洛桑牟扎嘉措主持。为密咒寺，寺院诵经、法事等活动与上密院相近。常住寺院僧人一般去哲蚌寺洛萨林扎仓、色拉寺杰扎仓求学。一级寺院，在寺僧人约五十三人。

15.切穷的如贡巴寺，创建者名字不详。很久以后成为增莫蔡寺的属寺。上师传承和法事活动详见主寺（母寺）。二级寺院，在寺女尼约二十六人。

16.布托寺，据说是格西博朵哇（1031—1105，仲敦巴的著名弟子之一，噶当派教典派的开创人）主持拉莫蔡尔赛寺即该寺兴旺时期创建的，但是在《教法史》和文献中都没有明确记载。中间一段时间寺院空废。火马年，帝释天神附身的岗钦旺堆杰波进行了修复，成为一所正规的寺院，但是没有上师传承。法事基本上与增莫蔡寺相同。二级寺院，在寺女尼约四十三人。

17.玛卓央温寺，由丹玛桑结的弟子玛夏玛哇所建，由遍知一切大乐法王（四世达赖喇嘛）护持并委任讲经师，但未发现这方面的详细资料。自从宗喀巴大师的政教日光普照后由历任甘丹赤巴兼管。村中小寺，法事活动接近上密院，常住僧人一般去哲蚌寺洛萨林扎仓、色拉寺杰扎仓、甘丹寺夏尔扎仓深造。一级寺院，在寺僧人约二十二人。

18.萨拉寺，玛卓乃囊巴·丹贝尼玛所建。其后历任堪布是：洛桑丹贝、拉萨哇·洛桑顿珠、拉隆巴·索南顿珠、工布·洛桑饶丹、色康巴·洛桑达结，现在由温巴·洛桑饶杰主持。法事活动与下密院接近，因已变成为类似于修行院的山间小庙，常住僧人没有去其它寺院求学的习惯。一级寺院，在寺僧人约十人。

19.拉隆结周寺，据说班智达释迦室利来到嘉玛时，此地有几位出家修行者，由桑结温东负责，在嘉玛查康地区设法座。另外，拉隆喇嘛宗巴把结周庄园的土地献出来作为建寺的地方，从此建成了寺院。以前宗奉觉囊派，后来由扎哇尔寺堪布担任喇嘛，改宗格鲁派。他之后的堪布传承是：嘉玛哇·扎西勒丹、玛卓·索南旺嘉、扎贡·循努楚臣、扎卡·格敦扎西、赤仁波且（甘丹赤巴）达波曲杰、卡尔巴·索南益西、群科岗巴·格敦顿珠，现在由欧噶活佛阿旺平措担任堪布。法事活动与下密院相近。常住僧人一般去甘丹寺绛孜扎仓、哲蚌寺德央扎仓、色拉寺杰扎仓和扎哇尔寺求学。一级寺院，在寺僧人约十八人。

20.雪赛寺，拉隆巴·贡噶旺秋所建，他的心传弟子嘉央巴等数人之后，担任堪布的有：噶居嘉觉、曲达尔桑丹、扎西桑木巴、甘丹赤仁波且藏巴·达曲贝拔、赤仁波且曲嘉扎西、拉隆·索南益西、群科岗巴·格敦顿珠，现在由欧噶活佛阿旺平措主持。诵经、供奉等法事活动以及僧人学经去向与结周寺相同。二级寺院，在寺僧人约十七人。

21.隆雪赤达寺，止贡京俄却吉桑波所建。上师传承四代后依次是甘丹赤仁波且洛追曲窘、南喀贝桑、曲窘桑波、第哇巾巴、班觉嘉措、曲扎嘉措、格敦坚赞、喜年扎巴、南喀坚赞等几任甘丹赤巴以及曲觉嘉措、赤仁波且桑结仁钦、江热巴、香巴·阿旺索南伦波、色居巴、娘波哇、玛卓哇·噶丹洛桑、阿里巴·桑结仁钦、隆雪·桑结群佩、帕摩·洛桑丹巴、杰囊活佛、恰邬巴·贡却嘉措、喜饶坚赞，现在由堆隆·洛桑塔克主持。村间小寺，以修密法为主，诵经、法事等与上密院接近。常住僧人一般去甘丹寺娘绒、哲蚌寺洛萨林、色拉杰哇等扎仓学经。一级寺院，在寺僧人约三十二人。

22.热钦木寺，由宁玛派僧人康巴、旁巴创建，由其传承者担任住持。拉旺仁钦主持期间改宗格鲁派，其后由金巴嘉措任住持，成为上密院分寺。从喇嘛沃喀巴哇开始到现在的上师传承关系详见上密院。寺院法事与上密院相近，常住寺院僧人去哲蚌寺洛萨林、色拉寺麦、甘丹寺娘绒等扎仓深造。二级寺院，在寺僧人约四十三人。

23.雪格尔欧寺，由贝钦噶洛(噶译师)创建，虽然开始时有他的法位继承人，到了后来寺院逐渐衰败，被一位叫做巴格尔曼巴的俗人占用，没有寺院的样子。帕木竹巴的军队控制达孜下面的格鲁派寺院仁钦岗寺后，寺院被焚烧，僧人全部逃离。后来聚集了十余名僧人住在雪普地区的地洞等处，杰康孜巴大师以瑜伽海的事业方便把囊巴格尔曼巴迁移到别的地方，并且把仁钦岗原来的僧人招进寺院，成为一所法规健全，拥有导师的正规寺院。上师传承是：强巴嘉措、拉萨哇·格敦坚赞、仲孜·楚臣群佩、结布·阿旺曲扎、萨康活佛阿旺曲杰坚赞、工布·丹增程勒、阿里·阿旺多杰、雪巴·洛桑顿月、居曼巴·班觉嘉措，现在由果芒扎仓卸任上师顿珠嘉措主持。每月修念一次续部密法，上师传承多数与下密院相同。法行方面同下密院，常住僧人一般去色拉、哲蚌、甘丹和扎哇尔等寺院深造。一级寺院，在寺僧人约九十一人。

24.雪普俄萨寺，赛木的弟子仁钦僧格所建。早期的上师传承关系不甚清楚，以后的传承是：班觉桑波、顿珠贡噶、仁钦曲扎、喇嘛顷则、嘉拉哇·洛桑多杰、雪·扎西仁钦、贡欧卸任翁则、尼顶卸任轨范师等。为村中小寺，寺院为密修院，法规与下密院相近。常住僧人一般去甘丹寺绛孜扎仓和色拉寺杰扎仓学习。一级寺院，在寺僧人约二十五人。

第八章

格鲁派教法在澎域地区的传播与发展

文殊怙主法王宗喀巴的教法在澎域地区的传播发展情况：

1.宗喀巴大师的亲传弟子年波·释迦坚赞创建了泽·仁钦扎寺。堪布传承是：年波·释迦坚赞、嘉央噶宇巴·勒巴群觉、米纳·多杰桑波、乔勒俄色、藏巴纳宇、藏巴·洛桑赤烈、藏顿·楚臣窘乃、曲杰扎西嘉措、曲杰尼玛扎西、曲扎俄色、色尔钦·扎巴顿珠、贡茹·顿珠僧格、卓尼·仁钦多杰、娘绒·仲钦桑波南杰、曲杰扎巴嘉措、江饶绛巴·格敦仁钦嘉措、德央巴·仁钦扎西、达曲勒巴、丹巴南杰、格敦喜饶、贡波·帕却旺嘉，现在由嘉哇贡噶顿珠主持。为乡村小寺，密宗法事活动与上密院相近，常住僧人一般去哲蚌寺洛萨林扎仓、色拉寺麦扎仓、甘丹寺娘绒扎仓深造。一级寺院，在寺僧人约五十九人。

2.仲当寺，根据几部教法史记载，阿阇黎释迦年波是创建者，实际上由年波·释迦仁钦所建。历任堪布是上师泽让巴·洛追仁钦、嘉帕巴、杰波曼殊哇、喇嘛觉丹巴、米纳·多杰桑波楚臣窘乃、仁钦楚臣、色尔钦扎顿、塔尔贡巴·扎巴坚赞、珠嘉顷则程勒嘉措、贡茹·桑结扎西、达波曲杰、居麦阿里仁姆、赛康·丹曲南杰、贡欧·洛桑顿月、阿旺诺布、色拉·喜饶嘉措、衮本(青海塔尔寺)隆热嘉措。他之前寺院诵经、法事等与下密院相近。从达孜乃开始与密院脱离，成为支差的在家僧人。寺院常住僧人一般去哲蚌寺洛萨林、色拉寺麦、甘丹寺绛孜等扎仓求学。三级寺院，在寺僧尼约四十九人。

3.博朵寺，由噶当派善知识博朵哇·仁钦萨所建，当时摄集徒众上千名，法事活动得到了很大发展。后来逐渐衰落，成为尼姑寺，上师传承不详。自从世间导师莲花手宗喀巴大师的政教事业普及后(指五世达赖喇嘛摄政后)，由塘萨噶丹群科寺喇嘛兼管，首任堪布是拉萨哇·坚赞勒巴。以后的传承是:拉夏·洛桑达结、聂塘·洛桑嘉央、巴日·多德嘉措、拉萨·平措曲丹、多哇·南喀桑波，现在由泽当·欧珠嘉措任主持。主修宗喀巴大师所著的《九尊不动金刚仪轨》和《四臂观世音菩萨羯摩仪轨》，举行修供及供奉阎摩德迦仪式，在寺女尼约四十人。

4.东喀寺，以前宗属格鲁派，由喇嘛益西贡波创建。这个地方的达尔当新寺和拉孜寺曾经是东喀寺的分寺，称为“特钦孜”(大乘顶)，由京俄洛追坚赞创建，中间一段时间由于佛教发展受阻，至今只留下拉孜寺。历任堪布是:贡波益西(益西贡波?)、仲班噶尔、洛追嘉措、俄色多杰、图丹班觉、格敦丹达尔、洛桑达结，现在由阿旺洛追主持，属下密院系统。常住僧人一般去色拉寺麦扎仓、哲蚌寺洛萨林扎仓和甘丹寺绛孜扎仓学习。三级寺院，在寺女尼约二十人。

5.澎域上部地区的杰拉康寺，由喇钦(贡巴饶色)的传承中的杰·香钦波亦名那囊·多杰旺秋所建。历任堪布是:兰·楚臣绛曲、昌顿、那拉哇、嘉擦·绛曲益西、仲敦、格西阿尔、楚臣帕巴、琼·托玛尔、益扎·萨玛尔哇、蓝、珠都窘、江日巴、朗顿·喜饶僧格、香顿·切尔巴哇、索顿、香·拉索、乃丹巴、朗顿·僧格奔、堪布哇尔巴、帕巴·绛曲赛巴、贡邦拉日哇、杂娘·纳扎杂娘、坚白益西、益西索南嘉措、索南扎巴、京俄索南扎巴、扎巴桑波、贡噶坚赞、贡多尔哇、洛追坚赞、云丹坚赞、蔡巴·扎巴俄色、杰塘巴·曲贝桑，从此以后由哲蚌寺杰巴扎仓的在职上师主持，师承详见哲蚌寺杰巴扎仓。乡间小寺，为密咒寺，佛事活动采取上密院制度。常住僧人去哲蚌寺洛萨林扎仓、色拉寺麦扎仓求学。一级寺院，在寺僧人约一百二十人。

6.萨康寺，在拉萨萨康巴所建的松贡寺基础上，由桑结温的弟子松居莫所建寺庙合并而成。堪布传承是:堪布曲丹循努、轨范师曲杰僧格、轨范师却噶、堪钦却、珠钦欧色、堪布贡却坚赞、轨范师仁钦坚赞、轨范师温哇洛萨、轨范师尼玛坚赞、堪布却吉坚赞、堪布贡噶扎西、堪布贡噶顿珠、贡却巴·洛追曲嘉、堪钦循努贝丹、澎域噶哇绒珠钦·循努勒珠、扎穷哇·云丹嘉措、蔡玛·扎巴旺嘉、绛孜居钦·楚臣桑布、堆隆巴·仁钦俄色、嘉拉·曲窘嘉措、林麦夏仲·拉旺班觉、赤仁波且曲月坚赞桑布、赤仁波且达浦曲扎桑波、赤仁波且龙雪格敦丹巴达结、赤仁波且雪阿强巴嘉措、赤仁波且藏巴达曲贝拔、藏巴·南杰贝桑、康巴·格敦坚赞、达隆扎巴·洛追嘉措、赤仁波且仲孜·楚臣群佩、赤仁波且澎域·阿旺曲杰坚赞、赤仁波且达波曲嘉、赤仁波且阿里·阿旺多杰、澎域·赤烈平措、澎达·达曲南杰、雪达·阿旺诺布、澎达·阿旺坚赞、拉萨·洛桑顿珠，现在由澎达程勒饶杰住持。为密咒寺，法事活动与下密院接近。本寺求学僧人一般去甘丹寺绛孜扎仓、色拉寺麦扎仓、哲蚌寺德央扎仓。一级寺院，在寺僧人约一百一十七人。

7.年波寺，措·喜饶扎巴所建，宗奉息结派。后来曲杰尼玛坚赞在布达拉拜见了宗喀巴大师，在寺院同时讲授萨迦派和格鲁派教法，培养出了年顿·释迦坚赞等几位著名学者。早期的上师传承不详，以后的传承是：哲蚌巴·丹巴坚赞、钦波拉桑巴、阿旺洛桑、塘嘉哇·丹巴南杰、曲则诺布、那仓绛巴·洛桑循努、色拉·堆周嘉巴、娘绒·格敦喜饶、贡波·帕却旺嘉、杰哇·洛桑坚赞。寺院所修的格鲁派密法属于上密院系统。在萨迦派教法方面，主修《普明大日如来》和《呼金刚》，也举行仪式。常住寺院僧人去哲蚌寺果芒扎仓、色拉寺麦扎仓和甘丹寺娘绒扎仓学习。二级寺院，在寺僧人约一百二十六人。

第九章

格鲁派教法在前藏上部止贡所辖地区的传播与发展

文殊怙主法王宗喀巴大师的教法在前藏上部止贡巴所属地区的传播发展情况：

1.宗喀巴大师十七岁时，从安多来到位于肖绒普的止贡替寺，拜见了京俄却吉杰波，跟从他学习《金刚鬘灌顶》和作法等甚深教授，撰写了《京俄仁波且颂》和《自始至终善愿》等，以后再次迎请京俄却吉杰波，学习了甚深广大各种教法，京俄却吉杰波成为宗喀巴大师的经师之一。宗喀巴在这一地区的弟子有京俄却吉杰波之侄喜年·顿珠杰波、都增·扎巴坚赞、曲廓哇·扎西仁钦、拉色·扎巴嘉措等多位成就者。拉色·扎巴嘉措在止贡替寺附近创建了伦布寺。历任堪布是：拉色巴、上师色蔡尔顿、克却巴、绒顿·洛桑扎、至尊洛追丹巴、桑珠班觉、喜饶桑波、仲·阿旺却珠、贡桑上师等，主要弘扬宗喀巴大师的中观和律学著作，佛法大为弘扬。后来止贡贡嘉等对该寺不怀好意，一些人抱着宗派偏见，仇视这所寺院，至今这所寺院除了一些残垣断壁以外，没有殿堂。

2.热振寺，宗喀巴大师以前的转生中的仲敦巴·嘉哇窘乃所建。(关于仲敦巴·嘉哇窘乃的来历，经论中亦有授记)，《大悲白莲经》说："那里有位名叫群佩的居士，他神通大、咒力大、势力大，是一位具光明、戒律、无畏、多闻，能决定义的智者。""阿难，施主群佩亦将弘扬我之教法。"《噶当派·三宝民本生传》中说："喂！调伏粗犷的众生，由他具德比丘承担，我具德梵行居士，以俗人形相住世。如能不因衣着轻视，为何不供奉他比丘。一名智慧空行母说：你将示现藏王之身，使吐蕃边地能成熟，然后到普陀山山顶上，放射出十万佛法之光芒。雪山围绕的地方，金色平川犹如金曼札，千幅轮围作严饰，至尊千佛所加持，具有金色无垢塔。"这是说仲敦巴以前曾降生为赞普赤热巴巾。

又说："来到'仲'地方"等。特别是无垢上师说："你不顾生命而去寻找，获得殊胜与共同成就。"又，在预言未来佛法住世的最后五百年时，秘密岩洞会发生什么事情时，空行母说："在叫做热振的宫殿，不顾身体性命做利益众生之事业。"王子说："按照上师所说，空行母的非共语言是'热振'，在此依止三宝的慈悲和事业，在'德觉王'这个藏族上等种姓中的'仲'氏家族，空行母所加持的语言叫'格辛'，普贤女变化成空行母所加持的表语'克翁萨拉久'，父母在北部草原杰姆地方，我犹如野兽生长。"这样说了其父母和姓氏。

又说："东方金刚座北面，叫做悉补野吐蕃的地方，尤其殊胜雪域地，娘格伍如的北面，龙雪那波高贵仲氏的地方，佛法及利乐大发展。以前诸佛加持之地，丰富圆满即如此。'热'远离贪爱尘，无贪趋入正法门；'热'远离嗔微尘，趋入弥勒正法门；'热'远离痴微尘，趋入大慧正法门；'热'远离骄傲尘，趋入正直正法门。五门胜幢坚固柱。无始无终的转生之最后，兴盛不衰时常屹立，此乃观世音菩萨之宫殿。希望去那殊胜地的众生，能消尽以前剩余业，因此类似普陀山。"

又说："神树柏香味常飘不散，在这香味飘荡的宝地四方有以含水晶、铜、绿松石等的四宝树为主的二万一千零二棵柏树，具有八功德。二万一千棵柏树的根在地下由两棵树互相连接，在地界之处各有柏树之本根，其枝分开，形成七层树壳，高举胜幢仿佛一张美丽的伞，柏籽有圆骨、具味苦、不生病等八种功能。

二万一千柏树之根彼此相连，是指阿底峡和仲敦巴·嘉哇窘乃，在前藏有自始至终听讲甚深教法的善业弟子六百七十五人，这些大德培养的弟子又无法计数，在后藏的五十二名弟子也发展了许多徒弟。另外，也是多康等十方增广的甚深缘起。

地界有一根本者，是指对一切噶当派来说有同一的甚深缘起。十方分许多枝者，以三世怙主的变化为主的大德不动摇地执持佛教胜幢，是无数大德能独自担当重任的甚深缘起。

树壳有七层者，是指在五百年期的最后，有发愿引导众生的七位佛陀不间断地出世护持。

树籽有圆骨者，是指律藏、经藏、论藏的殊胜力，获得遍知佛的甚深缘起。

苦味者，是指使诸烦恼众生没有贪心的甚深缘起。

味不甜和不生病者，是指开始艰苦，结果很好的甚深缘起。这些都是文殊菩萨的圆满田。以上等明确显示转生的处所与人。

（仲敦巴）在北部杰姆草原的仲氏家族中，父亲名叫达松宇云，母亲名叫库多萨，生于饶迥计年开始之前的三十二年（应为二十三年），即木龙年（1004 年）。不久母亲病故，父亲再婚。有一天后母给黄牛挤奶，小孩（仲敦巴）惊动了黄牛，因而遭受后母毒打。小孩想："与其跟后母争斗，还不如牵着青灰色的马出走。"于是骑马离开了家，路上遇见了赛尊循努俄大师，十分信仰，诚心皈依。跟从雍曲贡学习字母，又跟从那囊·多杰旺秋受居士戒，取名为嘉哇窘乃。

十七岁时，他作为一位商人的马夫随从来到康区，商人把他奉献给一位商人供养的大修行者，学习佛法，使他智慧开悟。后来，他再次遇见了赛尊大师，听受了对法和许多旧派密法。从班智达扎策尔玛（声明之刺）即弥底巴学习梵文声明学，成为赛尊的侍从。后来听说阿里来了一位班智达，不久就要返回印度的消息后，他告别赛尊，准备前去拜见，当他经过索曲河岸时，迷失了方向，由附近一位衣服褴褛的完德和跛鹿为他指示了道路。

当时，德巴木迦（阿底峡大师）住在扎布让，度母对他说："再过三、四天，一位藏人居士要来这里，你给他加持。"阿底峡大师到第三天午饭时一直在等候，却未到来，这时阿底峡说："度母可能说谎吗？"就到村子里讲经去了。这时仲敦巴到来，阿底峡的随从对他说："大师现在出去了，你暂等着。"他回答说："我要尽早见到大乘喇嘛。"他来到村里，在一条路口上遇见了阿底峡大师，礼拜大师后，大师知道是仲敦巴，把手放在他的头上诵吉祥词祝福。之后，他随大师来到卧室，请求传授宝瓶灌顶。他在阿里居住了九个月。

王子牟尼的转世俄·勒贝喜饶和阿底峡、仲敦巴会面后，一起经过后藏来到前藏。库顿迎请阿底峡到塘波且去，昌喀哇尔穷请求仲敦巴到热振建寺，并作他供奉的上师。当时，阿底峡大师如生死分别一样地对他说："如果不出寿命障碍，你的福田由我担任。"这时阿底峡大师在塘波且休息，以智谋邀请。

阿底峡大师和仲敦巴曾在叶尔巴的拉日宁波用问答的形式编成《噶当书宝卷》，在前藏转无量法轮，调伏了占喀等难以调伏的神魔。决定三藏精要即三士夫道次第。释迦如来佛、大悲观音菩萨、度母、不动金刚等四尊和经、律、论三藏被称为噶当七尊法（噶当七宝），舍弃一切放逸喧闹之事。认为大小乘一切教法无一点可舍之尘，是补特伽罗成佛的顺缘，当作佛陀的殊胜教诫，故称为"噶当派"，或者说开创了把佛陀的教诫一字不漏地理解为教训的"噶当派"之宗规。

阿底峡大师七十二岁时问："看见诸行本尊供奉我吗？"作了这样的许多遗言。木马年（1054 年）娄宿月（九月）十八日往升到兜率天宫。按照昌喀哇尔穷以前对仲敦巴的劝请，在《文殊根本续》中说的"五百年期之后期，佛教弘扬于何处？北方雪域之中部"。"首先叫'热'，然后称'振'"，以及《噶当宝书》多次授记的"热振为佛静修地"所指的热振寺，于火鸡年（1057 年）建成，有人说是建于火猴年（1056 年）。主要传播阿底峡大师的教法。木龙年（1064 年），仲敦巴大师因患病前往兜率天宫。有的人说仲敦巴得黄水病（麻疯病）是因为（修热振寺）受到凶恶地神的伤害，他往生兜率天宫养治晚年得的黄水病。

热振寺历任堪布：阿迈·绛曲仁钦、贡巴哇·旺秋坚赞、俄译师勒贝喜饶、博朵哇、夏尔哇、达噶哇、香达尔玛雍仲、岗塘噶尔哇·多杰仁钦、笃巴·喜饶嘉措、俄觉达尔玛扎，从他开始热振寺分成了上下二个法座，委任格尔顿为堪布。以后的堪布传承是：玛顿·喜饶仁钦、堪钦·喜饶多杰、都增·嘉央仁钦扎，他主持寺院期间宗喀巴大师莅临热振寺，转动讲经法轮，他所传法与噶当派一样，热振寺的堪布、僧徒、教派都改宗宗喀巴大师教法。热振寺改宗格鲁派后，堪布传承是嘉央巴等人。欧觉之后的法座传承是嘉·云丹循努、藏巴·喜饶俄色、达宇哇·云丹循努、格尔顿·云丹益西、那拉哇·绛曲多杰、曲杰释迦旺秋、热振巴·扎巴底雍仲、玛顿·喜饶仁钦。从此开始了上下两种传承，历任总经师是：都增·贡却坚赞、曲杰贡却、群佩嘉措活佛、曲杰达曲贝拔、夏尔巴·贝丹坚赞、桑珠岗巴·洛桑阿旺、都尔普诺门罕丹巴达结、托都巴·阿旺丹增、赤仁波且雪巴·洛桑顿月、娘占巴·洛桑坚赞、夏萨·达哇扎西、都尔普·阿旺达结，现在是温都素·洛桑丹巴。寺院密法活动与下密院同，常住僧人去下密院学经。一级寺院，在寺僧人约三百三十一人。

3. 央贡禅院。慈悲和殊胜博学者文殊怙主法王宗喀巴大师洛桑扎巴为了掌握要义曾长期在这里静修，是他多次讲授《菩提道次第论》等格言论著之地，位于僧格扎(狮子岩)脚下。以前噶当派的几名格西把这里作为静修之地。后来至尊仁达哇·循努洛追、大译师嘉却贝桑、克珠格勒贝哇(一世班禅)、贾曹达玛仁钦等名师居住过的茅舍至今仍存。这所禅院由热振寺堪布兼管，本院没有经师。主修《集密》、宗喀巴著的《胜乐铃》和三黑行法，进行时供活动。在寺比丘约二十人。

4. 热振桑木旦林寺。从文殊怙主法王宗喀巴大师居住过的岩洞和足迹看，似乎从那时候开始在这里有勤奋修行的人，由于没有见到这方面的文字记载，故不敢妄加评论。遍知一切云丹嘉措在世时，先后由阿里尊追娘波和乃居饶绛巴格敦嘉措住持。自从宗喀巴大师的政教白伞普及后，由阿里巴·贝丹坚赞等热振寺历任堪布主持。举行上师供和药师佛经仪轨。二级寺院，在寺女尼约二十六人。

5. 夏卡尔寺，由米纳巴·贡波益西创建。他之后的堪布传承是：班噶哇·洛追嘉措、俄色多杰、图旦班觉、格敦丹达尔、洛桑达结，现在是阿旺洛追。法事活动及诵经等与下密院相近。常住僧人一般去哲蚌寺洛萨林扎仓、色拉寺麦扎仓、甘丹寺推散林扎仓求学。一级寺院，在寺僧人约二十二人。

6.日曲寺。拉隆巴·俄色嘉措所建。堪布传承是：桑杰贝贡、释迦洛追、嘉央贡却群佩，此后成为上密院的分寺。堪布由上密院委派，他们是洛穷巴·丹巴嘉措、索南曲嘉、扎巴嘉措、丹巴达结、洛桑嘉央，现在由阿旺程勒主持。寺院佛事法行与上密院相近。常住僧人去甘丹寺娘绒扎仓和拉哇堆扎仓学习。二级寺院，在寺僧人约三十四人。

7.桑木杂修行院，由贡波益西达巴的一位大弟子创建。上师传承、诵经、供奉、僧人学经去向等和夏卡尔寺相同。自从被宗喀巴大师的政教丝绸覆盖后，成为下密院属寺，由下密院代管。二级寺院，在寺僧人约十人。

8.龙雪巴擦寺，由大菩萨坚赞扎桑创建。他生于热振巴拉，曾从宗喀巴大师受比丘戒。他之后的堪布传承是：喇嘛仁钦嘉哇、尼扎、藏巴·仁钦俄色、贡茹·曲杰窘乃、卓尼·喜年扎巴、曲杰桑结扎西、贡塘饶绛巴·桑结窘乃、阿里达洛哇·洛桑仁钦、扎德饶绛巴·坚赞达结、南杰贡巴·洛桑旺杰，现在由拉萨贡却曲旺主持。为密咒院，寺院法事活动和上密院相近，常住僧人去甘丹寺娘绒扎仓、哲蚌寺果芒扎仓、色拉寺麦扎仓深造。一级寺院，在寺僧人约三十四人。

9.龙雪贝拔尔岗寺，宗喀巴大师的亲传弟子阿里巴·索南仁钦受施主资助创建的。历任堪布是菩萨坚赞扎桑、喇嘛曲巴哇、仲·夏日布、嘉央扎巴、绛曲俄色、甘丹曲杰格敦坚赞、色贡巴·格敦坚赞、龙雪·嘉央扎巴、热振上寺喇嘛、龙雪班觉桑波、龙雪曲坚赞、洛桑群佩、甘丹寺仁波且洛追嘉措、龙雪·程勒坚赞、日曲巴·扎西南杰、扎巴·程勒饶杰，现在由洛桑强多尔担任堪布。为密修院，法事活动与上密院相近。常住僧人学经去向同巴却噶寺。一级寺院，有六十五名僧人。

10.龙雪基布哇寺，由善知识恰喀哇的弟子赛克巴·却吉坚赞（1121—1189，因在1164年前后建基布寺，故又称赛基布巴——译者

注)创建。堪布传承是:拉隆旺秋、拉卓哇贡波、拉扎喀哇·洛追益西、拉素尔康巴·旺秋益西、拉·洛追俄、拉·仁钦僧格、拉·释迦索南坚赞、拉·索南伦珠、京俄索南坚赞、拉·释迦俄色、拉·贝丹桑波、拉·年扎巴、拉·喜年桑波、拉·索南坚赞、拉·却吉贝桑、拉·阿旺坚赞,他们同时管理怯喀寺和基布寺。之后两寺各有堪布,怯喀寺的堪布是一位叫做江孜日郭的人,基布寺的堪布是杰顿波且巴,他之后依次是:卫顿·循努洛追、其侄子循努绛曲、循努俄、循努楚臣、洛顿·拉旺洛追、堪布喜饶多杰、贡却杰波、莫穷哇、玛顿绛嘉哇、贝丹扎西、洛追旺波、阿旺南杰、塔尔桑巴、强巴曲嘉、曲扎嘉措,他同时兼任甘丹寺的副经师。轨范师有:仁钦俄色、格敦扎西、格敦坚赞、杰达·仁钦桑波、玛卓·桑结坚赞、大菩萨阿格旺秋、贡塘饶绛巴、哉务·南喀桑珠、赛巴·阿旺平措,现在是钦木巴·大菩萨洛桑年扎桑波。为密咒院,寺院法事活动同下密院。常住僧人去甘丹寺绛孜、哲蚌寺洛萨林、色拉寺杰等扎仓深造。一级寺院,在寺僧人约四十四人。

怯喀寺和基布寺的第九任堪布京俄索南伦珠曾从宗喀巴大师习法,被称为八大京俄(宗喀巴的眼前八大弟子)之一。

11.切布贡萨尔寺,由嘉央释迦仁钦创建,委任贡噶顿珠为堪布,中间缺几任堪布。从木鸡年(1645年)开始重新有堪布,他们是嘉央喇嘛贡却群佩、贡茹·桑结扎西、格热·扎巴嘉措、江巴·格敦仁钦嘉措、克松·洛桑丹增、堆隆巴·阿旺群佩、曲桑·贡却曲桑、欧噶哇经师、泽当巴·洛桑坚赞、卓尼·擦多尔哇洛桑贝拔、喜饶强巴扎西、娘热·格敦扎巴、泽当巴·洛桑坚赞、波密·洛桑群佩,现在是欧噶哇·洛桑群佩。密法院,寺院法事活动与上密院相近。常住僧人去哲蚌寺果芒、色拉寺麦、甘丹寺娘绒等扎仓求学。二级寺院,在寺僧人约二十二人。

12.阿普寺,和切布寺是同一个创建者。中间一段时间成为尼姑寺,甚为衰败,止贡贡嘉时期空废。

13.龙雪强巴林寺,由仲·楚臣扎西和班觉坚赞合建,上师传承和所修的显密教法同切布寺。一级寺院,在寺僧人约五十人,常住僧人去甘丹寺娘绒扎仓、扎哇尔寺、上密院学习。

14.拉孜贡萨尔寺，班觉坚赞所建，中间一段时间上师传承不清楚，从沃喀曼隆噶居开始依次是仁钦岗巴、阿里温穷、格波·拉旺嘉措、丹巴嘉措、俄巴·南喀嘉措加哇、达·贡却达结、俄巴·洛桑达结、俄阿仁巴，现在是俄巴·扎西嘉措。密咒院，主修《集密》和阎摩德迦三黑行法，举行修供仪式。二级寺院，在寺僧人约十八人。

15.龙雪俄纳寺，雅德班钦的弟子俄哇木寺堪布曲杰贡波益西所建。历任堪布是：法王循努贝、喇嘛赛图巴、释迦室利、阿里饶绛巴、曲杰勒曲巴、达尔顿·洛桑巴、轨范师拉仁巴、班钦索南扎巴等。这时候，由于红帽派仇视格鲁派，迫使改宗红帽派。堪布传承是：贡噶仁钦、仁钦南杰、班钦巴、喇嘛南觉木等。猴年（1620年）战乱时，在嘉波日山蒙古兵与后藏军队争战时，为拯救众多生命，班禅遍知和嘉央喇嘛贡却群佩以热诚之心和清净誓愿按照政教教诫，运用对双方有利的办法进行调解，达成协议，保留了格鲁派寺院，任命桑波南杰为龙雪俄纳寺喇嘛，但后来被止贡派任命平措南杰为堪布等发生多次变化。但是自从宗喀巴大师的政教白伞轮转到世间之顶以后，该寺的持黄帽派的上师传承为：桑木洛·诺布坚赞、坚叶·索南坚赞、周日·洛桑丹增、达尔多·阿旺伦珠、巴日·多德嘉措，现在由色拉寺麦扎仓的洛桑丹增主持。为密法院，法事活动同上密院。常住僧人去甘丹寺娘绒、哲蚌寺洛萨林、色拉寺杰扎仓求学。一级寺院，在寺僧人约一百二十六人。

16.在雪绒多的谐拉康寺。班钦毕玛拉（无垢友）去汉地以后五十年时，多杰勒巴在多康地区降雹，得来一百峰骆驼驮的青稞，娘·定增桑波投掷金刚，使其念起发誓愿后将青稞奉献，作为顺缘，在该地修建了镇压黑龙魔的黑、白两塔，建立本母、瞿主、金刚三尊的药泥像，将佛经隐藏在格仓三层门上面的柱子的隙缝中，后来由化身的伏藏师当玛伦珠嘉哇得到这些殊胜的伏藏经典。后由智玛俄色大师或称遍智者隆钦巴修复了寺院，先持觉顿巴（噶当派）之教法，后改宗格鲁派。轨范师传承是：达尔浦·曲贝桑波、雪·俄色京城、贡塘·桑结窘乃、卓尼·索南嘉措、丹玛·桑木旦仁钦、喀尔喀·阿旺贡却、达尔布·曲旺扎巴，现在是赤仁波且(甘丹赤巴)卓尼·楚臣达结。密修院法规接近上密院。常住寺院僧人去甘丹寺娘绒扎仓、扎哇尔寺学经。一级寺院，在寺僧人约二十四人。

17. 恰域芒拉寺，由善知识恰域哇或堆隆巴·循努俄(1075—1138)创建。桑结藏顿时期，被止贡巴焚烧。后来由桑结觉卧进行修复并发展。堪布传承是：京俄楚臣拔、恰域哇·循努俄活佛、格西乃丹巴、藏巴仁波且南喀多杰坚赞、朗隆巴·尊追循努、桑结贡巴·多杰循努、赛木仁波且扎巴僧格、康巴隆巴·仁钦僧格、桑结觉卧旺秋循努、桑结顿巴·楚臣僧格、桑贡木萨尔玛楚臣喜饶、结当巴·桑结温循努曼兰木、居宇巴·楚臣贡波、洛追南杰、南木岗巴·循努益西、蔡居巴·却吉多杰、觉坚巴·洛追仁钦，宗喀巴大师从他学过经，京俄哇·仁钦坚赞成为他的亲传弟子。之后的传承是：强巴楚臣、京俄索南坚赞、其弟索南拉旺、京俄索南拉耶旺波、京俄曲扎坚赞，这之前是恰域哇的传承。以后有金巴·阿旺南杰、藏巴弥泽·顿珠坚赞、嘉热巴·却吉多杰、阿旺强巴索南贝桑波、吉雪·阿旺南杰、涅巴·南喀索南扎巴、哉务·南喀桑珠、娘热·格敦扎巴、索波·阿旺丹增，现在由聂布·洛桑坚赞主持。为密法院，法事活动接近下密院。常住寺院僧人去甘丹寺绛孜、哲蚌寺洛萨林、色拉寺杰等扎仓求学。一级寺院，在寺僧人约六十六人。

18. 拉萨河东岸卫堆地方的达浦寺。以前阿底峡大师的弟子仁钦娘波在这里修建了一座旧佛殿，多年后生在俄贡波地方的贡噶顿珠又新建佛殿，他拜见了宗喀巴大师，改宗格鲁派，摄徒授法，被汉地皇帝封为国师，事业宏伟。他之后的堪布传承是：仲钦夏尔巴·洛追坚赞、贡噶顿珠、仲·顿珠贝、擦木坚白·贡噶扎、持密师贡噶顿珠、智者洛追坚赞、杰增索南却吉嘉措、曲杰诺布桑波、其侄曲杰丹增，他曾作为达浦寺、娘布杰囊拉茹寺、香哈日纳寺、杰雪完卡尔寺的上师。

达浦寺历任轨范师是：南喀坚赞、扎巴坚赞、平措洛追、曲坚赞、扎巴喜饶、南喀窘乃、平措楚臣、轨范师阿旺南杰、域切·达曲雅佩、索南雅佩、南杰嘉措、群佩嘉措、曲旺扎巴、波密·洛桑坚赞，现在由色拉寺堆扎仓的阿旺南喀主持。为密法院，法事活动接近下密院，常住僧人去甘丹寺推散林和哲蚌寺洛萨林扎仓深造。二级寺院，在寺僧人约八十九人。

19.娘仁木寺，由尊追拔创建。噶当派许多格西曾住在这里静修，使寺院得到了很大发展。从后来止贡巴在墨竹噶蔡地方新建娘仁木佛殿佛塔等说法来看，原寺院已经被毁。无论如何，现在除了娘仁木地方的两家俗人居住外，看不出寺院的模样。

20.玛卓群科岗寺，曲杰坚赞上师所建，国师贝丹顿珠有所发展。堪布传承是：格仲曲杰噶布、顿木岗·阿旺南杰、仲孜·楚臣群佩、墨竹·扎西扎巴、霍尔·索南群佩、杂木·格敦顿珠，现在由完卡尔·洛桑饶丹主持。为乡间寺院，法行接近下密院。常住僧人去甘丹寺推散林、扎哇尔和下密院习经。二级寺院，在寺僧人约二十人。

21.玛卓结桑寺，《青史》记载，由持玛泽上师传承的一位活佛创建神殿，建神像以平息山谷险道之畏怖。寺院最初由玛久夏木嘉木创建，很久以后经僧众商议献给了遍知一切索南嘉措，由甘丹颇章委派经师，但是历任喇嘛的名字不详。从甘丹寺赤仁波且江然巴·格敦南杰开始由历任甘丹赤巴兼管，讲授经论，现在佛事活动正常进行。常住僧人去甘丹娘绒扎仓学习。为密咒院，法事活动接近上密院。一级寺院，在寺僧人约二十四人。

22.卡尔嘉寺。桑杰楚臣上师、仲·桑杰桑珠、宗本桑俄哇供施双方向贡玛蔡涅仁波且巴阿格旺波噶举南巴杰哇拉请求之后，在素尔普达地方创建此寺，委任仁钦林寺的翁则格敦佩担任喇嘛。他之后的上师传承是：卫堆巴·格敦丹巴达结、仲·平措扎西、绷周宗巴·索南南杰、其弟弟图旦晋迈扎巴、藏顿达曲贝拔、嘉色·顿月却吉嘉措、仲孜饶绛巴·楚臣群佩、嘉色·顿月却吉嘉措重任、洛巴·格敦达结、夏尔康巴·阿旺南杰、涅巴·索南扎巴、绛孜哇·达曲南杰、噶龙嘉色·洛桑丹增嘉措，现在由拉松嘉措主持。常住僧人去哲蚌寺洛萨林、色拉寺杰、甘丹寺绛孜等扎仓深造。乡村寺院，法行接近下密院。一级寺院，在寺僧人约八十二人。

23.仁钦林寺，由仲南贝哇负责，绛赛都哇巴·格敦仁钦请教茹托喇嘛索南坚赞建寺方案，喇嘛回答说："在萨尔多地方建寺较好。"格敦仁钦根据指示，来到萨尔多，但是不知道在山的哪一面建寺，最后决定以投放食子的办法决定寺址，施食后乌鸦带着食子放在对面山上，于是在乌鸦放食子的地方创建了寺院和身、语、意三所依（佛像、佛经、佛塔）。第七饶迥的火猴年（1416年）寺院落成，从上下地区招来了多名僧人，使寺院规模扩大，取名"仁钦林"，委任仲·南喀贝桑为经师。之后由绛赛都哇自己担任经师。他之后依次是喇嘛饶觉帕巴、喇嘛却吉仁钦、绛赛都哇巴的转世仲饶都穷哇、喇嘛格杰哇、帝师贝丹勒巴坚赞贝桑波、曲杰夏尔哇贡却、班钦索南扎巴、曲杰阿旺曲扎、第哇巾巴·格勒贝桑波、曲杰次旦嘉措、曲杰结康孜巴·班觉嘉措、曲杰桑杰仁钦、林麦曲杰仁波且贡却群佩、洛巴·格敦南杰、曲桑巴·强巴南杰、堆隆巴·贡却曲桑、嘉哇·强巴扎西、沃喀活佛阿旺平措，现在由平措林寺的扎西嘉措主持。为密法院，寺院法行和上密院接近，常住僧人去甘丹寺夏尔孜、哲蚌寺洛萨林、色拉寺麦等扎仓求学。一级寺院，在寺僧人约一百七十六人。

24.茹托寺，由尚蔡巴的弟子多丹德哇循努创建。之后的堪布传承是京俄循努坚赞、京俄曲洛追、窖仁波且、晋迈僧格，这之前宗奉蔡巴噶举派，由第二世达赖喇嘛根敦嘉措的事业使之变成格鲁派寺院。堪布传承是：岗建饶绛巴、洛巴曲杰格敦南杰、俄色绛巴·阿旺顿珠、扎噶尔桑木旦等人。常住僧人去甘丹寺夏尔、哲蚌寺洛萨林、色拉寺麦等扎仓求学。寺院法行与上密院相近。一级寺院，在寺僧人约二十七人。

第十章

格鲁派教法在沃喀地区的传播与发展

文殊怙主法王宗喀巴的教法在沃喀(今西藏山南地区桑日县一带)地区的传播发展情况：

1. 喇钦贡巴饶色从多康赐给噶尔米·云丹雍仲一尊于阗王达磨迦达哇娘波用金铜等合金建造的弥勒佛像、一尺高的旃檀木觉卧像、五指高的水晶石佛像,被称为佛陀融入的三尊自现像,告诉他“去卫藏作利益众生事业”。按照这一教导,云丹雍仲来到沃喀,准备创建一座寺院,于是祈祷请问弥勒佛像,弥勒佛授记说:“从扎拉金殿到藏玛之外建房”。他根据授记,建了一所住宅,称为“藏协”(rdzing - phyi),内设对法讲经院和修行院。历任上师是:库·尊追喜饶、拉赤桑巴尔、嘉·楚臣格勒、章底·达尔玛娘布等。中间一段时间寺院衰败,中断师承关系。宗喀巴大师修复后,任命堪布管理,堪布传承是堪钦格托巴·桑旦坚赞、噶茹哇·桑窘、卫堆巴·南喀仁钦、丹茹巴·曲坚赞、钦木巴·达哇坚赞、乃娘巴·丹巴坚赞、达孜协敖·诺增曲嘉、乃巴·桑结楚臣、遍知一切格敦嘉措、其侄洛桑班觉、丹巴博朗巴·旺秋桑波、达孜协敖·顿月嘉措、藏顿·贡噶喜饶、藏止擦木巴·堪钦群佩桑波、沃喀冲巴堪饮洛桑嘉措、帕欧乃奔木然巴·堪钦索南南杰、林麦法王仁波且贡却群佩、江饶绛巴·格敦仁钦嘉措、吉雪·格敦南杰、沃喀·强巴南杰、沃喀·仁钦洛追、沃喀·强巴坚赞、扎强林·洛桑结却、俄日廓强巴仁增,现在由赤仁波且卓尼·楚臣达结担任。寺院诵经、法行同上密院,常住寺院僧人去甘丹寺娘绒、哲蚌寺洛萨林、色拉寺麦等扎仓求学。一级寺院,在寺僧人约二百人。

2.沃喀桑木旦林寺，最初杰·贡木波哇曾在这里修行，之后由止贡替寺的八位智慧者掌管，合建佛殿。宗喀巴大师曾莅临此寺院讲法，撰写了《集密广释》等论著，成为格鲁派寺院。历任上师是：曲德哇·洛追、域桑巴·南喀勒巴、泽当巴·拉旺仁钦、贡茹·循努绛曲，他创立了法相学院。乃巴强巴·让雄塔耶、杂巴、贝丹勒巴、德邬拉哇、塔尔巴桑波、噶木普巴·洛桑旺波、泽当巴·楚臣贝丹、噶尔巴·丹巴饶赛、日普巴·格敦诺桑、堪钦洛桑嘉措、克增·达结旺波、饶绛巴·玛哇丹巴嘉措、沃喀·仁钦洛追、沃喀·曲窘南杰、沃喀·程勒嘉措，现在由甘丹赤巴楚臣达结主持。寺院法事活动同上密院，显宗学经僧人去色拉寺麦扎仓和哲蚌寺洛萨林扎仓、甘丹寺娘绒扎仓、阿里扎仓和达波扎仓深造。一级寺院，在寺僧人约八十四人。

3.曲桑寺，文殊怙主法王宗喀巴大师曾到过这所寺院。由大成就师南喀坚赞和宗喀巴大师的新传弟子索南洛桑合建。历任上师是：仲钦·索南洛追、多巴·喜饶贝桑、纳卡·洛桑巴、萨噶尔哇·洛追佩、藏巴·曲尼玛、拉日巴·索南塔耶、托巴·丹巴雅佩、贡茹·循努绛曲、噶普巴·洛桑旺波、贡巴·贡却贝、拉日巴·索南仁钦、洛乃哇·格敦桑珠、吉达上师强巴洛桑、巴地方的噶居哇·喜饶群佩、饶绛玛哇·丹巴嘉措、沃喀嘉央、夏尔钦·强巴南杰、沃喀雪·强巴坚赞、沃喀曼周·格敦索南、都波切娘·格敦曲嘉旺秀、沃喀噶尔卓·云丹坚赞、索波·洛桑噶丹，现在由阿里仁钦曲桑主持。为密法院，法事活动等接近上密院。常住僧人去阿里扎仓和达波扎仓学经。一级寺院，在寺僧人约八十二人。

4.曲隆，文殊怙主法王宗喀巴进行静修的地方。平时有十余名僧人，现在有十六名比丘僧在这里修行。

5.尼玛林寺，宗喀巴大师八大清净弟子中的南觉巴·绛曲僧格所建。宗喀巴·洛桑扎巴住在康萨贡期间，为此寺院主持开光仪式，散花祝福，花瓣真的落到了尼玛林寺。此寺历任喇嘛是：南觉巴·绛曲僧格、嘉色桑窘、章达哇·格敦桑波、桑木丹扎西上师、澎域嘉哇、沃喀哇·索南饶丹、雪巴·桑结杰波、降巴哇·索南塔耶、吞吐巴·丹巴雅佩、江萨尔哇·

索南嘉措、曲杰桑结勒巴、群佩嘉措活佛、多乃巴·格敦桑珠、曲杰桑丹嘉措、居拉曲杰索南南杰、巴噶居哇·喜饶群佩、沃喀·强巴坚赞、格敦索南、杰仲·格敦曲杰、都哇寺卸任经师土默特洛桑噶丹，现在由桑卡尔哇·仁钦曲桑主持。寺院修密法方面，同于上密院。显宗学经僧人去色拉寺麦扎仓、哲蚌寺洛萨林扎仓、甘丹寺娘绒扎仓、阿里扎仓、达波扎仓学经。一级寺院，在寺僧人约六十六人。

6. 日沃赛林寺，由宗喀巴大师的索贾哇(司茶师)云丹洛追创建，宗喀巴大师亲自开光。历任喇嘛是：曲杰云丹洛追、桑阿卡尔巴·贡噶多杰、成就师坚赞桑波、多巴·贡噶僧格、周巴·扎西南杰、扎俄哇·洛桑嘉措、帕噶居哇·索南贝丹、多巴·丹巴达结、巴噶居哇·喜饶群佩、堪钦奔木然巴·索南南杰、噶尔周·坚赞贝桑、洛札·洛桑坚赞、琼结巴·洛桑克增、达玻·格敦旺秋、哲蚌·洛桑噶丹，现在由阿里·仁钦主持。所修密法和上密院相近。常住僧人去哲蚌寺洛萨林扎仓、色拉寺麦扎仓、甘丹寺娘绒扎仓深造。一级寺院，在寺僧人约四十六人。

7. 在强巴林宗喀巴大师的白色寝室，康巴喇嘛增建了佛堂，托付仁钦岗巴管理，常有四名比丘居住习经。后来，由桑饶绛巴·索南桑珠进行三律仪仪轨等佛事活动。现有八名比丘僧居住。

8. 仁钦岗寺，最初由贝却吉扎巴奠基。他生于拉堆绛地区，在泽当寺精修佛教经典，作过朱多寺的讲经师，成为乃东·扎巴窘乃(1414—1448，帕竹第六任第悉，明朝封为阐化王)的上师。由于他不愿当大人物的上师，所以移居沃喀，在桑松玛地方修习。后来阅读宗喀巴大师的论著，生起敬心，拜见了克珠诺桑嘉措，最后死在静修处。

克珠诺桑嘉措于水兔年(1423年)生在后藏的达纳，他曾随从曲水北面噶强地方的萨迦、格鲁两派之中的格鲁派僧人习经。十三岁出家，在扎什伦布寺依止根敦珠(一世达赖喇嘛)学习多部经典，来到前藏在甘丹寺和哲蚌寺分别从曲杰洛追曲窘和绒顿·洛桑扎巴学习时轮等密法。三十七岁时莅居沃喀寺，师事贝却吉扎巴修习佛法，心中生起了建立成就胜幢的乐空甚深禅定，认为一切佛语都是教诫。他以随念许多贤良上师等前处的形式撰写《时轮总义无垢》和《白连教母子集密二次第释》、《中观派立规》等比较有名的论著。但是，由于当时格鲁派不甚强大，不受人重视，他因这方面的疑虑没有刻印。另外，他亲自看见了文殊菩萨显容，在拉萨听取了乐声，出现了许多自现的曼扎，创建了仁钦岗寺，摄授徒众，成为沃喀首领和官员的上师。水鸡年（1513 年）六月二十五日圆寂，享年九十一岁，当时花雨飘落，彩虹荡空。他的身像和舍利现存。主要弟子有班钦根敦嘉措等人。仁钦岗寺的历任上师是：卓·噶居洛追、涅巴·南喀贝丹、噶居哇·扎西南杰、泽当巴·曲杰恰旺、根敦嘉措的侄子洛桑班觉、琼结·南仁巴、噶尔巴·丹巴饶赛、仁钦岗巴·阿旺南杰、德邬拉旺·南喀桑波、拉巴协敖·阿旺强多尔、涅巴活佛阿旺曲窘洛桑、扎巴坚赞活佛、琼结克增巴、阿热·嘉央伦珠，现在由达切娘·曲嘉旺秋主持。寺院密修经典、法行同群科杰寺。常住僧人去哲蚌寺洛萨林扎仓、色拉寺麦扎仓、甘丹寺娘绒扎仓、阿里扎仓、达波扎仓深造。一级寺院，在寺僧人约六十八人。

9. 勒日寺，由大菩萨洛追坚赞的弟子桑丹扎西创建。上师传承是：桑丹扎西、曲杰嘉布哇、盖·南喀桑波、索南塔耶喇嘛、拉巴·塔巴桑波、江萨尔哇·索南嘉措、江饶丹巴、噶尔勒巴·班觉坚赞、贡顿·喜饶旺秋、帕巴·格敦诺桑、杰·协蔡饶绛巴、坚赞仁钦、卡松顷则洛桑丹增、仲·坚赞仁青、仲孜·格勒坚赞、玛卓·阿旺仁钦、堆隆·丹巴坚赞、沃喀·南杰坚赞、堆隆·卓摩阿旺扎西，现在由甘丹赤巴卓尼·楚臣达结主持。寺院密法方面与上密院接近，学经僧人去哲蚌寺洛萨林、色拉寺麦、甘丹寺娘绒、阿里、达波等扎仓深造。一级寺院，在寺僧人约二百人。

10. 莫格隆寺，据说以前宗奉噶举派，后来仲巴·克增达结旺波创立成就胜幢，居住着格鲁派的比丘僧，现在没有修行僧。

11. 沃喀噶尔普寺，亦称“坎卓噶尔切巴”（意为空行舞蹈者）。据说阿阇黎莲花生在这里居住了一个月。有《般若经》伏藏，中间噶举派创建佛殿。后来格鲁派喇嘛卫堆巴·曲贝桑波和珠嘉哇·洛桑嘉措长期在此居住，他俩之后大成就师拉旺班觉师徒居住，讲授三律仪，修行白金刚法，寺院发展兴旺。现在居住着阿里大成就师尊追坚赞等十二名比丘僧，进行静修。

宗喀巴大师曾长期居住在沃喀、达波交界的嘉索拉顶地方，之后嘉色顿月却吉嘉措在此建寺，供十余名比丘僧居住。阿里温穷在嘉索建寺，十余名比丘僧居住习经。这之后的寺院住持分别是扎巴坚赞活佛、藏协堪布强巴坚赞、嘉色·洛桑丹增、藏协堪布强林洛桑结却、藏协饶绛巴·格敦达结。现在只是由年长一些的比丘主持习经。两寺各住十余名比丘僧。合起来算作一级寺院。

12.群科杰勒雪卓巴噶蔡寺，自从看见隐境噶尔摩窘的居家人等转生三十三天的天神和诸出家人往生兜率天宫的殊胜景象之后，宗喀巴大师的转世班禅根敦嘉措在该处建造了这所寺院。关于对此地点和人物的授记情况，前面在哲蚌寺一节中已作了说明。这座寺院的荣光，是和哲蚌寺一样由宗喀巴大师的历辈转世次第护持。历任堪布是：欧尔巴顷则洛桑喜年、丹茹哇·强巴让雄塔耶、俄巴·格敦伦珠、普康巴·仁钦扎巴、工布·喜饶旺秋、卫堆巴·嘉央窘乃、藏巴·贡波俄色、措乃堪钦洛桑嘉措、工布·扎西窘乃，他创建了弥勒佛药泥像。他之后的传承是：佩欧乃奔木饶绛巴·索南南杰、卓达顷则洛桑丹贝尼玛、克却活佛洛桑丹巴嘉措、孜措巴·循努楚臣、卓达轨范师扎西俄色、强巴林巴·强巴曲却、强林巴·贡噶坚赞、沃喀·程勒嘉措、觉摩隆·洛桑坚赞、琼结巴·阿旺丹增、切娘哇·曲嘉旺秋、索波·洛桑噶丹，现在由桑卡尔哇·仁钦曲桑住持。这所大寺院有五所讲授佛法的扎仓，其中宇巴扎仓的喇嘛出任勒雪林寺(即群科杰寺全寺)的历任堪布，已如上述。为乡间密修院，法事活动等基本上与下密院相同，另外，也举行供修萨迦、宁玛派的护法的仪式。常住僧人去阿里和达波两所扎仓深造。一级寺院，在寺僧人约四百七十一人。

13.群科尔杰寺第二个扎仓为达波扎仓，由格鲁派甘丹寺赤巴中被称为文殊七传中的第六位即曲杰洛追丹巴创建。他游历各地传法，经过沃喀、达波、艾、洛来到雅隆，从快速寻找施主的方式讲经授教。该扎仓第五任经师欧尔巴·洛萨喜年在群科杰把本扎仓奉献给根敦嘉措。经师(堪布)传承是:曲杰洛追丹巴、堪钦阿旺扎巴、达波曲贝哇、达娘热巴·热珠洛追佩、欧尔巴·洛萨喜年、藏顿·格勒喜年、达波·克却嘉措、俄巴·格敦伦珠、达波·格桑嘉措、阿德邬拉巴·格敦桑珠、贡顿·平措南杰、雅隆巴·桑结洛追、堪钦洛桑嘉措、卓达哇·洛桑群佩、琼结饶绛巴·南喀嘉措、曲杰强巴丹巴,他撰写了《般若经广释》。嘉色顿月却吉嘉措、奔木饶绛巴·索南南杰、强林饶绛巴·强巴曲却,他著有《俱舍论广释》。桑波且哇·阿旺群佩、强林饶绛巴·强巴曲却、阿旺群佩、曲杰扎西、克增嘉措、图旦班觉、洛桑丹增、强巴洛萨、贝丹嘉措、洛桑伦珠、洛桑仁钦,现在由洛桑群增主持,讲授欧尔巴·洛萨喜年著的《戒律格言日光》,达娘·洛追佩的有关般若方面的《断边福泽项饰》,强巴曲却的《俱舍论总义见义》,强丹巴的《中观理论如意》等。一级寺院,在寺僧人约三百三十人。

14.群科杰寺的第三个扎仓为阿里扎仓,宗喀巴大师的转世第二世达赖喇嘛根敦嘉措六十六岁时,阿里法王久典旺秋班噶尔德和大臣阿旺南杰奉献珍宝财物资助为鸦群一样多的出家者在群科杰寺创建了阿里扎仓,有寺属庄园。历任讲经师是:持藏师丹巴达桑、香巴班钦曲贝嘉措、达纳巴堪钦贡噶喜饶、藏顿·桑珠贝桑、藏巴·嘉央桑结嘉措、娘堆巴·拉旺洛追、达波龙巴·丹巴南杰、阿里巴·扎西贝桑、达纳巴·顿珠勒巴、阿里古格哇·洛追嘉措、恰玛顷则曲窘嘉措、擦哇拉尼巴·强巴坚赞、饶绛巴曲班觉、阿里芒域哇·桑结贝桑上师、素卡尔哇·洛桑群佩、仲钦·桑波南杰、洛札饶绛巴·强巴益西、阿里饶绛巴·丹巴嘉措、布德巴·贝丹坚赞、涅扎廓尔哇·丹贝尼玛、涅日顶·丹增程勒、扎卡哇·班觉桑波、古格哇·尊追坚赞、托巴·曲旺嘉措、布德巴·桑热嘉措、洛巴·洛桑丹增、布德巴·洛桑南杰、琼结巴·贡噶丹孜、琼结·洛桑诺布、扎卡哇·洛桑群佩,现在由洛桑丹佩住持,讲授班钦索南扎巴的《戒律总义》、杰康巴著的《戒律论见灯》、恒德巴著的般若方面的《常说佛教发展笔记》及杰康巴的关于对法方面的《理论库对法》等。一级寺院,在寺僧人约二百四十人。

15.群科杰寺的第四个扎仓为噶尔巴扎仓,金刚持金巴贝的弟子喇嘛嘉曹巴·桑杰仁钦创建后献给了根敦嘉措(二世达赖喇嘛),主要讲授《集密生圆二次第论》。讲经师传承是:嘉曹巴·桑杰仁钦、轨范师班觉仁钦、噶尔巴·楚臣扎西、欧参曲旺、丹巴饶赛、格敦结却、南喀强巴、索南桑波、仁钦嘉措、阿旺伦珠、南喀桑结、曲觉巴桑、曲桑饶绛巴·索南桑珠、仲堪饶绛巴·格桑嘉措、阿仁巴·丹巴嘉措、阿里巴温穷·俄扎那曲杰、南喀强巴活佛、洛扎巴·洛桑程勒、琼结·顿珠喜措,这时,扎仓的喇嘛师徒来到觉宗宇杰饶丹,在盘德寺的遗址上新建寺院,开始了新的学经活动。后来又迁到洛札桑阿德庆地方。顿珠嘉措之后的经师有洛夏尔·擦达旺嘉、堆隆·阿旺坚赞,现在由洛桑喜饶担任。为密宗扎仓,法事等和下密院接近。常住僧人去阿里扎仓和达波扎仓学习。一级寺院,在寺僧人约六十四人。

16.群科杰寺的南杰扎仓。杰喇嘛上世世间顶饰八思巴仁波且在世时,蒙古薛禅皇帝(忽必烈)向他献三次大供养的最后一次时,供献了七匹黑色绸缎,接着献了一匹白色绸缎。八思巴说:“我们从此在七生中不相遇。此后你成为名字为‘金’之王,我成为有‘水成’之名的(喇嘛),有机会相会,广做利益众生之事业。”按照这些预言,遍知一切索南嘉措应俺答汗的邀请动身到蒙古地区时,为了俺答汗的寿命延长,举行尊胜佛母仪轨和大师自己所依止的格鲁派、宁玛派护法还加上萨迦派的宝帐怙主的酬补仪式,诵经音调伴奏音乐都按照贡桑孜巴所传之规,为此创建的扎仓,称为“尊胜扎仓”,即是此南杰扎仓。首任轨范师是日布巴·格敦诺桑,讲授各种教法。他之后的堪布传承是:饶绛巴程勒、卫堆巴达日卡·格敦曲扎、珠参巴·贝丹喇嘛洛追仁钦、达邬日巴·饶绛巴平措诺布。到至尊上师(五世达赖喇嘛)降生此世间后,该扎仓除了发展擦尔钦所传的大威德等索南嘉在世时所有的护法神的修供外,为了在雪域发展政教白伞遍及的利乐事业,尤其注重发展息怒灌顶之业及大悲观音的教授捷径持明等内容的前弘期所传的金刚乘教法。担任轨范师的依止有扎纳哇·邬坚丹增、夏尔康诺门罕坚叶洛桑丹佩、琼结巴·

洛桑达结。之后，由到达近修诸业的金刚阿阇黎轮流担任堪布，现已达到一级寺院之顶峰即无等级之寺院，在寺僧人约一百八十人，在三世间无与伦比。

第 十 一 章

格鲁派教法在达波地区的传播与发展

文殊怙主法王宗喀巴教法在达波地区的发展情况：

1.东方佛教之灯达波扎仓。

2.噶尔巴扎仓的各位轨范师每年来到沃(喀)、达(波)、艾三个地方，用富裕士夫的增长幸福之福业和闻讲正法的方法发展自他的现观，用诵《船若经》的声音使各位善良者欢喜做他们幸福的大事。关于寺院发展情况是：

3.噶尔桑丹林寺，由噶尔哇·楚臣扎西创建。历任堪布是：喇嘛楚臣扎西、俄巴·欧参曲旺、江拉顷则隆热嘉措、孜尔曲杰、岗木普巴·洛桑旺波、日沃色林巴·索南贝丹、琼结饶绛巴·南喀嘉措、嘉色顿月却吉嘉措、阿旺群佩。中间有一段时间没有委任经师，如今从群科杰寺派来的达切娘格隆洛桑窘乃、蔡曲次仁主持寺院，现任堪布是达波·洛桑坚赞。寺院法行同下密院和群科杰寺。常住僧人去阿里扎仓和达波扎仓深造。一级寺院，在寺僧人约四十人。

4.阿热扎顶寺，是止贡巴·仁钦多杰在原扎欧旧寺的基础上修建的一所寺院，由噶尔哇·楚臣扎西改宗格鲁派，师承关系基本上与噶尔桑丹林寺一样。后来担任喇嘛的有：阿旺嘉措、嘉色巴、阿曲巴、阿拉雅德哇、翁则窘乃、蔡曲茨仁，现在由达布·洛桑坚赞主持。寺院以修密法为主。学经僧人去阿里和达波两扎仓学习。一级寺院，在寺僧人约四十六人。

5.达隆的拉顶寺，据说是沃喀同曼巴嘉色群佩嘉措在文殊怙主宗喀巴大师修行居住过的暗室桑丹普的基础上创建的一所寺院,《卡尔纳佛教史》则说是喇嘛仁钦多杰所建。上师传承是:轨范师仁钦贝、格桑巴、工布喇嘛、央卡哇上师等。由噶尔哇·楚臣扎西改宗格鲁派后,喇嘛传承为:曲窘嘉措、喇嘛顿珠巴、琼结巴·南喀嘉措、喇嘛阿旺群佩。后来以诵《长净经》为主,除了由老僧主持开展佛事活动外没有喇嘛传承。按照格鲁派修行院的方法举行上师供、《集密》、《大威德》的唸诵、供祭活动。一级寺院,在寺僧人约三十九人。

6.卡尔托寺。为了举行江拉哇的祭祀活动,从拉顶寺请来几名僧人念经,从此人数逐渐增多,修建了佛殿。历任堪布是:托增扎西、涅顿喇嘛格敦平措、德邬拉巴·南喀桑波、琼结巴·南喀嘉措、涅顿·阿旺群佩、强巴洛萨、强林贝丹嘉措、达堆·贡却嘉措,现在由艾巴·洛桑顿珠主持。寺院法行等接近下密院。常住僧人一般去群科杰寺达波扎仓求学。二级寺院,在寺僧人约二十七人。

7.藏木的拉萨顶是喇嘛香的弟子益西洛追创建。以前的上师传承在历史书籍中没有记载,后来是沃嘎·曼伦、沃嘎·仁青岗、阿里温琼、达波噶域·丹巴加措、艾后裔拉哇·南卡加措之弟、艾巴洛桑达吉、艾巴俄然巴,现在是艾巴扎西嘉措,寺院为密宗院,僧人去达波扎仓,二级寺院,在寺僧人约二十七人。

8.索隆拉卡寺,由至尊南喀俄色创建。他之后的堪布传承是:丹巴群佩、曲窘扎巴、仁钦岗巴、曼隆噶居、顿洛活佛、洛桑达结、格隆阿然巴,现在由扎西嘉措主持。诵经、法行等和格鲁派其它寺院一样。常住寺院僧人去群科杰寺达波扎仓深造。

9.达波仲达寺,其基础由恰巴协敖堪布云丹却创建,至恰巴扎西达结之时拥有绒庄园,任命卓达巴为宗本,在庄园的后面修建了寺院,称为"卓达新寺",委任顿珠嘉为喇嘛。他之后的喇嘛传承是:涅巴·楚臣伦珠、聚会堪布洛追桑珠、松巴·却吉南杰、卓达顷则巴、喇嘛扎西群佩、卓达顷则洛桑丹贝尼玛、东堪饶绛巴·格桑嘉措、安多卡尔堪布阿旺贝桑、卓达图旦班觉、安多·金巴嘉措、拉萨哇·洛追仁钦、嘉莫绒巴·洛桑扎西，现在由扎哇尔寺卸任喇嘛程勒饶杰主持。按照甘丹寺夏尔孜、绛孜扎仓授教方法讲授宗喀巴的有关中观、般若、对法、戒律方面的论著。今称“格热甘丹饶丹寺”。一级寺院，在寺僧人约二百五十人。

10.杰麦地方的旺仁寺。结热芒域洛丹巴居住嘉玛仁钦岗寺期间，根据观世音菩萨喀萨波尼像的授记，迎请佛像佛塔到位于达波下部地区的以前鲁梅的旧房所在地，之后在旧房东面建寺，由杰·桑结温循担任住持。后来杰家族的桑结俄有五个孩子，长子塑建了其祖父桑结温的像，称为“世界一庄严”。创建了三层楼的旺仁寺，寺院建成后招集五百僧人，委任内邬素巴的转世扎巴桑结格隆担任堪布，他的胞弟轨范师云丹释迦修建了佛塔，其弟弟达哇坚赞用金粉书写《十万般若颂》等经典，其弟弟旺格仁青继承政务，儿子嘉玛被任命了法座，但突然故去，使家族势力减弱，发生了许多变化。期间，有旺仁巴家族的嘉央班觉仁青在哲蚌寺见到了嘉央曲杰，跟其钻研佛典，成为学者，然后回到达波，使其僧俗部落都信奉格鲁派。随着曲杰洛追丹巴的弟子达波噶居巴洛追塔耶担任喇嘛，其家族在囊学地方繁衍。涅格禅布恰巴·扎西道结对寺院进行了修复，请来班钦根敦嘉措讲经，伦波和其叔侄出家，给侄取名为“英勇法王”，任命为喇嘛。他之后的喇嘛传承是：艾巴·欧参曲旺、琼结饶绛巴·南喀嘉措、觉顿·循努楚臣、夏莫活佛平措嘉措、强林饶绛巴·强巴曲却、贡堆都哇·平措嘉措、吉雪切松巴·格敦达结、沃喀桑林巴·仁钦洛追、藏协哇·强巴坚赞、雅隆东拉哇·南喀桑波、堆隆仁钦岗巴、洛桑坚赞、琼结扎西德庆巴·阿旺丹增，现在由藏协哇·多杰坚赞主持。寺院密宗扎仓，法行和下密院相近。诵《三律仪作法》，坐夏期间讲授《菩提道次第广略论》。常住僧人去哲蚌寺洛萨林扎仓、色拉寺麦扎仓、甘丹寺绛孜扎仓、群科杰寺达波扎仓深造。一级寺院，在寺僧人约二百人。

第十二章

格鲁派教法在艾地区的传播与发展

文殊怙主法王宗喀巴大师的教法在艾地区(今西藏山南地区曲松县一带)的传播发展情形:宗喀巴大师曾在德邬拉长期静修佛法,加持该地,光明天神的后裔(指吐蕃王朝赞普的后裔)第巴拉巴王臣对他的教法生起不退还的坚固信仰,担任施主修建寺院。

1.嘉日寺,噶当派善知识恰域哇有八大弟子,其中的嘉日迈尔哇钦波曾建寺于长满鱼网草的山坡上,故称“嘉日哇钦波”。由于擦绒赞波和帕竹师徒供施双方不合,致使嘉日曲宗和达波拉达尔地方出现了预料不到的一些情况。因此,他被喇拉钦波迎请到艾地方,被委任为嘉日曲宗和洛寺的喇嘛,在任期间负责新建了洛寺新佛殿。他之后嘉日寺的喇嘛传承是:堪钦阿旺扎巴、索南桑波、其侄子旺秋、曲窘哇等。拉尊嘉欧和曲杰强巴丹巴作过艾地区大多数寺院的喇嘛。以后的堪布传承是:扎囊·强巴曲却、琼结·洛桑丹增、拉·阿旺贝桑,现在由噶丹饶丹旺波担任。为乡间寺院,法行属于下密院系统。常住僧人去群科杰寺达波扎仓和甘丹、色拉、哲蚌等寺院深造。一级寺院,现有僧人约三十人。

2.日廓寺,藏巴·阿旺扎巴所建。历任喇嘛是:噶尔巴·楚臣扎西、拉尊嘉欧、强巴丹巴、强林巴·强巴曲却、涅桑波钦哇·阿旺群佩、嘉日寺协敖阿旺噶丹饶丹,现在由噶丹饶丹旺波主持。为密法院,法行等与下密院接近。常住僧人去群科杰寺达波扎仓和哲蚌、色拉、甘丹等寺院求学。一级寺院,在寺僧人约一百二十三人。

3.洛寺,恰巴寺协敖云丹却所建,中间一段时间由嘉日寺喇嘛代管。以后由达波扎仓的强巴丹巴、曲杰强巴曲却等人担任住持，他们之后的一段时间没有委任喇嘛，现在由夏仲曲杰自己主持。寺院法行同下密院和群科杰，在寺僧人约四十人。常住僧人去哲蚌寺洛萨林扎仓、色拉寺杰扎仓深造。

4.艾赛排寺，由恰巴寺协敖阿米恰纳钦波仁钦创建。喇嘛格桑嘉措主持寺院不久遭受蒙古兵攻打，僧人逃散。

5.赛多甘丹南杰寺，在嘉日夏仲洛桑图道时期，由索本（司膳师）饶丹巴负责修建，建到一半时，五世达赖喇嘛驾临这里，当时他年仅十五岁，给寺院赐名为"甘丹南杰寺"。历任喇嘛是：强林强巴曲却、泽当·索南欧珠、艾·仁钦嘉措、艾噶尼·强巴热佩、嘉日·强巴程勒、堆色·洛桑达曲、堆色饶绛巴·尊追嘉措，现在由墨如·南喀南杰主持。所学课本和达波扎仓一样，讲经不断，密法活动同下密院。一级寺院，在寺僧人约一百六十人。

6.艾色噶多卡尔寺，由努顿·喜饶扎巴创建，属于噶当派寺院。曾由几名善知识担任喇嘛，后来由嘉日寺协敖主持，和嘉日新寺一样。

7.绒恰噶尔寺，由拉强巴·饶丹和曲杰强巴丹巴供施双方共同修建的，夏仲·噶玛曲嘉有所发展。历任堪布是：强巴丹巴、扎强林·强巴曲却、琼结·洛桑丹佩、藏伦布孜哇·洛桑群佩、嘉日协敖洛桑伦珠、琼结·顿珠嘉措、西宁·顿珠嘉措，现在由墨如·南喀南杰主持。寺院以修炼密法为主。常住僧人随其意愿去色拉寺杰扎仓、甘丹寺绛孜扎仓、哲蚌寺洛萨林扎仓和下密院学习。一级寺院，在寺僧人约一百零八人。

8.艾绒甘丹曲顶寺，由持光明天神种姓的萨窘（地方首领）嘉日哇·强多尔所建。轨范师传承是：藏巴·格勒喜年、艾巴·格勒伦珠、格敦桑珠、南喀嘉措、强巴丹巴、顿月曲嘉、扎囊·强巴曲却、琼结·克增达结、扎其·强巴洛萨、艾巴·洛桑顿珠，现在由色噶尔·洛桑仁钦主持。主修《集密》和三黑行法，所举行的仪式同下密院。常住僧人去甘丹寺绛孜扎仓、哲蚌寺洛萨林扎仓、色拉寺杰扎仓、群科杰寺达波扎仓深造。一级寺院，在寺僧人约四十八人。

9.嘉拉托顶寺,岗木波·达俄循努启开处所之门,文殊怙主法王宗喀巴大师等多位名师曾在这里修行。修行院的实际创始人是色拉寺麦扎仓的僧人吉雪·娘占南卡哇大成就师塔尔巴坚赞,他被誉为是成就空行的英雄,圆满显密教法的善知识。遍知一切索南嘉措在边地哈拉沁临近圆寂时,他从这个静修地用一上午就到了蒙古地区,他就是和索南嘉措讲论深广教法的那位僧人。他之后的堪布传承是:桑结俄色、阿里噶居哇、索南尼玛、卓达·洛萨扎西、嘉哇·强巴程勒、丹增嘉措、强林·洛追嘉措、涅巴·洛桑顿珠、杰·洛桑益西、杰·格隆顿珠、涅巴·洛桑丹增、安多·洛桑曲窘、温巴·洛桑旺哇、杰·洛桑阿旺、娘布·帕巴遵追、艾巴·隆热,现在由勒雪嘉措护持。进行三律仪作法时,除了诵经翁则外,不设经师的职位。寺院主要根据龙树师徒的论著和宗喀巴的《菩提道次第论》等,勤修内金刚瑜伽,寺院中全部是修炼密法的僧人。一级寺院,修行比丘约十一人。

10.切涅塔尔林禅院,卓达隆巴卡哇·格隆扎巴从轮回的陷坑中解脱出来,以自己为师顺缘独自创建了修行院。堪布传承是:翁则巴乃居饶绛巴·格敦坚赞、涅巴·扎西顿珠、卓达·洛萨扎西、达波·索南尼玛、阿旺嘉措、群佩曲旺、隆热、索波·洛桑遵追,现在由群科杰寺堪布护持。三律仪作法等法事活动基本上和拉托顶寺相同。一级寺院,在寺比丘约十二名。

11.色玛当寺,达波扎仓的第二任上师堪·阿旺扎巴所建,第五任上师达拉曲巴以前的师承和达波扎仓一样。后来把寺院献给了持白莲者根敦嘉措(二世达赖喇嘛),根敦嘉措曾到过该寺。曲巴哇以后的上师传承是:洛桑克增、强林·洛桑丹增、卓达顷则玛·桑杰曲珍、旺仁·贡噶嘉措、康萨尔顷则玛·洛桑曲珍、止隆·洛桑参欧、索波尊追,现在是茹摩·桑杰洛追。举行上师供、斋戒、药师佛经仪式,以地道为主的格鲁派讲法方式。二级寺院,在寺女尼约七十人。

12.热塘扎西曲林寺,由卓达堪布图道班觉创建。他之后的堪布传承是:安多·金巴嘉措、拉萨哇·洛追仁钦,现在由嘉绒·洛桑扎西任住持。按照遍知一切根敦嘉措撰写的《上师供》和后藏所传的《药师佛摄轨》开展佛事活动。地道等法行于其它格鲁派一样。一级寺院，在寺女尼约一百零六人。

13.赛卡尔甘丹盘德林寺，由斋戒者嘉朗日巴所建的“大乐法轮寺”，后来除拉章之外，其它空废。这时由夏洛·贡达尔哇根据这所寺院的记录本(花格)和设计图将其改建成喀藏禅院，重新命名为“甘丹盘德林寺”。其上师的职责如同一般寺院的翁则，任命艾巴饶绛巴·曲旺嘉措担任，他精修两轮中的禅定。二级寺院，在寺比丘十五人。

14.卓达甘丹曲林寺，创建者、上师传承和法事活动等各方面和热塘扎西曲林寺相同。二级寺院，在寺女尼约六十人。

第十三章

格鲁派教法在涅地区的传播与发展

文殊怙主法王宗喀巴大师的教法在涅地区(今西藏山南地区隆子县一带)的传播发展情况:

至尊宗喀巴大师曾在扎格尔跟从堪钦曲嘉贝桑波学习戒律教法,修行著述。当宗喀巴大师住在涅堆格都拉仲期间,次仲格西前来拜见,敬献黄金,宗喀巴把它用在涅地六座寺院的佛教节日活动上面,此即其四大功业中的建立隆拉钦摩之事,至今仍然延续不衰。发展宗喀巴大师教法的涅地六座寺院是:

1.扎欧尔寺。最初印度班智达拉哇巴游历这里时,发愿要在涅地建立寺院。按照这一誓愿其化身于第一饶迥的铁虎年(1050年)生在宁氏家族,跟从噶当派格西博朵哇受比丘戒,法号为宁顿曲拔,成为博朵哇八大随从弟子之一。铁兔年(1111年),他六十二岁时修建佛殿,并建围墙,命名为“扎果”(经院),寺院内还建立了一尊内藏博朵哇心(佛塔)和空行从印度取来的其前世的天杖塔。他于水龙年(1112年)半宿月(藏历一月)二十九日圆寂,享年六十三岁。历任堪布是:温·曲杰僧格、云丹嘉、三位格奔木巴、卓隆巴、噶尔波都增巴、藏协钦波、吞弥·索南窘乃,他们分别建了寺院。措那巴·喜饶桑波、楚臣扎西、曲嘉桑波、其弟子大成就师南喀坚赞,拜见过宗喀巴大师后寺院改宗为格鲁派。桑结喜饶之后的堪布传承是:多杰桑波、曲巴坚赞、阿旺扎巴、云丹仁钦、扎巴·索南贝丹、桑珠喜饶、多杰喜饶、云丹旺波、曲杰哇、嘉桑哇、曲嘉桑波、布纳巴·曲桑、尊追桑波、藏堆·云丹俄色、桑结丹增、格桑曲杰、索巴阿旺、杂巴、蚌结巴、索南坚赞、桑结丹增、图旦雅佩等。这以后因无堪布的适合人选,从雅拉寺请来了几位首座。自从宗喀巴大师的政教白伞普及后,把热噶德钦的宗谿隆拉寺的供地赐给该寺,由仲孜康玛尔哇·格勒坚赞担任总堪布。之后依次是:卡拉哇·贡却丹增、那木夏巴·洛桑丹增、琼结·洛桑达结。寺院以修炼密法为主,法行和下密院、群科杰寺相近。寺院内设夏尔巴、都哇、洛巴、努巴等六所扎仓,主讲四部经论。后来寺院逐渐衰弱,至今六个扎仓合并成一个扎仓,僧人随其意愿去色拉寺和哲蚌寺学习。二级寺院,在寺僧人约二百二十一人。

2.桑波切寺的历史。宁顿曲拔的弟子吞弥格西索南窘乃向一千名僧人讲经时,有一次由于洞顶塌陷,几名僧人被压死,他非常痛苦,因而移居涅绒,接受一位富裕施主的供养,施主在宁托觉色地方有自己的寺院,而把它献给他,并请求他住到女尼之中。索南窘乃回答说:"不能住女尼中。"后来尼姑们迁出寺院,另建尼姑寺,故有了"素尔普"(即迁出的)寺。他在原来寺院的基础上扩建新建,招集了许多僧人,当地人奉献了一个为僧众集会时熬茶的大铜锅,故称"桑波切寺"(即大铜锅寺)。经过不断发展,僧人人数激增,因此在山谷对面又新建了一所寺院和觉色巴的十万大佛塔。委派的堪布是达玛索南,他曾请来拉·卓微贡波讲经。开初寺院内设达仓扎仓、群佩林扎仓、班觉林扎仓和仁钦林扎仓四个扎仓,后来因差异不大,为减少纠纷又合併为一个扎仓。

桑波切寺以戒律非常严整、远离尘垢而名声很大。索南窘乃的四大弟子是:善知识措纳巴·喜饶桑波、孜噶尔巴、夏尔康巴、达尔玛岗巴,这四人各建了一座寺院,摄授徒众。

桑波切寺的堪布传承:拉·卓微贡波、孜噶尔哇、楚臣旺波、贡却桑波,这时改宗文殊怙主法王宗喀巴的格鲁派,设立祈愿大法会。接着是:曲杰巴桑、释迦巴贡、事业顺利者格桑曲杰、扎西南杰,他曾是恰寺的协敖。之后一段时间里没有堪布传承。自从宗喀巴大师的政教事业如东山上升起的日、月,光辉普照之后,由一名总堪布统一管理涅地六座寺院。由于中间一段时间佛教发展受阻，讲经院中断讲经。寺院密宗法行等与下密院接近。常住寺院僧人随其意愿去色拉、哲蚌寺和群科杰寺阿里扎仓深造。一级寺院，在寺僧人约一百六十人。

3. 日当寺。由仁钦楚臣绛曲所建，他生于卓协绒地方，师事措格，精修三藏，按照授记建寺一百四十七座，嘉措仁钦当寺（日当寺）是其中之一座。后来扎欧尔寺堪布喜饶桑波的弟子坚赞桑波带来僧人，寺院得到了发展。寺院内设都哇（戒律）和般若两所扎仓。历任上师是：曲杰仁青、贡顿喜饶多杰、喜饶俄色、曲嘉仁钦、格奔木巴、曲杰贝桑、恰巴协敖曲嘉桑波，贡却桑波担任上师后拜见了宗喀巴大师，改宗格鲁派。他之后的堪布有：贡顿廓久巴的化身恰巴协敖班玛达却嘉波、其侄子恰巴活佛却吉扎巴、其弟弟扎西南杰，他作过涅地区大部分寺院的喇嘛，撰写了《四大海论》。他之后是里旺仁寺堪钦钦热嘉措。至宗喀巴大师的政教白伞普及后，中断了讲经。寺院以修炼密法为主，法行同下密院接近。常住僧人去色拉寺、哲蚌寺、甘丹寺深造。一级寺院，在寺僧人约一百二十人。

4. 昂嘉寺，止贡巴·久典贡波（1143—1127年）的弟子成就者藏协巴根据上师的授记在嘉切寺院修行，在抛掷食子时，食子被大雁带到北方山边，按照空行授记，在那里创建了寺院，取名为“昂嘉”（雁送来的）。历任喇嘛是：尚喇、嘉哇参坚、赛结仁钦、涅秋巴、嘉哇日超僧格、萨哇喇嘛、克珠仁钦坚赞，他之后有一、二位喇嘛缺载，其间改宗格鲁派。堪布传承是：曲嘉仁钦、仁青洛追、恰巴·仁青贝桑等。仁青贝桑的侄子把寺院献给了遍知一切根敦嘉措，由楚臣桑波担任住持。其后一段时间里没有堪布。自从宗喀巴大师的政教白伞普及后，由六座寺院总堪布统一管理。密咒法行与下密院接近。常住僧人去色拉、哲蚌、甘丹等三大寺院学习。一级寺院，在寺僧人约九十七人。

5. 德邬拉寺，博朵哇的弟子大持律师在自己住地马场附近修建了一所寺院，取名为“德邬拉”（马驹场），地名是“东嘎尔哇”，“恰”是家族名。历任堪布是：恰译师阿罗汉、曲杰贝、丹增贝桑、达哇、仁钦窘乃、洛追巴、释迦贝、桑波贝、恰巴·曲贝桑波、尼玛贝、益西贝，他拜见过宗喀巴大师，是宗喀巴大师的弟子中担任赤巴的无敌四大弟子之一，见前述。他之后是桑珠贝贡、洛桑班觉、恰译师仁青曲窘，从此开始一段时间内没有堪布。宗喀巴大师的政教白伞普及后，取寺名为“甘丹桑丹林”。寺院法事活动和下密院接近。常住僧人去色拉、哲蚌寺和群科杰寺达波扎仓、桑浦尼玛塘扎仓学经。一级寺院，在寺僧人约七十五人。

6.赛尔切卡寺，由绛赛托杰坚赞创建。他生在涅麦觉仲康钦的尼哇氏家族，继承父业，传播医术，做利益众生事业，成为噶当派善知识内邬素巴的弟子。他根据上师授记基本上建成了赛尔切奔木摩切塔，结尾工作由止隆巴完成。宝瓶中供养着内邬素巴的手帜，宝盖中供放着绛赛托杰坚赞的遗体。堪布传承是：嘉贡木欧西图道、珠秀·曲杰仁钦、克珠喜饶多杰、其弟子喜饶俄色、曲嘉仁青、衮本仁青、恰巴协敖嘉钦贡却桑波。这时候宗喀巴大师莅临涅地，住在桑宗的宗喀洞，看见了吉祥时轮等几位本尊显现，发誓要发展赛尔切奔木巴寺，上下诸寺从此都改宗格鲁派。贡却桑波之后堪布有曲杰贝桑、曲嘉桑波、廓久巴、钦波·扎巴坚赞、克珠曲旺。之后一段时间不大听到堪布之名。宗喀巴大师的政教白伞普及后是由总堪布管理。以上六座寺院称为“涅地六寺”。卡尔当等后来创建的一些寺院成为其属寺或子寺。密宗方面采取下密院的修习方法，常住寺院僧人随其意愿去色拉、哲蚌、甘丹等三大寺院求学。一级寺院，在寺僧人约一百四十九人。

7.卡尔当寺，据说由隆务·多杰坚赞所建。早期的堪布传承不清楚，从中期开始依次是贡塘巴·则巴贝丹、南喀洛追、南喀曲桑、南喀伦珠、南喀孜巴、工布·孜巴多杰、南喀索扎、宗喀巴的政教白伞普及后由总堪布住持。密院法规和下密院接近。常住僧人去群科杰寺阿里和达波两所扎仓学习。一级寺院，在寺僧人约一百人。

8.帕德寺，由塔尔巴桑波创建。从帕德措巴堪布开始的几任上师之时是萨迦派传承，索南欧珠主持寺院后改变法行，宗奉格鲁派。现在由阿旺顿珠护持，诵俄尔派所传的《普明大日如来经》。二级寺院，在寺僧人约二十八人。

9.涅地六座寺院的子寺或属寺贡塘寺，由宗喀巴大师的亲教弟子中被称为四法王之一的贡塘曲杰孜巴贝创建。堪布传承是：觉木丹拉孜、南喀洛追曲丹、南喀曲桑、南喀俄孜等，后来逐渐衰弱，没有僧人集会，只有寺属庄园。另有以前噶当派格西恰热哇·云丹洛追所建的章卡尔寺等，现在宗奉玻东巴学派，在此不必详述。

10.恰域班玛廓寺，恰巴·扎西达结指示叫白玛的女仆所建，故名。最初信奉噶举派。自从宗喀巴大师的政教白伞普及后成为涅地六座寺院之一的桑波切寺的属寺，由堪布康玛尔哇等人主持，详见桑波切寺。诵经、供奉等法事活动基本上与桑波切寺相同。常住寺院僧人去群科杰寺达波扎仓求学。二级寺院，在寺僧人约四十三人。

第十四章

格鲁派教法在洛扎地区的传播与发展

文殊怙主法王宗喀巴的教法在洛扎地区(今西藏山南地区洛扎县一带)的传播发展情形:

1.卓哇贡寺,赤松德赞的教法大臣许布·贝僧的后裔许布堪钦·达哇坚赞所建。他之后的堪布有迈赞贝、尼玛俄色、扎都、尼玛杰波、贡却嘉之后的堪布传承是:南喀僧格、南喀杰波、僧格桑波、嘉色桑波。此后是大成就师南喀坚赞,他生于火虎年(1326),十岁从伯父嘉色桑波出家,十九岁从嘉玛仁钦岗寺上师扎西嘉波出家,十九岁从嘉玛仁钦岗寺上师扎西嘉波等人受比丘戒,修成金刚手。七十岁时,他会见了三十九岁的宗喀巴,他们俩一起谈论噶当派教法和金刚手法,改寺名为“卓贡寺”,宗奉格鲁派。水马年(1402 年)神变月二十五日去世,享年七十七岁。他临终时说了谁能触见格奔木塔等一些有意义的话。他之后的堪布有南喀俄色、南喀多杰、扎杂巴扎、玛结杰达、密行者,其之前都是许布氏。之后一段时间的上师传承不详,接着是洛札·绛钦桑杰、琼结·丹格勒、完巴·夏琼巴、夏·南喀诺布、完巴·桑杰勒雪、丹木协·洛桑拉旺、桑木贡·茨达旺嘉、藏巴·洛桑曲札、堆隆·洛桑塔克、鲁奔木·班觉达结、觉摩隆·洛桑坚赞,现在由色拉寺麦扎仓的洛桑格勒主持。这所寺院是座以修炼密法为主,法行接近上密院。常住僧人去哲蚌寺洛萨林扎仓、色拉寺杰扎仓、尼玛塘等学经。一级寺院,在寺僧人约四十二人。

2.卓哇贡寺后面的群仓寺,由许布·达哇坚赞创建。堪布密行者之前的情况前面已经介绍过,其后出现了许多上师后,有:洛追坚赞、贡噶桑结、云丹窘乃、坚叶勒贝洛追、尊追桑波、当·洛追乔勒、泽当巴·欧珠嘉措、琼结·丹格勒、泽当巴·洛桑丹巴、饶绛巴·洛桑尼玛、曲杰夏琼巴、夏巴·南喀诺布、完巴·尊追达结、当巴·达追顿珠、丹木协·洛桑嘉哇、完巴·茨达旺嘉、澎巴·班玛伦珠、鲁本·班觉达结、觉摩隆·洛桑坚赞，现在由色拉寺麦扎仓的洛桑格勒主持。寺院所修密典和法行等同上密院。常住僧人去洛萨林、杰、尼玛塘等扎仓学经。一级寺院，在寺僧人约七十四人。

3.恰地方的洛窝寺，由许布·僧格桑波创建。堪布从首任至大成就师南喀坚赞之间与上述相同，中间有一段时间没有得到大的发展。以后的堪布传承是：曾经担任博朵寺住持的康萨尔寺僧人强巴克增、曲仲努·噶居程勒多杰、曲仲夏·强巴仁钦、排迦·洛桑丹巴、赛尔波切曲桑、赛尔切·洛桑欧珠、赛尔切·塔尔巴南杰、欧朗·洛桑诺布，现在由曲仲夏的强巴丹增主持。诵经、供祭活动和赛尔钦巴博朵寺相同。三级寺院，在寺僧尼约三十三人。

4.当贡新寺，由当巴协敖洛追班觉创建。遍知一切索南嘉措曾莅临此寺，散花祝赞。堪布传承是：琼结·勒巴洛追、洛追嘉措、当巴·洛追却勒、达波·尊追桑波、当巴·格敦嘉措、当巴·洛追顿珠，当巴·顿珠嘉措、当巴·尊追诺布、觉摩隆·洛桑坚赞，现在由色拉寺麦扎仓的洛桑格勒主持。为密咒院，常住僧人一般去洛萨林扎仓、杰扎仓和尼玛塘扎仓深造。一级寺院，在寺僧人约四十三人。

5.丹木协扎西曲林寺，据说由文殊怙主法王宗喀巴大师和堪钦金刚手南喀坚赞的亲教弟子琼结巴·贡波绛曲所建。但是，尊胜上师（五世达赖喇嘛）撰写的《扎西德庆寺志》中说：雅德日沃曲林寺和这所寺院都是由曲杰顿珠贝哇所建，当以后者为是。历任堪布是：丹木协·索南扎巴、蔡巴·洛追南杰、坚叶顿巴哇、丹木协·索南绛曲、阿里·群佩坚赞、米纳巴·曲多杰、俄巴·喜饶达结、康巴·格勒嘉、涅巴·喜饶坚赞、许布·勒巴洛追、拉布·南喀桑波、当巴·阿旺班觉、工布·桑结坚赞、达波·洛追贝孜、南喀强巴、泽当·欧珠嘉措、强巴曼兰木、琼结巴·洛桑贝贡、堆隆巴·图旦南杰、洛桑贝贡重任、班觉伦布·洛桑平措、桑阿卡尔哇·阿旺曲扎、丹木协·扎玛尔巴平措嘉措，现在由琼结巴·丹增嘉措活佛主持。主修鲁俄巴所传《胜乐》、帕师所传《集密》、《十三尊大威德》、《持律普明》、《九尊长寿》、《药师佛经仪轨如意王》等，护持僧徒。法行都是格鲁派的。常住僧人去洛萨林、杰、娘绒、达波等扎仓和尼玛塘寺学经。一级寺院，在寺僧人约一百一十九人。

6. 赞卓布尔托寺，创建者、上师传承、法事活动等都与扎西曲林寺相同。一级寺院，在寺僧人约四十人。

7. 尤南木顶寺，许布·达哇坚赞所建。这个地方被森林覆盖，林木蔽天，只有寺院所在地能看见天空，故称“南木通”（看见天），后来音讹，转成“南木顶”（天上）。堪布从首任至大成就师南喀坚赞之间和托切寺相同。以后的传承是：喇嘛贝丹坚赞、尼玛塘巴·贝丹洛追、索南伦波、欧珠嘉措、强尼曼兰木。中间有一段时间没有上师传承。后来因噶玛巴的要求合并到扎西曲林寺中，寺院合并之后，从许布家族的拉沃勒巴洛追至今和扎西曲林寺是一个师承，诵经、五地十道等法行都与扎西曲林寺相同。一级寺院，在寺僧人约三十八。

8. 措那伦珠德庆寺，由伏藏师仁特那林巴的转世拉巴所建，中间一段时间无上师传承。后来成为噶丹饶杰林寺的分寺，上师传承关系详见噶丹饶杰林寺。口念诵地道经，举行法会。二级寺院，在寺僧人约二十人。

9. 卓协的多卡尔寺，努顿·喜饶扎巴所建，弘扬噶当派教法，在噶玛巴·旺秋多杰（1556—1603 年）时期改变教派，到火猴年（1596 年）又如兔子翻窝一样恢复为格鲁派寺院。自从宗喀巴大师的政教光辉遍照十方后，先后担任堪布的有穷饶绛巴·索南欧珠、嘉玛饶绛巴·阿旺索南、拉木巴·索南班觉、贡孜上师丹巴嘉措、色拉堆扎仓卸任经师洛桑坚白、色拉寺麦扎仓饶绛巴贡却南喀，现在由色拉麦扎仓的洛桑扎西主持。所修《集密》、三黑行法等同上密院，僧人去哲蚌寺洛萨林、色拉、扎德等寺院、扎仓学经。一级寺院，在寺僧人约八十三人。

10.门措那的萨顶寺,喇嘛勒巴坚赞所建。遍知一切索南嘉措曾莅临此寺,并命名为“甘丹颇章”。勒巴坚赞之后的堪布传承是:洛桑丹贝坚赞、阿旺钦孜旺秋、洛桑丹巴嘉措,现在由洛桑班觉主持。后来由尊胜上师(五世达赖喇嘛)赐名为“噶丹饶杰林”。为密咒寺。常住僧人去哲蚌寺洛萨林、色拉寺杰、群科杰寺达波等扎仓习经。一级寺院,在寺僧人约八十八人。

第十五章

格鲁派教法在西藏南部帕竹属下的雅隆地区的传播与发展

文殊怙主法王宗喀巴大师的教法在南部约如雅隆地区的传播发展情况：

在乃东孜地方，阐化王扎巴坚赞曾作为宗喀巴的主要施主并请问佛法。宗喀巴请求寺院堪钦楚臣仁钦和协藏堪钦喜饶贡波分别担任堪布和轨范师给他授予了比丘戒。之后，宗喀巴在泽当参加噶宇学位的辩经，还跟从丹萨替寺的京俄扎巴绛曲听讲过佛法。宗喀巴还通过讲经使迦湿弥罗布雅室利和扎觉巴·贝丹坚赞等丹萨替寺的多数堪布和轨范师学习格鲁派教法。宗喀巴大师曾长期住在桑日寺、温地的格茹寺、扎西多卡寺，传播格鲁派教法。

1.泽当寺，在鲁梅居住过的地方，仲巴大司徒绛曲坚赞于铁兔年(1351年)建造了佛殿和佛经、佛像、佛塔，水龙年(1352年)邀请各地寺院的僧人来这里讲经，设立完善的讲经制度；赐给该寺院许多香火田庄，并规定乃东的执事僧担任泽当寺的法座，最先是嘉央释迦坚赞(1340—1373年，任泽当寺法座1352—1365，任帕竹第悉1365—1373)，他精通四部经论，见闻广博。二十六岁，登上乃东孜的第悉宝座。他之后的法座传承是：嘉色·扎巴仁钦(1365—1367任法座)、嘉木欧巴、杰·索南扎巴(1368—1381年任法座)、扎巴坚赞(1381—1385任法座)、仲·绛曲多杰(1385—1428任法座)、扎巴窘乃王(1428—1432任法座）、贡噶勒贝窘乃（1444—1448 任法座）、切萨·桑杰坚赞、多杰仁青旺格坚赞、贝阿格旺波、扎西扎巴坚赞王，从此以后由噶玛巴·旺秋多杰等人担任住持，他担任帕竹政权第悉，平时除了在法会上作阎摩德迦回向外，为了方便起见，任命两人如同经师管理事务，称为南北两名钦波，南面的钦波依次是：曲杰益西、欧尔托巴、绛仁卡尔托巴、嘉桑巴、楚臣洛追、仁钦贝、桑杰嘉措、达波俄尔僧格、洛嘉哇、班觉哇、扎西桑巴、洛追僧格、索南扎西、嘉木结哇、绛廓哇、索木结哇、桑杰贡波、赤康巴、夏结哇、云乃仁波且、成就师等住于哲乌林按照萨迦派法规护持。

北面的由钦波桑杰坚赞、扎巴坚赞、云丹仁钦、洛追佩等人主持。洛追佩担任堪布期间，阐化王扎巴坚赞迎请文殊怙主法王宗喀巴大师来到温扎西多卡尔，转动显密法轮。当时，泽当的僧众请求北面的钦波与宗喀巴辩论因明，前往挑战。恰巧碰到宗喀巴在讲还灭与流传经，当场对宗喀巴生起坚定信仰，成为宗喀巴的亲教弟子。从这一年开始，有三十余名僧人持文殊怙主法王宗喀巴之教法，是为建立五供扎仓之始。北面康萨尔巴格隆让桑结也信仰宗喀巴大师，首先作格鲁派的施主。

文殊怙主法王宗喀巴大师在甘丹寺圆寂后，定期举行供祭法会，被称为“甘丹五供”，泽当寺是在雅鲁藏布江南岸最早为宗喀巴举行时供者。五供扎仓的上师传承是：扎桑巴、贝桑巴、群佩哇、格玛哇、曲廓哇、绛玛康萨尔巴·钦热贝桑。此前五供扎仓的僧人分住在各个吉康（僧舍）。钦热贝桑在琼结附近的吉布建立经堂、佛殿、佛像等，被称为“五供室”。经堂落成后，邀请遍知根敦嘉措来参加首次法会，升上首座，把扎仓奉献给了他。根敦嘉措（二世达赖喇嘛）礼拜了佛经、佛像、佛塔，向护法多吉玉尊玛托付事业，又请求乃东孜王拔给香火田等顺缘。以后的堪布传承是：波顿恰巴·绛玛哇、却典达巴、塘都巴、曲廓哇·诺布贝桑、绛玛康萨尔哇·索南班觉伦珠。这时候由于没有博学者，所以雅隆和藏巴第悉没有任命上师。自从宗喀巴大师的政教白伞普及后，五供扎仓的僧人兼任赤巴和北面钦波职务，他们依次是：日沃德庆巴·仁钦多杰、纳木夏巴·洛桑丹增、赤仁波且洛桑坚赞、洛桑丹增活佛、上密院卸任经师洛桑格勒等人。为密宗扎仓,法行等同上密院。常住僧人去色拉、哲蚌、甘丹等三大寺院和桑浦、群科杰寺深造。一级寺院,在寺僧人约二百一十人。

2.扎西德庆寺,法王东珠贝哇居住在雅隆琼结的日沃德庆寺期间,讲授《菩提道次第论》、《修心》和《集密》三部经论。后来,由于山谷窄无法建房,由第巴琼结巴作施主,在恰达庄园附近创建了扎西德庆寺,遍知一切根敦嘉措长期居住在山口的坚赞孜卧室著书立说。在护法殿中住着鼻血所画的吉祥欲界自在色身像十分威严。此后的堪布传承是:曼兰木巴·乃丹循努力僧格、索南仁钦上师、班觉云丹嘉措、古格哇·洛追嘉措、沃喀·曲窘嘉措、曲扎桑波、达波轨范师、擦哇·强巴坚赞、仁钦南杰、聂模·洛追仁钦、林麦·洛追坚赞、琼结·洛桑丹佩、泽当·强巴嘉措、巴仓·丹增嘉措、娘热·洛桑曲扎、松卡尔哇·阿旺饶丹,现在由琼结巴·丹增嘉措活佛主持,举行密法活动。常住僧人去色拉、哲蚌寺和群科杰寺阿里扎仓学经。一级寺院,在寺僧人约一百三十人。

3.塘波且寺,后弘期初期卫藏持律十人中的鲁梅的弟子珠迈尔等八位师兄弟所建,库顿·尊追雍仲对其加以发展。浊时众生的独眼玛尔迈赞益西大师曾长期在这里居住。该寺又称“索纳塘钦”(黑炭塘钦寺),据说这是因为该寺是藏区的一所大寺院。所以库顿自己很骄傲,甚至嗔恨仲敦巴,尤其以诋毁咒对待大伏藏师具有神通的僧人,因此之故,使寺院一半被火焚烧。历任堪布是:库顿·尊追雍仲、窘乃坚赞、库·喜饶尊追、库·多德拔、恰译师阿罗汉、恰·曲杰贝、拉让哇·循努坚赞、成就师洛追贝、遍知桑波贝、尼玛坚赞贝桑。莲花手根敦珠根据宗喀巴大师的教导跟从尼玛坚赞贝桑闻习《集密》、《大威德》、《红阎摩德迦》等密法,宗喀巴大师也从他听讲过缘起法。他之后的堪布传承是:拉达·索南班觉、曲尼桑波、拉让巴·曲窘、伦珠杰波、伦珠嘉措、恰木堆巴·阿旺巴桑、仓央周扎、岗坚巴,现在由阿旺班觉主持。寺院主修《集密》、《普明大日如来神变加持经》、《金刚鬘》,并运用这些方法举行仪式,进行修供。属于格鲁派寺院。一级寺院,在寺僧人约三百二十人。

4. 群科顶寺，由堪钦曲帕巴创建。堪布传承是：琼结巴·索南洛追、仁钦南杰、达那·洛追仁青、琼结·洛桑丹佩、平措欧却、坚叶丹增嘉措、娘热·洛桑曲札、素尔卡·阿旺饶丹，现在由洛桑丹佩的化身琼结活佛丹增嘉措主持。诵经、法行等与下密院相近。常住僧人去拉哇堆寺和阿里扎仓学经。一级寺院，在寺僧人四十人。

5. 日沃温贡林寺，由哲蚌群科尔林的格西蔡巴·释迦达尔创建。据说这里曾是大轨范师班玛桑巴哇（莲花生大师）的修行加持地。开始时没有上师，居住着日沃德庆寺的希求解脱的二十名僧人，诵《三律仪作法》。一级寺院，在寺僧人约二十一人。

6. 饶康寺，最初由法王牟赤赞普的妃子昂琼·贝吉嘉姆为修福田而兴建的佛殿和佛塔、佛像，被称为“乌孜宁玛”，后来珠迈尔哇钦波的弟子松·多杰坚赞扩建，称为“祖拉康色玛”（新佛堂），开讲佛法戒律。在廓琼·茨程窘乃、娘擦木·仁钦喇嘛、娘萨娘波等几位上师主持寺院期间得到了很大发展。现在成为日沃德庆寺的分寺，只有几名黄衣在家僧人进行诵经、修供活动，几乎没有寺院的样子。二级寺院，在寺僧尼约十一人。

7. 强巴林，或称琼结德强寺，文殊怙主法王宗喀巴的弟子索南仁钦所建。现在在家僧侣中有女尼。二级寺院，在寺僧尼约十人。

8. 嘉桑岗宫，是吉雪洛巴岗夏尔热钦（一位持斋戒者）在原噶当派废寺的基础上新建的一所寺院，自从宗喀巴大师的政教白伞普及后成为格鲁派寺院。上师有热钦巴活佛顿尼塔尔钦、洛桑图旦，现在由阿旺顿珠主持。诵经、法行基本上同上密院。常住僧人去哲蚌寺洛萨林扎仓学经。二级寺院，现有僧人约四十人。

9. 拉茹寺，据说最先是法王赤德祖赞或称麦阿葱修建的一所佛殿，以后在此基础上逐渐形成寺院。现在除了几位在家僧人外，有无诵经及经师传承不清楚。僧人去达结林寺求学。二级寺院，在寺僧尼约五十四人。

10. 拉卡尔噶丹林寺，最初由艾巴·桑木旦达尔哇所建，曾倾向于其他教派。后来归属推散达结林寺，改宗格鲁派，按例任命一位副经师担任堪布。其后的堪布传承是：拉茹·洛桑多杰、雅堆·阿旺尼玛、颇章·诺桑嘉措、澎波·图旦嘉措、雅堆·洛桑曲窘，现在由绛赛阿旺贡桑主持。法事活动基本上仿照达结林寺进行。常住寺院僧人去达结林寺深造。二级寺院，在寺僧人约三十人。

11.日沃曲林寺，文殊怙主法王宗喀巴大师的亲传弟子坚叶·曲杰顿珠贝哇所建，设密修院。历任堪布是：顿珠贝哇的侄子饶绛巴曼兰木贝、贡顿·却吉僧格、绛曲茨旦、萨哇珠巴寺顷则索南桑波、拉日孜巴、克松巴·却吉南杰、曲杰班觉坚赞、素尔夏巴·南喀强巴、措堪钦仁青嘉措、曲桑饶绛巴·索南桑珠、雅隆克松·洛桑丹增、藏珠参巴·洛追仁钦、藏康玛尔格勒巴、琼结雪巴·仁钦饶杰、坚叶绛曲林巴·阿旺丹佩、康区哉务·索南坚赞、洛巴嘉色洛桑丹增，现在由萨珠阿旺嘉措主持。法事活动同上密院。常住寺院僧人去群科杰寺阿里扎仓、达波扎仓和拉哇堆寺深造。一级寺院，约有一百五十名僧人。

12.雅隆协扎附近的琼结菩提道次第大乘寺，由第巴琼结巴·曲嘉哇作施主，塔尔玛顷则传承者楚臣桑波所建。宗喀巴大师的亲传弟子循努桑杰曾来寺讲授《菩提道次第论》，故名。历任堪布是：楚臣桑波、扎巴坚赞、南喀桑波、藏顿·扎巴旺秋、索南桑结、日沃曲林巴·格敦伦珠、强雄·曲扎嘉措、昂嘉哇·扎西南杰、藏顿·扎巴扎西、克松巴·却吉南杰、泽当巴·桑杰洛追、本周宗巴·顷则晋迈扎巴、羊宗巴·阿旺索朗南杰、贡波洛追贝孜、浪昌哇·格敦嘉却、日沃南杰哇·云丹嘉措、恰玛顷则曲窘嘉措、泽当巴·欧珠嘉措、云丹嘉措重任、贝丹喇嘛洛追仁钦、桑建巴、巴贡、仁青饶杰，后面三人是琼结雪巴人，扎央贡·丹巴嘉措、泽当·强巴嘉措、林麦坚叶夏仲、哉务霍尔仓曲杰、沃喀嘉色洛桑丹巴、乃娘活佛贡噶德勒，现在由普隆·洛桑云丹担任住持。寺院主修密法、法事活动同下密院。常住寺院僧人去色拉寺杰扎仓、哲蚌寺洛萨林扎仓、拉哇堆扎仓和群科杰寺阿里扎仓、达波扎仓深造。一级寺院，在寺僧人约一百零八人。

13.琼结日沃德庆寺，由掌握《般若二万颂》的堪钦洛追贝桑和琼结巴·多杰才旦南杰结巴贝桑波供施双方按照嘎尔顿曲杰即克珠格勒贝桑波的亲传贤哲弟子成就师的设计方案修建的，有一座经堂和三十间僧房。建成时请来班钦强巴木巴主持举行盛大的开光仪式，主要从琼结宗宗堡下的“雪”的属民中征集僧人，建立了密宗扎仓，其诵经、法事活动都是按照文殊怙主法王宗喀巴的教规进行的。四年后发展成为拥有一百零八间僧舍的寺院，到现在还在继续扩展，结合良善的顺缘，开设了和四续部有关的(生起圆满)二次第的学习修供之规。洛追贝桑出生在后藏拉堆地方，跟随遍知一切根敦珠、嘎尔顿等多位善知识精修显密经典教理，掌握了《般若二万颂》和《般若五千颂》等，长期口念诵，故得名“聂赤”(二万)。他之后的堪布传承是：琼结巴·噶居群佩坚赞，他撰写了几部关于《胜乐生圆二次第》方面的论著。嘉央却拉俄巴曾任桑浦林麦等许多大寺院的法座，按照根敦珠的遗嘱迎请遍知一切根敦嘉措来寺，完成了政教方面的圆满供养。他之后的堪布依次是：曲杰曲扎布、曲杰阿旺扎巴、琼结巴·钦饶旺秋、大续部师索南贝佩、嘉央顿珠、贡玛尔哇·达哇坚赞、克松巴·却吉南杰、降玛康萨尔哇·桑热班觉、塘波钦巴·程勒嘉措、措堪钦·仁青嘉措、绛玛康萨尔哇·钦波班觉、索南伦珠、曲杰强巴丹巴、堪钦仁青嘉措、甘丹赤巴·楚臣群佩、乃娘法王贡噶德勒、娘堆觉阿哇·洛桑平措，这时持教法王(丹增法王——固始汗)带领(蒙古)兵来到西藏，洛桑平措和日沃曲林上师藏康玛尔巴同时，和藏康玛尔巴心思一样，过多参与世俗事务，倾向于第悉藏巴，企图改变众人的倾向和做法。但是，这种业果之力谁也无法阻止，宗喀巴大师的政教日光依然照射各方。此后，担任堪布的人有：江夏巴·嘉央扎西、琼结·洛桑丹佩、洛桑克增、拉萨哇·楚臣嘉措、哉务·阿旺贝桑、桑日哇嘉色洛桑丹增、乃娘活佛嘉曼阿旺贡噶德勒，现在由世间顶饰五世达赖喇嘛的侍从拉萨哇欠本(司舞官)格隆阿旺贡却主持。为密法院，主修《时轮圆满身语意》、《集密》、《胜乐》、《大威德》、《喜金刚》、《药师佛经仪轨如意王》等经论著，进行修供，护持众生。常住僧人去甘丹寺绛孜扎仓、哲蚌寺洛萨林扎仓、色拉寺杰扎仓、拉哇堆扎仓学习。一级寺院，在寺僧人约五百人。

14.琼结坚叶寺，由掘藏师香巴欧喜所建。由于夏日布(舍利子)右眼犹如水中月亮一样自然明亮显现，故名。历任堪布是：乃丹·达玛扎西、喀切墨顿曲哇尔、克·喜饶尊追、洛扎巴·达玛僧格、格西朵觉、克尊达巴、娘占·南喀循努、南喀贝上师、嘉擦循努扎、堪钦桑杰扎、桑杰坚赞、循努贝、旺秋贝、绛曲贝、循努僧格、桑杰奔木贝、曲却巴、绛曲贝重任、循努俄、尊追坚赞、桑结贡、扎西勒巴、洛追平措、南杰拉旺、喜饶益西、桑结顿珠、程勒嘉措、泽当巴·欧珠嘉措、琼结巴·乃丹、琼结·赤烈巴、琼结·曲普巴、南喀嘉措、坚叶巴·格敦饶佩、扎囊·丹巴嘉措、琼结·贡噶丹增、坚叶·欧珠嘉措，现在由琼结活佛丹增嘉措担任住持。以修密法为主，法事活动同上密院相近。常住僧人去哲蚌寺洛萨林扎仓、色拉寺杰扎仓、甘丹寺娘绒扎仓、上密院、拉哇堆和群科杰寺阿里扎仓习经。一级寺院，上寺僧人五十三人，下寺僧人三百人。

15.强桑木丹孜寺，由强巴·贡噶坚赞创建，中间约有十任上师的名字不详。以后的上师传承是：南杰轨范师仁钦巴、央卡·阿旺群佩、洛桑群佩、阿力克曲杰、丹佩尼玛、班觉桑波、强巴嘉措、桑木丹程勒、洛桑格敦、阿旺饶丹，现在由泽当·洛桑金巴主持。为密修院，一切法事活动同下密院。常住僧人去南杰盘德勒雪林扎仓、下密院、哲蚌寺洛萨林扎仓、色拉寺杰扎仓、群科杰寺阿里扎仓学习显密教理。一级寺院，在寺僧人约九十人。

16.在芒卡尔扎西顿地方的学者云集的法会上，有一天文殊怙主法王宗喀巴大师同时开讲十五部大论，另增讲了两部小论，共讲解了十七部经论，并对一些大难问题依据藏族学者的广释提出的解说进行了辩驳和抉择，这些在三个月之内全部完成，这只是其事迹中是非常稀有的。当时宗喀巴大师讲经时坐过的宝座至今保存完好。

17.芒卡尔雪贡寺，由文殊怙主法王宗喀巴大师的嫡传弟子京俄索南坚赞，亦称拉多色热巴或称涅尼仁波且(此人为阐化王扎巴坚赞之弟，属帕竹朗氏家族，1417—1434 年任甘丹萨替寺京俄）创建，寺院落成后宗喀巴大师亲自开光。后成为泽当五供寺的分寺，故称“雪贡五供寺”。中间有一段时间成为在家僧人家舍，后来南赛林巴的热心下将它改变成清净寺院。大五供法会上进行药师佛修供和娘温的《普明大日如来经释》等，法事活动和强桑木丹孜寺一样，合在一起举行。以前没有上师，从水虎年开始依次由桑珠曲宗巴·阿旺南杰、洛桑贡孜等人主持，现在由洛桑丹增楚臣管理。常住僧人去哲蚌寺洛萨林扎仓求学。二级寺院，在寺僧人约二十四人。

18.扎囊阿尔盖寺，噶当派格西恰都哇增巴的弟子绛曲尊追所建。有一个时期佛殿被河水毁损，扎囊释迦曲热巴进行了修复。在帕竹和第悉藏巴的时期由觉囊派的八任堪布主持，酷似在家僧人的家宅。自从宗喀巴大师的政教白伞普及后，开始了堪布传承，他们是：卡尔托巴·克增仁钦、桑珠岗巴·洛桑阿旺、央温·丹巴坚赞、墨如·洛桑格敦、夏廓尔·阿旺顿珠、墨竹·贡却顿珠，现在由藏巴贡却伦珠主持。常住僧人一般去哲蚌寺、群科尔杰寺达波扎仓、多松林寺学经。寺院没有比较特别的诵经和法事活动。二级寺院，在寺僧尼约九十人。

19.芒卡尔噶丹拉当寺，据说是在宗喀巴大师莅临扎西顿时形成的一所寺院，从此由扎西康萨尔哇的人长期主持。上师传承是：格敦群佩、洛桑群佩、布乃达恰、丹巴嘉措，现在由洛桑顿珠管理。法事活动、诵经等与上密院接近。常住僧人一般去哲蚌寺洛萨林扎仓、群科杰寺阿里扎仓和达波扎仓深造。为在家僧人寺院。二级寺院，在寺僧尼约十九人。

20.羊卓朗隆寺。根据授记，秘密主南喀坚赞有十三位具业大弟子，该寺由其中昌波拉隆巴·嘉央南喀桑波所建。前几任堪布之后曾由京俄却吉扎巴、噶玛噶举红帽系活佛管理。宗喀巴大师的政教白伞普及后成为日沃德庆寺的分寺。堪布传承是：琼结巴·洛桑丹增、喜饶嘉措、程勒平措、洛桑丹佩，现在由贡嘎平措主持。主修宗喀巴大师的《上师供》和大悲南喀杰波的《羯摩仪轨》等，并以此做利益自他之事业。法事活动全部是格鲁派的。常住僧人去哲蚌寺洛萨林扎仓求学，也去色拉寺和甘丹寺深造。二级寺院，在寺僧尼约九十五人。

21.扎·强巴林寺。吞弥桑布扎第十二代后裔仲钦楚臣坚赞有二子，其中的长子居士伦珠扎西创建了这所寺院。次子强巴林巴·索南朗杰和大译师索南嘉措建立了佛塔，属于西藏法轮塔中的名塔，任命素尔钦法轮岗寺的喇嘛扎切乃萨尔喜顿巴为首任堪布。他之后的传承是：时轮塔上师后藏娘堆的顿珠贡噶、哉务蔡喇嘛扎囊·伦珠嘉措、门布喇嘛扎囊诺桑巴、央温喇嘛扎囊南杰贡波、雪当喇嘛扎切曲扎。大译师索南嘉措去世，第悉藏巴时期对素尔钦家族打击很大，因此该寺停止了大型的修供法会。宗喀巴大师的政教白伞普及后由吉索召集诸扎仓共同集会。堪布传承是：雅降巴·杰增仁钦、堆隆桑岗巴、色拉·楚巴嘉措、泽当·强巴嘉措、纳卡·洛桑顿珠，现在由世间顶饰五世达赖喇嘛的却本(司供祭官)嘉达尔贡巴·阿旺喜饶担任。这所寺院开始时经常进行曼荼罗仪式，后来逐渐失传。常住僧人去哲蚌寺洛萨林扎仓、色拉寺杰扎仓、群科杰寺娘绒扎仓学经。一级寺院，在寺僧人约二百二十人。

22.扎·日沃南杰寺，宗喀巴大师的亲传弟子乃丹格敦杰波所建。其后的堪布传承是：南喀洛追、扎囊·饶巴曲嘉、扎央卡巴曲杰·云丹嘉措，第悉藏巴时期没有多少任堪布，有时空缺。以后的堪布有：强巴林曲杰桑结群佩、央温·丹巴嘉措、强林巴·洛桑格敦、藏巴洛桑，现在由桑热林和尼觉墨竹贡却顿珠主持。寺院以修密法为主。一级寺院，在寺僧人约六十人。

23.扎·德哇林寺，乃丹俄色扎西所建，并从强巴林寺来担任此寺寺主，属于主巴噶举派，故不详述。雅鲁藏布江北岸的素尔城堡中的多阿林(显密洲)是宗喀巴大师的真传弟子绛赛贡噶桑波修建的，他于火马年(1366年)生在素尔城堡地方的结氏家族，在泽当作过康娘寺的经师，从大成就师南喀坚赞和宗喀巴大师听过法。七十三岁时(1438年)建寺，开讲中观、因明和集密、胜乐等显密教法。水鼠年(应为木鼠年1444年)去世，享年七十九岁。其弟子有嘉央曲杰扎西贝丹、蔡巴曲杰索南仁钦、曲杰洛追南杰、格隆索南扎巴、格隆图巴、格隆独觉等名僧。寺院分成拉耶和林麦两部分后，各自有一名经师，加上堪布共三人。历任堪布是：噶宇哇·洛追南杰、噶居洛追仓迈，他任职几年后把寺院献给了遍知一切根敦嘉措（二世达赖喇嘛），根敦嘉措又把它赐给了阿里扎仓，所以其后的堪布都是由阿里扎仓的上师兼任。虽然上下林都有任命轨范师之规和讲授显密教法，但是后来由于佛教发展受阻，讲经中断，上下两所寺院合并，由一个上师主管。上师传承是达波·丹巴南杰、洛札饶绛巴·强巴孟西、坚叶寺噶居洛桑仁钦、素尔卡哇·洛桑曲扎、阿里·洛桑班觉、托卡茹哇·阿里饶丹，现在由曲洛追主持。常住僧人去色拉、哲蚌两寺、上下密院和阿里扎仓习经。一级寺院，在寺僧人约六十三人。

24. 温噶丹群科顶寺，宗喀巴大师的真传弟子温巴廓仇·扎巴窘乃所建，温·索南坚赞等几任堪布期间有所发展，中间有一段时间逐渐衰落成为在家僧人住所。后来由于洛桑丹增嘉措活佛和地方首领吉雪巴·拉嘉饶丹供施双方的共同关心，住家僧人全都迁出寺院，在附近居住，在原寺基础上新建了清净佛堂、僧舍，按照密院学经方法主修《集密》和《大威德》，诵经、法事活动同群科杰寺。另外，学习《菩提道次第略论》。现在寺院由喜饶群佩活佛管理。僧人去哲蚌寺洛萨林扎仓深造。一级寺院，在寺僧人约五十人。

25. 洛噶隆寺，由帕木竹巴的弟子香贡噶尔哇所建，中间一段时间寺院空废。后来依靠一位岗木波寺僧人，才保存下来成为一座静修院，喜饶群佩活佛供施双方支持发展，学习格鲁派大师根敦嘉措（二世达赖喇嘛）著的《上师供》等。法事活动同格鲁派其他寺院。现在由喜饶群佩活佛护持。一级寺院，在寺僧人约十八人。

第十六章

格鲁派教法在后藏地区的传播与发展

文殊怙主法王宗喀巴大师的教法在后藏地区的传播发展情况：

文殊怙主法王宗喀巴大师为了依止几位善知识和学经辩论曾多次来到后藏。在后藏下部地区的许和尼木的交界处被称吞弥家族后裔克增云丹嘉措创建了弘扬宗喀巴大师教法的寺吞嘉协蔡寺、拉日、当、杰当等，寺院后面有宗拉尊的修行地。遍知一切根敦珠去前藏途中来到嘉协蔡寺，因患痢疾病，得到具骨饰的空行女的授记很快即痊愈，向聂木古尚曲杰请求授予摧坏阎王的灌顶。

1.嘉协寺的历任堪布是：克增云丹嘉措、嘉央格勒南杰、大成就师尚拉、夏仲曲杰，中间一段时间没有堪布。直到后来由曲达嘉·扎巴格年、当摩·曲旺嘉措、洛桑群佩等人任住持，现在由恰廓顷则洛桑旺秋管理。寺院法事活动同下密院。一级寺院，在寺僧人一百三十九人。

2.拉日寺的历任堪布，中间一段时间除了管事之外没有堪布。后来由曼日·洛桑格敦、江玛·尊追南杰等人担任堪布，现在任命嘉协寺轨范师为堪布，即仪轨阿阇黎。诵经、法事活动基本上与嘉协寺相同。三级寺院，在寺僧人约二十二人。

3.娘摩隆地方的强蔡寺的历任堪布：雍巴·阿旺结布、曲杰嘉帕哇、隆囊·坚赞索南、隆囊·贡却坚赞、岗布哇·桑结扎西、当摩哇·格敦达结、许巴噶钦·多杰勒巴，现在由贡普哇·拉旺坚赞担任堪布。寺院诵经、法事活动等同于嘉协寺。属于三级寺院，在寺僧人约十三人。

4.当巴寺，历任堪布是拉木巴噜美、仁钦扎巴、恰尔布·杰云丹巴、当木哇·扎西坚赞、布欧曲达结、当木哇·格敦达结、宗巴噶钦多杰勒巴，现在由岗布哇·拉旺坚赞主持。寺院诵经、法事活动与上述寺院相同。三级寺院，在寺僧尼约二十人。

5. 杰当寺堪布传承是：切噶·贡噶尊追、欧麦巴·勒巴顿珠、杰让巴·桑结嘉措、林欧巴·洛桑班觉，现在有仪轨阿阇黎，是嘉协寺的阿阇黎。诵经、法事活动等同于嘉协寺。三级寺院，现有在家僧尼约十六人。

6. 雅鲁藏布江南岸雅德索波地区的噶丹伦布寺，根据莲花手索南嘉措（三世达赖喇嘛）的指示，由仲孜拉赛巴的侄子洛桑南杰创建。上师传承为：拉尊洛追南杰、吞巴·扎西坚赞、索波杰仲洛桑丹增、乃粮巴·夏仲洛桑贝贡、强蔡寺上师贡却孜摩、欧尤扎噶尔上师程勒伦珠，其后没有上师，由僧人阿、桑结坚赞等人管理，现在由索波巴·洛桑勒巴坚赞管理。为密法院，法事等同于扎什伦布寺阿巴扎仓。二级寺院，现有僧人约四十五人。

7. 嘉协日超卫德寺，是洛桑曲杰坚赞资助四名比丘建立的一所静修院，精修上师供等禅定道次第法。一级寺院，在寺僧人约十三人。

8. 许囊饶杰林寺，由额尔克资助修建的一所寺院，由嘉协寺堪布兼管。寺院主修密法，法规、诵经、上师供等法事活动和群科央孜寺相近。常住僧人去往以哲蚌寺果芒扎仓为代表的色拉、哲蚌、甘丹三大寺院深造，具体去其中的哪所寺院没有规定。二级寺院，在寺僧人约四十九人。

9. 扎噶尔寺，由吞当达哇·曲旺嘉措创建，现在由康巴噶居顷则主持。诵经、供祭活动等同于嘉协蔡寺。二级寺院，在寺僧人约二十七人。

10. 许绛林寺，最初由宗喀巴大师的真传弟子噶宇巴创建，早期的上师传承不详。后来的上师传承是：隆囊巴·南杰扎、吞巴曼赤巴、隆囊·楚臣坚赞、吞巴桑杰、许巴·洛桑贡噶，现在由玛兰巴·洛桑群佩主持。法行完全是格鲁派的。常住僧人去群科央孜寺学习。二级寺院，在寺僧人约二十人。

11.许囊贡拉寺,由俄·绛曲窘乃创建,这里曾是赛尊、仲敦巴、雍曲贡等许多著名上师居住过的地方。中间改奉萨迦派、噶举派等,改宗多次,故前面的上师传承没有必要叙述。自从宗喀巴大师的政教白伞普及后,堪布传承是:许巴·赤烈坚赞杰协顿萨、洛桑贡噶等,现在由阿旺达曲主持。诵经、法事活动和嘉协蔡寺相同,僧人没有去其他寺院学习的习惯。二级寺院,在寺僧人约四十五人。

12.多吾日寺,最初宗奉噶举派,后来由当阿曲旺嘉措、吞巴·楚臣丹巴担任堪布,现在由盘德坚赞主持。诵经、法行等同嘉协寺。三级寺院,在寺僧人约四十九人。

13.雅德噶丹格佩寺,尼木达嘉哇·南喀多杰所建,是一所禅院,诵经、法事、供奉等全部和格鲁派其他寺院相同。常住僧人去哲蚌寺洛萨林、色拉寺杰扎仓深造。一级寺院,在寺僧人有比丘约十人。

14.绒强林或强钦寺,由仁蚌巴·诺布桑布和宗喀巴大师的真传弟子大菩萨循努杰却创建于第六饶迥火羊年(1367年,此年代似有错,应为第七饶迥火羊年,即1427年)。贡噶扎西贝桑根据大菩萨的授记创建了高七十五肘,靠背高一百四十五肘的弥勒佛像和八十根柱子的大经堂,由印度班智达纳杰仁钦主持开光仪式,这些在《西藏王臣记》中有记载。寺内设七个扎仓,其中有萨迦派的德吉扎仓、班觉岗扎仓、夏尔钦扎仓、伦拉顶扎仓,到后来前两所扎仓合并成一所,后两所合并成一所,成为两个扎仓。另有玻东巴的诺布林扎仓、钦康扎仓和格鲁派的第哇巾扎仓,每个扎仓都有各自教派委派的轨范师,有总喇嘛一人,因为不都是格鲁派的喇嘛,所以在此没有必要介绍。

第哇巾扎仓的上师传承是:曲杰嘉却贝桑、吞巴·洛追坚赞、色拉杰尊巴、达纳日卡尔哇、多曲巴、雅德结欧巴、扎噶尔喇嘛。自从宗喀巴大师的政教白伞普及后,因第哇巾、夏尔钦、诺布林等扎仓的法规不明,没有清净之法行,故将上述各个扎仓全都改宗格鲁派,新建扎仓,任命拉萨嘉仲洛桑曲扎为总喇嘛或堪布,制定了讲经、法行等规则,使之成为具缘众生的模范。以后的堪布传承是:嘉玛哇·索南群觉、巴日·多德嘉措、多德·洛桑嘉哇、工布·洛桑顿珠、桑卡尔·仁青曲桑、呼拉·洛桑曲窘,现在由色拉寺麦扎仓的勒珠主持,讲授宗喀巴大师的有关《中观》、《般若》、《戒律》、《对法》方面的论著和班钦索南扎巴著的《戒律》论著。一级寺院,在寺僧人约二百四十八人。

15.绒地区的兰巴索寺,克珠杰(一世班禅喇嘛)的弟弟却吉坚赞曾在这里修行,以后形成了一所寺院。历任堪布是:仲孜·洛追曲窘、巴索·却吉坚赞、格敦循努、克珠扎巴桑珠、色拉杰尊巴·却吉坚赞、克珠桑杰益西,此后由托嘉的噶玛巴的赤丹萨寺掌管。遍知一切班禅喇嘛关心过该寺,他之后的传承是:哲巴·杰仲格西嘉措、扎什伦布寺阿巴扎仓的轨范师贡波坚赞或喜饶仁钦、阿巴扎仓轨范师贡却坚赞。之后赤丹萨寺也改宗为格鲁派,更名为"托卜嘉噶丹饶杰林",由遍知一切班禅大师护持,任命侍从为轨范师,为使(托卜嘉寺)僧众转变心意,因此将托卜嘉寺和兰巴索寺合并起来。这以后的轨范师传承是:达纳洛桑丹增、达纳·洛桑贡布、色巴·丹巴达结、仇巴·索巴坚赞,现在由娘堆诺布坚赞护持,传授扎什伦布寺所传的生(起)圆(满)二次第法,与下述噶丹饶杰林寺情形相同。二级寺院,在寺僧人约八十人。

16.拉枯的温杂寺,据说由克珠杰的化身所创建,他在拉枯河谷的温杂地方的顿氏家族降生,为旧派上师持长寿种南觉旺秋的侄子,他从觉顿·索南仁钦出家,取名为索南乔朗(二世班禅),后依止巴索·却吉坚赞、大菩萨洛追帕巴等著名学者习经,成为实证明处的自在者。从这里去桑浦等寺院参加辩经,以讲经说法弘扬佛法,根据铜制释迦佛像的授记,在温杂河谷地方创建了卫德法轮寺。历任堪布是拉布拉堆巴、嘉却贝桑上师、杰·洛桑顿珠(三世班禅喇嘛)、克珠桑杰益西、班钦温桑却吉坚赞(四世班禅喇嘛)、拉枯巴·桑杰益西的转世洛桑嘉措,班禅洛桑却吉坚赞重任,现在由洛桑益西活佛(五世班禅喇嘛)护持,讲授经论。寺院以修密法为主,主修菩提道次第、《胜乐》、《大威德》等,举行仪式。犹如僧人聚集的静修院一样,常住僧人一般学经去向不定。一级寺院,在寺僧人约二百人。

17.雅鲁藏布江北岸的香多日沃格佩寺，香巴·喜饶巴桑静修多种教理，被称为“香巴遍知”。他在吕地方创建寺后，修习本尊法，但因与俗人接近，本尊未曾出现。他考虑另选寺址，在去寻找建寺地点途中遇见了一位骑白马的白色人，问他：“你去什么地方？”他回答说：“去找寺院。”那人又说：“那么快去，在香河谷仿佛大象饮水一样的山上十六罗汉正前往那里斋戒。”他迅速前去，见到了十六罗汉，于是在这里修建了寺院。遍知一切根敦珠曾在这里修行一月，在梦中见到了宗喀巴大师，向他授记创建扎什伦布寺。该寺历任堪布是：娘巴·绛赛楚臣贝桑、帕却·楚臣仁钦、达译师喜饶仁钦、曲杰仁青、杰·桑杰嘉措、克珠扎巴桑珠、嘉央巴·勒贝洛追、图旦南杰、吞巴·洛追嘉措、班钦乔勒南杰、曲杰桑杰贝桑、多曲巴·洛追南杰、曲杰桑结益西、曲巴嘉措、乃娘嘉央巴、班禅遍知一切洛桑却吉坚赞、阿里曼拉哇、乃娘、阿旺雪南巴、扎巴·楚臣坚赞、堆隆·顿珠嘉措、琼结·贝丹嘉措、达尔多·阿旺伦珠、噶香·洛桑仁钦，现在由堆隆·洛桑德庆住持。日沃格佩寺三所扎仓中的楚臣岗巴扎仓的上师传承是：仁钦喜年、楚臣贝桑、央饶绛巴、桑结嘉措、扎西嘉措、盘德坚赞，现在由洛桑茨旺担任。

德央扎仓的轨范师传承是：克珠仁青喜年、扎都哇、达纳强巴、多觉巴、嘉哇窘乃、桑结嘉措、嘉却贝桑。现在已和楚臣岗巴扎仓合并。

诺当扎仓的轨范师传承是：程勒嘉措、洛追却丹、桑结嘉措、却嘉措、丹巴雅佩、坚赞扎巴、桑杰顿珠等。

这所寺院采取扎什伦布寺的阿巴扎仓的修习规章。常住僧人中楚臣岗巴扎仓僧人去扎什伦布寺推散林扎仓学习，其他两个扎仓的僧人去扎什伦布寺夏孜扎仓学经。一经寺院，在寺僧人约一百五十八人。

18.香哲蚌寺，由大成就师桑波坚赞所建，中间可能没有上师传承，很长时间后才开始了上师传承，他们是杰康巴·诺桑嘉措、达纳曲嘉措、达巴翁则、古格嘉央坚赞、拉达克·尊追坚赞、努拉·曲巴坚赞、达纳·洛追贡波、贡波贝桑，现在由桑卡尔·洛桑扎西等杰康寺僧人兼管。寺院举行不动金刚、药师佛等修供仪式。常住僧人去扎什伦布寺学习。三级寺院，在寺僧尼约二十人。

19.香·包尔托寺，由曲杰仁青喜年创建。历任堪布是，晋迈阿旺扎巴、持律师阿旺扎巴、勒贝洛追、却勒南杰哇，据说他是以前弥勒佛转生为婆罗门的第七次化身乌托朗肯玛，他把寺院献给了遍知一切索南嘉措。之后的传承是：洛桑嘉窘、洛桑丹仲、强巴坚赞、洛桑拉杰、丹巴坚赞、阿里·阿旺伦珠，现在由平措林阿旺仁青主持。寺院为密法院，学经僧人去甘丹群科杰寺。二级寺院，在寺僧人约七十一人。

20.哇协寺，有人认为是曲杰喜年仁钦所建，实际上是由香巴·却勒南杰创建。历任堪布是：绛顿·格敦贡波、曲杰旺秋、强巴坚赞、拉旺坚赞、贡噶桑波，从他开始和钦摩寺结成母子寺关系，现在成为噶丹群科寺的分寺，由甘丹群科杰寺历任上师管理，见该寺部分。为密修院，佛事活动与下密院接近。常住僧人去甘丹群科寺深造。二级寺院，在寺僧人约三十三人。

21.香尤噶尔寺，由尚蔡巴创建。后来寺院毁败，多曲巴·洛追南杰在原修行院的遗址上重建，取名“贤珠达结林”（讲修盛洲），成为格鲁派寺院。堪布传承是：扎什伦布丹曲巴、洛巴·格敦俄色、都哇嘉却、强巴嘉措、那塘·洛桑班玛，现在由扎什伦布寺坚赞团布拉章的却珠洛桑益西（五世班禅）护持。定期举行香巴噶举派所传的胜乐、四臂护法仪式。常住僧人去扎什伦布寺学经。三级寺院，在寺僧人约二十五人。

22.香地方的扎仓钦摩寺，由钦木德庆寺上师贡噶兰木创建。此后文殊怙主法王宗喀巴的真传弟子钦热扎桑使之有所发展。寺内聚集了萨迦、格鲁两派的僧人，后来完全宗奉萨迦派，分成两个寺院，一个在香地方，一个在绛地。香扎仓钦摩的中间几任上师不必介绍。水马年或水羊年，由拉普哇·贡噶桑波主持扎仓钦摩，桑热林巴衰微时噶举派僧尼迁到扎仓钦摩，以扎仓钦摩的僧人为基础发展了达桑林寺。杰喇嘛（五世达赖喇嘛）曾新建该寺院，在下面要作介绍。

23.雅鲁藏布江南岸的被称为大扎仓的娘麦（年楚河下游）扎什伦布寺。和热振嘉哇窘乃的隐居地的柏树皮的层数一样，在未来浊时，将有七位三世众生的亲友，不断游戏着黄色僧衣舞者，其中的第一位是尼泊尔班智达班玛巴杂的转世玛康班钦根敦珠（一世达赖喇嘛），他是扎什伦布寺的创建者。《噶当宝书》在授记未来之时关于他的情况说："十善法极殊胜，圆满洲赡部洲，娘夏邬地中心，彼地中尤殊胜。吉祥坚固高山边，仿佛希求宝莲花。"这里授记的是根敦珠的名字、扎什伦布寺地点和建寺人。

又说："斗诤九时之最后，具有吉祥殊胜名，护养佛教的余烬，解说资粮如大海。法规稍有变松懈，一蹄者和具牙者，护法犹如司牲畜。"这里说那塘，有些人认为是指遍知一切索南嘉措。"一蹄者和具牙者"是指强佐嘉桑的名字中的僧格（狮子），实际上是指班钦根敦珠和班钦益西则摩等福泽胜田僧人，即是指班禅根敦珠本人。他自己曾经说："从这里几名堪布讲经发展噶当派教法，来世成为司养马畜等独蹄具牙者。"这里所说的住地和补特伽罗与其它一切授记一致。根据这些，根敦珠大师于第七饶迥的铁羊年（1391 年）生在吉祥萨迦寺附近夏和完娘交界的贡茹哇的达尔蔡家族，父亲名叫贡波多杰，母亲名叫觉姆南结，他的乳名叫"班玛多杰"。他出生的当天晚上，土匪来到那个地方，父母把他藏在石头中间，第二天去看，发现他被一只乌鸦看护，后来据说那是吉祥怙主的化现。

七岁时，他跟从那塘寺大堪布珠巴喜饶受居士戒，向嘉顿旃扎巴学习印、藏两种文字，掌握了所学的全部内容。

十五岁的木鸡年（1405 年）阴历三月二十一日，在吉祥那塘大寺院，由浊时的大如来珠巴喜饶担任堪布，绛巴钦波洛丹巴担任轨范师给他授了前节清净沙弥戒，起法名为"根敦珠巴贝"，后面的"桑波"是他自己加的。从大班智达桑迦室利学习《诗镜论》、《长寿库》、《声明五加行》以及白忿怒护法随许法、阿巴雅格尔底的因明、那塘近持者的九尊呼金刚随许法、帐面怙主随许法、药师佛随许法、十地随许法等，依止大强佐索南洛追、温顿·图巴贝桑、顿巴格哇贝等名师进行读、闻、思，为佛教的发展做大事业。

铁虎年(1410年)二月十一日,他二十岁时,由堪布珠巴喜饶、轨范师洛丹巴、教授师达丹扎巴喜饶在虔诚的僧众中间授予圆满比丘戒,成为众生及天神的唯一福田。之后来到前藏,在昌珠和塘波且寺分别拜见了大菩萨贡桑巴和绒顿·释迦坚赞,请求讲授般若学。在扎西多卡和贡桑巴一起拜见了由阐化王扎巴坚赞邀请来的宗喀巴大师,听讲《释量论》、《辩了义不了义论》、《中观论》、《侍师五十颂》、《根本随罪释说》等,宗喀巴大师非常喜欢他,着重教导他要发展戒律学,为了适合现在的佛教缘起,授予他一件比丘衣。后来,根敦珠巴按照宗喀巴的这些教导,跟从塘钦拉让巴·尼玛坚赞、桑浦哇·喜饶僧格学习《集密》、《大威德》、《红阎魔德迦》等密法,以及因明为主的多种教理,获得"大善导师"的美名。

秋季法会期间,他来到甘丹寺,跟从宗喀巴和贾曹达玛仁钦两位大师学习《菩提道次第广论》、《释量论》、《现观庄严论》、《对法集论》、《时轮》以及以慈氏法为主的甚深教法,向持律扎巴坚赞学习《辩了义不了义论》。向卓萨哇·贝丹仁青和嘉措仁青两人学习《四部毗奈耶经》,担任桑浦林堆、同麦扎仓堪布数年。有一次,他梦见从释迦如来的眉间白毫中升起一轮满月,进入他自己的身体中。他在前藏居住了十二年。

此后,他返回后藏,住在那塘钦波寺和日克寺,撰写了《入中论释明论》。在乃娘寺与克珠杰大师建立法缘,拜见贾曹杰大师受法甚多。然后,来到拉堆地区向曲当许嘉哇·云丹窘乃学习韵律,做了很好的练习。他还拜见了玻东班钦乔勒南杰,听讲《二十尊度母随许法》、《十七尊本尊母随许法》、《白绿度母法》和《妙音天女法》等无量佛法,请问疑难,得到了圆满回答,玻东班钦为此而感到非常高兴,授予他"遍知一切"的称号。他撰写了《释量论广释》。又跟从香巴贡钦和堪布楚臣贝桑听讲佛法,担任日克寺堪布,建立了至尊弥勒怙主像,在大经堂铺设了石板,设立了祈愿法会,向达纳曲杰阿难达学习四面怙主教诫。以前,吉祥怙主与业阎魔不和,他在去拉堆的路上遭遇掠夺,晚上梦见吉祥怙主对他说:"给我阎魔为友。"从此以后双方合好。按照达那河谷的具有神通的喇嘛顿月巴的教导，他向卓玛哇·嘉央桑珠多杰闻习铁发辫者开许法和金刚橛法。吉祥退敌天女是众生的护法神，所以，他跟从帕顿曲桑巴听受此修法，晚上内心出现了妙观相，圆满修完了口诀。又从温顿图巴贝听受怙主四家合注和六臂怙主法，在绛钦寺建造了特钦颇章，撰写了因明论著《理论饰》。

不久，他来到前藏，跟从绛孜曲杰南喀贝哇学习时轮教法。另外，从学于素尔康巴·索南伦珠、京俄仁钦佩、嘉央仁钦坚赞。返回后藏后在那塘寺撰写了《戒律十万广说》和《别解脱戒经广释》。在举行至尊白度母长寿修行仪轨法会时，他亲眼目睹了白度母、大威德、六臂怙主、吉祥怙主等本尊现身、护法莅临会场授教。之后，他分别向大译师托杰贝、贡钦法王、拉素尔康巴·索南伦珠、京俄仁钦佩等学者听讲声明学、《噶当宝书》、阎魔德迦法、修心以及噶当派其他教法。跟从嘉央仁青坚赞学习《时轮根本续》及其《灌顶》、《随许法》、《补遗》、《历算》等，向伦珠孜贡钦巴学习《幻轮》等。

火兔年(1447 年)，他莅临桑珠孜，为温·曲窘达尔教授佛法，开始在扎玛尔拉章中建造佛像，修建了背高二十五肘的尊胜佛母像和被称为“同哇顿丹”的释迦牟尼像。当年六月上弦日，由达结巴·本索南贝桑担任施主，勘测地形，施食土地神，根据《噶当宝书》授记、宗喀巴大师在那塘寺的教导以及退敌天女的授记，修建扎什伦布寺吉祥大乐遍胜洲，另建了以释迦牟尼佛和弥勒佛大像为主的主尊金质佛像，铸造像、泥塑像、壁画、缎制佛像和《甘珠尔》等身、语、意三所依，以及供品等无数具相物，以吉祥集密的方式举行盛大开光仪式。在寺院的所依(根基)方面，达尔结本奉献了庄园的收入。

木马年(1474 年)神变月，举行大供，供品如云，不可思议，数千名僧人聚集举行祈愿大会，主要发展以讲、辩、著为主的释迦牟尼和第二佛陀宗喀巴大师的教法，使佛法传遍大海之滨。

根敦珠曾向萨迦派法王僧嘉哇学习红阎魔德迦法、马头明王极秘法和宝帐怙主法、贝孜兄妹护法灌顶随许法、口诀等，向仁波且贡噶贝丹学习香巴噶举派教法、因明和《怙主如意宝法》;向那塘寺堪钦扎巴顿珠学习毗沙门法,又应克珠喜饶坚赞的请求给他讲授《噶当宝书》。多丹俄色对于有人说《噶当宝书》非佛法这一问题,专门请问根敦珠大师如何看待,他回答说:“是不是佛法不知道,但对心很有利。”益西则摩说众人认为将要往生极乐世界,但后又说往生兜率宫。他回答说:“我没有注意这些说法,极乐世界中全是清净之应化众生,为了调伏不净之应化众生,而暂住于此界。”在他的弟子中像菩萨洛追卫巴和贝丹桑波这样的获得成就的弟子多至不可思议。他说:“我所依止的五十位经师中,对我此生恩德比较大的是堪钦珠巴喜饶和喜饶僧格两人,对我一切转生中具有大恩者乃是至尊宗喀巴大师。”全集方面有被俄尔巴·贡桑嫉妒羡慕的《东方雪山母证歌修法颂》、以及《中观教授》、《书信集》、《祈愿》等各种零散文章,以及《佛薄伽梵如来传颂磨面魔军》、《大乘修心七义讲授文》、《施食仪轨词义明论》、《向佛像献住咒法及开光仪轨》、《集密开光仪轨简论》、《中观根本颂智慧语义释说宝鬘论》、《入中论释意趣明镜》、《释量论广释格言第三章现量章广释》、《释量论第四章他境广释》、《因明大论著理论饰》、《月贤王变幻大司徒南杰扎巴问答》、《别解脱戒经广说经义明日》、《善说正法律经缘起四部经集宝库》中堕罪部分《十部中第五部伏藏能堕》、《四部毗奈耶经》中独尊能堕的十部中第六部戒是从“乐、火及第七”到结尾之间的解释、《正法一切律藏义善说宝鬘》等。宗喀巴大师时修大威德、四面护法、业阎魔德迦。此时修金刚橛、马头明王极秘、退敌佛母、宝帐怙主、贝孜兄妹护法等,宗喀巴和根敦珠巴两位大师时期没有供奉“杰波”的仪轨。这样,大师一切事业圆满后,于木马年(1474 年)冬季十一月八日黎明时伴随无数奇异景象去往净土,享年八十五岁。按照他的遗嘱,将遗体火化,用头颅骨和自然出现的右旋螺舍利子建成有加持力的塔,用二百五十两白银建造的四角形灵塔供放在扎什伦布寺。

他的主要弟子有:克珠诺桑嘉措、饶绛巴曼兰木巴、持律师洛追卫巴、都纳巴·贝丹桑波、夏当大菩萨、班钦索巴扎西、香顿·珠迈喜年、仲·

贝丹楚臣、堪钦桑波巴、曲杰桑波坚赞、饶绛巴扎西桑波、杰·贝丹曲窘、居巴金巴贝、居巴扎桑、居巴·贡噶顿珠、帕巴恰尔噶、阿里巴·嘉却、班钦贡热、达尔顿·绛贝、仲·夏日布、香朗巴上师、曲贝、噶居玛哇僧格，这些被称为前段弟子。中段弟子有堪钦喜饶坚赞、班钦隆热嘉措、杰·扎巴桑珠、多丹俄色、群觉贝桑、坚白扎巴、乃娘巴·俄色、强曲巴·扎巴云丹、饶绛巴·桑杰旺秋、绛哇·洛追贡、噶宇巴·格敦桑珠、托桑杰·贝丹仁钦、洛巴·顿珠贝、噶居哇、贡噶贝丹仁钦、旺秋贝、贝丹桑波、顿曲贝、仁钦坚赞。后段弟子有：乃娘仁波且·贡噶德勒、杰温·洛桑尼玛（宗喀巴侄孙）、曲杰喜饶达尔、堪钦扎巴喜饶、班钦益西则摩、达纳顷则、仲孜曲杰却吉洛追、噶居巴·益西桑布、岗坚巴·嘉哇桑珠、嘉央洛追、南杰扎巴、坚白桑波、伦孜哇上师、曼隆巴、云丹巴窘、喜饶贝丹、曼兰木巴、堪钦扎巴、萨迦·桑杰绛曲、邬日哇·喜饶贝、楚臣桑波、噶居哇·群佩坚赞等获得成就的弟子很多。

根敦珠的弟子中担任扎什伦布寺堪布的有班钦桑波扎西，他于铁虎年（1410 年）生于（后藏）拉堆绛，跟随杰·喜饶僧格、根敦珠巴、洛追曲窘、达波·贡噶扎西等名师精修显密明处，创建了岗建群佩寺，摄授弟子。六十六岁时，他担任扎什伦布寺堪布，六十九岁去世。他之后的堪布传承是：班钦隆热嘉措、班钦益西则摩、持白莲第二黄色僧衣舞游戏者遍知一切根敦嘉措（二世达赖喇嘛）、阿里拉尊·洛桑丹贝尼玛坚赞、班钦辛底巴·洛追坚赞、班钦顿月嘉措、香顿·洛追勒桑、乃娘曲杰·却吉坚赞、香顿·曲巴嘉措、雪雄巴·索南坚赞、香顿·桑珠贝桑、娘顿·达曲雅佩、娘顿·拉旺洛追、班禅遍知一切洛桑却吉坚赞（四世班禅），现在由洛桑益西活佛（五世班禅）护持。

贝丹洛桑益西是洛桑却吉坚赞的转世，水兔年（1663 年）生在西藏后藏叶如地区的托卜嘉珠仓地方，持白莲者遍知一切五世达赖喇嘛阿旺洛桑嘉措特派他的森本（司寝官）日超甘丹的卸任喇嘛强巴仁钦和仲尼尔（知宾）嘉尔波哇来到扎什伦布寺负责为他举行坐床典礼，使他登上了扎什伦布寺的无畏狮子宝座，起法名为“洛桑益西”。他两次莅临前藏，第一次时，五世达赖喇嘛为他授沙弥戒，并传授了许多甚深教法，使他成为教法之主。现在他为遍知一切六世达赖喇嘛传授了出家戒和别解脱戒，取法名为“洛桑仁青仓央嘉措”。由强佐洛桑贡波迎请六世达赖喇嘛登上世界众生供奉的中心、补陀洛迦（布达拉宫）大森康（寝宫）无畏狮子抬举的宝座，在前藏圆满讲授以文殊怙主法王宗喀巴大师的零散文章为主的教理，成功地制作了十三尊大威德金刚曼荼罗等，成为善良种姓之大主宰，身、语、意所饰的金刚轮自性至今安居。

扎什伦布寺中有讲习经论的扎仓三所，第一所是夏尔孜扎仓，历任轨范师是：香顿·珠迈喜年，他著有《般若性相差别》。多丹俄色、楚臣勒巴、格敦桑珠、绛顿曲扎、智者洛追嘉措，他撰写了《般若经广释》；轨范师勒巴顿珠、绛顿·桑木丹俄色、娘顿·释迦益西、班钦达曲雅佩、班钦拉旺洛追、扎都顷则释迦却珠、格敦俄色、香顿·桑木巴伦珠、洛贡·格敦俄色、澎波·班觉旺波、杰卡尔孜巴（江孜巴）·扎巴班觉、嘉钦孜巴·曲扎坚赞、雪雄巴·洛桑班玛、乃娘·洛桑班觉，现在由嘉钦孜巴·克珠嘉措担任轨范师，讲授勒顿巴著的《中论广释》、《中观断边见论》，多丹俄色著的《般若日光曼荼罗》，勒顿著的《般若释义明论》，勒巴顿珠著的《律经总义》，洛追勒桑的《对法智者夺魂》，勒巴顿珠的《释量论广释断边见论》等。

第二所杰康扎仓，讲经轨范师传承是：轨范师贝丹曲窘、帕巴恰尔噶、桑杰贝丹仁钦、桑杰旺秋、仲曲扎巴、拉尊洛桑丹贝尼玛坚赞，他曾为千尊佛像涂金。辛底巴·洛追坚赞、色拉杰尊巴的温波、扎钦贝拔、持藏师丹巴达桑、知者洛追嘉措、洛追勒巴、曲贝嘉措、桑珠贝桑、贡协·诺桑嘉措、温波洛追、桑杰嘉措、觉摩宗巴·洛桑丹贝坚赞、贝图巴·桑杰贝、桑卡尔·桑结桑波、古格巴·嘉央坚赞、尊追坚赞、努拉·曲贝嘉措、伦珠孜巴·洛桑贡波、达纳巴·贡波贝桑，现在由拉达克·洛桑扎西主持，讲授辛底巴的《中观释义明论》和《般若明义》，桑结嘉措的《律经见地明灯》和《对法论库藏》，丹巴达桑的《释量论释义库藏》等。

第三所推散林扎仓，历任讲经阿阇黎是：珠迈喜年，他任职时间不长即去了桑浦寺。贡钦群觉贝桑、嘉央曲杰洛桑喜年、坚隆巴·洛桑曲扎仁青、穷扎·强巴扎西、绛顿·尊追坚赞、嘉拉哇·囊索洛追坚赞、香顿巴、邦域哇嘉央洛追、格敦诺桑、班钦索南坚赞、嘉央扎西、强巴喜年、班觉嘉措、芒推·诺桑嘉措、轨范师平措嘉措、桑珠群佩、娘顿·勒雪贝丹、堆协哇·格敦平措、仲孜·格敦雅佩、旺丹·阿旺顿珠、嘉巴·达曲雅佩、坚隆·洛桑强巴，现在由色巴·嘉央群佩主持，讲授色拉杰尊巴的《中观总义》，绛顿·玛哇僧格的《中论释》，索南坚赞著的《般若总度》，色拉杰尊巴著的《现观庄严论尘鬘》，群觉贝桑的《般若如意王论》、《律论善乐慧日》，洛追喜年的《律论利乐明道》，洛桑喜年的《对法总义》，强巴曲却的《对法广释》，索南坚赞的《释量论广释》等。

遍知一切根敦珠巴曾教导说："为了报答杰喜饶僧格的恩德，应建立集密诸本尊全像，在此寺院中讲授续部密法。"本来他准备派都纳巴·贝丹桑波和益西则摩两人去前藏学习密法，由于缘起不合未能成行。依据这一有甚深密义的指示，后来堪布班禅洛桑却吉坚赞贝桑波著了《集密生圆二次第明论》，设立阿巴扎仓(密宗学院)进行讲授，拔给了香火庄田供奉，并任命觉宗巴·洛桑丹贝坚赞为金刚阿阇黎，善立法规。以后该扎仓的金刚阿阇黎的传承是：堆巴·贡波坚赞、娘堆·喜饶仁钦、岗钦巴·贡却坚赞、达纳·格勒南杰。戒律的讲授如上所述，密教方面主讲《集密》、《大威德》、《普明大日如来神变加持经长寿仪轨》等，诵经、修供等方面完全与下密院相同。这样包括密宗扎仓共有四所扎仓的扎什伦布寺，属于一级寺院，在寺僧人二千五百余人。

24. 扎什伦布寺后山西面的岗坚群佩寺，由扎什伦布寺第二任堪布班钦桑波扎西创建。历任喇嘛是：曲杰多丹俄色、嘉哇桑珠、楚臣道拔、仲·绛曲洛追、那萨哇·楚臣俄色、扎西帕、萨迦·丹贝准美、楚臣顿珠、班钦顿月坚赞、嘉央南喀桑波、杰恰巴尔喜年、曲杰日贝僧格、居钦·桑结嘉措、班觉南杰、班钦索南则摩、班钦洛桑却吉坚赞、洛桑诺布俄色、嘉哇仁青、桑隆·程勒旺秋、乃娘巴·阿旺乔勒南杰、白朗迥巴·洛桑平措、强巴林巴·洛桑贡却、波沃·洛桑坚赞、色钦南喀旺波，现在由仲木达寺卸任堪布洛桑扎西主持。这所寺院内设两所扎仓,两所扎仓都讲授多丹俄色的有关中观、般若、戒律、对法、因明等方面的论著。另外,绛孜扎仓还讲授多丹俄色的亲传弟子曲格班觉的有关中观、因明、般若方面的论著和宗喀巴大师的《现观庄严论金鬘》。一级寺院,在寺僧人约三百五十人。

25. 娘堆地方的仲孜曲德塔尔巴林寺(仲孜解脱洲),克珠格勒贝桑的亲传弟子仲孜拉色巴·仁钦嘉措所建,据说他的转世是吞巴·曲杰洛追坚赞。这所寺院共设两所扎仓,其中上扎仓的历任轨范师是:仲孜·贡却扎西、洛追塔耶、乔勒南杰、益西俄色、程勒雅佩、果域强巴、格茹洛桑、扎巴坚赞、贝丹勒措、香巴顿桑、仲孜格勒、洛桑顿珠、藏扎·强巴嘉措、珠参·班觉热丹、尼绕·顿丹喜措、江饶·噶丹达结、果域·洛桑旺秋、仲孜·格勒坚赞,现在由格敦达结主持。

下扎仓的历任轨范师是:仲孜·平措嘉措、扎巴喜年、扎巴桑珠、金巴坚赞、仲孜·玛尔钦巴、绛曲仁钦、喜饶班觉、仲孜·嘉央洛桑、阿旺洛桑、坚隆·班觉平措、旺丹·多杰嘉措、珠木巴·顿月贝丹、琼结·格敦贝桑,现在由仲孜·洛桑南杰担任。密法活动和扎什伦布寺相近,僧人常支扎什伦布寺学经。一级寺院,在寺僧人约一百四十二人。

26. 娘堆(年楚河上游)的贝科德庆寺(现在通称为江孜白居寺),江孜法王热丹贡桑帕巴和克珠格勒贝桑波供施双方所建,除了一所白色卧室外,其它一切建筑都涂上花纹。江孜法王热丹贡桑帕巴曾多次邀请贡钦绒顿·释迦坚赞和以辩论著称的多名智者来寺讲经。但是,绒顿·玛哇僧格(即绒顿·释迦坚赞)未能来,由克珠杰传扬无畏狮子吼声,其讲经内容收入其文集中。后来,供施双方略有不合,克珠杰移居娘堆江拉寺和当建寺,这在甘丹寺一节中已经作了介绍。

贝科德庆寺有遵奉文殊怙主法王宗喀巴·洛桑扎巴教法的七所扎仓。第一所为江饶拉康扎仓,首任轨范师是贝丹僧格,他之后的传承是:香巴居钦·南杰贝桑、泽达·洛追勒桑、香巴·桑木巴伦珠、洛迦绛·格敦雅佩、香巴·曲窘扎西、江孜·扎巴班觉、安多·丹巴桑波、嘉钦孜·曲扎坚赞、达拉夏尔·洛桑班玛、霍尔·阿旺顿珠、堆隆巴·云丹桑波、巴拉·洛桑达哇、呼和浩特阿齐图曲杰的弟子金巴嘉措，现在由洛桑尊追主持。扎仓以修密法为主，学习显教经典，僧人去扎什伦布寺夏尔孜扎仓深造。一级寺院，在寺僧人约一百人。

第二所为诺布甘丹扎仓，历任堪布是：大菩萨顿珠桑波、索南僧格、娘堆·贡却坚赞、珠参·桑波坚赞、澎域·顿月曲坚赞、珠参·贡噶扎巴茨旦嘉措、索波·丹巴达结、岗绒·洛桑塔克、娘饶·达结桑波，现在由衮木·曲嘉措主持。寺院以修密法为主，学习显教教法的僧人去扎什伦布寺的推散林扎仓。一级寺院，在寺僧人约七十六人。

第三所扎仓是勒珠扎仓，历任轨范师是：扎巴塔耶、贡木德·南喀坚赞、达纳·诺桑嘉措、格敦洛桑、喜饶嘉措、隆切·勒雪贝丹、仲孜·格勒坚赞、珠参·桑波坚赞、娘堆·索南丹增、伦孜·曲嘉贡波、拉萨·贡却格桑、堆隆·阿旺绛曲，现在由云丹俄色护持。为密法院，法事活动和扎什伦布寺密宗扎仓相同，学习显教的僧人去推散林扎仓。一级寺院，在寺僧人约七十人。

第四所扎仓为赛尔康贡巴扎仓，历任轨范师是：珠迈喜年、喜饶僧格、嘉央嘉措、班觉桑波、嘉央曼兰木、达拉努·桑结桑波、香巴·桑珠贝丹、琼结·仁钦嘉措、工布·仁青俄超、洛巴·格敦南杰、达波·程勒嘉措、洛巴·格敦南杰、隆纳·洛桑顿珠、仲孜·格敦雅佩、隆纳·格敦洛追、果域·格敦僧格、仲孜·阿旺顿珠、堆隆·格勒诺布、澎波·达曲饶丹、拉萨·哇曲达尔结，现在由洛桑嘉哇主持。为密法院，法事活动和上密院相近，学习显教教法的僧人去扎什伦布寺推散林扎仓。一级寺院，在寺僧人约一百人。

第五所为尤乃扎仓，历任轨范师是：拉堆仁青巴、班觉桑波、嘉央曲杰、大国师、曲丹贝桑、绛曲德勒、曲顿珠、喇嘛仁青、拉旺洛追、群觉桑波、工布·贡却坚赞、香巴·格敦俄色、日囊巴·洛桑顿珠、工布·扎西洛追、窘阿·洛桑平措、江茹·洛桑诺布、邦域·洛桑坚赞、江孜·班觉却丹、工布·扎其活佛，现在由赛尔康沃扎仓卸任上师担任堪布。为密法院，法行、诵经等同扎什伦布寺,学习显教的僧人去扎什伦布寺夏尔孜扎仓,所习经典亦与该扎仓一样。一级寺院,在寺僧人约二百人。

第六所为章姆切扎仓,历任轨范师是:玛巴·班钦桑杰勒巴、央增旺嘉、康巴·诺桑嘉措,从此以后几任轨范师的名字不详。之后依次是:德觉巴·格敦平措、坚隆·班觉坚赞、嘉囊索顷则、卓尼曲杰、康巴·贡波坚赞、夏尔周·格敦平措、厄鲁特·益西嘉措、达曲坚赞、堆隆·洛桑伦珠、江孜巴·洛桑顿珠,现在由德央喜饶群丹担任。为密院,采取色派所传之规,学习显教经典的僧人去扎什伦布寺推散林扎仓,所学教本亦与该扎仓一样。一级寺院,在寺僧人约一百四十人。

第七所为德觉扎仓,轨范师传承是:嘉央塔尔巴贝桑、强巴坚赞、阿旺仁钦、嘉措南杰、扎巴桑珠、旺丹·格敦桑珠、周巴·索南平措、南赛坚赞、阿顿巴、噶顿·洛桑班觉、拉萨贡却阿旺、贡却曲旺、索波·阿旺丹增,现在由色拉麦·楚臣嘉措主持。寺院以修密法为主,采取扎什伦布寺阿巴扎仓的修行方法,学习显教经典者去推散林扎仓,所学教本亦与该扎仓一样。一级寺院,在寺僧人约六十人。

另外,在贝科德庆寺中有萨迦派的四所扎仓,夏鲁派的一所扎仓,时轮派的四所扎仓,另有一所萨迦派和格鲁派僧人合住的萨尔康沃扎仓,共十七所扎仓。总喇嘛或堪布传承是:克珠杰、萨巴·洛追嘉措、僧格桑波、曲杰索南扎巴、贡却德哇窘乃、贡却楚臣、贡噶班觉、扎西南杰、贡噶周却、隆热嘉措、堪钦帕巴、嘉贡伦珠、伦热巴、隆热·贡噶嘉措、阿尔德喜饶云丹、云丹僧格、贡却丹增、雅堆巴·阿旺程勒,现在由拉达克嘉色洛桑阿旺平措主持。

27.娘堆乃娘寺的历史,大轨范师班玛托昌(即莲花生大师)曾对法王赤松德赞和桂氏大臣赐任上师嘉·坚白桑哇,拉堆河谷地方出了一位大悲观世音菩萨的转世化身,在塘卡尔留下足迹的地方长出了有八十八瓣的莲花,预言嘉氏的血统中就会出现八十八位观世音菩萨的化身。这所寺院由摩巴特唐官却献出卡那山,由阿麦普尔贡创建。阿底峡大师莅临乃娘谷口时,曾为此寺抛撒青稞祝福,说:“这是大地的心脏”,故此得名为“乃娘”。

从嘉·坚白桑哇(文殊秘密)开始,除了章·喜饶拔,大悲观世音菩萨的转世在嘉家族的第四十二代传人嘉央仁青坚赞之时,文殊怙主法王宗喀巴大师来到这里参加噶宇学位的辩经活动,他作了很好的服侍。嘉央仁青珠巴和坚赞仁青的大弟子扎巴坚赞和堪钦贡噶德勒仁青坚赞贝桑波向根敦珠学过佛法。由于宗喀巴大师的慈悲和贾曹仁波且的寺院的缘故,迎请来了克珠格勒贝桑,改宗为格鲁派。扎巴坚赞来到哲蚌寺和沃喀寺等寺院,曾担任堪布为根敦嘉措授比丘戒,其弟子有嘉哇·多杰仁钦、坚白娘波、热译师的转世嘉央丹贝尼玛、嘉央桑哇坚赞。嘉央桑哇桑赞之行弟洛桑丹贝坚赞在门域弘扬宗喀巴大师的教法。此寺的堪布传承是:索南坚赞俄色贝桑波、旺钦饶丹扎巴俄色、勒饶旺钦贡噶益西嘉措、央坚阿旺贡噶伦珠、平措巴、噶丹南杰、仁钦坚赞、央坚阿格旺波之子弥觉索南旺钦、洛桑贡噶德、洛桑阿旺乔勒南杰、洛桑丹增,现在由嘉央贡噶勒巴主持。

乃娘寺有六所扎仓,全部是密修院,前几任轨范师的名字不详。杰蔡扎仓的轨范师有:乃娘·多杰南结、乃娘·洛桑达结、达拉夏尔·索南贝桑、乃娘·拉旺坚赞,现在由乃娘色拉扎仓的轨范师乃娘·喜饶兼管。常住僧人去扎什伦布寺夏尔孜扎仓学习。

却康扎仓的历任轨范师是:乃娘·喜年坚赞、旺丹·都哇嘉措、乃娘·群觉南杰、乃娘·顿珠嘉措、旺丹巴·坚赞桑珠、乃娘巴·洛桑扎西,现在由乃娘·洛桑诺布担任。常住僧人去扎什伦布推散林扎仓深造。

那夏扎仓的历任轨范师是:江茹·洛桑群佩、鲁木巴·勒巴坚赞、嘉雪·洛追平措、嘉钦孜·洛桑丹佩,现在没有轨范师。常住僧人一般去扎什伦布寺的夏尔孜孔仓学习。

乃娘色拉扎仓的轨范师传承是:香巴·洛桑金巴、江茹·勒雪贝丹、嘉钦孜·贡波洛桑、嘉仲·洛桑多杰,现在由乃娘喜饶担任。常住僧人一般去扎什伦布寺夏尔孜扎仓深造。

素尔康扎仓的历任轨范师是:达纳·尊追南杰、乃娘·多杰南结、达纳·曲贝坚赞、曲尼·洛桑平措，现在由乃娘·洛桑丹贝主持。求学僧人一般去扎什伦布寺杰康扎仓学习。

乃娘六所扎仓之中的康萨尔扎仓后来空废，其余的五所扎仓共有僧人约一百七十人，一级寺院。

28.夏堆的伦布孜寺，由珀顿艾卓巴·卓弥索南创建，司徒索南贝和夫人释迦贝使该寺有所发展。第四任堪布僧孜夏尔顿哇·章巴帕欧云丹嘉措之时，上师喜饶僧格莅临该寺讲授格鲁派教法。以后的堪布传承是：大译师拉堆素尔措哇·嘉却、至尊扎巴僧格、夏哇巴·嘉央南喀桑波、协巴·班钦顿月坚赞、巴当哇·楚臣嘉措、萨隆巴·班钦索南则摩、德觉绛巴·索南坚赞、克增曲觉贝桑、坚隆巴·央阿囊索、达纳巴·群佩嘉措、堪仁波且乃娘巴、达纳·班觉坚赞、安多·都哇曲杰、孜仲阿旺洛桑顿珠、扎强林·贡却仁钦、洛桑坚赞，现在由洛桑雅佩担任。所修密法同下密院。僧人一般去扎什伦布寺推散林和岗坚色拉麦、哲蚌寺的洛萨林扎仓深造。一级寺院，在寺僧人约一百九十六人。

29.若措桑珠德庆寺，由若措顷则创建，当时桑浦寺的上师也是若措。很久以后才开始了堪布传承，他们是：绒措哇·图巴、班钦曲巴嘉措、达纳巴·钦饶仁青、绒措哇·多杰坚赞、绒措哇·索南坚赞、邬建宗巴·勒雪嘉措、达尔巴·贝桑嘉措、阿里巴·桑杰达结，现在由阿里巴·阿旺曲嘉主持。常住寺院僧人去扎什伦布寺杰康扎仓深造。寺院采取扎什伦布寺阿巴扎仓的学经办法。一级寺院，在寺僧人约三十六人。

30.协扎西格佩寺，最初信奉其他教派，后来由洛追贡波改信至尊宗喀巴大师之教法。堪布传承是：曲噶尔噶尔波哇·洛桑旺钦、普巴桑波坚赞、昂仁·尊追坚赞、旺丹巴·喜饶仁青、娘堆巴·顿月贝桑。自从宗喀巴大师的政教白伞普及后，协地区作为扎什伦布寺的寺属庄园，由坚赞托波管理。以后的堪布有程勒贝桑、喜饶班觉、诺布坚赞、绒巴·洛桑热丹、仲孜·洛桑德勒、娘堆·阿旺顿珠、夏巴·曲扎坚赞，现在由协格当巴·洛桑诺布主持。常住僧人去扎什伦布寺推散林扎仓深造。为密修院，法事活动同扎什伦布寺阿巴扎仓。二级寺院，在寺僧人约二百三十人。

31.金隆喀觉(空行)寺,大成就师南喀坚赞的亲教弟子贝多杰所建,寺院所在地的山谷如佛的眼睛,故名“坚隆”(目谷),音讹为“金隆”。中间一段时间宗奉萨迦派,后来嘉钦巴上师把它改宗文殊怙主法王宗喀巴大师的清净见行。堪布传承是:让扎·曲嘉仁青、扎西贝桑、桑结班觉、桑结益西、桑结喜饶、推散林巴、诺桑嘉措、格尔帕·贝丹楚臣、贝钦哇、乃巴·洛桑扎西、洛追桑波、索南坚赞、洛桑顿珠、伦孜·格敦丹增、仲孜·扎巴嘉措,现在由让扎·洛桑贝结主持。寺院主修《集密》、《十三尊不动金刚》,并以这些方式进行修供仪式,护养僧徒。诵经、供奉方式都与扎什伦布寺阿巴扎仓相近。学习显教经典的僧人去扎什伦布寺推散林扎仓和随其意愿去色拉、哲蚌两寺深造。一级寺院,在寺僧人约一百五十人。

32.沃尤扎噶尔寺,由遍知一切根敦珠的亲传弟子央康巴·克增贡波坚赞创建。历任堪布是:涅格哇·桑结坚赞、扎巴群觉、塔巴坚赞、洛追格勒桑波、南喀坚赞、洛桑丹仲、贝隆·洛桑格勒、霍尔·图道旺波、达浦·阿旺坚赞、洛萨林·贡却坚赞、曲林·喜饶桑波、色拉麦扎仓的班觉洛桑、德央巴·洛桑弥旺、阿里·阿旺伦珠,现在由平措林阿旺仁青主持。寺院以修炼密法为主。常住僧人随其方便去色拉、哲蚌、甘丹等寺院深造。一级寺院,在寺僧人约一百人。

33.江茹赛尔当寺,由循努俄所建。堪布传承是:曲古俄色、俄色桑波、扎西仁青、坚赞扎西、甘丹隆巴·平措珠巴、赛尔普哇·群佩俄色、江茹·格敦伦珠、觉摩隆·洛桑拉旺、洛桑平措、阿旺程勒,现在由达温·洛桑金巴主持,负责讲授《胜乐四家合注》,按照下密院的方法举行《集密》、《大威德》仪式。常住僧人去扎什伦布寺学习。一级寺院,在寺僧人约九十二人。

34.日超甘丹寺,由江孜法王热丹贡桑帕巴按照贝科曲德寺的密修院创建。上师传承是:贝丹勒巴、喜饶勒巴、强巴坚赞、喜饶扎巴,中间有一个时期没有上师。自从宗喀巴大师的政教白伞普及后,重新任命上师，他们是琼结当康格隆、艾巴·强巴仁青、坚叶·洛桑南杰、艾巴·洛桑克珠、强巴平措、拉孜·阿旺金巴，现在由洛桑扎西主持。以前它差不多是贝科曲德寺的十七所扎仓的总的密修院，主要教授六支瑜伽，口念诵、供修方面的教派差别不大，后来法行方面依照格鲁派。一级寺院，在寺僧人约八十八人。

35.则庆寺的欧噶扎仓，由曲杰桑结扎西创建。堪布传承是：热木普巴·金巴嘉措、夏尔钦·桑结群佩、芒康·钦旺巴、扎纳·茨旺喜饶、朗巴·阿旺钦饶、江孜·洛桑丹增、拉隆巴·洛桑喜饶，现在由则庆强巴桑珠主持。常住僧人去香噶丹群科寺学习。一级寺院，在寺僧人约五十人。

36.朗巴赛尔林寺，由扎噶尔巴·仁钦坚赞创建，寺院建成后献给了曲隆僧团的堪布索南扎巴。上师传承是：娘麦·索南桑波、聂木·循努贡波、扎玛隆·扎巴坚赞、春堆·扎巴喜年、尼木·南喀坚赞、娘堆·仁钦坚赞、娘巴·喜年喜却、尼木·嘉扎巴、擦弥·达哇洛追、扎邬·拉恰那、娘热·喜年桑波、雅德·贡波扎西、尼玛坚赞、沃尤·南喀楚臣、桑耶巴·贡噶洛追、扎西南杰、娘哇尔扎甘巴、贡却仁钦、桑巴·隆日嘉措、绒巴·贡噶嘉措、顿月嘉措、贡噶索南、白朗·洛桑丹增、桑域·曲嘉措，现在由朗巴·索南坚赞主持。原奉曲隆僧团学派，后来改宗格鲁派。主修《大日经》、《药师佛经》，并举行仪式，其它法事活动完全与所有格鲁派一样。常住僧人去扎什伦布寺推散林扎仓深造。一级寺院，在寺僧人约四十六人。

37.仁青岗寺，琼波·顿珠仁青所建。上师传承是：南杰旺波、喜饶群佩，喜饶贝桑、仁钦曲嘉、散居巴·格鲁贝桑、赛尔当·贡却嘉措、桑孜·云丹桑波、周·喜饶嘉措、江孜贡却、扎玛尔·洛桑贝丹，现在由却金雅佩主持，举行斋戒仪式，地道等法行与所有格鲁派同。二级寺院，在寺僧尼约四十人。

38.白朗地区的散顶寺，循努珠巴所建，寺院中居住着各教派僧人，其中占却顿月坚赞等为噶当派僧人，赤雪·楚臣坚赞等是夏鲁派僧人，琼波南觉等是香巴噶举派僧人，杰尊卓却等是觉囊派僧人，寺院由一些教派不明的僧人护持。后来与参卓扎仓合并，师承、口念诵、僧人学经去向等都同于参卓扎仓。二级寺院，在寺僧人约五十四人。

39.桑林寺，俄顿贡噶所建，为萨迦派寺院。后来，因为和格佩寺执事僧人心意相合，把它赠予洛巴林岗寺，成为文殊怙主法王宗喀巴教派的寺院，但是没有师承关系和诵供活动等。一级寺院，在寺僧人约十二人。

40.塔尔巴寺，恰译师却吉桑波创建于木鼠年(1204?)。迦湿弥罗(喀且——今克什米尔地方一译者注)班智达释迦室利曾莅临寺院，取名为"贝绛曲塔尔巴林"(吉祥圆满解脱洲)。布顿大师的上师塔尔洛·尼玛坚赞等成就师曾在这里居住过。在此不说恰译师的传承关系。自从宗喀巴大师的政教白伞普及后，由扎纳哇·贡噶益西坚赞主持，这时候寺院师徒一致同意请求尊胜上师(五世达赖喇嘛)授教，改宗格鲁派。以后的堪布传承是：琼结巴·索南欧珠、俄却活佛阿旺俄色让卓，现在由强钦巴·格敦嘉措担任。寺院按照尊胜上师五世达赖的教导，定期举行恰译师开创的修供法会，并且开展跳神活动。另外的诵供方式同扎什伦布寺阿巴扎仓。僧人没有去其它寺院学经的习惯。一级寺院，在寺僧人约一百二十四人。

41.香·廓仓禅院，伍巴林巴·坚白扎巴所建，班禅洛桑却吉坚赞使其兴盛，任命阿日桑卡尔哇·尊追坚赞为上师。他之后的上师有阿里·洛桑坚赞、达纳·丹增桑波、现在由桑卡尔·尊追嘉措主持。所行的胜乐鲁俄巴的自前等粗略法行同于密院。寺院类似于密法院，除了从其它寺院来的修行者外，本寺僧人没有去其他寺院学经的习惯。一级寺院，在寺僧人约四十人。

42.央曲寺，央巴曲杰扎巴桑珠所建。上师传承是：遍知一切根敦嘉措、拉普哇·扎巴坚赞、曲哇尔·洛桑顿月、那塘·扎巴索南、娘堆·勒雪贝丹、茨旦嘉措、央·丹巴达结、强钦·洛桑群佩，现在由达纳群佩坚赞主持。寺院密法活动方面和下密院相近。常住僧人去推散林扎仓求学。一级寺院，在寺僧人约六十人。

43.索·达结修行院，创建者名字不详。上师传承是：仁钦喜年、泽巴·格勒嘉措、阿里巴·洛桑尊追坚赞、达纳·洛追嘉措、乃娘·强巴诺布、江孜·洛桑雅佩、珠白朗·坚赞，现在由泽饶·洛桑热卓主持。念诵供修方式全是格鲁派的。由于是一所修行院，所以本寺僧人没有去他寺学习的习惯。一级寺院，在寺僧人约四十六人。

44.钦木拉当寺，据说由获得成就的卫娘巴所建，中间有一个时期没有上师传承。自从宗喀巴大师的政教白伞普及后，担任上师的有：桑卡尔·洛桑坚赞、卡尔·喜饶强巴、江孜·洛桑群佩、哲卡哇·却丹嘉措、日喀则·洛桑伦珠、香巴·珠贝坚赞，现在由古格·勒雪嘉措主持。法行全是格鲁派的。除了规定的去扎什伦布寺求学的僧人数外，没有去其他寺院学习的习惯。二级寺院，在寺僧人约二十三人。

45.仁钦岗寺，和香扎仓钦莫的创建者是同一人，自从噶丹群科寺建成以后成为该寺的分寺。上师传承和法行与噶丹群科寺相同。二级寺院，在寺僧人约十五人。

46.日喀则地区的东嘎尔日吾顶坚寺。按照持白莲黄色僧衣舞游戏者第一世达赖喇嘛根敦珠的授记，由他的真传弟子东嘎尔哇·桑结贝丹仁钦所建。其后上师传承是：香巴·曲贝嘉措、阿里·桑结嘉措、桑结桑波、桑结贝桑、南杰坚赞、索南贝珠、南杰坚赞重任，现在由邬坚宗巴·勒措嘉措住持。寺院密修法规同下密院。常住僧人去扎什伦布寺杰康扎仓习经。一级寺院，在寺僧人约九十四人。

47.达纳日卡尔寺，香巴噶举派恰当南喀南觉巴所建。经四、五任上师后，改宗格鲁派。上师传承是：俄隆·班觉坚赞、班钦隆热嘉措、达纳·曲坚巴、嘉央扎巴、仁青嘉措、觉宗·却勒南杰、娘堆·拉旺洛追、赛尔当巴、香巴、曲贝嘉措、班钦洛桑却吉坚赞（四世班禅）、丹增嘉措、伦珠孜巴·曲央嘉措、邬建宗巴·仁钦洛追、达纳·扎西坚赞、绒措·达结嘉措、多尔丹·洛追嘉措、阿里巴·白朗坚赞，现在由达纳·贡却嘉措主持。修供《集密》、《不动金刚》、《胜乐鲁俄巴修行法》等，护法等方面与所有格鲁派相同。常住僧人去扎什伦布寺的杰康扎仓深造。一级寺院，在寺僧人约六十八人。

48.达纳赛尔林寺，嘉央喜饶仁钦所建。没有找到有关早期上师传承的详细资料。以后的传承是：甘巴哇·洛桑欧珠、赛康巴·勒雪贝丹、乃巴卡尔巴·曲嘉贡波、仲孜·格敦雅佩、达纳·格达尔哇、格敦顿珠，现在由达纳·洛桑贡噶主持。寺院主修密法，寺院修行方法与扎什伦布寺阿巴扎仓相同。常住僧人去推散林扎仓学经。一级寺院，在寺僧人约四十六人。

49.达纳萨多杰丹寺(地金刚座)，由出生于刹玛种姓的、能使役智慧六臂怙主的香巴噶举派大师帕廓·贡噶桑波创建。历任堪布是：贡噶桑波的弟子占却·顿月坚赞、其弟子持金刚贡噶坚赞贝桑波、其弟子持白莲第二黄色僧衣舞游戏者妙音笑金刚或根敦嘉措、其弟子温·喜饶坚赞、拉堆·丹巴达结桑杰、沃尤·索南坚赞、达纳·桑结桑波、格敦桑波、阿里桑结贝桑、嘉央坚赞、贡德·洛追嘉措、南杰坚赞，现在由达纳·格勒坚赞主持。所修《集密》、《大威德》、《护法仪轨》等全是格鲁派的。常住寺院僧人一般去扎什伦布寺杰康扎仓学习。一级寺院，在寺僧人约三十人。

50.达纳邬坚曲宗寺，贝丹喇嘛丹巴索南坚赞(萨迦款氏家族名僧)所建。后来改宗格鲁派，上师传承是：南喀坚赞、仁钦洛追、勒雪嘉措、曲尼雅佩、觉宗·勒雪坚赞、达纳·洛桑扎西、古格·洛追嘉措，现在由曲尼哇·洛桑坚赞主持。修习格鲁派所传三黑行法等。常住僧人一般去扎什伦布寺的杰康扎仓学经。一级寺院，在寺僧人约五十三人。

51.协扎仓钦莫，由文殊怙主法王宗喀巴大师的弟子贡钦扎贝桑波创建。其后上师传承是：阿里巴·南喀索南、曲都·索南益西、邬坚宗巴·曲窘坚赞、娘巴·洛追嘉措、波绒·若纳巴扎、琼噶尔·索南贝桑、绛巴·程勒旺秋、娘巴·班觉嘉措、琼噶尔·喜饶诺布、绛巴·阿旺仁钦、卓科尔·扎却巴、绛巴·扎西嘉措、扎玛·隆曲嘉措、娘巴·索南班觉、拉萨哇·释迦却丹、娘巴·阿旺钦热、卓廓尔·阿旺敏珠，现在由琼噶尔·班觉伦珠主持，讲授本寺创建者贡钦扎贝桑波撰写的《律论奇光》，域顿诺布的《般若饰义》、《释量论总义教理灯》等戒律、对法、中观、般若、因明学论著。所举行的大威德和胜乐仪式同格鲁派一切寺院。一级寺院,在寺僧人约一百六十六人。

52.协当卡贡寺,宗喀巴大师的亲传弟子杰尊·嘉饶僧格所建。上师传承是:洛桑喜饶、伦孜·洛桑班觉、乃巴·洛桑勒巴、桑孜·喜饶群佩、吉隆·诺布嘉措、协巴·洛桑坚赞、多·格敦坚赞、娘巴·洛桑群佩、吉隆·拉旺班觉、协巴·程勒贝桑、章钦顿桑、喜饶班觉、兰·洛桑饶丹、仲孜·洛桑德勒、旺丹阿顿巴、当巴·曲扎坚赞,现在由协巴·洛桑诺布担任。寺院法事活动与扎什伦布寺阿巴扎仓相近。常住僧人去扎什伦布寺推散林扎仓深造。一级寺院,在寺僧人约五十人。

53.协·仲普寺,遍知一切根敦珠巴的亲传弟子那塘巴·僧伽日巴所建。其后上师传承是:强巴南杰、贝丹洛追、邬坚措姆、囊然巴、钦木·扎巴楚臣,现在由噶丹群科寺上师兼管,按照格鲁派密宗寺院传规主诵《普明大日如来续义日藏》,举行大威德仪式等。常住僧人去甘丹群科寺学习。一级寺院,在寺僧人约四十人。

54.达隆达哇普寺,原信奉其他教派,后来由曼塘巴改宗格鲁派,任命一名女尼代表担任喇嘛。现在由扎什伦布寺的拉尊多杰主持。举行上师供和药师佛仪式,诵读经典。二级寺院,在寺女尼约二十二人。

55.扎西曲顶寺,昂仁巴·温波恰哲所建。之后由扎什伦布寺杰康扎仓上师管理。主修《集密》、《胜乐》、《普明大日如来经》,法事活动和扎什伦布寺密宗院阿巴扎仓相同。常住僧人一般去杰康扎仓深造。二级寺院,在寺僧人约二十二人。

56.洛布寺,由持白莲者根敦珠巴(一世达赖喇嘛)的弟子白朗·塔尔巴坚赞创建,取寺名为"桑珠格佩寺"。之后,班钦辛底巴的弟子丹巴嘉措广泛闻思佛法,主持寺院。有一次,遍知一切根敦嘉措从达纳返回途中参观了这所寺院,教导说:"在像肺一样的山谷有如太阳一样的智者散发嘉言之光",故称"洛布"(肺府)。上师传承是雪克巴·嘉哇桑珠、萨德桑达尔哇、许巴·班觉饶杰、邬坚宗巴·桑结嘉措、曲尼丹巴雅佩、觉宗·洛桑群佩、卓孔·洛桑顿珠、达纳·洛桑南杰、协巴·程勒班觉、阿里·

洛桑扎西、春堆·诺布坚赞，现在由邬坚宗巴洛桑雅佩主持。寺院以修密法为主，法事活动与扎什伦布寺阿巴扎仓相近。常住僧人去杰康扎仓学经。二级寺院，在寺曾人约三十六人。

57.达纳拉卡寺，据说由曾拜师过文殊怙主法王宗喀巴的嘎尔顿·绛曲贝哇所建。其后历任堪布是：伦珠孜巴·洛桑南杰、沃尤·索南坚赞、拉喀·桑结桑波、曲尼·丹巴达桑、桑耶巴·桑结桑波、雪克·桑珠贝桑、觉宗·洛桑丹嘉、达纳·格敦桑波、阿里·桑结贝桑、阿里·桑结桑波、嘉央坚赞、达纳·扎西坚赞、阿里·南杰坚赞、达纳·洛桑南杰，现在由拉卡哇格勒坚赞主持。主修格鲁派所传三黑行法。常住僧人去扎什布寺杰康扎仓深造。二级寺院，在寺僧人约三十三人。

58.日枯寺，据说由前弘期时的著名佛学大师白若杂纳（七觉士之一）创建，由于佛教史籍中没有明确记载，所以，很难肯定真正的创建者是谁。《遍知一切根敦珠传》中说：“达纳沙门噶波哇把日枯寺献给了杰喜饶僧格，作了几年的住持。后来喜饶僧格大师去前藏向克珠杰听讲时轮教法，日枯寺堪布由遍知一切根敦珠担任，他建立了至尊弥勒佛像，改建了大经堂门，内铺石板，设立了祈愿大法会。”按此说法后期的堪布传承是：杰·喜饶僧格、遍知一切根敦珠、香巴·洛桑巴、达纳·格敦洛桑、香顿·尊追坚赞，他之后的几任堪布名字不详。自从宗喀巴大师的政教白伞普及后成为扎什伦布寺的分寺，堪布传承为：仲孜哇·格敦雅佩、娘堆·阿旺顿珠、嘉巴·达曲雅佩、吉隆·洛桑强巴，现在由散巴·嘉央群佩担任。寺院主修密法，法事活动同扎什伦布寺阿里扎仓。常住僧人去扎什伦布寺推散林扎仓学经。二级寺院，在寺僧人约五十一人。

59.达纳萨德钦寺，喜饶桑波所建。堪布传承是：顿月坚赞、贡却坚赞、托迈贝桑、云丹贝窘、桑哇窘乃、恰当曲杰、格敦贝珠、丹嘉哇、隆热嘉措，现在由洛桑贝窘主持。寺院法事活动与扎什伦布寺阿巴扎仓相近。常住僧人一般去扎什伦布寺杰康扎仓深造。二级寺院，在寺僧人约二十五人。

60.伦珠孜寺，由伦珠孜巴·洛追南杰所建。其后堪布传承是：俄隆

·班觉坚赞、居钦·桑结嘉措、达纳·诺桑嘉措、南杰贝桑、阿里巴·桑结桑波、桑结贝桑、伦珠孜巴·班觉多杰、阿里巴·嘉央坚赞、伦珠孜巴·洛桑南杰、伦珠孜巴·桑结班觉、阿里·南杰坚赞、班觉贡波,现在由拉卡哇·格勒坚赞主持。所修《集密》、《大威德》及护法方面全都同格鲁派密宗学院。常住僧人一般去扎什伦布寺杰康扎仓学习。二级寺院,在寺僧人约三十二人。

61.协噶丹曲顶寺,班禅洛桑却吉坚赞创建于火鼠年(1636年),任命乃巴·曲扎嘉措为经师。从喜饶班觉开始与扎西格佩寺合兼管,上师传承详见扎西格佩寺。上师供、斋戒等法行与格鲁派所有寺院相同。二级寺院,在寺僧尼约一百一十八人。

62.协哲喀寺,原来宗奉主巴噶举派。后期(改宗格鲁派后)历任堪布是:央·益西坚赞、乃巴·曲扎嘉措、乃萨尔哇·喜饶班觉、兰·洛桑饶丹、喜饶班觉、仲孜·洛桑德勒、夏琼曲杰、雪雄·曲扎坚赞,现在由协巴·洛桑诺布住持。诵经,法行全部与格鲁派其它寺院相同。二级寺院,在寺女尼约四十三人。

63.仲普新寺,曲杰岗哇赛尔巴所建,是仲普寺的分寺,上师传承详见仲普寺。上师供等法行全都是按照格鲁派寺院进行的。常住僧人去甘丹群科寺深造。二级寺院,在寺僧人约三十人。

64.协·温萨格佩寺,扎巴桑波所建。其后堪布传承是:贝丹洛追、邬坚措姆、饶绛巴囊索、扎巴楚臣。现在是甘丹群科寺分寺,由甘丹群科寺管理。所修《普明大日如来神变加持经》、《大威德》及法行与格鲁派寺院相同。僧人一般去甘丹群科寺学经。二级寺院,在寺僧人约三十三人。

65.吉祥那塘寺,噶当派善知识董敦·洛追扎建于水鸡年(1153年),是出过班钦桑迦室利、杰喜饶僧格、遍知一切根敦珠等获得成就的大智者士夫们的地方。历任堪布是:董敦·喜饶扎、香尊·多杰俄、卓都孜扎、香顿·曲杰洛追、桑结贡巴、钦木·南喀扎、觉顿·曼兰木楚臣、曲杰尼玛坚赞、扎巴尊追、扎巴喜饶、钦木·洛桑扎、贡噶坚赞。后这位时宗喀巴大师曾多次莅临那塘寺，从贡噶坚赞学习《中观理聚六论》和其他一切教理论著。以后的堪布是：珠巴喜饶、索南却珠、扎巴顿珠、索巴贝珠、贝丹桑波、喜饶坚赞，他以后的一段时间内没有堪布，接下来是阿里巴·多杰伦珠、香巴·益西桑波、扎什伦布寺的扎巴班觉、茨旦坚赞、阿旺程勒、阿旺扎西，现在由果芒扎仓的丹增嘉措担任。法行方面萨迦派的份量较大。常住寺院僧人去扎什伦布寺的推散林和夏尔孜两所扎仓深造。一级寺院，在寺僧人格鲁和萨迦派共计一百七十八人。

66. 嘉钦孜寺，据说是由仁蚌巴家族的贵夫人布占达姆所建。过了很长一段时间后，由班钦达曲雅佩担任上师。自从宗喀巴大师的政教白伞普及后由班禅洛桑却吉坚赞护持，现在由洛桑益西活佛（五世班禅）护持。寺院法行同扎什伦布寺阿巴扎仓。常住僧人去夏尔孜扎仓深造。一级寺院，在寺僧人约七十三人。

67. 乃曲德寺，由喜饶僧格的亲传弟子贡波贝所建。其后历任堪布是：乃巴·洛追嘉措、顿嘉措、桑玛·强巴俄色、伦孜·顿珠扎西、绒波·洛桑坚赞、阿旺嘉措、晁达活佛、雪绒·嘉哇仁青、乃雪·洛追嘉措、桑玛·贡噶嘉措、贝顶·扎巴旺秋、乃巴·贝丹仁钦、桑木丹仁钦、桑玛·嘉央坚赞、仲·格敦坚赞、乃·索南坚赞、夏巴·平措坚白，现在是白朗·曲嘉措。寺院法行与下密院相近。常住僧人去色拉寺麦扎仓、扎什伦布寺推散林扎仓、岗建绛巴扎仓学经。一级寺院，在寺僧人约六十三人。

68. 欧木宗多杰丹（金刚座）寺，嘉央款敦所建。协康让巴·多杰仁青担任堪布期间，遍知一切根敦珠巴布资助创建了吉祥退敌本尊天女加持护法殿。其后堪布传承是：萨隆巴·洛桑雅佩、艾卓·洛桑群佩、绒措·格敦群觉、欧宗·洛桑格勒、达纳·格敦顿珠、吞巴·班觉坚赞、江孜·洛桑饶杰、乃娘·洛桑茨仁、协乃巴·班觉顿珠，现在是由定结·洛桑达结护持。所修《集密》、《在日如来经》、护法等与扎什伦布寺阿巴扎仓相近。常住僧人去甘丹寺哈尔东扎仓、色拉寺麦扎仓、哲蚌寺洛萨林扎仓、扎什伦布寺杰康扎仓、岗建扎仓、夏尔孜扎仓深造。一级寺院，在寺僧人约九十三人。

69. 桑孜寺，由僧格孜巴作施主，萨迦派僧人曲多杰负责建造，许久以后无法维持。这时，杰·喜饶僧格讲授佛法，布施物品，委任散巴·云丹嘉措为喇嘛，使之改宗格鲁派，中间有一个时期由散居寺轨范师兼管。宗喀巴大师的政教白伞普及后，担任堪布的有：曲杰贡波、桑孜拉松、顿月坚赞、桑玛·嘉央坚赞、娘堆·格敦坚赞，现在由江孜·班觉顿珠主持。寺院主修密法，法行和扎什伦布寺阿巴扎仓相近。常住僧人去岗建群佩寺深造。一级寺院，在寺僧人约五十七人。

70. 绛钦寺。《噶当宝书》说："北边坚固的山顶，在'菩提地'之处，由我加持狮子声，神圣遗体住彼处，大悲之光照十方，聚集僧徒数百人。"根据这个授记，吉祥那塘寺第六任堪布桑结贡巴，原名"僧格嘉"者创建了绛钦寺。他涅槃后弟子们建造了菩提灵塔，得名"大菩提隐居地"。《遍知一切根敦珠传》说："觉得绛钦寺在行法间或平常需一处修行地，就有关木材等建造佛殿的顺缘，授教诫给佛教大施主释迦贝，他也奉献了建房所需的一切，这里有建立修行房、僧徒事业兴旺的相兆，由是因缘，'大乘宫'森康(卧室)于火龙年(1436年)建成。"根敦珠长期在这里居住修行，撰写了《因明大论理饰》和《竭地洛迦林度母颂》等，进行讲授，目睹蓝白色度母、独雄大威德、六臂护法等多尊护法、本尊神。特别是吉祥四面怙主对他说："你是大班智达，应著文赞颂我。"他有过许多奇异之梦。阿兰若处(隐居修行处)庄严无与伦比。但是，中间一段时间被(觉囊派的)达丹寺(达丹达曲林寺——多罗那他创建—译者注)等多座寺院据为己有，没有找到上师传承的资料。自从宗喀巴大师的政教白伞普及后，分给班禅洛桑却吉坚赞管理，他任命了一位修行僧担任住持。堪布传承是：卡尔嘉哇·丹贝尼玛、拉巴活佛洛桑丹巴、欧宗·洛桑拉旺、扎久·洛桑扎西、仲孜·南杰坚赞、达努·南杰坚赞、聚会师·南杰赞巴、古格·勒雪嘉措、仲孜·格勒饶杰、香巴·洛桑群增，现在由达纳·贡波贝桑主持。法会、诵经等方式完全采取格鲁派的，经常学习《菩提道次第广略论》，并进行实践活动。二级寺院，在寺僧人约三十人。

71. 贝顶寺，据说是由印度成就师阿噶尔杂德所建。堪布传承是：

卓隆巴·南喀坚赞、乃巴·顿珠扎西、伦孜丹巴哇、乃巴·强巴俄色、贝顶·洛追嘉措、乃顿坚巴、洛桑诺布、阿里·尊追坚赞、乃娘·乔勒南杰、窘阿·洛桑平措、强巴林·洛桑贡却，现在是康巴·洛桑坚赞。寺院密法活动全都是格鲁派的。常住僧人去甘丹寺绛孜扎仓、色拉寺麦扎仓、哲蚌寺洛萨林扎仓、扎什伦布寺推散林扎仓、岗建绛孜扎仓学经。二级寺院，在寺僧人约三十七人。

72.绒措修行院，创建者姓名不详。以后的上师传承和绒措桑珠大寺一样。二级寺院，在寺女尼约三十人。

73.南喀曲佐寺，据说泽宗巴·南喀曲嘉按照遍知一切根敦珠的意思修建的，中间犹如鸟支差鼠得食之喻，宗奉主巴噶举派，没有建立我派的宗规。后来所缘女尼洛桑巴增玛在班禅洛桑却吉坚赞身前剃发改名，担任了上师。根据母寺娘乃寺所传格鲁派法行进行活动。现在由女尼曲卓玛主持。二级寺院，在寺女尼约二十三人。

74.协噶尔曲隆寺，曲泽仲巴·南萨哇创建。堪布传承是：冲木达·阿旺曲嘉、伦孜·洛桑坚赞，从他开始成为岗建绛孜寺分寺，上师传承详见绛孜寺。所修《集密》和斋戒等法行完全和格鲁派其它寺院相同。二级寺院，在寺僧人约四十八人。

75.嘉萨木扎寺，雅隆巴·噶宇楚臣亚迈所建，宗奉香巴噶举派。自从宗喀巴大师的政教白伞普及后被判为白朗塔尔巴寺的属寺，上师传承详见塔尔巴寺。寺院所修宗喀巴大师的不动怙主法等法行是按照格鲁派规定进行的。常住僧人去塔尔巴寺学经。二级寺院，在寺僧人约三十二人。

76.噶丹达结林寺，由索波洛桑群佩和嘉巴哇共同创建于第十一饶迥的木鸡年（1645年），由扎什伦布寺推散林扎仓堪布管理。唸诵、修供等法行按照格鲁派规定进行。二级寺院，在寺女尼约二十六人。

77.欧珠曲宗寺，洛桑群佩和嘉巴哇共同创建，由扎什伦布寺推散林扎仓兼管。求学者去扎什伦布寺推散林扎仓。二级寺院，在寺僧人约十二人。

78.卓·诺布岗寺,创建者的名字和以前的上师传承无从查找。后期的传承是:上赛尔康贡巴扎仓的上师洛桑贝母、喜饶云丹、索波活佛、洛桑塔克、勒珠巴·洛达尔,现在由康区的曲嘉措主持。寺院密宗法行同扎什伦布寺阿巴扎仓。常住僧人去推散林扎仓学经。二级寺院,在寺僧人约四十人。

79.后藏拉堆绛地方的昂木仁或称昂仁寺。木雅(西夏)赛邬王的后裔名叫勒巴者住在后藏上部达地方即僧格垅(狮子沟),他有五个孩子,长子僧格达的后裔中的帝师贡噶洛追被任命为本钦时,在因为森黑的岩穴叫做昂木仁,或昂木措的海子中有鹅鸣声,故名"昂仁"的地方修建堡寨,请来释迦僧格,于第四饶迥的木鸡年(按第四饶迥木鸡年应为1225年,似有误,可能是第五饶迥木鸡年,即1285年)为寺院奠基。历任堪布是:多·云丹坚赞、格尔普嘉萨哇、贡钦岗超巴、窘曼巴·尊追坚赞。在此之前以白楼阁作为拉章,以小经堂作为集会处。阿里巴迪厦乔勒南杰时宗喀巴大师来到昂仁寺参加噶宇学位辩经。从此逐渐创建了十五所萨迦派扎仓、十所格鲁派扎仓,使寺院和学经都得到了很大发展。以后的堪布传承是:康巴·索南坚赞、多结巴·丹贝坚赞、噶廓哇·达贡喜饶、曲卡帕玛尔哇·班觉喜饶、噶恰巴·仁青贝桑、多钦巴·曼杂室利、嘉央扎巴、萨迦巴·贡噶坚赞、多噶尔热·阿底桑波、帕嘉哇、僧格贝仁,他之后拉堆绛万户长贡却桑波请来大菩萨循努嘉却修建了八十根柱子的佛殿和七十五肘高的弥勒佛像,循努嘉却亲自担任堪布。其后的堪布传承为:顿桑坚赞、洛桑扎巴、饶哇·索南僧格、贡噶珠巴、桑结僧格、晋迈扎巴、仁钦多杰、贝丹洛追、曼隆绛赛巴、喜饶贝、格勒扎西、索南桑波、桑结嘉措、强巴索南、桑波扎西、洛追南杰、桑结坚赞、阿旺扎西、伦珠嘉措、贡噶坚赞、曲贝扎西、强巴桑波、强巴曲坚赞、楚臣嘉波、伦珠曲杰坚赞、拉萨拉普伦珠却吉达结、芒域译师茨旦坚赞,现在由扎强林·阿旺俄色主持。在夏季法会和冬季法会期间,萨迦派和格鲁派的共二十五个扎仓的僧人聚会,共有三千八百余人,有在四根本堕罪方面有无错误由掌堂师立誓赌咒的习惯。讲解教理的学识渊博者们从卫藏一切地方来到智者的大海昂仁寺。“昂仁辩经”犹如被风吹遍各方。平时僧人各住在自己的扎仓中。

80.昂仁寺中格鲁派十大扎仓之一德贡扎仓,由达夏尔扎仓的协敖金刚持尼玛扎西所建。历任堪布是:强巴上师、协巴·程勒贝桑、琼波·仁钦坚赞、达夏·仁青群佩、邦域·洛桑桑珠、琼孜·格敦坚赞、窘本·洛桑群佩、茨旦坚赞、格尔巴·洛桑达结、拉堆·洛桑顿珠、拉孜·格敦桑珠、定日·洛桑坚赞,现在由协巴·格敦达结主持。寺院以修密法为主,学习显教经典的僧人去扎什伦布寺深造。一级寺院,在寺僧人约五十八人。

81.昂仁寺格鲁派十大扎仓之二甘丹德林夏尔巴扎仓,由贝丹桑波创建。堪布传承是:索南勒珠、曲班觉、桑结平措、索南饶丹、索南达结、强巴拉、帕卓·索南仁钦、嘉央平措、轨范师卫巴、绛巴卡恰、索南贝拔、梅·洛桑达结、多帕·洛桑坚赞、格尔普·洛桑丹曲、多·洛桑程勒、那塘·洛桑顿珠,现在由后藏哲蚌洛桑顿珠担任。寺院以修密法为主,学习显教经典者去扎什伦布寺。一级寺院,在寺僧人约四十二人。

82.昂仁寺格鲁派十大扎仓之三窘达夏尔扎仓,阿罗汉顿珠桑波所建。历任堪布是:洛追坚赞、洛追贡、强巴桑波、曲桑、洛桑仁青、洛桑嘉色、勒巴坚赞、达夏·强巴桑波贝,据说从他起,作为一所大寺院的昂仁寺才开始形成,可见此扎仓是逐渐改宗格鲁派的。以后的堪布为:赛巴钦波、顿桑坚赞、洛追坚赞、班觉钦波、秋杰朗波、吉隆·贝丹楚臣、噶茹哇·桑杰平措、德夏尔哇·索南达结、达夏·洛桑南杰、卓茹·伦珠班觉、琼波·索南贝拔、达夏·桑结班觉、巴木琼哇·洛桑群佩、索南坚赞、恰仓·格勒贝桑、达夏·茨程坚赞,现在由洛桑雅佩主持。寺院以修密法为主,学习显教经典者去扎什伦布寺。一级寺院,在寺增人约三十二人。

83.昂仁寺格鲁派十大扎仓之四窘本波托扎西岗扎仓,扎西仁钦上师所建,中间有一个时期没有上师。后来搬迁到措科尔,首任上师是贡却多杰,他之后依次是:琼波·索南贝拔、京隆·桑结茨旺、巴木琼·贡波坚赞、洛桑群佩、顿协尔·强巴坚赞、达尔居·洛桑达结、曲雄洛窘、噶顿·洛桑丹佩,现在由达夏·洛桑雅佩主持。寺院为密修院,求学显教经典者去扎什伦布寺深造。一级寺院，在寺僧人约三十人。

84.昂仁寺格鲁派十大扎仓之五桑珠甘丹扎仓。由于雅噶曲德的僧人内部不和，七十余名僧人迁出该寺院，居住在多地方的谷底，改修宗喀巴大师教法。这些僧人高兴地说："我们的愿望实现了"，故称"桑珠甘丹巴"（实现了心愿的格鲁派僧人），由绛康萨尔哇·嘉央巴丹坚赞负责管理，到他的弟子楚臣勒巴时扎仓有了发展，任命被称为大菩萨循努嘉却转世的嘉色贝丹坚赞作上师。其后的上师传承为：扎西班觉、南喀桑波、绛顿·益西扎、吞巴·桑结嘉措、德塘巴·格勒嘉措、嘉央喜年、仁钦班觉、达曲雅佩、喜饶嘉措、尊追俄色、强巴嘉措、嘉哇·班觉桑波、扎达哇·洛追曲、嘉协巴·尊追南杰，在此前主要讲授显教经论。之后的堪布有：吞巴·洛桑群佩、拉普·达曲南杰、噶哇顿·洛桑丹佩、波密·洛桑群佩、色拉夏尔巴·桑结程勒、堆隆·阿旺道丹、澎波·洛桑贡嘎、当卡哇·洛桑伦珠，现在由色拉麦·洛桑达结主持。寺院是一所密修院，学习显教教法的僧人去扎什伦布寺。一级寺院，在寺僧人约二百四十六人。

85.昂仁寺格鲁派十大扎仓之六：朵奔巴扎仓，扎西贡上师所建。以后由于佛教发展受阻，没有固定的经师授教。从绛赛·达哇坚赞开始主讲道次第者依次是：夏尔孜·桑结娘波、桑珠甘丹寺协敖嘉央、阿里诺布哇、桑结坚赞、班觉坚赞，现在由益西坚赞住持。寺院为密宗学院，学习显教经典者去扎什伦布寺。一级寺院，在寺僧人约三十三人。

86.昂仁寺格鲁派十大扎仓之七曲隆洛巴扎仓，由克珠杰格勒贝桑的弟子嘉央托杰僧格所建，中间一段时间，由于拉堆绛万户和藏巴第悉间的战乱等，没有委派上师。自从宗喀巴大师的政教白伞普及后才开始了上师传承，他们是：江孜·曲窘桑波、达曲南杰、嘉央巴、迦拉尊追巴。现在是桑珠噶丹扎仓的属寺，由桑珠噶丹扎仓委派的轨范师藏哲蚌巴管理。寺院以修密法为主，学习显教经典者去扎什伦布寺。二级寺院，在寺僧人约二十六人。

87.昂仁寺格鲁派十大扎仓之八邦域第哇巾扎仓，由克珠杰的亲传弟子曲丹饶觉所建。其后上师传承是：楚臣桑波、桑结绛曲、曲窘顿珠仁青、京隆·洛追贝丹、楚臣桑波、德觉协热巴、乃·扎巴旺秋、邦域·索南坚赞、洛桑顿珠、达纳格敦、仲孜·桑结嘉措、程勒雅佩、桑玛·格敦丹增，现在是协巴·程勒班觉。寺院按照扎什伦布寺阿巴扎仓的方法修习密法，学习显教经典者去扎什伦布寺。一级寺院，在寺僧人约七十六人。

88.昂仁寺格鲁派十大扎仓中原先还有梅·杰曲隆夏尔扎仓和隆噶丹扎仓，在拉堆绛万户统治时期，由于曲隆扎仓被水淹没无法居住，使两所扎仓合并，现称“隆噶丹扎仓”，由琼饶绛巴·洛追贡波修建。上师传承不全，载于文献的有贡噶尼玛、扎什伦布巴、香巴哇、诺布坚赞、达曲南杰、索南群佩。寺院以修密法为主，学习显教经典的僧人去扎什伦布寺。一级寺院，在寺僧人约六十人。

以上是格鲁派在昂仁寺的十所扎仓。

吉祥萨迦派的十五所扎仓是：噶尔勒扎仓、噶尔波夏尔扎仓、欧噶夏尔扎仓、达孜扎仓、曲林扎仓、同曼扎仓、囊热扎仓、拉顶扎仓、德普扎仓、擦尔贡扎仓、噶蔡扎仓、曲隆扎仓、雅噶曲顶扎仓、群科岗扎仓、噶尔孔扎仓。

89.多卡尔甘丹达结林寺，贡波嘉措所建，他家族的贝丹嘉措曾向遍知一切索南嘉措请求授记，于是寺院迁到江日山北面，取寺名为“甘丹达结林”。堪布传承是：嘉卡尔巴、格敦贝珠、桑卡尔·贡却仁钦、格敦班觉、古格·嘉央坚赞、达纳·诺尔坚白、喀尔喀·索巴嘉措、芒域·索南群佩、桑卡尔·洛桑扎西，现在由定结·洛桑丹巴达结主持。主修《十三尊大威德》、《普明大日如来神变加持经》、《药师佛经仪轨如意王》等，并举行仪式。求学显教教法的僧人去扎什伦布寺的杰康扎仓。一级寺院，在寺僧人约四十二人。

90.萨隆甘丹群科寺，由朵·格居哇·多杰坚赞所建，宗奉萨迦派。后来岗建巴·益西则摩担任上师，改宗格鲁派。他之后的上师传承是：芒卡尔·格敦班觉、萨隆·贡却曲桑、杂巴·程勒班觉，现在由夏·格敦雅佩主持。所修《集密》、《大威德》、《普明大日如来神变加持经》和下密院相近。常住寺院僧人去扎什伦布寺夏尔孜和岗建夏尔孜扎仓深造。二级寺院，在寺僧人约六十人。

91.芒卡尔曲顶寺，绛赛·达哇坚赞得到吉仲觉卧佛像授记而所建寺庙之一。中间一个时期没有上师，从贝丹嘉措开始成为甘丹达结林寺的属寺，上师传承见甘丹达结林寺。吉祥天女所传的斋戒和班禅师供等法行都是按照格鲁派的规定进行的。二级寺院，在寺女尼约四十九人。

92.芒卡尔恰隆寺，班钦本查桑木巴的亲传弟子女成就者德勒贝宗创建。萨迦派上师扎巴坚赞曾在此长期居住，据说班智达贡噶坚赞(即萨迦班智达)曾在这里见到毗那夜迦神，擦尔钦·却吉杰波见到马头明王现身。中间一段时间由觉囊派管理，后来由贡噶却桑主持，宗奉格鲁派。现在由哲巴哇·绛德托结钦波等人护持。二级寺院，有女尼四十九人。

93.多卡尔琼寺，由获得成就的赛卡尔琼哇创建，曾培养出了香顿兄弟和再传弟子萨钦贡噶宁波等著名学者。昂仁大寺院早期的堪布曾住在江格奔木和恰廓雄寺，芒域译师茨旦坚赞在每年冬夏法会之后来这里居住。除此之外没有别的僧伽，堪布师徒共有十余人，一级寺院，现任堪布阿旺俄色按照格鲁派法行主持修习。

94.多·桑阿卡尔寺，由克珠杰格勒贝桑的亲传弟子桑达哇·曲丹饶觉所建。堪布传承是：拉日孜巴·格勒喜年、绛赛萨尔哇·班觉坚赞，从此成为桑珠甘丹寺属寺，上师传承详见桑珠甘丹寺。寺院法行仿照扎什伦布寺阿巴扎仓，常住僧人去扎什伦布寺学经。一级寺院，在寺僧人约三十二人。

95.赛卡尔寺，由岗坚群佩寺第二任堪布多丹俄色的弟子昂仁巴·强巴丹佩所建。堪布传承是：桑结贡却、图旦程勒、喜饶程勒、拉措曲旺扎巴、喜年桑波、曲扎巴、格敦贝丹、楚臣扎西、班觉扎巴、多尔扎巴·格勒嘉措、萨隆·索南扎西、昂恰尔·曲增扎巴、那塘·扎巴贝丹、扎纳·勒巴顿珠、丹巴坚赞、贡波桑结班觉、协噶尔·阿旺坚赞、白朗·贡噶嘉措，现在由色拉寺麦扎仓的格敦达结管理。寺院主修密法，所修三黑行法与扎什伦布寺相近。常住僧人去哲蚌寺洛萨林扎仓、色拉寺麦扎仓、甘丹寺绛孜扎仓、扎什伦布寺岗坚扎仓和夏尔改扎仓深造。二级寺院，在寺僧人约七十一人。

96.曼喀贝顶寺，由遍知一切根敦嘉措的亲传弟子桑结贝桑所建。堪布传承是：钦饶贝桑、洛桑丹巴达结、松多哇·索南坚赞，现在是林赛洛桑达结。寺院以修密法为主，法事活动与扎什伦布寺相近。常住僧人去哲蚌寺洛萨林扎仓、色拉寺杰扎仓、扎什伦布寺桑珠林扎仓深造。一级寺院，在寺僧人约四十一人。

97.芒都甘丹桑木丹林寺，据说是在至尊米拉日巴大师的弟子热巴·协哇俄修行处的基础上形成的一所寺院。后来，协嘎尔寺上师贡波恰纳巴·桑结班觉新建了格鲁派密修院，取名"甘丹桑木丹林"，讲授宗喀巴大师的《上师供》、《九尊不动怙主》等，并举行相关的仪式。修心和三要义的教授等仿照格鲁派大寺院密宗扎仓的方法学习的。上师传承和常住僧人学经去向完全同于协嘎尔寺。一级寺院，在寺僧人约十五人。

98.朗纳布寺，是在一名印度学者的修行洞的基础上形成的一所寺院，开始没有固定的宗派信仰，后来协嘎尔寺上师桑结班觉新建了一所格鲁派密修院，从此上师传承与僧人学经去向和协嘎尔寺相同。□念诵修供等法行与甘丹桑木丹林寺相同。一级寺院，在寺僧人约十二人。

99.布雪日沃切寺，查顿巴·绛曲坚赞所建，最初宗奉香巴噶举派，中间改信宁玛派北传伏藏学派，后来协嘎尔寺上师勒巴顿珠改宗格鲁派，上师传承和僧人学经去向同协嘎尔寺相近。主修上师供法和中观教授等。二级寺院，在寺僧人约二十七人。

100.罗洛拉群科寺，协嘎尔寺上师贡波·桑结班觉所建，后来成为协嘎尔寺属寺，上师传承详见协嘎尔寺。主修宗喀巴大师的《上师供》和《九尊不动怙主仪式》，定期举行法会。二级寺院，在寺女尼约十九人。

101.斗结寺，协嘎尔寺上师桑结班觉所建，上师传承、法事活动和协嘎尔寺相同。二级寺院，在寺女尼约二十一人。

102.室利强俄寺，桑结班觉上师所建，一切同协嘎尔寺。二级寺院，在寺女尼约十六人。

103.帕卓曲林寺，创建者、上师传承、唸诵等同协嘎尔寺。二级寺院，在寺女尼约二十三人。诵经、法事活动、上师传承与协嘎尔寺相同。由协嘎尔寺上师勒巴顿珠所建。

104.扎错饶丹曲隆寺，在寺女尼约三十四人。

105.翁雪扎噶尔寺，在寺女尼约三十人。

106.索阿宗普寺，为桑结班觉上师所建，现有女尼约四十五人。

107.曼都尔觉贡寺，在寺女尼约十四人。

108.阿里拉德哇·扎西嘉措所建的帕周扎西噶丹寺，现有女尼约十四人。

109.堆隆廓赛阿旺益西所建的多·甘丹扎西曲顶寺，现有女尼约二十一人。

110.定结扎西群佩寺，最初由卓参巴·桑结所建，宗奉噶举派，后来由拉巴上师改宗格鲁派，取寺名为“扎西群佩”，任命卓哇·勒巴坚赞为首任上师。他之后的上师传承为：达纳格敦顿珠、散巴·丹巴达结、喀尔喀·丹达尔哇、澎波·洛桑贡噶，现在是艾巴·洛桑益西。主修《集密》、《大威德》、《普明大日如来神变加持经》、《不动怙主》，护持僧徒。常住寺院僧人去扎什伦布寺推散林扎仓、色拉寺麦扎仓、哲蚌寺洛萨林扎仓深造。一级寺院，在寺僧人约一百八十人。

111.白杂寺，赞扎帕巴上师所建。历任堪布是：僧格俄色、曲嘉桑珠、楚臣俄色、桑珠嘉措、多查·贡却嘉措、洛桑茨旺、尤涅嘉措、曲杰嘉措、曲噶尔·仁钦嘉措、涅孜·喜饶嘉措、白杂·丹巴坚赞、多查·洛桑坚赞，现在由曲噶尔·洛桑俄色主持，以修十三尊《不动怙主》等做佛教众生事业。常住僧人去岗坚扎仓、哲蚌寺洛萨林扎仓、色拉寺麦扎仓学习。一级寺院，在寺僧人约九十二人。

112.噶丹波托寺，扎孔巴·桑结坚赞所建。堪布传承是：扎什林·洛桑坚赞、洛桑群佩、京隆·洛桑阿旺、洛桑拉旺、洛桑丹巴、洛桑金巴、洛桑扎西、散巴·贡却仁钦、格敦雅佩、扎西林·嘉窘、伦勒窘、洛桑阿旺、贡波班觉、恰噶尔、勒巴扎西、洛桑松嘉，现在是洛桑扎西。寺院密院法事活动与色居(色派所传密法)相近。常住僧人去哲蚌寺洛萨林、色拉寺麦、扎什伦布寺推散林等扎仓学经。一级寺院，在寺僧人约五十四人。

113.萨尔群科德庆寺，定结巴·益西嘉措所建。堪布传承是:那塘·仁钦嘉措、贡噶南卓、阿里·班觉达结、桑波扎西、丹巴嘉措，现在是嘉塘·洛桑索巴。寺院所修密法和下密院相近。常住僧人去甘丹平措林寺深造。一级寺院，在寺僧人约四十九人。

第十七章

格鲁派教法在上部阿里三围地区的传播与发展

文殊怙主法王宗喀巴大师的教法在上部阿里三围地区的发展情况。

阿里三围是大海的遗迹、地藏之源，有一个时期被人们称为“象雄”。但是，吐蕃法王后裔们统治这个地区之后，称之为“古格”，是班智达达玛巴拉、拉喇嘛(天喇嘛)绛曲俄、大译师仁青桑波、德木马迦拉仓等许多班智达、成就师涉足之地。生于接近恒河南岸附近地区的迦陵巴·阿旺扎巴来到卫藏地区后，长期跟随文殊怙主法王宗喀巴的莲足听讲无量佛法，圆满教语之分辩，在宗喀巴大师亲传弟子中属于在各边区地方护持教法的六人之一。他返回阿里后居住在东噶尔萨娘，建造了吉祥金刚大威德全身像，诸行清净，发出嘉言喜宴的盛誉被古格法王后裔扎西俄德、赤南杰俄、释迦俄等三兄弟闻悉后，邀请他前去。据说他征服了危害极大的，连萨迦、止贡等派的上师也没有能够征服的称为“扎巴本莫”的女魔王。于是，三兄弟向他请求传授佛法，阿旺扎巴对他们说：“王者如果要听受佛法，必须坐在低的坐垫上，舍弃三器之过，必须依止六想。如果能做到这些，就来听听佛法，否则不能对王者的傲慢奉献佛法。”当时法王身旁有一位萨迦派格西活佛，听到阿旺扎巴的话后对三兄弟说：“对于听讲佛法者应该如此要求。”国王问：“那么，你为何不那样做？”他说：“是担心那样做大王不高兴。”国王说：“按照听法应该那样去做。”于是请来阿旺扎巴大师，听受了佛法。另外，顿·喜饶桑波、古格·坚赞桑波等人也在这里弘扬佛法，使阿里王臣庶民都成了文殊怙主法王宗喀巴教法的虔诚信徒，任命阿旺扎巴为托顶和洛当两寺的堪布。

托顶金佛殿。拉喇嘛益西俄曾把檀板抛向天空，祝愿说：“落到我的应教化的众生聚汇之处”，檀板飞向高空，最后在檀板降落的地方修建了寺院。

1. 所谓“托顶”（意为高飞）如今读音已发生变化，称为“托林”，大译师仁青桑波曾担任该寺堪布。阿底峡大师曾抵达托林，有四续部佛殿。后来堪布传承不断，古格·阿旺扎巴以后的堪布有：法王楚臣喜年、杰·勒珠巴、贡邦巴·南喀坚赞、杰贡噶贝桑、仁青贝桑、班钦辛底巴·洛追坚赞、轨范师僧格嘉措、杰恰多尔贝桑、曲杰德勒达尔、桑结贝桑、杰·扎巴俄色、杰·楚臣坚赞、拉尊洛桑丹贝尼玛俄，这时候请来了班禅洛桑却吉坚赞启开了正法之门，班禅大师返回后，拉尊洛桑益西俄作了十二年的堪布。其后，执持五毒之剑的拉达克僧格南杰都不由自主地迎请堪布和古格王扎西扎巴前去，他统治了古格。以后由古格王委任的堪布有：东嘎尔哇·喜年桑波、古格协噶尔·索巴坚赞、杂尚巴·洛桑群佩活佛，后宗喀巴大师的政教白伞已接近普及。他们之后是拉达克·索南贝珠、绛孜曲杰安多·金巴嘉措，现在由夏尔孜康区蚌波哇·洛桑群佩护持，僧人数及寺庙庄田都大为增加。关于他所建的功业下面还要作介绍。祈愿法会完全按照拉萨的祈原大法会进行。寺院常住僧人去色拉、哲蚌，甘丹三大寺和群科杰寺阿里扎仓深造。

2. 古格王赤·南喀旺秋平措德时期，哈赛帕巴·益西尊追在杂让创建了哲丹寺。

3. 扎西德吉寺或称洛当寺。实际是夏季住地和冬季住地的区别，两寺实为一座寺院。

“洛当”，位于王宫附近的洛地方的高地上，故名，现称“洛觉”。王位传承数代后，法王布达哈之子洛桑饶丹依止杰阿旺扎巴的莲足宏扬文殊怙主法王宗喀巴的教法。

4.洛桑饶丹的妻子顿珠玛创建了面积为三十根柱子的却康玛波(红色佛殿)和无比成就自在佛像、弥勒佛像、三世怙主像、宗喀巴师徒像,刻印了经卷等身、语、意坚固依止处。他们的儿子是帕巴拉,帕巴拉之子是释迦俄和释迦仁青,后者之子为世自在班噶尔德、嘉央巴、恰多尔。

5.班噶尔德、嘉央巴、恰多尔兄弟三人修建了却康噶波(白色佛殿)和大威德殿等许多身、语、意依止处,向遍知一切根敦嘉措敬献了礼品和创建阿里扎仓的顺缘。世自在班噶尔德之子是阿格旺秋和拉尊喜饶俄色,阿格旺秋之了是赤·南喀旺秋和拉尊洛桑丹贝尼玛。拉尊洛桑丹贝尼玛在哲丹寺从中到右依次建立了时轮、集密、不动文殊金刚、世自在菩萨、黑红威严阎魔德迦、不动怙主、无量寿曼荼罗等佛殿,左边修建了胜乐洛尊者、胜乐铃尊者、胜乐黑行者、喜金刚、大轮、伏种、普明大日如来等曼荼罗坛场,共十七座,在楼上建造药师佛殿。规定每年的神变月为各仪轨僧院的修供月,其余月用上等供品进行供祭。

6.赤·南喀旺秋之子是赤·尼玛旺秋,其子赤·扎巴旺秋德和拉尊洛桑益西俄,扎巴旺秋德之子是赤·南杰扎巴桑波德,他们叔伯侄子等修建新寺,供养班禅洛桑却吉坚赞。

洛当寺或称扎西德结寺早期的上师传承已无从查找,从法王阿旺扎巴开始依次是顿珠贝桑、仁钦贝桑、班钦辛底巴、杰·桑结贝桑、扎巴俄色、轨范师意云、拉尊喜饶俄色、曲杰茨旺贝桑、拉尊洛桑丹贝尼玛、拉尊洛桑益西俄、协噶尔哇·次旺桑波、迦茹饶绛巴、古格多吉东波洛桑喜饶、杂让哇·洛桑南杰、玛囊洛桑克增,现在是由多香巴·曲窘坚赞护持。寺院以修密法为主,依照下密院法规开展佛事活动。学习显教经典的僧人去色拉、哲蚌、甘丹寺三大寺和群科杰寺的阿里扎仓。在寺僧人约六十人。

7.协嘎尔地方的南杰孜寺,成就者旺秋贝丹所建。中间一段时间弘传止贡噶举派教法。阿旺扎巴的弟子轨范师扎巴桑波主持寺院期间改宗格鲁派。堪布传承是:桑结贡波、曲桑贡波、拉尊喜饶俄色、杰·茨旺贝桑、拉尊洛桑益西俄,他兼管曲德日寺和洛当寺。古格顿哇洛桑丹贝坚赞、曲色哇、索巴坚赞,现在是协噶尔哇洛桑丹增。为密修院,仿照下密院法规开展活动,学习显教经典者去色拉、哲蚌、甘丹等三大寺院及群科杰寺阿里扎仓。在寺僧人约一百二十人。

8.玛囊绛曲林寺,由拉喇嘛绛曲俄所建,圣地印度班智达德巴木噶拉长期在此居住,据说留下了他的法衣、财物等多种物品。历任堪布是:玛囊拉尊释迦俄、古格·阿旺扎巴、顿珠仁钦、曲央嘉措、拉旺扎西、拉旺贝桑、拉旺洛追、洛桑坚赞、洛桑程勒、曲贝桑波、卓巴雅擦哇·多杰本、古格·桑杰贝桑、法王后裔拉尊益西俄、玛囊巴家族的绛曲桑波、法王后裔拉尊益西俄、玛囊巴家族的绛曲桑波、绛曲坚赞、达曲坚赞、达曲南杰、洛桑班觉、洛桑克增、古格·洛追嘉措,现在是由古格·阿旺丹增护持。寺院以修密法为主,法行与下密院同。常住僧人去色拉、哲蚌、甘丹三大寺及群科杰寺阿里扎仓学习。在寺僧人约六十四人。

9.古格属地达巴的扎什伦布寺,由遍知一切根敦珠的寺院扎什伦布寺第七任堪布班钦辛底巴创建。他生于东嘎尔地方,曾使托林寺的强巴佛像开口说话,还曾发掘出珍贵伏藏,有许多奇异事迹。历任堪布是:班钦辛底巴、其侄班觉桑波、曲杰贝丹扎巴、楚臣坚赞、拉尊洛桑丹贝尼玛、拉尊洛桑益西俄。在寺僧人一百六十一人。

10.大成就师多杰本在山顶修建的僧格宗,据《卡尔纳佛教史》记载,堪布是多杰本的化身班觉坚赞。现在寺院空废。

11.多香穆噶尔曲宗寺,克珠杰的亲传弟子大成就师贡却贝贡所建。上师传承是:大成就师贡却贝贡、轨范师阿旺贝桑、杰·桑结贝桑、顿阿贝桑、仁钦贝桑、拉尊喜饶俄色、茨旺贝桑、拉尊洛桑益西俄、法王后裔阿纳曲杰、古格·多香巴噶玛、顿波哇·洛桑丹贝坚赞、多香巴·温波堪布、古格巴哇·贝丹扎西、曲巴哇·索巴坚赞、多香巴、扎西坚赞、曲窘坚赞,现在是由洛桑坚赞护持,法行同下密院系统。常住僧人去色拉、哲蚌、甘丹三大寺和群科杰寺阿里扎仓学习。在寺僧人约四十五人。

12.博德尔达索寺,大译师仁青桑波所建。没有发现记载有关上师传承的资料,了解到的有博德轨范师格佩、恰多尔·塘哇·仁青桑波、达素央贝、阿纳曲杰、拉日巴森布、达索饶绛巴·玛索尔、前藏人楚臣坚赞、扎塘·丹巴嘉措、桑结群佩、洛桑坚赞、拉日巴卫巴·洛桑楚臣,现在由达索饶绛巴·洛桑茨仁主持。密院法行同下密院,在寺僧人约五十九人。

13.博德尔达索寺的属寺在欧噶形成格鲁派和萨迦派寺院,两寺都被迁移,欧噶寺现存有迹址。宗奉格鲁派的僧人迁到喜饶桑波的上首弟子赤萨轨范师喜饶洛追所建的诺布格佩寺中。上师传承为:赤萨哇仲尼·图巴索南顿珠、扎莫达巴、楚臣扎西、博德自证者芒推嘉措、达索哇丹巴嘉措、克热巴·索南嘉措、杰巴尔哇·索巴嘉措、索南班觉,现在由自证者格勒坚赞主持。属于下密院系统,在寺僧人约六十九人。

14.绛曲林寺,托林巴·绛曲赛巴所建。堪布传承是:博德哇·洛桑坚赞、松结哇·顿珠坚赞、托林·洛桑丹巴、托林温波、松结哇·贡却多吉、多木尔巴·楚臣坚赞、楚臣喜年、洛追顿珠、措热·顿珠僧格,现在是贡却勒巴。法事活动按照下密院的做法进行,在寺僧人约四十六人。

15.拉廓巴里寺,自证师桑结俄色所建。堪布传承是:喇嘛仁钦、南喀拉旺、扎莫达巴、香孜·格敦雅佩、贡噶·贡波茨仁、桑结群佩、噶尔查·拉隆琼琼,现在是由芒孜哇·索南却珠护持。法事活动属于下密院系统。在寺僧人约六十人。

16.热木洛寺,饶绛巴班觉所建。其后堪布传承为:博德曲勒、勒巴嘉措、洛追茨仁、古格·都巴嘉措、杰巴尔·索南班觉,现在是由索南却勒护持。法行属于上密院系统。

17.欧拉玛寺,据说由一位赤赛哇建造,但是未发现这方面的详细记载。上师传承是:勒巴嘉措、杰巴尔·洛追茨仁、古格·都哇嘉措,现在是由普达哇·杂拉卡哇护持。密院法行同大密院系统。在寺僧人约十七人。

上面一些母子寺的常住僧人一般去色拉、哲蚌、甘丹三大寺的阿里康村和群科杰寺的阿里扎仓学经。

18. 东嘎尔地方的扎西曲林寺。按以前由贵妇人拉吉梅朵长期供奉三十位清净比丘为福田的例规,主要以佛陀名号相称的数代相传,弘扬佛法。后来,赤·旺秋德和赤·南杰德创建了这所寺院,敬献给了法王阿旺扎巴。上师传承是:曲旺扎巴、楚臣仁钦、曲杰热桑、勒珠、顿哇贝桑、仁青贝桑、桑结贝桑、辛底巴·洛追坚赞、喜饶桑波、强巴、绛赛德勒达尔、诺桑、曲嘉、洛追仁钦、贝贡、贡却坚赞、贝桑、扎西贝拔、洛桑嘉措、喜年桑波、桑结贝成松结东嘎尔哇、古格·洛桑丹增,现在归托林寺管理。为密宗扎仓,密院法行同下密院,僧人去欧拉玛寺深造。在寺僧人约三十五人。

19. 古格香巴地方的噶丹伦布寺,古格桑塔尔哇·僧格嘉措所建。堪布传承是:恰多尔贝桑、仁青贝桑、南喀洛追、轨范师班觉坚赞、仁钦贝桑,南喀洛追、轨范师班觉坚赞、仁钦贝桑,他建立了弥勒佛像。阿纳曲杰、夏噶尔哇·曲嘉措、古格香巴·扎西坚赞、达巴·丹增南杰、哉务·阿旺扎西,现在是由囊巴阿旺班觉护持。法行与扎什伦布寺密院相同。僧人学经去向和扎西曲林寺相同。在寺僧人约四十四人。

20. 香孜地方的陵迦寺,由弥珠巴大师创建,任命勒珠巴桑为堪布,他是法王久丹旺秋的根本上师,由他负责再次把香孜宫迁到附近建寺,取名为"饶丹强巴林寺"。上师传承是:勒珠贝桑、弥珠巴王子的侄子辛底巴·洛追坚赞、南杰哇、洛萨哇、强巴嘉措、东嘎尔饶丹、多吉仁钦、拉尊喜饶俄色、曲科嘉措、扎西贝拔、贡木巴·桑结俄色、拉尊洛桑益西俄、香孜赛尔本噶居哇、东嘎尔哇·喜年桑波、香孜哇·扎巴嘉措、香孜哇·贡噶钦摩、普雄卓巴·程勒却珠、东嘎尔哇·桑结贝赤、香孜哇·曲杰顿珠、协噶尔哇·洛桑丹增、达哇·洛桑丹增、香孜·洛桑南杰、古格扎巴哇·德勒桑珠,现在由洛桑旺秋护持。为密宗扎仓,属于下密院系统。常住僧人学经去向同扎西曲林寺。在寺僧人约七十二人。

第十八章

格鲁派教法在悉多河流域阿里芒域地区的传播与发展

文殊怙主法王宗喀巴的教法在悉多河(悉多河为印度河的古名,此处是指其上游西藏境内的狮泉河)流域的阿里芒域地区的发展传播情况:

宗喀巴大师曾经说:“悉多河之北面,弘扬我之教法。”根据这个授记,他的真传弟子堆·喜饶桑波在赤赛谷地创建了达摩拉康,有些《教法史》中说“出现了寺院”。由于缘起的原故僧团未得到发展。

1.赤赛寺,嘉昂文殊藏(宗喀巴大师以前的转生)的亲教弟子堆·喜饶桑波的侄子贝丹喜饶创建了此寺及拉章,由于他的俗世身份是芒域王的大臣,因此寺院得到了很大发展,任命他的侄子嘉央洛追担任堪布。上师传承是:温波班觉哇、其侄子嘉央仁钦,他创建了赤赛佛殿。嘉央仁钦之后的传承是:曲杰洛追热丹、洛追茨丹、嘉央嘉措、仲觉巴、喜饶坚赞、嘉央茨仁、桑结洛追、索南坚赞、索南嘉措、拉达克·协巴曲杰、拉达克夏尔廓拉巴仲·洛桑南杰、藏绒措哇·达结南杰、拉萨·阿旺贡却,现在是赤赛哇·索南扎巴。为密宗扎仓,所修密法属于上密院系统。常住僧人一般去色拉、哲蚌、甘丹三大寺的阿里康村学习。在寺僧人约七十五人。

2.白图寺。以前阿罗汉尼玛贡巴曾在此加持地基,大译师仁青桑波说:“这里将出现一座白图(意为堪称楷模)寺”,故得此名称。拉喇嘛绛曲俄的兄长俄德于他三十岁的鼠年来到芒域创建了白图拉康，建立僧团，由于年长日久寺院失修，毁损严重。克珠杰的弟子桑浦哇拉旺洛追进行了修缮，对芒域地区有很大贡献。上师传承是：仲巴·洛桑贝泽、杰·南杰贝桑、仲·索南嘉措、杰·曲嘉勒巴、仲饶觉巴、杰·桑结丹巴、杰·扎巴顿珠、杰·丹巴坚赞、本热巴·桑丹嘉措、杰·仁钦班觉、仲·喜饶巴、杰·洛桑曲窘、曲杰丹巴嘉措、尼木哇·丹巴坚赞、拉巴·曲杰仲乃、拉达克普旺巴·南喀坚赞、仲巴·萨布、博德达索哇·丹巴嘉措、拉巴·洛桑贝珠、扎巴坚赞、普旺巴·桑结坚赞，现在由拉巴·索南丹达尔护持。所修密法属于下密院系统。常住僧人去色位、哲蚌、甘丹三大寺的阿里康村深造。在寺僧人约五十人。

芒域顿巴王洛追却丹担任智者拉旺洛追的施主，向后藏的第一世达赖喇嘛根敦珠敬献了大供养。其家族的拉尊索南贝桑波曾在扎什伦布寺求学，又在泽当寺参加饶绛巴学位辩经，担任过给遍知一切索南嘉措授比丘戒的屏教师，从此他跟随在索南嘉措的左右。

3. 哇尔嘉或哇尔觉寺，拉旺洛追所建。上师传承是：托林巴·嘉多尔、阿纳曲杰、白噶尔曲格涅尔、贡图、当巴布娘、玛囊哇·桑木佩、扎坚赞、顿月坚赞、仁钦楚臣、洛桑坚赞、伦珠嘉措、格丹嘉措、桑木丹桑布、茨旺本、云丹嘉措、顿珠坚赞、洛桑曲扎、丹巴坚赞等，现在该寺没有上师。寺院主修密法，常住僧人学经去向同上。在寺僧人约七十人。

4. 勒格尔寺(现称鲁结寺)，由智者拉旺洛追所建，没有上师。堪布传承是：轨范师僧格嘉措、班觉桑波、仲巴·洛桑拉旺、勒姆、洛桑嘉敦、喜饶隆热、喜饶嘉措、拉达克巴·索南朗杰、仲巴索南平措群佩、曲桑、洛桑茨仁群佩，现在是由仲巴·喜饶嘉措主持。寺院所修密法属于下密院系统。僧人学经去向同上。在寺僧人约三十六人。

5. 芒域所属的桑卡尔地方的噶尔夏强巴林寺和普达寺，前者由桑卡尔译师帕巴喜饶所建，轨范师多德仁钦时有所发展，堆·喜饶桑波开讲文殊怙主宗喀巴大师的教法。堪布传承是：轨范师丹巴、曲杰饶绛巴、仲巴·桑结仁钦、桑结洛追、顿珠贝桑、巴德·洛桑南杰、仲巴·桑结坚赞、桑卡尔哇·曲杰扎巴坚赞，现在由桑卡尔哇·洛桑多杰护持。所修密法属于上密院系统。常住僧人去色拉、哲蚌、甘丹三大寺深造。在寺僧人约二百零三人。

6.普达寺，堪布传承是：杰仲·巴丹喜饶、嘉央顿珠、仲巴·饶丹、仲巴·茨旺丹巴、仲巴·贡噶、仲巴·扎西嘉措，以上俱为拉达克人，之后是桑卡尔哇·扎巴坚赞，现在有一位喇嘛代表。所修密法属于上密院系统。常住僧人去色拉、哲蚌、甘丹三大寺院学经。在寺僧人约八十七人。

7.玛尔巴林(现称堆德勒雪林)，据说原寺由玛尔巴大师创建，堆德哇·释迦桑波时有所发展，坚赞巴·伦珠贝桑波上师讲授文殊怙主宗喀巴大师的教法，改宗格鲁派。轨范师传承是：洛桑勒巴、轨范师喜饶窘乃、洛桑窘乃，现在由堆德哇·贝丹桑波护持。所修密法属于上密院系统。常住僧人去色拉、哲蚌、甘丹三大寺院深造。在寺僧人约五十一人。

8.桑卡尔寺，仲·多德仁钦所建。库努噶纳木·伦珠格佩传播萨迦派教法，古格王妃阿噶木把它改成格鲁派寺院，任命托林·班觉坚赞为上师，他之后的十任上师名字不详，现在由赛尔贡活佛护持。寺院主修《集密》自前法和三黑行法，定期举行仪式。常住僧人去甘丹寺绛孜、哲蚌寺洛萨林、色拉寺杰等扎仓和群科杰寺阿里扎仓深造。

9.杂让若热寺，据说由后弘期时的教法明灯、精通两种语言的大译师仁青桑波所建。堪布传承的详细资料未能找到，大概是：曲窘上师、古茹、益西索南、楚臣洛追、曲杰顿珠，现在由萨让曲贝护持。主修格鲁派所传的密法。常住僧人去甘丹寺绛孜扎仓习经。在寺僧人约三十人。

10.扎西格佩寺，嘉央洛追所建。上师传承是：曲窘、贡波桑嘉，现在由曲贝哇担任经师。寺院属于密修院。僧人学经去向同上，在寺僧人约二十五人。

11.欧噶曲林寺，轨范师洛勒巴所建。堪布传承是：索南次仁、玛德、托杰，现在是巴桑木。密修院，僧人学经去向同上。在寺僧人约二十人。

12.日巴噶丹曲林寺，曲窘上师所建。上师传承是：茨旺贝桑、多杰、茨让贝桑，现在由贡噶贝桑护持。密修院，僧人学经去向同上。在寺女尼约十五人。

13.斯·噶丹群科寺，比丘桑结坚赞所建。他之后由噶居桑木丹主持，现在的堪布是索南伦珠。密修院，僧人学经去向同上。在寺僧尼约六十人。

14.欧噶林寺，顶巴·云丹嘉措所建。其后是孜普尔哇、噶居托杰、廓绒木巴，现在由丹增嘉措担任经师。寺院为一所密修院，僧人学经去向同上。在寺僧人约二十五人。

15.热参群科林寺，旗枯·云丹嘉措所建。他之后的堪布传承是：孜普尔哇·托杰、擦素贝达，现在由丹巴嘉措主持。寺院主修密法。常住僧人学经去处同上。在寺僧人约十九人。

16.卓雪地方的噶丹群科林寺，由嘉央辛底巴所建，主讲般若学和《释量论》。由于受五支毒箭的迷惑，落沃蒙唐巴使寺院空废。

17.噶丹群佩寺，最初信奉萨迦派，木龙年新建，任命盘切·洛桑楚臣为经师，此人尚健在。寺院所修密法属于下密院系统，法行全采取格鲁派的。本寺求学僧人去哲蚌寺洛萨林扎仓。在寺僧人约八十人。

18.泽巴附近的布扎寺，嘉央勒巴顿珠所建。其后上师传承是：古格·仁钦扎巴、喜年贡噶嘉措、迈香·索南嘉措、索南赛尔木、南喀贝桑、桑结坚赞、古格·嘉央伦珠、艾巴·顿珠嘉措、桑热嘉措、阿旺嘉措、泽布本，现在由喜德·洛桑达结护持。寺院主修密法，法行同下密院。常住僧人去色拉寺杰扎仓、哲蚌寺洛萨林扎仓、甘丹寺绛孜扎仓深造，在寺僧人约六十三人。

19.宗嘎地区的噶丹伦波寺，由日亲佛的后裔无垢大法王赤·南杰德所建，开设清净三律仪作法课程，任命卓玛坚赞为喇嘛。他之后的上师传承是：嘉贾哇·强巴坚赞、贡塘·多杰坚赞、仁钦扎巴、央托·强巴扎西、仁钦贝桑、洛桑贝贡、桑结楚臣、坚赞俄色、桑珠多杰、南喀贝桑、曼迦温波、索南桑波、桑结坚赞、班觉坚赞、卓玛坚赞、绛边嘉措、群觉扎西、南喀扎西、嘉哇窘乃、班觉坚赞、洛桑嘉央，现在由贡塘拉白哇·洛桑却丹主持。举行《集密》、《不动怙主》仪式，法行同格鲁派。常住僧人去哲蚌寺洛萨林、色拉寺杰、甘丹寺绛孜、扎什伦布寺推散林等扎仓学经。二级寺院，在寺僧人约六十三人。

20.西山的拉敦巴寺，由信奉萨迦派的曲杰僧格坚赞所建。数任上师以后，由曲坚赞把它和宗噶佩林寺合并，由宗噶佩林寺任命上师。上师传承是：贡波坚赞、班觉坚赞、洛桑丹巴、阿旺益西，现在由央托·顿珠嘉措担任经师。诵经、法行、法规、僧人学经去处都与母寺噶佩林寺相同。一级寺院，在寺僧人约七十四人。

21.恰木廓哇寺，曲贝丹哇所建。上师传承是：仁钦贝桑、班觉坚赞、曲南杰、诺布坚赞、洛追坚赞、嘉央曲桑、艾巴·顿珠嘉措、古格桑热嘉措、南喀扎西，现在由塘钦·阿旺顿丹护持。所修《集密》、《大威德》等法行全是格鲁派的。常住僧人一般去哲蚌寺洛萨林扎仓和色拉寺杰扎仓学经。二级寺院，在寺僧人约四十人。

（此处本应另分一节，但不知何故，藏文本未分，而将东北尼洋河地区的寺院接于西部阿里芒域之后——译者注）

22.在娘、隆、工三个地区中，首先叙述娘波地区文殊怙主法王宗喀巴教法的发展情况，至尊文殊藏（宗喀巴大师以前的转生）来娘波顶多途中帽子和手杖掉进水中。他说："我的教法如流水一样长久，能消除烦恼者的干渴病。尤其将来在手杖掉落的地方出现般若讲经院，在帽子掉落处出现中观讲经院。"后来在宗喀巴大师前生的手杖掉落的日卡（山口）修建了日卡寺，创建者是博多哇的弟子善知识日卡哇钦波，上师传承几代后，由宗喀巴的亲传弟子扎巴俄色改宗格鲁派。他之后的上师传承是：帕巴拉的师父曲杰、坚赞勒巴、格敦佩、曲杰年巴、杰·噶哇顿巴、帕巴俄色、多贡·觉巴坚赞、澎域哇·楚臣达结、拉顿·仁钦嘉措、法王东嘎尔周扎、娘波·益西嘉措、娘波顿珠勒贝、昌都·洛桑喜饶、杰恰巴·

洛桑曲窘、康区擦哇·洛桑曲达尔、堆隆·阿旺曼兰木，现在由东嘎尔仓央周扎主持寺院。寺院所修密法属于下密院系统。常住僧人随其意愿去色拉、哲蚌、甘丹三大寺院和群科杰寺扎哇尔、阿里、达波等扎仓学经。一级寺院，在寺僧人约一百五十人。

23.娘波·桑桑岗寺，或称“塔钦群科尔林”（大乘法轮寺）。文殊怙主法王宗喀巴大师的亲传弟子大菩萨曲帕巴所建。根据《经》和《邬坚伏藏》等所载，四面石头上有莲花生的许多足印和自然像，由于文殊藏大师的帽子掉落的缘起而发展中观教授。历任堪布是：贡顿·仁钦南杰、持密咒师诺布、轨范师阿旺却珠、嘉扎曲杰，他修建了新佛殿和三世佛像。他以后的传承是：曲杰噶尔嘉勒巴佩曼兰木嘉央巴、杰·格勒佩、杰·桑结坚赞、隆布顷则、拉日贡波、曲杰恰喀哇、轨范师桑珠仁钦、娘波夏巴·顿珠勒巴、娘波夏巴·坚赞贝桑、琼结雪巴·贡噶顿丹、堆隆·洛桑坚赞、娘波夏巴·洛桑平措，现在由色拉寺麦扎仓上师兼管。

桑桑扎仓的上师传承是：大菩萨曲帕巴、曲坚赞、轨范师诺布哇、阿旺却珠、勒巴佩、拉摩哇·曲丹仁钦、云丹坚赞、桑结坚赞、嘉央僧格、扎巴丹增、阿旺嘉措，现在由曼兰木丹增护持，讲授丹达尔所写的中观教程等，内容不多。所修密法属于上密院系统。常住僧人去色拉、哲蚌、甘丹三大寺院深造。一级寺院，在寺僧人约一百五十人。

24.在娘堆，文殊藏大师的帽子掉落的地方附近，大菩萨曲帕巴创建了哲格敦岗寺，中间一个时期上师传承不详。自从宗喀巴大师的政教白伞普及后，担任上师的人是：东嘎尔周扎、娘波·阿旺扎西、蔡巴·洛桑曲窘、擦哇·洛桑曲达尔、曲水·阿旺程勒，现在是由密法师洛桑益西护持。寺院主修密法，本寺求学僧人去哲蚌寺洛萨林扎仓和色拉寺麦扎仓学习。一级寺院，在寺僧人约五十二人。

25.拉茹寺，大菩萨曲帕巴所建，阿旺却珠使之有所发展。堪布有雅米拉热哇、格敦佩。自从宗喀巴大师的政教白伞张开后，由帕巴楚臣、洛桑茨仁、金巴平措、隆布·格敦平措、洛桑丹增先后担任经师。寺院所修密法属于下密院系统。常住僧人去哲蚌寺洛萨林扎仓、色拉寺麦扎仓、甘丹寺绛孜扎仓深造。一级寺院，在寺僧人约一百二十人。

26.婆茹 园林或音讹读为哇日拉蔡寺。毒龙婆罗尼地地水气修等三方面都十分严峻可怖，成就自在唐东杰布降伏了毒龙，答应于未来时建造佛殿和寺院。大成就者派年波多丹负责，与堪布释迦多杰的弟子贝丹俄色共同修建佛殿，修到一半时因发生事故而延期。之后，请来仲巴·嘉却护持，继续修建佛殿和内所依，再次会见大成就师，和嘉扎巴分开。堪布传承是：绛曲洛追、帕巴·南杰嘉波、贡却丹增、帕巴南杰、仲巴·索南嘉措、楚臣嘉措、平措嘉措、扎巴格桑，从此与觉宗噶尔扎仓合併由一人兼管。堪布传承是：欧尔顷则、尊追嘉措、洛桑桑杰、多居嘉措，现在由洛桑喜饶主持。寺院是一所与噶尔扎仓相同的密修院。常住僧人随其意愿去色拉、哲蚌、上下密院深造。二级寺院，大寺僧人约五十八人。

27.扎西曲隆寺，帕巴拉所建。他是至尊文殊藏的亲传弟子、修炼甚深金刚乘瑜伽密法的有名的多丹桑杰贝桑的儿子，他在娘波出生的同时，牛尾岩的岩石上自然出现了六字真言。他跟从大菩萨洛追坚赞受出家戒，取名为帕巴拉。主要依止洛追坚赞、多丹桑杰本巴、桑结贝、绒顿巴、贝丹巴上师、赤康译师等四十四位经师学习无量甚深佛法，进行闻、思、修，成为智者。四十岁时，在甘丹南巴嘉哇林寺（甘丹寺）由赤仁波且巴索却吉坚赞担任堪布授予比丘戒。他创建了叶巴拉日娘波、隆波日沃群佩、扎西扎巴、喀觉禅院、协顿香措岗日、贡茹旃檀禅院等修行院和扎西曲隆尼达塘、尼玛林、尼玛桑珠林、章乃廓、昌喀顿、塘扎绛曲林、噶丹达哇塘、第穆拉喀洛萨林、格·扎西岗、叶贡强巴林、布堆岗纳寺、波密曲都、噶纳木旧寺、洛曲赤塘、江珠喀寺、德吉尼玛林等明解脱寺院，建立佛殿及能依所依佛像等。他的弟子有上部的贡却窘乃至第穆哇，从桑结班觉到曲杰阿旺，从协哇拉且哇到温仲，不断发展壮大，弘扬文殊怙主法王宗喀巴的教法。四十九岁圆寂于巴松措曲河谷的噶木囊隆。

帕巴拉的转世是帕巴桑结，火兔年（1507 年）生在工布曲康杂哇地方，父亲是一名瑜伽师，名叫桑结扎西。在甘丹寺，他从轨范师南喀贝哇受比丘戒，取法名为“帕巴桑结”，向轨范师索南坚赞、绛赛洛追俄色等著名学者听讲佛法，被云南丽江王嘉央扎巴请到巴协宫殿，打开了政教两种制度的事业之门。他虽然没有亲自拜见过遍知一切根敦嘉措、班钦索南扎巴、赤仁波且曲窘嘉措，但是非常虔诚地派人去敬献了许多礼品、书信。六十岁时圆寂。

帕巴桑结的转世是帕巴拉通哇顿丹，火兔年(1567 年)生在隆布上部地区，从阿旺释迦坚赞出家，取名为“帕巴索南巴杰哇旺波德”，曾被迎请到丽江传法。从杰仲·拉旺曲杰坚赞受近圆戒，曾担任昌都强巴林寺(昌都寺)堪布，创建了擦哇岗噶尔德庆寺。木龙年(1604 年)去世，享年三十八岁。

通哇顿丹的转世是帕巴却吉嘉波，生于隆布上部，由嘉旺岗日贡波德庆却吉嘉波贝桑波给他剃发，授予出家戒，取法名为“帕巴拉南杰嘉措”。关于他和大喇嘛救度怙主持白莲者洛桑嘉措(五世达赖喇嘛)会晤的情况详见《宝传》(指五世达赖喇嘛自传)。他从班禅洛桑却吉坚赞受近圆比丘戒，听讲一切教法，受到丹增法王(指固始汗)的尊敬。事业兴旺时期去世。

却吉嘉波的转世是现在(即第悉桑结嘉措时期)的帕巴拉活佛，木猴年(1644 年)生于澜沧江流域的“德”地方，被四世班禅洛桑却吉坚赞认定为帕巴拉的转世，取名为“嘉哇嘉措”，给他传授了甚深缘起法。他八岁时，在殊胜世自在的大地的中心吉祥哲蚌大寺院，向为了事业而称说其名的遍知一切阿旺洛桑嘉措奉献发辫(即剃发出家)，起法名为“洛桑帕巴索南伦珠德勒贝桑波”。他九岁时，登上了昌都寺宝座。由尊胜上师有寂世间之顶饰(达赖喇嘛)担任大喇嘛，班禅大师以赐给律仪二河之水的方式给他授予了比丘戒，前后传授了随许法等许多甚深教法，现在仍作为多康地区的众生的福田在康区生活。

扎西曲隆寺的历任堪布是由帕巴拉活佛委派，他们是：南喀贝、仁钦萨、尊追扎西、贝丹俄色、贡却扎巴、格敦南杰、曲仁钦、南喀仁钦、索巴桑波、隆堆·贝桑嘉措、格敦佩、帕巴嘉措、格敦达结、索南嘉措、洛桑丹增、噶丹布巴、阿旺桑木丹，现在由洛桑坚赞护持。帕巴拉的时候开设了《集密》讲授，后来中断。寺院密法方面与下密院相近。求学的僧人去哲蚌寺洛萨林扎仓、色拉寺麦扎仓、群科杰寺达波扎仓等。一级寺院，在寺僧人一百二十人。

28.邦噶尔寺，嘉囊巴仲·嘉却巴所建。巴鲁的堪布传承是：囊索曲杰洛追帕巴南杰、浑洛嘉欧、贡却丹增、帕巴南杰重任、仲巴·索南嘉措、楚臣嘉措、平措嘉措、琼结·洛追仁钦、洛扎巴茨热、曲珠巴·洛桑贡布、扎松·贡却窘乃、欧塘巴·洛桑贡噶、哲蚌·洛桑达结，现在由洛桑喜饶主持。寺院所修密法接近上密院。僧人随其意愿去色拉、哲蚌两寺和群科杰寺的阿里、达波扎仓深造。一级寺院，在寺僧人约六十六人。

29.珠拉寺，由出生于觉丹巴家族的曾经向宗喀巴大师和遍知一切根敦珠学过佛法而被称为智者的达哇桑布所建。其后堪布传承是：达哇桑布的弟弟贝丹桑波、轨范师格敦、轨范师曲嘉哇、轨范师格佩哇、轨范师托迈、轨范师洛丹喜饶、觉丹饶绛巴释迦坚赞、轨范师贝桑、协巴·曲嘉帕巴、嘉贡·喜饶僧格、嘉央杰波、邦哇·曼兰巴洛追、扎结哇·拉日贡波、嘉贡萨热哇、嘉巴·南喀嘉措、雪绒·盘德曲杰、扎结拉旺、萨德金巴、当塘·帕巴洛桑、堆隆阿旺洛桑、噶顿·洛桑班觉、波密阿香·顿珠嘉措、曲卡尔·格敦顿珠、尊追嘉措，现在是由仁钦扎寺的卸任经师管理。寺院所修密法属于上密院系统。常住僧人去哲蚌寺洛萨林扎仓和色拉寺麦扎仓学习。一级寺院，在寺僧人约二百八十八人。

30.盘德寺，帕巴桑结所建。堪布有轨范师南喀嘉措等多人，中间寺院得到了很大发展。后来盘德活佛和昌都温仲喜哇桑波弟兄的作行仿佛沙盘和酥油灯的例子一样（意为不和睦而衰败），地方首领程勒嘉措任命经师，划给僧人，新建寺院。关于新建寺院的情况在下面要作介绍。

31.隆麦（隆波下部）的尼达塘寺，帕巴拉所建，由他父亲的转世化身担任首任堪布。之后的堪布依次是：娘波却吉扎巴、娘巴上师、洛追扎西，他之后卸一任堪布。后来由强巴洛追上师主持，这时寺院被雪喀哇的军队毁坏，现在僧人成为差民。

第十九章

格鲁派教法在东部工布地区的传播与发展

文殊怙主法王宗喀巴教法在东部工布地区的发展传播情况：

首先介绍工布下部杰噶尔地方的情况：

1.恰纳日沃噶丹寺，由宗喀巴大师的亲传弟子工布觉丹·丹巴达结所建，讲授殊胜教法。上师传承是：杰·仁钦南杰、丹纳巴·贡噶洛丹、都增·楚臣桑波、格噶尔哇·洛追饶丹、达哇饶绛巴、杰·曲坚赞、洛追贝孜、格哇仁钦、绛曲仁钦、仁钦扎巴茨达尔哇、杰·顿珠巴、桑结桑波上师、工布林哇·格勒桑波、工布曼塘·索南丹增、工布萨域·索巴桑波、工布赛摩·丹增达结、工布乃域、桑结班觉、嘉拉贝拔·帕巴程勒、桑阿卡尔·程勒嘉措、艾巴·洛桑克珠、措麦·扎西群佩、工布德哇·丹增嘉措、当喀·洛桑多杰，现在是由拉萨洛追仁钦护持。从开始到现在讲经院所学教材和色拉寺麦扎仓一样。常住僧人去色拉、哲蚌、甘丹三大寺院的工布康村学习。一级寺院，在寺僧人约三百七十人。

2.扎西饶丹寺，由曾担任恰纳日沃噶丹寺和娘巴桑桑寺上师的遍知一切根敦嘉措的亲传弟子仁钦南杰所建。堪布传承是：贡顿·洛追旺波、贝丹洛追、贡噶洛丹、仁钦欧仇、班智达仁钦旺波、仁钦曲桑、喜饶旺秋、平措南杰、贡噶贝、曲坚赞、达波饶绛巴、桑结丹增、洛桑丹增、贝丹坚赞、索巴桑波、赛摩卡尔·丹增达结、贡达孜·顿珠嘉措、贡年·贡却多杰、娘波·贝丹嘉措、恰纳·贡噶洛桑、贡赛木哇洛桑丹增、扎囊·强巴旺嘉。这时候在杂麦尔嘉朗的原先的寺院被大火焚烧，由于尊胜上师(指五世达赖喇嘛)的资助，不久即在现今寺院所在地噶丹曲宗重建。之后的堪布是：觉摩隆巴·洛桑坚赞、达拉叶尔·仁钦曲嘉、觉宗洛桑达结、卓尼擦多尔饶绛巴·楚臣达结，现在由色拉寺麦扎仓的阿旺平措主持。在寺院被火灾损坏之前是所讲经院。后来除了讲授大乘中观外其它都衰败。寺院所修密法属于下密院系统。常住僧人去色拉、哲蚌、甘丹三大寺院的工布康村求学。一级寺院，在寺僧人约二百七十人。

3. 工布和康区波密交界的第穆拉喀寺，帕巴拉活佛所建，任命轨范师贡却窘乃为堪布，他生在多康地区的沃地方，为帕巴拉的亲属后裔，在哲蚌寺洛萨林扎仓依止嘉央勒巴群觉的莲足听讲无量正法，创建过曲隆央温寺，被任命为第穆拉喀寺上师后称“第穆哇”。他的转世是班觉扎西，生于尼洋河流域的昌喀顿，曾拜见了央坚协巴·格敦嘉措（二世达赖喇嘛），在贤良智者汇聚的大海哲蚌寺洛萨林扎仓向班钦索南扎巴闻习显密教法，发展政教事业。

班觉扎西的转世灵童是拉旺乔勒南杰，生于聂赤仲钦（聂赤村），从帕巴拉通哇顿丹受出家戒，从巴索曲杰拉旺坚赞受近圆戒，从遍知一切云丹嘉措（四世达赖喇嘛）听讲佛法，亲自看见仲敦巴·嘉哇窘乃现身（详见其传记），被帕巴拉任命为波密和格、阿尔、德等三座寺院的经师，因此被称为“第穆曲杰”，在声望和事业兴旺之时去世。

拉旺乔勒南杰的转世是拉旺丹贝坚赞，生于工布扎切下部地区，被班禅洛桑却吉坚赞认定为第穆哇的转世，盘德活佛释迦拉旺为其取法名为“拉旺丹贝坚赞”。后来他去哲蚌寺洛萨林扎仓深造，成为大讲经师。尊胜上师有寂世间顶饰五世达赖喇嘛给他授予比丘戒，赐法名为“阿旺格勒坚赞”。他随从（五世）达赖喇嘛去过大清的京城北京，被封为大国师，赐封香火庄田两事业的顺缘。后来他被任命为波密曲达寺堪布，这时第穆拉喀寺遭受火灾，迁到现今的帕巴曲宗地方。后来，他前往青海地区去担任总喇嘛，但因路途中遇到违碍而去世。

他的转世是阿旺南喀嘉央，生于扎切下部地区，被达赖喇嘛认定为第穆哇的化身，赐法名为“贡却索南旺秋”。他曾求学于哲蚌寺洛萨林扎仓，在拉萨祈愿大法会上参加了拉仁巴学拉辩经。现从比丘嘉央扎巴等闻习甚深佛法。

第穆拉喀寺的历任副经师是:轨范师活佛、觉顿·释迦坚赞、阿里巴·丹巴桑波、轨范师班觉嘉措、艾巴·楚臣洛追、欧廓觉巴、桑结坚赞、仲木达顷则洛桑丹贝尼玛、饶绛巴·绛曲桑波、贡顿·喜饶坚赞、素匀恰巴·曲杰洛追、温·喜饶贝孜、茨尔顿·南喀贝、饶绛巴曲旺扎巴、噶居贡都、欧尔擦嘉波、帕巴坚赞、洛桑达结、轨范师顷则、格茹多杰、洛桑达结、洛桑散佩、曲廓哇,现在是由洛桑丹增主持。原来有讲授般若的经院,现已衰落。寺院所修密法属于下密院和扎什伦布寺阿巴扎仓系统。常住僧人去色拉、哲蚌、甘丹三大寺的工布康村深造。一级寺院,在寺僧人约二百四十人。

4.结木扎波且寺,由一位名叫贡波嘉的人所建,最初宗奉其他教派。后来由喇嘛洛桑伦珠护持,现在的住持是赛哇当巴·洛桑坚赞。举行那萨所传十三尊不动本尊仪式。一级寺院,在寺女尼约三十一人。

5.桑多沃廓寺,由甘丹赤仁波且嘉央丹巴达结所建,未发现中间一个时期的上师的名字。自从宗喀巴大师的政教白伞普及后,上师传承是:扎松·帕巴楚臣、泽当·洛桑丹增、孜扎平措仁钦、擦绒·洛桑顿珠、堆隆·达曲坚赞,现在由阿旺平措护持。常住僧人去哲蚌寺洛萨林扎仓、色拉寺麦扎仓、甘丹寺绛孜仓深造。一级寺院,在寺僧人约六十人。

6.秋达达孜寺,由在甘丹寺绛孜扎仓和上密院学过佛法的尊追桑波创建。堪布传承是:扎西嘉波、尊追坚赞、金巴尊追、嘉林、桑波扎西、扎西窘乃、杰仲·丹巴嘉措、娘波帕巴南杰、云丹群佩、扎松·贡达尔、秋达·索南伦珠、娘热群佩、秋达·南杰顿珠,现在由欧尔曲巴护持。寺院法行同上密院相近。常住僧人去哲蚌寺洛萨林扎仓、色拉寺麦扎仓、甘丹寺绛孜扎仓学习。一级寺院,在寺僧人约五十人。

7.拉曲寺,由娘·定增桑波所建。据说这里流淌着轨范师班玛桑布哇(即莲花生大师)所降的时水(dus - chu),中间一段时间宗奉过其它教派,从多贡上师达曲南结开始改修文殊怙主法王宗喀巴之教法,成为多沃廓寺的分寺,取名为“甘丹群科拉曲寺”。其法行、僧人学经去向都同于母寺(主寺)。二级寺院，在寺僧尼三十六人。

8.扎松珠旺寺，原来信奉宁玛派，后来由贝丹俄色改宗格鲁派。上师传承是:曲帕巴、洛桑曲扎、程勒旺秋、嘉扎巴·洛桑群嘉，现在是洛桑扎西。寺院以修密法为主，常住僧人去哲蚌寺洛萨林扎仓习经。二级寺院，在寺僧尼三十一人。

9.却康孜寺，第二辈帕巴拉活佛的父亲瑜伽师桑结扎西所建，他的转世是桑结群增，其转世是温仲，现在是阿旺桑结群佩。住寺僧人所学称为"活佛口传"，实际是格鲁派教法中杂有其他的教法。常住僧人去色拉寺麦扎仓学习。一级寺院，在寺僧人约一百一十五人。

10.欧达寺，桑结贝所建，是却康孜寺的属寺，师承关系、法行等同主寺。二级寺院，在寺女尼约三十一人。

11.特达寺，由被称为绛赛曲涅让卓(菩萨法性自解脱)的人创建。上师传承是:释迦桑波、拉旺嘉央、桑结仁钦、桑结扎西、僧格嘉波，从此成为噶尔扎仓的分寺。现在由女尼阿旺娘杰主持，所修教法同噶尔扎仓。二级寺院，在寺女尼约四十二人。

12.塘查寺，帕巴拉活佛所建。寺院建成后就成为第穆帕巴曲宗寺的分寺，上师传承详见主寺曲宗寺。修习"活佛口传"的教法。二级寺院，在寺女尼约三十五人。

13.迈普寺，由大菩萨(赛巴钦波)创建。堪布传承是:噶恰贡邦巴、达波·隆热嘉措、达木都·平措嘉措、贡塘饶绛巴、强林·强巴旺嘉、觉摩隆·洛桑坚赞、洛桑班觉、泽当·洛桑丹增、堆隆·洛桑雅佩、嘉尔波·洛桑达曲、索波·楚臣嘉措、拉萨哇·云丹达结，现在是由阿旺平措主持。《药师佛经仪轨如意王》等法行全是格鲁派的。常住僧人去色拉寺麦扎仓、哲蚌寺洛萨林扎仓、群科杰寺达波扎仓求学。一级寺院，在寺僧人约六十八人。

14.卓康顶寺，邦卡尔哇·夏哇所建，噶恰顷则时有所发展。此后的堪布传承是:巴喀欧珠桑波、益西桑波、嘉扎曲帕、曲扎俄色、阿旺程勒、纳域·桑结贝桑、曲饶绛巴·贡波阿旺程勒、洛桑丹增、格敦佩、拉萨哇·

云丹达结，现在是由阿旺平措主持。诵经、法行以及僧人学经去向等都与恰纳日沃噶丹寺相同。一级寺院，在寺僧人约六十三人。

第二十章

格鲁派教法在多康下部地区的传播与发展

关于具有三世诸佛的智慧慈悲的自性、包括天神在内的世间众生的唯一怙主宗喀巴·洛桑扎巴教法在多康下部地区的传播发展情况，首先介绍在东方的达孜多(即打箭炉，今为四川省甘孜藏族自治洲首府康定县一带)等地方的传播情况：

1.丹洛贡萨寺(丹洛新寺)，由哲蚌寺洛萨林扎仓的常住僧人木雅巴·丹佩尼玛所建，该寺及其分寺扎域孜托等都由木雅噶丹曲林寺的上师兼管。寺院以修密法为主，法行等与上密院相近。规定常住僧人去甘丹寺娘绒扎仓、哲蚌寺洛萨林扎仓、色拉寺麦扎仓深造。在寺僧人约八十人。

2.格哇喀强巴林寺，由顶礼遍知一切根敦嘉措(二世达赖喇嘛)的莲足、吸吮教语甘露的岗仁喇嘛所建。堪布传承是：杰·奔木释迦桑、洛追仓迈、堆隆巴·扎嘉波、卫巴·格勒班觉、坚叶巴·达曲坚赞、觉丹巴·拉旺洛追、嘉玛哇·格勒班觉、坚叶巴·南喀坚赞、朋沃西巴·仁钦坚赞、俄拔·程勒班觉、扎雅巴·洛桑仁钦，现在由洛桑格敦主持。寺院主修密法，法行完全是格鲁派的。常住僧人去甘丹寺娘绒扎仓、哲蚌寺洛萨林扎仓、色拉寺麦扎仓求学。在寺僧人约三百三十人。

3.格哇喀强巴林寺的分寺扎域卡尔托寺，创建者、上师传承、法行、常住僧人学经去向等都同主寺。在寺僧人约二十人。

4.乃廓、顿古、秀莫三寺的创建者名字不详，法行、上师传承、常住僧人学经去向完全与格哇喀强巴林寺相同。在寺僧人共一百三十人。

5.廓拉甘丹帕钦林寺，由嘉克哇·曲坚赞根据莲花手黄色僧衣舞游戏者第三世达赖喇嘛索南嘉措的授记创建。堪布传承是：贡却俄色、嘉克哇·贝丹僧格、央当·勒巴喜饶、嘉克哇曲喜年、桑结僧格、桑结嘉措、茨仇·益西坚赞、夏域·洛桑仁钦、洛桑丹增，现在由洛桑索巴主持。寺院主修密法，属于上密院系统。僧人去甘丹寺娘绒扎仓、哲蚌寺洛萨林扎仓、色拉寺麦扎仓深造。在寺僧人约三十人。

6.巴邬绒寺，最初由贝丹僧格创建。堪布传承是：贡却贝、贡却桑、曲窘嘉措、格哇坚赞、丹巴坚赞、洛追嘉措、洛桑贡却、洛桑顿丹，现在由洛桑班觉主持。寺院所修密法属于上密院系统。常住僧人去哲蚌寺洛萨林扎仓习经。在寺僧人约八十人。

7.蚌波尔地区的理塘噶丹图钦群科林寺。三世怙主莲花手索南嘉措或称金刚持达赖喇嘛（三世达赖喇嘛）因阿拉坦汗（俺答汗）的邀请前往蒙古地区传教，在他基本上完成了在那里弘扬佛法的事业，其大帐（行辕）经过多康地区准备返回西藏的金刚座（指哲蚌寺）之时，莅临此地，为了使第二佛陀文怙主宗喀巴大师的教法日益增盛，于铁龙年（1580年）为此佛法之“贡噶拉哇”（众喜之园）奠基，正行加持地基仪轨，建立了无有匹敌的大日如来等能依所依像，赐寺名为“噶丹图钦群科尔林”。丽江之王（指云南丽江纳西族木氏土司）加以侍奉，使僧人队伍得到了发展。俺答汗去世后，其子特派使者前来恳请索南嘉措前往，于是他（索南嘉措）和行辕再次前去北方蒙古地区，理塘寺的一些结尾工作托付给索南益西旺波活佛完成。

理塘寺堪布传承是：擦哇·仁青僧格、理塘·南朗顷则、巴燕曲杰、瓦述·格敦勒珠、工布·伦珠班觉、额尔德尼曲杰，在此前后寺院逐渐衰败。由尊胜上师、众生怙主（指五世达赖喇嘛洛桑嘉措）资助进行了修缮，增补了壁画，扩大了僧人队伍，使寺院再度兴盛。额尔德尼曲杰之后的堪布有吉雪巴·洛桑俄色、擦哇·洛桑坚赞、白利·丹尔、艾巴·曲桑克珠、娘热·曲扎、色拉寺堆周嘉洛桑坚白，现在由曼殊室利伊拉（古克）三呼图克图主持，讲授以《集量论》为主的《对法宝引车》、《般若善慧义饰》、《中观入大乘海船》等显教论著和《胜乐四家合注》等，密法方面所修的教材与下密院一样。僧人去色拉、哲蚌、甘丹三大寺院的蚌波尔康村深造。在寺僧人约五百人。

8.蚌波尔格尔底岗寺，由文殊怙主法王宗喀巴的亲教弟子桑结贝桑所建。堪布传承是：藏巴·贡噶坚赞、曲窘贝桑、嘉哇桑珠、班觉喜饶娘波、班觉热杰、贝丹扎巴、扎巴扎西、德夏嘉措、南朗顷则、擦哇周扎，中间一个时期堪布空缺。以后的堪布有格敦勒热、楚臣贝热、贡塘巴·贡却伦珠、理塘格廓、顿珠贝桑、理塘·金巴坚赞，现在由洛桑桑木丹主持。寺院主修密法。僧人去色拉、哲蚌、甘丹三大寺院学习，具体去哪一所寺院没有规定。在寺僧人约四十人。

9.在绛哇的拉堆寺，是文殊怙主法王宗喀巴的亲传弟子赛尔贡温波在原先噶玛拔希（1204—1283年，原名却吉喇嘛，被称为噶玛噶举派黑帽系第二世活佛）建立的一座小修行院的基础上扩建起来的一所寺院。堪布传承是：南索桑拉、格敦勒热、扎西班觉、娘波伦珠班觉、绛哇·格敦扎西，现在由班觉主持。按照格鲁派密院的法规举行《集密》、三黑行等仪式。僧人去色拉、哲蚌两所寺院中的蚌波尔康村和甘丹寺的赛尔贡康村深造。在寺僧人约三十人。

10.嘉·夏莫寺，遍知一切索南嘉措前往理塘时，这里是萨迦派的一所小寺院，有几名僧人的请求他去传授了近圆戒，播下了格鲁派教法的种子。后来，后藏岗建巴·格敦勒珠重建了寺院（成为格鲁派）。堪布传承是：娘波伦珠班觉、绛叶尔·仁青坚赞、艾巴·洛桑克珠、噶阿热木巴、嘉巴·坚赞室利，现在由洛桑喜饶主持。诵经、供奉、僧人学经去向同拉堆寺。在寺僧人约三十人。

11.杰觉雪珠达结德庆寺，文殊怙主法王宗喀巴大师的亲传弟子藏巴·桑结贝桑所建。堪布传承是：藏巴·贡噶坚赞、曲窘贝桑、扎巴坚赞、班觉喜年、娘绒·贝丹喜年、擦哇·仁青僧格、窘囊·喜年顿珠、贝丹僧格、洛桑楚臣、阿旺德勒、理塘·阿旺楚臣、窘囊·阿旺娘波。寺院密法的修习方法、法行等同格鲁派其他寺院，讲授《菩提道次第广论》。僧人去色拉寺麦扎仓的蚌波尔康村求学。在寺僧人约一百八十人。

12.木拉哇寺，原先宗奉萨迦派的俄尔学派，后来改宗格鲁派。上师传承为：理塘·洛桑班觉、木拉达曲、扎雅·楚臣旺波，现在是由桑珠嘉措担任经师。寺院僧人去各大寺的(主要指色拉、哲蚌、甘同等)赛尔贡康村求学。在寺僧人约十四人。

13.协巴德庆寺，最初由一位名叫“南木索松噶”的格鲁派僧人修建。又说“南木索”是丽江土司统治时的上师之名，他之后的上师传承是：那安南木索、桑曼南木索，其后三、四任上师后，协巴·格勒平措、丹巴格隆、格勒云母、曲嘉措，现在由洛桑曲珠主持。寺院以修密法为主。僧人去各大寺院赛尔贡康村求学。在寺僧人约四十人。

14.达·央当寺，最初信奉噶举派，至尊文殊藏宗喀巴大师的亲教弟子洛追南杰使之有所发展，改宗格鲁派。上师传承是：楚臣平措、乔勒南杰、贝丹曲窘、喜年桑波、桑结仁青兄弟、楚臣嘉措、扎西班觉、桑结班觉、洛桑丹增，现在由帕巴饶丹管理。密修院，僧人去色拉、哲蚌两寺的蚌波尔康村和甘丹寺娘绒扎仓的多康康村学习。在寺僧人约一百一十人。

15.雪周盘德寺，扎巴嘉措所建，是格鲁派的一所禅院，在寺僧人约四五十人。

16.都云寺，据说三世达赖喇嘛索南嘉措莅临理塘时，由桑结坚赞负责修建，现在像一所禅院，没有经师传承。僧人去各大寺赛尔贡康村求学。在寺僧人约十人。

17.果洛新寺，由名叫“日巴萨热木巴”的人所建。经师传承是：蔡里切参巴、格哇坚赞、仁青僧格、喜饶贡波、喜饶扎巴、扎西贝桑、喜饶坚赞、桑阿嘉措、阿顿巴，现在由木拉·阿旺楚臣主持。寺院以修密法为主。常住僧人去色拉、哲蚌两寺的蚌波尔康村和甘丹寺的赛尔贡康村求学。在寺僧人约四十人。

18.恰程·桑佩林寺。这是一所在原噶举派杰嘉寺的废墟上由坎卓王恢复发展起来的一所寺院，任命达巴·洛桑丹增为经师，他之后的经师有洛桑南杰、扎西坚赞，现在是蚌波尔·洛桑顿珠坚赞。寺院为密宗扎仓，法行等与上密院接近。僧人去色拉、哲蚌两寺的蚌波尔康村和甘丹寺的赛尔贡康村求学。在寺僧人约一百五十人。

19.甘丹岗噶尔寺，原先宗奉噶举派，自从宗喀巴大师的政教日光普照后，在程勒嘉措任第巴的时期由本坎卓进行修复，改宗格鲁派，委任洛桑丹增为上师。之后的传承是：强巴扎西、拉萨·格敦雅佩、周嘉·索巴嘉措，现在由洛桑丹达尔主持。所修习的《集密》、三黑行等密法和上密院相近。僧人去色拉、哲蚌两寺的蚌波尔康村和甘丹寺多康康村深造。在寺僧人约一百一十人左右。

20.雅·玛塘寺，桑波贝上师所建。上师传承是：藏巴·桑结贝桑、贡噶坚赞、循努热丹、宗木赤顿、扎西俄色、仁青僧格、南喀嘉措、嘉涅噶居、阿周噶居、绛曲仁青、楚臣嘉措、扎巴窘乃、理塘·拉旺群觉。寺院为密宗扎仓。常住寺院僧人去哲蚌、色拉两所寺的蚌波尔康村和甘丹寺的赛尔贡康村求学。在寺僧人约六十人。

21.嘉擦木拉康顶的噶丹达结林寺，由莲花手黄色僧衣舞游戏者第三世达赖喇嘛索南嘉措的弟子曲杰桑结嘉措在兴建理塘寺的同时建成的，讲授东方宗喀巴大师的教法。堪布传承是：拉康巴·楚臣桑波、阿里巴·班觉嘉措、强巴哇·格敦扎西、沃喀活佛曲坚赞、拉康勒班觉、巴底·嘉央桑波、赛岗·洛追嘉措、嘉央贝丹，现在由贝丹桑波主持。格鲁派各寺院所传《集密》、三黑行等密法修习相同。僧人去色拉、哲蚌、甘丹三大寺院的蚌波尔康村求学。在寺僧人七百四十人。

22.孜岗·克翁第哇巾寺，拉康巴·楚臣桑波所建。在拉康巴程勒班觉以前，由一位上师同时管理该寺和拉康顶寺。其后的堪布传承是：巴茹楚臣顿珠、巴底嘉桑、哇江·索南坚赞、巴底·洛桑坚赞，现在由阿旺贡却主持。主修《集密》等法。寺院法行同于一般密宗扎仓。寺院僧人去色拉、哲蚌、甘丹三大寺和扎什伦布寺的阿巴扎仓深造。在寺僧人约五百八十人。

23.麻里噶丹雪珠南杰林寺,巴底饶绛巴桑木丹桑波建于火猴年。堪布传承是:哇江·索南坚赞、洛桑坚赞,现在由阿旺贡却主持。所修《集密》、三黑行法和格鲁派其他寺院相同。僧人去色拉、哲蚌、甘丹三大寺院和扎什伦布寺阿巴扎仓求学。在寺僧人约五百六十人左右。

24.日窘寺,巴底饶绛巴桑木丹桑波建于火蛇年,师承关系、护法、僧人学经去向等同麻里寺。僧人五十余人。

拉康顶寺属寺的创建者也可能是巴底饶绛巴桑木丹桑波。师承关系、诵经法行、僧人学经去向等和母寺相同。

拉雅噶丹饶丹林寺有僧人约三百七十人。

哇托噶丹南杰林寺有僧人一百五十人。

宇玛寺有僧人四十人。

贡饶结寺有僧人八十人。

噶丹扎西曲林寺有僧人一百四十人。

素贡萨寺有僧人五百六十人。

擦托恰曼寺有僧人三十人。

25.巴塘地区的孜松嘉雪迦浦寺,文殊怙主法王宗喀巴大师的上首弟子嘉央扎西贝丹的亲教弟子中被称为受六臂智慧怙主所随持而事业迅捷的果吾首领扎西僧格所建。果吾坚赞扎西等几任堪布以后,至尊上师宗喀巴的政教白日之光普照,由孜松·阿旺洛追主持,现在由噶居洛桑扎西管理。其法规、诵经、法行同下密院。僧人去哲蚌寺洛萨林扎仓和甘丹寺绛孜扎仓习经。在寺僧人约四十人。

26.孜松·赛尔奔木寺,由“上师口传”学派的大师曲杰阿格旺波创建。中间一个时期没有上师。以后的传承是:丹温卸任上师、索南坚赞、桑结坚赞,现在由扎巴群佩住持。其诵经、法行、僧人学经去向等同迦浦寺。在寺僧人约四十人。

27.觉当塘盖寺,饶绛玛哇·孜姆排巴所建,建寺前彩虹射入一棵松树的裂缝中,善相多显,故名。堪布传承是:茨旺贡波、达哇扎巴、洛桑扎西，现在由坚赞旺嘉护持。诵经、法行、僧人学经去向等同迦浦寺。在寺僧人约二十人。

28.萨卡尔寺，是嘉央曲杰的亲教弟子噶居桑木丹嘉措在当地群众所建的本教萨卡尔（神殿）的遗址上建立而成的一所寺院，故名为萨卡尔寺。堪布传承是：噶居桑木丹、楚臣贡波、阿佩、图巴、丹巴、格敦，现在是阿旺曲金。寺院为密修院，法行与下密院接近。常住僧人去哲蚌寺洛萨林扎仓和甘丹寺绛孜扎仓深造。在寺僧人约二十人。

29.琼仓寺，最初由藏巴囊索僧格修建，建成后转车改宗，遵循尊胜上师（五世达赖喇嘛）的教导，惹尔钦巴任命洛桑南杰为上师，发展寺院。他之后的上师传承是：拉旺茨嘉、洛桑平措。主修密法，法行与下密院接近。讲经院仅勉强维持，僧人学经去向同上。在寺僧人约十人。

30.拉托寺，下密院比丘僧云丹桑波所建。其后堪布传承是：桑珠、达曲、阿桑、贡却茨仁，现在是阿旺顿珠。寺院所修密法接近下密院系统。僧人去哲蚌寺洛萨林、甘丹寺绛孜等扎仓学习。在寺僧人约三十人。

31.邦当寺，遍知一切根敦嘉措（二世达赖喇嘛）在世时，由洛萨林巴·云丹仁钦创建。堪布传承是：扎桑、嘉措、拉却、阿旺喜饶，现在是阿旺扎西。诵经、法行、僧人学经去向同拉托寺。在寺僧人约二十人。

32.果吾绒仁青岗寺，果吾温波仁却所建。但是，由于和丽江人的地界接近，寺院没有维持。后来贡却扎西把寺院迁移到别处修建，称为“桑珠新寺”。惹尔钦巴·南杰茨仁根据尊胜上师（五世达赖喇嘛）的批示重新征派僧差，发展寺院，任命云丹平措为上师。其后的传承是：顿珠茨仁、扎西群佩、洛桑饶丹、强巴扎西、萨囊巴·洛桑坚赞，现在由阿旺丹佩住持。寺院所修密法属于下密院系统。僧人去哲蚌寺洛萨林扎仓和甘丹寺绛孜扎仓学经。在寺僧人二百三十人。

33.蔡木贡寺，是文殊怙主法王宗喀巴大师亲传弟子中被称为江玛尔当·蔡木仁波且所建。中间由于受一些丽江人的犷顽作梗使寺院空废，后来托莲花手索南嘉措（三世达赖喇嘛）的恩惠，任命嘉央噶哇洛追为上师。其后的上师传承是:坚赞扎西、班觉扎西、南喀班觉,之后堪布空缺。随后有嘉央扎西、强巴扎西、嘉央贝桑、贡却扎西、洛桑扎西、洛桑喜饶、雅拉仁温巴,现在由洛桑扎西护持。诵经、法行、僧人学经去向同上。在寺僧人约二十人。

34.扎嘉寺,嘉央噶哇洛追所建,由历任蔡木贡寺上师管理。诵经、法行等同上。在寺僧人约二十人。

35.扎西曲林寺,雅拉哇·晁吾噶居所建。从坚赞扎西上师开始成为蔡木贡寺的分寺,诵经、法行等同母寺。在寺僧人约十人。

36.扎觉寺,蔡木贡寺上师坚赞扎西所建。上师传承、诵经、法行、供奉等同蔡木贡等。僧人去哲蚌寺洛萨林扎仓和甘丹寺娘绒扎仓求学。在寺僧人约十人。

37.洛白当寺,格玛尔当巴南喀嘉措所建,其后由南喀伦珠主持。南喀喜年时期开始衰落,惹尔钦巴根据尊胜上师(五世达赖喇嘛)的指示任命贡却扎西为堪布进行恢复,从此至今由蔡木贡寺喇嘛兼管,现为洛桑扎西管理。寺院所修密法属于上密院系统。常住僧人去色拉寺杰扎仓学习。在寺僧人约十人。

38.蚌白当寺,是由被称为曲久温波的人所建,中间一个时期没有得到很大发展,后来惹尔钦巴根据尊胜上师(五世达赖喇嘛)的指示任命温波贡却扎西为经师,发展寺院。从那时开始到现今的饶绛巴洛桑扎西由蔡木贡寺历任上师管理。寺院所修密法属于上密院系统。僧人去色拉寺杰扎仓学习。

39.宗拉寺,文殊怙主法王宗喀巴的亲传弟子噶宇哇·仁钦所建。中间一段时间寺院除了有一、两位修行僧人外再没有其他僧人。火鸡年,根据尊胜上师(五世达赖喇嘛)的批示新招僧人,任命班觉平措为经师,发展寺院。他之后的上师有班觉桑波、阿旺顿珠,现在是喜年嘉措。寺院主修密法。僧人去哲蚌寺洛萨林、甘丹寺娘绒等扎仓学经。在寺僧人约二十人。

40.窘隆迦达寺,开始只有一些静修僧人,没有上师主持。后来根据尊胜上师(五世达赖喇嘛)的指示重新征集僧差,任命扎西贝桑为上师,其后的上师有洛桑旺秋、喜年嘉措、格敦喜饶、伦珠嘉措,现在由洛桑曲扎担任。寺院是一所密修院,求学僧人去哲蚌寺洛萨林扎仓。在寺僧人约四十人。

41.绛当寺,宁麦巴·顿珠扎西所建。顿珠贝桑担任住持以来,该寺只是作为禅院存在。根据尊胜上师(五世达赖喇嘛)的指示,以增上缘向各地招集僧人,任命噶居哇·扎西尊追为上师,法行得到了发展。现在由洛桑班觉主持。寺院是所密修院,求学僧人一般去哲蚌寺洛萨林扎仓和甘丹寺娘绒扎仓学习。在寺僧人约二十人。

42.祖诺布寺,是由被称为堆参当巴的中观师所建,此后的师承关系不连贯,大致有桑结仁钦、扎西仁钦、桑结贡波、嘉多尔巴、斗嘎尔桑佩、措坚赞等人。之后,按照尊胜上师(五世达赖喇嘛)的指示征集僧差(即地方首领在其属民中以征集差役的形式招收僧人入寺),任命达曲坚赞为上师,现在由伦珠嘉措管理。主修《集密》,法规全是格鲁派的。僧人学经去向同上。在寺僧人约三十人。

43.扎纳寺,文殊怙主法王宗喀巴的亲教弟子擦勒巴·贡达哇奠基建成。不久一些怀有敌意的丽江兵将佛像及建筑等烧毁,比丘帕巴群增依靠至尊文殊藏祈愿的法力修复和发展了寺院。他之后的上师传承是茨旺贝桑、洛桑丹增,现在由洛桑顿珠担任。寺院所修密法属于上密院系统。常住僧人去哲蚌寺洛萨林和甘丹寺娘绒扎仓习经。在寺僧人约四十人。

44.娘果寺,最初为赛尔哇循努所建。中间一个时期没有上师传承,后来依次是:曼卓·洛桑达结、阿旺饶丹,现在是色拉麦洛桑克却。密修院。僧人去哲蚌寺洛萨林扎仓、色拉寺麦扎仓、在甘丹寺农区的去绛孜扎仓和牧区的去娘绒扎仓习经。在寺僧人约八十人。

45.芒康历辈果吾王管理的一群寺院,创建者名字不详的寺院有贝钦寺、格古克尤寺、赛尔果寺、新果寺、热布尔寺、堪巴隆寺、嘉纳木底寺、拉旺寺、哇赛尔寺、诺布林寺、桑贡寺等十一所寺院。主修《集密》、三黑行等法，法行全是格鲁派的。僧人去哲蚌寺洛萨林扎仓、甘丹寺绛孜扎仓、娘绒扎仓求学。各寺都有二十名僧人，其中的贡萨尔果寺（新果寺），据说由仲饶绛巴创建，甘丹寺绛孜扎仓的果吾阿旺贡噶护持了五十年，没有师承关系或现任主持，主修《集密》、三黑行等密法，法行全是格鲁派的，僧人去哲蚌寺洛萨林和甘丹寺娘绒扎仓习经。在寺僧人约四十人。

46.琼本鲁拉寺，由顶礼过文殊怙主法王宗喀巴的莲足、吸吮过耳宝瓶教语甘露的中观上师南桑创建了顿木德达木寺。旺秋僧格主持期间，受到俄尔巴势力的打击，使寺院空废。之后，由于强烈的业缘和誓愿之力，由丽江土司索南饶丹作施主，在叫做鲁拉塘的地方新建了寺院，故名“鲁拉寺”。上师传承是：洛桑群佩、贡却坚赞。此后由第穆活佛等人在掌管拉尔嘉寺的同时兼管，使鲁拉寺没有本寺的上师传承，直至今天（第悉桑结嘉措时期）仍如此。密修院，僧人学经去向同上。在寺僧人约二百人。

47.帕尔哇仁钦岗寺，文殊怙主法王宗喀巴大师的大弟子轨范师噶居南喀桑波所建，成为当地的十八所寺院的母寺。上师传承是：扎西仁青、桑木丹桑波，这时候补陀洛迦主人索南嘉措（三世达赖喇嘛）莅临寺院，为新建的六臂智慧怙主像□念诵金刚誓言，见怙主融入此像。此后的上师传承是：帕尔哇·索南坚赞、曲坚赞、金巴坚赞、僧格坚赞、茨嘉等。此后寺院犹如初三的月亮势力非常微弱，尊胜上师（五世达赖喇嘛）以无上慈悲之心指示宗堆（原西藏地方政府派驻所辖各宗的行政官员，亦称宗本）征集僧差，任命格勒托迈为上师，教导要发展政教事业。其后的上师是阿旺托迈，现在由阿旺金巴主持。主修《集密》法，法行接近下密院。僧人去哲蚌寺洛萨林和甘丹寺绛孜扎仓学经。在寺僧人约二十人。

48.藏喜扎麦寺，由“上师口传”学派大师曲杰阿旺贝却所建。堪布传承是：贡桑哇、哈木朗、贡却扎西、顿珠僧格、桑结僧格、茨旺贡，现在由密法师格隆索巴护持。密修院，僧人学经去向同上。在寺僧人约二十人。

49.藏喜巴木贡寺，帕巴桑结大师所建。上师传承是：南喀多杰、南喀桑波、多吉奔、班觉、洛桑坚赞，现在由贡却奔主持。寺院为密修院。僧人学经去向同上。在寺僧人约二十人。

50.鲁却寺，第一世帕巴拉活佛的转世帕巴桑结所建。上师传承为：阿旺坚赞、阿扎、顿松巴、洛桑群佩、益西坚赞、洛桑尊追，现在由贡噶尊追担任经师。寺院主修密法。常住僧人学经去向同上。在寺僧人约十人。

51.达拉扎果寺，卫囊巴·南喀僧格所建。据说后来由智者洛嘉开设《吉祥集密生圆二次第论》等正规讲学规制。中间因丽江、白利、贡觉尼果等地方势力仇视文殊怙主法王宗喀巴的清净教法，以及一些敌视佛教的势力作祟，出现了使该寺几乎难以存在的各种情况。现在由扎果活佛护持。寺院主修密法。僧人去哲蚌寺洛萨林扎仓和甘丹寺绛孜扎仓深造。在寺僧人约十人。

52.拉绒参涅扎仓，由聆听过文殊怙主法王宗喀巴大师教授的日噶贡却僧格创建，设立中观、般若学课程。上师传承为：释迦僧格、贡波僧格、贝丹僧格、曲坚赞、拉康纳温巴、喜饶桑波、喜饶贝丹、喜饶尊追、桑结洛追（同名的前后两人）、桑结喜饶、顿珠却桑、洛桑群佩、桑结顿珠、洛桑丹增、扎西洛追、茨仁、索南贝、仁钦坚赞、曲洛追、洛桑平措、喜饶扎西、盘德坚赞、洛桑扎西、洛桑嘉措、洛追嘉措、阿旺嘉央，现在由洛桑曲窘主持，讲授贡却僧格的中观、贡布丹达尔的般若、达赖喇嘛的《善慧义饰》等论著。

53.拉绒密宗扎仓，嘉热巴·喜饶多杰所建，是一所和下密院相同的讲授《生圆二次第论》的密宗学院。其后上师传承为：索哇·噶尔波、扎巴饶绛、丹增嘉措、强巴仁钦、阿旺洛追、贡波益西、贡噶班觉、丹巴饶萨、沙噶居、阿桑、完热木巴、丹巴洛追、扎西桑波、扎西坚赞、勒巴伦珠、桑木丹桑布、格敦扎西、洛桑扎西、坚白、益西、沙窘哇、桑结嘉、贡波南杰、洛桑索巴、洛桑伦珠、洛桑曲旺，现在由洛桑勒巴主持。结合《四家合注》和本寺创建者的论著，讲授《生圆二次第论》。四季法会期间上述两所显宗学院(即中观、般若两个扎仓)僧人共同聚会，共计三百余人，平常分住其各自小寺之中，计有果佐寺、西雪、德布、波尔贡寺、多德、茹贡、拉康、拉热、嘉岗、达噶尔、结叶、乃丹、拉木旗、邦贡、仁钦林、拉哇尔、朗德、当拉、贡萨尔、扎木孜、雪孜、伦珠嘉纳弥底等寺院。僧人去哲蚌寺洛萨林扎仓、色拉寺麦扎仓、甘丹寺绛孜扎仓求学。

54.娘热或称察雅扎西曲宗寺，由欧伯哇·扎巴嘉措建于第十一饶迥的铁鸡年(1681 年)，由扎巴嘉措的转世阿旺索南伦珠担任堪布，现在由阿旺楚臣活佛住持。所修《集密》、《胜乐》、《普明大日如来》、《药师佛仪轨》、三黑行等法和格鲁派其他寺院相同。僧人去色拉、哲蚌、甘丹三大寺院和桑浦寺求学。法会期间僧人约有九百人。

55.强敦噶丹雪珠群科尔寺，阿旺索南伦珠活佛创建于第十一饶迥的水龙年(1652 年)，现在由阿旺楚臣主持，《集密》、三黑行的讲授同于其它寺院。僧人去哲蚌、色拉、甘丹三大寺和桑浦寺求学。在寺僧人六百人。

(译者按：关于察雅曲宗寺和强敦寺的建寺年代，本书的记载似有笔误，按《番僧源流考》记载，察雅大呼图克图的世系为第一世扎巴嘉措，第二世阿旺索南伦珠，顺序与本书所说相符。则阿旺索南伦珠建强敦寺于第 11 饶迥水龙年即 1652 年，其前辈扎巴嘉措就不应建察雅寺于第 11 饶迥铁鸡年即 1681 年。故疑扎巴嘉措建察雅寺应在第 11 饶迥铁鸡年即 1681 年，建寺初期未设堪布，后由其转后阿旺索南伦珠任首任堪布并于 1652 年创建强敦寺。但查《藏汉大辞典》察雅寺条，也称是扎巴嘉措建于 1681 年。故此问题尚须参考其他资料进一步分析，以决疑惑。)

察雅寺如今在康区的权势无与伦比，了解文殊怙主法王宗喀巴之教法，修习以三律仪为主的一切圆满经典的下属寺院很多。因此对其根本寺院的建立者的情况等本应详细加以说明，但是由于记载不多，除了这两座母寺之外其他子寺的情况不甚清楚。如果按照《卡尔纳教法史》的记载说其大概，则由察雅寺管理，由察雅寺任命历任上师、堪布，诵经、法行与格鲁派各寺院相同。寺院僧人学经去处与两座寺相同的寺院有：

曲哇尔寺有僧人一百六十人；

白日格敦当寺有僧人八十人；

伦珠当寺有僧人八十人；

热雅喀域寺有僧人四十人；

热西索贡寺有僧人四十人；

热西拉康当寺有僧人四十人；

都木拉夏仓寺有僧人四十人；

宇西诺尔寺有僧人二十五人；

都木拉雪觉寺有二十五名僧人；

曼西仁邦寺有僧人二十人；

玛域噶尔托寺有僧人二十人；

曼西强林寺有僧人二十人；

恰兰木多邦当寺有僧人二十人；

曼西察雅寺有僧人十五人。

察果寺有僧人三十人；

多哇果哇寺有十五名僧人；

热湿乃德寺有十五名僧人；

西贡新寺有十五名僧人；

波尔喀寺有十五名僧人；

东布寺有十五名僧人；

尤尔孜寺有僧人十五人；

达恰木寺有僧人十五人；

拉廓塘托寺有僧人十五人；

萨玛喀尔贡哇寺有僧人十五人；

都木拉巴哇寺有僧人十五人；

觉哇扎巴寺有僧人十五人；

松普寺有僧人十人；

杂雪寺有僧人十人；

阿萨噶尔果寺有僧人十人。

56.察哇佐岗桑阿林寺，是帕巴拉在几座本教寺院的基础上改建成的一所寺院。上师传承是：噶居格敦扎西、扎巴扎西、丹巴雅佩、洛桑喜饶、帕巴伦珠、白杂·平措群觉、孜噶·洛桑娘布，现在是由措麦巴·阿旺格勒主持。寺院以修密法为主，法行等接近下密院。僧人去哲蚌寺洛萨林扎仓学经，由地方政府提供僧茶等生活费用。在寺僧人约三百人。

57.波达桑阿德庆寺，由地方首领贡波索南担任施主，帕巴拉通哇顿丹活佛所建，取名"岗噶尔德庆"，任命扎雅嘉洛巴为上师。几年后被极喜自在魔所迷惑的白利土司摧毁，后来帕巴拉嘉哇嘉措重新修建，取名为"桑阿德庆寺"。轨范师传承是：桑结扎西、工布·帕巴嘉旺、桑木丹嘉措活佛、那顿·帕巴伦珠、白杂·平措群觉、孜喀·洛桑娘波、措麦巴·阿旺格勒。寺院所修密法属于下密院系统。僧人去哲蚌寺洛萨林扎仓深造，由地方政府提供费用。在寺僧人一百八十人。

58.察哇梯托寺，哲蚌寺洛萨林扎仓的四位僧人名字中有"丹佩"(意为弘扬佛法)的僧人按照遍知一切根敦嘉措(二世达赖喇嘛)的授记，在哇尔康一个静修地做施食仪轨时，食子被一只大乌鸦叨起稳稳地放在一个石梯口上，他们认为这是指示建寺的地方，非常稀奇，因此取名为"梯托"，在此铺座住下，逐渐建造寺院。上师传承为：果吾·索巴俄色、果吾·旺秋嘉措、梯托巴·嘉哇上师洛桑坚赞、顿木琼饶绛巴·洛桑达结、穆克噶居索南楚臣，现在由从卫藏前往那里的噶饶绛巴轮流三年一任，现在的上师是阿旺平措。密修院所修密法属于下密院系统。僧人去哲蚌寺洛萨林扎仓学习。在寺僧人一百四十人。

59.扎强寺，文殊怙主法王宗喀巴大师的亲传弟子迦廓热·释迦尊追所建。云丹俄色等两任上师之后，和梯托寺合 併，师承关系、诵经、法事活动、僧人学经去向等同于梯托寺。在寺僧人约三十人。

60.珠巴寺,至尊文殊藏宗喀巴大师的大弟子布多拉木巴·坚赞俄色所建。上师传承为:喜饶桑波、噶居桑木丹、果吾·帕巴南杰、果吾·格敦扎西、索巴俄色、旺秋嘉措、达曲,这时因地震而造成沃曲河水受阻,寺院遭受水灾,损毁严重,因此迁到扎尤,依次由阿旺坚赞、贡却贝桑、饶绛巴扎西班觉担任上师管理,现在由洛桑程勒兼任上师主持。寺院所修密法与下密院相近。僧人去色拉寺杰扎仓深造,在寺僧人约一百五十人。

61.旺卡尔寺,属于珠巴寺的分寺,创建者可能不是坚赞俄色。其师承关系、唸诵修供、僧人学经去向等同上述。僧人数包括在母寺中。

62.伦珠寺,隆桑阿仁巴·喜饶桑波所建。其后上师传承是:桑丹嘉措、顿珠坚赞、果吾·格敦扎西、帕巴南杰、索巴俄色、果吾·旺秋嘉措、果吾达曲,现在由洛桑程勒兼任上师和吉哇的管事。寺院诵经、法行等接近下密院。僧人去色拉寺杰扎仓求学。在寺僧人约一百二十人。

伦珠寺的分寺协达寺的师承关系、唸诵修供、僧人学经去向等都同于母寺。僧人数字包括在母寺中。

63.绛玛尔扎西塘寺,果吾·格敦扎西所建。其后上师传承为:帕巴南杰、索巴俄色、旺秋嘉措、洛桑丹窘。这时由于寺院被地震毁坏,因此迁到绛玛尔,由果吾达曲担任上师,现在的上师是格隆周伦。在寺僧人约七十人。

64.拉岗寺,由丽江萨丹巴(丽江纳西族木土司)作施主,第一世帕巴拉活佛创建,主传文殊怙主法王宗喀巴的教法。堪布传承是:帕巴桑结、帕巴却嘉波、帕巴·嘉哇嘉措、果吾·贡却僧格、索巴俄色、帕巴南杰、旺秋嘉措、洛桑丹窘、果吾·达曲嘉措,现在是洛桑。寺院密法方面的学习与上下密院相近。僧人去哲蚌寺察哇康村学习。在寺僧人约三十人。

65.迦拉群科尔林寺,果吾·旺秋嘉措所建。后来由达曲嘉措主持,现在的堪布是桑丹嘉措。寺院主修密法,属于上密院系统。僧人去哲蚌寺洛萨林扎仓求学。在寺僧人约二十人。

66.布拉托寺，由坚赞俄色上师所建。上师传承为：格勒嘉措、果吾·格敦扎西、帕巴南杰、索巴俄色、贡却僧格、阿旺坚赞、旺秋嘉措，现在由洛桑金巴管理。寺院所修密法属于下密院系统。僧人去色拉寺杰扎仓求学。在寺僧人八十人。

67.巴拉绛寺，果吾·索巴俄色所建。上师传承是：贡却僧格、帕巴南杰、旺秋嘉措、阿旺丹增，现在由格勒丹巴主持。寺院所修密法属于上密院系统。僧人去哲蚌寺洛萨林扎仓深造。在寺僧人约四十人。

68.梯巴寺，因为地处哇尔康南部边区的门隅、察隅的河谷谷头，故名“果域”的地方原有四座格鲁派寺院，藏巴·桑结班觉把它们合 併成为一所，称为“梯巴寺“。其后的堪布传承是：阿里巴·丹巴桑波、江布·止拉曲杰、仲孜曲杰、格敦达结、丹巴班觉、嘉达喇嘛、拉格饶绛巴、乃丹·喜饶桑波、格敦群佩、格敦伦珠、桑结仁钦、波密素尔尤巴、曲都哇·曲扎、贡布丹增。这时果域划归第穆哇管辖，梯巴寺被强行迁到纳布寺，地和宗混合管理，取名为“萨林阿群科尔寺”。堪布传承为：第穆活佛拉旺丹贝坚赞、阿旺南喀嘉央、堆隆巴·洛桑尊追，现在是曲丹嘉措。仿照其它寺院的方法修习《集密》、《胜乐》、《普明大日如来神变加持经》、《三黑行》等法。僧人去哲蚌寺洛萨林扎仓求学。在寺僧人约八十人。

69.秋当雪珠强巴林寺，阿里巴·丹巴桑波所建。其后堪布传承是：蔡巴活佛、觉丹曲杰、阿岗巴·索南平措、堆隆当喀曲杰、擦哇·索南楚臣、波密·丹巴南杰、松宗木·曲扎嘉措、第穆活佛拉旺贝坚赞、贡布丹增、帕巴诺布、第穆活佛阿旺南喀、堆隆巴·洛桑尊追，现在由曲丹嘉措主持。仿照格鲁派其它寺院的方法修习《集密》、《胜乐》、三黑行等密法。分寺有拉廓寺和雅孜寺。主属三所寺院的僧人都去哲蚌寺洛萨林扎仓深造。法会期间共有僧人八十人。

70.阿尔俄尔达贡寺，文殊怙主法王宗喀巴洛桑扎巴的亲传弟子擦普轨范师温波所建。堪布传承是：藏巴·桑布贝、仲日果哇、轨范师绛孜巴、桑结俄色、绛曲僧格、弥觉循努洛追、安多哇、帕巴拉、第穆哇·乔勒南杰、第穆·阿旺格勒坚赞、阿旺南喀嘉央、堆隆巴·洛桑遵追，现在由曲丹嘉措担任。所修《集密》、三黑行等法和法行全是格鲁派的。僧人去哲蚌寺洛萨林扎仓学习。法会期间有四十名僧人。

71.热布尔寺，阿尔俄尔寺的分寺，师承关系、诵经、法行、僧人学经去向都与母寺相同。

72.德木喜布达宗木寺，仁钦僧格所建，其后堪布传承是：霍尔·索南嘉措、帕巴拉、第穆哇·乔勒南杰、阿旺格勒坚赞、阿旺南喀嘉央、堆隆巴·洛桑尊追，现在由曲丹嘉措主持。主修三黑行等密法，所进行的法事活动同格鲁派其它寺院。寺院僧人去哲蚌寺洛萨林扎仓求学。法会期间有三十名僧人。

73.嘉木宗寺，原先信奉噶举派。后来，第穆活佛阿旺南喀嘉央改信文殊怙主宗喀巴大师的教法，堆隆巴·洛桑尊追担任上师，现在由曲丹嘉措主持。所进行的三黑行等法行同于格鲁派其它寺院。常住僧人没有去他寺学习的习惯。在寺僧人约十人。

74.杰贡寺，娘热轨范师央嘉所建。此后的堪布传承为：云丹桑、仲萨尔桑珠、达热木巴、波沃饶绛巴、塘贡巴、第穆哇·乔勒南杰、第穆哇·阿旺格勒坚赞、阿旺南喀嘉央、堆隆巴·洛桑尊追，现在是由曲丹嘉措主持。寺院所修密法同于格鲁派其它寺院。僧人去哲蚌寺洛萨林扎仓深造。法会期间有四十名僧人。

75.底居雅果寺，洛巴·洛桑勒巴所建。此后的师承关系：喀索·喜饶坚赞、图恰洛哇卡、朗宇·阿旺楚臣、果巴·洛桑坚赞、擦哇洛桑扎西。后来第穆哇在赛普新建寺院，合併了底居雅果寺，取名为“赛善达结新寺”。上师传承为：擦哇·洛桑扎西、顿巴尔·扎西班觉、洛桑勒巴、拉旺多杰、堆隆巴·洛桑尊追，现在由曲丹嘉措主持。主修《集密》、三黑行等密法，举行仪式。僧人随其意愿去色拉、哲蚌两寺学经。法会其间有二十名僧人。

76.协当拉寺，隆务贡钦曲普尔哇所建。师承关系为：桑达哇·丹巴嘉央、果吾·阿旺扎西、协巴·班觉坚赞、顿巴尔·仁钦索南、果巴·洛桑坚赞、顿巴尔班觉、仲巴·阿旺扎西、堆隆·洛桑尊追，现在由曲丹嘉措主持。寺院主修密法。僧人去哲蚌寺洛萨林扎仓学习。聚会时有僧人三十人。

77.超域萨都寺,最初由名叫仁钦扎西的人提供资材而建。其后上师传承是:喀素哇·喜饶桑波、桑木丹桑布、乃丹贝桑、南喀洛追、茨仁僧格、卫赛哇、洛桑达结,现在是由洛桑诺布护持。主修《集密》、三黑行等密法,法行同于格鲁派其它寺院。常住僧人去色拉、哲蚌、甘丹三大寺的察哇康村学习。聚会时有僧人约三十人。

78.格布托贡寺,由坚赞和益西两人合建。堪布传承是:云丹嘉措、云丹旺秋、喜饶僧格、喜饶坚赞、洛桑喜饶、喜饶坚赞、阿旺班觉,现在由索南顿珠管理。主修《集密》、三黑行等密法,法行同于格鲁派其它寺院。僧人去色拉寺杰扎仓深造。聚会时有僧人约三十人。

79.热钦江拉寺,底居巴·喜饶桑布所建。堪布传承是:桑丹桑布、南喀益西、金巴桑、南喀贝桑、南喀洛追、茨仁僧格,现在由茨仁伦珠护持。《吉祥集密》和三黑行等密法的诵修同于其它寺院。僧人去色拉、哲蚌、甘丹三大寺学经。聚会时有僧人约三十人。

80.热洛寺,原为当地的一座城堡,后来由南喀桑布改建成为寺院,弘扬文殊怙主宗喀巴大师之教法。其后上师传承为:贡噶娘波、喜饶定增、洛桑达结,现在由阿旺措佩主持。诵经、法行和僧人学经去向同于热钦江拉寺。在寺僧人约二十人。

81.隆当洛玛寺,俄色上师所建,其后的堪布传承为:阿里·丹增桑波、洛玛哇·尊追桑波、格敦桑波、波沃塘贡巴、喜饶桑波、格曲哇、卫赛哇、第穆活佛拉旺丹贝坚赞、第穆活佛阿旺南喀嘉央、堆隆·洛桑尊追,现在由曲丹嘉护持。诵经、法行和常住僧人学经去向同上述,聚会时有僧人约十五人。

第二十一章

格鲁派教法在多康上部地区的传播与发展

文殊怙主法王宗喀巴的教法在多康上部地区的发展情况：

1. 昌都强巴林寺。至尊妙吉祥藏宗喀巴大师以虔诚之信仰出家为僧，做梵净行，仿佛去往遍知胜城的阶梯，为了在西藏一切寺院闻思佛语，决定从宗喀（今青海湟中一带的旧称）地区前往西藏，行至昂曲（怒江）和杂曲（澜沧江）两江会合的河谷口暂住下来，随从们看到美丽的地方后高兴地对他说："这里修建僧人居住的寺院很好。"宗喀巴大师预言说："此地由印度大阿罗汉薄俱罗住持，将来修建讲修大寺院，会毫不费力地具足一切妙欲。"根据这个预言，后来他的亲教弟子菩萨喜饶桑波曲杰承担起在那里建寺的重任。喜饶桑波生在类乌齐尤地方的协白达千户长的家族，幼年进入噶玛巴法门，成年后来到正法源地卫藏地区跟随第二佛陀东方宗喀巴·洛桑扎巴和他的大弟子贾曹·达玛仁钦、克珠·格勒贝桑、三世佛的总体根敦珠（一世达赖喇嘛）、色拉寺嘉色达桑等如正法而行的几位经师莲足，在博学显密教法方面找到了无畏的勇气；从觉囊堪钦娘普哇·索南桑波受近圆戒（比丘戒）。他在第七饶迥的木鼠年（1444 年）或火蛇年（1437 年），此年代存有疑问，但多数说法认为是后者即火蛇年，在两江之间创建了这座寺院，因为寺院在两江会合处，内供弥勒大佛像，故名为"昌都强巴林"。由于有各位执持三藏的学者在此寺中讲授《四部大论》等，寺内设上林、下林、西林、嘉惹喀巴、库秋等五所扎仓，各扎仓都有自己轨范师，（各扎仓轨范师的）详细情况难以详述。

如果说昌都寺的堪布传承情况，他们依次是：(1)麦·喜饶桑波，或称绛赛曲杰(菩萨法王)；(2)文殊怙主法王宗喀巴的亲传弟子，辨析殊胜的阿里象雄巴·曲旺扎巴；(3)堆隆巴·楚顿南喀贝；(4)绛赛曲杰的侄子喜饶贝孜；(5)循努巴雪哇·曲杰贡噶贝丹；(6)后藏娘堆巴·绛赛贡噶贝；(7)芒康琼波哇·贡噶洛追；(8)娘堆仲孜哇·济仲格敦扎西，他是妙音笑金刚根敦嘉措贝(二世达赖喇嘛)的亲传弟子，是一位付法藏师。后来，由遍知一切索南嘉措(三世达赖喇嘛)亲自护持，其转世至今不断，发展利益众生事业。他在担任昌都寺的法台时，被称为“济仲”。因此这位大阿然巴(的历代转世)得到“济仲”(活佛)这一称号。(9)擦哇巴·弥由娘波；(10)巴康江雪巴·济仲喜饶旺波；(11)贡木德哇·济仲嘉央巴，他之后喜饶旺波再任。(12)文殊藏巴七传(指宗喀巴之后继任甘丹赤巴的七人，他们都是后藏人)中的巴索哇的转世拉旺曲杰坚赞，他是贡茹玛哇之子，在他担任堪布期间请来世自在黄色僧衣舞游戏者第三世达赖喇嘛索南嘉措，居住时间不算很短，他住过的卧室称为“拉章森吉”，至今仍完好。在寺期间，他(三世达赖喇嘛)讲授显密教法，广转法轮，也有人将他算作曾担任昌都寺的一任堪布。(13)至尊文殊藏宗喀巴大师的亲教弟子格觉尔多丹之弟子第三世帕巴拉活佛通哇顿丹；(14)温仲·桑结窘乃；(15)第四世帕巴拉活佛嘉哇嘉措德。这时白利土司顿月多吉因邪愿之力，使以前的显密教授中断，仅成为一所密修院。(16)阿旺程勒桑波；(17)温仲·喜哇桑波；(18)现今是第五世帕巴拉活佛索南伦珠格勒贝桑，或名嘉哇嘉措，他新建了古仁扎仓，发展洁白的事业。寺院修供集密、胜乐、大威德、时轮、呼金刚、普明大日如来等，法行、护法等全是格鲁派的。僧人随其意愿去色拉、哲蚌、甘丹三大寺学习。在寺僧人约一千二百人。

昌都强巴林寺的属寺有：

2.宗洛寺，按照当地首领措杰向帕翁卡哇款顿班觉伦珠提出的需要一位上师的请求，帕翁卡哇派遣达摩噶居哇前来，由供施双方(措杰和达摩噶居哇)建成寺院。堪布传承是：噶居贡波、嘉央、格底哇、尼夏尔哇、班觉上师，现在由帕巴贝增主持。修习《集密》、三黑行等密法。在寺僧人约五十人。

3. 惹·赤普寺，济仲·喜饶旺波的弟子嘉惹喜饶平措所建。堪布传承为：阿努上师、擦白·喜饶嘉措、廓嘉哇·仲巴哇、嘉惹活佛、桑结丹增、茹琼上师、觉鲁，现在由旺秋主持。以修嗡六字真言、甚深行境等法做利益自他事业。在寺僧人约八十人。

4. 尤达寺，创建者的名字不详，中间一个时期没有上师。以后的上师传承为：泽当饶绛巴、索南嘉措、桑木丹、丹达尔、丹坚、帕巴扎西，现在由帕巴热切主持。诵经、法行同于其它寺院。在寺僧人约四十人。

5. 萨岗寺，文殊怙主法王宗喀巴的亲传弟子坎觉南喀坚赞所建。克顿·索南扎巴讲授《四家合注》，主持修供活动，发展寺院。堪布传几任后依次是：喜饶南杰、欧巴哇、巴尔饶绛、喜饶南杰、洛桑喜饶、丹达尔、帕巴仁钦、林饶绛、帕巴金巴，现在由帕巴却丹主持。诵修《集密》、《胜乐》、《大威德》。在寺僧人一百二十人。

6. 木达寺，文殊怙主法王宗喀巴大师的弟子达哇扎巴创建了“娘康寺”，由于白利土司顿月多吉的倒行逆施使寺院遭到破坏，协哇桑波在木达重建，故名。上师传承是：觉居噶居、珠勒巴、佐卡尔巴，现在由巴廓饶绛巴护持。诵修《集密》等密典。在寺僧人约一百二十人。

据说在嘉惹觉巴的弟子果嘉格哇楚臣居住过的地方有一座由二十名斋戒比丘僧居住的禅院。

7. 江堆寺，原来宗奉噶举派，据说后来成为（格鲁派）上师口传学派的寺院。主修《集密》、《大威德》等，法行同于格鲁派其它寺院。

8. 德尔尤寺，创建者及中间一段时间的师承关系不详，现在由勒雪嘉措主持。按照其他寺院的做法修习《集密》、《大威德》、《中观根本论》等显密经典。在寺僧人约二十人。

9. 藏喀寺，上师传承和法行等同德尔尤寺。在寺僧人约二十人。

以上昌都寺各分寺的僧人学经去向和昌都强巴林寺一样，寺主为帕巴拉活佛。

10.波沃曲都寺，觉囊派所传的《大威德教法史》记载，娘嘉哇拉囊巴的朋友后来成为他的弟子，被称为“印度达曲当巴”的大士夫长期担任止贡寺总堪布，晚年创建了康区蚌波尔拉贡寺，摄授僧徒。根据这种说法，此寺原先是由噶尔达木巴奠基，称为“普隆”。到了噶尔的后裔噶玛来到前藏，师事无匹敌法王坚赞桑波和大菩萨洛追嘉措等名师闻习显密教法，立誓要在波沃建一座弘扬文殊怙主法王宗喀巴教法的讲经院。于是派遣尊者桑结扎巴，根据他的愿望建立了讲修寺院，招集的僧人非常多，由于普隆寺容纳不下而迁到周居。此后担任堪布的人有达叶绛曲、贡波坚赞、桑结洛追。后来，由于讲经院与修行院不和，水羊年，由帕巴拉活佛加持地基，在波沃上部和雅砻江二河的交汇处重新修建了一座寺院，把讲经院迁到这里，故称“波沃曲都寺”。上师传承为：桑木丹僧格、藏钦巴、藏琼巴、珠拉巴、贡却窘乃、南喀僧格、索南坚赞、贡茹·洛追嘉措、仁钦坚赞、贡顿·洛追嘉措、轨范师沃喀哇·桑结桑布，他是遍知一切根敦嘉措贝桑波(二世达赖喇嘛)的博学多闻并有成就的弟子，成为佛教众生的殊胜吉祥怙主，向持邪见者噶玛噶举的军兵明确显示了威力降诛法相，现在的布尔果扎仓就是在这时候修建的。上师传承为：阿格旺波曲杰、擦哇饶绛巴·格敦达结、帕巴拉通哇顿丹、轨范师扎西饶丹、贝丹楚臣上师、第穆活佛乔勒南杰、阿旺程勒桑波、格喀萨哇·扎巴坚赞、第穆活佛阿旺格勒坚赞、贡却索南旺秋，现在由堆隆巴·阿旺班觉护持。寺院以修密法为主。僧人去哲蚌寺洛萨林扎仓和居巴扎仓学习。在寺僧人约七百人。

11.循努巴雪寺。坚赞僧格上师曾修建了“仇”寺，他的侄子班觉桑波迁到新址建寺，名叫“噶丹桑珠林寺”。轨范师传承有扎西贝丹、索南俄色、楚臣嘉哇、楚臣僧格、贡却仁钦、索南仁青、贡却窘乃、楚臣扎西、洛追索南、嘉央勒巴·喜饶贝丹、南喀桑波、云丹桑波、班觉伦珠、程勒扎巴、格敦楚臣、贡却班觉、喜饶扎西、沃喀·曲坚赞、拉喀哇·喜饶坚赞、拉喀哇·洛桑程勒等。堪布或护持者以前是帕巴拉活佛，之后由第穆活佛担任。现今由于第穆活佛任职于地方政府，由济仲仁波且贡却尼玛主持。为密修院。僧人随其意愿去色拉、哲蚌、甘丹三大寺求学。在寺僧人约三百人。

12.波沃曲宗寺，由无匹敌的法主坚赞桑波的弟子曲扎巴所建，弘传第二佛陀文殊怙主法王宗喀巴大师的教法。其后的堪布传承关系为：擦哇饶绛巴·勒贝洛追、轨范师沃喀哇·桑哇桑波、帕巴桑结、洛桑南喀、杰仲拉旺巴、索南尼玛、云丹窘乃、阿旺活佛、济仲·弥尤娘波、安多上师、温仲·桑结窘乃、第穆乔勒南杰、噶居达结、帕巴拉、帕巴索南、帕巴拉重任、济仲阿旺、格喀巴·扎巴坚赞、第穆活佛拉旺丹贝坚赞、贡却索南旺秋，现在由洛桑丹增主持。寺院是所密修院，所修密法属于下密院系统。僧人学经去向与曲都寺基本相同。在寺僧人三百人。

13.波密松宗木寺，珠拉哇·绛曲坚赞所建。其后上师传承为：达哇·洛追嘉措、轨范师沃喀哇、帕巴拉活佛、阿旺活佛、温仲·桑结窘乃、第穆乔勒南杰、班觉嘉措、曲都哇·饶绛曲扎、第穆拉旺丹贝坚赞、贡却索南旺秋，现在由堆隆巴·阿旺班觉主持。寺院以修密法为主。僧人去甘丹寺绛孜扎仓和色拉寺麦扎仓求学。在寺僧人一百三十人。

14.巴雪乃塘寺，是洛巴·坚赞僧格在他亲眼见到十六罗汉的地方所建的一所寺院，故名。中间一个时期没有上师，后来依次是：擦哇·喜饶旺秋、阿恰、阿热、贡波、喀噶尔巴、索南坚赞、帕巴扎西，现在由帕巴娘波主持。寺院主修密法。僧人随其意愿去色拉和哲蚌寺学习。在寺僧人四十人。由昌都帕巴拉活佛护持。

15.贡茹贝拔寺，至尊上师（指五世达赖喇嘛）在以前的轮回中降生为众生怙主法王八思巴或款顿·洛追坚赞贝桑波去东方（指八思巴担任元朝帝师）担任帝师时，路过此地，指示建了佛殿和贡噶热哇（指拉章），宗奉吉祥萨迦派。几任上师之后，贡茹仁青绛曲巴认为文殊怙主法王宗喀巴的教法清净没有过失，于是仿照由铁变成黄金之例改宗格鲁派。上师传承关系是：智者曲旺扎巴、囊秀巴、贡噶扎西、贡顿贝珠、旁康·仁钦扎巴、贡却嘉措、隆波勒夏、阿里·洛追嘉措、波密·扎西贝桑、甘丹寺卸任赤巴丹增勒雪、昌纳·帕巴程勒、第穆活佛阿旺格勒坚赞、洛琼·丹巴达结、洛桑达结、阿旺贡噶、堆隆巴·阿旺尊追，现在由哲蚌寺洛萨林扎仓的阿旺钦饶主持。寺院所修密法属于下密院系统。僧人去色拉、哲蚌、甘丹、桑浦等寺深造。在寺僧人一百三十人。

16.贡茹曲德布底玛寺，遍知一切根敦珠巴(一世达赖喇嘛)的亲教弟子仲然巴·丹贝尼玛开始在僧格岗修建了一座修习显密教法的扎仓，弘扬文殊怙主法王宗喀巴的教法，被称为“协尔擦曲寺”。不久在这里发掘出伏藏十六部《般若经》，故名“布底玛寺”。另一种说法是当他去寻找被乌鸦叼走的一部小经时，发现了一座形如至尊度母的山，山上长满草木，有水流淌，于是在此创建了寺院，取名为“布底”。在这两种说法中，应当是按后一种说法将寺院迁到了现今所在的地方。该寺院主要传授性相学，善立密法仪轨作法。上师传承是：丹尼哇、仁青绛曲、洛追伦珠、珠拉哇、济仲·喜饶旺波，他担任过昌都强巴林寺堪布，打开了事业之门，拥有天空般广大的库藏，建立了许多佛殿、能依所依等，新制缎绣佛像，刻印佛经等，新设时供和酬补仪轨，除了最先建寺的创建者之外，算他对于寺院的恩德最大。其后的上师传承为：洛追扎西、南喀坚赞、桑结扎西、贡却嘉措、格敦喜饶、达然巴、金巴贝、喜饶贝丹、阿里巴·洛追嘉措、泽当巴·索南多杰、隆务·索南扎西、强巴曲旺、岗建巴·洛桑南杰、贡茹哇·喜饶嘉措、洛桑群佩、贡茹·洛桑喜饶、贡波·阿旺群觉、安多·金巴仁青、曲水哇·洛桑仁钦，现在由洛萨林扎仓洛桑居迈主持。般若学方面以讲授色拉杰增巴的论著为主，另讲色拉寺杰扎仓的显密四部经论。所修密法与上密院相近，僧人随其意愿去色拉、哲蚌、甘丹等三大寺院深造。在寺僧人一百五十人。

17.恰普多阿达结林寺。绒布章仓巴廓拉送走在当地修行的多名噶举派僧人，顶礼三界法王宗喀巴大师的吉祥成就教法，创建了寺院，取名为“恰普”。寺院开展显密法的讲授，设立四大续部的修供，从佛法方面说他是多康寺院中谁也不能比拟的众生的殊胜供施处。上师传承是：丹巴哇、安多哇·贡噶扎西、杰·仁钦洛追、贡茹·仁钦坚赞、卫堆阿旺喜饶、巴索活佛拉旺曲杰坚赞，从此以后由历辈达擦杰仲仁波且护持。

讲经的阿阇黎传承是:贡茹·贡却嘉措、觉摩隆巴·云丹诺布、饶绛巴·贝拔尔、云丹扎西、贡茹·贡却坚赞、扎巴桑布、堆隆巴·曲旺扎巴、达雪·格敦伦珠、域宇·桑结坚赞、波沃·丹巴达结、贡茹曲嘉措、霍尔扎哇·桑结扎西、赛克·茨仁顿珠、阿旺洛萨,现在由阿旺喜年护持,负责讲授般若《现观庄严论》、《律经本论》、对法《俱舍论》、《中观》等哲蚌寺果芒扎仓课本,以及《集密四家合注》,同于上密院的课程。时轮圆满身、语、意和胜乐、集密、大威德、普明大日如来、无量寿等的修供和护法酬补仪轨方面都同于格鲁派其它寺院。僧人去哲蚌寺果芒扎仓、色拉寺杰扎仓、甘丹寺娘绒扎仓深造。在寺僧人一百一十人。

18.孜托寺,据说是由学习萨迦、格鲁两大教派教法的名叫仁特纳的人所建,在《教法史》和其它史书中没有发现这方面的详细记载,但可以肯定上师传承已有很多任。中间一个时期由迦周仲巴主持,献给了第穆活佛拉旺乔勒南杰,由历辈第穆活佛护持。后来,把寺院从山顶迁到山脚下,称为"孜托新寺伦珠曲顶"。此后的副经师的传承为:贡却嘉措、俄尔达哇、平措上师、贡曲巴、索波纳嘉上师、阿旺程勒、赤松巴、诺布仁钦,现在由曲廓哇·阿旺曲丹担任住持。以前讲授显密教法,后来中断讲授,成为一所密修院,所修密法属于上密院系统。寺院曾人去色拉、哲蚌、甘丹、桑浦等寺院深造。在寺僧人一百五十人。

19.俄底寺,嘉惹哇·桑结益西所建。其后似有迦周仲巴等数任上师。后来由历辈帕巴拉活佛护持,他委任的洛琼巴(副经师)依次是:扎雅坚乃、萨贡木巴、孜托嘉勒、雅尔穷巴、洛桑群佩、洛桑楚臣、果赤玛、帕巴桑木丹,现在由洛桑嘉央主持。寺院主修密法,学经方法按照格鲁派其它寺院,法行却是"上师口传"学派的。僧人随其意愿去色拉、哲蚌、甘丹等寺院深造。在寺僧人一百三十人。

20.曲赤塘寺,由绒布琼仓担任施主,帕巴拉活佛所建。由于(寺院所在的)山壁上有自然形成的带靠背的宝座的形象,故名"曲赤",(法座寺)。管理寺院的历任堪布是:曲杰桑结班觉、温仲帕巴、第二世帕巴拉活佛、金刚持阿仁巴钦波格敦扎西,他负责建立了比较别致的有护持力的护法殿、天女像等。之后由历辈曲杰阿旺活佛护持，任命的副经师依次是：噶居惹吾、洛桑、那夏、帕巴尼玛，现在由阿旺喜饶担任。寺院仿照格鲁派其它寺院方法进行修习，护法酬补仪式采取"上师口传"学派的。寺院僧人随其意愿去色拉、哲蚌、甘丹三大寺院深造。在寺僧人约五十人。

21.都雪达结寺，由昌都强巴林寺第十任堪布济仲·喜饶旺波所建，弘扬第二佛陀宗喀巴大师之教法。历任堪布是：顿涅巴、喜桑巴、喜饶班觉、索绒囊索、格敦索南、嘉格玛、喜饶伦珠、洛追嘉措、洛桑顿珠，现在由洛桑仁钦担任。寺院习经、法行等与上密院接近。僧人随其意愿去色拉、哲蚌两所寺院深造。在寺僧人约一百人。

22.雅尔拉寺，轨范师循努俄色所建。堪布传承是：仁钦南杰、班觉嘉措、洛桑南杰、索南多杰、洛桑喜饶、桑结仁钦、扎巴坚赞、洛桑顿丹，现在由仲巴·索南洛追担任堪布。寺院以修密法为主。僧人去色拉寺杰扎仓学习。在寺僧人约四十人。

《卡尔纳教法史》还记有"贡茹囊阿寺"，现在没有找到有关这座寺院的资料。

23.那科寺，是遍知一切根敦嘉措的亲传弟子昌都强巴林寺第十任堪布济仲·喜饶旺波在原萨迦派一所寺院的废址上修复成的，当时命名为"几桑木寺"。历任上师是：达玛哇、释迦扎西、噶饶绛巴、格敦南杰、岗乃·强巴嘉措，这时由于苯教势力很大，使这所寺院受到影响，几乎空废。后来重新发展，上师传承为：拉卡活佛、萨迦喇嘛阿旺达结、囊孜·索巴群佩，现在成为雪巴都寺的属寺，前后由堆隆巴·洛桑益西和平措嘉措主持。按照格鲁派寺院的作法举行大威德仪式和地道等法行。僧人随其意愿去色拉、哲蚌、甘丹三大寺学经。在寺僧人约三十人。

24.拉喀寺，济仲·喜饶旺波的弟子素绒巴·扎西饶丹所建，第二世帕巴拉活佛取名为"噶丹日沃群佩寺"。上师传承为：嘉绒·洛追扎西、桑结扎西、穷波·索巴曼兰、嘉绒·曼兰洛追、香绒·洛追喜饶、拉塔·洛桑云丹、江雪·扎西平措，他之后几年没有上师。以后依次为：都雪·金巴嘉措、拉喀·桑结桑布、香绒·喜饶群佩、哇尔格哇·洛桑班觉，现在由嘉央曲达尔担任经师。所修三黑行、地道等法以及法事活动同于格鲁派其它寺院。僧人去色拉寺杰扎仓深造。在寺僧人约三十人。

25.杰惹囊喀寺，过去的部分《教法史》中有“杰哇尔仁钦岗寺”的记载，不知寺院已经空废，还是所记寺名不准确，现在无从查实。

26.达孜寺，据说在拉达巴松等人主持期间比较兴旺，后来变成了贝拔囊索属民百姓的家舍。

27.素尔嘉木寺，仲·贝珠桑波所建，迦妥哇·绛曲桑波等四任上师之后，由迦周仲巴·贡噶贝丹、贡噶勒珠等人主持，他们之后没有上师。主修三黑行等密法，仿照格鲁派其它寺院开展法事活动。僧人去色拉、哲蚌、甘丹等三大寺院的贡茹康村习经。在寺僧人约十五人。

28.朗陵寺，由文殊怙主法王宗喀巴擅长辩论的弟子之一阿里象雄巴·曲旺扎巴，即第二任昌都强巴林寺的堪布所建。第巴珠萨尔哇把寺院奉献给了帕巴活佛通哇顿丹，师承等同于嘉拉寺。在寺僧人约四十人。

29.拉擦寺，有人说是噶举派的擦热寺，有人说是贝拔寺，虽然没有明确的记载，但是卡尔纳译师班觉嘉措撰写他的《教法史》时，擦热寺尚宗奉噶举派。贡茹·贝拔寺当时的名声很大，卡尔纳译师亲自去过，他不可能把拉擦寺和贝拔寺混淆。《教法史》中说：寺院创建者是济仲·喜饶旺波，位于多雪。由于康区和西藏的方言稍有区别，所以有发音上的细微差别，如今方言称多雪河阴地区的格鲁派旧寺院为“惹塔”，当即是拉擦寺。从护持者巴索活佛拉旺曲坚开始由历辈巴索活佛主持，任命副经师。仿照格鲁派其他寺院的做法主修《集密》、三黑行等法，开展法事活动。僧人去色拉寺杰扎仓深造。在寺僧人约四十人。

30.绒布寺，由达噶尔千户长作施主，济仲喜饶旺波负责修建。不久千户长让其属民全部划归本教寺院噶尔茹哇管理，因此该寺成为俗人的村庄。

31.恰尔玛寺，在贡茹地区，但是后来在这里没有找到同名的寺院。

32. 廓隆寺，文殊怙主法王宗喀巴的弟子藏巴·尊追桑波所建，中间由历辈贝拔仲巴管理。此后的上师传承是：杂拉活佛、巴尔哇上师、巴哇尔·丹巴坚赞、都雪·饶绛巴、阿增顿珠坚赞、波沃·丹巴达结、迈雪·噶居那让、霍尔扎科嘉央，现在由帕巴伦珠主持。寺院是所密修院，诵经、法行等属于上密院系统。僧人去色拉、哲蚌、甘丹等三大寺院深造。在寺僧人约四十人。

33. 果夏尔寺，萨迦派的仲·贡噶坚赞所建。叔侄传承五代以后，成为文殊怙主法王宗喀巴的亲传弟子嘉顿洛桑扎巴事业的一部分，格鲁派寺院，中间没有上师。后来迁到雪多，下面要作介绍。

34. 日超寺，仲·绛曲桑波所建。其它情况与果夏尔寺相同。

35. 迦妥寺，贡茹协当巴·曲杰桑波所建，讲授文殊怙主法王宗喀巴之教法，上师传承不断。但是，后来的上师除了喜饶云丹之外再没有找到其他上师的名字。

果夏尔、日超、迦妥三寺的属寺是东格、迦茹、珠阿、迦贡等寺院。水羊年由擦哇·南杰扎西请求尊胜上师（五世达赖喇嘛）授教，并由他担任施主，巴索活佛阿旺曲杰旺秋用吉祥时轮方法举行净地仪式，在雪巴多重新建造寺院，合 併了这七所旧寺，把各寺中的三所依（经、像、塔）和僧人都迁到新寺，由班禅洛桑却吉坚赞为寺院赐名为“噶丹雪珠林”。上师传承为：俄托·楚臣仁钦、琼波·洛桑群觉、协巴·曲嘉措、雪巴哇·洛桑益西，现在由平措嘉措主持。按照下密院方法修供《胜乐》、《集密》、《大威德》、《普明大日如来经》等的彩砂曼荼罗。按照《六十广略论》、《九尊无量寿》等开展的法行全部和扎什伦布寺阿巴扎仓相近。僧人包括属寺僧人去哲蚌寺果芒扎仓、色拉寺杰扎仓、甘丹寺娘绒扎仓深造。果夏尔和日超寺僧人支哲蚌寺洛萨林扎仓、色拉寺杰扎仓、甘丹寺绛孜扎仓学经。在寺僧人约三百人。

36. 迦妥寺属寺巴廓寺和扎隆寺，中间一段时间势力非常微弱，后来逐渐发展起来。现在由旺达哇·拉旺贡波主持。三黑行等法行仿照格鲁派寺院进行。僧人去色拉寺杰扎仓、哲蚌寺洛萨林扎仓求学。两寺共有僧人约六十人。

37.宗噶尔寺，由晋迈扎巴所建，信奉仲敦巴创立的噶当派，后来自动宗奉格鲁派。上师传承为：洛桑俄色、拉却巴、琼波·喜饶洛桑、索南、赛尔隆金巴、迦妥·扎巴嘉措、让达·邬坚南杰、甲绒·喜饶平措、扎麦·索南伦珠、巴巴热·洛桑群佩，现在是由阿旺喜饶主持。主修《集密》、《大威德》、《普明大日如来》等密法，仿照格鲁派其它寺院的方法举行仪式。僧人去色拉、哲蚌、甘丹三大寺深造，同果夏尔寺。在寺僧人约六十人。

38.江雪恰木宗寺；39.德拉果寺；40.宗琼寺。这三所寺院都是由堪钦曲勒巴创建。历任上师为：觉巴·洛桑嘉措、喜饶南杰、喜饶扎西、恰曲·桑结嘉措、桑结丹增、洛桑云丹、阿旺德勒，现在由阿旺程勒活佛护持。所修《集密》、三黑行等密法属于上密院系统。僧人去色拉寺杰扎仓学习。恰木宗寺有六十人，德拉果寺有七十人，宗琼寺有七十人。

41.杂雪贡萨寺；42.木惹玛寺；43.热日寺，这三所寺院都是由堪钦索南巴创建。上师传承为：恰曲巴·索南仁青、索南俄色、扎巴洛追、贡噶洛追、仁钦南杰、拉旺洛追、贡噶嘉哇、桑结嘉措、桑珠喜饶、桑结丹增、洛桑云丹、阿旺德勒，现在由阿旺程勒活佛主持。所修《集密》、三黑行等密法属于上密院系统。僧人去色拉寺杰扎仓学习。三所寺院共有僧人九十人。

44.灯塔寺（当塘寺），堪钦索南巴所建。由于巴茹和恰曲巴之间发生矛盾，导致寺院空废。温贡寺和觉寺是觉仲巴·强贡所建。师承关系是：格勒嘉措、格敦娘波、喜饶平措、洛追嘉措、喜饶南杰、喜饶扎西、楚臣嘉措、格敦扎西，现在由觉寺的格勒扎西管理，温贡寺由洛桑云丹主持。唸诵供修和僧人学经去向同于杂雪贡萨寺。在寺僧人约四十人。

45.迈茹结喀寺，噶居哇·桑木丹僧格所建。上师传承关系是：桑木丹僧格、萨当噶居、噶茹·格敦平措、桑结坚赞、格勒嘉措、阿旺塔克、诺布嘉措、帕巴拉旺，现在由索南顿珠主持。法行及僧人学经去向和杂雪贡萨寺相同。在寺僧人一百人。

46.迈茹桑珠寺，桑木丹僧格所建。上师传承为：仲然巴·班觉、丹达尔、尊追扎西、格勒班觉，现在由帕巴嘉措主持。法行及僧人学经去向同结喀寺。在寺僧人约六十人。

47.萨雪拉孜寺，嘉乃哇·楚臣旺秋所建。上师传承是：贡却僧格、贡噶娘布、贡噶顿珠、贡噶扎、贡却扎西、帕巴扎西、拉旺嘉措、阿桑、阿诺、顿珠，现在由格勒嘉措主持，由昌都帕巴拉活佛护持和资助。按照格鲁派寺院的方法修习大威德三黑行等密法，兼修“上师口传”学派和萨迦派的教法。僧人随其意愿去色拉寺、哲蚌寺、桑浦寺和贝赛尔寺深造。在寺僧人约五十人。

48.沃曲宗寺，昌都强巴林寺第二任堪布、宗喀巴大师的亲传弟子阿里象雄巴·曲旺扎巴所建，寺院落成后献给了帕巴拉活佛通哇顿丹，帕巴拉活佛又把它赐给了第穆活佛阿旺丹增，然后阿旺程勒桑波为上师，现在由阿旺丹增护持。寺院依照格鲁派其它寺院的方法主修密法，法行采取了“上师口传”学派的方法。僧人随意愿去色拉寺、哲蚌寺和群科杰寺的达波扎仓求学。在寺僧人约四十人。

49.哇窘寺，创建者、师承关系、诵经、法行、僧人学经去向都和曲宗寺相同。在寺僧人约六十人。

50.嘉拉寺，泽色、泽宁、普域地方的人把土地和村庄献给了帕巴拉活佛通哇顿丹，以供建寺之用，由第巴旺扎担任施主修建了寺院，帕巴拉活佛赐给了阿旺活佛，由阿旺程勒桑波管理，现在的住持是阿旺丹增。寺院为密修院，诵经等仿照格鲁派其它寺院的方法，法行采取“上师口传”学派的。僧人随其意愿去色拉、哲蚌二寺深造。在寺僧人约一百人。

《卡尔纳教法史》中说：杂地方有一所扎西达结林寺，由嘉敦巴创建，属于格鲁派寺院，但到底在何方很难下定论。

51.巴尔曲都寺，创建者名字不详。现在由洛宗任命上师。《集密》、三黑行等密法的修炼方法按照格鲁派其它寺院进行。僧人去色拉、哲蚌、甘丹等三大寺院深造。在寺僧人约五十人。

52.旺贡寺，可能是后来修建的一所格鲁派寺院？由地方政府委派上师。根据其它寺院的方法修习《集密》。寺院僧人随其意愿去色拉、哲蚌、甘丹三大寺院学经。在寺僧人约四十人。

53.域宇三寺,可能是赛尔巴哇的祖先所建。现在由赛尔巴哇家族的后裔护持。寺院主修密法。僧人随其意愿去色拉、哲蚌、甘丹三大寺院深造。在寺僧人约六十人。

54.欧琼和萨木扎寺,现在由达擦杰仲护持管理,由他任命副经师。法行同于其它寺院。僧人去色拉、哲蚌、甘丹三大寺院深造。在寺僧人约六十人。

55.霍尔扎科的域当寺,上师传承关系、法行等同上。在寺僧人约三十人。

56.琼波仲贝寺,由历辈擦绷上师主持,法行不同。僧人去哲蚌寺洛萨林扎仓深造。在寺僧人约四十人。

57.热娘平措塔钦林(热娘圆满大乘洲),曲窘南杰根据丹玛夏赤巴的授记而建。现在由夏赤活佛护持。寺院所修密法属于下密院系统。僧人去哲蚌寺洛萨林扎仓习经。在寺僧人约一百五十人。

58.噶拉寺,喀尔巴·索南嘉措所建,现在由夏赤活佛护持。法行与僧人学经去向同上。在寺僧人约六十人。

59.奔木德拉寺,喜饶俄色所建。上师传承、法行、僧人学经去向同于热娘平措塔钦林寺。在寺僧人约五十人。

60.玉树夏拉寺,贡却扎巴所建。据说至今已有六任上师,但名字不详。寺院仿照格鲁派其它寺院主修密法。僧人去下密院深造。在寺僧人约四十九人。

61.平措塔钦林寺,切钦曲杰所建,现在由他自己护持。寺院仿照格鲁派其它寺院主修密法,僧人从开始就没有规定固定的学经去向。在寺僧人约五十五人。

62.欧木擦岗觉当寺,赛贝所建。堪布传承是:曲杰饶绛巴、僧格贝桑、仁钦却珠、仁青平措、阿仁巴,现在由隆多嘉措担任。寺院主修密法。僧人没有明确的学经去向。在寺僧人约六十人。

63.珠巴寺，喜饶坚赞所建，是一所密修院。僧人去哲蚌寺洛萨林扎仓学习。在寺僧人约二十人。

64.巴尔达寺，朗觉桑巴所建，现在由他的转世化身洛桑丹增护持。是一所密修院。僧人没有明确的学经去向。在寺僧人约四十人。

65.玛珠寺，饶绛巴·格敦坚赞在原先已毁的寺院遗址上修建起来的一所寺院，现在由洛桑程勒护持。寺院主修密法，僧人去上密院深造。在寺僧人约三十人。

66.噶尔普寺，噶宇巴·绛曲赛巴所建。历任经师是：林顿·扎西坚赞、桑结扎西、格敦扎西、仓巴。这时白利土司打击佛教，把寺院改宗本教。后来，由于(五世)达赖喇嘛的关心，重新改宗格鲁派，由格勒坚赞护持。现在的经师是阿旺格勒。寺院以修炼密法为主，僧人去哲蚌寺洛萨林扎仓深造。在寺僧人约二十人。

67.丹玛图旦群科林寺，是由从嘉央曲杰扎西贝丹和夏鲁哇·勒贝坚赞的教诲中成长起来的具有无畏勇气和渊博的理论才华的优胜弟子格哇娘惹·多杰坚赞所建，内设两所扎仓，各任命一位轨范师。堪布传承是：大菩萨曲杰洛追、蔡巴·扎西顿珠、达巴·曲杰坚赞、擦哇·桑结楚臣、翁雪哇·贡却伦珠、嘉玛哇·洛追伦珠、藏巴·贡噶贝丹、益西俄色、珠巴洛桑、阿卓·隆热嘉措。这时请来受三界众生顶礼莲足、声名远播诸方的至尊达赖喇嘛索南嘉措讲授《菩提道次第论》，转动数部甚深法轮(讲授了几部经论著)，发展寺院，撰写了《三要义》和《宝帐怙主修行法》，并且开设他自己依止者的护法海资粮能依施食清净作法，使诸护法显现，奇异景象难以叙说。堪布传承是：南喀俄色、洛桑丹巴嘉措、贡茹·格敦扎西、达尔顿·阿旺南杰、阿旺伦珠嘉措、洛桑，现在由阿旺洛桑丹增活佛主持。主修《集密》、《普明大日如来神变加持经》、《不动怙主》、三黑行等密法，修习方法依照格鲁派其它寺院。僧人去哲蚌寺洛萨林扎仓深造。在寺僧人约五百人。拥有一批分支寺院，创建者不详，诵经、法行及僧人学经去向不同的属寺如下：

68.丹隆云寺，在寺僧人约八十人。

噶协囊噶尔布母子二寺有七十名僧人。

顿宗木寺有六十名僧人。

斯麦南杰林寺有六十名僧人。

玛尔扎木绛曲林寺有六十名僧人。

森协域噶寺有四十名僧人。

热囊贡雅寺有四十名僧人。

蔡麦雅尔噶寺有三十名僧人。

当曲喀查玛寺,有僧人三十人。

69.萨噶尔主属三所寺院,是否与《卡尔纳教法史》所说的"法王南杰扎巴创建的丹顿蔡噶尔寺"是同一所寺院?此寺虽然按照记载有过由达赖浑台吉任命上师的先例,但是没有出现极为有名的上师。仿照格鲁派其它寺院主修《集密》法,显教经论的讲授仅勉强维持,僧人去色拉、哲蚌、甘丹三大寺深造。在寺僧人三百人。

70.拉布曲德寺,创建者名字不详,后来由丹群科尔寺接管。法行与僧人学经去向同母寺。在寺僧人一百二十人。

71.拉布曲德寺的分寺雍树平措林寺,有僧人八十人。

72.拉布曲德寺分寺夏茹寺,在寺僧人一百人。

73.拉布曲德寺分寺觉丹寺有七十名僧人。

74.夏木纳寺,创建者名字不详。后来由地方政府委派上师,现在由色拉寺麦扎仓的贡却楚臣主持。寺院依照格鲁派其它寺院的方法主修密法。僧人去哲蚌寺果芒扎仓深造。在寺僧人约七十人。

75.那雪白达南杰贝拔寺,由木猴年(1404年)生于阿里象雄地区的曲旺扎巴所建。他年轻时虔信佛法,聪明伶俐,来到佛法之源地卫藏地区,进入文殊怙主法王宗喀巴的教法之门,依止宗喀巴大师师徒的莲足,勤奋钻研显密一切明处,成为一位著名学者。后来,他和米色巴两人被称为宗喀巴弟子中智慧最殊胜者。著作有《时轮广释之由边》、《上师、本尊神赞颂》,创作了大量的诗歌,修饰非常优美。他担任过昌都强巴林寺堪布,在洛科新建了寺院,做了利益佛教的无量事业。六十八岁时，在南杰贝拔寺圆寂。堪布传承关系是：仲温波·贡噶坚赞、兰哇·贡噶娘波、阿里巴·切顿洛追、帕巴拉活佛、芒拉哇·扎巴楚臣、藏顿·勒桑班觉、塔结巴·贡噶嘉措、巴雪哇·贡却仁钦、喀尔杂·温波洛桑、达纳·格敦桑波、拉日贡波、洛桑益西旺波、曲杰仲塘巴、曲洛追、贡茹饶绛巴、扎拉班觉、昌都·楚臣扎西、霍尔·金巴坚赞，从此由达擦济仲·阿旺贡却尼玛护持，他任命珠拉活佛为副经师（洛琼巴），现在的副经师是洛桑丹增。主修《集密》、《普明大日如来神变加持经》、《三黑行》等密典，修习方法同于格鲁派其它寺院。僧人去色拉、哲蚌、甘丹三大寺院的洛巴康村深造。在寺僧人约七十人。

76.达麦群科尔林寺。《卡尔纳教法史》认为，这所寺院是由法王松赞干布的王妃文成公主进藏途经康区时创建的。据史书记载，法王松赞干布时期，帕翁卡和扎叶巴有穿白衣留发辫的修行者修行的静修院，但是没有提及其它寺院。所以，这种说法可怀疑的地方很多。很可能是文成公主在供放觉卧（释迦牟尼佛像）的地方创建了一所小佛殿，后来逐渐形成了现在所说的这所寺院。历任上师是：鲁木巴、洛巴·格茹俄色、觉摩隆·索南诺布、安多饶绛巴、霍尔·喜饶云丹、曲平措、热都·洛桑达结、洛桑班觉、蔡尔赛·洛桑曲杰、索布·洛桑楚臣，现在由色拉楚臣担任。所修的《集密》、《大威德》、《三黑行》等同于格鲁派其它寺院。僧人去色拉、哲蚌、甘丹三大寺的洛巴康村求学。在寺僧人约一百三十人。

77.惹钦噶丹达结林寺，那雪拉孜哇·噶宇扎巴嘉措创建。上师传承为：迦周巴、恰廓噶居、释迦僧格、达玛桑波、桑结俄色、科尔擦喇嘛、洛桑尼玛、南喀南杰、格茹俄色、觉摩隆俄色、洛桑达结、洛桑班觉、蔡尔赛活佛、洛桑扎西，现在由洛桑楚臣担任主持。主修《集密》等密法，法行全是格鲁派的。僧人去色拉、哲蚌、甘丹三大寺的洛巴康村深造。在寺僧人约三十人。

78.仲阿寺，仲·洛追扎西所建。师承关系是：拉孜噶宇哇、迦周巴、哇喇嘛、索喇嘛叔侄三人、琼波哇尔·嘉巴、仲塘法王、扎拉班觉、楚臣扎西、霍尔金巴贝，现在由达擦济仲活佛护持，任命珠拉活佛为洛琼巴。按照格鲁派其它寺院的方法主修《集密》、《普明大日如来神变加持经》、《三黑行》等密法。僧人学经去向同惹钦噶丹达结林寺。在寺僧人约五十人。

79.秀塘寺，文殊怙主法王宗喀巴的亲传弟子嘉顿·洛桑扎巴所建。堪布传承是：鲁本巴、科尔擦·曲俄色、卫巴·达曲嘉措、阿旺曲扎、觉摩隆·索南诺布、拉旺扎西、洛桑班觉、楚臣扎西，现在由达擦济仲活佛护持，任命珠拉活佛为洛琼巴。按照格鲁派其它寺院的方法主修《集密》、《普明大日如来神变加持经》、《三黑行》等。僧人学经去向同于仲阿寺。在寺僧人约六十人。

80.达当日沃贝拔寺和雅扎日沃当丹寺，由达浦国师贝丹顿珠所建，有些《教法史》认为创建者是雅扎仲·贡噶娘波。上师传承为：达浦哇·夏益、索南曲嘉措、曲嘉丹增、扎西曲嘉，现在由洛桑丹增护持。主修《集密》、《普明大日如来神变加持经》、《三黑行》等。法行同于格鲁派其它寺院。僧人学经去向同上。在寺僧人约七十人。

81.巴洛寺，善知识内邬素巴所建。以前宗奉新、旧噶当派（指格鲁派和噶当派），现在成为止贡巴寺院。师承关系在此不必详述。

热丹林寺，觉摩隆·拉孜喇嘛所建。从格茹俄色上师开始成为达麦群科尔林寺的属寺，师承关系、诵经法行、僧人学经去向等同于主寺。僧人数包括在达麦群科尔林寺中。

82.噶尔雪贡寺，据说是由文殊怙主法王宗喀巴的亲教弟子扎西嘉措创建。中间一段时间没有上师，后来有米尼噶居、巴雪·拉旺喜饶，现在由昌都·嘉央贝桑护持。是所密修院，僧人去拉萨三大寺的洛巴康村深造。在寺僧人约四十人。

83.俄曲河流域的赤诚多寺，象雄哇·曲旺扎巴所建。中间一个时期从昌都强巴林寺派了几任上师，后来有米尼噶居、洛桑勒巴、囊哇喜饶，现在是由昌都·嘉央贝桑主持。是一所密修院，僧人去三大寺的洛巴康村深造。在寺僧人约六十人。

84.昂曲河流域的杰巴格敦岗寺,即卡尔纳译师的《教法史》中所说的金木拔仁钦岗寺。现在由类乌齐寺护持。法行同于格鲁派其它寺院,僧人去色拉寺杰扎仓深造。在寺僧人约三十人。

85.叶茹的热嘉寺,法行同于格鲁派其它寺院。僧人去色拉寺杰扎仓学习。在寺僧人约十五人。

86.嘉木达寺,文殊怙主法王宗喀巴的亲传弟子堪钦扎西嘉措所建。中间一段时间成为昌都强巴林寺的属寺,从那里委派有几名上师,但名字不详。以后的上师有:雪都·勒雪坚赞、贡塘·扎西嘉措、觉摩隆·洛桑拉旺,现在由农巴·程勒班觉主持。寺院所修密法属于下密院系统。僧人去色拉寺杰扎仓和尼塘寺深造。在寺僧人二百二十人。

87.嘉雪完卡尔寺,由无匹敌法主的弟子切邬乃丹·洛桑尼玛所建。上师传承为:温波·强巴托迈、藏巴饶绛巴、安多鲁本噶居,中间一段时间没有上师。以后有:达浦国师的侄子夏寻木巴、达浦·索南嘉措、曲嘉丹增、扎西曲嘉,现在是由洛桑丹增担任上师。寺院与其它格鲁派寺院相仿,主修密法。僧人去色拉、哲蚌、甘丹三大寺院的洛巴康村深造。在寺僧人约八十人。

88.恰翁寺,原信奉噶举派。自从仲·贝丹桑波拜见遍知一切根敦珠后,对根敦珠生起不可退转的坚定信仰,将寺改宗为格鲁派。上师传承为:顿珠巴、丹巴桑波、扎西巴、贝丹嘉措、喜饶南杰、贡噶勒巴,现在由平措主持。寺院是所密修院,僧人去哲蚌寺洛萨林扎仓深造。在寺僧人约七十人。

89.岗乃寺,即是《卡尔纳教法史》所说的贡拉寺,由嘉央曲杰扎西贝丹的亲传弟子巴茹哇·格敦桑波所建。上师传承是:洛追仁钦、噶素班觉、索南仁钦、贡噶娘波、喜饶伦珠、强巴嘉措、云丹嘉措,现在由洛桑仁青主持。寺院所修密法同于格鲁派其它寺院。僧人去色拉寺麦扎仓深造。在寺僧人约八十人。

90.欧阿热塘寺,由遍知一切索南嘉措授记,由茹雪巴担任施主而修建的,任命布德玛·金巴为上师。其后的师承为:都雪·格敦索南、惹塔巴·伦珠嘉措、达果哇·格敦洛桑、达浦哇·曲嘉丹增、饶丹、聂沃玛拉上师，之后由创建嘉措林寺的阿力克塘担任上师兼管两寺，师承详见嘉措林寺。所修《普明大日如来》、《药师佛经仪轨》等法属于群科尔杰寺，并开展法事活动。寺院僧人去色拉、哲蚌两寺的贡茹康村求学。在寺僧人一百三十人。

91. 绛拉日廓德庆寺，由舍弃蓝色固轮发结、执持黄色胜幢的至尊文殊怙主法王宗喀巴大师的亲传弟子中庄严法座的四大上师之一的国师贝丹顿珠所建。他于水狗年(1382 年)生在叶贡波地方的"觉氏"家族，从达浦·贝丹仁钦受戒出家，跟随聂廓仁青桑珠、绛赛热振巴、嘉噶尔哇、贾曹·达玛仁钦等经师精修显密教法；从文殊怙主法王宗喀巴大师受近圆戒，吸吮着《菩提道次第论》等正法的无量甘露。二十三岁时，担任达浦寺堪布，享有"大国师"的美称。他曾护持过拉日、娘波、拉茹等寺院，政教事业兴旺。火狗年(1466 年)，他色身溶入法界(圆寂)，终年八十五岁。其后的上师传承关系是：饶绛巴格佩、桑结群佩、格敦坚赞、桑结群觉、雅尔格哇、嘉央钦巴、曲嘉丹增、嘉央格勒、娘热群佩、噶顿丹增、娘热·扎巴程勒、欧尔巴·尊追嘉措，现在由色拉哇·阿旺达结主持。主修《三黑行》、《集密》、《普明大日如来神变加持经》等密典，法行同于其它格鲁派寺院。僧人去哲蚌寺洛萨林扎仓、色拉寺麦扎仓、甘丹寺推散林扎仓深造。在寺僧人一百一十人。

92. 嘉乃杂木朗宗喀寺，上密院阿仁巴嘉沃所建。上师传承关系是：格隆岗噶、贡却达结、平措仁钦、娘热群佩，从此开始和拉日寺是同一个师承。诵经、法行、僧人学经去向等都与拉日寺相同。在寺僧人约六十人。

93. 衮本强巴林(塔尔寺)，心系尊胜佛法的诸佛之父、执持黄色僧衣胜幢者、三界法王洛桑扎巴的慈悲与祈愿之力没有阻束，事业如虚空一般广大无边，在汉地、蒙古亦弘传其宝贵教法，有无数不可思议的净室和佛殿、僧舍、寺院，使人难以详细叙说，所以暂时只能略述大概。如是，在广大的藏区，属于地方政府、宗、庄园的一切寺院，和叙述卫藏地区寺院的方法一样，上面已经介绍过。但是，大多数与汉地交界的地区四分五裂，这些无法在此说明。不过，还是应当介绍以前被称为“康野摩塘”，如今称为“措赤雪嘉姆”（青海湖）附近地方的各寺院历史。

首先，关于“塔尔寺”的来源，三时诸佛的本体文殊怙主法王宗喀巴大师从母亲香萨阿曲的腹胎中出生之时，在割断肚脐幻轮根的脐血滴落的地方生长出了一棵枝叶茂盛的旃檀树，每片树叶上呈现出如来狮子吼佛像，共有十万幅。以这棵旃檀树作为主轴而兴建的佛塔，称为“衮本”（即十万佛像）塔，它与圣地印度的鹿野苑毫无差别，凡是看到或者听说这座佛塔，就会成就有寂世间的一切善相。这座佛塔成为众生积聚善业的福田。至尊（三世）达赖喇嘛索南嘉措曾经因其高尚的誓愿莅临此地，指示应在此新建一座寺院。在他加持地基之时，诸天神不断从天空降下花雨，善相吉兆多得难以表述。土鼠年（1588 年），都哇曲杰俄色嘉措根据遍知一切索南嘉措指示，新建寺院，摄授弟子。遍知一切大乐法王或称云丹嘉措（四世达赖喇嘛）进藏途径青海湖边时，为了寺院的兴盛，曾委托管理人，并授予印章。其后的法台传承是：曲嘉措，他生于玛扎木噶尔塘，哲蚌寺僧人。都哇曲杰俄色嘉措重任。喜饶贝桑，他生于澎波，扎西窘寺僧人。南杰班觉，他生于堆隆曲桑，哲蚌寺僧人。扎西顿珠，生于卫藏。顿珠嘉措，生于吉雪噶哇顿，哲蚌寺僧人。贝丹嘉措，宗喀却西地方人，甘丹寺僧人。这时三世众生的无有匹敌的上师五世达赖喇嘛应清朝政府（清顺治皇帝）的邀请，在进京途中莅临塔尔寺，以四种布施满足僧俗大众的愿望，再次对塔尔寺地基进行了加持。以后的堪布依次是：申中·索南仁青、拉科·曲扎西、隆务·强巴贝桑、康钦·嘉央班觉、霍尔·丹巴达结、康钦·云丹洛追、申中·桑结伦珠、西纳·喜饶桑波，现在由当彩·洛桑多杰主持。在哲蚌寺果芒扎仓的课程教材和色拉寺杰增巴撰写的教材的基础上，讲授有关戒律、对法、中观、般若等经论。僧人去哲蚌寺果芒扎仓深造。在寺僧人超过一千人。

94. 塔尔寺密宗学院，西纳·勒贝坚赞所建，达赖喇嘛曾赐书信给予支持，使寺院发展很快。上师传承为：索南仁青、曲平措、扎巴扎西、喜饶桑波、洛桑丹贝坚赞、阿旺贝丹扎西、洛桑多杰、格勒贝丹，现在由琼达尔·顿珠俄色主持。讲授《续部王集密生圆二次第》，学经方法、法行等接近下密院。聚会时有僧人约三百人。

95.夏琼贤珠林寺，创建者未见明确记载。文殊怙主法王宗喀巴曾莅临此寺。宗喀巴的经师顿珠仁钦是在卫藏精通噶钦宇(四部大论)和各种共通学处的学者，他长期住在此寺。顿珠仁钦圆寂后，遗体供放在这里，由于这些使众生的幸福如上弦月一样兴旺的各种缘起，使第二佛陀的教法日益发展。该寺的历任堪布是：循努绛曲俄色、洛追嘉措、喜饶坚赞、扎巴嘉措、桑波俄色、塔尔巴桑波、赛康巴·洛追、丹巴仁钦，在此前后世自在黄色僧衣舞游戏者金刚持达赖喇嘛索南嘉措莅临此寺，为法王顿珠仁钦的遗体修建了金铜合金的灵塔，为各佛殿建造壁画，为僧人传授出家戒及比丘戒等，普降佛教正法之雨。以后的传承是：强巴达结、欧珠嘉措、藏巴·格敦楚臣、厄鲁特益西嘉措、文殊菩萨的化身洛桑丹贝坚赞、扎什伦布寺的阿旺顿珠、霍尔·顿月嘉措、廓迈·贝丹嘉措、米纳·程勒嘉措、厄鲁特·洛桑坚赞、琼达尔·索南仁青、迦夏尔·班觉嘉措、藏巴·阿旺伦珠、宗喀·扎巴扎西，现在由尖扎·益西嘉措主持。在显教方面学习色拉杰增巴的著作，密教方面所修的法属于下密院系统。僧人随其意愿去色拉寺或哲蚌寺深造。在寺僧人约二百人。

96.强巴本林寺，是在供奉当地的弥勒大佛像的殿堂和僧舍的基础上逐渐形成的一所寺院，创建者名字不详，后来寺院得到了很大发展。师承关系是：仁青嘉措、喜饶坚赞、楚臣嘉措，现在由茨旺嘉主持。按照格鲁派其他寺院的做法主修三黑行等密法。僧人去色拉寺、扎德寺深造。在寺僧人五百人。

97.塘让雪珠琳寺，遍知一切索南嘉措曾莅临这里，聚集了创建寺院的缘起。后来，班禅洛桑却吉坚赞给噶居哇·顿珠坚赞授与了兴建该寺的教诫和授记，并起了寺名。土羊年(1619年)，由格敦仁青负责修建而成。此后的上师传承关系是：扎巴仁青、扎巴俄色、索南达结、楚臣嘉措、尊追楚臣、格敦俄色、阿旺平措、平措桑波、扎巴仁钦、扎巴扎西、丹巴伦珠,现在由洛追嘉措主持。显宗方面的讲授基本上按果芒扎仓教材,《三黑行》等修法全部与格鲁派其它寺院相仿。僧人去哲蚌寺果芒扎仓深造。在寺僧人九百人。

98. 卓仓寺(当指乐都药草台寺),据说至尊索南嘉措来到安多时曾授记说:这里是扎西当噶(升起吉祥)寺的寺址。木鼠年(1624年),由卓仓囊索贝丹嘉措和曲嘉平措两人作施主,哲蚌寺桑木洛饶绛巴喜饶却丹负责修建。他之后依次由平措南杰和伦珠坚赞管理,现在由噶让·阿旺平措负责讲授达赖喇嘛论著中有关《中观》、《般若》方面的著作,诵经、法行全部仿照格鲁派其它寺院。在寺僧人五百人。

99. 坚赞扎雪珠群科尔林寺(青海民和县梧石沟寺),是桑木洛阿香曼殊室利曾向遍知一切索南嘉措请问授记和寺院名称后建成的。在六任上师期间寺院有了较大发展,由于原来寺院地方容纳不下,巴州囊索和阿香席日图两人到尊胜上师(五世达赖喇嘛)座前请求教诫和测算后,把寺院迁到贡巴隆哇(原寺院所在的谷口)即今寺院所在地,达赖喇嘛赐寺名为"雪珠群科尔林"。上师传承为:塘让·仁青喜饶、卓仓·喜饶仁青、巴州·平措坚赞、达秀·阿旺平措、平措坚赞重任、谢拉·楚臣扎巴、嘉·洛桑俄色、多麦巴·阿旺群佩,现在由巴州·伦珠群佩主持。所讲授课程教材与哲蚌寺果芒扎仓相同,所修密法同于格鲁派其它寺院。僧人去色拉寺、哲蚌寺的桑木洛扎仓深造。在寺僧人五百人。

100. 佐姆卡尔寺(青海民和县宏化寺),据说色拉寺创建者大慈法王曾应明朝皇帝的邀请进京途中来到这里,授记说:"如果在此建寺很好。"后来,大慈法王在汉地病故,运送他的遗体进藏途经这里时,马车陷入稀泥滩中不能前进,因此而想起大师曾进京路过这里时所说的话,遂在这里兴建了被称为"汉地永乐皇帝敕建宏华寺"的城堡,并且修建了灵塔、佛像等依止处,由他的大弟子僧格桑波担任堪布,主持寺院。后来,达赖喇嘛索南嘉措也曾在这里居住过,打开了灌顶、教诫、授与出家、近圆戒等教法之门。上师云丹嘉措(四世达赖喇嘛)在蒙古地区降生后,首先传送这一消息的人是"囊索佐姆卡尔哇",他就是这所寺院的僧人。只有在举行时供时，强巴本林等寺院的喇嘛、僧徒才汇聚到这里来，平时没有僧团，也没有讲经学法活动。

101.廓隆强巴林（青海互助县佑宁寺），遍知一切三世达赖喇嘛索南嘉措来到扎嘉时，授记寺址，并让巴索活佛丹巴嘉措举行了净地仪式。后来，遍知一切大乐法王云丹嘉措（四世达赖喇嘛）给予嘉色·顿月却吉嘉措关于辞行建造寺院的教导，由（当地的）几位囊索担任施主，并写信恳切劝请嘉色·顿月却吉嘉措于木龙年（1604年）为佛殿举行奠基，经过几年时间寺院逐步建成。该寺堪布传承是：顿月却吉嘉措、喀勒擦巴·达曲嘉措、卓仓·平措南杰、库努·拉曲平措、达曲嘉措重任、桑木洛·曲嘉措、章嘉·扎巴俄色、喀勒擦哇·达曲坚赞、楚臣嘉措、堆隆曲桑哇·南杰班觉、噶哇顿普巴·顿珠嘉措、桑木珠岗巴·洛桑阿旺、霍尔·顿月坚赞、俄色扎西，这时尊胜上师有寂顶饰（五世达赖喇嘛洛桑嘉措）应清朝顺治皇帝之邀请进京途经这里，在全寺法会上讲授了《菩提道次第论》，以四种法施满足了僧众之愿望。之后的堪布有：巴热·扎西坚赞、科拉·顿月曲扎、贝丹嘉措、洛桑饶丹、却藏活佛洛桑丹贝坚赞、章嘉·洛桑曲丹、喀拉·贝丹嘉措，现在由科拉·贡噶嘉措主持。所学课程教材与哲蚌寺果芒扎仓一样，主要有中观、般若和杰康巴的戒律方面的论著，以及达赖喇嘛的《对法引宝之车》。僧人去哲蚌寺果芒扎仓深造。聚会时有僧人约一千五百人。

102.喀的喀寺，据说明朝洪武皇帝曾敕封仲钦曲嘉为大国师，划给建寺的地方。莲花手黄色僧衣舞游戏者三世达赖喇嘛索南嘉措应北方阿拉坦汗（俺答汗）的邀请去作他的福德怙主时途经此寺，以无畏狮子的说法之声宣讲佛法，加持寺院，尤其把智慧溶进护法殿，指示大国师索南孜摩在讲色拉杰增巴论著的基础上讲授其它显教经论。堪布传承是：李家·喜饶却丹、喀的喀·喜饶扎巴、雷台·程勒嘉措、喀的喀·喜饶坚赞、迦嘉·喜饶仁青、贡宁·喜饶云丹、程勒南杰，现在由迦嘉·喜饶却丹负责讲授般若学等。僧人基本上去色拉寺桑木洛康村深造。聚会时有僧人约三百人。

103.噶丹达曲林寺,赛钦曲杰喜饶坚赞按照尊胜上师(五世达赖喇嘛)的指示修建的,其后由温都曲杰顿珠嘉措主持,都哇法王洛桑格敦时寺院得到发展,设立了专门讲授拉哇堆寺所传的摄类学的扎仓,根据哲蚌寺果芒扎仓的做法讲授般若学,修习《药师佛经仪轨如意王》和《三律仪作法》等。僧人去色拉寺桑木洛康村求学。僧人约一百人。

104.曲隆推散林寺,霍尔饶绛巴·洛桑顿珠按照有寂世间顶饰尊胜上师(五世达赖喇嘛)的授记修建的,讲授《般若善慧义饰》、《中论》等。僧人去哲蚌寺哈尔东康村深造。聚会时有僧人约七十人。

105.雪珠林寺,由上述兴建曲隆推散林的霍尔饶绛巴·洛桑顿珠所建,按照格鲁派其它寺院的学经方法修习《三黑行》和《集密》等密法。僧人去哲蚌寺哈尔东康村求学。聚会时有僧人约四十人。

106.却藏噶丹弥居林(青海互助县却藏寺),堆隆却藏噶尔赖巴·南杰班觉受遍知一切大乐法王(四世达赖喇嘛云丹嘉措)的委派,担任过塔尔寺、增措南杰林、廓隆强巴林(佑宁寺)等寺院的堪布,当过丹增曲杰嘉波(固始汗)的经师。土牛年(1649年),他在本隆扎西滩(今青海互助县南门峡)新建了这座寺院。首任堪布是班觉嘉措,现在由却藏活佛洛桑丹贝坚赞护持。密法方面所修习的《集密》、《三黑行》等与格鲁派其它寺院相同。僧人去哲蚌寺果芒扎仓深造。聚会时有僧人约一百人。

107.赞波寺噶丹达曲林(青海大通县广惠寺),法王顿珠嘉措的施主色钦浑台吉为发展文殊怙主法王宗喀巴大师的宝贵教法,建于第十饶迥的土牛年(1649)。第四年,即水蛇年(1653年),三世诸佛的本体尊胜上师(五世达赖喇嘛)亲临该寺,指示如何修建佛殿和拉章等,把寺院托付给吉祥天女欲界自在母、忿怒佛母、语王独生战神等三位护法神守护。现在由哲蚌寺果芒扎仓卸任堪布阿旺程勒伦珠根据哲蚌寺果芒扎仓和下密院的做法负责讲授显密经论,学习研究《四部医典》的僧人约有一百人。僧人去哲蚌寺果芒扎仓深造。法会期间有一千三百多名僧人。

108.赞波寺属寺珠格寺，创建者、僧人学经去向同于主寺。是一所密修院，在寺僧人约二百人。

109.甘禅寺，创建者、法行、僧人学经去向同上。在寺僧人约一百人。

嘉斗寺，有与母寺一样的一所讲经院。其他同上，聚会僧人一百人。

110.布曲德和结佐林(生圆洲)两所寺院，由墨尔根珲台吉作施主，阿旺程勒伦珠负责修建，俱为密修院。僧人去哲蚌寺果芒扎仓深造。聚会时共有僧人约八十人。

111.丹隆达结寺，尖扎·桑波扎西在遍知一切索南嘉措健在时让鲁本十八族做施主而修建的。上师传承是：格勒扎西、噶丹扎西、格桑嘉措，现在由阿旺贝丹嘉措主持。是一所密宗院，主修《集密》、《普明大日如来神变加持经》、《三黑行》等密法。僧人去哲蚌寺果芒扎仓深造。聚会时有僧人一百一十人。

112.阿噶尔绛曲林，创建者和师承关系不详，由来自卫藏地区的喇嘛多吉桑布担任过住持，他之后由拉莫哇·措涅嘉措和洛追嘉措主持，现在的堪布是察汗诺门罕阿旺洛桑丹贝坚赞。所修的《胜乐》、《集密》等密法属于下密院系统。僧人去哲蚌寺果芒扎仓深造。在寺僧人约三百人。

113.格尔噶丹南杰林寺，拉莫活佛洛追嘉措建于土虎年(1638年)，任命俄色扎西为上师。之后的传承是：达勒曲杰、噶让·贝丹曲扎、芒拉·洛桑丹窘、廓迈·贝丹嘉措、巴燕·洛追诺布、喀的喀·顿珠扎西、康拉·洛桑饶丹。这时察汗诺门罕向尊胜上师有寂世间顶饰(五世达赖喇嘛)请问授记，这个饶迥的铁猴年(1680年)在拉康雄地方新建了德庆曲林(拉莫德庆寺)，任命洛桑扎西为母、子两所寺院的上师。新寺按照哲蚌寺果芒扎仓的做法讲授般若学和《入中观海之船》、《对法引宝之车》等。聚会时有僧人约五百人。

旧寺主修《集密》、《药师佛经仪轨如意王》和《三黑行》等。在寺僧人约五十人。规定母子两所寺院僧人去哲蚌寺果芒扎仓深造。

114.强巴曲林寺，土蛇年(1689年)由察汗诺门罕阿旺洛桑丹贝坚赞所建。据说现在只有以阿仁巴嘉央洛追为首的二十名修行者主修禅定。

115.廓绒神院，由隆务·洛桑丹贝坚赞创建。现在归属察汗诺门罕管辖，有二十名修行僧。顿切的下寺由阿力克·程勒雅佩修建，现在属于察汗诺门罕管理。

116.隆务上寺，最初信奉萨迦派，后来噶居哇·噶丹嘉措设立讲经院(改宗格鲁派)。堪布传承是:洛桑曲扎、桑木丹嘉措，现在由鲁木丹巴负责讲授般若学等。僧人去三大寺的鲁本康村深造。

隆务下寺，最初信奉萨迦派，据说由桑木洛·贝丹曲扎设立了格鲁派讲经院(改宗格鲁派)。现在由平措嘉措管理。

117.萨木多寺，桑木洛·扎巴嘉措所建。现在由噶居顿珠主持。

118.扎西琪修行院，绒曲巴创建。现在由噶丹嘉措主持。另外，在这所寺院的附近有觉绒泽布所建的寺院贡巴寺、喀嘉寺、甘加寺等多所寺院。

119.宗喀地区噶玛洛地方的桑木丹林寺，嘉尔波巴按照尊胜上师(五世达赖喇嘛)的指示，进行勘测设计，虎年由达尔汗曲杰阿旺班觉等人修建。现在由米纳巴喇嘛按照色拉杰增巴的教材讲授。僧人去哲蚌寺果芒扎仓深造。聚会时有僧人约三百人。

120.东科尔寺，由与(三世)达赖喇嘛索南嘉措同时代的东科尔·云丹嘉措所建。他的转世是嘉哇嘉措，其转世是嘉央嘉措，其转世是嘉央伦珠。除此之外，有关寺名、各殿堂、上师传承关系和诵经、法行等没有文字记载，不敢随意介绍。

121.特钦曲科林寺，拥有一切吉祥十力之总体、天神及众生的怙主、无比的救护者莲花手索南嘉措德钦波(三世达赖喇嘛)受护持北方大地的阿拉坦汗的邀请前去那里，为了在边疆黑暗之洲弘扬文殊怙主法王洛桑扎巴大师的教法，照亮二谛如月双运的明灯，发射出利乐之光，而修建了特钦曲科林寺（大乘法轮寺），佛殿及三宝园林仿佛尊胜宫，他长期在这里休居，亲眼看见了数尊本尊、护法神现身。土兔年（1579年）新年，举行大施食法会，常川流出甘露供给汉、藏、蒙古人民享用，没有穷尽。后来，遍知一切大乐法王云丹嘉措（四世达赖喇嘛）又长期住在这里，因此该寺非常殊胜。

122.另外，还有鄂尔多斯秉图王作施主修建的彭措演盘德寺（圆满利他寺）、阿勒贝诺颜地方的彭措南杰林寺（圆满胜利寺）、色钦岱庆属下的彭措达结林寺（圆满增盛寺）等多座寺院。（五世达赖喇嘛）曾经居住在这些寺院中平息了多次纷争，亲眼看见了本尊、护法神现身，传授教语，施予光明，转动法轮。详述这些会使本书文字过多，请详阅上师的传记。

不仅如此，至尊佛陀文殊怙主上师宗喀巴的弟子，成为人主顶饰的两位帝师大慈法王和绛·达尔玛，以及堪钦释迦楚臣、都仓曲杰、索南桑波等大德在蒙古、印度、汉地等地区弘法建寺。总之，在南抵恒河，东临大海，西至大食（伊朗），北到大雪山之间的广大地区，至尊文殊藏（宗喀巴）及其上首弟子根敦珠两人的慈悲及其事业所建树的三法轮功业，各位比丘僧的佛行事业已如上述，至此暂时告一段落。

第二十二章

五世达赖喇嘛本质上是观世音菩萨的化身

佛薄伽梵的宝教是根除众生贪、嗔、痴三毒烦恼所导致的一切苦病的唯一良药，是一切快乐之源。依赖丈夫调御士佛的功德，坚持宣讲经和论。由于五浊横流，用三世佛及其弟子的悲悯行舍，在没有救护的时候，随顺调伏一切无量有情的信受而身上发光，照界、思、随眠、所诠不断转法轮，如寻思与懈怠将徒众加行在遍知的方便上，赡部树（阎浮树）光彩夺目，给业果地洲的众生，特别以我们这块净地（西藏）上的汉、藏、蒙古众生以无比恩惠。若说宝教核心的名字（生命树）是遍知阿旺洛桑嘉措无畏铠释教年华部，他舍弃大悲莲花手蓝色的发辫和金刚宝冠，身着黄色上衣，决然以圣僧王的样子降临。取名这位悲悯主为观世音自在的原因，《正法白莲经》卷二十四说："如是请问佛薄伽梵：薄伽梵，大菩萨观世音自在为何名观世音自在？薄伽梵曰：菩萨摩诃萨智慧无尽。"如此，讲了许多悲悯发菩提心等无量功德。又说："善男子，诸凡有情牢记菩萨摩诃萨观世音自在之名，彼等若堕火蕴，菩萨摩诃萨观世音自在之威严（光）使众生从火蕴中解脱出来。善男子，若被洪水冲走，呼唤菩萨摩诃萨观世音自在之名即可得救。"观世音菩萨悲心极大，"善男子，是故名观世音自在"。这一段是用散文体解说的。"花幢慧不尽，普遍问彼义，何故佛自在，故名观自在。"

《诸法功德庄严经》说："如是，金刚手菩萨问佛薄伽梵：薄伽梵，观世音自在何故名观世音自在？佛薄伽梵赐教曰：如是能见一切世间，能分别一切世间，能满足一切世间，圆满能净一切世间。""能圆满乐心、慈心、悲心、一切心，故名观世音自在。”取如是名之大圣，符合了义现象，本来成为四身之圣人(佛)。弥勒的大乘论著《现观庄严论》第一品说：“发心利他故，想望正等觉。”关于发菩提心，我们的导师能仁佛在《毗奈耶药事》中说：“尊者，佛薄伽梵为了无上正圆满菩提初发何心，大王，昔有具光王。”“大象极难制伏，由调教师驯服，即(调教师)拿着炭渣中烧燃的铁锤，嘴里说着咔咔，毫无惧怕地动手取拿的时候，调教师多次调教，然而象死了。”产生悲心，向佛薄伽梵闻听精勤力，行布施，积累福德(资粮)，祈愿获得无上正圆满菩提。“依靠广大布施力，众生自然能成佛，过去诸佛未救度的人们由我来救度。”

“闻悉佛离贪欲，见大批威猛象，也见世间皆苦，我发菩提心。”这是偈颂。尔时，大王成为具光王，那就是我，即我首次发无上正圆满菩提心。

过去，大王在毗舍厘(广严城)转生为陶师广严光。当时，如来阿罗汉正等觉佛释迦牟尼出世，巡游来到广严城时中风生病，(大王)献上甘蔗和芝麻油等布施品，侍奉供养。圆满佛释迦如来(能仁)忍受病痛，进行医治，陶师广严光顶礼佛足，说：“我也广做布施，愿生于释迦族，成为知识与种族相等的佛。”大王之时的陶师广严光即是我。

《报恩经发菩提心品》第四章说：“过去，如来轮回之时，请问：何故发菩提心?”(佛说)善男子，在过去无数劫之间生死轮回，身语意烦恼之大业使众生受八地狱之苦(八地狱：烧、沙、泥、烟、火、暗、大呼号、金刚焰)。当成为护狱的牛墙(拉车牛)之时，阿旺牛首用铁棍打我，痛苦不能忍受，怎能还拉车，助力弱小不能拉车。因此，用三叉铁矛刺胸，用铁锤敲打，见我病苦难忍，才向产生悲心的阿旺祈求说：“向这位饱受病苦的人发悲悯心吧。”请求不但没有得到同意，反而发怒用三叉矛刺向我的脖颈，我死后数百劫，非善之苦纯熟。因为，三叉矛刺朋友，所以产生悲心而发菩提心。

《三聚经》说：“成为掌柜之子妙喜时，向大丽如来发菩提心。脱离忧苦后，每日把自己身上的三两肉卖给病人，用得来的五个金币敬献释迦大如来，为无上正等觉而发菩提心。”《双聚经》说：侍奉如来胜宝等数千万佛，授记菩提。成为婆罗门之子云时，向燃灯佛撒花，祈愿发菩提心，授记释迦如来。《悲白莲经》说：在如来宝藏前面发菩提心而授记。

《贤劫经》说：“昔时我成为贱人，向释迦佛大如来，虔诚敬献一钵粥，首次发胜菩提心。”《布顿佛教史》说：又，成为陶工之子太阳(光亮)之时，向释迦大如来敬献伞盖、鞋和取舍的陶瓶，把五个海贝当作鲜花撒放，问“如来，您贵体如何?”祈祷发菩提心。《达赖喇嘛文集》也有同样的记载，可能是引自梵文典籍，比较零碎，如今从《甘珠尔》和《丹珠尔》很难识别。但是，在《毗奈耶经》和《涅槃经》等经典中提到向释迦大如来发菩提心的事。陶工广严光敬献甘蔗水和米粥，侍奉释迦如来，发菩提心。

无论如何，必须依靠增上缘善知识友，向释迦大如来发菩提心。关于大圣观世音菩萨，《如幻三摩地经》说：“过去，无数劫之不可思议再无数劫，世间有千万之所有微尘。在比此更多的劫出现之时，世间集聚无量功德宝。在示诸乐出现如来阿罗汉正圆满佛具明足善逝世间解(路迦惫——佛的十名号之一)、无上丈夫调御士(阿耨多罗富楼沙云藐娑罗提)、天人的导师佛薄伽梵金光狮子游戏王；说法之时，出现有法法王吉祥威严，他有百个千万儿子，各个有二十八相。”

(吉祥威严)王在花园修定之时，从其左右胁蛇心旃檀的二莲花中变化出具有三十相和八十种妙好的宝心和宝胜两个小孩，变化成宝胜之时，向如来发菩提心。《如幻三摩地经》说：“我即是第一个发正圆满菩提心者。”

另外，辉光灿然佛的静住自在(大自在天)之教中说：在树城生为慈氏佛具力时，向佛发菩提心。在琉璃光世界乌仗那城，成为宝王之时，向药师琉璃光佛发菩提心，获得药灌顶。还说在十一个千万佛前面发菩提心。根据如此多的说法来看，发菩提心不可思议，关键要依靠增上缘善知识友，其中最主要或首要任务是学习掌握《佛说大乘庄严宝王经》和佛的文集密意。

光明劫的九百九十一劫之前的持天劫，如来阿罗汉正圆满佛世间知丈夫调御士、妙御佛、无上佛、天人导师佛薄伽梵作光慧珠出世，转法轮之时，以罗睺地妙音鼓声王之子的模样去向如来献供，路上遇见明度母和天空度母即蓝白二度母，两位度母以王妃的身份发愿。妙音鼓声王子和两位度母来到如来作光慧珠居住的菩提树下，王子敬献了莲花和九个金币，一位王妃献了七棵伏魔树，另一位王妃献了五朵莲花，然后三人发胜菩提心。王子(国王)在四方修建了布施大殿，多年供施不断，圆满了布施度。为了净除剩余的细微业障，过分布施，因此被父亲流放到无人魔地乌鸦罗睺地方达二十五年之久，其间遇见比丘极光和化光，问他想什么？他回答说想学大乘法。因此，极光和化光教授知识，授记不久即可获得大乘道，并指示修行的地方，告诉说："如果你成了佛，我二人将作你第一批随从弟子。"从此，王子苦修大乘教法，消除了烦恼四魔习气，证得四身五智(四身：自性身、智慧法身、受用报身和变化身；五智：大圆镜智、平等性智、妙观察智、成所作智、法果性智—译者注)，成为无上正等觉佛，名叫如来阿罗汉正圆满佛明足善逝世间知丈夫调御士天人的导师佛薄伽梵普圣光祥积王。

江孜天马邦本《甘珠尔》续部 tha 函和蔡巴《甘珠尔》的 ma 函有同样的记载。法称翻译的圣观世音菩萨千手千眼仪轨说：佛薄伽梵释迦如来在普陀山菩提萨埵圣观世音自在的住处，与数位菩萨摩诃萨一起居狮子宝座之时，圣观自在菩萨的神通慧光普照十光佛土，示现多种希有之相。菩萨陀罗尼自在王问："过去谁示神通力？"即用偈颂请问谁示现神通慧光相。佛薄伽梵授教说：善男子，你等应如是知，现在轮坛上的菩萨摩诃萨捷名叫圣观自在，数劫以来究竟众生事业，具慈悲心，精通方便，于修行、陀罗尼门有力，即于一切众生界想静捷，故有大神通力。后来，长老阿难请问佛薄伽梵：尊者佛薄伽梵，凡说正直心之菩萨摩诃萨是何名？佛薄伽梵说：名菩萨摩诃萨观自在，亦名道白人(持经者)，亦名有光，有千眼千手，菩萨摩诃萨观自在神通力无量，不可思议，此乃过去无量劫之前成正等觉，名叫法光佛薄伽梵。他为了用大悲和愿力利益众生，使众生快乐，于此现菩萨身形，诸菩萨、不惧主（娑婆婆瑞释迦顶）梵天、帝释天、龙众和你等一切应供养他，不应蔑视他；天人应常供观自在，说其名号。这样能生善根，能消除罪恶，死后由无量光佛保护生于佛土极乐世界。

《白莲花经》说："善男子，诸凡菩萨摩诃萨观自在以佛身向众生说法，有世间。"《佛说大乘庄严宝王经》第一品有同样的记载："用诸凡身能调伏，能说法，即用如来佛身向如来调伏的众生说法。"《观世音菩萨根本续莲花网》说："薄伽梵怙主悲悯观世音，多少数目颜色形相显现，千百和十一及六还有一，赞颂仁慈善面的怙主。"

事部经典《至尊度母百名号经》说："如来离贪著，菩萨他资粮，十地之自在，圣神度母天，千个明王妃，恒常善讲说。忿怒明王众，马头明王拥，精进利众生，世尊观世音，安居故祥瑞。"过去圆满时（圆劫），在南方普陀山大无量宫，无数佛、菩萨、忿怒明王、忿怒佛母、明王妃、独觉佛、夜叉等中间，观自在菩萨树起大金刚持像说百号等度母密续千万部，广做六道众生事。三分时，千万部密续只剩下六万部。二分时，续部又失落剩下一万两千部。净劫，在佛释迦狮子时，度母经续只有千颂。根据详细历史，从无量劫之前开始随顺了义而成佛。

《悲白莲花经》第三品说："在此佛土出现持劫，此劫有四洲佛土之名正解脱幢，此土有转轮王和王妃正天母祥（拉姆贝）、王子眼不闭（观世音异名）、穆曲（周边）、根聚无烦恼等千人，小国（属国）八万四千个，大臣是婆罗门海尘，弟子有精通知识经籍的婆罗门之子噶玛窘（羯摩护）等一千零四个。大臣海尘之子具有大士夫（上士）的三十二相、八十种妙好，使其全身美丽无比。有百福相，发出一寻长之光，像尼拘卢陀树一样高，横竖匀称，视天餍足。不久，十万天神来供，命名为海心（海藏），剃除头发和胡须，穿上袈裟，现证无上正等觉成佛，成为宝藏佛，转法轮将数千亿众生安置在善趣和解脱果上。轮辋王曾猎食了许多动物，这时被虎等猛兽所杀；一个大臣骑着马迷路进入洞穴。宝藏佛曾授记说国王将轮回在恶趣，大臣迷乱声闻独觉，其他多人会觉悟。因此，婆罗门海尘多次用大方便鼓励国王和王子，他们用此威势在宝藏佛面前认识各自的佛土，发菩提心。佛授记婆罗门的八十子、千个弟子和千万婆罗门在圆满佛胜观佛（毗婆尸）、宝髻佛（尸弃佛）、一切胜佛（毗舍浮佛）之间成佛，精通吠陀经籍的一千零四个弟子在此贤劫成为一千零四佛。

关于三乘调伏三毒的说法，五浊横流之时，噶玛窘（羯摩护）等抛弃洛嘉巴（百年）的弟子之时，婆罗门海尘问：世尊薄伽梵，诸凡噶玛窘等精通吠陀的婆罗门一千零四子，由如来佛授记在贤劫成佛，那些正士夫亦行贪、嗔、慢，虽然被三乘所调治，他们仍然烦恼障沉重，弃正法、谤圣者、持邪见，陷于懊恼之中。世尊薄伽梵，如果尔时被诸菩萨所抛弃，投向斗诤时的黑暗中的有情众生，好象成为我所悲悯（怜爱）之处，我亦于未来时，无数劫，恒河二沙数时，在彼贤劫众生百岁时，长期如此行菩萨行，愿脱离生死轮回。如此祈愿五百次，将成为释迦如来，轮辋王在极乐净土成为无量寿佛说法。宝藏佛授记之时，唤长子眼不闭，眼不闭请问道："佛薄伽梵（世尊），我观见诸恶趣，众生生在恶趣深受痛苦。""尔时，我行菩萨行，众生被苦所害，恐惧住在法荒的黑暗中，他们和戚行者、弱小者、无救者、无所皈依者、无救助者随念我，呼唤名字，我愿望天耳听见，天眼观见，如果那些受苦者得不到解脱，我也不愿成为无上正圆满等觉佛，请求世尊授记我无上正等觉（成佛）。"

宝藏佛授记王子眼不闭说："善男子，何故你观见诸恶趣，亦见诸善趣，亦见众生之苦，为了一切有情解脱痛苦，消除烦恼，发悲心。善男子，是故你叫观世音自在。观世音自在你能解脱数千亿有情众生之苦。善男子，你成为菩萨，亦做佛的事业。善男子，无量光佛涅槃后无数劫，剩下恒河二沙数，某日傍晚正法灭，某日凌晨，你坐在数棵菩提树下的金刚座上，将成为无上正圆满正等觉佛，即如来阿罗汉正圆满佛普圣光祥积王"。

《如幻三摩地经》在引述前面发菩提心后说："尔时成为吉祥威严王的是其他王吗？如此怀疑，不如此看，尔时如来阿罗汉正圆满无量光佛成为吉祥威严王，菩萨摩诃萨观世音自在成为胜宝(宝胜)。”

“无量光佛的寿量无量，其边在百千千亿之间，难以了解。善男子，记住无量光佛的寿命无量，而一切有为法无常，不固不常、非长久。善男子，未来时过去之时，佛薄伽梵如来阿罗汉正圆满佛无量光佛将全涅槃。善男子，无量光佛涅槃后，正法灭亡不久之夜晚，曙光升起之时，菩萨摩诃萨观自在坐在数种珠宝庄严的菩提树下证得无上正等觉成佛，正等觉后将成为普圣光祥积王。”

《辨法义经》说：“善男子，过去无数劫之极再无数劫、无量之时，世界名花源，物产丰富，庄稼丰收，喜乐无比，人多遍地，人与人之间若手掌般平等和睦。如来阿罗汉正等觉名花生，如今尚健在，为四众弟子、天、龙、夜叉、寻香、非天、人、非人说法。转轮王统治三千大千世界，名得胜。善男子，得胜王妃正宝祥(达巴仁青贝)居于狮子座，其怀中王子宝源跏趺而坐，他身着天神衣，饰以天神的装饰品及身相、妙好，问母亲：‘母亲，花生佛尚健在否?’母亲答曰：‘善男子遍知佛怙主，无上极愉快，如今生活在，天人之世界’。得胜王和王妃正宝祥抱着王子，带领随从来到世尊面前绕行七圈，敬献双股珍珠项链。”

“善男子，王子通过修行使神通力增长，一步能跃七多罗树远而至天空安坐，用珍宝雨、花、香雨撒向花生佛，颂道：世尊助众生，解脱大河苦。花生佛曰：善男子，我涅槃后不久，王子宝源将成佛，当他于珠宝庄严的菩提树下获得菩提之时，如来阿罗汉正圆满佛明足、善逝、世间解、丈夫调御士、无上、天人之导师薄伽梵名叫普圣光祥积王。”

所谓将来以菩萨模样成佛，究竟先现菩萨相还是先成佛，孰先孰后很难决断。总之，《宝积经》第三品《秘密不可思议品》说：“世尊，何谓菩萨之所行？世尊曰：善男子，菩萨之后行者，谓引摄无量轮回者，故无畏。菩萨精通分别无生、故思生。”《正慧请问经》说：“菩萨者，故思众生异熟，取有而解脱。”

《智慧海请问经》说：“智慧海乃诸菩萨之大悲，解脱一切烦恼系缚，精通方便，故取有生，故思于三界(欲界、色界、无色界)结生相续”。

《佛说大乘庄严宝王经》说：广释圣莲花手做六道众生事之后说："善男子，每日有数千亿众生成熟。善男子，何故诸佛没有菩萨摩诃萨观自在之如是勇气。"

诸色身所调伏的众生成为徒众，彼之色身所说，如来身向如来所化的众生说法。菩萨摩诃萨观自在向众生指示异熟涅槃之地。

《对法藏》说："二智圆满佛，行法身众生事；平等性寿元，非由身量高矮所定。"弥勒的《经庄严论》说："别去川原地下面，地方不同水各异，水小行为异。""事业合一而恒常，享受众生大资粮。"用二喻义的方法把受用圆满身说成一，但是由于事业多而异。

化身的事业是调伏教化所要教化的一切，仿佛水中的月影一样。生应身（或受生化身，指如来示现种种受生的化身以教化有情——译者注）者，弥勒的大乘论著《宝行论》第二品说："大悲知世间，遍知诸世间，法身不动摇，各种变化性，现生一切生。"

《般若十万颂概论》说："众生的善根如何成就？若尔，为使身圆满成就，故思取有，即须菩提四法者住菩萨摩诃萨第八地，故圆满。"其中释说的意思是把第八地的修净说成八。《现观庄严论》说："了知众生心，神通及悲悯，修行佛妙田，圆证依止佛。根识及佛田，修净如幻住，故思执取有，释说八种业。"

依如来或不空成就王之身而觉悟，贤劫佛弥勒怙主也是从佛持菩萨相，如《集密释明灯》和妙吉祥怙主宗喀巴大师的《密宗道次第广论》所说。关于持受生化身，《达赖喇嘛文集》和《佛说大乘庄严宝王经》有相同的说法，称为西方极乐世界，而斗争和昼夜、饮食、衰老等之名不符。在净土，殊胜导师无量光佛（阿弥陀佛）将男神所伏想成观世音，女神所伏想成度母，以大悲心做众生的事业，等引三摩地（修行禅定）。又，把右眼发射的白光想成观世音，把左眼发射的光想成度母，为了调治傲慢者而变化的是化生，他把光射向莲池。在此土，称转轮王为妙胜，他统治四大洲，领有属民百姓，一千个王妃都没有生子，因此国王整日做法事。那里有个名叫莲海的地方，生长有莲花。国王供宝之时，用神行去采鲜花，有一天在一朵千瓣莲花上发现莲枝像雕的翅膀，叶子像盾牌一样的中间有个花苞，长的十分希奇，王认定其中有受生化身，准备请来供养。于是，国王、王妃、大臣带领无数随从乘筏、坐车，吹奏乐器，高举旗幡，浩浩荡荡来到莲池，看见盛开的莲花花蕊中间端坐一个十六岁的孩童，他全身洁白，散发光芒，由相好装饰，宝冠上饰有各种珠宝，腰系绸带，兽皮塔在肩上，嘴里念诵着三界一切众生可悯之咒。国王及其众随从敬拜后，用拘尸那布包裹好童子，请上车迎到宫殿，取名"莲花藏"或"莲花生"。国王向无量光佛请问：此化生是何人，如何取名？无量光佛说："这位化身是来做诸佛的事业即众生事的，是从三时诸佛的心(意)化现的圣观世音自在。这位善男子能做等虚空边的众生事。"

关于千手千眼，《千手千眼观世音菩萨细仪轨》说："发如是誓愿，我于未来说，利益诸众生。怎样能愉乐寂静？愿我的身上圆满千手千眼。发愿不久，果真生出千手千眼，十方大地发生六种摇动。"

《国王文集》第四品说："圣观世音自在为了三时佛的事业，调伏一切众生而示现各种不可思议的变化，将所有众生安置在无上正等觉。如果没有安置众生，而自己有寂静快乐的追求心，愿我的头象阿杂迦穗一样裂成十块。"如来化成六种姓，帮助六道众生，他从须弥山顶观看，众生仍如以前，于是三次用方便和悲悯除苦，但是众生界没有生牛而灰心。呜呼！如来佛的密意所调伏的净土不可思议，虚空界不可思议，有情界不可思议，我解救如此多众生，此轮回不尽，未完成众生之事业，自求寂乐，涅槃住佛地。这种想法一出现，以前的发心誓愿全部失坏，头立即破裂成十块，疼痛难忍，叫苦声不断：惊呼！佛与菩萨具悲心，无量光佛，我未做自己的事，未完成众生的事业，所以痛苦。惊呼！哭声不断。这时，无量光佛聚合大悲观音的头块，加持十一面。向寂静不伏加持忿怒黑面。愿我有千手千眼，愿千手成为千转轮王，愿千眼成为千贤劫佛，愿调伏做众生事。如此祈愿后，千手掌心成为有千眼的十一面观世音菩萨。

琼波南觉巴在乔萨罗的毗迦娑尸林向麦枳巴敬献黄金，求得六臂智慧怙主发心法，纳入香巴噶举派的主修法中。过去，大悲观世音菩萨在无量光佛面前发菩提心，祈愿轮回一直到海水干枯，否则自己不成佛，如果发心失坏，愿头裂成千块。在多罗山，观世音菩萨昼夜六时慧观众生，做调伏工作。之后无数年间，一直努力做众生事业，使不少众生得到解脱。他从布达拉山顶用慧眼观见有情界一片浑浊，烦恼恶毒增多，心里想此乃我不能解脱一部分众生的原因，逐渐懈怠发心。因此，头破裂成千块。无量光佛来对他说："善男子，从如此之发心落下，是很不好的，为了忏悔应该重新发菩提心，希望你发更大的心。"说完再次把破裂的千块头加持成为十一个头。就这样，圣虚空王成为千手千眼身。实际上，大圣三世怙主，如《宝卷善天佛本生传》所说："密教事部三怙主，怎能变成各别异？对于一切众生说，观音菩萨是悲慈，称彼观世音菩萨，身语意寂静温和，是故称名妙吉祥。遍知智慧是大种，不去分别彼千手，随持各金刚勇士，调伏难调即是我。无违金刚手，威猛勇士种，密教三怙主，诸方现真实。"按照集密文殊金刚和世自在等，他们是坛城的主尊，化现菩萨形象做众生事。《华严经》说："能见百定及百佛，行百土光明遍行，将百有情置法门，趋入百劫示百身，佛弟子亦示百种，之前没有胜愿力。"

《入中论》说："尔时见百佛，加持亦分别，寿元住百劫，正入正后边。"

《十地经》说："一刹那，获得百定而等入，见百佛，由佛加持亦正知，能摇动百世间，行走百地，百世界光明，百有情成熟，能住百劫，在百劫趋入前后边，分辨百法门，遍示百身，于每一身示现百菩萨众。"第一地获得见道的菩萨一时能示现百身；第二地住修道，突现十万身，至第九地之间逐渐增多；住第十地法云地的菩萨不可言说佛土，示现数千亿微尘之身。《华严经》说："何故月升起，无量之影像，犹如显水中，实无两个月。佛本无二现，一个也非有，无有二三身。何故众生心，无量极放光，过去不是身，未来亦非身。"

《宝性论》第四品说:“何故所化众,一切水器中,如来日影像,同时现无量。”

无垢友所著的《根本续秘密藏略释》中说:“譬如天空升起一个月亮,世界像水中月一样,一盆水中显现天空中的月亮,众生也在每个人的面前。如是,对一名化身来说有诸洲,每洲各有六道众生,个别才称为化身。如此的三千大千世界无际无边,如此的每一个化身都做众生事业。”生和变化都无量,在数劫和数土做众生事业。在雪域大地,悲悯之行大者,《白莲花经》说:“佛薄伽梵在竹林园授教曰:善男子,凡三时佛皆不成为徒众之处(所教化之处),布满各种鬼魅的雪域边国,将来正法像太阳一样升起,发达兴旺,众生亦被安置在解脱菩提道上,调伏边地的亲友是圣观世音菩萨。”

《集密续伏藏》说:“以前,在西方乌仗那,无边菩萨成为胜种婆罗门之时,金刚持佛在法王因陀罗菩提等无量随从之中说:无边菩萨胜种请听,摩诃萨你是众生的大导师,乃至生死轮回未尽之前,是众生的救怙主。尤其在雪域西藏取为色身生,用经、律、论三藏法发展佛教,做众生事业。无边胜种,雪域乃是菩萨摩诃萨观世音调伏之地。”

《宝卷宝民本生空行金刚歌》说:“在东方金刚座之北部,有个地方叫悉补野吐蕃(西藏),山高有天柱,深海有绿松石曼荼罗,有洁白的雪山晶塔,有黄色的草原金山,有芬芳的草药熏香。秋季盛开美丽的瞻波迦花,夏天有艳丽的璁玉花。喂!雪山怙主观世音,那里有你的净土,净土有你的徒众。”“吉祥的源地是你的净土,净土有你的徒众。”从“宝民去西藏”至“在八辐轮覆盖的下面,八瓣莲花地的中央,侧有八瑞相之地,那就是你的所化刹土。雪山怙主观世音,人是你净土的圣人”之间,有“全体有情的怙主,雪山地方护国政”两句。

“佛弟子们齐商议,现今聚会乌仗那,将来集会雪山颈,过去齐聚金刚座。”《宝卷善天佛本生传》说:“我统计,过去的君臣、菩萨是三部怙主的变化,热巴巾等一二人是二他部的部尊,基本上认定怙主观世音菩萨的变化是嘉哇窘乃。”实际上,天赤七王、中丁二王、地上六贤王、水中八德王、五赞王和赤年松赞至赤热巴巾以前，不包括朗达玛的王子十八位，共四十六位法王，如果不区分生、变化，则大圣莲花手的变化、仲敦·嘉哇窘乃等居士、阿达娘仁波且等咒师、阿里班软等出家人都是变化者。总之，所有变化者从佛教内部来说都是特别优异者，和五照见同时降生的遍知五世达赖喇嘛是弥勒怙主在大乘论著《经庄严论·功德品》第二十品所说的人。如说："智者于诸地，近修布施等，众生之异品，六种所调伏。人用分别时，有慧及授记，菩提与授记，另外多诠说。""彼田及名号，时及诸劫名，随从及正法，从住门去想。"居菩萨地而有慧者，是于诸地近修布施、持戒、忍辱、精进等般若六度，众生六度的异品类者（反面）是悭、犯戒、怒、懒惰、掉举、染污的智慧，即布施调伏悭（吝啬），禁戒调伏犯戒，忍辱对治忿怒，精进对治懒惰，禅定对治掉举，分析道理的智慧对治恶慧。如此之圣者菩萨的补特伽罗时与田等分支已由有智慧的人进行了分析，有两种授记。其中补特伽罗授记亦有四种，即住种的补特伽罗、发菩提心、现前、非现前，授记第一种现证菩提成佛，授记第二、三种现证菩提成佛，授记第四种将来成为如此之补特伽罗。如《宝积经》所说：比丘曲吉窘乃成为无量光佛。《悲白莲经》说：婆罗门海尘一百二十岁时成为释迦如来佛。

居住第八地的补特伽罗，广述授记获得菩提，是诸佛事业的一部分。这样的大圣师心里想着所有众生的事业而取有。授记的差别，另外有佛自己的调伏田"极乐世界"（无量光佛刹土），或表示我们导师的"娑婆世界"（堪忍刹土），名叫无量光或释迦如来。五浊横流和贤劫、喜星时，二胜（舍利弗和目犍连）承侍者等随从聚集，希望用不同的方式授记正法三藏教住千劫或住所有一切劫。

事部如来部的《转轮妙吉祥根本续功过功能第三十六品》说："佛语在地上，存至世界毁，圣僧王模样，将生无怀疑。譬如名无热（无沸），盛称名鲜花，缮写女青年，始终喜受法，又名叫龙唤。"这些是帕巴仁波且授记中出现的还是《传记》授予的拘罗迦波？回答是前本生，故名"时极"（或末劫），"时"是帕巴仁波且授记中达赖喇嘛"边"或"后"和摩底心的对应字。圣僧王的样子，对帕巴仁波且来说难以具全。尤其是“始终喜受法”一句，意思是上半生，不顾第一任第悉索南饶丹时数辈转世良习醒悟的闻修，努力闻习显密一切明处，通过讲、辩、著做佛教与众生的伟大事业；“末尾”（最后），即后半生由于为了教理的学习而放弃我们视土为金的政教事业，从土羊年开始专心修习空行娘提、央底、护灯等（宁玛派）密法，将其他众生安置在无上道，喜爱持种言教的著述等正法，在政治方面没有突出的成绩。中间遇到第悉程勒嘉措、洛桑图多、洛桑金巴等几人的去世，安排交接工作，主要时间化在政务上。

《五部遗教·大臣遗教》说：“赤松德赞王，有转动身、语、意、功德、事业五化之力，如果不同和不错，用二色身做众生事，制服护持北方人，做了天下的主人，萨霍尔从水中降生。”所教化的众生相信特殊的化基法王赤松德赞在众生的信解中是身、语、意、事业、功德的变化（化身），在一般与个别（共与非共）的异缘徒众的信解中变化又现为各两个一组，舍弃般若因部所说的二边（常断二边），坚持中观见，依止三士道次第，将共同弟子安排在胜解脱道果上，主讲事业，他即是与热振柏树皮相顺的离贪圣僧王，黄衣舞游戏不断的五世达赖喇嘛。

《宝卷宝民本生传》说：“我是雪山顶上的法王，心静诚实说话直爽，法力强大利益众生，人主功德极其深厚。”这一偈是说松赞干布的名字。接着概括起来说赤松德赞等法王、阿达娘氏等密教师、仲敦巴·嘉哇窘乃等居士。“我示现各种变化”；“我示现合法的轨范师”；“谁知我变观世音”。根据授记，身变化班钦格敦珠修建了扎什伦布寺。

“我是精通五明的班智达。”语变化遍知格敦嘉措根据授记创建了隐蔽地噶尔姆窘的寺院（群科尔杰寺）。“我的变化无亲疏（宗派），去往法道是所修”。意变化遍知索南嘉措修建了理塘图钦强巴林寺（理塘寺）。按照“我的教法将毁灭”的说法，功德变化是大乐法王（云丹嘉措），前后说了四辈达赖。

关于果密乘，持密金刚持（咒师金刚持）依止大圆满空性三瑜伽甚深道，将非共徒众安置在双运道果上，指明了所要做的事业。从阿达娘仁波且至达赖喇嘛以前的五辈之中，如《伏藏》所说：“咒师学咒人学遮。”说明因时，说：“王者变化娘热。”身变化是伏藏大师法王娘氏王，“谁做牛鼻绳引蒙古兵来藏”。“隐藏天梯喀尔曲的矿藏”；“掘藏师名叫法自在”。语变化是成就的转轮者曲杰旺秋（法自在）。

《持种遍集经》中：“我的悲心持变化种，莲花王智慧游戏力”至“如此补特伽罗来自西方”说明意变化是诸法一切见阿里班玛旺钦（莲花大自在）。“身威严具十三象征”；“我与王的功德变化”，敌军磨成粉，帝释军即大梵天花（赤松德赞的名号）的身、语、意、功德等的变化白衣三发辫及班玛旺钦等四人，不管引自何教，都是转五化之义。若尔，讲显密两种法的圣人像一切智悲功能的自身合为一体，大喇嘛（达赖喇嘛）拥有一切神力军。不同的是，如果现证圣人的事业，唆使王的变化藏巴噶玛·丹窘旺布出现，聪明有智慧的人不相信，而那些机缘不好把幻觉当真实的、黑暗中迷惑的人们，被圣人的悲悯日光照亮，使他们具有此净土的有情福缘，从一切不同的错乱地方解脱，奠定正知圣人的信念。色身根据共与非共各自不同的胜解的缘份，相应地讲授四毗奈耶事业，这即是做众生事。

所谓“调护北方人”者，北方汉地和蒙古（霍尔）国的人英勇慓悍，性格凶狠粗暴，他们无论到什么地方，当地人都产生恐惧感。以前，他们多次摧毁藏区，从那时起大批的军队出现，现起一切时相，九洲众生面临被彻底摧毁的危险。这时，那些恶毒的异地人看见这位圣人，听其讲法。总之，仅听其名和惦念就消除了他们的嗔心，产生了温和敦厚之心，因此把他们从后世恶趣的怖畏中解救出来，给予藏族百姓从当时军队的畏惧中解脱出来的恩惠。那些难以调伏的众生信仰圣人，归依佛门，所以大悲观世音菩萨的调伏田和随护的地方成为殊胜之地，或是别解脱戒的伺察护田，在以赡部声为代表的佛土的天地中间事业发达，萨霍尔（za－hor－dang－sa－hor）也将落水。东方萨霍尔清净无垢王族是青瓦达孜王统，水中显现影子，水器中出现圣大悲观世音菩萨变化的月影，称“降下”（或落下）。这里直接讲地方（达赖喇嘛出生的地方），间接清楚地表示能出现的地方。

上面《宝卷宝民本生传》所说的答应黄色僧衣游戏舞不断变化是指功德变化。接着说："雪域西藏的徒众，像懦弱的孩子詈骂父亲一样，斥责我利乐的宝源志向远大。"这是说成为圣莲花手(观世音菩萨的别号)所教化(弟子)。被白雪覆盖、山道环绕的西藏的有情众生，成为观世音菩萨的徒众，他们就像孩子们没有悲耻，詈骂指责父母。"我"如同利乐的宝源，或如意宝。杰喇嘛遍知佛自在，他的名字是遍知阿旺洛桑嘉措，其观心或志向比别人远大，依止圆满等前弘期译传的密法，斥责或承许善非善等。如说："如是第六代，大鹏翱天空。如红公鸡从家中指责，我翱翔于智慧界，遭心痞者詈骂讥毁"。呼唤"喂"，大鹏翱翔天空，红公鸡无能翱空，在家中讥毁詈骂，我宝民的智慧，犹如大鹏翱翔天空，劫遭到不净心的斥责，犹如人心中的痞肿(痞症)；受不到有慧者的尊敬，他们明知不能相比，却像能相比一样进行讥毁。

《五部遗教·神鬼遗教》说："佛教住世五百年三期时，出现了调护北方人的天地主人。"按照普氏历算法(普巴·伦珠嘉措所创的历算学派——译者注)计算，法王上师有寂顶饰佛涅槃后两千四百九十七年的火蛇年(1617 年)，(五世达赖喇嘛)诞生。二十五岁的铁蛇年(1641)金刚手菩萨的化身持教法王(固始汗)灭掉格鲁派的几大敌对势力，将十三万户献上，(达赖)成为天地的主人。当时，是果期的五百年三期(预流果期)和正行上的智慧、禅定五百期，禁戒上算是过去二十二年。

《神鬼遗教》说："隆塘花香的姑娘，生下调护北方人之天地主人，调伏障碍魔之教，升起国法正法的太阳。"前两句说母亲，后两句说达赖本人。

《王妃遗教》说到破坏藏区、遮止霍尔军时，说："我授记作天地的主人，赤松德赞是事业变化，照样建立桨糊本尊，传记(事迹)写在墙面上。"此颂说达赖喇嘛，附带授记绘画其像和传记庄严田，破异地军。

《噶当宝书·父法》授记说：当时之生(《噶当宝书·父子法》之教与遍知索南嘉措的手抄印本略有不同)是讲从火种做骨的道理，凡所做法都是大法，喜颂猛力天（忿怒佛）的念修，是魔部和有罪者不忍制伏的种姓。喜欢密咒诛业之因，再次谈论许多诤论和相互之说。“那么，我不能失败”。这是说从火种做骨的道理。《五行算书》说：木、火、土、金、水为五大骨。萨霍尔（za－hor－ram－sa－hor）是地方名称，也是王统的名称。圣地印度不流行星算，所以无法从印度认定。从时间上说，古琼结是本骨（根本姓氏），从名称、面形等方面可以认定。“齿间发出 ji－me 音”，普遍称 me 名。总之，根据城堡、标记等认定族姓为 me。值年属相是火蛇年。所说喜欢密咒而起争执的意思是，在前弘期做金刚乘的事业，即众生的伟大事业，因此而遭到讥讽。

热特那林巴的《佛教总纲》说：“国王承事献曼札，诸等时行出现后，后边佛教如何生，无名是要直接行。”

邬坚大师授教说：“请听，赞普君臣，佛教的兴衰，春天的太阳如同铁匠的皮火袋，但是前面之后将现出一次快乐。过去发心的国王，是出现在中部的大悲（观世音）的变化，具有智慧力和妙光，用各种办法转众生轮。法王拥有军队，牦牛有角猪有尾，创建午巢吃地食，四眼睛能上下看，分辨两舌真伪，卫藏地区归治下，出现有神通力的教主。在拉萨红山、曲沃日、海波日等中央三山，建筑宫殿，统管伍茹、约茹和边地。在后藏的昂茹山、日沃齐、拉堆金刚山，建筑宫殿，统管后藏二茹和阿里、尼泊尔中间地带。在卫藏地区建造十三座寺院，别的宗没有任何墙基，旅途平安一切变金道，不须管理财物利一切，没有不求大家照样快乐。光头（指僧人）经教广弘扬，发辫密教满成就，报恩父母清除病。上师君臣主仆等，大小善恶分上下，消除恶行批恶人，奖赏贤良上流人，男女青年能听讲，老者修义心圆满。国法金轭极沉重，教法绸结真柔软，病痛饥馑皆无有，幸福生活若天堂。”这些是《总纲》和《伏藏》的精彩授记。

多杰林巴的《伏藏教》说：“过去发心的国王，牦牛有角猪有尾，创建午巢吃地食，眼睛能够上下看，舌头能辨真和伪，军队具有神通力。红山河山海波山，前藏三山大集会，日沃齐和昂茹山，还有拉堆金刚山，建立宫殿十三寺，其他之宗无墙基。道路畅通能寄金，财有不必别处求，没有不求大家乐。发辫密教修行盛，父母有恩定报答，分别君臣师上下，逐出恶者不留名，奖赏善行上流人，聪明青年能听讲，老人修义心圆满。国法金轭极沉重，教法绸结真柔软。”寓意是：法称以前的《上师传》和《居热氏世系》的附录部分说止贡派的政教像角一样向上，帕木竹巴即内邬栋的权势最后像下流的行为一样向下衰落。当猪身上只剩下尾巴之时，是吉雪拉萨蔡巴万户之下，所以宫殿等成为午巢。以前，蒙古人为萨迦派下诏书，统治十三万户等一切广阔大地，像吃食物一样享受。（格鲁派）在卫藏地区旧寺庙的基础上修建了十三座寺院，统治阿里和尼泊尔之间的众生，光头受过别解脱戒的僧人大德弘扬经部教（显教），获得显教道成就；那些留有发辫的密教修行者弘扬前弘期密教金刚乘法，获得成就，所以佛教传遍大地，即弘扬应供处二众（在家白衣带发修行众和出家褐衣持戒修行众——译者注）等显密教法，引导多做善事，奖赏高尚者，不提拔下流者；国法如同金轭一样，压在一切众生的脖子上，显密法规像绸结一样柔软，给众生以快乐，

《持种修命的外授记水晶镜》说：“法轮顶上胜士夫的金光胜幢不落，藏区安乐太平缘起合，暂且云间晒太阳。”

《秘密授记》说：“菩萨变化持佛名，年龄相合住百年。”这是平安方便授记。又说：“妙音变化从中摇向边，卫藏暂且云间晒太阳。”此偈授记达赖喇嘛前往汉地和藏区平安等。《秘史》也作了说明，说从第一明净长寿天的成就繁衍出萨霍尔种姓，即用隐蔽的方法授记。接着说：“左右之中间，前面突骨上，有空心结一样的痣。”此颂授记名相。

《塘拉之授记除无垢心苦》说：“众生怙主是上士，掌管汉藏之政治，一切力贤是鹅髻，妩媚英勇忿怒色，具有壮丽相妙好，萨霍边族莲花化，众生怙主是法主，消除妖魔鬼魅障，三九四三五十三，六六七七是寿量，由此消除不顺障，他是前藏的法主。”

尤莫活佛丹增诺布的《伏藏教》说：“出现有缘七心子。”“文殊化身前藏生，突然未被缘遮蔽，由彼调伏汉蒙藏。”贝若杂纳的再世持种德达

林巴的《雅马陇伏藏法》说："君王变化名妙、海，萨霍边族护持四茹的政教，佛教兴旺政治发达。"

《德萨朗嘉札的书题》说："执持奥义嘱神子，即是现在的君王，末劫菩萨马蛇年，贤妙之名禁戒者。"

《夏吾新伏藏甚深道普集史授记三时明论》说："尔时发展甚深法之器，是有缘分的法主，君主自己的愿力，观世音变化名菩萨妙贤，有意生在马蛇年，为了有缘法主作嘱神。"

《阎摩咒语的未来授记》说："那时法主的士夫，是莲花我的变化菩萨，马蛇年生，有妙贤之名有愿力。"

阿里掘藏师达哇坚参的《伏藏教》说："萨霍尔边族妙贤名，背上有痣空心结，头有伞形之相好，世界灵塔一庄严，奇异行来护藏区，他是君王之转世。""未来斗诤浑浊时，君王是天界花朵，变化世界一庄严，安排藏区于快乐。""尔时法王胜变化，天人灵塔大海名，住地世界一庄严，牟赤赞普的变化。"

强真伏藏《施寿女修行法》说："未来诤劫三十豁唇时，法王梵天天空花朵的变化是知三时观世音菩萨，族姓萨霍尔，名字叫洛桑嘉措，是经典教理的主人。"

据说被改动而不能当真的囊孜哇的授记说："昌珠佛塔压罗刹，没有修缮自倒塌，松赞(陵墓)方向的萨霍尔世系，统治卫藏地区。"

噶玛·弥觉多杰的授记说："持密莲花生，变化穿鹫灰，生在琼结松赞(干布)陵墓附近。"《经》、《噶当宝书》、《伏藏》等所授记的和大圣莲花手没有任何区别，大轨范师莲花生梵天天空花朵等为了众生事业，显示身庄严，又不违背转世原则。故思众生事业而来雪域的比上士萨迦班智达贡噶坚参、布顿大师、我们教的顶饰东方宗喀巴·洛桑扎巴、前四辈达赖喇嘛还要殊胜的五世达赖喇嘛诞生的时辰等亦与圆满佛释迦如来无丝毫差别，他与诸凡正士和三根本(本尊、空行、护法——译者注)面谈。《秘籍》说："保护众生事业的人，是七辈中的第五辈。"五世达赖喇嘛被看作是净饭王之子，事迹难以述说。弥勒佛的大乘论著《宝性论》

第二品讲到主要事迹:“自兜率降世,住胎及降生,精通工艺学,受用妃眷众,出离苦难行,趋向金刚座,伏魔正等觉,转动妙法轮,入去大涅槃,不净之国土,示现住轮回。”这是讲佛的十二宏化。于此,我们的这位法王也通工巧和明二宏化,受用妃眷和技艺宏化纳入少年嬉戏中;出离宏化是出家的条件之一;趋向金刚座是为了成正等觉而去。增加发菩提心,做不同的细小事,圆满十二宏化。概括为净土降世、入住母胎、诞生、青年嬉戏、苦行、发菩提心、离家出家、精通明处、摧毁异部、成正等觉、转法轮、涅槃等十二宏化。

弥勒的《现观庄严论》第一品说:“无量清净愿,了知本尊语,辩才如流水,殊胜住母胎,种姓母血统,眷从及诸生,出家菩提树(金刚座),功德极圆满。”这是说菩萨第九地的圆满修治,成就徒众异熟的无量愿力,了知天、龙、人等一切众生的声音和品行,具六通(神境通、天眼通、天耳通、宿命通、他心通和漏尽通——译者注)功德,掌握所有的知识,辩才似流水不尽,受到众人称颂。住胎的母亲,是国王等殊胜众生的种姓,太阳等父系血统,和母亲等人相关的母系血统,自由的眷众,在帝释等赞颂的地方(处所)出生。《广大游戏经》说:“众比丘,若尔菩萨住兜率天,用五照见(五种观察选择)照见世界,即照见种姓、照见境地、照见时、照见传统(氏族)、照见妇女。”《现观宝生经》说:照见种姓、境地、时间、氏族、妇女,有各种不同的名称。按照《毗奈耶经》和《现观宝生经》的说法,是白幢佛从兜率天照见,示现了达赖喇嘛前四辈的最后宏化(行状或事业),遍知索南嘉措之时,来到铜色吉祥山等广阔净土,之后为了众生的事业,再次来到此净土。根据这种说法,刹那来到莲花光等无量净土,实际上是指从南普陀山来到雍布拉岗和青瓦达孜两大宫殿中的、政教具足的大宫殿青瓦达孜宫(原文为青瓦达孜国)。《般若十万颂》说:“何谓菩萨摩诃萨之圆满种姓?菩萨摩诃萨生于贵种,此乃菩萨摩诃萨之圆满种姓。”

“何谓菩萨摩诃萨之圆满族类?菩萨摩诃萨生于高贵王族或高贵婆罗门种姓,此乃菩萨摩诃萨的圆满族类。”

“何谓菩萨摩诃萨之圆满姓氏？菩萨摩诃萨生于过去诸菩萨出生之种族(姓氏)，此乃菩萨摩诃萨之圆满姓氏。”萨霍尔王族像娑罗树一样显贵，财富堪与东汉王(tong－khun)相比。菩萨杰喇嘛照见坚信王、极坚信持经、善祥、菩萨寂护、菩萨涅心续从大众部受近圆戒的上师燃灯佛吉祥智等降生的圆满殊胜的种族。

《广大游戏经》说：“菩萨摩诃萨不生于东胜身洲，不生西牛贷洲，不生北拘卢洲，唯生于南赡部洲。菩萨摩诃萨不生边地，而生于中央地方。何以故？边地人根钝、愚昧如羊，无善示笨性与了知罪过之缘分，故不生边地。菩萨摩诃萨生于中央地方。”赡部洲的一部分雪域西藏是莲花手(观世音菩萨)的调伏地，其降生之地即是调伏地法节环绕之中央，从聂赤赞普开始那里硗波十善具足，从天空降下《佛说大乘庄严宝王经》等经卷，正法从这里开始传播，第一座祖拉康约茹昌珠扎西强娘在这里建成，布满各种善相，照见雅隆地方。

关于时间，《广大游戏经》第三品说：“众比丘，何故菩萨所见时？菩萨开始时，即众生集会之时不住胎，从一切光明世界住，即有生，有老、有死。尔时，菩萨入住母胎。”总之，非象增长，现观时圆满，即为了解脱众生大烦恼而修行，欲修时的智慧和禅定圆满。

《现观宝生经》说：“百年后进入五浊时：寿浊、烦恼浊、众生浊、见浊、劫浊。”寿量十岁时非极究竟浊，寿量七十五岁的众生是皈依处。特别是护持众生不断，要降临的七人中已圆满四辈，第五辈以圣僧王的样子来临。父亲都杜热丹(坚固伏魔)，是出自萨霍尔族，进入巴达霍尔修行院受到被称为达磨波罗的大轨范师莲花生的悲悯爱怜。《胜乐根本续》和《集密根本续》第四品说：授赐一切的教理。在本处曼荼罗坛城授灌顶之时，贝钦波(大吉祥)取定的密号(密教名字)或寿量，如《国王遗教》所说：“启开殊胜甘露的坛城，为大王赤松德赞和班第智童二人授内外秘八灌顶，密名仓巴拉耶麦杜(大梵天花)和无垢智慧月升力。”

关于(赤松德赞)密名大梵天花及其子塞那勒江云，《国王遗教》说：“由我取名叫牟迪赞普。”王子牟迪赞普带领父子的精锐部队摧毁了巴达霍尔的修行院，将库中财物和护法白哈尔一起带到吐蕃，向莲花生大师请教《邬摩》、《阎摩德迦》、《金刚橛》三部大圆满密法，在曲沃日修行期间看见三位本尊神现身。贤正成就、智慧、善做威德的高贵的国王逐渐出现，有多位坚持吉祥帕木竹巴政教根本的主要大臣。关于子系，《宝鬘》说：由于政教二规的多种吉祥而使父亲高贵，犹如净饭王，成为许多后有（转世活佛）的父王，由大愿的结合紧紧地系缚，七代以内无过行的父亲蒙古都杜热丹和母亲苏图阿吉的世系中出现了具有智慧空行的名相象征、属于阎罗布札勒丹纳波（大具善）的本钦阿赖（ag－glen）即卓（羊卓？）万户长的神圣后代。《神鬼遗教》说："隆塘花香的姑娘，生下调护北方人的天地主人。"赤嘉贡噶拉泽，即父母的种姓高贵，用各种善相瑞应照见琼结，我们的导师像大象一样而来。在父母的梦中出现拉萨大昭寺的庙祝（香灯师）把大悲虚空王的铜像作为天成五位一体像（大昭寺的观世音菩萨像——译者注）献上，千手千眼观世音菩萨转变成虚空王的样子。住胎时，出现多种瑞兆。怀胎期间，母亲不由自主地产生厌离心，无云的天空降下雨，彩虹射向布达拉宫顶，龙王庙（龙王潭）长出几朵从未见过的花，地方太平，庄稼丰收。以前没有转宗的习惯，这时也出现人们转宗的情况，出现了各种奇异之相。

第二十三章

五世达赖喇嘛的诞生及闻、思、修与苦行事迹

诞生:母亲怀孕将近满月时,看见被一位穿着盛装的女人往窗户拉拽等无数奇相。人们看见龙王庙(鲁康)中长出一种未曾见过的鲜花,还有彩虹环绕,善趣天女莲花手降下花雨,天空中没有一丝云,大地一片恬静等,显现启开善相宝藏瓶的各种圆满预兆。在轮流土曜中鬼宿(提舍佛)等与圆满佛毫无区别的丁巳年,即第十饶迥的火蛇年(1617)阴历九月天降日二十三日出生了。措曼和夏达卓玛巴拉两位保姆细心照看,(小灵童)身体鲜见病疾,容易服侍,这样保姆们也很轻松。拉堆绛万户长(绛首领)扎西南杰做了加持供养;绛巴仁增阿旺第一次传授嘉顿玛长寿灌顶和娘氏所传的红忿怒本尊灌顶等,以免遭灾难。

阿底峡大师、第二佛陀宗喀巴大师和佛、菩萨、空行、护法等经常现身,争相传授佛法,真是不可思议。母亲多次看见夜叉和贝孜护法等随侍左右,以防止遭受病魔侵害。

青年时期:脱离庸俗做法,顺着前辈贤哲们开启的门,自幼诵读佛典,参加辩经,勤于提问,解决疑难,学会了制作朵玛食子,掌握了驱鬼仪式和鼓谱等。

苦行:由于大臣钦绕贝桑的幻变,即使时局变化的时候,显现灰自在的顶上讲说的祥兆,雪巴抛洒的青稞接于口中等事迹,十分稀奇。

圣莲花手为了众生的事业,坚持格鲁派教规,发菩提心用政教二规调伏浊时的有情众生,这些在部分经典伏藏中有说明。如前所述,不仅圣士夫们看到了这些,连普通人也看见过。如说:向噶当派的根本道场

热振寺主供像文殊金刚投放糌粑丸子。桑耶等地的骄慢傲举者说:“琼结金金刚”;“雅隆尼姑在府邸偷听”。这样的授记较多。遍知班禅洛桑却吉坚赞和甘丹颇章的代表擦哇噶举(桑杰喜饶)等人来到浪卡子认定遍知云丹嘉措的转世灵童,一见面(小灵童)就说了不少有关前世的事,代表们深信不疑。

六岁,水狗年(1622)阴历二月二十五日,小灵童被迎请到被称为雪域一庄严的吉祥哲蚌寺,第悉索南群佩和色拉、哲蚌两大寺院的上师、轨范师、僧众、活佛、法王、官员迎接,僧人列队,依仗队前导,仪式十分隆重,不可思议。达赖被人簇拥着通过万人聚集的街道莅临甘丹颇章,蒙古僧人格敦嘉措以前伤过云丹嘉措的心,没有得到摩顶,这次和僧俗群众一起来恭候迎接,讲述了以前请求摩顶而未受到摩顶的全过程(《五世达赖喇嘛传》记载:其中稍一疏忽,没有把手放在蒙古僧人格敦嘉措的头上,他便心中犯疑,以为是自己以前伤过云丹嘉措大师的心,又没有筹备礼物呈献的缘故,于是再没有请求加持,便以披单掩面,羞愧而退——译者注)。

出家:阿罗汉须菩提(佛陀的十大弟子之一)等印藏著名的班智达的再世班禅洛桑却吉坚赞担任堪布(亲教师),赤钦嘉央贡却群佩担任轨范师,(果芒协敖桑杰扎西担任报时师——译者注),在释迦牟尼佛像前接受了从圆满居土戒到沙弥戒等下部律的别解脱戒二百五十三条。在布达拉宫,妙吉祥怙主法王宗喀巴大师六十一岁时往升兜率悦意持法天宫的时间,即六月下弦扎格聚会的五供节(燃灯节)日,接受了上律师噶玛热班钦释迦室利所传的、由宗喀巴大师所继承的班钦戒律,这是佛教的基本戒学,其中的根本戒是别解脱戒。奉阿罗汉增达等人的化身昆顿金刚持班觉伦珠、聂·智童等人的化身素尔钦金刚曲央热卓、大日如来的化现贝若杂纳等人的转世德达林巴等人为部主,在续部王父续集密和前弘期译传的修行八部等新旧密法的曼荼罗坛城,接受了圆满四灌顶,成为这些曼荼罗的大部主和菩萨律仪等三分金刚持大师,同时也是一位细研三律仪,未受任何染污的戒律的严格持守者。

精通明处:《菩萨十八清净法》说:“出生不久便知论典、密法、部咒、医药、历算,没有上师指导就学会了字母、掐算、数字、算术等,即精通论典和一切工艺技术,不依靠他人就能了解世间和出世间法,掌握一切知识。自从比丘呈献词和词组的基础文字的拼读法,就能断定佛教经论的词义。从五名班智达中的敏珠尔·次旺顿珠学习以迦赞语法为主的《旦志论镜绿宝石辛达声律学·宝生论根本释》、《稀有能证》、《祥隐热达雅续优劣教诫韵律》、吞弥桑布扎的语法论著《三十颂》和《添性颂》,以身语意三所依法为王的八章,以及工艺、内外明处等;从都木波顿珠旺群佩学习《集量论》和断除一切教理明论的恶语而誉满大地的五百人的顶上宝贝吉祥法称的《释量论》等;从恰达查仓白朗学习医学方面的三部论和《四部医典》;从曲央热周和法王德达林巴学习密法宇妥精义和甘露宝瓶法等。

内明乘:从小乘重点提出增上戒学,主要学习四部毗奈耶的精华、轨范师功德光的《律经根本论》和印藏学者的有关注疏。

增上慧学方面,在赤钦等人的指导下,重点学习世亲论师的对法论著《俱舍论》,般若广大行现观次第法方面的《现观庄严论》、狮子贤论师的《现观庄严论明义》,了义空性次第论著《中观根本论》和《入中论》,以及《菩提道次第论》等甚深空性见和法相因乘方面的论著。从班禅洛桑却吉坚赞学习格鲁派的根本密法十三尊金刚大威德法;从乃桑哇·贡波索南却丹学习《金刚鬘》等;从昆顿班觉伦珠听讲《时轮》等密法;从素尔钦曲嘉热周学习其他旧新密法。上述几位喇嘛是五世达赖喇嘛早年的经师,传授了许多显密佛法。

从无垢友的化身查仓巴钦波学习《甘珠尔》中由热、觉两位译师翻译的经典;从贝若杂纳的化身德达林巴学习多杰林(金刚洲)等前弘期伏藏法和其他新旧密法、洛扎文集,以及格鲁派的根本密法。晚年,重点修习空行明点法。这几位是五世达赖喇嘛后半生的主要经师。如同别处所说,他的智慧宝瓶很早就注满了知识,可是他仍然感到不满足,继续从多位经师学习钻研新旧显密佛法,是一位名符其实的圆满大教主"遍知"。

论著：论著较多，包括大小灌顶法和内、外、秘法，其中收入《文集》后函的有《悲缘经广释》、《噶当十六明点常论》、《红阎摩德迦修行法》、《曼荼罗仪轨》、《铃尊者五本尊修行法》、《五本尊曼荼罗仪轨》、《九尊不动金刚曼荼罗仪轨》、《七佛供养仪轨汇编》、《十地供》、《陀罗尼献供实践法》、《印塑泥像明论》、《朵玛次第论》、《回向善圆满》等合为一函；《般若现观庄严论显扬善慧密意饰》一函；《中论广释入大乘之船》、《见授妙吉祥言教》、《俱舍论释对法宝车》、《三要道释》等合为一函；《道次第讲义妙吉祥言教》、《别解脱戒学》、《戒律羯摩仪轨尊胜金丝兽》等合为一函；《诗镜释难妙音喜歌》、《算学问答》、《本生庄严田问法补足》、《通行证》、《印、尼、藏及大藏、汉、土、蒙胜劣士夫的规章通行证》等合为一函；《新建身语意三所依宝之供物精舍目录》、《敕文法典集下部》、《大昭寺目录》、《阿底法目录》、《敬神哈达、幡、华盖的题词》等为一函；《政教二规合一学处次第》、《道歌》、《书信》等合为一函；《祈祷》、《吉祥颂》、《长寿》等合为一函；《上师、菩萨、僧侣颂》等一函；《王朝史圆满童》、《遍知索南嘉措传》、《云丹嘉措传》、《赤仁波且贡却群佩传》等合为一函；《昆顿班觉伦珠传》、《班禅洛桑却吉坚赞秘传》、《绛巴仁增阿旺传》、《素尔钦曲嘉热周传》、《查仓巴洛桑多杰传》等合为一函；《擦尔钦洛桑嘉措传》、《旺秋饶丹传》、《贡波索南却丹传》、《仁青索南却珠传》等合为一函；《达赖喇嘛洛桑嘉措自传云裳》两函，共计十六函。

秘密论著：甚深广大正法听讲笔记《恒河流水》四函；《扎仓念诵法汇编》一函；《随顺第七品》、《羯摩仪轨第八品》、《意修中论》、《大悲众生解脱及轮回界解度羯摩仪轨》、《重要仪轨集》、《长寿光及取精华仪轨集》、《圆满秘密羯摩仪轨集》、《名相核心》、《长寿主羯摩仪轨随论》、《咒业次第霹雳》、《施恶咒金刚钻》、《大威德笔记》、《长净仪轨》、《尊胜佛母修行法》、《三份食子》、《六臂护法施食法》、《多闻子施食法》、《业阎摩德迦朵玛仪轨》、《退敌佛母朵玛供》、《秘密灵器》、《随行吉祥本尊》、《账面怙主修持法》、《妙吉祥怙主朵玛仪轨》、《酬补忏悔仪轨》、《讽颂》、《会供》、《八护法神供随行施食土地神》、《祭龙食子》、《轮焰》、《茶供》、《阿底舍文》等长寿吉祥偈合为一函;《意修羯摩仪轨宝冠》、《成就库》、《往升口诀》、《告示》、《善逝集密摄义》、《相续负荷》、《修念文》、《心滴羯摩仪轨》、《持种世系》、《近传长寿教授》、《铁树羯摩仪轨》、《灌顶仪轨补遗》、《阎王遮止法》、《瘟种摧力法》、《空行心滴法讲义》、《八教善逝密集秘密圆满》、《熟练作事》、《部落长祷祀》、《灌顶流水》、《大修及药修笔记》、《笔记》、《息护摩》、《卷轴画明论》、《仪轨集》、《妙吉祥大圆满》、《妙吉祥静业》、《长寿主羯摩仪轨》、《朵敌羯摩笔记》等为一函;《定量》、《灌顶仪轨》、《二念修文及身笔记》、《息静护摩》、《威猛护摩时火舌鬘广略论》、《灵塔念诵》、《佛塔遮仪轨》、《压伏》、《似金及铁罪轮咒文》、《问答》、《阎王启开事业品》、《再遮羯摩仪轨补遗》、《补足》、《开门钥匙》、《祷告》、《灌顶仪轨》、《念修文》、《威猛护摩》、《摧破傲慢之羯摩仪轨》、《咒语之事业》、《铁水传承祈愿等》、《瑜伽》、《念修文》、《摧毁仪轨传承》、《付法》、《罗睺星神传承》、《祷告》、《王道羯摩仪轨》、《会供》、《解度众生之羯摩仪轨》、《轮回界度生圆二次第持种言教》等合为一函;《绝密忿怒羯摩仪轨广略论》、《念修文》、《成就实践仪轨》、《护摩》、《咒语事业》、《历史》、《铁剑羯摩仪轨》、《清净事业》、《曼荼罗仪轨》、《甘露宝瓶灌顶水》、《羯摩上师传承广略论》、《威猛事业之付命》、《吟修事业》、《药供》、《念修文》、《黑朵玛诸业障》、《守库神供》、《祈祷》、《普贤慰问备忘录》、《大红朵玛与回遮》、《金刚橛忿怒游戏朵玛回遮》、《橛念修加行业》、《息静护摩》、《遍仪轨》、《大鹏事业》、《金刚手威猛羯摩仪轨》、《念修法》、《无垢仙人付思》、《羯摩仪轨汇编》、《护遮共同遮及杀加行业明论》、《祷告》、《镇魔术实践法》、《空行火供》等合为一函;《迎遮空行之仪轨汇编》、《请求》、《咒语条文》、《神馐》、《假脱灌顶及开光天母灵器事业》、《授权》、《十二永宁地母灵器》、《央噶曜灵器》、《骑虎之祷告》、《念青塘拉神之付命开许法》、《念青塘拉神的事业》、《所依灵器》、《念修酬补灵器之实践》、《罗睺罗羯摩仪轨》、《依止灵器》、《国王之灵器》、《旅器幢羯摩仪轨》、《五本尊祈祷》、《护田之羯摩仪轨》、《赞神之灵器》、《解脱灵器》、《大威德护摩启门》、《息、增、怀、伏之护摩》、《六十四尊之朵玛仪轨》、《释迦佛长寿法》、《道果讲义》、《后甚深道实践法》、《上师瑜伽》、《那饶空行瑜伽》、《往升口诀》、《开许法》、《阿然巴书首礼赞》、《面仪轨》、《茶供》、《上师瑜伽》等合为一函;《四续部之神众之修行事业念修开许实践法》、《誓言护法海之现观献供酬补、忏悔、赞颂》、《焦烟仪轨》、《烟祭文》等为一函,共十函。

秘藏类:三根(三尊:上师、本尊、空行)之本尊及面谈等二十四印之子文方面的文集两函。因明方面,著述的密意传付次第身;声明学方面,新译经所集根密意;医学方面,牢记三小续。另外,还有显密内外明处方面与遍知义相顺的手书。

摧破他部的事业:在内摧毁烦恼者的执常断二取的魔军,在外消灭了却图汗、白利土司顿月多吉、藏巴第斯等破坏分离释迦牟尼之教和宗喀巴的教法者,以及用前弘期的金刚乘妙吉祥时敌自在伏印威猛法甚深业资粮咒力害人的居仓巴等。大阿阇黎说:“七次征服外寇边,金刚波尼变化王,愿藏区发展稳定。这是为金刚手菩萨的变化所作的授记。北方厄鲁特蒙古四部之一的和硕特部首领哈纳勒与阿哈哈图之子,幼年时就在西藏见到所缘大法王上师的首额突出的印和成长过程,来到前藏一见达赖喇嘛信仰的毛发就摇动,行顶足礼,善良的习气觉醒。伏藏师嘉村娘巴(彩虹藏)的授记说:“辽阔的羌塘草原上野牛奔跑,运载的能力如将磐石举上天,那里有三青年的勇气。”英勇的天地自在持教法王(固始汗)带领铁骑来到西藏,马蹄扬起的尘土弥漫天空。《对法藏·第三处》说:“对方迎战主动布战场,施展武器大胜不受害。”转轮王行走四洲各地,使敌人也前来迎接,即本尊神降临。有句赞语说:“这些地区的城池是本尊神的,请护持。我们是按照本尊神的指示做的。”行礼,不需要自己去迎战、摆战场、准备武器,让他们自己来归顺。铁蛇年(1641)遍知佛自在(达赖喇嘛)二十五岁时,固始汗来到后藏桑珠孜,使西藏和大藏(其他藏区)的人们我慢之脸落在地上,全部归于治下。

《变化王请问经》说:“未发誓愿,没有希望,帝释、梵天及转轮王政也能完成，菩萨并非为了帝释和梵天而求，亦非谋求转轮王政，一切都是不需策励而自然成就的。”凡是一切犹如吸铁石吸铁粉一样，天地大自在持教法王遍修菩萨第一地。《现观庄严论》说：“依止布施和亲友。”根据这种说法，大布施把自己的生命、子孙后代、庶民等全部献给达赖喇嘛，最后把佛教的一切敌人安置在普贤位上，即消灭内部的魔军，然后消灭他军(他部)。

圆满菩提者，我们的导师三十岁时，即土牛年藏历三月初八日晚，在尼连禅河边首次付甲(付齿)，舌抵上腭，用心控制意念，修行遍天禅定，断食六年，让青年人向他的耳中放草和柳絮。苦行之时，即宿月(藏历四月)，十方诸佛聚集那里，仿佛芝麻花苞一样。“禅定非清净，亦非得究竟，你的光明所作缘。”用弹指声，将异熟身安置在那里，智慧身在色究竟天用五现证(月轮现证、日轮现证、种子现证、手帜现证和全身现证——译者注)成佛，在须弥山讲《毗卢遮那现证续》等瑜珈部经续。然后，又入住异熟身，村女喜力女和善生女献上千头奶牛的奶做成的乳粥，吃了后身体逐渐恢复，显得比以前更加神采奕奕。坐在从草商所得的草垫上，从眉间发射光芒，射向外部的一切妖魔，使它们难以忍受，怪怪归奉膝下。清晨，当多闻子或毗沙门天的胜利鼓敲响的时候，调伏内四魔(蕴魔、烦恼魔、死魔和天子魔——译者注)，业气行于中脉；在外罗睺入住月亮的同时，证得圆满菩提而成佛。

在第一个一七，(释迦牟尼)在菩提树下犹如入定火界，现证菩提之身往欲界天，为十地菩萨讲十法；在须弥山顶讲芝麻宝法。这位大法王也在他五十六岁的水鼠年，用和合气从中脉显示各种相。木虎年阴历九月，他五十八岁时，连续断食七天，生殖气的业气行于中脉，现证十地。他用现证菩提之身去铜色山等净土，和三根本尊神面谈，做教民的总别取舍的一切甚深广大事业，如《秘密印》所说：原来证得现证菩提的甘露。这些情况，如前所述，用教诫决定一切佛的无二位自然成就。

转法轮：应图巴台吉之请来到拉萨，在色拉和哲蚌两大寺院法会上讲授上师瑜伽，在哲蚌寺向图巴台吉个人授长寿灌顶。从此，向以高贵种姓的江格尔天、雪域吐蕃王后裔、昆氏家族后代上下两寺的历任管家、朗氏家族的后代帕木竹巴、居热氏止贡和达隆噶斯家族光明天后裔娘氏为代表的显贵、威力无比的天地自在持教王等汉蒙王族、藏族所有的大喇嘛大官员、生于哲蚌的清格尔天族嘉木央活佛等为代表的人讲授《金刚鬘》。另外，在布达拉宫、大昭寺、桑耶寺、昌珠寺、甘丹寺、哲蚌寺、色拉寺、扎什伦布寺、群科尔杰寺、夏鲁塞康寺、艾热寺、藏堆桑珠孜和去东方汉地途的不同地方讲授《修行法百海》、《那塘百本》等总教和灌顶、教理等别教。广泛结交汉、藏、蒙各族人士，没有民族偏见。曾二十次莅临祈愿大法会，降下甚深法雨。前后授比丘戒者两万多人，沙弥、出家戒者四万多人，为众生的事业做出了突出贡献。

铁狗年和土羊年，在布达拉宫会见了前后两次从后藏扎什伦布寺来的印藏数名班智达的再世班禅洛桑益希活佛，讲授甚深佛法，即洒下甚深佛法甘露之大雨。水鼠年，在甘丹颇章大经堂向盘德勒贤林僧人和活佛讲授以八大修行教为主的佛法。在桑哇孜的日光寝殿为绛巴仁增殊胜活佛、德达林巴、科波嘉、随侍弟子比丘嘉央扎巴等人讲授绝密法，广转内外一切法轮。

有时，我们这些达赖喇嘛的持政教事业的上首弟子没有转向他业，渴望作一位为众生指示成熟解脱的导师。土羊年颁布《大条例》，由于各种业缘没有实践梵行，必须用愿力执政，通过辩论、注释法王喇嘛（达赖喇嘛）的密意、著述的方式服务政教事业，修福净罪，护持一切异熟解脱的众生。在讲授宏扬异熟解脱法内外秘法的弟子中，殊胜活佛教主班禅洛桑益希和萨迦上下寺管家尤为突出著名。授记所说的两位法弟子、色拉饶强巴绛央扎巴、日超甘丹轨范师艾巴·强巴仁青、侍从比丘嘉木央扎巴等弟子无数。获得达赖喇嘛的甚深法而没有实践的弟子不可计数，实践而没有现证的弟子上千人，能专心修行的隐士、得到证悟的弟子周嘉大成就洛桑贡却和拉孜拉康巴吉仲等几人当中，洛桑贡却始以断绝轮回请求达赖喇嘛，进入内转法轮中，把众生从轮回海中解救出来，用大悲解界的讲义持种言教的传授经验悲悯保护，集中修证和念诵六字真言。中间虽然同意贝科尔寺堪布和甘丹绛孜(堪布),因此知道要做好求学的事业,好象后来因痨病而没有能够做好授法,百姓认为是从痨病白痴中产生证悟。有些人认为世间俸地没有那样的佛果,而是为了法而害病,好象没有任何政教,不存在没有想起的决定。大师心性明空,几天不系腰带,身体一动不动,静静地去世。弟子们把遗体送往叶尔巴的准备工作完成之时,身体像彩虹一样消失了。随行者们似乎从意义很小的死亡中感到可惜。总之,清净身成为虹身,成就了空行,无余而逝,光身解脱,光身消失,蕴身成为无漏身,尽管名称多,意思却一样。有些人说那身是被勇士空行迎去的,金刚铃和鼗鼓的声音响彻天空;有些人说安置发缝(顶)等浊身,以清净光身的样子消失;有些说堆积衣服,跟从阿阇黎莲花生自贡塘去罗刹境。这种情况在印度也发生过,八十位成就师中达日迦巴七百随从等空行,拘拘梨波与毗罗巴图城的人们一起去空行,以此为代表,八十位成就师中有的单独去空行,有的与随从一起去空行,基本上没有舍弃身体而去空行。《大威德教法史》记载,游戏金刚(拉勒达班遮)获得虹身,去了金刚妃国土(佛土或净土)。

据说,在西藏萨迦派白衣三祖之一索南则摩、噶举派的热琼·多杰扎和热巴·协瓦沃等人身体接近修成空行。五世达赖喇嘛的笔记《恒河流水》记载:前弘期时,从印度的欢喜金刚、妙吉祥友、吉祥狮子等学者成就师和吐蕃的贝若杂纳开始到娘·喜饶窘乃以前的修捷道大圆满娘提(心滴)法的上师们到达三现分(不净现分、瑜珈景象现分和清净现分——译者注)尽地,成就虹身空行。娘·喜饶窘乃比结增·僧格旺秋和珠托·麦隆多杰等人更希奇,他坚信达赖喇嘛,专心修行。达赖喇嘛在笔记的后面写道:"世间自在密意精萃,佛王莲花好言教,天成毗卢心深库,到达胜乘海法之极顶。闻思此义善修行,成为合格弟子无障碍,幸福如同夏季海,能力增长谁能比。从他佛希望的矜夸,看见东鬼在西方替身时,有漏蕴身解脱成光身,此乃大秘乘的特殊法。"为了几辈转世化身积聚大福德资粮,拜会指道上师圣观世音菩萨,学习甚深大悲法,用缘分去努力修习，彻底断绝轮回。噶当派的传记清净，抛弃任何财物、我执、偏见等，远离罪财等一切道障。虽然生病，但有特殊护法大遍入天迎接，把一切忧虑想成求证菩提的眼缘，转动内外秘所有的法轮。《正法念处经》说："善修能依和所依，还有僧人敷具和副食(珂但尼食)，但愿恒常妙净善，千万劫波满善不失坏。"

《佛说善恶因果经》说："有情众生中，有人此生做普遍调动的主人，若建如来塔和祖拉康(经堂)，无疑将来能作国王而统治人，任何人都会听命。"

《本生因缘经》说："冷暖不退落，修。僧人献经堂，胜佛来赞颂。"

印度著名学者马鸣说："国王在任何时候都有悦意的精舍美宅和歌舞场所，听着佛的声音，和王妃眷从嬉戏，从四方降临消除寒冷的房子，献上僧人的住处。如来及圣僧，为了祖拉康，用词来促使，作资粮之友，能如期行走。昏睡或起立，幸福不断来，智慧金刚的武器，摧毁颠倒山，成为地等的精舍，为僧众做器具、物资财富和经堂。尊胜的精舍，是殊胜珠宝性，建有柱子和梁，美丽遍扬名。本尊之世界，永远都欢喜，吉祥之华盖，各种绸缎饰。精舍发射光，纯净正依止，各种优点具，帝释之精舍，能得名尊胜。"这些是经论所说的对经堂或僧人居所的器具、珂但尼食有益的话。

《律分别》说："经堂祖拉康，垫褥生活具。"这是说物质七福。

"裸体派说建筑经堂是罪恶之因。"在外道裸体派看来，建造经堂之时，是奴役有情众生和推翻土石、筏子的缘，从中一些弱小的有情死亡，所以说是罪恶之因。佛教则相反，认为建造经堂功德无量。《毗奈耶经》宅舍事和长净事品说建造经堂，聚集僧人做佛事。在圣地印度成就自在从莲花获得成就，即慧眼观见佛的宝教，心里想着再没有比建立僧团更好的事，于是后生化成国王，建造了戒香寺(比札马拉希拉寺，在印度恒河边)。阿底峡师事圣解脱军等人，担任过印度几所寺院的管家，应邀来西藏后向仲敦巴·嘉哇窘乃讲有为法善根中建僧寺的功德，因此仲敦巴建了热振寺。

妙吉祥怙主上师宗喀巴创建卓日沃甘丹尊胜洲(甘丹寺),遍知法王格敦珠贝桑波修建了扎什伦布寺,莲花手格敦嘉措建杰梅朵塘(群科尔杰寺),三地众生上师索南嘉措建尊胜盘德勒贤林寺。前几辈达赖的手书,特别是前面所引的《宝教》说:“统治阿里、尼泊尔之间的人们,在卫藏地区建了十三所寺院。”在卫藏地区创建了十三所寺院,符合授记所说。

第二十四章

五世达赖喇嘛修建寺院的情形

水马年(1642)达赖喇嘛成为天地的主人(是年三月固始汗把达赖迎请到后藏的桑珠孜,宣称将前后藏十三万户献给达赖,建立甘丹颇章政权,达赖喇嘛成为宗教首领——译者注),四年后的木鸡年(1645)在叶茹(右翼)修建了香噶丹曲科寺,首任轨范师娘占喀尔喀哇·洛桑班觉,其后有堆隆巴·顿珠嘉措、坚叶巴·阿旺贡却热丹、康擦哇巴·曲丹嘉措。现在是色拉曼·次程扎巴,由他主持讲授和拉哇堆寺相同的摄类量论、班钦索南扎巴的戒律论著和杰喇嘛(达赖喇嘛)文库中的《对法宝日论》、隐义现观次第般若方面的《善慧密意饰自在天妙音》、《空性释离有无二边渡甚深中观大乘船》等,用药师经仪轨如意宝王的方法保护徒众。这所寺院是所因明讲经院,学僧没有去别的寺院求学的习惯,注册僧人三百四十五人,一级寺院。

土鼠年(1648)新年,在曲水雅松伦布孜宗所属的娘拉修建了噶丹曲科央孜寺,历任轨范师是平措巴·阿旺格勒、坚叶巴·洛桑坚参、琼结巴·隆热嘉措,现在由贡塘巴·格勒欧托讲授拉哇堆寺系统的摄类学,启开了知识的宽门扇,主讲课程是达赖喇嘛的中观、般若、对法方面的著作和班钦索南扎巴的戒律论著。在寺僧人二百六十三人,没有外出求学的习惯。一级寺院。

土鼠年,在约茹多蔡芒修建了噶丹松热林寺,历任主持为曲科尔林·洛桑喜饶、杰拉康巴·索南伦珠、娘占·洛桑坚参、阿里巴·西聂南杰、色拉曼·洛桑丹增。现在由墨竹哇·贡却顿珠讲授摄类学、量学和德勒尼玛所传的律学，单独讲授达赖喇嘛有关中观、般若、对法方面的论著。在寺僧人二百七十人，一级寺院。

土牛年(1649)，在如拉茹的绛南杰拉孜建噶丹欧门林寺，首任轨范师是巴日·阿旺洛追南杰。之后，有斗阿·丹巴嘉措、色拉曼·洛桑坚参、拉哇堆巴·顿珠贝桑、沃卡·多杰坚参、色拉切巴·阿旺索南。现在由堆隆巴·曲杰洛追主讲《释量论灰鬘》、扎什伦布寺杰康巴根据格敦珠的思想撰写的戒律论著和达赖喇嘛的中观、般若、对法方面的论著，以及贡如曲窘哇的《了不了义论鬘》等。举行药师经仪轨法会，保护一切徒众。在寺僧人三百二十六人，一级寺院。

土牛年，在洛扎多宗地区修建了噶丹顿涅林寺。历任轨范师是娘占岗果哇·阿旺嘉措、琼结巴·洛追群佩、康巴·洛桑坚参、拉萨·贡却格桑、琼结·阿旺扎巴。现在由止贡·群佩嘉措主持讲授《释量论》中的心类和因类学，扎什伦布杰康巴的戒律论著，达赖喇嘛的中观、般若、对法论著，以及《辩了义不了义论》、二十种僧伽等法。在寺僧人二百一十二人，一级寺院。

木马年(1654)，在仲日噶尔波宫附近的托巴日建造噶丹贤珠林寺。历任轨范师为曲桑巴·索巴嘉措、卫堆巴·洛桑雅佩、拉哇堆巴·平措丹泽、羊卓巴·洛追演潘、阿旺达曲、觉囊·阿旺伦珠。现在由让扎·洛桑丹巴担任，主持讲授日沃德庆萨却拉哇文集中的摄类学部分、德勒尼玛的律学和达赖喇嘛的《羯摩仪轨除过尊胜金色》、中观、般若、对法，以及达波洛追排巴的《般若总纲》、绛央噶哇洛追的《中观总纲》等。在寺僧人一百六十人，一级寺院。

铁兔年(1651)，在具有十善的约茹雅隆上部夏布雪山附近的地方修建噶丹推散达结林寺。历任轨范师江洛坚巴·程勒嘉措、嘉波·扎巴南杰、泽当·洛桑索巴，现在是洛札·多居嘉措。主要讲授拉哇堆寺系统的摄类学、班钦索南扎巴的律学和达赖喇嘛的中观、般若、对法论著等，用举行念诵药师经仪轨如意自在王方式护持生死。在寺僧人二百八十五人，一级寺院。

土鸡年，在叶茹的藏娘地方建噶丹曲科林寺，先后由贡塘巴·平措措佩、琼结巴·洛桑贝丹、哲蚌贡雪·喜饶曲丹、丹帕巴·平措南杰担任轨范师。主要讲授拉哇堆系统的摄类学、班钦索南扎巴的律学和达赖喇嘛的中观、般若、对法方面的论著等，举行药师佛仪式，念诵《药师佛经仪轨》。在寺僧人一百五十人，一级寺院。

以上为八座以讲授四部大论(《中观本论》、《现观庄严论》、《释量论》、《俱舍论》——译者注)为主的讲经院(性相院)。

火猪年(1647)，在雪域大地的中心伍茹吉雪(拉萨、前弘期)由一百零八位获得虹身成就的大师和后弘期阿底峡及其弟子库(尊追雍仲)、俄(勒贝喜饶)、仲(仲敦巴)等无数上士所加持的叶尔巴岩洞的基础上建造噶丹桑阿央孜寺。历任轨范师是琼结巴·洛桑扎西、娘热·洛桑南杰、聂巴·南喀索南扎巴、娘占·桑波坚参、蔡巴·洛桑丹增、噶哇顿·阿旺平措、拉萨哇·洛桑平措。现在由洛桑平措主持讲授班禅洛桑曲吉坚参著的《集密生圆二次第论》和《集密广释》等。修行坛城和护法等法行接近下密院，用念诵达赖喇嘛的不动语、药师、宝瓶修等方面的论著，做众生事业。在寺僧人一百六十人，一级寺院。

铁兔年，在阿里琼宗噶尔波附近修建噶丹排结林寺。历任轨范师是娘占·喜饶桑波、朗日拉旺坚参、堆隆巴·洛桑拉旺、帕巴·顿珠曲桑。现在由绛央坚参讲授班钦索南扎巴和下密院的南喀扎巴的方便续方面的《集密生圆二次第法》，念诵达赖喇嘛的《九尊不动金刚》、《药师佛经仪轨》等。在寺僧人二百七十二人，一级寺院。

两座新密法的密宗院，外持别解脱戒的黄色上衣而进入妙吉祥藏宗喀巴大师的教门，内入修旧译密法金刚乘的本尊咒智慧瑜伽，使雪域地区平安和谐。

铁兔年，为使蕃域九洲发展兴旺，消除前往汉地的障碍，在曲水地区建桑阿绛曲林寺。历任轨范师是曲杰扎纳哇·邬坚洛桑丹增、琼结巴·阿旺平措、多巴·阿旺诺布、囊雄巴·阿旺钦孜。现在由吉纳·洛桑南喀主持。该寺像母寺盘德勒贤林寺一样，举行妙吉祥时敌自在等别教和圆满秘密八教等总教修行实践活动。在寺僧人一百一十人，一级寺院。

化身王娘·热巾坚的甚深伏藏文说："摧毁了后藏日沃齐和前藏三山口之间的刀兵灾害。"《罪恶印》说："修藏民安乐的方法，消除东方的凶恶，用三黑咒加行业，激发加行业为要。"《右旋法螺印》说"在日沃齐建立三意本尊，立修黑阎摩罗杂"。根据这些授记，土羊年我供职政教(任第悉)后下令修建日沃齐的杜邦斯努林(伏魔洲)，娘顿扎拉哇曲杰噶惹巴任轨范师。寺院以开展妙吉祥黑长寿主伏印修供为主要活动，定期举行威猛天成、大悲、持种尸修、意修威猛力等朵玛仪式，消除清凉白园环绕的地方的四方恶毒。

水狗年，在第二佛陀邬坚莲花生大师的修行处洛扎喀尔曲建噶丹杜觉寺，由绛曲林卸任上师阿旺诺布任轨范师。现在由克增嘉措主持。每月初三举行赆仪仪式，初八为不动金刚仪式，初十、十五、二十九日，分别举行集密、清净语、三黑等护法酬补法会，祈愿政教事业圆满。在寺僧人八十人，一级寺院。

以上十三座寺院(包括两顶十一林)是根据授记修建的(一般称十三林)。

实际上，在卫藏地区所建寺院中的一部分是从他派寺院改宗格鲁派的，这些寺院与上述十三座寺院略有不同。托杰(在今后藏，是八世达赖喇嘛的诞生地)地区改宗格鲁派的其他教派的寺院，它们的寺庙名称和曲谿仍然没有改变。木鸡年，在托杰建噶丹热结林寺，历任堪布(轨范师)是达纳·格敦雅佩、扎西当巴·洛桑丹增、伦珠孜哇·洛桑贡布、散巴·丹巴达结、周巴·索巴坚参、娘堆巴·诺布坚参、果域堆巴·格敦塔耶。按照扎什伦布寺做法，教授显密教法。求学僧去扎什伦布寺推散林扎仓深造。在寺僧人一百五十人，一级寺院。

绒强林寺是妙吉祥怙主法王宗喀巴的弟子菩萨循努坚参所建，由于诅咒流行，趋入五箭(他化自在天五箭：能醉、能爱、能愚、能瘦、能缚——译者注)系缚传统而分成萨迦、格鲁、玻顿等派，属于格鲁派蕃赞巴的僧人们犹如护财管家装一把粮食一样，失散在扎什伦布等其他寺院中，又变成善观旧僧的种子，改变了波顿和萨迦派。火猪年，修建噶丹强巴林寺，供五十位僧人居住，由五世达赖喇嘛的陪辩弟子江仲巴·洛桑曲扎主持讲经。学习的主要课程有达赖喇嘛文集中有关中观、般若、对法论著和班钦索南扎巴的律论等。僧人去哲蚌寺洛萨林扎仓、色拉寺曼扎仓、甘丹寺绛孜扎仓和扎什伦布寺推散林扎仓深造。在寺僧人一百四十八人，一级寺院。

土鼠年，(达赖)下令仲达堪布图道班觉在东方达波的恰古热南杰地区修建了噶丹热丹寺。首任堪布由创建者担任，其后依次是安多哇·金巴嘉措、拉萨哇·洛追仁青、嘉绒·洛桑扎西。现在由程勒热结主持讲授甘丹寺夏尔孜扎仓的戒律和达赖喇嘛中观、般若、对法论著，念诵《药师佛经仪轨如意自在王》等，并举行法事活动做众生事业。僧人去哲蚌寺洛萨林扎仓、色拉寺杰扎仓、甘丹寺绛孜扎仓、下密院、达波扎仓等任何寺院。在寺僧人二百五十人。一级寺院。

拉堆南部的协嘎尔弥觉多杰宗附近有大译师扎巴坚参建的七个萨迦派扎仓、七个玻顿派扎仓、七个格鲁派扎仓等，各个发展兴旺。妙吉祥法王宗喀巴和莲花手格敦珠的游学辩经的弟子犹如汇聚莲湖的野鸭失去对手，当时黑魔女的誓愿流行，拉堆绛的权力由辛厦巴掌握，教规和国法混乱，何况讲授和听闻，外部出家人的标志和律摄颂的四根本亦如此，难行浊垢的本来面悠然显现的时候，让修萨吾扎仓的妄法恶趣因的人转移到别处，格鲁派的夏尔巴、色林、布尔孜、波、贡杂、乃欧、塞喀尔等寺的僧人日渐增多，木鸡年征收拉堆洛地区聂拉木的赋税新建协嘎曲德寺，扎索哇·勒贝顿珠和工布恰纳巴·桑结班觉前后任轨范师。桑结班觉制定了寺院的规章制度，新建密修院和尼姑寺，成绩突出。其后的轨范师有阿里巴·扎西嘉措、弥弭·益希嘉措、卓哇塞·阿旺益希。现在由阿旺格敦主持讲授班钦格敦珠的《毗奈耶释宝鬘》、德勒尼玛的律论、达赖喇嘛的论著和拉哇堆寺系统的摄类学。以不动金刚和药师仪轨护持徒众。僧人来自哲蚌寺洛萨林扎仓、色拉寺曼扎仓、上密院、扎什伦布寺和岗坚寺夏尔孜扎仓。在寺僧人二百五十人，一级寺院。

土狗年，将觉囊派的达丹平措林寺改建成噶丹平措林。历任轨范师是索波·洛桑丹增嘉措、霍尔·阿旺顿珠、巴尔·阿旺洛追南杰、琼结·隆热嘉措、噶哇顿巴·洛桑丹佩、托尔果·阿旺喜饶金巴、安多哇·洛追嘉措。现在由沃卡巴·仁青群佩主持讲授《量理庄严论》、德勒尼玛的律论和达赖喇嘛的中观、般若、对法论著。在寺僧人四百六十二人，一级寺院。

巴曹译师喜饶窘乃在白朗建造的寺院，噶哇顿嘉杜瓦增巴以前宗奉噶当派，后来改宗萨迦派，辛厦巴·次旦多杰献给法王噶玛巴，又奉噶举派。水马年，丹增曲杰嘉波（固始汗）的四支军队征服西藏后，奉献给达赖喇嘛。时局太平之时，寺院内仍然发生不少事，如阿阇黎寂天说："具有欲舍痛苦心，却急驰跑向痛苦；虽然欲得到快乐，但因为愚痴把快乐摧毁"。萨迦班智达贡噶坚参说："如同愚者想快乐，唯独修行痛苦事，魔鬼所植的士夫，为舍痛苦见自尽"。因此，供施双方决定在僧人和寺庙等无缘之界重修。火狗年建成噶丹达结林寺，由喇嘛格勒贝丹担任轨范师。其后的几任轨范师依次是阿旺格勒、顿珠贝桑、阿旺程勒、金巴嘉措。主修集密释明灯、法王名号、辨析、总纲，即集密释《四家合注》和克珠诺桑嘉措与班钦索南扎巴的生圆二次第方面的论著等，以讲授集密、大威德、无量寿、药师佛等密法护持众生，做众生的事业。在寺僧人一百三十四人，一级寺院。

在知识的源地彭域，讲说者之教三藏和四续部皆为补特伽罗觉悟成佛的教诫，坚持宗派的益希窘乃新建塘萨寺后积极宣讲这些教法，使寺院得到很大发展。后来，寺院被止贡兵毁坏，而移到以前寺院的南面，由于那烂陀、达隆巴等主管寺庙众多而衰落成为着僧衣在家僧的居所。铁兔年，从其他地方征收僧税，新建塘萨噶丹曲科林寺。历任说法者是拉萨巴坚参勒巴、居曼巴洛桑达结、帕翁卡·洛桑绛央、巴日·多德嘉措、拉哇堆寺卸任上师平措曲丹、多巴·南喀桑波。现在由泽当巴·欧珠嘉措讲授贤哲自在诺桑嘉措所作的《集密生圆二次第论》、贡木德·南喀坚参的《大威德二次第论》和达赖喇嘛的《道次第教授》。举行集密和药师佛仪式。在寺僧人一百三十八人，一级寺院。

铁虎年，在已搬迁的萨迦派寺院帕顿巴的遗址哲达哇上新建塔尔巴林寺，由多巴·格敦达结任轨范师。在其继任者卫堆·洛桑班觉主持期间，僧人心生烦恼，寺院混乱，几乎失空。如世亲所说："三有之根六随眠，贪嗔慢疑无明见。"木蛇年，委任措曼·阿旺平措为轨范师，现在由雅隆·洛桑勒丹主持寺院的宗教事务。该寺是盘德勒贤林寺的子寺，但是所开展的仪轨、实践、正行等活动与主寺略有不同。僧人主修妙吉祥怙主法王（宗喀巴的）集密、不动金刚等密法和遍知格敦嘉措的《胜乐铃五次第论》、《达赖喇嘛的不动九尊》。在寺僧人一百二十七人，一级寺院。

火马年，在群科杰地区的结尔娘乃巴遗址上建噶丹林寺。历任轨范师是阿旺南喀桑波、觉隆巴·洛桑坚参、琼结巴·阿旺丹增、阿旺南喀桑波再任、喀尔纳多杰坚参。主要讲授格敦嘉措的《天母传规大悲法》和《上师供》，并定期举行法会诵经。在寺女尼六十人。

木兔年，在尼藏交界的聂拉木米拉日巴修行洞卓浦树种处修建噶丹佩结林寺，首任轨范师是协曲·洛桑扎西。其后的几任是拉萨·索南嘉措、堆隆巴·程勒坚参、强钦·多居嘉措。按照格鲁派密宗学院的做法主修三黑行等密法。僧人没有去别的寺院深造的习惯。在寺僧人七十人，一级寺院。

热特那曾经授记说（建寺的地方）"不是卫藏"，铁兔年根据此授记在康区的堆欧杰地方新建嘉措林寺，历任轨范师是藏巴·格勒嘉措、木雅·桑结群佩、沃尔巴·尊珠嘉措、隆巴堆·阿旺曼兰。现任堪布是色拉哇·阿旺达结。诵经法行等同杰墨脱塘（群科尔杰寺）。僧人一般去色拉、哲蚌、甘丹三大寺的贡茹康那康村深造。在寺僧人二百多人，一级寺院。

土猪年，在下部多康如田地的巴伦珠热丹地方建噶丹潘德林寺，修近事男的堪布由第穆活佛阿旺格勒担任，首任轨范师为彭波·阿旺嘉措，其后有色拉夏尔·桑结程勒、当喀·洛桑伦珠、多德·洛桑丹巴。胜乐、集密等密法的修行方法和下密院相似。僧人求学去向不定。在寺僧人三百七十人,一级寺院。

巴康北部的索赞丹寺原属噶举派,归奉法王噶玛巴,由于寺院管理不善,经常发生混乱,使不少僧人出走。土猴年,(达赖喇嘛支持)在其遗址上新建噶丹排结林寺。历任说法轨范师是泽当巴·杜觉、热玛岗·阿旺钦孜、普康巴·阿旺南杰。定期举行集密、大威德、无量寿、药师佛等本遵法的修供,定期举行三黑行、朵敌佛母多闻子等酬补朵玛法会。僧人一般去哲蚌寺洛萨林扎仓和下密院深造。在寺僧人一百五十人,一级寺院。

马年,在噶尔雪寺遗址上建造噶丹群科尔寺。历任轨范师是江洛坚巴·程勒嘉措、洛林·洛桑群佩、扎雅·洛桑坚参。仪轨、法行、僧人学经去向都和索赞丹寺一样。在寺僧人百人,一级寺院。

土猴年,在日雪寺遗址上建噶丹热丹寺。历任轨范师是江洛坚巴·程勒嘉措、阿巴·洛桑群佩、堆隆巴·洛桑丹增、色拉曼·格桑嘉措。所举行的集密、三黑等法行同上。僧人一般去哲蚌寺洛萨林扎仓深造。在寺僧人八十人,一级寺院。

火蛇年,在多康和汉地交界的打箭炉的拉莫孜修建噶丹卓盘林寺,由阿旺绛央任上师。现任堪布是江巴·洛桑扎西。该寺为盘德勒贤林寺的子寺,诵经、法行等基本上与母寺一样。在寺僧人五十人。

一段时间内,木雅布隆拉德寺的印度扎仓颓败,火蛇年在该寺基础上建成噶丹曲林寺,由娘热·洛桑坚参任上师,现任上师是色拉曼·达曲热丹。一切法行都和格鲁派的密宗寺庙相同。僧人深造一般去甘丹寺娘绒康村、哲蚌寺洛萨林扎仓、色拉寺曼扎仓。在寺僧人四百人,一级寺院。

达波和工布交界地带的金顿噶尔查寺是由红帽法王所建,水马年(1642)持教法王固始汗供施双方的军队来到工布噶尔斯毁坏寺墙,由于僧人没有觉醒的行为导致寺院彻底失空。铁兔年,达赖喇嘛发心新建噶丹拉孜寺。历任轨范师是帕仁·塔尔巴嘉措、嘉仲·西尼嘉措、达多

·桑木旦嘉措、帕仁卸任堪布南喀桑布、达波·仁青曲嘉。现任堪布是色拉曼·洛桑克尊。所开展的集密、三黑等法行同下密院，念诵十三尊不动金刚、达赖喇嘛的药师佛经仪轨如意自在王等经咒等，护法酬补仪式照群科杰寺做法进行。一般僧人去哲蚌寺洛萨林扎仓、色拉寺曼扎仓和甘丹寺绛孜扎仓深造。在寺僧人七十一人，一级寺院。

前代福田与施主赐给盘德勒贤林寺不可思议的寺庙曲谿等顺缘，使寺院得到很大发展。《宝积经·饮光品》说："兽王狮子虽然丧命，但是其他弱小的猛兽见了也不忍吃其肉，只有它腹腔内的虫食其肉。若尔，佛教不可能被外道毁掉，而是有可能从佛教内部毁坏。"萨迦班智达说："上人们虽然没有敌人，却被自己的侍从所害；如果狮子不是由其身上的蛆虫吃掉，其他动物怎能吃它。""有些人把从其他薄情寡义的恩惠中得来的变成自己之大。龙努力降下的雨水，被算作田地自己的福德。"盘德活佛和昌都温仲协瓦桑波不念恩惠，坚持用头撞击康工（康区、工布）连结的山顶而破坏禁戒，当持教王达延汗发兵那里时，却像荧火虫一样，当太阳光升起后其光自动消失，骄傲之脸落在地上，安居在嗔心的暗床上，错移寺庙。火马年（达赖喇嘛支持）修建觉宗噶尔扎仓代替那座已毁坏的寺庙。历任轨范师是琼结·顿珠嘉措、欧尔巴·尊追嘉措、哲蚌·洛桑桑杰、强钦·多居嘉措、洛桑喜饶。所举行的三黑和集密等法行同下密院。一般僧人深造去哲蚌寺洛萨林扎仓。在寺僧人一百零八人。一级寺院。

木鸡年，（达赖喇嘛）下令散仁青孜哇·拉桑居勒修建诺布曲佩寺，任命仲孜·格敦雅佩为首任轨范师，其后是丹巴达结。现任轨范师绛央群佩主持讲授摄类学和达赖喇嘛的中观、般若、对法方面的论著。按照上密院的方法学习密法。一般僧人去扎什伦布寺推散林扎仓深造。在寺僧人一百三十人，一级寺院。

火鸡年，（达赖喇嘛）下令定结赤嘉将查嘎哇寺改建成扎西群佩寺。历任轨范师是勒巴坚参、达纳巴·格敦顿珠、散巴·丹巴达结、科喀丹达尔、彭波·洛桑贡噶、艾巴·洛桑益希、日喀寺卸任上师阿旺嘉措。学习集密、大威德、普明大日如来、药师佛经等的方法同格鲁派其他寺院。僧人去扎什伦布寺推散林扎仓、江惹塞顶、哲蚌寺洛萨林扎仓、色拉寺曼扎仓深造。在寺僧人一百八十人，一级寺院。

这座寺院是为了祈祷雪域平安而修建的一所格鲁派寺院，由曲沃的长寿水修行院、仁布贡拉的艾桑林、羊卓斗隆的桑阿曲科、扎齐欧门卓林等寺院组成。我执政后下令嘉噶尔哇于铁猴年在洛扎玛尔巴·曲杰洛追曾居住过的地方修建了集密法讲解院噶丹桑阿德庆寺，首任轨范师是琼结·顿珠嘉措，其后是洛夏尔哇·次旦南杰。现任轨范师堆隆巴·阿旺坚参根据下密院的方法讲授《集密四家合注》方面班钦索南扎巴和达波·南喀坚参的《集密生圆二次第论》、《大威德生圆二次第论》。定期举行诵经和集密、胜乐法会。在寺僧人六十四人，一级寺院。

拉齐曲瓦瑜伽自在笑金刚的隐修之地非常殊胜，这里曾涌现出了许多讲修方面很有成就的僧尼。按照枳枳王的梦中授记，显密教法都属于净饭王之教，没有特别之处。后来漂泊在非求解脱上，好象不安心(不温顺)的聚蕴一样，逐渐出现首领，成为佛教和俗人的福德田。铁鸡年，创建了噶丹卓盘林寺，桑结平措担任轨范师。现任轨范师是顿珠群佩，定期举行集密、金刚大威德、佛薄伽梵不动金刚等修供仪式。在寺僧人四十一人，一级寺院。

以前孜岗修行院颇具规模，可是中间有一段时间住寺僧人减少，几乎失去了寺院的样子，由一两个旧密咒师改宗，成为一所利乐旧寺。铁猴年，在此基础上新建噶丹曲林寺，前两任轨范师是彭波·洛桑贡噶和阿沛·洛桑顿珠。之后，由色拉曼·洛桑多杰等历任恰纳喇嘛管理，仿照格鲁派其他寺院的做法修习三黑法等。一般僧人去哲蚌寺洛萨林扎仓深造。在寺僧人一百二十人，一级寺院。

铁猴年，建噶丹拉旺林寺，念诵法、上师等同噶丹曲林寺。二级寺院，在寺僧人一百零二人。

大圣莲花手(观世音菩萨)清凉利乐的作者以人的姿态(样子)来临，松赞干布所化的比丘阿噶尔摩底尸罗被派遣到中印度金刚座迎请誓愿本尊神，当他来到尼藏交界的欢喜林中，看见诃梨旃檀树被光网缦着，水牛每天把奶洒在树根处，于是动手把树从树根截断，这时树中发生声音说：请慢慢截。树被截成四段，自然形成满愿观音、顶阁观音、彩铜观音、世自在观音，分别安置在芒域、玚布城、印尼交界和雪域西藏。其中圣满愿观世音菩萨像在吉隆（芒域），授记说："吉隆尊者驾临伍、约地方。"这是被魔酒所醉，取舍的步伐弯弯曲曲。即使幻变住在布达拉宫，也由五世达赖喇嘛下令送回原地进行献供。木鼠年，清净四僧连续建。

羊卓地方的由阿弥陀佛主管的周贡桑日和玻勒曼窨二寺，中间有一段时间房舍像季夏（藏历六月）的杜鹃一样被冲毁，僧人被追赶到门域，两所寺院自行毁坏。木牛年，建桑热曼贡寺，作为塔日贤珠林的子寺。实际上，由贤珠林寺上师负责管理，委任一名轨范师主持法务。所进行的大威德、药师佛、不动金刚等仪式和法行同母寺。一般僧人去哲蚌寺洛萨林扎仓深造，在寺僧人十五人。

过去，洛札帕尔林和杜尔超拉卡两寺只有尼姑，她们严守佛教戒律，清修佛法。水狗年，扩建成十善噶丹扎西林寺，增加了僧人，由杜觉林寺轨范师兼管。主修达赖喇嘛的《观世音菩萨修法除有寂之苦》，举行上师供等诵经法会。一级寺院，在寺尼姑七十人。

错那的朗曲寺是由洛扎大成就师南喀坚参所建，原来宗奉噶当派，中间改奉噶玛噶举派。后来教派不十分明显，怀疑自他的妙集彻底失去。铁鸡年，改建成尼姑寺噶丹卓盘林寺，周嘉巴·洛桑绛边担任上师，其后的上师是色拉曼·贡却南喀。现任上师是色康巴·洛桑扎西。主诵达赖喇嘛的观世音菩萨修法除有寂之苦及其相关的《大明六字陀罗尼咒》，举行上师供仪式。在寺尼姑一百六十人。

这样，为新建的大中小一切寺院僧人赐给全年的薪俸、茶饭和举行定期法会所需的足够曲豀、布施、商品、赋税等费用。

第二十五章

在各寺新建佛殿、三所依，分赐曲豁、供品

另外，等觉佛圣光祥积王爱怜雪域众生，想念着执取为比丘王（圣僧王）的样子，生为世间顶饰五世（达赖喇嘛），他一生信守上师处之语，熟习贤劫海，其语连物都不能破，何况用心？法性遮蔽政教名义天空，通达天地坛城道场。丹增曲杰嘉波（固始汗）下令福田和施主支持黄帽派教理的寺庙（格鲁派寺院），好象未向前藏各派寺庙部众摊派田地税租，直到第悉索南饶丹（又作索南绕登、嘉赖群、索南群培和央萨贡玛——译者注）时才开始实行，但没有记录在蒙式《拉当颂》的册子上，也没有记录工布塞斯等新制规定，对此进行了查询，但尚未确定，觉得无果而停止。

三大寺（色拉、哲蚌和甘丹）决定了一些前藏僧人的来源，其余的《五世达赖喇嘛传一云裳》清楚地有记载。在此简要介绍如下：在吉祥哲蚌大寺修建了面积一百零八柱的大经堂。概括起来说，在布玛经堂和弥勒佛殿分别建立金铜屋顶，安装大小屋脊宝瓶；在本生殿顶建立了一对金制胜幢；为大经堂建造了顶弈、旗幡各一面（对），陈献香囊一对；向十佛殿和上密院供献食品、长明灯、糌粑二百二十六官秤克、酥油二百二十五克。

在盘德勒贤林寺的噶蔡密咒经堂、身依上殿，分别为母亲和第悉索南饶丹建造了释迦牟尼银铁质像和宗喀巴金像；在菩提佛殿塑造了释迦牟尼至妙吉祥贡却群佩之间甚深和广大行两大传承的五十六位上师像；在弥勒佛殿建造了弥勒大佛像和哲蚌寺十四位堪布药泥像。在格

桑殿铸造了千佛响铜像；在色格佛殿建造了佛、菩萨像六百九十一尊；在银制灵塔殿南面建造了噶当灵塔夏茹玛像五十七尊，噶当勒玛雅蔡热像等一百零三尊，从东到西建造了噶当响铜大像六十九尊。在本生佛殿造药师佛等身像；赐给甘丹颇章和贡噶拉哇大经堂大量的印度、上部霍尔、汉地的造像材料响铜（合金）和水晶石、白玉、玛瑙、金银、铁器、碗、宝垫，以及蒙古锦缎制作的旗幡、华盖等。在主尊弥勒佛像周围制造了宗喀巴、昆顿·班觉伦珠、达赖、邬坚大师莲花生、药师佛七尊、噶当四尊、多杰扎丹等上师像，成为雪域一大庄严。另外，还制造了一幅弥勒佛为主尊的小佛像塘卡。在大经堂绘制了反映释迦牟尼佛事迹的如意宝树集市壁画，檐下走廊绘制的庄严世界画是根据克珠杰的《宗喀巴大师传——起信津梁》画的。通天柱上绘制了菩提道次第上师传承图；门房绘制了四大天王像，东壁为世界轮回图。在银塔殿旧壁画的基础上绘制了三十五佛像、二十一度母礼佛图，上方绘那塘百本和妙吉祥天众画。在夏热新经堂建造十地菩萨、集密、胜乐、大威德像。在寝殿蒙式屋檐上绘制了三世达赖索南嘉措传记庄严国土画。石板地面的座背上作宗喀巴师徒三人像。在德央佛殿当雪新殿建造大型弥勒泥像，经堂壁画是宗喀巴、三十五佛、十六罗汉、格敦珠巴本生、退敌佛母、威猛佛母、乃琼护法等像。甘丹颇章向阳旧窗上绘制了阿底峡传记庄严佛国图、长寿天精舍和噶蔡欢喜园图，这些壁画内容取自译师、班智达和其他贤哲的传记，反映人类起源和教法的形成过程，非常精美，夺人心弦。密殿的壁画是八大清净弟子围绕宗喀巴和集密、胜乐、大威德、五种姓佛（或五部佛，指大日如来佛、不动佛、宝生佛、无量光佛、不空成就佛——译者注）、普明大日如来、护法神等像。天窗檐绘画了十地图。提供汉文版《甘珠尔》一套、金粉书写的每叶十七行的藏文《丹珠尔》三套、前藏版《宗喀巴全集》一套和历辈达赖喇嘛文集。

意所依（佛塔、灵塔）方面，补建了四世达赖喇嘛云丹嘉措灵塔未完成的部分，整座灵塔高约一层楼的三分之一，上面镶嵌珠宝。用一千六百两白银制造了释迦牟尼佛塔，镶以珠宝；用八百七十二两白银为第悉程勒嘉措建菩提塔；用三万两白银建造班禅灵塔等。

曲谿（寺庙庄园）方面，赐给哲蚌寺以喀尔查苏夏囊差民二十户，年收粮近两千一百克的土地；穆乃萨哇差民八十户，年收粮两千八百克的土地；桑姆和桑珠托曼等差民四十户，年收粮三千八百克的土地；澎域鲁顿、冲堆、巴擦坎布、日增、雅科摩等土地，年收粮近九千克；协伦珠桑佩和岗康萨尔土地，收粮近两千七百克；雅德色日朗哇摩差民二十户，年收粮近二千七百克的土地，作为第悉索南饶丹的定期祭祀费；萨贡达隆扎纳摩觉丹等差民三十二户，年收粮近一千五百克的土地，派差纳草木。赐给哲蚌寺扎西果莽扎仓以桑卡尔堆岗的收入。赐给洛萨林扎仓以江姆曲谿差民十二户，年收粮七百克的土地；赐给德央扎仓以德协贡巴萨坚差民八户，年收粮七百克的土地；赐给桑浦哇以四个半堆岗、十五堆顿，年收粮四百克的土地。从杰德划给密宗扎仓的差民十户，收粮三百克的土地。每年赐给七所扎仓糌粑各五十克。赐给哈尔东康村以杰卡尔哇差民十六户，年收粮八百克的土地。修建了乃琼寺，壁画中心是邬仗那萨堆尔玛，周围是八相。新建释迦牟尼佛、仲敦巴、宗喀巴及前四辈达赖喇嘛像等。

（以上为五世达赖喇嘛在哲蚌寺所做的事业）

在色拉大乘寺佛殿和大经堂彩绘壁画，建立金铜屋脊宝瓶等。在两座拉康的第一座拉康中建造金银、合金佛像一百九十二尊，金铜、铸铁佛像一百六十八尊，红檀木雕像一尊，高一肘的三分之一的弥勒佛银像一尊，用响铜制造了文殊、金刚手、观世音、地藏、除盖障、虚空藏、普贤等七大菩萨像各一尊。第二座拉康中建造了一百二十九尊灵塔，一百八十六尊黄铜像，并陈设供品。为大经堂绘制了菩提道次第传承壁画，在二层日光殿壁面上绘制了神变图、阿阇黎月称与旃陀罗阁弥（八戒居士月宫）辩论龙树和无著两派思想的辩经画，制作了一幅大型锦缎佛像。

意所依方面，用三千三百两白银制造了如来八塔，各个以珍宝相饰。

曲谿方面，前后赐给差民六十户，年收粮三千克的土地；南木萨曲谿差民十八户，年收粮一千四百克的土地，作为公共基金，用于供祭丹增曲杰嘉波（持教法王，指固始汗）。后来，增拨都哇、朗贡、贡拉曲谿差民十七户，年收粮一千三百克的土地。赐给哈尔东康村以聂塘格科哇二冈地，收粮约二百克。

（以上是五世达赖喇嘛为色拉寺所做的事业）

为甘丹尊胜大寺院（甘丹寺）制作了一幅释迦牟尼绸像，释迦牟尼像的周围有宗喀巴、嘉央贡却群佩、药师七兄弟和多个拉仲（天客）像。为羊八井佛殿绘制了壁画，内容是继任甘丹赤巴的藏巴七传（贾曹杰、克珠杰、夏鲁巴、洛追曲窘、哇索·确吉坚赞、洛追丹巴、曼兰贝瓦——译者注）、文殊、白度母、十六罗汉、达磨居士、四大天王、一世达赖格敦珠本生奇异庄严画等，周围有菩提道次第两大传承、无量寿佛、不动金刚、尊胜胜敌佛母、大佛母、白伞盖、红黑本尊、大威德、大轮、黑白六臂护法、阎业王内外秘三尊、退敌佛母等像。门房壁面上绘制了四大天王像；集密殿二层绘制了第二佛东方宗喀巴大师的事迹庄严壁画，雕塑了集密、胜乐、时轮、金刚界、普明大日如来等本尊像。用四千六百七十两白银制造如来八塔，以各种珠宝镶饰，纪念第悉索南饶丹。向佛法众生怙主我们黄帽派创始人宗喀巴的灵塔敬献了五十次五种供品，向八如来献供品各五次，全年所献供品费用折合粮食两千八十七克、酥油一千八百四十克、香料三百七十八捆、灯心布四贡玛。修缮了经堂，补画壁画。修缮屋顶的经费是由施主达赖浑台吉提供的，提供粮食一万三千三百克，用于补缺。

曲谿方面，为娘绒扎仓赐给澎域次茹差民八户，年收粮二百三十五克，每年拨给粮食二百三十二克。新修群科杰墨脱塘经堂，面积十六柱，另外修缮了伦珠噶蔡护法殿和提邬郭札殿，造置金顶；为经堂绘制了舍卫城法会庄严壁画和四大天王像；在天窗檐绘制莲花手格敦珠本生略图、护法上师传承图。护法殿内造三黑本尊像、帐面怙主像、退敌佛母像、贝孜护法像、至尊胜幢者像、达果协嘉像、嘉拉热桑像和嘉姆秋姆像等，陈设供品，从原来的帐簿中支付一百六十名僧人的薪费和佛堂用具购置费。在原来的基础上，护法定期朵玛供增加到八次。伦珠噶蔡护法殿僧人从五名增加到十五人，赐给二十名常住僧人的费用和僧人税，定规布施。

为吉索庄园赐以赖浦达洛曼、扎囊塞扎等差民一百八十七户，堆穷二十七户，年收粮约六千克的土地。在每年布施粮二十克的基础上，为打箭炉寺增加布施，每年保证金石银百两。

从沃卡征收粮食七百九十三克，从南杰宗征收七百五十克，从拉萨强佐提取内装六块的长条茶二十包、酬补账面怙主的基金粮食二百三十五克、酥油六十八克、湘潭雅居茶十驮半等用于日益增加的开支。

为勒贤林拉让冬季法会赐给费用粮食约五十五克，从桑日尚当提取粮食四十克，协涅曼巴三十七堆岗，年收粮六十二克的土地。

从曲杰颇章分给慈氏祈愿法会粮食百克；赐给噶蔡寺翁则粮食六克；为噶蔡寺赐给供祭品折合粮食约六十九克。

在南杰盘德勒贤林扎仓的哲蚌扎西康萨尔、桑阿颇章、参康、布达拉的桑阿噶蔡、苏努觉等僧舍绘制壁画；在桑阿噶蔡内殿建立三黑本尊、金刚橛、多闻子、账面怙主、贝孜护法等浮雕像；在地母殿建造了守螺龙王母浮雕像；在桑阿颇章护法殿浮雕金刚童子、阎业内修、退敌佛母、多闻子色钦、贝孜护法等像；为每个僧舍绘制了随顺诵经的上师、本尊、佛、菩萨、护法等壁画，根据墙面大小绘制了三十一幅像、黑色塘卡三十一幅。

语所依方面，赐给《丹珠尔》和《甘珠尔》各一套。

意所依方面，配置金刚橛法器全套，做工精细别致，从稀世材料制成的三所依品出人意料，政府不提供息、增、怀、伏四业供养仪式费用，而由(达赖)赐给聂塘卡尔阿哇差民五十户，年收粮三千四百克的土地；泽当多欧所属庄园差民七十大户，年收粮六千五百克的土地；牧区赞塘所属的欧、洛、江三地的三十堆增(dud - vdzin)，收粮六千三百克的土地。另外，从拉萨达波朗康巴、群科林巴所属聂塘和当雄曲谿收入中分出一部给南杰盘德勒贤林扎仓；赐给以多伦珠颇章所属的差民六十三户（堆增），收粮两千三百克的土地；昌果德吉班觉田地、房舍、户数。

为扎什伦布寺的拉让和寺院曲豁赐给堪巴宗、吉隆、秋雄达结庄园冲堆赤康、兰、嘉钦孜、绒措、香、央等阿尔苏时期的七百顿岗（vdon－skang 计量单位）的收入。为该寺密宗扎仓赐给雪仲、窘两处曲豁；为吉康扎仓从帕宇分给土地；赐给推散林扎仓以达纳日科和扎西达结两处豁卡；赐给夏尔孜扎仓以塘波日、嘉日卡堆等二百九十五顿岗的收入，这些豁卡原来既不属于拉让，也不属于政府，而是由各扎仓兼管。

在多康绛地区，三世达赖喇嘛索南嘉措创建的理塘图旦强巴钦波林寺在一段时间内发展很不景气，几乎名存实亡，（五世达赖）重修佛殿，用百余驮铜和黄金维修大能仁佛的莲花宝座，在内殿制造了一层楼高的弥勒佛药泥像，在大经堂绘制了反映我们的导师事业的百幅壁画和宗喀巴大师传记图。由于达尔罕噶居等人见识有限，绘制佛三十四本生传壁画时增加了杰让雄巴所作的百本生根本画。赐给由绛萨塔王（丽江木土司）资助、根据《蔡巴目录》刻印的《甘珠尔》一套；为参加定期法会的四百五十名僧人提供诵经费用，每日施茶两次，共八次；为五神变节和二十七次时供法会提供顺缘。

曲豁方面，为本派以辩论而闻名的根本寺院达仓拉哇堆寺赐给聂浦噶丹豁卡差民十七户（them－vdzin），年收粮一千五百克的土地。赐给聂塘第哇巾、笃八寺、琼结日沃德庆等寺院以缎制弥勒像等三十五幅，作为公共财物（公基金），居仲萨尔差民十堆增，年收粮八百克的土地，帕德巴日娘玛的租金粮食二百六十克。

为帕翁卡菩提树林寺建造昆顿·班觉伦珠药泥像，高约一人。赐给该寺以聂塘扎西岗豁卡差民十户，年收粮六百克的土地；娘占、迦玛、哇坚差民三户，收粮约六十克的土地，作为寺院僧茶费。

为雪域清凉地一切理论的源头吉祥（桑浦）内邬托寺赐给从聂昌征收的租粮一千五百克。从铁鼠年开始，为每年的夏季法会施放僧茶十到三十次。把墨竹江仲村下面的豁卡差民十六户（them－vdzin）、年收粮六百克的土地赐给扎哇尔扎仓。

在噶丹桑阿绛曲林寺新建的经堂拉让内绘制了十地壁画和集密、金刚大威德、尊胜佛母、度母、黑白六臂护法、内外秘三阎魔业、多闻子、贝孜护法等画像，重描了意修三尊、八教、北藏金刚橛、手印伏胜、退敌佛母、永宁十二地母、遍入、白魔、威力四部、五佛等旧壁画。檐上绘制了本尊护法上师传承图；门房内绘制了生死流转图和四大天王像。

赐给噶丹桑阿绛曲林寺以嘉萨和科玛差民二十五户，年收粮食一千零一克半的土地。

为噶当派的源地热振寺建造不动佛和红黑怙主浮像，为该寺祖拉康绘制了以如来、阿底峡、《噶当宝书·子法本生传》、印度八十位成就师、印度十六罗汉、菩提道次第上师传承、药师七兄弟、大威德、集密、噶当四尊、救八难度母、三黑尊、西南怙主、多闻子、穷噶哇大师等为内容的壁画，赐给几处曲豁。

赐给俱胝律教的源地觉摩隆寺以卡尔仲豁卡差民。

从达波洛曼巴当、廓萨隆、扎囊豁卡分给沃卡藏协寺(精其寺)以差民，维修了该寺祖拉康，在大经堂绘制了以宗喀巴和八大弟子、一世达赖喇嘛本生、三十五佛、十六罗汉、三黑尊、持梃护法、忿怒明王等为内容的壁画；在天窗檐绘画噶当四尊像。

为扎西德庆寺提供缎制集密、妙吉祥金刚塘卡和回向费用，赐给窘卡、欧仓豁卡，年收粮近四百克的土地。

赐给泽当五供寺年收粮食近三百克的土地和堆康后面的小蘖药场，为康萨尔两名僧人提供生活费。

赐给绛桑木旦孜巴寺以当波且哇所属的扎切、嘉雅坚差民三堆增，年收粮食三百五十克的土地。

赐给群佩寺以宇帕豁卡差民十七户，收粮一千四百克的土地，作为宗喀巴纪念日燃灯节法会的费用。

赐给伦孜曲德寺以达纳扎西当豁卡差民五十二户，年收粮三千五百五十克的土地。

为乃娘夏仲噶丹巴灵塔定期祭拜法会和年供法会，分给香哲喀诺布岗和伏魔协雅谿卡差民七户，年收粮六百克的土地，作为法会基金。从乃娘协雅差民租税中分给额凯绕结新寺一部分。

赐给温萨寺以托曼门宇小谿卡、章木萨贡巴土地一岗，差民十三户，年收粮五百五十克的土地和班达措哇、查玛的租税等。

为协夏尔曲德寺属寺章索赛喀寺赐给雪隆谿卡差民五户（them－vdzin），年收粮一百克的土地。

据统计，卫藏地区各教派三级以上的寺院共有一千八百余所，僧人近十万人，（五世达赖喇嘛）为其中的格鲁派的一、二级寺院分别发放布施，冬春两季法会期间施放僧茶，布施金银、茶、粮食、马、糖、铁、布等多种物品；为三级寺院每隔两年发放布施一次。秋季为一二级寺院中比较重要的三百多所寺院发放布施。

赐给工布盘德寺以欧雪曲郭谿卡，差民六十户，年收粮一千零一克半。

赐给农·尼玛塘寺从工布顿地区征收的帕顿税租粮食近五百克。

为达波旺仁曲德寺分给工布上部地方官员掌管的谿卡差民十堆增，年收粮食约一千一百克的土地。

木龙年，为琼结宗附近有关护法殿的一百八十名僧人发放定期布施粮食两万七千三百余克。

木蛇年，为达波和工布地区的寺院发放布施，为全体百姓放粮。

为达纳多杰丹寺布施相当于能收入官秤一百克的土地。

赐给贝科曲德寺（白居寺）以麦达都雄所属的帕嘉章康和卓喀宇协谿卡差民八户，年收入粮食五百五十克的土地，作为祭祀堪布额尔德尼的基金。

为日沃曲林寺提供缎制五部佛像塘卡，出资修建洛扎巴沃外塔内的银塔，塔顶安装了宝瓶。赐给昌珠寺以扎西则王萨央坚玛所属的一部分土地和贡查努的税租，共计粮食二百五十克，作为祈愿法会的基金。

第悉程勒嘉措上报的僧人多，为了解决顺缘不足的困难，（五世达赖喇嘛）加拨伦珠岗宫的奚谷卡差民十七户，年收入粮食两千五十克的土地。赐给托嘉曲廓一岗土地，收利粮二百八十克；从颇章支出三百克；扎西热巴的江赤康奚谷卡差民十一户，年收粮一千一百五十克的土地；从图嘉林和麦珠林分给草场、二岗土地，收粮三百九十六克。

赐给曲水塔尔巴林寺以赤东乃仲管理的自耕地，差民三十，年收粮两千克。

为琼结兰仁寺（菩提道次第寺）分给琼结达孜钦一岗土地和附近部分土地，收粮一百五十克，后来增拨属于擦江塘的三成土地。第悉索南饶丹执政时期，为琼结的坚叶寺划拨土地牧场，这次（五世达赖喇嘛）增拨属于雅堆绛苏卓姆哇的部分土地，收粮一百克。

在每年藏历正月初一到十五日期间，为念诵《药师佛经仪轨》的推散达结林寺二百九十五名僧人提供茶饭，从巴章、雅堆、珠固划出土地。

为小昭寺长期念诵《药师佛经仪轨》的僧人提供费用，应桑耶大护法的请求，布施点燃佛灯的基金，赐给迦绕差民十二户，年收入粮食一千四百四十克的土地。

为雪多地区协察曲德布德玛分给迦贡察热的佛殿、佛像、佛塔以及僧房、耕地、租息等。

把曾经由琼结第一任戴琫占有的土地和官府差民四户、纯收粮食六百克的土地等赐给琼结扎西德庆寺，作为每年举行的为期三天的念诵《药师佛仪轨经》的费用。

为拉孜曲德寺举行的为期八个月的定期法会提供费用；十五日，由宗政府提供祭祀所用的器具、茶饭；二十五日，主诵《药师佛经仪轨》，寺院库房提供祭品和茶饭。

止格拉康是专门为当地人（包括已故者）举行布施、供奉、祭祀的地方，法会期间日沃德庆寺的八名僧人负责诵经，主持仪式，五世达赖喇嘛提供茶饭等顺缘。为哇索活佛阿旺贡却尼玛分给巴雪桑珠寺所有奚谷卡、三所依、供品和八百十五堆增，在前后藏征收粮食超过二千七百三十克。

赐给雅隆扎西曲德寺以康琼哇的房舍六百，以替代凯塞租税。

关于第穆活佛阿旺南喀嘉央的曲豁，长期以来与苯教牵扯不清，这年得到了根本解决，赐给新豁卡洛绒宗的巴尔堆巴和雪阿、康域德本、协孜的色玛巴、结噶堆仲曼日超、扎夏尔、尼隆、波夏尔、仲松、南贡欧、萨哇贡巴顿协、固尔塞等，差民三百六十户，年收粮六百克。

赐给帕曲德寺三百多名僧人每月每人官秤斗粮一驮(或一克，十七世纪，第巴噶玛·丹窘旺布制定的衡量单位)，每天增加一次饭。为参加正月和四月念诵《甘珠尔》法会的僧人供应茶饭。

阴历一月、二月、三月、十月四个月中，格鲁派一百十一所寺院的僧人聚汇佐岗诵经，第一月诵《甘珠尔》，达赖喇嘛提供费用和服务。琼结扎西德庆等四座寺院举行定期念诵《药师佛经仪轨》的法会，(达赖喇嘛规定)从四月七日到法会结束，增加八僧诵《药师佛经》一次。

资助日沃曲林寺四院在雍布诵《药师佛经仪轨》和念诵十次《妙臂百印经》。

为欧·阿热贡巴增赐给曾属于宇杂和僧格岗巴的豁卡，差民一百一十六人，小户六户，年收粮食相当于官秤六千一百克的土地。资助组织商人和巡回医疗队经商、诊治疾病，解决茶费。

一般说来，巴塔齐寺原来有两名香灯师，(五世达赖)允许增加到六名，并提供茶饭，资助八僧念诵《药师佛经仪轨》。

每年从擦哇协嘎尔豁卡分给拉齐多寺粮食三百克。

决定把争议较大的拉康当豁卡划归木勒阿燃巴的管家桑木旦桑波私人所有。从木雅地区的木勒附近分出差民三百和土地给喇嘛嘉央扎西活佛和木勒饶强巴。

噶丹贤珠林寺的五十名僧人从每年四月七日起集中在雪多伦珠弥居热丹寺念诵《长寿仪轨经》，为期一月，达赖喇嘛提供全部费用。为多康果洛扎尔哇寺增拨豁卡，把五十名叛乱分子分给该寺作差民，赐给年收入粮食三百五十官斗的土地，增加粮食三百斗，解决粮食短缺困难。

赐给康区布底寺以差民、粮食三百克(从雪多分出)和皮肉,维修倒塌的经堂。

温布译师在任图旦格佩寺堪布期间,(达赖)每年从拉孜分给税租藏升粮食三百克,并规定该寺长期诵经,以纪念擦尔钦法王,每十年增加十名增人,保证僧源。

叶尔巴噶丹桑阿央孜寺汇报有关奚谷卡、定期布施、税租等,请求予以解决。(达赖)赐给属于仲堆积如山的丹仲奚谷卡,大小差农四十,年收粮食三千八百二十克,并增拨牧户。

赐给孜拉岗则固当贡噶尔扎仓粮食六十九克,田地四分,作为金刚橛修供法会的公基金。

江饶塞当寺被称为集密修供的源地,集密法的讲修像夏季的大海一样兴盛,而且定期举办忌辰祭供法会。(达赖喇嘛)赐给盖仲奚谷卡和三所依供品、差农四十,年收粮一千七百四十克的土地,作为公基金,并指示要常年举行集密修供法会,保持长期聚会的优良传统。

藏历土羊年正月(神变月)初八日开始,由噶丹塔尔林寺四名僧人和烹茶者在大昭寺举行上座供养法会,达赖提供全年的供品、基金、薪水、茶饭,粮食二千零六克。

每年的一月,邦仁曲德寺八名僧人举行为期七天的礼供上座法会,达赖喇嘛提供费用,要求增加念诵《药师佛经仪轨》。赐给澎域拉康以仁布地方雍卡尔隆差民八户,年收入粮食六百六十八克的土地。应恰纳寺喇嘛扎西群佩的请求,在原塞木差农的基础上增赐堆穷、堆钦三十八户,收入粮食三百零六克的土地。

多康地区有不少势力相对较弱的格鲁派寺院,达赖从寺院附近为它们划给土地、僧源,并答应赐给长期所需费用。决定采用红黑二印区分萨迦派与宁玛派寺院,要求严格按照规定行事,否则强迫改宗格鲁派,并根据地区特点制定寺规。

在原有土地差民的基础上,赐给扎卡尔托寺用于供养三所依的供品、房舍、田地，制造高一庹的释迦牟尼金佛像一尊、弥勒佛大小像十一尊、泥雕像三尊、欲界自在母像、天成佛母像，以及灵塔，提供佛经五十函、宗喀巴等人卷轴画像十九幅、缎制旗幡、花盖、钹鼓等，还有布帽、面幔多幅，粮食约六千二百六十克。

赐给改宗格鲁派的扎则托寺属于杰曲拉康的三所依供品、房田，全部作为公基金，提供金、响铜制作的佛、菩萨像十四尊，以及药泥像、灵塔、佛经、卷轴画和法器多件，年收粮三千九百三十克的土地。

噶丹曲林寺接管了朵热岗地区的苯教寺院白玉达巴让周寺，达赖赐给粮食五百克。

赐给格哇喀寺原木绒都拉寺的佛堂和次绒达拉房舍等，年收入粮食四百四十克的土地。

赐给居苏尔寺原温贡凯朝巴和娘阿嘉措塞邬绒阿噶尔浦的房屋田地，从廓夏巴税收中分给粮食约五百六十克。

为德洛新寺划给原属达达日超巴、温贡格拉、贡巴僧格、欧格德日寺耕种的田地，收粮三百四十多克。

为东格阿却寺划给原属培洛寺的喀藏托杜本拉的八处田地和部分赤嘉姆涅夏、措托的房舍，年收入粮食约三百三十克。

赐给乃廓阿却寺以索南雍仲的田地和巴宗绒杜热的房屋，年收入粮食二百七十余克。

划给多阿却寺原属温贡杜拉哇的房屋田地，收入粮食约一百一十克。

将甘仓巴的土地一岗和空宅田地十份的利息划给堆隆措曼拉康。

免除了香·噶丹曲科寺欠西宁喀廓的四十一两白银。

为宗嘎却康委派香灯师，规定每月举行七次供，每年提供粮食约一千四十克。

决定在沃卡的南杰斯康和第哇巾寺设立长供。从拉孜和昂仁支给(分给)查噶尔曲桑寺粮食各二百藏升。赐给沃卡曲聂寺每年的十日供法会粮食五十六克，作为供祭费用。

从拉萨分批给叶尔巴十四所殿堂送去足够昼夜点燃的酥油灯心油和灯心布。

规定赛尔和桑两个地方为康区巴哇尔曲德寺的僧源地，提供资金维修寺院，讲授胜乐、集密等密法。为两个拉康提供足够昼夜用的酥油，长期供养。

嘉木达和噶丹饶丹寺两寺和解，达赖赐给差民一百六十人，年收入粮食一千三百六十克的土地。资助三百多名僧人于一月初八、二月初十、四月十五日、六月初四日、八月初十五日、十月初八日在几个经堂燃灯，举行燃灯诵经法会。

赐给巴拉觉寺八瑞相、七政宝、孔雀伞以及费用，共折合粮一千四百克。

左贡桑阿林和包木达阿德庆寺僧人收入少，条件较差，达赖拨给两寺六包装长条茶各五包、酥油各三克、食盐各四驮、粥粉各三十克、全羊肉腔各八块；为燃灯节法会提供酥油各五克、灯心布及柽柳。建立了洁白事业三秘密所依，其中身所依（佛像）方面，为纪念丹增曲杰嘉波（固始汗）建造药师八如来银像，在主要地方殿堂造肘高金刚手像、两尊上师金铜像。在布达拉宫圣观自在菩萨洛格夏若像周围建造八大侍佛弟子檀香木像、上师像、响铜像、汉式佛殿等。

在拉萨布达拉宫北面新建了迦宇玛（四柱）佛殿。资助为拉孜曲德寺佛殿建造能仁佛像、舍利子像、目犍连像、八大侍佛弟子像、门神像；在上师殿绘制了阿底峡和仲敦巴师徒、格敦珠本生壁画；在护法殿建造黑阎摩德迦三尊、帐面怙主、退敌佛母等像；在药师佛殿建三时佛像和八大如来像等。

为洛扎顿聂林寺内殿建造佛、舍利子、目犍连、八大随佛弟子和门神像；在上师殿绘制了阿底峡、仲敦巴、格敦珠本生画；在护法殿建立黑阎摩德迦三尊和退敌佛母像。

在木鲁拉康建造了五部佛和宗喀巴药泥像，制作了佛、菩萨、上师、本尊、护法等塘卡画共十六幅，单独像一百七十六幅。另造铜佛像九十尊、金佛像十八尊。

在大昭寺无量寿佛殿建造了则达日风格的九尊无量寿佛像；在观音殿建立主尊无量光佛像和大悲观世音菩萨父母子女四尊像、狮子吼佛像、心性安息像；在八相殿造八相像；在法王殿建造松赞干布、赤松德赞、赤热巴巾祖孙三代法王像和聂赤赞普像、托日车夏（拉脱脱年赞）像、尼泊尔赤尊公主像、噶尔东赞像、吞弥桑布扎像等；在甘丹拉康建造宗喀巴大师、堪钦金刚手、金刚勇士、贾曹仁波且、杰·喜饶僧格、克珠诺桑嘉措、遍知格敦嘉措、索南嘉措、云丹嘉措等像；在南门麦隆坚殿造身着服饰的无量光佛报身像，其左右两侧有药师八佛像；在雍仲克殿建立九尊无量光佛报身像；在中间的法王殿绘制了祖孙三代法王、后妃、大臣、七政宝、转轮王画像；在邬坚拉康建造邬坚父母、格茹伏鬼蜮、再遮忿怒等像和大菩提塔；修复了胜乐殿佛像；在药师八佛殿、八大侍佛弟子殿、法王殿的左门东侧建造六如来围绕大悲观世音菩萨像；在雍仲浦夏达殿建造了付法七藏师供佛像。为纪念达延汗，在围廊传记三门内造三时佛像、八大侍佛弟子像、金刚手像、马头明王像；大门内外之间造四大天王像。

在小昭寺中殿建造了龙王、药师八佛、世自在菩萨、白度母、观世音等佛、菩萨像十九尊；在楼上萨尔帕殿建造了佛、十地菩萨等像三十一尊；门房建造了四大天王像。

娘占曲桑拉康中，建造了佛、龙王、药师佛、观世音菩萨父母子三尊等像，绘制了反映狮子声、心性安息论、至尊大喇嘛事迹的壁画；在长寿佛殿建造了九尊无量寿佛像；度母殿中建造了主供像药师佛像，其周围是施寿如意轮救度八难像。

在桑耶钦浦和桑浦宫建造了杰喇嘛金铜像和药师八佛、龙王、能仁、三时佛、两尊无量光佛、两尊邬坚仁波且莲花生铜像。

为了藏族人民的幸福安康，建立了阎罗王和帝释像。在拉萨大昭寺、桑耶寺和布达拉宫（红山宫）建造持国天王像。

在绒地的三块岩石上凿刻了清净如我像，在像一块单人的岩石上雕刻了金刚橛像，吉雪辛的岩面上造刻伏魔如来像；在上下伍茹交界的尤吾顿建佛塔；在藏绒交界的托杰岗巴日地方建造观世音菩萨像；上下雅隆交界的雍布拉岗山上造刻莲花生大师像；茹拉克和仲巴江交界处雕刻了三世怙主像。在后藏一个像羊头一样的山上有拉堆王的幸运寺桑木林寺，后面建造了大力明王像；在雅隆像蛇爬行一样的雅堆巴塘十万佛山上雕刻了大鹏像；在吉雪犹如山鸡一样的噶丹后山凿刻了大悲观世音菩萨像；在前藏上部发怒的蒙古人一样的帕木竹的布日山上建造了菩提塔；在热振三叉口新建了三世怙主和大力明王像；在拉萨（大昭寺）、桑耶（三样）、昌珠等镇肢再镇魔圣地造大悲观世音菩萨、朅地洛迦林度母、大阿阇黎、多杰周洛上师像等，修复洛扎班巴塔协寺的三十五尊佛像。

在琼结宗无量寿拉康建立了甘露旋明王和引莹澈甘露王浮雕像。

根据授记，在哲蚌寺建造了观世音菩萨主仆三人像；在大昭寺造《药师佛经仪轨》所说的八善逝如来金铜像、十六菩萨像、十二夜叉首领像、护方神日月像、四大天王像及宝座。

所作的缎面画像和卷轴画：为扎西孜曲德寺制作了那饶空行缎像，规定从木龙年四月初八日开始每月初八日念诵白度母如意轮经。新制药师佛圆满天众画为主的极乐世界彩画九幅，背景为本尊护法墨画。为纪念第悉程勒嘉措，制作内容为三十五佛和药师八佛的金丝塘卡三十五幅。为纪念达延汗而制作了药师八佛、大日如来佛塘卡五十一幅，菩提道次第两大传承师嘉央贡却群佩以前师承塘卡，高约一楼的《如意宝树》故事为内容的画像四十一幅，空行母画像一幅，上面绘有宗喀巴师徒三人会晤的故事画；救度八难环绕朅地洛迦林度母的卷轴画，哲蚌大威德手抄卷轴画等。

为新经堂和旧经堂绘制的壁画主要有：在大昭寺回廊内的百柱和门房八柱上绘制了千佛画；布达拉宫措钦大殿内绘制西藏人类起源、佛教传播发展史和格敦珠本生画等；甘珠尔殿中绘制了菩提道次第师承壁画；丹玛觉殿内绘制了十二永宁地母壁画像；在平措觉殿绘制了五佛画像。

在拉孜曲德寺后殿绘制了千佛壁画；经堂内制作了神变图壁画。其他四座佛殿中制作了八如来、菩提道次第师承、托哇顿丹和十地壁画。

在拉萨八廓(大昭寺转经道)北壁绘制了《大方广佛华严经》说的华严世界(华严净土)画，东壁绘制了《大般若经》所说的因缘画和弥勒佛十事业、托哇顿丹、极乐世界等画，南壁是神变画。在札阁迦腻塔(连接布达拉山和药王之间的四门塔名)项帑绘制了恶趣十二轮回图，中间是九尊无量寿佛坛城画。

在小昭寺中层楼房绘制无量寿佛壁画七百幅，上层绘制了白度母壁画七百幅。在大经堂正壁南北门边北面的东壁制作了克却巴布本生画，下方是施主画，即国王供施画。门内左右两壁绘制药师八佛画，南壁是燃灯佛画，周围有库(尊追雍仲)、俄(勒贝喜饶)、噶哇、纳措(次程嘉哇)等人画像；东壁是宗喀巴师徒和佛、菩萨画像；北壁突出处是仲敦巴、白度母、三昆仲(仲敦巴的三大弟子)、贡巴哇、内邬素巴等噶当派著名上师画像；东向是格敦珠本生画。供施殿绘制了供养天壁画，楼上绘制了师君三尊(亲教师静命、轨范师莲花生、法王赤松德赞)和龙王画像。天窗檐上绘制了释迦牟尼、静命(寂护)、莲花生和阿底峡大师、噶当派多位上师画像。

塞顿护法殿东壁作持梃护法像；北壁作龙王画像；回廊作吉祥天女、聪绿度母等画像。后殿和内回廊中的南北三壁绘制白度母等画像多幅。回廊东面外灰墙上绘制了度母、救度八难和二十度母画像；回廊南壁上绘制无量寿佛和白度母画像；两壁绘制顶髻尊胜佛母画像；北壁上是绿度母画像。

为洛扎班巴塔协祖拉康制作了无量寿佛、八如来、弥勒十行传、极乐世界、土地、八相、协布哇羯摩金刚像和宗喀巴大师传等壁画像。

琼结宗无量寿拉康内制作了千幅无量寿佛壁画。

语所依方面，为了纪念固始汗等四位福田和施主，将译成藏文的无比导师甘庶族圣人的法典，根据江孜天马邦本刻印了一百一十一函，加上前弘期金刚乘经幻心三部（经部《密意集合经》、幻部《幻网经》、心部《十八母子经》——译者注），旧译经典共计一百一十四函，其中四十一函中有金字三函，彩色字一函、银字十三函。另外，刻印了印度有须者撰写的经疏，由精通两种文字的自在日胜幢译成藏文的二十多函，妙吉祥怙主《宗喀巴大师全集》一套，其中金字一函，银字两函。

在达丹平措林寺设立印经院，印制了《般若八千颂》、《贤劫经》、《贤愚因缘经》、《秘密藏无垢忏悔续》等经读，以及《慈氏五论》等印度学者的论著、前后弘期各教派学者的传记、宗教史籍、注释师第二佛陀东方宗喀巴·洛桑扎巴《全集》、《格敦珠文集》、《格敦嘉措文集》、《三域导师索南嘉措文集》、《世间顶饰五世达赖文集》，共雕刻印板二万九千五百五十五块。

意所依方面，为纪念丹增曲杰嘉波（持教法王固始汗）的妻子，建造了一层楼高的菩提塔和八廓四门塔。在沃卡藏协寺建造银质灵塔；噶丹颇章西南土坝上建大菩提塔。在拉萨大昭寺中殿造小泥塔一千零二十八尊、檀香木制成的黑天金刚橛器、八教圆满秘密橛器。

在供养宝（三宝）之中，主要供养身（经）、语（像）、意（塔）三所依，修缮了释迦牟尼佛像的头冠，用五束绿松石相饰，用三十两黄金和五十两白银制成飘带，镶嵌珠宝。装饰了两尊释迦牟尼佛像的头冠，新造酷似释迦牟尼真人的佛像。

为桑耶寺提供六十次五种供品；为参加拉萨祈愿法会的僧人供应晚饭，布施每人糌粑一克、酥油各五秤、十秤灯油、粮食各一克，以及香料和宝瓶药。

向仲巴江佛殿陈设五供节的供品五次。在释迦牟尼佛像上面建汉式屋顶和四角楼的层脊宝瓶，用金铜替换了屋檐上的陶器；在龙王和慈氏四胞弟头顶造金顶，共用铜官秤一千一百三十克，纯金四千六百八十钱、银水二万三千四百四十钱。

为昌珠寺赐给五种供品三十次。

为大悲观世音菩萨五位天成一体像制作头饰、飘带、耳饰，共用黄金三百余钱、绿松石千颗、珍珠约九十颗。制造慈氏法轮像头饰、飘带、耳饰等，共用去纯金近五百钱、黄琉璃两指半高、松耳石约七百颗、珍珠近百颗。用五两黄金装饰大悲观世音菩萨原来的头饰，赐给昌珠寺觉姆(jo－mo)。为吉祥护贝龙王像制造头饰、飘带、耳饰，共用黄金五十钱、松耳石近三百颗、珍珠约四百颗、水晶石七十余颗。

为释迦如意宝像制造了头饰天冠，用去黄金六十八钱、松耳石一百四十颗，用一千八百七十钱黄金制成的盾牌三块、圆盾十七个、瑜伽士的饰件一件、蒙古式耳饰一幅、蒙古式镟一件、金器一件、圆玉一块、髫钩十四、顶璁一颗、各种混合玉十五颗、用优质玉石饰的圆统长坎肩、蚕豆大珍珠五百二十七颗，用四十一两白银制成的飘带、耳饰，六百两白银和二百五十钱黄金制成须弥山坛城，用纯金六百四十三钱制造的右旋净海天人妙欲曼荼罗，用白银三千八百八十二两，银水四百八十三两、铜一百八十三克和铅、楗椎、蓝宝石等镶饰。

新造(大昭寺)释迦牟尼佛殿的座垫、靠背，上面用白银装饰，制作《药师佛经仪轨》所说的天众图，殿顶造金顶，用去黄金二千九百三十二钱、白银七千二百五十两、银水一千七百七十七两、铜官秤一百三十九克，以及白锡、锡合金、乳香、匝底、各种珠宝，富丽豪华，不可思议。

在(大昭寺)大悲观世音菩萨像上造金铜华盖，配置靠背。汉式屋顶用铜六百五十一克、纯金四千三百六十四钱、银水一百二千九百九十三钱、醋柳十四驮、茜草八驮半和系风铃的铁绳、风铃三十五个。

新造小昭寺汉式屋顶，南北各有翘棂四个，东西有四十九个，用去官秤铜一百六十三克、纯金七百八十钱、银水两万一千五百四十一钱、戥子一千八百四十二两，醋柳二十六驮、茜草二十八驮以及持命铃绳和风铃三十二个。

修整了(小昭寺)埤　(女墙)和檐、陈旧处，装修大悲观世音菩萨铜像，用去铜二百七十四克。在吉祥护贝龙王像上造置金铜千辐轮。

为桑耶寺觉沃菩提大塔造银曼荼罗，天窗处制作十地图案，苏缎花盖；向缎面佛像、世间神奉献镶嵌花缎的敬神哈达。提供物品等顺缘常供护法和贡浦年神等。赐给铜三百九十六秤六波，用于建造扎图迦纳十三轮和莲花座。提供原料制造杰科当和巴拉觉铜殿的铜祸，各种费用共折合粮食一千六百克。供奉师和翁则捐资新造昌珠寺屋檐。赐给黄金九百零四钱、铜、银水、粮食官秤一万一千三百克，修建雍布拉岗宫屋檐。

向小昭寺上下佛殿提供敬神哈达、大小旗幡、顶帝、香囊、胜幢等多种供品，赐给糌粑和粮食各三百六十三克、酥油一千八百克、后藏香一百六十捆、四种服饰十二套，以及灌顶用的头饰、法器、珠鬘节、象牙、拇指大的珍珠两颗、黄琉璃、璎珞纹等，另有纯金二千九十二钱制造的圆垫，手工费用粮食九千一百四十七克。

每日为日沃扎桑寺上中下三层殿赐给足够的神灯；为六座镇肢再镇肢寺庙造屋脊宝瓶；为夏鲁寺日浦布顿大师的宝座上面造汉式金铜屋顶；赐给大昭寺和小昭寺优质彩缎和两匹金丝黄绸，以及新制的半月形大氅、精致华盖二十一个、坎肩数件，作为供品。

根据授记，为使藏族人民安乐幸福，向拉萨大昭寺、小昭寺、布达拉宫、昌珠、藏章、噶蔡、仲巴江、布曲、科塘、强真、扎敦孜、钦浦、协扎、扎央宗、旁布日沃切、扎桑、萨浦隆、喀尔曲、叶尔巴、德尔仲、温浦达仓、雍布拉岗等寺院提供五种彩布、旗幡各一匹(面)；为释迦牟尼佛像敬献衣服(法衣)、瓶座；为护贝龙王像敬献覆口瓶座；向班巴塔协祖拉康提供五种供品十五次；向大小昭寺的两尊释迦牟尼佛像敬献银器供品；向普尔珠杰科寺观世音菩萨像敬献以珍珠和其它各种珠宝相饰的璎珞彩旗鬘；向释迦牟尼佛像敬献赤金器物和右旋海螺、玉石、珍珠等项链。

在桑浦内邬托寺佛殿上建造宝瓶。为绛达孜祖拉康的宜祭日(藏历每月十五日、三十日和初八举行)提供神灯灯柱和灯布等供品。赐给班巴塔协、科塘、扎敦孜、格结等寺院以旗幡、花盖、香包、胜幢、敬神哈达等供品。

为布达拉宫上师拉康宗喀巴大师殿制造汉式金铜屋顶，敬献邬陀夷四灵器，提供工费粮食一千一十四克。

赐给仲巴江七座拉康和塘钦祖康拉神灯灯炷和五种供品百次。

第二十六章

各种不同种类的善事

在所作的各种不同种类的善事中，第十一饶迥的火虎年，上师的父亲去世后，举行盛大的敬神祭人活动。这种做法始行于索南嘉措时期，中间有一段时间被迫停止，火兔年阴历三月初八日在盘德勒贤林寺设立八日（这天为四面怙主节）朵玛大法会。土兔年，为了纪念自己的母亲赤嘉姆举行回向祭祀，施放斋僧茶。从铁龙年起，设立盘德勒贤林寺妙吉祥制伏常诵法会；在龙浦林喀寺举行僧众大法会。水羊年，赐给艾旺觉噶寺扎夏兰豀卡等，以作为法会基金。在盘德勒贤林寺设金刚橛修供法会，诵经祝愿人民幸福安康，并请艾巴文书两人刻印经函；资助雪域教理源地桑浦寺素浦夏季法会，修缮藏章拉康。给达孜台吉兄弟二人划拨扎桑松喀等地的百姓以修复桑耶祖拉康。为昂仁大译师赐给塞喀尔琼哇修行地接壤的地段，赐给四位供施者所需的薪费和茶饭。为了藏族人民平安快乐，在盘德勒贤林寺设立天母灵器酬补法会，提供昂贵物资和粮食五千一百藏克，以悼念丹增法王（固始汗）的王妃。

达赖喇嘛进京途经汉地时，为二等以上的随从官员赐马各一匹；为夏琼、塔尔寺和佑宁寺等在青海的格鲁派寺院赐给马匹和白银等；为噶尔囊七所扎仓的每位僧人赐马各一匹和马伕，家仆。分别为色拉、哲蚌、群科尔杰三所寺院赐白银各一百两的顺缘，为塔尔寺施放僧茶、白银。当时，在西宁城有一位汉人盗窃了官库的白银四百余两，被捕入狱，大师（五世达赖）用三百两白银和马匹赎命，因犯得到释放。

水蛇年，为皇宫内外的汉藏、蒙古三个民族的僧人和营地僧谷群众发放多少不等的慈悲物品，化去白银近万两；发给和尚等各派的汉族僧人白银共五千余两；为营地百姓发给每人一匹布，折合白银十五两；为当地喇嘛寺僧人发放僧茶和布施。提供黄金五十钱、马二百匹，用于修缮青城（呼和浩特）的三世达赖索南嘉措和俺答汗所建的祖拉康。

（达赖）从西藏启程去汉地之时，惠赐卫藏地区各寺院僧人哈达共一万七千六百条，佛被、花盖、缎披风、汉缎、缎帽等共计一百二十六种，缎子一百九十五匹，喀恰尔一万九千九百，各种绸子三十六匹，花绸一万五千一百匹，黄金戥子三百七十二两，白银二万五千三百两，珍珠戥子一百六十二两，钹十六幅，碗十一顶，布二百匹，金器七对，经器两幅，幡七幅（画）以及金银鞍子、鞍带、鞍垫共一百九十九幅；赐百姓粮食共七万一千七百克，茶、酥油、盐、奶渣、糌粑、奶酪、米、肉等官秤五万五千六百克。

丹增法王（固始汗）去世后，达赖喇嘛在以大昭寺释迦牟尼佛像为主的佛像前和佛殿里供献金水，点燃供灯，献敬神哈达；回向上下寺院和止贡、达隆等其他教派的数名大师；为轨范师班禅仁波且和甘丹寺卸任赤巴等格鲁派上师举行回向仪式。资助上下密院五百九十五名僧人念诵《集密根本续》一月零七日，帕邦卡十七名轨范师念诵《大悲观音经》，塔尔林寺五名喇嘛举办灌顶、浴洗仪式；向卫藏地区不同教派的六万七百僧人发放布施；向参加拉萨祈愿大法会的六千余名僧人发放九种布施；为月供、年供法会提供粮食共五十八万四千五百余克。

木羊年，特别规定卫藏地区各寺院念诵《甘珠尔》，一月由贡噶托日贤珠林寺和仁蚌噶丹强巴林寺僧人念诵；二月由曲水塔尔巴林寺和贝科曲德寺（白居寺）的格鲁派扎仓念诵；三月由噶尔丹顿涅林寺、岗坚群佩寺、乃曲德寺、伦孜曲德和欧摩宗巴寺僧人集中念诵；四月由推散达结林寺和噶丹欧门林寺僧人念诵；五月由觉隆、白塞尔、尼塘和香噶丹曲科寺僧人念诵；六月由群科央孜哇、岗建寺、嘉钦孜日哇当钦寺僧人集中念诵；七月由沃喀曲都、乃娘、仲孜、萨尔当寺举行念诵仪式；八月由噶丹顿涅林巴和噶丹佩结林寺僧人念诵；九月由日沃德钦寺、噶丹欧门林、芒康达林寺念诵；十月由推散达结林、桑珠噶丹、德贡巴、奔木巴、达夏等寺院僧人集中念诵；十一月由噶丹松热林和协嘎尔曲德寺念诵；十二月在塘萨噶丹群科寺和香噶丹曲科寺举行念诵仪式。

在第悉索南饶丹祭日，(达赖)向以拉萨布达拉宫为主的祖拉康提供佛灯、金水、供物、敬神哈达、五种供品等进行祭祀；向上下密院为主的各寺院大喇嘛送去回向礼；为拉萨、贡噶尔、日喀则等地区的寺院仪轨僧，卫藏地区寺院一样为部落集合的僧众八部以及未包括在此中的寺院发放用品，总供养十二万五千八百零二名僧人和年前借来诵经修福的僧人；为属民百姓发放布施，合计粮食官秤一百五十七万一千克。

为使政教的根基稳固和百姓的安乐，决定猪年九月和次年藏历九月十六日至十月十五日期间，金刚阿阇黎师徒二十三人、一百零三名僧人诵经，其中扎桑寺曲杰扎桑巴、仲巴江寺曲杰曲弥巴、藏扎拉康曲杰周玛哇、旁布日沃切寺仁波且曼隆巴、科塘拉康乃宇曲杰、宇杰伦珠孜曲杰玛布觉巴、昌珠寺阿巴曲杰、达堆热堆拉康扎那曲杰、大昭寺琼结巴日哇等人诵《忿怒游戏经》；娘堆孜乃萨尔寺扎拉曲杰、桑耶寺多杰扎艾哇木觉噶尔哇两人诵《邬陀夷经》；日喀则宗鲁日浦巴、贡嘎尔寺廓聂扎仓、曲杰颇章扎西则曲德哇诵《白伞盖经》。桑珠甘丹巴坚等五寺轮诵《般若心经》；甘丹平措林等四寺轮诵《药师佛经》；色多建等五寺轮流念诵《般若心经》；绒强钦波等四寺轮流念诵《药师佛经》；噶丹顿聂林等三寺轮流念诵《药师佛经》；六部(德周)轮诵《药师佛经》；孜措巴等四寺轮诵《药师佛经》；达波扎仓等四扎仓轮流念诵《白伞盖经》；色拉、哲蚌等五寺轮诵《般若心经》；乃娘等五寺轮流念诵《般若心经》；切藏措巴等四寺轮流诵《般若心经》；岗坚群佩等四寺轮流诵《白伞盖经》；群科尔央孜等四寺轮诵《白伞盖经》；日沃曲林等四寺轮诵《白伞盖经》。(达赖喇嘛)资助这二十九次诵经。

为了纪念金刚持怙主索南却丹，达赖提供羊眼银十一块、盘子一个、酥油筒一个、玉莲二个、顶璁一个，举办法会；在贡噶尔曲德寺建造银质灵塔。梵天螺帽曾授记于密宗扎仓举行朵玛回遮法会，祝愿格鲁派的政教事业兴旺发达。法相院念诵《般若心经》遮魔，地方政府为上师管家负担的由二百九十五所寺院参加的一日法会施放僧茶各三次。上面概述了五世达赖所做的善事，详见《五世达赖喇嘛传——云裳》。

佛薄伽梵善逝阿罗汉正圆满遍胜佛光祥积王怜愍浊时的众生，以比丘王的形象而来，我的上师名讳为阿旺洛桑嘉措，他的悲力和事业没有受到任何阻力，有恩于佛教，使正法的优良传统永存。听讲笔记像恒河水一样长流清晰，洁白的事业出人意料，如上所述。

对待其他教派，在绛（拉堆绛地方政权）、藏（藏巴汗政权）时期，吉祥萨迦派和索多巴成为侍奉的重点，诅咒格鲁派者；噶举派者如龙树在《智慧树》中所说："卑劣者一生找到一点财物，就对一切众生具有欺侮的傲慢的态度。"还说"快乐之后有痛苦，痛苦之后有快乐，人们的快乐和痛苦，像轮子一样轮回。"之因为这些人不了解快乐、痛苦、轮回的因果道理，无辜仇视一切教派。特别是在萨那玛建寺，预谋毁灭色拉和哲蚌二寺，煽动仁蚌巴，逐出佛教施主奚卡乃勒巴，引兵到工布噶尔斯，焚毁格鲁派多座寺院，丹增法王统治西藏后，它们犹如虎死了脑浆仍然未干一样继续作对。《百业经》说："已做诸凡业，成熟如是果"。施主噶举派，没有得到什么，总想把其他教派改为他们的教派。然而，（达赖喇嘛）引喻为圣胜法王，宣布雷霆一样的重要命令，至今仍然坚持自己的宗见，使各派发展兴旺，恩德很大。尤其妙吉祥怙主法王宗喀巴大师创立的格鲁派教法胜过其他教派，这主要表现在藏巴第悉曾出兵攻占色拉、哲蚌两寺，僧人都躲到达隆，即使回来，他们仍然失去门窗僧茶的僧人犹如乞丐一样，在达赖喇嘛的资助下，有了僧茶，芬芳的百瓣白莲上蜜蜂不招自来一样。大家渴望见到大喇嘛，来自汉地、印度、俄罗斯、蒙古的施主、信徒们敬献的物资无数。如果自己能信奉佛法，不用说衣、食、住、行，就连每个僧人的所得足够父母兄弟生活之用。（达赖喇嘛）恢复了以前的政治和佛法的传承和执行，有利于讲、辩、著和闻、思、修的发展，这方面也撰写了多部论著。

如果客观公正地说，在新建我们黄帽派的寺院，规定旧寺赋税、组建发展僧侣队伍方面，班钦格敦珠等前四辈(达赖)和贾曹杰、克珠杰为代表的上师、活佛、班智达、成就者对格鲁派做出了巨大贡献，具有大恩。以前全藏区受到白利土司和却图汗等人的侵害，中断了汉藏交往的金桥，一些富裕的有钱人缺乏茶叶而需要熬蘼树根。北方无法旅行，人们只有用碱水代替食盐用。甚至灾荒饥馑而出现人们吃人肉的现象。险路隘道经常遭遇强盗土匪抢劫，使过往行人必须结伴而行。这些都是按照老人的回忆记录的。

达赖喇嘛用他的仁慈满足了僧俗的茶愿，并赐给缎子，社会和谐，就连孩子可以带着黄金往来于汉藏之间；没有战乱，没有灾荒，一切圆满快乐，男女不满足于过去穿着的服饰，一年比一年追求华丽，讲究时髦。这一切都是达赖喇嘛这位世间顶饰的悲心怜悯带来的。《龙王鼓声讽颂经》说："这个大地的山洲，不是大海能负载，不是造作是什么，那是我的大担子。"达赖喇嘛的恩情比须弥山还要高，赡部洲尤其是汉藏蒙和雪域人应从内心深处感谢他，认真阅读研究他的文集，传承他的教法。

第二十七章

第悉桑结嘉措奉命掌管政教事务，修建世界一庄严灵塔等身语意三所依

（达赖喇嘛的后期事业，涅槃之前降旨第悉桑结嘉措挑起政教的重担，详见《达赖喇嘛传——云裳》。第悉从《文殊根本续》等经典引教，并应时分析，修建世界一庄严灵塔为主的身、语、意三所依，缅怀达赖喇嘛的丰功伟绩）

关于后期宏化和涅槃，《首楞严三摩地经》说："有些勇士生，出家及死亡，有些般涅槃，有些转法轮，有些伏恶魔，有些行苦行，为众生解脱，不愿般涅槃"。《涅槃经》卷十说："倘若诸士夫，一时全觉悟：罪过皆抛弃，我能般涅槃。如来对众生，如对罗睺罗，何故舍慈悲，是为般涅槃"。如果无边世界的一切异生（士夫）同时觉悟而得佛的宝位，即消除二障习气等过患的时候，就是我涅槃的时候。如来像爱护自己的孩子罗睺罗一样永远慈爱关待众生，因为众生受各种痛苦折磨，在黑暗中不断轮回，直到众生没有涅槃，佛也不会抛弃他们而自己进入涅槃。

《华严经》说："佛薄伽梵说世间无常法，常说佛的事业和事业究竟；说无损法统之法，说从根本上断有之理，说救护一切有情，犹如生命之边，众生应了知，众生在世间无欢喜，众生应喜爱未来佛代代相传"。又说："如来舍利摄授众生，世间乱慢，让因此而昏沉的众生恪守戒律，示现涅槃，此乃佛薄伽梵之第九大事业"。佛由于调伏化度一切有情，涅

槃般犹如幻化。根据几部大乘经论所说，掌握十力和四无畏，思念三身五智的主人薄伽梵遍胜光祥积王之化身比丘达赖喇嘛持白莲花手，哪里有生死老病。但是，为了消除我等徒众执法为常，修习佛法，《华严经》说："佛变无限界，流转正觉悟，"。《方广大庄严经》或《广大游戏经》说："老死烦恼灭离尘，天龙夜叉及寻香，诸多非天以本初，知死升迁示流转"。看到七辈黄色舞游戏者中的第五辈转世第六辈的时机，知道色身曼荼罗将集于法身大乐的中央。从我幼年开始，(达赖喇嘛)象保护苗芽一样爱护我，根据教决、宝藏、秘籍认定天子的转世仲敦巴的灵童和俄·勒贝喜饶等数生。以前(达赖喇嘛)让我掌管政权，但是我认为国政等与罪恶混杂，没有接受。我恳请他收回旨令，因此躲过了木兔年等几年时间。土羊年，(达赖喇嘛)再次降下不可违抗的命令。

大乘《涅槃经》说："迦叶有能力做佛事，阿难有持闻之器。于是，佛告迦叶说：我涅槃后，你负责做佛教事业，在阿难获得阿罗汉果位之前不要涅槃"。《大涅槃经》说："我(佛)将无上正法托付于迦叶，迦叶会成为你的依处，就像如获至宝来成为众生的依止处。"这种做法与现在我的做法毫无两样，我必须负起做人们首领的责任，在颇章钦波(大殿)楼梯第三层接受了盖印的敕书，并向大施主们发放布施，答应挑起政教重任。关于达赖喇嘛去往净土海的详细情况，见《五世达赖喇嘛传——云裳》和《悦耳声》。

达赖喇嘛授予我贵重如金的政教权力，教民我名叫桑结嘉措，按照如来遍胜光祥积王比丘王模样的黄帽派第五世达赖喇嘛遍知阿旺洛桑嘉措的授记。如《文殊根本续》说："名字叫宝生，噶(ga)字名青年，书生作法性；阿(a)字是大圣，爱护佛陀教，敬仰慧功能。"入住母胎之前，梵净螺具髻者(为我)取名为"贡却顿珠"，自幼叫此名；"贡却"，梵语意为"热特那"(宝)，和"仁青"(宝)是对应字。或者，全名叫"仁青窘乃嘉措"，有"贡却"和"桑结"的意思，"噶"(ga)字是"嘉措"的字头(字根)，是真正的语根(词根、字根)。所以，不管从哪个方面说，"桑结嘉措"这个名字很合适。邬坚第二佛甚深藏、杰喇嘛的前代前世大伏藏师法王莲花自在从桑耶南木囊隆仲请来的。《持种摄集一切总教心要》说:天子变化蛇年者,深沉具力有痣者,众生导师各种名,持宝降生天热时,蛇年登上珠宝座,名声远扬众人爱。此授记说明的生年和执政的时间。"仁青"之词说明是法王赤松德赞之子牟尼、牟赤、牟迪等人的转世。《国王遗教》说:"一旦浊时来临时,王子身分十二块,西藏雪山九峰区,调伏贵族恶王众。国王预兆具五善,深沉严令世系广,成对研究威力大,国王军队具受用,雪域大地生末劫。"谓天子做众生事业,他有十七生,其中十二生之后的第十三生(世)好象是西藏法王后裔,属于王族。依靠征收赋税生活,是受奴仆侍奉爱戴的是贵族;以百姓农业和商业利润、利息生活的是杂工;以杀生和制作工具的铁匠为代表的生活颠倒的人属于最下种姓。在这四大种姓中,王子属于贵族种姓,掌握其他任何知识。

伏藏师无垢庆喜授记说:"拥有佛智宝名称,龙年蛇年马羊年,著作发出自己的声音,破除一切障碍及魔相,一生引导无数众生。"这是说明值年属相和撰写的论著,发表自己的观点,开创新派,直接道出"佛"(桑结)名称。

阿里伏藏师达哇坚参授记说:"嗨呀!藏区积福泽,尔时得快乐,宝贝法王名,天子的变化。"《德达林巴精髓》说:"牟尼变化大慧王模样,具有佛号驾驶政教事。"《尊胜大喇嘛秘传世相举金刚角霹雳网》说:"牟尼的化身名宝贝,火界年生于伍茹地;为了从作损魔救出,托付护法除障保护。""牟尼的化身持宝名,如果不被魔鬼作祟,蕃地西藏如云中的太阳一样安乐"。通过经典中关于天子变化的几种说法,已经有了一定的认识。就本人来说,从小学习俗人哲桑巴伦珠玛的思想和《噶当宝书》等;从哲蚌寺接受杰喇嘛(达赖喇嘛)的真言酥油(真传),感激的眼泪不由的流出。自从找到思想信仰后,以三宝为上师,笃信妙吉祥怙主宗喀巴大师之教,热心于一切教民的事业,聆听学习达赖喇嘛的教诲和显密内外明处知识,尽管还感到不足,但心理非常高兴。几年来,我针对一些论著提出的疑难问题进行思考,豁然开朗,对教理的出处和形成过程偶尔也非常清楚，觉得是否像至死不止学习一样这些是上辈子学来的。决没有（我）是天子（可能指牟尼赞普——译者注）和俄·勒贝喜饶等人的转世，这不是骄傲自满情绪，也非梦境。不管上面说法来自何处，达赖喇嘛肯定作过明确的指示，其他天人也公开讨论，这如同水难以压住沸腾的水，火不能控制燃烧的火焰，靠我一人的力量难以平息这个说法。果真如此，那么《国王遗教》说："我名叫牟迪赞普，在八万四千劫以前，在善逝龙种度母前，献宝贝自在王之时，取身受生为转轮王。"意思是从光明劫至八万四千劫之前，成为转轮王，向善逝龙种度母敬献宝贝自在王，然后发菩提心。又如，"三千世界之东面，有个离尘佛国土，叫善逝无垢胜幢，成为功德圆满佛"，在离尘佛国叫"如来无垢胜幢"，证得无漏正智，十力、无畏不共法等无量功德难以计量。又如，"教主释迦牟尼佛，开始三转法轮时，声闻弟子阿那律出；教主佛陀涅槃后，无著出来解经义"，我们的导师释迦牟尼佛在世时，释迦族出现了阿那律和与长寿怙主弥勒一样的圣无著等人，尽管他们的事迹难以用语言表述。在我看来，他们不仅是真实的人，梦中出现的也像刚才说过的一样。我的愿望是只有完成达赖喇嘛嘱托的事业，为此甘愿舍弃生命，坚定信仰而不寂沉。

如前所述，我的上师名叫遍知阿旺洛桑嘉措，是圣佛。弥勒的大乘论著《宝性论》第一品说："圣者从根除死苦，老苦与病苦；业烦恼所生，无彼故彼无。"获得意根的菩萨不由自主地根除死、病、老等苦。这些非理之因，只是一种作意，由于业和烦恼而轮回，根除这些非理之因，了义果老、病、死等绝非从罪障所立，即使针对不了义产生些许罪障，也比其他容易清除。如《大解脱经》所说："我涅槃后，善男子、善女人，一日或一时、一夜、一刹那，敬礼十方三时诸佛和十二部经、菩萨僧众，按大乘教理思维，作思胜义谛的补特伽罗，在刹那、弹指间谤十非善、五无间罪（或五间业：杀父、杀母、杀阿罗汉、破僧和合、恶心出佛身血——译者注）和平等性，纯熟一切烦恼业。"

《大乘四法经》说："若大菩萨具四法，能制伏作恶者和积恶者。何谓四法？即厌患现行、现行对治、恢复力、所依力。厌患现行者，厌弃非善业。现行对治者，作非善业，亦勤于善业。恢复力者，正取律仪，故得不变律仪。所依力者，皈依佛、法、僧，不舍菩提心，即依彼力，恶不能制伏。大菩萨具四法，能制伏作恶和恶者。”《净治心障》说：“十二由旬轮，作铁轮回头，初发菩提心，闻悉成无有”。寂天论师的《入菩萨行论》说：“虽作无尽恶，勇敢使惧怕，依何解脱心，我等何不依”？又说：“劫火一样的大罪，能于一刹那摧毁。”

妙吉祥怙主上师宗喀巴的《菩提道次第广论》说：“净罪的方法，生于恶趣大苦之因将成为产生小苦之因。或者，即使生于恶趣，也不受恶趣之苦。或者，现在的所依头痛，痊愈后使众生中长期受苦者有的在短时间内受苦或不再受苦。能否受苦，在于净罪者的力大小和四种对治(断对治、持对治、远分对治、厌患对治——译者注)是否圆满，力是否刚强，由此决定是否受苦”。《思择焰论》说：“虽然有很大罪恶，应该有可能根除。诸业经百劫而不失坏。”用“百劫”之“百”和“而”说明失坏。用什么方法根除罪恶？寻得对治的方法、忏悔和戒律。

《佛说净业障经》说：“尔时，善亦被邪见和嗔心所损，或者非善被斥责，律仪、习气的对治损坏力，执有各种缘。善非善的种子功能失坏，从什么生果，生什么果？因为没有缘聚，如果因此使时变成他时，无论如何也不能根除罪恶。”如说：坚持正法，定受彼苦，能受现法。《经》中说：“去恶趣的业，定是头发烧”。只有菩萨头痛，能断除一切业障；手脚等肢体痛，断除一切业障；分支之分支痛，能断除一切业障。即使有地狱等生于恶趣的业果，也能断除头痛、支痛、肢体痛等。

《秘密金刚乘》说：“无二时轮一百三十种修持中，不仅是声闻、独觉、菩萨，连忿怒金刚也有净治细微障碍的方法。”事续《观世音菩萨不空成就续》说：“即使作了无间业，也能断除头脑病。”又说：“总之，佛薄伽梵身体病痛，或心苦，或梦见恶梦，因此断尽彼业。”

瑜伽续《大日如来幻网加持经》说：“在大资粮道位，随顺十地。”“信仰业加行，能得第八地。”用生起次第法可得八(第八地)和三现分(不净现分、瑜伽景象现分、清净现分——译者注）的净地。与圣菩萨关联的十地没有加行道和资粮道，得见道后，业苦不可能成熟为了义。《文殊幻网经》说："第一佛无因。"关于无因，印、藏学者解释，所谓无因是看见方便智慧无二持之持金刚智慧身。虽然这方面的解释比较多，却没有积净之因，因此可以肯定是主观臆造，即使了义中没有净业障因，针对共同不了义，净饭王之子即我们的导师释迦如来也讲业因。如《毗奈耶经》所说："为无热池授记业因之时，授记具寿大迦叶自己的业因"。关于迦叶、二胜（舍利子和目犍连）、具美（金曜），《毗奈耶经》第三十六品说："上座比丘预言各自的业因后，如是问佛薄伽梵：大仙，我们预言各自的业因，薄伽梵亦应预言事业因"。

《宝积经》卷三十八说："大仙，薄伽梵作何事业？是故，即使成正等觉，亦被碎石碰坏足拇指而生疮，也是用檀木棒刺脚之因，受到婆罗门女诽谤。佛六年苦行，此生受用成熟异熟业的方法。如此依次请问佛，佛薄伽梵授教说：为财而无过，我让异母弟，进入山林中，我用石头打。用彼异熟业，远抛向地狱，极烧和黑绳，感受两狱苦。之后剩余业，天授扔石头，砸伤我拇指，溃烂而生疮。这是说以前在迦罗萨札，佛成为施主兄弟中的长兄时，妻子的父母用石头打弟弟，即从杀害因觉醒。这就像天授仍出的石碴打伤佛的脚拇指一样。燃灯佛之前，有一位船主成为施主，他与五百商人结伴准备去大海寻宝之时，还有位心眼很坏的船主贪心非常重，他贪图盗贼的财产和生命。大家集中在船上，贪心船主试图杀害五百商人。住海的善天预言说："请设法不让此人杀害五百商人而不入地狱的方法。"根据此授记，用短枪打死。《毗奈耶经》说：各自造好船去探宝，由于贪心的船主产生嫉妒心，在施主船主的船上刺了洞，并且用短矛刺死船主，制造了檀木棍刺足的假相。寿八万岁，胜观佛（婆尸）时期，他俩生为婆罗门之子乃觉和迦诺迦跋罗堕兄弟二人，兄长乃觉证得谛实义，获阿罗汉果位，受到当地一位施主的供养。弟弟迦诺迦跋罗堕精通藏，但未悟得真谛，因此而产生嫉妒心，给了清扫庙宇的使女两匹布，唆使她到处造谣说："这是阿罗汉乃觉像男人们给妇女的，也给了我一块布。”这种毫无根据的诽谤兄长乃觉阿罗汉的异熟使他此生学会外道梵志学说诽谤语，让婆罗门女子嘉弥或傲女把小木盒系在腹部造谣说：“沙门，你使我怀孕，给我衣食”，败坏了乃觉的名声。当佛生为婆罗门孩童成为上师时，陶匠噶窘鼓励供养饮光佛，诽谤沙门郭热说有何菩提？要求苦行六年，说我们的导师也得无限异熟业。倘若有异熟业的威力，谁也不能遮止。

《宝积经》卷三十八说：我们的导师驻锡舍卫城时，告声闻弟子目犍连说：大目犍连，现在这个地方有檀木片，刺入我的右脚心。不久，果然发现一长的锋利的檀木片。上座目犍连对佛薄伽梵说：薄伽梵，我将此檀木片抛向其他世界。佛薄伽梵说：大目犍连，你不可能把这节檀木片从此抛向其他世界。大目犍连用力拿起那节檀木，斜视三千大千世界，这是三千大千世界摇动起来，大目犍连连头发长的距离也没有抛出。如来用神通从四大天王的天处开始跑到上天处，那节檀木也被带到梵世。如来从梵世下来入坐，檀木片也从梵世落在薄伽梵面前。如来看见檀木片一头插在地上，另一头朝上，他把右脚放在木端上，刹那间三千大千世界摇动起来。”如果如来有异熟业力，目犍连也有神变力，却不能搬动檀木片一卡的距离，而佛具有现知（神通）和神变，所以才这样说。《百业经》说：在初地以前的菩萨、声闻、独觉中，“声闻弟子富兰那的故事和驼有沙门、跛腿迦旃延等很多人都有神通。目犍连虽然修得神变，却被裸体派用棒毁芦苇一样毁掉。阿罗汉驼有和德古所有的故事是讲一切受非善业力的事。

对圣佛来说，没有必要为了义而消障，而要清除病痛等不了义方面的障碍。行共同净道时，必须要二积净（积福德资粮和净治罪恶——译者注），尤其要净除二资粮上的障碍，事业圆满后，认真地在学道位上集聚资粮，为十菩萨等十三地持金刚位积累资粮，消灭罪障。因此，祈求流转中得到自由的菩萨众不涅槃或祈寿，而且为佛的化身祈福。《普贤行愿经》说：“何谓涅槃？涅槃即永利众生，我合掌祈求劫田所有的微尘不涅槃般，必须积累福德资粮，净治罪恶。”持大圣莲花行比丘王我的上师父王遍知佛阿旺洛桑嘉措也说与三根本天会谈的事，详见《宝书》，称为极秘。《马头明王莲花所饰宝瓶印》说："土猪年阴历四月初三，圣者心性安息。""前世在印度迦尸城，生为王时具有大罪之支苦恼异熟。"意思是在印度成为国王之时，以法治罪。根据手脚生病根的预言，必须清除像梦一样的不了义疾病等身障，进行会供，制定章程，详细记载在《大菩提太阳轮》中。为了积福净罪，用大量的纯金制造绝无仅有的灵塔世界一庄严。

菩提金塔世界一庄严有五层楼高，即高七百二十指，用天龙人的各种稀世珍宝镶饰。第二宝银制如来八塔略高于哲蚌寺遍知云丹嘉措和索南嘉措的灵塔，即高四百三十二指，这即是法身。受用身释迦牟尼佛像用纯金制成，用白银制成大阿阇黎莲花生、妙吉祥怙主法王宗喀巴和达赖喇嘛像，用金铜制成药师八如来像。另外，制作本生画八幅，上师八相画等，和释迦牟尼十二岁等身像相同；菩提道次第上师传承画。这些属于法身、受用身、变化身或身、语、意三所依的所依身。

语所依(经典)方面，在珍贵上好的纸上用金粉印刷的《甘珠尔》二套(两遍)、一般经十二部。指示堪热杰沃负责整理出了流传于象雄和汉地的经典，以及雪域阿阇黎莲花生《全集》、妙吉祥怙主宗喀巴《全集》、一至四世达赖喇嘛《全集》等。由布顿大师整理编辑的新版《丹珠尔目录》。

意所依(佛塔)方面，建造了佛薄伽梵无二时轮圆满身、语、意立体坛城七百三十四座、药师佛拉蔡殿、供放药泥擦擦的本生殿，绘制了僧房经堂壁画，除去工匠的薪饷，仅佛像、银质塔、卷轴画等耗银一百六十九万四千八百三十六两。建造拉萨八廓如来殿的银质如来八塔，通高一百八十八指，另一尊高约一百四十四指，并供献祭品。在经堂造了一尊高二十四指半的如来八塔。在八廓药师佛殿建造了我们的导师药师佛七兄弟金铜像，座高一百零四指，并献供品。在菩提道次第殿新造教主如来佛药泥像，其右侧建弥勒等广大行派上师像，左侧建以文殊菩萨为代表的甚深见派上师像，周围造护法、多闻子、业阎摩等六十八尊像，供献供品。把以铜像为主的旧像集中供放在上师佛殿。在银无量寿佛殿和修行殿中，新造药泥佛像，并献供品。

八廓十地佛殿中，新造如来佛药泥像及十八声闻弟子、侍从达摩多罗、和尚和四大天王等像，陈设供品。建造妙吉祥怙主上师宗喀巴和达赖喇嘛金铜像，高四十八指。在噶丹平措林寺，建造如来佛药泥像、妙吉祥怙主宗喀巴像、世间顶髻达赖喇嘛像。在印经院建造了我们的导师药师佛七兄弟和十六菩萨像、夜叉十二首领像、十方护法像、四大天王像和日月像等，工薪和其他费用共折合粮食十四万四千零八十八藏克。

在经堂，按照原样造药师佛天众像，高十四指半。筹资修缮了布达拉宫上师殿的妙吉祥怙主宗喀巴像和扎西多喀玛殿的二层屋檐，翻新了五所扎仓中的杰喇嘛世间顶饰（达赖喇嘛）共同传记彩色塘卡、壁画，所用原料费用共折合粮食一万五千三百零三克。

画师们两遍画的二十三幅反映殊胜世间顶饰达赖喇嘛智慧幻变游戏甚深秘传的稀世秘笈画，化费共折合粮食六万六千七百三十七克，十二多藏升。

绘制天众画二十一幅、五部佛画、三时佛画、弥勒和文殊菩萨画千幅、央掘魔罗和尊胜佛母画二千幅、药师佛画八千幅、大型金色塘卡三十八幅，以及救八难度母彩画一幅、忿怒金刚手彩画一幅、历辈（第一世至第五世）达赖喇嘛画五幅、八大如来画、五部佛画、邬坚莲花生大师画、妙吉祥怙主宗喀巴大师画、那饶空行画等金色塘卡二十二幅。

为拉萨大昭寺、桑耶寺、昌珠寺制作了菩提塔塘卡各一千、上师塘卡各一幅，加上其他佛像塔，费用折合粮食一百二十七万七千五百八十一藏克。新制高二千五百九十八指、宽二千二百八十一指的缎面塘卡，画面中央为无量光佛，其周围有三时佛和十六罗汉画像；高一千二百九十九指、宽一千一百零四指的塘卡，画面中央为大日如来法轮手印像，周围有宗喀巴、达赖喇嘛、那饶空行、四大天王、药师佛七兄弟、释迦如来、度母等像。

另外，还制作了前五世达赖喇嘛本生画、释迦牟尼八塔画、五部佛画、药师八如来等金色塘卡共二十一幅；三十五佛、八如来、白伞盖十如来和七舍利、十方除暗、《童子月请问经》所说的十佛等大型金色塘卡八十一幅；《三聚经》所说的三十五佛、五部佛、三时佛、八如来、龙王、无量寿佛、如意轮、尊胜佛母、央掘魔罗、大悲观世音、文殊菩萨、金刚手、救八难度母、狮子声等金色塘卡共八十五幅；无量寿佛金色塘卡画像二十三幅。这些画像的费用包括工匠薪费共折合粮食四十三万四千零十八藏克。

在妙音佛殿泥塑十三尊妙音摄种像，陈设供品，祈求六世达赖喇嘛早已转世。在长寿佛殿塑造了无量寿佛九尊药泥像，供献灯笼、战器、天盖和敬神哈达。

根据宿住随念明镜所载，在小昭寺雕塑了十一尊圣观世音菩萨药泥像，供献祭品。根据经典记载，在法王殿二层雕制了莲花生金铜坐像，高五十四指。

为了藏区的安宁，根据有印鉴的授记，在巴廓建立了法王松赞干布金刚轮和莲花宝、邬坚萨霍玛、文殊菩萨、观世音菩萨、金刚手、绿度母、大力摧坏本尊、羯摩上师、卓伦、红阎摩德迦、极秘马头金刚、密修马头金刚、金刚除障明王、忿怒金刚手、马头金刚怒伏等的药泥像，并献供品。在热振寺建立了一人高的护国天王像（多罗吒）；在拉萨大昭寺四方建立了一层楼高的伏魔塔，邬坚萨霍玛和不动怙天王石像。根据有关应时快乐法王殿的基本授记，和上述巴廓造像一样，新造文成公主、赤尊公主、赤热巴巾、赤松德赞、阿阇黎及达赖喇嘛像，祈祷藏区稳定。胜劣士夫目睹从马头金刚嘴中降下甘露，平息了凶恶，压住了灰尘。

在大护法乃琼贝哈尔觉寺赞康中央建造了伏前本尊像和殊胜五佛像金刚称；在右侧的卓康建造了上师像；在左殿陈设各种供品、圣物等，殿上加建了供养八如来、五辈达赖喇嘛的殿堂和十地佛殿等，敬献供品。在大经堂和德央殿绘制了壁画，耗费共折合粮食约十七万九千二百四十七克。

在布达拉宫琉璃吠陀林医学上师传承殿绘制建立了五行算等画像和塑像，上层圆房中新建无量寿成就佛母像。在娘占曲桑寺修建老母净障殿；贝仲新建益寿佛堂。前后为两殿建塔六座，陈设供品。

大昭寺护螺龙女像前有原来的八瑞相、七政宝和金轮等供品，后来增加了极品千辐轮和转轮王政的百门缘起相等。《日藏护法集经》第一卷说："大王未来之时，为了比丘法住，将来出现极清净的王族、婆罗门族、吠舍和戍陀罗族，为他们建阿练若处清净寺院。在从祖拉康和寺院之地，到田地、男奴女仆及园林之间，享受他们的财富。这样，即使死了也会生为多罗王族"。

《波斯匿王经》说："众人能作佛精舍，为诸有情而轮回，帝释住宅光闪耀，各个季节俱得乐。"吉祥怙主龙树的《宝鬘论》说："恭敬世尊像，也敬佛塔殿，极为广大处，修行广大财。供养说正法，寻得传承事，欢喜一切田，恭敬依六法。以前的国王，修建法基殿，善好诸等有，若前去护持。"

一些经续论著中说，建造祖拉康和僧侣经堂的无量功德融化在心间，为了教民的利乐，过去历代护法王修建祖拉康和僧院，制定僧规，弘扬佛教。特别是天子之时，如《国王遗教》所说："吉祥桑耶东门处，请建九顶正圣殿，噶琼金刚界坛城，祖父供养诸佛殿"。"桑耶中心建教基，师供出家皆服侍，青浦叶巴建修院，桑耶拉萨建讲院"。如此习气觉醒。

第二十八章

广建黄帽派寺院和讲、闻、修僧院

《神鬼遗教》说:“一千三百年,法王做四事,修缮桑耶寺,法律护民众,摧毁伤身兵,助建讲修院。”不能说这样的授记已实现好象与祈愿相关。我(第悉桑结嘉措)自从服务政治以来,新建了我们黄帽派的寺院,尤其建造了许多供僧人讲经、闻法、修行用的僧院,僧侣队伍不断状大。在旁沃日沃切修建了噶丹杜邦斯努寺(译言“欢喜伏魔军洲”),在喀尔曲修建了噶丹杜觉林寺,它们的历史,如前所述,于此不再赘述。

土羊年,在汉藏交界的杰塘(中甸)孜雅寺使人畏惧无缘遗址上修建了噶丹松赞林寺,委派琼结巴·阿旺南杰担任堪布。现在该寺的堪布是娘占巴·洛桑坚参。所修集密和三黑等法与上密院相近。常住僧人去色拉、哲蚌、甘丹三大寺院的普康康村深造。属寺有波沃、恰程、多玛绒、曲玛娘、纳格热、贡阿雪、查木多、江孜、杂尼、扎察、米素尔、盖巴枳、拉毛、隆桑、拉哇帕努、科尔孜、央塘等寺,归于波沃共有僧人五百人。

水猪年,在巴康北面的素尔芒地方建造了噶丹艾勒林寺,阿旺协尼担任轨范师,像格鲁派其他寺院一样主持修习普明大日如来法、药师佛法、三黑行法、朵敌佛母法等。寺院常住僧人去色拉寺贡德康村深造。全寺僧人二十人。

铁猴年,在门(隅)藏交界的错那地区修建了达旺噶丹南杰拉孜寺,首任轨范师是麦热上师洛追嘉措,第二任阿旺次程,现在由阿旺诺布担任。主修达波南喀扎巴著作和集密二次第法、三黑行等密法。学经方法同格鲁派的其他寺院。寺院常住僧人去色拉、哲蚌、甘丹三大寺的工布康村深造。一级寺院,在寺僧人二百一十二人。

铁鸡年,在朗曲修建了噶丹卓顿林寺,首任轨范师是周嘉哇·洛桑绛边,第二任为贡却南喀,现在由色康巴·洛桑扎西担任。按照达赖喇嘛指示,主诵观世音菩萨六字明咒。宗教活动同格鲁派其他寺院。一级寺院,僧尼有一百六十三人。

水猪年,在琼结塘波且修建了噶丹热周林寺,由轨范师塘钦堪布主持,主修杰喇嘛(达赖喇嘛)解释《药师佛仪轨经》方面的著作。宗教活动同格鲁派其他寺院。常住僧人去阿里扎仓深造。一级寺院,在寺僧人约四十三人。

在巴康贡德地区原来修建的一些格鲁派寺院因年久失修,损坏严重。因此,我派遣温波代表桑珠岗巴·阿旺巴桑和达赖浑台吉去修复。火虎年,修复经堂和僧舍,建成了噶丹塔却林寺,德央巴·洛桑益西任轨范师。现在由洛林·益西嘉措管理,主修三黑行法。宗教活动同格鲁派其他寺院。常住僧人去色拉寺杰扎仓深造。聚会时有僧人约一百零五人。

噶丹德钦林寺的轨范师、宗教活动、常住僧人的学经去向和噶丹塔却林寺相同,聚会时僧人有五十人。

噶丹结佐林寺主修三黑行法等,宗教活动同格鲁派其他寺院。常住僧人去色拉寺杰扎仓深造。聚会时僧人有六十人。

琼保塞擦地区向来苯教盛行,信徒较多,如《大方广总持宝光明经》说:"世间见知乱,住恶见外道,皆有细根法,讲谛给他们。"意思是对于喜好外道的人,要讲授适合于他们根器的法,无疑按义谛来说辛饶米沃且(苯教创始人)应是释迦牟尼佛。

《噶当宝书·仁波且洛追佩传》说:"众生有智慧,安立相应名。神有不同名,印度内道人,说我是观音,名叫洛追佩,苯教名字辛拉欧噶。"意思是辛拉欧噶和观世音菩萨为同一个人。这样虽然不能否定任何宗教,但是这些人白天进入寺院,就像见到气绝的人尸的鹫鸟一样;晚上钻入俗人家与女人交欢。《涅槃经》说:"即使热铁烧我身,不守戒的身不穿虔诚施主布施的锦缎。即使吞下铁锤，但是不守戒的嘴永远不吃施主给的食物。即使睡在热铁上，但是不守戒的身体永远也不睡虔诚施主给的床垫。”由于罪恶极大，为了自他的利乐，虚有“苯波”之名，但实际上做俗人之事的他们引入格鲁派法门。火虎年，在仲宗修建了噶丹扎西林寺；在噶阿拉修建了噶丹塔顿林寺；在日玛尔建立了噶丹迦松林；在普玛尔修建了噶丹班觉林，由轨范师热雪·噶丹热丹上师兼管。以前，这些寺院的僧人们学习苯教法，现在已改修佛法，宗教活动同格鲁派其他寺院。

白雪覆盖的九洲西藏的上、下、中三区中，阿里三围像池塘一样，在这一地区传播转轮王妙吉祥怙主上师宗喀巴教法的弟子如同众星捧月一样受到尊重，在前两代法王期间，从堆·喜饶桑波开始格鲁派向夏季的大海一样发扬光大，无人能比，拉达克僧格南杰以前似乎接近格鲁派，但犹如近绝嗣时生不孝男，近功德消失时生邪念一样，倾向于信仰竹巴噶举，致使在阿里地区，笃信格鲁派的寺院普遍势单力薄，近来在吐蕃法王的后裔无垢天子牟迪赞普的转世拉喇嘛协瓦欧（天喇嘛寂光）所建的托林寺中，由南杰德巴桑波王和法王阿旺扎巴供施双方讲授格鲁派教法。论典中说：“毒蛇居住的地方，灯虽亮也不发光。”虽然，当地僧俗群众信仰格鲁派的白光，却被具乐尊胜的毒暗所遮蔽，现在寺院只有三十多名僧人，政教势力微弱，世间顶饰殊胜喇嘛慈悲的磁铁石山将离去的阿里三围的民众向铁粉一样牢牢地吸聚。也有人说，（杰喇嘛）让拉喇嘛协瓦欧的习气觉醒。不管怎样，为了五世达赖喇嘛的积净和净除自己的业障，决心要修建寺院，发展格鲁派。从第十二饶迥的火兔年(1687)开始，招来原来的三十名老僧，新加一百六十名僧差，政府提供生活费用。按照卫藏地区的寺院条例和做法，定期举办法会，会诵妙吉祥怙主法王宗喀巴大师清净教理经典和《药师佛仪轨经》等，宗教活动同卫藏地区的新寺，单独划拨曲豀，供应每年八月法会期间每日四次茶饭。每年神变月初三至十五日的法会期间，全古格地区的格鲁派寺院僧人集中诵经，由聂仓负责供应茶饭，每日七次。法会期间，早上主诵我们的导师释迦如来的《三十四本生传》，下午按照拉萨大祈愿法会做法从迎请沐浴品开始念诵。该寺堪布由甘丹寺绛孜、夏尔两扎仓轮流派出，这年先由绛孜扎仓的曲杰金巴嘉措担任，他任甘丹赤巴后，由夏尔孜扎仓的法王洛桑群佩主持。常住僧人学经去向和旧寺的历史如上所述。聚会时僧人约有二百人。

现在我宗只有上下密院和散居寺（在后藏，由宗喀巴的弟子喜饶僧格所建一译者注）三所寺院修习我们的导师甘蔗族或释迦狮子的道歌中所说的八万四千法蕴的精髓续部海藏吉祥集密大曼荼罗修供法中的生圆二次第法和妙吉祥怙主上师宗喀巴教法中有关集密法。火虎年一月，在古格普琼周巴管辖的扎西岗寺开设了密宗扎仓，在每年的法会期间，每日为五十多位新入寺的僧尼供应茶饭四次，赐年薪青稞各三藏克。该寺的宗教活动方式同下密院。凡是出任托林寺的堪布必须兼讲《集密四家合注》。聚会时有僧人约七十人。

乃琼变化的大护法为没有任何贪著心、妙观察智的自性之佛，但为了教化不驯服的众生，（乃琼护法）显现语佛独生战神和幻臣金刚称等不同模样，护持佛教，他的身形变化和异名不可思议。遍知格敦嘉措曾委任乃琼护法为吉祥哲蚌寺保护神，故名。特别是从这位化身护法的宝箧中分出受用身智慧幻身，当莅临浩瀚广阔的净土之时，由邬坚大金刚持在佛肩莲花光再次宣布委任为殊胜化身遍知索南嘉措的护教者。这样，（乃琼）成为历辈达赖喇嘛的护法神，即甘丹尊胜宫殿的战神，与众不同。我本人（第悉）用八种工艺为乃琼护法修建了佛堂等，利法益民，功德无量，等如虚空。过去的几辈达赖向护法敬献丰厚物品，即使如此，对智慧者没有任何损害，作恶者反而感到孤独，魔障缠身。

土蛇年，赖玛次旺在混乱中战死。铁马年，向贡布·洛桑勒觉请问过去的历史和现状，回答说：非观待无色，过去未来任何时候应该有持宝心，神像师本人没有世间的掉举心，我和其他人应该供养大护法，自利利他，圆满资粮。铁马年三月二十五日，招收新僧尼建成有一百零一名僧人的多杰扎央林寺。按照世间顶饰五世达赖喇嘛的指示，念诵金刚声妙音女经等九部经和《明胜王经》，举行普贤行和长寿诵咒法会。新建两所密宗扎仓，主要用于举办会供法会的费用可与大护法的事业标准相分离，新建周摩、贡巴萨尔、觉隆噶周、热木巴、乃琼等，以及用于举办会供法会的两所密宗扎仓。这样的热心可以与郡陀罗花相比。

如今，格鲁派教法已经普及卫、藏、康大部分地区，所以曾损害旧派的新派再也没有更多的需求。为了积德行善，净治身体的罪恶，清除在庄园等方面所造成的罪过，积极调解信仰纠纷。娘堆杰协蔡巴和仲孜萨尔玛就像乌鸦依鸱枭的禁戒一样，相互指责。我希望两寺相互停止攻击，改变信仰而宗奉同一个教派。火鼠年五月十日，创建了噶丹桑阿塔却林寺，以供新僧尼居住。该寺常住僧人一百二十五人，每月初三日讲授《大悲观音解脱众生经》和《轮回界二解脱仪轨》；初八日念诵《大悲观音经》；初十日诵《修心猛力经》；十四日诵圆满秘密八教授；十五日念诵《大悲观音经》和《二十一尊胜佛母修行仪轨经》；二十五日上午念诵《羯摩仪轨经》第八品，下午举行天母朵玛法会；二十八日念诵黑大威德方面的三部经；二十九日举行长寿主施食回遮法会和供赞法会。晦日(藏历每月最末日)诵《大悲观音经》。每月举行三次会供轮法会；每年举行新年、五供(燃灯节)、驱鬼食子等法会。为此赐给曲豯，准许拥有俸地、部落、商人等，委任盘德勒贤林寺琼结巴·洛桑热贝嘉措为轨范师，主持寺院事务。

下部多康若如田地一样的贡觉地方，没有格鲁派的大寺院，火鼠年十月二十日修建了噶丹桑阿周寨林寺，允许吸收新僧人，按照色拉寺规定诵经，定期举行酬补施食、新年、燃灯、回遮等法会，贡觉聂仓从收入中拿出一部分资助法会。委派都觉林寺卸任上师克增嘉措去任轨范师。为了给达赖喇嘛积福，清除自己的业障，水鸡年藏历二月，围绕释迦牟尼佛像在拉萨八廓转十万圈，接近完成时，即火鼠年阴历三月二十五日，我(第悉)和为修拉萨河河堤(觉沃河坝)背石头的僧人一起去转经。下午去朝拜布达拉，当到达山顶时才真正感受到该山是藏族所说金刚手的魂山的意义，如果在山的四周建造城池肯定非常美丽，城市的画面和奇相不断在心中出现，眼前飘浮。

水羊年，根据达赖喇嘛关于修建医学卓盘林（利众医学院）的指示，开始筹建工作，但没有成功。北部囊索达结在拉旺觉建了两所学校，却对教民没有太大的好处。时至今日，医学院喻如米拉日巴登冈底斯山，声名远播三界。由于受实践和经义解释等各种条件限制，工作一直进行的不顺利。但是，心里始终想着教民的利乐，撰写了多部著作，通过这些引导漂泊邪道的人们进入正道，给他们讲授佛法。密院的僧人时常受到他人的责难，把布施所得上缴政府。为了实现他们安心学习的愿望，拨给他们曲奚谷，征集布如地区的赋税，修复新建佛像佛塔，建造布达拉琉璃利民吠陀林。

第二十九章

第悉桑结嘉措侍奉三宝、发展佛教的事迹

《华严经》二十九品说："具有王种族，众生皆有王，胜王人天趣，利乐具威力。众生皆相信，国王能统治，护持政教法。，"大菩萨为了众生的利益而执政。如何与用这些洁白的事业来度时光者比较，正如妙吉祥上师宗喀巴所说："仿佛羽翼丰满的大鹏在前面飞行，林雀使劲在后面追赶，拥有十力者去殊胜道？我希望跟随他们进入此道。"根据这种说法，建立身、语、意三所依，追念先师的做法，如前所述。

在此摘要讲述侍奉三宝等发展佛教的事迹。关于供宝或献供的次第，在妙吉祥怙主宗喀巴大师的教法源地日沃甘丹寺设立百供(用香、花、灯、水、神馐等五种供品各满一百者——译者注)，供祭宗喀巴的银质灵塔。三名供奉者的供养，全年费用折合粮食八千七百八十二藏克多。

水狗年，至尊上师遍知阿旺洛桑嘉措法身入灭不久，我昼夜向大昭寺、玛尔嘉、小昭寺、桑耶、昌珠及四方镇魔寺等各大圣地，以及莲花生大师修行洞、甘丹寺宗喀巴银制灵塔等敬献佛灯、敬神哈达、金水、供器、花盖等，价值折合粮食一百万零五千一百四十一藏克。资助塔尔巴林寺四僧在圣观世音菩萨像前举行念修九尊具印世自在法；为拉萨大昭寺天成五位一体像前念修五尊不空成就经的四名僧人提供费用，折合粮食三千四百一十五克及十一升。

资助曲水塔尔巴林寺的四名僧人在西藏的金刚座四喜幻变大昭寺中心殿诵经，并烹茶和斟茶；在无尽佛教宝贝周围设立十地供，全年供

品折合粮食一千三百三十七藏克。

在仲木巴江七所拉康点燃长供酥油灯；向沃卡寝室三界尊胜殿和索那塘波且祖拉康献五种供，为日沃德庆寺五位献供者支付薪费。向扎叶尔巴十二座佛殿每日提供酥油灯各一次；向宇嘉饶丹翁则甘珠尔殿提供长规五种供品；向聂拉木佩结林寺四座新殿提供神灯；向南木朗林甘珠尔殿献五种供；向琼结三座寝殿的燃灯节和日供节提供五种供品；向澎域杰拉康提供神灯；为贡巴洛怙主殿提供供祭基金和香灯师（庙祝）的俸给；向江孜二寺（佛殿）献五种供品；提供杜穷甘珠尔殿五种供品，支付献供僧人一人全年的工薪。提前提供供品给内邬栋第悉在昌珠寺建立长供；为洛扎南木囊佛殿的十五日、三十日和初八日等三日法会提供行供的五种供品；向嘉措拉康献供；向扎西群佩寺初三供和施食法会献五种供品；为多康波密大日如来金刚石像提供五种供品。为帕尔巴仁青岗、科蔡五部寺和隆塘卓玛寺提供基金和供品。为隆塘卓玛寺提供若希姆民酥油、塔西牧民的人头费，作为供佛基金；为热察寺二十七位僧人提供供佛基金；为热振寺佛殿供献旗幡和华盖，为拉萨大昭寺提供南央金刚院的铜格；为古格托林寺提供五种供品。上述供品、法器费用折合粮食十三万八百零八藏克。

德央八僧全年在经堂药师佛殿诵经行供，所需费用共折合粮食二千七百一十二克及十升四普（一普为一藏升的六分之一——译者注）。

为了维持僧人的生活，赐给寺院曲谿和耕地。吉祥哲蚌寺的僧人犹如上弦月一样不断增加，应吉索（公上）请求，划给地方政府所属的前藏拉堆斗北部梅囊等的堆钦（dud - chen）一百四十三户、堆穷十八户、牧户十六户和收粮九千五百二十二藏克的土地，在达札和措顿辖区划给收粮三十五藏克的土地。拨给吉祥哲蚌寺的寺产管理人、大怙主的战神独立誓言的守护者金刚称或乃琼护法以曲谿、牧民、堆钦、堆仲、堆穷共二十三户，收粮食一千七百五十藏克的土地。拨给（哲蚌寺）达廓和芒拉堆岗十五户，收粮六百九十八藏克的土地，为新寺堆钦八户摊派、内差十岗、堆穷十六户，收粮食官秤约一千六百的土地（官秤，即卡茹,由第巴噶玛·丹窘旺波所制定的衡量单位——译者注)。给哲蚌寺住山僧人从伦珠宗拨给收入粮食约十克的土地。

分给盘德勒贤林寺聂塘卡阿的萨拉格当一户和德瓦坚康塞玛一岗地的力役人役。划给普强扎仓双收入,即人畜月租金收入粮食十四官秤五升的土地和利粮十七藏克的土地,哲蚌寺提供案帷、牧户、茅屋。从土虎年开始为堪布的庄园划给聂堆巴岗以堆钦、堆穷共十九户,收粮近八百三十藏克的土地。

为色拉、哲蚌、甘丹三大寺除了祈愿大法会、辩经等时提供长条茶。宗、豁卡把大部分格鲁派寺院的开支簿上的普通茶改换成雅州茶。

为上密院增拨墨竹工卡科雪、曲增十二亩土地,折粮一百二十藏克,根据喀尔恩金刚手的情形分给曲奚谷。

在嘉哇窘乃的隐居地热振寺设立程勒嘉措年祭,从普多曲豁分给八户,收粮四百四十九藏克的土地。为噶丹群科央孜寺分给仁青岗土地;为噶丹堆桑达结林寺在原雅堆噶蔡祖拉康豁卡修复拨粮食九万四千七百三十六克;向措曼拉康分给一堆岗的利息土地。

拨给色拉寺下扎仓以艾珠次仁的土地。为拉孜噶丹欧门林寺划给萨隆原来的定例布施粮食五百藏克。从沃卡拨出土地作为阿里、达波两所扎仓夏季法会的香火田。分给觉隆寺几所扎仓以江洛坚所属的耕地;为色拉寺弥勒祈愿法会提供粮食;为喀热法王斯努多杰寺分给达斯曲顶寺三所依供物曲豁。等。

为觉宗旧僧和宅地修夏木布新寺供身、语、意三所依,附近的耕地二十三分。

划给恰纳日沃噶丹寺以塞摩瓦堆增(人户)三十岗半、堆穷三户,收粮一千一百四十克的土地。为扎西饶丹寺每年提供维持僧人生活的粮食三百藏克;为蒙古地区的廓欧寺提供修供资金粮食三十克。

为澎域杰拉康划给仁布雍喀尔隆的房田和差民七户,收粮六百九十九藏克的土地;为杰林措巴寺划给达结曲廓等的利用土地,收粮一百四十克。为孜措寺划给雅隆巴仲等俗人十三大户、堆穷六户,收粮三千五十五克的土地。为协扎寺拨给曼隆苏康等的利用土地,收粮三百三十克。哈尔东达帕饶绛巴担任夏廓喇嘛期间,设立基金,供给粮食一百二十五克。

按照第穆寺附属村落恶娘的定规照常给以布施,为噶丹贤珠林寺的集密、胜乐、大威德三大修供法会提供粮食八百零四克。为敏珠尔林寺分给母系世族的份子扎囊结茹的房地、二十二岗、堆穷五户,收粮食二千九百八十八克。为巴康嘉木达寺分给布日囊索所属的朗、顿木、热三村一百六十户,收粮四千八百八十四克的土地。为阿巴苯仲寺划给那格属户八户,收粮六百五十二克的土地。为左贡桑阿林寺和波达桑阿德庆寺布施粮食三百四十一克。

第穆桑阿曲宗地区的寺院以前没有得到过前藏(地方政府)的布施,主要靠自己解决,这次(第悉)提供粮食二千一百三十一藏克。从类乌齐划给图旦林寺曲豁、差民堆一百三十五户、堆穷六户,收粮七千四百六十四克的土地。每年为雪多布德寺提供粮食一百三十八克;为孜拉康常住僧人提供粮食二百克;为多康扎喀尔托旧寺的三所依提供供品,划给土地房屋,赐粮六千二百多克。为孜托寺曲杰拉康的三所依提供供品、法器和房子,收粮食三千九百克的土地。

划拨给饶岗噶丹曲林寺达巴让周自耕的能收粮食三百余克的土地;分给格哇喀巴寺以原属于麦绒都拉寺的供养田等,收粮三百余克。为居苏寺划给原属于几座苯教寺院的耕地,收粮五百八十克;为格楚寺分给农田牧户,收粮八百七十克的土地。为德洛新寺分给苯教格勒等寺所属的土地,收粮约二百克。为顿格阿却寺分给索南雍仲的田地等,收粮约二百克。为乃廓五供寺分给扎夏经堂和苯教寺院原来的耕地等,收粮四千四百八十克。供给第穆帕巴曲宗寺粮食三百克;为巴曲德噶丹盘德林寺增拨年终诵经费用,折合粮食三百克。分给祖诺布寺差民十六户,收粮二百克的土地。分给达隆寺堪布的庄园人户(them－vdzin)十八岗、堆穷十二户,收粮一千五百五十一克的土地。划拨达隆扎仓曲豁以人户十一、堆穷五户,收入粮食九百二十二克的土地。为林巴分给堆岗九户半，堆穷五户，收入粮食一千九百五十九克的土地。为嘉木达拉茹寺官契未记的粮食一百四十三克；为日喀寺分给粮食六十三克；提供哲格敦岗巴寺以粮食十九克、噶丹群科聂仓以西宁茶三十驮。为达隆桑阿曲科寺和格居寺提供粮食；为工布孜拉寺提供法事费用；为雅隆扎西孜巴寺提供法会基金和僧茶；为平措林曲隆绛孜寺提供基金。

雪多噶丹贤珠林寺每年四月初三日至十六日举行的由三百名僧人参加的《药师佛仪轨经》念诵法会提供噶仇仲巴所属的财物作为基金，救济索·噶丹南松的乞讨者，分给日土伦珠曲当寺以曲豀。为上述寺院的修复提供基金、曲豀等，费用折合粮食共八万三千三百七十四藏克；为修建曲沃日扎托贡寺经堂提供木材；资助修复藏扎木拉康等，新建了被火焚烧的杰塘孜雅寺。

为琼结日沃德庆寺大经堂的维修提供资助，折合粮食四十二万五千一百八十一克。为贡木德塔却林等三所寺院和噶丹南木松流浪僧修建僧舍，提供粮食；出资绘制了贡噶尔苏务觉寺的壁画，修复了卡热寺班钦迦央哈拉的灵塔，费用共折合粮食一万二百十九克。

显密经典记载非善杀生是重罪，舍弃杀生则功德无量。水狗年二月初一日起在本尊神前誓言，在战争中不可避免或与外面争战的情况中出现外，对其它口角偷贼而发生杀生之类本要偿命，但按照(吐蕃时期)祖孙三代法王(指松赞干布、赤松德赞和赤祖德赞)的做法对犯罪者判以流放的处罚，取消死刑。废除了宫殿上下的聂仓(仓库)每年宰杀千余头牛和上万只羊的做法，用银子购买肉和茶叶。废除了每年逮捕犯人的习惯做法，宗、豀卡中应坐牢的重罪犯也一两名外不到一年释放。鼓励保护河提坝、喜鹊、禽鸟、鸟蛋、鱼类等，为做这些事的人提供费用粮食二百零五克。关爱转经的人和初十日制造擦擦的人，为他们提供条件；资助修复道路、船舟、桥梁，提供粮食一万三千七百七十一克。

提供五供物给塘嘉寺和嘉顿的德庆伦珠当寺，供祭佛经、佛像、佛塔和护法殿；长期资助嘉东地区的德钦伦珠顶寺五供节法会，供养护法殿；为嘉雪完噶尔寺九施食法会设立基金；为觉宗萨当释迦佛像的供祭设立佛灯基金；资助绒噶丹强巴林寺四僧每月在弥勒佛像前念诵药师佛经。为上述拉萨以下地区的寺院布施的白银共六千八百三十九两零八钱。

为雪多地区拉敦寺所举行的长寿三身聚种长寿仪轨法会和贡嘎尔曲德寺的不空成就本尊修供法会等提供费用，折合粮食一百二十克；为噶丹（甘丹）寺燃灯节划拨土地八分，作为基金；为贡饶噶丹饶丹寺提供优质粮食；为喀尔当拉卡寺划拨一部分土地。

乃当孜原有的土地和原第悉的定例布施（定例、定期、定对象的财物布施——译者注）有不适当处，其中一部分地方，如噶坚曼巴、尼木、贝乃巴、切松巴等的主人更换，因此（第悉下令）作了适当调整。为塔协祖拉康设立神灯基金。洛扎的几座寺院改宗格鲁派以后，按照给大多数寺院封赐的做法和出于对僧宝的关爱，给这些寺院划拨土地，提供费用，设立基金，共合粮食二万六千一百五十七克。

为第穆恶娘规定定例布施，资助娘占曲桑寺三十名僧人举行长寿仪轨和白度母长寿仪轨法会，祈愿自己（第悉）长寿，获得究竟果位。阿里扎仓五十名僧人轮流耕种宗豀。详见《五世达赖喇嘛传——云裳》后三函。

每日向灵塔所在的普贤供云殿敬献五种受用品（花、香、灯、涂香、食物——译者注）五次，每晚献灯心各六根，资助负责献供念诵《药师佛仪轨经》和殊胜智慧身法事活动的扎叶尔巴寺与绛林寺僧人。为药师佛殿长供提供五种供品各二十一次，五良辰和阴历二月五日献百供；为哲蚌寺四僧提供费用念诵《药师佛仪轨经》。为时轮殿长供献五种供品七次，良辰和阴历二月法会期间献百供，资助八名贡曲僧人举行时轮仪轨法会。向舍利金塔献神灯灯心一根和十一种藏香、食品；向其它佛殿献同样的供品。为负责献供诵经的僧人提供茶饭、供器等费用，全年共合粮食约二万三千克。

在圣地印度流传着释迦牟尼佛的十二宏化的传说，十分稀奇，因此而形成了佛教的重大加持节日。十二宏化分出世间六大和出世间六大，第一宏化诞生，即释迦牟尼诞生以后释迦族随即得到发展并受到尊敬以及释迦牟尼由相好所饰，入学工艺与历算，精通技艺，由妃嫔侍奉度日等。这些虽然没有直接提出，却也间接讲到。《戒律根本经》说节宴，即蓝尼降生节、束髻节、削发节、成道节，出家后削发，顶髻被帝释带到天处建塔而形成的节日；帝释化成猎人的模样敬献黄色麻衣，而菩萨的迦尸迦衣被带到三十三天，即形成受取黄衣节日。当菩萨说吃粗食之时，妙生(难陀波罗)女和喜力女用金器敬献蜂蜜、奶粥，释迦牟尼吃完后把金器丢进尼连禅河，被龙王嘉措(大海)取来供奉，帝释化成大鹏夺回了器皿，带到三十三天，设立器皿宴会。这些出自《广大游戏经》。

《律经本论》说："所谓节，即降生节、束髻节、削发节、成道节，针对这些在出家之地设节宴，符合佛法。"结合时处，在圣地印度节宴风俗非常盛行。著名的佛学大师班钦释迦室利说："现正等觉转法轮、天降节大神变节，虔诚积累福资粮，此等皆为殊胜节。"经论中详细记述了四大节。从时间方面说，阴历正月(星宿值月)是神变节；阴历四月是成道节(证菩提法会)；阴历七月(箕宿月)是转法轮节；阴历九月是天降节。迦湿弥罗的大乞食比丘、班智达纳结仁青(林宝)、妙吉祥怙主宗喀巴大师等印藏许多智者都持这种说法。

举行四大节的地点，在王舍城举行神变节，成道的地方在摩揭陀，转法轮的地方在波罗纳斯，天降的地方在迦尸城。从这四个地方传出四大节。

在雪域西藏，三界唯一的至尊上师的化身梵天花或赤松德赞时的遗教中说："在拉萨设正法律宴，在昌珠设对法、密咒宴。"其中谈到尸罗(戒律)、对法、密教、经部等，名称不一样。但是，《贤愚经》等所说的从初一至十五日之间是大神变节。《毗奈耶杂事》说：一日说教是小神变节。又说：讲声闻、独觉和共同四威仪教法是小神变，没有成为彼等的行境教是神变。这种说法似乎比较合理。

《巴协》说："阴历九月（秋季）举行小神变律供节，即'解制供'。"这是给天降节安上小神变节的名称，命名为"律藏供"的原因，《涅槃经》和《感恩经》中提及天降宏化，《毗奈耶杂事》记述颇详，可以作为根据。

四月成道节，由《广大游戏经》等经所说。也有人说五月举行成道节。实际上五月是转法轮节。这两种说法出自经部。

关于时供，《巴协》没有直接说大神变节。总之，设立四大节（供）是把第一次平均贫富看成是大神变节。实际上，是天子牟乃赞普（牟尼赞普）设立了四大时供。

妙吉祥怙主上师宗喀巴的四大事业中，同舍卫城供（节）相似的是，（宗喀巴）指示内邬宗协哇·南喀桑波举行拉萨神变法会（大祈愿法会），如今大祈愿法会规模空前，无论在圣地印度，还是雪域西藏都有举办法会节日的习惯。《时轮根本续上师功德》说："居住近亲处，为死做善事，成熟如牛犊，随住彼之后。胜解之弟子，师死年月日，牢记作供祭，圆满心愿故。"我们的上师三界导师语自在遍知洛桑嘉措说明了百年的一切有为法皆为无常（法），为了鼓励徒众习法，于第十一饶迥的水狗年阴历二月不是共同（庚戌年）良辰望晦二十四日，即秘密母续的下弦日圆寂，这天是妙吉祥怙主法王宗喀巴大师往逝如意持法兜率天的时节，在光明法身的本性中，清净了烦恼五毒，为解脱五智本性，即五昼夜三位聚轮日，曼荼罗花雨等稀有预兆出现时往升净土。在空行汇聚之时，太阴日（月亮白分与黑分每增减一分的时间）分成二十四，其前一昼夜运行二十三（小时），即从晚饭时分开始到七伞（七日）之间。《集密五次第论》说："舍弃一切供，清净供上师，欢喜全了知，获得妙胜慧。"为了纪念去世的达赖喇嘛，每年向金制灵塔世界一庄严宝瓶即遍知五世达赖喇嘛的圆形灵塔和幻变塔献千供；为各宗派三万九千多僧人发放茶饭、肉、斋僧饮食、献置（供品）、回向物等，供养百姓，布施穷人。如此殊胜的节宴，如《注释续金刚顶经》所说："财物无畏法慈悲，四种布施长施给。"四种布施的第一种是财施。马鸣著的《般若摄论》说："为居住黑暗世界的众生，广做正法布施，因此幸福享受不尽。"意思是说不知幸福穷尽。我本人主诵达赖喇嘛的颂词和会供因，这即是法施。“救护诸敌友，平等无畏施”。释放囚犯和赎百人之命，这是施依（归依施）。马鸣阿阇黎的《慈氏力本生传》中说：“彼之兵旅仁慈花旗军仅为规程作法，他们不怒不说粗语，妥善地守护地方。”这是说仁慈等四种布施，是以前不太提的积净威猛的节宴，我设立了这些节宴。

二十九日，达赖喇嘛提到过去天子牟尼（赞普）在桑耶寺患病，别人无法治愈，阿阇黎莲花生施放王顶灵器解除病魔的事。根据这些，我修完了经忏方面的灵器馈赆仪、金刚罗睺等跳舞者、披铠甲者战神金刚称的投灵器等送鬼救治等仪式。

三座轮积晦日（三十日）凌晨，集会者的外浴如《金刚顶经》所说：“每日作什么？广作四沐浴，瑜伽如何浴？次第来说明，住守三律仪，是第一沐俗。第二续部说，忏悔及祈祷。第三结手印，第四是水浴。”四种沐浴中，僧人已经掌握了第一、三种，不必赘述。《律经本论》说：“长净，每半月即每月十五日进行，念诵《别解脱戒经》。”《毗奈耶广释》说：“所谓长净者，长净禁戒，是护养的定义。何时长净？每半个月，即每月十五日。”所谓十五日，应包括十四日的长净，即从初一至十五日之间的任何一天都可以，其中少一天，总共十四天。从时间方面来说，佛薄伽梵也在《别解脱戒经》中说到第十四长净，实际上一月中少一天，舍在空地。对长净道上非缺日，所谓“第十四长净”之日是指初十五日。何种形式长净？诵《别解脱戒经》，故名“长净”。遮止与真心修行相违。也有用其他形式护持禁戒。为了清除这些而诵《别解脱戒经》。所谓“各”，是昼夜长净之义，只指十五日，由于分昼夜，一年有六个十四和十八个十五。如说：“冬春及夏季，半月及二过，倘若剩半月，智者不舍天。”《问年》说：“仲冬孟春氐宿月，箕宿（阴历七月）壁宿（阴历八月）季秋月，诸凡此等下弦月，半月长净第十四”。现在是下弦前行，是仲春（阴历三月）的下弦。第十五长净是初一凌晨，法会刚结束，堕罪清净。

《毗奈耶根本经》说：“去往城市中”到“从此开始（城中）树立伞盖、胜幢、旗幡等。鲜花耳饰系头上。祈祷供施及长寿”或“在这里奏乐师们奏乐行供养仪式”，清扫道路各处即清除街道上一逾缮那周围的砖瓦、砂砾、荆刺以及愚蠢的畜牲和无节制士夫的大小便等。陈设供品的次第者，供养的主要对象是三时佛遍知慈悲功能的总身天等众生的救怙主和亲友，名讳达赖喇嘛语自在洛桑嘉措的灵塔如意宝慧，从下到楼上敬献千供。《秘密总续》说：“四人读文字，安立在四方。”东方有金光（指《金光明经》），南方有般若（《般若经》），西方有月灯（《集密月灯》），北方有树饰（《华严经》），宣称大乘四经。塑泥像和朵玛食子陈列在灵塔前面，三分食子中一分上供诸佛菩萨，一分中献十方护法，一分下施六道众生和邪魔厉鬼，还有伞盖、胜幢和旗幡等陈设在前。

如《丹巴旦贝本生传》说：“无量众士夫，你友即是我。”仲敦巴·嘉哇窖乃时期，为善知识是阿底峡大师，往前追述有离苦上师无垢友、慈悲白莲转辐轮王、如幻三摩地经的威严吉祥王、持劫的佛智足等，实际上圣观世音菩萨的法身或善知识唯是无量光佛。无量光佛和五部佛中的主尊大日如来佛锦缎像挂在布达拉宫墙壁上，锦旗蔽空，器乐声震动天地。同时，从吉祥拉萨大昭寺经过八廓转经道，高举吉祥白色军旗、十五幅柔色卢遮那佛像和标志轮杓的人走在队伍的前面，后面是其他各种颜色的宝生佛的战器十五幅，红色无量光佛的战器十五幅，罗睺星色不动佛的兵器杓十五幅，太阳色不空成就佛的兵器剑等十五把，以及伞盖十三把、胜幢三十面、幡三十面、粉包一个，僧众吹奏乐器。《因缘经》说：有人讥讽六群比丘（释迦牟尼六众恶行弟子：难陀、邬难陀、阿说迦、补捺婆素迦、阐陀、鄢陀夷——译者注）在广严寺（羊八坚）林园唱歌跳舞，遇到毗舍厘阿阇世王的军兵，从郭努逃走，在王舍城学习歌舞，因此成为沙门模样的人，称“不跳舞不奏乐”者。这是说受属于出家事堕戒。《三百颂》说：“宣法之歌无罪过，说佛功德亦如是”。《毗奈耶根本经》说：“正说佛功德，念诵三常念（初为寺庙神主、神中举腔念经，为地祗等施食，向三宝例行礼忏；次为使天、人等众生听法，故讽诵《宣法经》中经文四偈；依敬礼、讽诵、回向等种念头，听讲《戒行清净经》一译者注）是妙音”。《词藏经》说：“大声札哈哈，鼓声铛铛响。”这是说贪不是能取一切。为了供养三宝，沙弥也可以吹奏乐器。

妙吉祥怙主法王宗喀巴在拉萨祈愿大法会上迎请弥勒佛像时，安排了手执各种乐器的仪仗队。《广大游戏经》说："螺声胜过一切乐器声，我也能制伏，用甘露满足众生。"另外提供白海螺缎等三十匹。

《正法毗奈耶》说："包螺即吹奏"，称"迦陵"或迎请译师班智达之螺，合成四类吹奏，共有三十二个吉祥数，管哈巴六幅，喇叭三十个。"从管中发出的声音是螺声"，共二十种，还有各种乐器十八个，其中大鼓十五面、钹一幅等。

《帐面怙主续》说："用自己的多首偈颂能做什么？在所有的乐论中，那是金刚乐器声。"这是说舞蹈的异名或差别，不适合观看里面的舞蹈，为此外面所玩的舞蹈称为小舞，乐器有天子童五髻者（文殊）的装饰钹（手鼓）一面、小鼓十面、拼铃五对等，空行舞姿，配以妙音。按照《长寿库》说法，有布鼓和大鼓各五面、琵琶一个、多弦琴十四、铁铜敲钹各四幅、笛子十三种、手鼓四面、带冠鼓一对、小鼓（打罗鼓）两面、铃两幅、铜鼓十面、钹二十幅、骨钹二十幅、有柄鼓十面、俱生香器十五幅。如说："清水药香牛奶肥皂水，清除众生身心之苦病，没有罪过众生很合意，祈愿我得殊胜圣贤身。"为了沐浴而供献宝瓶，这不是鲁莽行事。

《时轮根本略续》说：把八圆（瓶）分别说成二种，二个变成十个的高度和二指的长度。专门制造的宝瓶中装满八物、寻香、二十种液汁等，这样的宝瓶有三十三个。珠宝器皿中放着尼拘卢陀等八块肥皂、蚌、浴巾、镜子、白伞盖、浴盆等各一个，不同种类的曼荼罗米堆六个。负责念诵、迎请、沐浴、闻海的供音法行的领腔师十七人。《普贤行愿品》说："敬礼、供养而忏悔。"这是说七支，敬礼的四比丘有花、念珠、铙钹、白海螺、铜鼓、钹恰、手杖、伞盖、油灯、火石等各一和熏香两束、衣服、香水、香苞、珍宝、璎珞、花盖、胜幢、幡。叩长头的四人，诵礼咒的四人，合掌致敬的四人，诵《忏悔经》的四人，诵《四力经》的四人，诵《百字经》的四人，殊胜智身四人，随喜者四人，持轮转法轮者四人，鼓励做众生事者四人，回向菩提者四人。中观宗佛子寂天所著的《入菩萨行论》悔罪第二章所说的供养方面，印藏学者的解释较多，有不同的说法。根据印度学者的《金刚顶经注》的解释，寂天所说的供养是指“我未持之供、献自身之供、心所变之供”。其中的第一种，如说：“一切花果实，皆有药样子；一切世间宝，净水岂合意？”这是说献供品有各种鲜花、药材、宝成山、各种水、宝山、神树、果树、天然稻等九种。

献身者：“我向佛佛子，供献我全身。”献身的人是四位穿袒衣（佛教指比丘僧在礼拜、乞食、讲闻佛法、羯摩仪轨聚合等时穿用的黄色上衣，分上品、中品、下品——译者注）的比丘。

心所变供养者，分最低和最高两种供养。最低供养者，如说：“浴室有妙香”，以扩建浴室为代表，浴洗者拿着沐浴宝瓶、浴盘各一个，受洗者持镜、浴巾、铙钹和铜鼓各一。“于此善变色”，这是说衲衣。“上等装饰有百件”，是说受用身的全套装饰品。“三千世界散香味”，是说浴盘浴油。“满意如来供养处”，是说鲜花。“如意妙香遍各处”，是说熏香。“各种钦食品”，是说神馐（天食）。“金色莲花排成行”，是说灯。“香涂大地”，是说四地。“满意赞颂无量宫”，是说无量宫。“美丽宝伞是金柄”，是说宝伞。“另外还有多供品，妙音乐声真悦耳”，是说所献供品多如云。还有乐钹一幅、小鼓一面、引唱者六人。

无上供者（或最高者），如说：“何故妙音故？”妙吉祥文殊讲《佛田庄严功德经》，提到了十方佛、菩萨聚会供养的景象。《虚空藏经》说：“空色律庄严”，是指菩萨的庄严净土，如会供法会等，不必单独讲业。《经》中说：“殊胜意供，策励清净”，是说意供。有人说比丘供云的陀罗尼四诵，虽观见噶当本尊，而所依像如同梦幻，所依像是真佛。这两种说法中后一种是说四思义比丘。新密四续部所说的共同供是两种水或供物与功德水（福田与施主，或报酬），一切众生（或遍入、士夫）、光与眼睛（或火、火神、辅音字母）等四种，用三摩地笔画的俊美形象等五种受用品（花、香、灯、涂香、食物）。“事行共同无垢光，善逝如来薄伽梵，来到这里请居住”。这是说供物与功德水（或福田与施主）、沐浴瓶、乐器、鲜花、熏香、神馐、油灯等八种。《宝多罗树》说：“大众鲜花花宝盖”，是说鲜花、乳香、香、念珠、粉包、祖衣、伞盖、珍宝、莲花、饰鬘、胜幢、宝伞等。

瑜伽续部在供物与功德水之上增加了二十五种供物。如说:“无量福泽力中生,神物成就宝冠冕”,是说冠冕、耳饰、项饰、璎珞、手钏、手足钏环、足钏、戒指、伞盖等。“不顺胜魔妙胜幢”,是说遍知胜幢没有相,而真正的胜幢是妙吉祥怙主宗喀巴的供鬘,如《密宗道次第广论·无上前行第六章》所说:“直曲珍宝柄,半月金刚顶,风动旗边角,瑟瑟小铃声。具有三袋轿威严,美丽动物有无相;不顺尊胜之胜幢,美丽旗幡作供养”。这是说有无兽王狮子等动物的差别中,有具三舌相的胜幢、旗幡、悬彩(璎珞)、拂尾、宝盖、狮子座、卧具、四角圆宫殿、楼房、月座、鲜花、琵琶、香水、食品、祖衣等二十五种供品,另有金刚美女等八位供养天女。

“从此世界去十方世界,转轮智慧所加持,诸凡神物功德水,献给佛陀及佛子。”此偈是说供物与功德水、布匹、宝盖、旗幡、伞盖、胜幢、鲜花、香水、熏香、酥油灯、神馐、琵琶、舞女、妙饰、悬彩、念珠、精舍、宝马、大象、牌楼等二十一种供物。

关于化基金刚菩萨等十六明妃供,《金刚源生释》说:“献十六明妃,加持而修行”。转轮供以前的供养如前所述,以后由十六地业手印(明妃)次第系缚,诵十六明咒,自己逐渐变成十六菩萨,射出如我的明妃,去了虚空界。根据各自事业修行供养,把供舞摄于左腰间,招引诸天女,将菩萨大手印安置在原处,献上和自己的献词相符合的十六明妃,肤色好,说话温和,相貌美丽动人,绝伦无比。关于五妙欲(分别以铜镜、琵琶、海螺中香水、果实和绫罗代表色、声、香、味、触——译者注),所有续部经都有相同的说法。但是,与瑜伽供舞相关的瑜伽续品中有条理地编排。瑜伽续和无上瑜伽续所说的敬献物不同,大译师仁青桑布总结说:“坛城沐浴及衣饰”,认为一般供有三十五种,个别供有身体的六种供、塔的八供、经卷的四种,加上一般共三十五种,共五十三种供物。无上瑜伽部的父续供,按照印度阿阇黎游戏金刚所说有二十种。

如说："为了清净诸坛城，清除脏浊拂尘檐，虔诚敬仰去奉献，欢喜广做众生事。"这里提及的供物有拂尘、蝇拂、扇子、精舍、花园、卧具、狮子座、宝马、大象、宝贝、如意树、牌楼、宝盖、神幢、歌女、舞女、宝瓶、如意牛、佛手、天府等二十种。

母续所说的十六明妃不同于瑜伽续的明妃，妙吉祥怙主宗喀巴大师的《鲁俄巴所传胜乐生起次第论释如意》中说是一面四臂，铃尊者和黑行者说是一面二臂。《供鬘》说："窈窕美女装饰堆，风花正茂通歌舞，施予六根奇异乐，施供快乐的天女。弹吹琵琶敲响鼓，弹钹笛子圆鼓中，悦耳声生耳喜宴，无量供物供养我，喜受分赐诸胜士。"这是说琵琶等十六种供物。

《喜金刚本续第二品》所说的秘密三空性供的八位天女秘密供，"妙音天女持兽相"，是说乔里摩天女等五天女。"能表无二时轮供，天众台阶十二女"。

长短根本部所说的香水女和鬘女等供养天女（向神佛奉献供品的八美女）行供。《空行金刚帐续》中说："入定于薄伽梵金刚欲舞的三摩地，酷爱歌和舞，集聚一切有情，佛陀嬉受舞蹈者。"这是说共非共二时的供养。"渴望得佛果，欢喜狂舞蹈，唱歌及奏乐，以涂香及鬘，成就智慧王。"供舞的次序是舞者获得各自的根相。各供养天女的佛，媚丽女人，如说"金刚媚丽女，金刚豆蔻女等在转舞台。""菩提心坚定，思忖我是佛，欢喜供养我，佛也能供养。"现在我们翻译供养方面的咒语，结合供舞诵咒：古茹叭达哈瓦贡陀罗松底萨穆陀罗拉萨雅布杂麦迦哈萨穆陀罗萨帕罗尼萨吗耶。

《吉祥时轮续》提及宝金月花、各种锦缎、味、香、油灯等，意在表明十三种供物和内外十种供物。关于旧译密法，圣地印度阿阇黎弥底大师的《金刚乘教决》说："向似镜的智慧，供金刚丽女。"这是说十二供养天女和秘密藏的增上定供。

梦见至尊上师遍知阿旺洛桑嘉措的转世灵童是大伏藏师格茹曲旺从妖龙腹中请来的喇嘛，集密的受福蒙庥之舞者格茹曲旺来到铜色吉祥山，莅临内邬栋孜宫修习舞蹈，修习舞剧中说“祈祷深恩师”，因此称此舞蹈为深恩女之舞，深恩女指摄集上师密意的身、语、意、功德、事业的五天女。关于密教总供，《幻网经疏》中有多种说法。在此引《地藏十轮》说：“天龙夜叉及人们，十方菩萨的供养，宏伟功德奉献佛。”这种供养称为相顺八种供云。《广大游戏经》和《宝积经》等经典所说的从转轮王政的财富变成的轮王七宝或七宝，在文殊怙主宗喀巴的《密宗道次第广论》中指黄色八辐轮、白色大象六齿、绿色马、十六岁女子的青姿、黄色六顶宝石、红色施主无穷库、黑将军持刀剑等，说法各异。

《出离经》说：“天界宝物所成的圆心，具有千辐毂辋平等；从初地变成的尊胜宝轮，由此所得”。从此，印度和西藏的学者讨论七宝，提出了不同的观点，有时把将军等指索波(sog - po)，这方面概括起来有三种说法。“刀刃有光剑套软，欢喜林园衣随意，无量具力鞋家宅，柔软被褥近七种”。这一颂是说轮王七近宝(七珍：宫室、卧具、靴履、宝剑、衣服、蛇皮褥、林苑——译者注)。诸佛有生，有所得的三十二种相好，其中的主要八种成瑞相八天女。

释迦牟尼佛战胜魔军时，示现胜魔之相。《事续觉陀梨》说：从“八瓣莲花上有八天女”到“祥结莲花伞海螺”，主要说明八瑞相各自手持的八天女。吉祥物(瑞相)是过去持光天女献给佛薄伽梵的镜子等，和因缘相一致的是琵琶、酪、茅草、吉祥果、海螺、银朱、白芥子等。“帝释非天胜利中，八位吉祥天女供；八位吉祥之天女，供养佛陀和菩萨”。如来在广严城的罗睺树下向妙吉祥菩萨等从药师七兄弟之愿讲起讲授佛法，使夜叉、遍入天众皈依三宝，受近事戒，称“十二遍入”(十二酋长)。佛想如果付法于天神会有放逸之过，如果付法于人，则寿命会减小，最后付法于天人。佛居住在池塘边之时，从四方发世间心，被多闻天王之子知道，四大天王来献一襟如意宝。佛知道护国天王(东方天王)和南方天王是卫巴族(dbus - pavi - rigs)，用卫巴话(中央语?)授教；用边地语为广目天王(丑目天王)和多闻天王说法，消除他们的习气而信仰见谛。当时，佛还对四大天王说：“我委托你们长期从四方护持我教”。四大天王愉快地答应了，通常称为“四大天王”。护国天王为白色，南方天王为蓝色，广目天王为红色，多闻天王为黄色。洛扎伏藏等之中则记载南方天王是黄色，多闻天王为绿色。新旧密典各有说法，认为护国天王有寻香，南方天王有鄔摩，广目天王有龙王，多闻天王有夜叉，十护方神之上增加《妙臂续》等经续所说的日月等十二种，其上增加遍入、毗那夜迦等，成为十五位护方神。十五位上又增加二十八星宿。首个宿娄宿，如说：“夜叉祈祷迎请，食用意供物，清除众生障，遮障顺缘足”。

天众的手相（标志）和面具等既是圆满因，又非表面美观的街市欺骗物，以前不是由智慧和财物所成就。成就供养方面，外面眼睛所见到的是绸缎画像，加持大地，从此特以誓愿去迎请、洗礼、供奉。《三摩地王经·功德品》卷三十一说：“优香念珠花熏香，执持多种乐器钹，供养佛陀一切塔，不久获得三摩地。各种优美歌舞蹈，称心欢笑乐器妙，恒常酥油灯妙香，宏扬佛陀无比教，不久获得三摩地。铜鼓悦耳百面鼓，各种优美鼓笛声，诸种悦耳器功德，引导诚心去供养，不久获得三摩地。”这是说供养天女和勇士佛母合唱金刚歌，跳金刚舞，夜叉天王也跳舞。另外，各种歌舞、乐器之供物多如云，覆盖了天空大地，施食回向各自的天王护方神，托付事业。三分食子是佛给商贾迦贡（佛苦行六年之后遇到的商人之一——译者注）和跋陀罗（妙贤，十六尊者之一，居雅穆洲，住持佛教——译者注）说的，是曾为各方天女星宿说的真谛法。这些出自吉祥颂和《幻象》，我尚未见到，所以只能讲《转莲印陀罗尼品》和《供陀罗尼颂之陀罗尼》，让幸福快乐布满各方，让吉祥偈等的花片到处漂落，传统的日月光芒照射各处。如此会供的费用，共折合粮食八百八十五万四千五百十三克。

在会供法会上，不同民族的信徒汇聚在一起，密咒师们分别在吐蕃法王时期建立的镇肢镇节寺、大阿阇黎莲花生的修行洞等处举行相关的修供法会。约六千七百名经师聚集在噶当派原来的寺院和前辈寺院念诵《药师佛仪轨经》；尊胜盘德勒贤林等寺院的一千多名密教僧人举行大悲观世音菩萨修供酬补法会。

上述节日中，每年为供养各大寺院圣地所需费用合粮十一万九千五百七十四克。设立积净诵经法会，纪念前五辈达赖喇嘛；设立长寿诵经法会，为六世达赖喇嘛洛桑仁青仓央嘉措祝寿，祝愿他成为众生的救怙主和亲友，像雍仲一样健康长寿。

我做事业的热心，像雪山和郡陀罗花一样洁白。

第三十章

六世达赖喇嘛洛桑仁青仓央嘉措诞生

三时诸佛金刚四相的共相的独立本性，如说：“声明与因明能消除恶语，工巧和医方二明随持地。”遍知一切（达赖喇嘛），博览经书，精通内明三藏和四续部等一切知识，犹如从在燃烧的烈火中间，引导众生，出离像地狱一样的三界轮回，受取从居事戒到圆满比丘戒之间的各种戒法。尽管佛教的根本戒别解脱戒规定的非常细致，还要像爱护眼珠一样逐条守护。圣者闻习了菩萨戒的无量河流，正住在希冀心的本性中，犹如流转心库一样，成为一切佛弟子和一切般若的津梁码头，故妙贤善良（桑瓦）。用身、语、意金刚本性前三根之道正修身金刚五现证（月轮现证、日轮现证、种子现证、手帜现证、全身现证——译者注）的殊胜自性化身、语金刚十二真实义的自性受用圆满身和意金刚十六喜的本性法身性。智慧金刚四灌顶之道没有成为殊胜大手印，用一刹那的智慧圆满俱生身，证得一切佛的部主，因此所成就的大转轮者，是声闻、独觉、菩萨等众生的上师（佛），是法身佛。因为，超过了想说的极限，也很难叙说“相”。念知围绕智悲功能的明库、游戏黄色舞者遍知阿旺洛桑嘉措的色身相好的坛城，由太阳迎请，暂时卧睡在法身大乐的西山高处。

《遍知格敦嘉措道歌》说：“七生善做众生事，摄集无漏法界中。虔诚信解的众生，无疑生在喜足天。”《噶当宝书·子法宝民本生传》说：“无忧树皮有七层，这是发出誓愿导引浊时众生的七佛不断护救的信号。”用热振无忧树来说明。圣佛的事业，如《经庄严论》卷二十一说：“若尔用彼咒，治好徒众伤，世界存在间，事业常不断。”天边所触及一切有情众生是进入无上事业之境，在此环境中，象所调伏的身的信解一样，一直存在于世，如同住在一切佛法中。佛薄伽梵如来阿罗汉正觉佛是明行足（佛名称号），是善逝（修伽陀）、世间解（路迦惫）、丈夫御调士、无上阿耨多罗，是天人的导师遍胜诸光祥积王，他在有限的时间内，为雪域一切众生做事。他的事业象天空一样广阔，如宝尘积山顶（须弥山别名）一样坚固，仿佛上弦月和夏季的大海一样兴旺发达。为了使教民的利乐园林中的郡陀罗花开放，述说慈悲的圆满部分的殊胜化身洛桑仁青仓央嘉措的新月，作为我们这个世界福泽的宾客。他降生的时间，如《妙吉祥根本续》卷三十六说：“地上我涅槃，雪山区域内，正生娑罗林。”佛释迦狮子涅槃后，在雪域谷地成为娑罗树林和房地等堪能之地。不论出自茹巴底主仆，还是猕猴和罗刹女（岩罗女）之后，人类形成的城市，即吐蕃这块土地上，在以前的玛桑眼中这块地方处于蒙昧状态，犹如酿酪一样凝结，因此有了湖。称为见岩鼻的湖鼻错那，或看见鹿去了湖中，故称错那（六世达赖出生的地方）。关于“错那”一名的来源，说法众多。实际上，其北面有尼热玉措湖，南面有杰钦玉措湖，这些都属于错那地区。大阿阇黎（莲花生）在其《圣地笔记》中说：“从桑耶出发南行十八天驴道，在门藏交界的南托贡（mtho－gung）杰山顶，有大圣人莲花生的宝座和天然形成的三世怙主像，以及邬坚（莲花生）所授记的神秘地吉摩窘，这个圣地名叫冲巴当（khrim－pa－stemg）。”冲巴当，又叫拉沃域松，或夏尔措、塞茹、拉邬松，其中的每一个地方都叫措松（tsho－gsum）。根据圣地笔记所记，打开南方羯摩上师（噶玛格茹）之地，在雪域西藏的边上，有一个离印度拘尸那城不远的地方，名叫布域吉摩窘（sbas－yum－skyid－mo－ljongs），或称“拉沃域松”（la－vog－yul－gsum）。这个地方谷腹地狭小，谷口大，形似一束盛开的八瓣莲花。这个富饶的地方，到处是耕作的庄稼地，低洼处生长着嘉塞（印度谷物?）十三种谷物，中部耕种着门巴人的十三种谷物，山顶生长着藏族的十三种谷物。圣地冲巴当喀章山有三个山峰，如同佛教史籍所说的三世怙主的像，像(身处)的北面是熊穴，语处东面是豹穴，意处西面是虎穴，功德处南面是修行洞，事业处中央是莲花生大师的修行洞。各方有岛，其中南面有两个，东面有净除罪障的沐浴洲，西面有殊胜成就源地邬坚洲，南方有如意宝源海螺门，北方有护障的虎门。以吉祥邬坚第二佛(莲花生)的修行洞为代表，十分稀奇。《圣地笔记》说："大乘瑜伽密法修行处。"

又说："彼处居住的男女，何况去往空行处？密咒殿似拂尾洲。"灵验的神秘地方呈现十善相。《莲花遗教》说："在印度水源边地门域，名叫本塘曲科隆拉蔡，谷脑西北谷尾朝东南，三山如伞盖绫帘蜷绕，三角地周围是大草坪，犹如胸部一样地方。"这个地方与授记所说一样。圣地邬坚林日寺像乌龟闭着嘴，共有四层碉楼，做工精细，造型优美，面向东南方。谷内长着神树旃檀，还有其它树木，果实累累，十分茂盛。总之，在三世诸佛降临的地方赡部洲观世音菩萨的调伏田是驿站和宗教活动中心。

关于转世灵童的种姓血统，《集经》和《宝箧经》中说：他是正上大圣，有些殊胜，有些中等，有些低劣，但没有肯定属于哪一种姓。谓庆喜我或像我的补特伽罗持补特伽罗的标准，如果补特伽罗持补特伽罗的标准，就会成为过失。这种说法是一种断边见。《般若一千颂》或《般若五千颂》说："菩萨是何圆满种姓？菩萨生于高等种姓，即菩萨种姓圆满。""帝王族和婆罗门族，生于以前许多菩萨出现的种姓，种姓圆满。"如果生于一般种族和高贵种姓、低等种姓，做佛教与众生的伟大事业，观见害罪。《伏藏》说："本性不住涅槃后，隐居桂氏帕日山，拉顿达珠设毒市，隐藏焰海之矿藏，显现挖掘的标志，出现邬坚莲花洲。"《本库》说："家族姓聂，父亲名叫顿珠桑。"如果从了义方面说，掘藏师班玛林巴是无量光佛的化身，如今也在北方住在须弥山油灯胜幢地方"，"须弥山酥油胜幢"地方，将来觉悟成为金刚藏佛。这些说法出乎人们的意料。在不了义上说，在恰绒喀雪尔，用语言和愿力次第传给拉嘉班玛萨等。

聂·嘉哇拉囊巴是和圣地印度的黑行者等大士夫同一个种姓，称

“聂”。聂氏出现的情况是这样的，过去在西藏的喀热人们见到从未见过的一个人，他身体健壮，相貌端正，鼻梁高、额头凸出，眉毛横长，五官清秀，皮肤如郡陀罗花一样洁白柔软，成为人们眼中的甘露，百看不厌。人们想这位身材和面貌都好看、有相好的人，过去在别的地方未曾见闻过，他是谁呢？于是问：“你是天神之子还是人？是谁的孩子？”那人回答说：“以前，我没有在赡部洲出现过，我来自光明天。”人们都感到十分惊奇，把他尊为神界（上师）。由于人们不清楚那人的情况，以为天子神志不清（myos），故以“聂”（smyos）为家族名称。

从这样的人传出高等种姓，其中的外姓聂·云丹扎或扎西贝等人是喀热的降神者（巫师），内姓是塘玛哇等。《阿达娘氏遗教》说：“聂氏渝盟勤救度，授记名叫恰塘玛。”从此逐渐繁衍壮大。根据以前的传说故事，绛地的沐天子（南诏王）去世后，他的妃子和三个王子料理完丧事之后，三个王子来到宫殿附近的河里游戏，放在磐石上的驯养的小鼠被风吹进水中，大王子去捞时被水冲走，二王子去拉被水冲走的兄长时也被水冲走，小王子看见两位兄长都被水冲走，急忙去救，结果也被水冲走，兄弟三个就这样被水淹死。王妃因失去儿子而极度悲伤，三年来几乎被白、黑、花三种忧愁逼疯（smyo），故名“聂”。另一种观点说：空中天神行乐，生下一子叫“聂”（smyos）。又说逼疯的不是王妃，而是国王被苦逼疯，天神从天空对国王说：“我给你一个小孩”，不久出现了一个孩子，称为“聂”（smyo）。这样的说法很多，也有可取之处。

无论如何，传说聂译师带着黄金和麝香等不少用品经过艰难苦行去印度留学，路上遇见玛尔巴帮他背东西，他提供伙食。到达尼泊尔后两人分开各自行动，聂译师从勒阿杂热雅或名纳波夏琼哇（小黑行足）等人学习佛智足所传的集密法、口诀等。返回时，他又与玛尔巴结伴，侍从阿杂热雅使坏心把玛尔巴的书籍抛进水中，故取名为聂窘波（发疯）。聂译师（指藏聂噜迦热巴坚建——译者注）积极在西藏传播集密法，恩德很大。其子聂·多杰喇嘛；多杰喇嘛之子聂·巴勒；巴勒之子聂·扎巴贝，他们宏传祖父们的教法。

扎巴贝或名云丹扎，他的儿子是嘉哇拉囊巴，如说："共许祈祷遍知众生主，世间胜士法王无忧王，生于喀热聂氏为众生，教法光明名叫扎巴贝。祈祷圆满其世系，其子无比拉囊巴，印度圣地黑行者，获得成就为众生，祈祷莅临藏中心"。想着印度大成就师黑行者而取名为聂氏，被众生怙主宇、扎、香等人认定，威光赫奕。后来终生在念青唐古拉山腰拉囊修行，故称"拉囊巴"。他早年受近圆戒，依靠止贡巴等多位上师精修语言学、因明学和显密教法，多次去尼泊尔帕巴香坚和冈底斯山修行。后娶众敬王之女公主拉久德却为妻，传宗接代，其后裔中名叫聂·嘎尔的兄长嘎尔·嘉吉多杰主持寺院，两位弟弟按照父亲的教导来到本木塘把一面小鼓抛向天空选择建寺地点，有一种声音说出了"索章"之名，于是在索章建寺。该家族的顿珠桑布娶班玛宗吉为妻，生下九个儿子，当时长出九棵旃檀神树和神湖、星宿、良时、五彩虹九泉、九匹神马、九只神鸡、九头神牛。兄弟九个中的长兄是前面提到的掘藏师班玛林巴，他在一个集市诵咒跳进附近的湖中，一些人既感到惭愧，也感到害怕。传说，他在水中发现了佛像、佛塔及供物，发掘了密法伏藏三十部，还发掘了许多墨水瓶等加持物。

九子中的幼子温波邬坚桑布，如《普贤密意集经授记珍珠》说："幼弟是由马头金刚变化的，名叫邬坚桑布，据传东方有你的众生事业，你是拉沃域松的主人"。其中所授记的温波邬坚桑布，是授记"金刚之名东方出"，东有授记的手相，愿做众生事业。他为了做禁行的众生事业，乘骑青色骏马前往空中，被本木塘的人们看见。按照这种说法，又说他乘骑风马来到拉沃玉宇，从底赖地方望去，发现东北交界处有个地方象乌龟闭嘴一样，遂在那里修建寺院，取名"邬坚林"。他按照授记做事，成绩突出。圆寂后遗体火化，额头出现""字形。从此聂氏家族传承不断，而班玛林巴其他胞弟的生命树、神湖已经干涸(意思是传承中断，没有后代－译者注)，温波邬坚桑布的神树神湖至今仍在本木塘地方，繁衍生息，据说寺院中也有他的神树、神湖(家族人)，邬坚林西边的旃檀树仍然生长茂盛，泉水流淌不停。

总而言之，(藏族早期的六大氏族为)“噶、董、朱三氏和查氏，还有诺布、帕达二氏，共六氏族”。来自光明天的嘉哇拉囊巴掘藏师的班玛林巴等圣神家族犹如娑罗树一样，聂氏家族兴盛不衰。从班玛林巴传六代至扎西丹增，其母为王族，她向过去诸佛祷告说：“希奇，愿我成为佛母”。她的名字叫次旺拉姆，父母都是高贵种姓。《广大游戏经》说：“众比丘，菩萨见所见时，即当初众生聚会时菩萨没有入住母胎，而住光明世界，有生、有老、有病、有死。尔时，菩萨入住母胎”。特别是积极向上的时候是人们没有很大烦恼的时候，浊究竟时，人寿十岁，并非因苦而不暇，为了救护浊时的众生，黄色舞游戏者达赖喇嘛传承不断，观见七辈中第五辈转生为第六辈的时间是佛陀乔答摩降生后二千六百四十三年，即第六个五百的第六十三年，正行劫的下部，第十一饶迥的癸亥年，即水猪年(1683)香馥时四月轮流曜日，羯摩星斯等星辰圆满时，来到我等有情众生的树上。弥勒的《经庄严论》说：“那个地方与名字，又有时劫的名字”。这些在五世达赖喇嘛时期已经作过说明。降生地或地方名称、名号、劫波，或时轮及正法中，内外秘所授记的外经事续，如《文殊根本续·利乐过患教》第三十六章说：“倘若末劫世间毁，利用圣僧王之法”。这是注音。又如“初劫末劫喜爱法，名字叫作龙呼唤”。说明前世的情况。“释迦佛之方”之后接着说“第一拉(ra)字和哇(ba)字，诸凡比丘出家僧，佛陀之教放光明，出现变化无怀疑”。名号如前所述。“洛桑仁青”中的“仁青”的梵文对应字为“热特那”(宝贝)，藏语中表示“拉”(ra)；“洛”的字根是“哇”(ba)，直接讲“佛陀之光明教”。

《噶当宝书·仲敦巴大供父法授记》中说：“三宝之中的佛宝，今为人们的顶饰，佛教之柱是仁青，美丽仁青伏雅贡。云丹嘉措三兄弟，护持善资粮巨著；遍知化身具天眼，各种幻变饰边角。运用数百恭敬法，顶礼圣者之莲足”。根本位佛教的宝柱是说译师释迦仁青和云丹嘉措三兄弟，即库(尊追雍仲)、俄(勒贝喜饶)、纳措(次程嘉哇)三人，这些用一句话很难说清楚，所以也应该进入历辈达赖喇嘛的授记中去了解，顶礼注音等圣人的尘足。

又说:“九诤劫末尾,具妙福泽相,养佛教死人”。前面介绍了几种注音,但是没有解释“九”。《大臣遗教》说:从“赤松德赞王”至“二色身作众生事”,再到“水中流出萨霍尔”。其中提到果、秘密教、佛陀、娘热等四种,讲别解脱戒经藏,四位达赖喇嘛的身、语、意、功德的色身和布施方面的四个,共八个,两者汇合的事业的变化是五世达赖喇嘛,摄集这一切,共计九,九之末尾集聚福德资粮和智慧资粮之田,圣宝的对应字是热特那仁青,说明了(六世达赖的)名号。

《噶当宝书·父法散记二会》说:“从东方升起美丽的月轮,熔化的小狗变化放光,世界到处一片光明”。这是授记文殊怙主宗喀巴大师从东方而来。接着又说:“佛教将灭时,日轮已住西,妙福泽名号,五之直间接”。这是授记班钦格敦珠来到西部后藏,具有福泽五相,五相与二双合为七相。遍知格敦嘉措的文集《散记品》说到殊胜福德七相,是说名号仁青和贡却的对应字。《宝性论》说:“生贵故无垢,具咒故世间,有饰故殊胜,无变化故宝”。这是授记福宝的无上佛土。

《格敦嘉措文集散记品》说:“殊胜福德使燃火,修行五分护不灭,只有全心宏佛法。”这是授记具有殊胜福德名号的五世达赖喇嘛之后,具有殊胜福德名号的圣人点燃佛法余烬、汇集前五辈达赖喇嘛事业功德的胜妙名相,他保护佛法不灭。使佛法宏扬光大者,即是大遍知圣人(六世达赖)。《噶当宝书·子法天王本生传》说:“我是法王四宝,是观世音化身”。这是直接说名号。《丹巴旦贝本生传》说:“贡却丹巴旦贝我,噶当仁青桑波贝,依止传承戒定慧,成为合法众生友”。这是授记王子丹巴旦贝具有仁青和桑波之名,做众生事业。

《清净本生传》说:“上首弟子丹巴的宝山非常明亮,我和你的学说理论是按照佛说诠释”的。有仁青名号的人按照佛说解释阿底峡师徒的理论。《宝民本生传》说:“汇集无量殊胜的观世音菩萨,身体威严仿佛雪山一样,语威严好像梵天的吼叫声一样,意威严犹如佛的源地一样,观世音菩萨是众生怙主,您执掌雪山脚下的国政”。这里不仅授记雪域西藏的摄政者,而且答应众生宝民的边地时,说:“我是雪山脚下的法王，心无欺诈说话很直爽，运用佛法威力而利他，人主的知识渊博深厚”。这是授记松赞干布的名号。“我示现各种变化，血统清净一切有”。这是授记赤松德赞等王示显以仲敦巴·嘉哇窘乃等为代表的居士和以阿达娘热等密咒师为代表的各种形象，血缘清净，信奉自己的宗派。“在历辈达赖喇嘛中，我是合法的轨范师身”。历辈达赖喇嘛之中的第六辈，如说：“大鹏翱翔天空，麻雀洞中讥毁；我盘旋智慧界，恶毒者在后诽谤”。这是说麻雀在洞中嘲笑盘旋天空的大鹏。

《神鬼遗教》第二十四章说：“狂徒挑起战争，法伏人们的厌离心。邬坚身语意的变化，委托有缘者生在水猪年，生下教主邬坚林巴”。这是说属相和亚豀（父家庄园）。《国王遗教》说：“十二王子分散后”，是说王子的十三生身。“幻化士夫王族瑜伽士，普通门子是神鬼的御者，来自塔扎日沃林，渴望修得密法之成就，昔日国王今何在？从前国王口诀镜，是密教大海中的精华，降下明号的细雨”。“幻化”是公开变化的意思；“王族”是指印度刹帝利娑罗树如萨霍尔，戍陀罗以耕地为生，比戍陀罗种姓的地位较低的种族以渔猎为生，商贾吠舍种姓征集赋税。现在所说是来自光明天，属于征收赋税的商贾吠舍种姓。“最后”，指时间的最后。“门布”（门子 mon - bu），是直接说出生的地方（门域）；“神鬼御者”，意思是能消灭有能力（咒力）和威猛的恶毒鬼神。“塔扎日沃”，是隐义，指广大。“林”是指族姓格茹班玛林巴的世系和双行邬坚林寺，他向天子的后裔传授甚深法，即用法号传教。

《国王遗教》说：“在南方门域树叶园，扮成王做众生事，名叫比丘宝赞普，生于五劫浊时后。”此颂是说诞生地和名号、事业等。“做好黄衣派的政务”。授记说（此世达赖喇嘛）政治事业胜过五世达赖。内甚深宝藏的次第者，钦木·释迦扎巴的后生掘藏师曲杰坚赞的《伏藏笔记目录宝鬘具善法王手抄本》说：“猪鼠出现时，出生于亥年，我子邬坚班玛，护持佛教而变化。猪鼠年未出现时，秘密做众生事。”这是说（达赖）生于猪年，在猪鼠年之间，秘密做众生事。“空行众加行顺缘，所见万物神鬼做。”

德达林巴的《霹雳岩阿底深心义要授记》说："特别执持的有缘者众生怙主，生在雅拉夏布雪山西南侧附近，坚持宏扬佛法救护众生。"部分伏藏中授记说："出现了三个不同的特殊有缘者，生在桑耶南面科塘的东部，即藏门交界处的一个密咒士家，父亲是贵族，母亲是王族，两人结婚所生的五子中，圣者是猪年出生，名叫多杰(金刚)，从黑暗洲点燃智慧灯。最胜王金刚集，暴行勾召无分别佛。""身相额头三叉纹，语相颈上莲花纹，意相阿字辅音字，心痣全刚大结纹，功德相脐三叉纹，金黄痣有手印饰，事业相虎皮裙画，自我加持真稀奇，头高眼大额宽阔。"《圆满教三卷书》说："洛蕃交界的门域，地名邬坚贵族子，猪年降生具妙名，貌美性温具慧悲，护持众生红山上。"这是说出生地、父母的种姓和出生时间等。骄慢护法的变化乃琼护法王多杰扎丹说："水狗年，第五世(达赖喇嘛)临终前(没有接近法身的中心)，其光辉照射在东南方，浊时的众生极其凶残，所以有少许困难，(化身)不久会迅速来临，国王我答应作使者。"其中提及降生的时间和要来的地方、怀胎等，符合道理。

狗年三月(1682 年)，我请问五世达赖喇嘛关于做利众事业的情况，这里受委托介绍铃记、手印等历史和没有授记年代的原因。现在后者从南赛林(多闻洲)来到达哇尔驿站的东南处，授记水猪年降生。如说："像晶石玛瑙一样，雾气弥漫的百瓣洲，是各种金刚的中心，由狮子威力撑举的床榻，周围照射着太阳的光辉。"意思是不可能有什么变化。又说："善教基础胜处王，三世天神朵敌母，支起四业彩虹帐，役使玛夏萨空行，四时天女修诸业"。尚不明白此颂的意思，好象过分描述法王莅临的地方？"晶石玛瑙"是透明无垢之喻，未被世俗虚妄障蔽污染，犹如手掌遮不住太阳升起。杰喇嘛(达赖喇嘛)的殊胜变化来临的地方是邬坚林巴，是班玛林巴的后裔，他和前弘期密法宗师中囊索、贡不同，而是像白水晶石一样，三昧耶清净，仿佛玛瑙，来到黑暗的密咒师家中。"百瓣"指莲花；班玛林巴温种的词义，代表莲花。地形如莲瓣。"林"(gling)，指班玛林种姓和邬坚林，也代表房子。后来，护法自己承认释义的夸大。

桑耶寺大夜叉主请问：水狗年六月十一日(降生)，但未说秘密门，是否从身体二狭处(即女根)降生？回答说："哲蚌格西获得无身漏金刚身"。又说："东南方天空，或莲花种姓，日光已成熟，猛愿的缘起"。班玛种姓是班玛林巴叔伯(或子孙)血统，明示族姓。

另外，教民子弟我把一些胜劣弄错，但出生的地方比较清楚。从秘籍中了解了秘密授记，前辈五世达赖依止政教及变化的护法多杰扎丹的授记等内外秘的特殊需求，以隐秘的方法在见法性年龄中秘密做众生事业。在修行的后半生即从麦喀嘉措(火空海一纪年法)开始，到第十二饶迥的丁丑年，梵语称"俄夏拉"(ai - sha - ra)，藏语说自在五行算黄日，由红宝石衣所装饰，即火牛年四大具足年，如《日藏经》所说："我说昂宿星，阴历九月秋"。妙吉祥怙主宗喀巴大师等后持律者们的年首下弦十六日，加行灌顶。五行算所说的冬季(阴历十二月)大寒节是土牛年，是时轮历说的孟冬(阴历十月)。医学上和蒙古历都说是阴历十月下弦后誓愿时(二十九日)，或下弦的第二圆满时妙吉祥怙主黄帽派大师洛桑扎巴逝往兜率如意持法地的时间，这天是密教母续及前弘期所说的正统时，即空行集会的时间，是白莲花手黄色舞游戏者(五世达赖)住光明法身中说法的时节，是四大节的会合之日，(六世达赖)即于轮流曜降生；七马(太阳)白喜女轸宿和游戏成就的结合等圆满时曜、胜妙时，是一剂甘露相合的时间。在妙善持地山无量宫殿，我等天神的一切有形众生的救怙主及圣上亲友，向善吉祥先行授位，讲述以前薄伽梵妙吉祥藏觉悟之前调伏妖魔的事迹。

有情幻象是清净佛土南普陀山，用净障仪轨清除不顺面后，具有如来十力、四无畏、四神足和四业之主人，他的名字是遍知洛桑仁青仓央嘉措，了义方面说他登上净土南普陀山；不了义方面说，他的双足登上九大世界的人所敬仰的百种经典大国的宫殿布达拉宫的供树世界庄严生死涅槃大厅狮子抬举的宝座上。开光献礼的次第，教民桑结嘉措我请他接受我著的身、语、意、功德、事业之所依内的五明方面的论著手抄本十五函等，传授五世达赖喇嘛的箴言条款印章以及教民的吉祥正怙主位。

《南杰盘德勒林巴颂集一切缘起宝卷》说:“圆满洲是赡部洲,地的中心是娘夏布,地中间是最殊胜处,吉祥坚固山附近,希望如同青莲花。”根据授记,班钦格敦珠巴修建的大寺院后藏上部地区的扎什伦布寺的第十七任堪布法王绛边扎巴和克珠格勒贝桑波等历经数辈转世的圆满大士夫教主班禅遍知洛桑益西的强佐洛桑贡波奉大教主之命,前来献礼祝贺,启开了缘起之门。天地自在妙音皇帝的金书使者、精通显密教法的章嘉活佛敬献敕书和赏赐物。色拉、哲蚌、甘丹三大寺院僧人和布达拉宫附近地区的俗人叩拜,这样的活动持续了几个月。土尔扈特蒙古人,即操蒙古语和尼泊尔语的人,以及其他戴各种帽子的人,根据自己的财力敬献礼品,每个人的增上缘愿望都得到满足。

总之,在五世达赖喇嘛时期也没有这么多的人聚会,仿佛长寿天的一切富乐全部集中在迦陀洛无量宫一样,接受了五世达赖喇嘛授予班禅洛桑益西的一切教法,如同财主取财一样,学习总别显密教法,闻修政教善业法,以消除众生的黑暗。亲自见到上师、空行、本尊等现身,妙善之相、内、秘无法言表。变化莫测的法王犹如战神金刚称,难见异生,没有了解,产生怀疑。九月,已定的在聂塘扎西岗的见面时间推迟到第二天晚上,可是天气突变,冰雪交加,下个不停,打破了以前夏季下冰雹,冬季白雪纷飞的规律。这些在《传记》中非常清楚。

由于边地人的语言、宗派不同、观点各异,他们之间好象有隔阂一样,实际上像洒水压尘,或者天神供养。当问到土地神年喀尔纳是否和寻香王金刚焰寒力为同宗同类时,闭口不言。教民弟子我和达赖汗等迎请者来到扎西拉东地方等候,当百匹乘骑出现在眼前时,花雨飘在空中,落在地上后消失了,等候在尼玛塘的夏仲等地的胜劣士夫目睹尊者(达赖喇嘛)尊容。欢庆座次在山岗上象太阳宫一样,形成彩虹圈,前来拜谒的僧俗多如逛集市一样,从色拉和哲蚌寺都能看见。

十二月二十五日早晨,从聂塘启程时,吹响黎明第一声乐器(号),天空布满彩云。天将明时出发,天空的彩云呈现辐轮、能行船的细雨、如意宝树、喜旋珠、鱼、海螺、剑、轮等各种形象。有时喜旋色又如孔雀羽，十分美丽。太阳升起后彩云消散，变成了白色的虹，像碗钵和其他图案，间隙出现象雍仲曲窘等之图画一样的彩虹，从未见过，颇感希奇。成群结队的信徒站在去鲁当园林的路的两边迎接。当晚从布达拉和拉萨方面出现鹿，向桑耶方向奔跑。

第二天，莅临大宫殿（布达拉宫）时，天空一片晴朗，连一丝凉风都没有，同时看见护世的三星宿，光彩奕奕。晚上，向妙吉祥怙主法王宗喀巴大师的期供灯添上一两酥油，出现从未有过的善相，如日光照射一样明亮。内秘不必叙说，外面呈现天然的善相，吸引了一切人的眼珠，这些连大地的腰带也不能束缚。（上师）就像运载一切行走和不行走的士夫去解脱和大海的船筏，或如趋入善趣和解脱的精舍的梯子顶饰，祝愿他长寿。

结束语

这样，佛陀的宝教和妙吉祥藏黄色舞者东方宗喀巴·洛桑扎巴的吉祥教法，由如来圣光祥积王黄色游戏舞比丘五世达赖喇嘛遍知阿旺洛桑嘉措无畏铠佛教年华者解释为有为法无常，显示往升夺舍法。为了利法益民，心系聂氏大娑罗巴而降生的遍知第六世达赖喇嘛洛桑仁青仓央嘉措作为教民的真正亲友而来，继续掌管黄帽派，他是双入天授甘丹颇章政教两种制度的一切众生利乐的根本。寂天的《入菩萨行论·回向品》说："众生的苦味良药，一切快乐的源地，获得佛法及承事，祝愿上师长久住。"意思是愿佛法传遍四方，宏扬光大，永不衰败，直至天空变色。如说："嗨呀！怙主您为了了义教，超越了无数劫以来的所量蕴，从过去的彼岸听到佛法雷声妙音王的名号，执掌有情孔雀解脱之胎，愿在佛陀与须弥山曼荼罗花香前成为菩提藏，发心究竟真言，作善逝清净国土的平等功德道的导师"。有诗赞颂道：

1. 举起十力三摩地蛇冠珠光，消除众生黑业地下苦；
降伏欲天和大鹏金刚喙，龙种妙喜自在正等觉。
（这是一种与关联形象并论的空前形象修饰法）

2. 佛地上的一切安立者，是诸佛智慧增长的父亲；
现似佛的弟子妙吉祥，成为美丽年华的童子。
（这一首采用志气恢宏的修饰法）

3. 在金刚须弥山觉者跟前，若如金山一样躬身敬礼；
侍奉佛陀聆听圆满法，专注佛弟子所作的方便。
（这首是譬喻形象修饰法）

4. 圆满广大的佛陀坛场净土，宏扬佛的身语意事业；

寂静息灭虚妄分别相，广做一切众生的事业。

（这一首采用志气恢宏与所作性叙述法结合的修饰法）

5. 未来的少女吉祥女，仿佛东北方明镜中的影子；

远离罪尘功德蕴，安置在清净圣神的佛国净土。

（这一颂采用三形象与实体明净结合的修饰法）

6. 如来所知三时法，遍见一切其行相；

各种证觉因果乘，授记此法度众生。

（这一颂采用中句功能点睛修饰法，赞颂释迦牟尼佛）

7. 大圣若行正相持，稀有广阔的舞场；

一心利他而歌舞，虽无生证正在思。

（这一颂采用相应二支形象修饰法）

8. 徒众身心疯象嘴，正法铁钩所调伏；

法界见谛知空性，为扬佛法而降生。

（这颂采用因饰中的粗因修饰法）

9. 执网迷恋夏哇日，追杀野兽行曲道；

体力消耗身弯屈，不需与语结行因。

（夏哇日，意为猎人，是印度的一位密法大师，八十四位成就者之一。此颂采用相应与二形象修饰法）

10. 佛教经论无错误，六种神通正明知；

嘉言记别的琵琶，抱在智慧寻香怀。

（此颂采用合理相应二形象并论修饰法）

11. 佛教江河无热池，成为主人的圣贤；

功德珠子高蛇冠，龙王东方宗喀巴。

（此颂采用相应全部形象化修饰法，赞颂格鲁派创始人宗喀巴大师）

12. 测量明海的深边，洛桑扎巴称喉鼓；

世人的皈依大士夫，随顺善相的观察。

（此颂采用相应二形象修饰法，赞颂宗喀巴）

13. 昔日在智者自在的群星中，如同月光极明亮；
没有障碍的普明意净相，希奇殊胜庄严地。
（此颂采用譬喻形象修饰法）
14. 如来无畏狮子声，粉粹魔军猛象军；
释迦如来妙音声，转动正觉之法轮。
（此颂采用支分形象化与恐怖姿态结合修饰法）
15. 正式文义楞伽岛，不知主人形像猴子群；
楞伽经等珍宝壁，重影迷乱之授记。
（此颂采用与言语结合的全部形象化修饰法）
16. 释教经典《宝箧经》，居住正法甘露中；
现观升起于他有，不去安立弃等舍。
（此颂采用支分与二形象修饰法）
17. 未来方法广释心，了知变化思我份；
立置我份心意树，舍止摇曳弯曲疑。
（此颂采用与犹疑化结合的二形象修饰法）
18. 喔唷本来生的力自性，智慧郡陀罗的欢喜不明亮，
部分净力光功德，犹如初一的月亮暗淡低劣。
（此颂采用譬喻形象修饰法）
19. 世间水库游戏福苦浪，行至三有之间尚未完；
带动解脱本性的尊者，是莲花手观世音悲心。
（此颂采用第一和第二之初的阻断叠字修饰法）
20. 在诸佛智悲功用性中，佛教本质大圣三种姓；
怙主时时关照有情众，虚幻景象中区分种姓。
（此颂采用殊胜确定修饰法）
21. 如同别处发心救众生，热诚利乐所满甘露光；
不生不共的现象中，清净的财资同时出现。
（此颂采用与同状喻并论的譬喻形象修饰法）
22. 现证菩提东山中，发射平等太阳光；

现象菩萨舞蹈月，随眠不了义水神怀。

（此颂采用全部形象修饰法）

23. 正在思念众生主，和顺身教智慧深；

稀有安立净土轮，发心来自珠宝梯。

（此颂采用与志气恢宏并论的部分形象修饰法）

24. 背负东方所想的奶，细腰府屈具金女；

自身所依十善齐，奉献敬宝宗喀地。

（此颂是赞颂宗喀巴大师的出生地宗喀）

25. 根断生老病死寿转树，利他穗之生长真茂盛；

舍尽业烦恼的系缚，赞颂你洛桑扎巴。

（此颂采用形象化与逆缘结合修饰法）

26. 世间泥中能解脱，悲悯符号莲花手；

袈裟禁戒舞游戏，小桥不断人来往。

（此颂采用总相违、确定法、同状喻修饰法）

27. 无聊魔军心粗暴，给他甜美甘露教；

释义经函第二佛，自性因缘五部书。

（此颂采用与同体功能矛盾修饰同状喻并论法）

28. 通慧未来的镜中，显现将来一切法；

授记不足略手掌，犹如油柑指认定。

（此颂采用与同状喻并论的譬喻形象修饰法）

29. 能立源相关的义体，能给是上师的恩惠；

百劫所积的善海中，流淌着福水的份子。

（此颂用与欢快姿态结合的同类因修饰法）

30. 若尔轮回的野兽，想以别解脱戒除过；

念著国政悉多的妙喜，有走过阳焰大地的地过。

（从此颂开始概括隐赞修饰法和内部罗刹本尊结合的全部形象修饰法）

31. 词义不错拼音缺，说话有义慢暇句；

贪爱丰富结巴语，满意观察大海过。

（过去所撰写论著只是手抄本，如果考虑形象语言，问事时不到手。说适合会供的话，法施的种类和广说漫谈等释说的种类，如果有义观察，就有生喜，人们能诠释的语气高傲，表达自己的思想）

32. 显密经典甚深义，前辈努力多赐福；
反复实践难正集，无多利他大海过。
（此颂采用叠字修饰法。前辈，指第五世达赖喇嘛）

33. 方便护持赡部洲，依他钩引护地子；
顺理眷从象群中，散乱步行大海过。
（钩，指铁钩）

34. 政教二规大方便，流水波浪常旋转；
同类眷从行不累，非常勤奋大海过。
（此颂采用省或不省格形象法喻修饰法）

35. 胜法赞普法律园，妖魔鬼怪恶毒者，
长寿不死常出没，侵害慈悲健康法。

36. 海生明库喉颈家，吉祥福庆嘉言歌；
贪方愚者敬蜂音，冒充行家遭指责。
（此颂采用同类因修饰法）

37. 英勇小儿金刚焰，猛力摧毁傲地橛，
消除恶心做亲友，极度贫困大海过。

38. 自他遍计错乱歌，贪恋远近的偏袒；
抬起步伐两大点，自他等视供施过。
（此颂采用志气恢宏的形象修饰法）

39. 佛教多闻大学师，承接自乐时财物；
智者工作日落时，讲辩著月大海过。
（此颂采用省或不省格形象修饰法，自乐时，指五浊时）

40. 彼此适宜离间语，无数浊时法性中，

他说凉风不吹动，若如金山极稳固。

41. 多劫福德力转轮，佛教命树戒规中；
指持本性系缚有，正法光明使变白。
（此颂采用双形象修饰法）

42. 有念佛法及国政，心不集中如孔雀；
不具信守净行音，劫以无贪明点饰。
（此颂采用全部形象修饰法）

43. 无与伦比大怙主，文殊比丘宗喀巴；
戒律空性教彩画，执持黄帽的教派。
（此颂采用结合部分的总体形象修饰法。帽，指宗喀巴的弟子们）

44. 释教中观见空性义，龙树首倡中观见；
三门恶劣烦恼田，着重实践戒水服。
（此颂用同类因修饰法）

45. 圣人象长流瀑布，流淌仁慈阔宽手；
佛法僧三宝是导师，空性法王是上师。
（此颂采用双相应形象修饰法）

46. 为了了义胜魔军，佛相三地极成鼓，
响彻周围等觉相，流落一切知音上。
（此颂采用部分形象修饰法）

47. 辞章全解格言库，迷人如同梵王女；
开启慧门吉祥歌，法蕴海台合一体。
（此颂采用三形象化修饰法）

48. 政教莲花拘物头，美丽鲜艳政教日；
日轮之光照诸洲，利益一切平等恩。
（此颂用次第修饰法）

49. 不惑所知正观察，洁拭攀登发缕眼；
有谁追求此见义？所作他事难衡量。

（此颂用中句点睛修饰法）

50.本派教主宗喀巴，利他事业真宏伟；

外道力害神变日，毁灭虫光祈愿节。

（此颂采用同况形象修饰法）

51.解开施印二规中，心喜欢庆皆游戏；

加行节宴大会供，亲近承事敬献物。

（此颂采用同况夸饰修饰法。二规，指政教两种制度）

52.众生遍计布画色，法报化佛三身等，

摧毁轮回所依性，新建众生福泽田。

（此颂采用一支形象修饰法）

53.众生修佛常供养，宣讲教证胜生法；

作画之福羯摩力，施主比他尤殊胜。

（此颂采用中句点睛修饰法）

54.想望较量河水湿，遍舍偏心自他法；

直见公正诸贤者，仿佛博慧之见修。

（此颂用同质喻修饰交换修饰法）

55.佛法清净甘露池，争辩混乱之时节；

佛教根本吉祥源，无比法山甘丹巴。

（此颂采用譬喻支二形象修饰法）

56.一切种类的法轮，无漏果的受用法；

清净大义正确道，正道根基极明亮。

（此颂采用末句功能点睛修饰法）

57.嘉言宝蕴清净界，未掺恶语百色现；

圆满空前新语态，称名黄色琉璃镜。

58.智者喜饰差别大，佛法之源珠宝鬘，

诸凡求知智慧者，妙语鼓励有情众。

（此颂采用了相应一形象修饰法和三形象修饰法）

59.过去所行福业力，寻伺观察无忧教；

容华不减心深处，虔诚随信心所做。

（此颂采用同质喻的末句点睛修饰法）

60. 佛语精华甘丹巴，佛法根本上师父；

仿佛善慧称发心，了义现证菩提佛。

（甘丹巴，指格鲁派；善慧称是该派创始人宗喀巴的名字）

61. 不了义世俗月江边，菩提心的月亮显现；

仿佛未来劫的誓愿，在清净佛土能成佛。

（此颂用同况形象修饰法、参差形象化、同况修饰法、末句点睛修饰法等间杂修饰法）

62. 此生穿着利他甲，正妙自性授记法；

教理清净帝释剑，估摸不依弯曲弓。

（此颂用空前形象化修饰法）

63. 有眼士夫如见色，现量吸收介绍等，

恶教百光珠宝镜，没有丝毫错误问。

（此颂用与同状喻并论的同况形象修饰法）

64. 佛教无热大根源，重大寺庙底斯山，

长期闻思的圣地，四大江河之源头。

（此颂采用相应总体形象化修饰法。四大江河，指色拉、哲蚌、甘丹、扎什伦布四大寺院）

65. 净饭佛教日光库，三地之域善规派；

寺庙现观文献源，如来未见标准书。

（此颂用部分形象化修饰法）

66. 各别需要历史言，询问编集彼此源；

国王座前行离间，说着是非各种话。

（同状喻修饰法）

67. 现证等觉之智慧，没有觉语迷乱道；

意象奔跑法性中，此法上下及殊胜。

（此颂为相应形象化修饰法）

68. 佛的书信若如金，炼剪熔化无垢味；
妙吉祥怙主菩萨地，众生的领袖宗喀巴。
（此颂用与同况形象并论的志气恢宏修饰法）
69. 精进苦行母养大，智慧十力圆满佛；
所修清净教理法，与因违有错乱水。
（此颂采用一支形象化形象法）
70. 因业生死的大轮，恒常轮回无首始；
如业积聚堕罪障，共于佛前常忏悔。
（第一、第三与第二、第四相应的首断叠字修饰法）
71. 佛教利他的睨视，召引有寂的美女；
信心亲友全受取，此等法源已作力。
（相应三形象化修饰法）
72. 佛胜声闻独觉地，观见已到利众时；
三世怙主已降临，跳起律仪黄色舞。
（此颂用宏状修饰法与末句属品点睛结合修饰法）
73. 遍知善慧三胜宝，梵音随持有情众；
佛海种姓的主人，殊胜化身住百劫。
（与同类点睛修饰法间杂的祝赞修饰法，赞颂第六世达赖喇嘛洛桑仁青仓央嘉措）
74. 利乐本支甘丹派，为了佛教众生事；
痛苦阎罗主法轮，祝愿无间常转动。
（此颂用与理由间杂的祝愿修饰法）
75. 佛王文殊菩萨藏，其教传遍虚空天；
众生教理法力鼓，争惜依止大慈悲。
（此颂用一支形象修饰法。文殊菩萨藏指宗喀巴大师）
76. 三门罪业寂静处，弥勒佛法甘露味；
欢喜吉祥闻思轮，善良美好尊胜洲。
（此颂用矛盾修饰法和部分形象化间杂的修饰法，描写甘丹寺）

77. 贤者汇聚的法院，堆积正业之稻米；
诵经守戒玫瑰园，成熟解脱大乘洲。
（同类因修饰法。第一、二句指哲蚌寺，第三、四句指色拉寺）
78. 西藏净地持宝上部地，八法所缚之风摇不动；
徒众山洲中央真美丽；第四吉祥普善贤妙山。
（双关形象修饰法。此颂描述后藏的扎什伦布寺，为格鲁派在藏的第四大寺院）
79. 出离具戒集会僧，精进闻思及修行；
善法流水出雪山，讲修犹如夏季海。
（同况形象修饰法）
80. 权势广大法律轮，三地实行皆欢喜；
噶丹颇章政教宫，权势相似上弦月。
（此颂采用与骄姿豪气修饰法间杂的同况形象修饰法）
81. 等如虚空有情众，总别西藏雪域中；
战争瘟疫暗浊船，愿望圆劫寻香毁。
（祝赞修饰法上结合故事的同类因修饰法）
82. 此法作者及凡人，生自福中跋兰数；
众敬王的制法者，世代名叫大海师。
（末句属品点睛修饰法）
83. 佛颂授记是瑞雨，浊时来做众生主；
宗喀巴大师教派，进入追求解脱门。
（部分形象修饰法）
84. 能得佛果胜士法，三转法轮是佛教；
复又上举热诚心，祈愿广修具效能。
（中句点睛修饰法）
85. 成就事业作亲友，怙主神主阎罗王；
召财引力吝啬鬼，愿力护法常作伴。
（祝赞修饰法）

86. 祥瑞三宝圣胜三世悲力，护法威德本尊仙人真言，
吉祥如意黄色冠帽寺庙，十法行教证功德兴旺，
吉祥如意静止非善业，雨水调顺农牧丰产众生喜安康，
吉祥如意祝愿天授甘丹尊胜宫（噶丹颇章），祝愿您的政教永固绝无仅有。
（首四字叠字修饰法）

《无比吉祥日沃甘丹巴之教持黄帽派一切法的光明根本黄琉璃镜》者，《妙吉祥根本续》说："在雪域画湖，萨罗林变化。"《噶当宝书》说："地方名叫悉补野吐蕃（西藏），山高像天柱"。又说："喂！雪山怙主观世音，雪域是你的调伏地"。在人们的眼里，圣观世音菩萨的伟大行业，是莲花部（部主）如来的调伏田随欲声分为有理由随欲和无理由随欲，其中的无理由随欲称悉补野为西藏，分上、下、中三大地区，中部卫藏四茹地区之伍茹吉雪东岱，属于赞普直辖区，分上部和下部。其中的下部地区天有八辐轮，地有八瓣莲花，附近有八瑞相等，地势优越圆满，具十善。从大圣莲花手的智慧所成就的无量宫建在仰卧的罗刹女心口上，还有名符其实的普陀山（布达拉宫）、吉祥四喜幻化寺（赤囊祖拉康——大昭寺）、北方远一俱卢舍处的被称为娘·定埃增桑布（吐蕃时期两大钵阐布之一，为无垢友的弟子——译者注）奴仆的地方、妙吉祥藏宗喀巴大师的黄帽派的善教所属的古老的甘丹颇章同密教金刚乘之地提卧敦枳（de－wi－ko－tri）毫无区别的内吉祥胜乐宫，外持黄帽教柄者，把八瑞相的众生从非善的烦热中拯救出来，它是白伞盖有形的柄根。美名传十方的五生的白海螺和尊胜幢供放在左右两侧，仿佛天然水中的月亮一样明亮，被稀有之相周遍的后山由妙贤保护，右边的小河把村镇分为上下两部分，下部的楚顿王族的麦·贵巴扎西等人的事迹，详见《五世达赖喇嘛传一云裳》。从服务无比宗喀巴宝教的所立续中出生的遍知五世达赖喇嘛和佛没有任何区别。遍知阿旺洛桑嘉措大师象哺育小孩一样爱护我，我（第悉桑结嘉措）八岁拜谒上师，他不断赐授政教两种制度的语甘露（教诲），使我成为一位胜乘教藏内外秘的特殊金刚弟子。

虽然我的能力似乎有限，但是做任何事都非常认真，每天过的十分快乐，这并非是自夸的满足之词。

《妙吉祥根本续》等显密经典秘籍中授记俄氏等人的身世，他（指五世达赖喇嘛）看中能力较低、视土如金的我，他要求我严格按照规定办事，不准搞特殊化，制定钤记大手印的条例。关于我的导师，《涅槃经》中说：释迦牟尼要迦叶做好佛教事业。佛发现阿难有持闻记诵的根器，付法于迦叶。上师（达赖喇嘛）也按照这种做法，把一切政教事业全部授给我。达赖喇嘛在世时好象孩子的母亲一样，给予我无微不至的关爱，他圆寂后，他的清净智慧仍然护持着我。尽管我闻习了显密一切教法，仍然感到不满足，依赖父王大喇嘛（达赖）的慈悲，开始注释他的思想密意，撰写完成了几部论著。为了积累资粮净除罪障，修建了以前没有的世界一庄严灵塔，供祭能依所依的重大节日有黄帽派的创始人吉祥怙主宗喀巴大师创立的祈愿大法会，我好象跟随大鹏鸟飞行的蜜蜂一样效仿设立了会供大法会等，在印度圣地侍从们也没有专门为过去诸佛和班智达、成就师门设立这样的供祭法会，在此之前的西藏也没有转轮王和祖孙法王（指松赞干布、赤松德赞和赤热巴巾）中任何一位法王创立过供祭节，这么大规模的积净法会，只能适宜由佛弟子和王公子嗣们设立。

我对黄帽派所做的侍奉成绩如前所述，开始非常仰慕五蕴身净行，由于各种业缘没有实行，词穷语乱，愚鲁、态度、情感矜持于佳喉结缎中。我在母胎时，大矜羯罗梵赐名贡却顿珠（宝不空成就），具恩的根本上师前辈喇嘛五世达赖赐的梵语名字叫“菩提阿波多”，藏语叫“桑结嘉措”（佛海）。成熟于密教金刚乘坛场中的时候，赐给的梵语名字叫“班遮萨迦迦夏”，语言诠释中听到的名字是央金结贝洛丹顿周涅槃巴朗措萨尔巴（妙吉祥喜慧雄狮青年）。《丹巴旦贝本生传》说：“从前妙吉祥怙主法王宗喀巴大师为狮子吼佛，将来在奇异的庄严净土成佛，出自宇拉巴种姓，了义成佛。”这样的话在经论中没有出现，也未见那些分析经论的人写过，他们只是按照经论说的去做。显密教理的主人甘丹寺第四十八任赤巴夏尔扎仓法王洛桑群佩向灵塔献金轮和银制曼荼罗等，按照显密经典规定的仪式和寺院的陈规进行修供。仰仗遍知五世达赖喇嘛的仁慈悲悯，黄帽派教法得到很大发展。(达赖喇嘛)经常鼓励说："我们也要在这方面做一些有益的事。"

总而言之，学习显密教法的方法是要阅读妙吉祥怙主宗喀巴大师的听讲笔记章节，尤其是五世达赖喇嘛的听讲笔记《恒河水》等，需要了解更多的密法，还要阅读其他人的注释。我们教派的根本三界众生上师东方宗喀巴·洛桑扎巴大师是具证妙吉祥海的净相之种，将来在东北殊胜庄严净土示现成为如来狮子吼佛，是广大善士夫们的净相信赖的根基。但是，有些寻伺者们不能明白教理和源头，而成为各种不坚持标准的人。所以，尊(宗喀巴大师)为绛贝央(妙吉祥)，《妙吉祥根本续》等经典有记载。为了了义成为诸佛之父，本来已经成佛，如今还在一些世界做佛事。按照不了义现象十地的自在童子五髻者(文殊菩萨)的样子，象是一个向一切佛闻听佛法的人，在无量佛土做有情众生的事业。有关莅临雪域西藏的情形，以前尽力搜寻，也没有找到，现有的零星材料或说法，和前面不一样，这里所用的经教和授记等都来自《甘珠尔》和《丹珠尔》。格鲁派从贾曹仁波且开始出现了许多智自在(学者)，他们依靠净相之经教而行事，没有想过也没有见过那些圣士们的所作所为，也许是时机不成熟，把它们作为我所作的一份子，心中畏葸，通过努力安排在这里，在谈话中多次提到。

关于寺院，有大羯摩师贡嘉哇的《教法史明灯》和班钦索南扎巴的《意饰》、卡尔纳译师的《甘丹教法史如意宝树》等，这三部著作中没有收载前面所说的一些观点，很难推崇新增部分和新旧一切。追查各寺，有些寺院中有一些可信的历史渊源方面的材料，也增加了从别处得来的材料，可以进行辨析。有些寺院好象医术无法解决的无头尸，它们的历史模糊不清，一部分人坚信不正确的传说，进行错误分析，智自在(学者或大师)们根据各种材料重新作了正确的分析。

我完成这部著作时已经四十岁，即我们的导师释迦牟尼佛在劫比罗城蓝毗尼林苑诞生后二千六百六十三年，佛教的根本善逝遍观或思殊胜龙种而来的妙吉祥怙主法王东方宗喀巴·洛桑扎巴贝于第六饶迥火鸡年(1357)在多麦降生后的三百三十五年，甘丹寺第一任赤巴贾曹杰遍知达玛仁青于木龙年(1364)出生后的三百二十八年，第二任甘丹赤巴克珠格勒贝桑波于第七饶迥的木牛年(1385)出生后的三百零七年，莲花部的如来遍胜光祥积王观世音菩萨为了众生事业逐渐而来中的末劫七辈达赖喇嘛中的第一辈班钦格敦珠铁羊年(1391)出生后的三百零一年，五照见和十二功德等与佛相同的我的上师五世达赖遍知阿旺洛桑嘉措于萨霍尔种姓如莎罗树一样的家族诞生后的(1317)七十五年。十一个六十甲子和五根相合的水猴年(壬申年 1692)，即从水猴年鬼宿月(阴历十二月)，木曜星辰鬼宿开始撰写，但是由于中间写作《五世达赖喇嘛传一云裳》全五函中的后三函和义回向偈而中断了(《黄琉璃》的写作)，还有修建(五十达赖)灵塔世界一庄严、写其灵塔目录，设立以前没有的大型会供法会，撰写供养方面的章程(规约)，拜见六世达赖喇嘛，再加上解决政教事务和寺院的事务而耽误了，因此前后用了七年的时间才全部完成，消除了四魔、烦恼、二障和全部习气，从无明的睡眠中觉醒，看见了尽所有知识和尽所有无障，用心释义。

这时候是无比释迦族之子(释迦牟尼)三十五岁觉悟成佛后，在波罗　　斯向五比丘初转四谛法轮，即从木马年始转法轮后的二千六百二十四年；五十八岁的火蛇年在灵鹫山中转佛教甚深法藏《般若经》等无相法轮后的二千六百零一年，从末转法轮至百年(岁)讲有为法无常等，为了共同徒众色身示现涅槃相后二千五百七十八年；如吉祥怙主法王宗喀巴的变化根本大圣文殊菩萨在用汉地俗算所化的五台山从枳迦夏(bri - ka - sha)树疣变化诞生后的二千五百三十四年；为了发展甚深空性教法，妙吉祥怙主龙树论师在累达波出生后的二千一百七十八年；外道僧住摩揭陀和火空海(403 年)开始后的一千零七十四年；土牛年世自在王的原形松赞干布在嘉玛的弥居强巴宫降生后的一千六十九年；水牛年拉萨四喜幻象祖拉康(大昭寺)建成后的一千四十五年；后宏期始年水鸡年后七百二十五年；无量光佛的本身阿底峡大师于水马年(982)出生后的七百一十六年；观世音自在居士仲敦巴·嘉哇窘乃出生后的六百九十四年；无二时轮法传入西藏和饶迥初年(1027)后的六百七十一年；火鸡年(1057)仲敦巴建北方热振寺后的六百四十一年；俄·勒贝喜饶修建西藏因乘源地桑(浦)内邬托寺后的六百二十五年；第七饶迥土牛年(1409)我们的教主东方宗喀巴·洛桑扎巴贝仿照舍卫城举办祈愿大法会，修建黄帽派道场卓甘丹尊胜洲(甘丹寺)后的二百八十九年；嘉央曲杰扎西贝丹创建吉祥哲蚌大寺院后的二百八十二年；妙吉祥怙主法王宗喀巴来甘丹心喜持法地(甘丹寺)和大慈法王建的色拉大乘寺后的二百七十九年；第八饶迥初年(1447)智者诺桑嘉措用前藏三嘉措(海)著《离惑白莲花言教》和七辈达赖中第一辈达赖遍知格敦珠创建后藏扎什伦布寺后的二百五十一年；第二世达赖喇嘛遍知格敦嘉措创建隐域噶姆窘杰梅朵塘寺(群科杰寺)后的一百八十九年；第三世达赖遍知索南嘉措用妙吉祥怙主法王宗喀巴的教理法灯照亮北方黑暗洲、创建大乘法轮寺后的一百二十年；第十八代香拔拉法胤登上积分宫的无畏狮子宝座后的七十一年；金刚手菩萨现为人主的丹增法王(固始汗)于水马年把他用武力和愿力得来的属民和雪域九洲献给佛遍集莲花部的如来遍胜光祥积王五世达赖喇嘛，天授甘丹颇章的政教白伞遍及大地后的五十六年；木鸡年修建布达拉宫和把天成四兄弟之一的观世音自在(洛格夏惹)菩萨像迎请到布达拉宫原处后的五十三年；在了义佛末劫示现为持律仪王(比丘王)、为了众生而来的遍知五世达赖喇嘛为表示百岁的有为法摄集色身的庄严而寿转的壬戌年阴历二月下弦空行聚汇时节(五世达赖圆寂后)后的十六年；六世达赖喇嘛洛桑仁青仓央嘉措在南方门域林园诞生后的十五年；用慈悲成就的智慧池塘的嘉言月的莲花教理区分错误难点，撰写《白琉璃》后的十一年；清净大圣五世达赖喇嘛的不了义微细盖障堕罪，圆满正愿发心，祈愿六世达赖喇嘛双足如金刚一样坚固而不断转法轮，在名义与南普陀山毫无区别的大无量宫(布达拉宫)建立前所未有的灵塔世界一庄严十三殊胜大塔，设立常供灵塔的大节日，成为凡夫游戏的会供后的四年；六世达赖喇嘛从秘密教网解脱而来须弥无量宫无畏狮子宝座后一年。

总之，从许多法和受用的四劫计算法中，《毗奈耶经》和《念住经》所说的斗争时，尽管佛法住世的时间方面有许多说法，但是阿阇黎妙吉祥称的《三摩地王经释》、多夏扎塞纳的《般若一万颂广疏》等论著都坚持说佛法住世五千年，共分十期，其中阿罗汉、不还和预流三期为果期或圆满三现证期（证果三期），有情众生心生厌患，希望修行获得解脱。之后为圆满修胜观期和修寂（三摩地）期，第六个五百年持净戒期过去七十八年，还有四百二十二年后出现教法三期和唯相一期，十期五千年中，佛法住世已有二千四百二十二年。四续部中印度的说法不同，无二时轮圆劫、具三时（减劫）、具二时（现劫的第二时）等圆满，斗诤时出现后过去百年，香拔拉法胤勇武轮王（传说他将于 2424 年登位，即佛法的后四时开始六年）征服蛮族，开始圆满时有七百二十六年，增加大法胤洲缘份所得定分，圆满无二时轮的存在时间有二千五百二十六年。

根据阿罗汉僧盛和月慢的授记，转轮螺王的大臣婆罗门妙梵之子贤劫第五佛弥勒怙主降世，有五十俱胝随行者，从人寿命百岁到大多数分别画，从六千五百年开始接近人寿十岁，现在的人寿是七十五岁，我（第悉桑结嘉措）当年是（完成《黄琉璃》的时间）四十六岁和第六根。总之，认识曜日，各曜持有不可思议的星宿轮回轮，因此在计算人寿命方面也有多种说法。但是，以三百六十个宫日计算年岁的三种正确外治法，梵语称“波哈达纳雅”，即上部注释的字母很多。东方汉族地区流行的中国历法（汉历五行算）是十二属相（生肖），其中有以鼠开头或有坎卦失鼠的凶兆十二头像，妙吉祥的慈悲使凶恶成为吉祥属相年，其内部有医治身体的技术，聪明故称虎，是“邬”（wu）。第一大种之命有大地的身根（能生自果身识的器官）丽树、天然的江河等三命；命友是天干（阴阳两类五行）的豁唇仙人迟行中数（慢行）的满足要求谷，九洲宫中间出现了战神镜，披挂吉祥坚固大地衣。自在手我们莲花手的净土有三十对天干，名叫阳土虎的年首所生的“月”是时轮历的孟冬（阴历十月)昴宿和细末胃宿满,上弦加行昴宿月(十月)和细末娄宿月(阴历九月),即是汉历的冬末(藏历十二月)铁牛年大月,由月主恒河母(底斯雪山)使其光滑柔软,缘起时轮滑利生和五行算的老死月(阴历十一月)。概括起来说,自在父母起来,即拜会月双方中护法神会合方,在秘密母续的英勇空行自性中外聚,内寻瑜伽士的热量,秘密慧气行于中脉之时,是我们教派的顶饰东方宗喀巴·洛桑扎巴圆寂的月份(月度)和建立了义佛黄色舞游戏者五世达赖喇嘛圆满受用身像的节日。时轮的元音“勒”(上弦月亮)、共同辅音“叻”、细末“嘀”,出现妙吉祥的元音“啊”辅音“札”,二者顺生“萨”,妙欲“枳”、粗盛衰凡夫、日曜神的上师粗细相顺增盛,“啦”中日宿的拉萨的地方面积为六千一百二十,使用其中的五十五,星相为虎醉、双合,从下面装饰的全部中证成的吉祥,即一切内外秘的目标(记号)净善吉祥,故为吉祥日,界合圆满,小合亲合,能作枝梢(作用神),缘起五行算行、时轮之时、日水鸟;太阳八卦、太阴五宫等开始日时土马年,时八卦、时八宫、多揭罗花宝瓶粗略半合时火曜,细规与清净相顺现神女,木曜、甘露剂、粗浊月壬辰年(喜日)之时净善吉祥,用白山羊驮土填平卧塘湖,故名逻些(ra - sa)。或者四门造成坛城,上师们欢喜;柱子上画金刚橛,咒师们欢喜;四角作成雍仲图,苯教徒欢喜;造各自的像,护法们欢喜。或者说,看见天、龙、夜叉、人四者皆大欢喜,见四喜泥水湖,而说你的佛殿是幻象,这座无量宫被许多西藏金刚座吉兆瑞应所装饰,圣莲花手观世音菩萨以人主的形象生于离遮毗族,头顶有部主无量光佛,法王松赞干布所建的四边的一切愿望会合的大神殿和相关的四缘(四德)之风门同时启开的宫殿有太阳之光,在明处特别吉祥的宫室内首尾圆满,完成了《黄琉璃》,由班玛索南和扎囊曼康巴·达曲丹增等多人抄写宣讲,在诸世由妙吉祥藏黄色舞游戏者三界众生上师东方宗喀巴·洛桑扎巴贝随持摄授,愿成为一切总教别教能作事之因。